lonely planet

奥地利

本书作者

马克·迪杜卡（Marc Di Duca） 克丽·克里斯蒂亚尼（Kerry Christiani）

凯瑟琳·勒内维（Catherine Le Nevez） 唐娜·惠勒（Donna Whe

中国地图出版社

计划你的行程

MRGB/SHUTTERSTOCK ©

阿亨湖，见342页

ANIBAL TREJO/SHUTTERSTOCK ©

米拉贝尔宫，见253页

在路上

目录

了解奥地利

生存指南

特别呈现

欢迎来奥地利

没有哪个国家能像奥地利一样，让你在都市生活和户外运动之间如此轻松地切换自如。今天你登上了阿尔卑斯山的群峰，明天你就能徜徉在雄伟庄严的维也纳。

高雅的文化气息

时至今日，你还能感受到奥地利仍然荡漾着浓厚的哈布斯堡文化氛围——在西班牙骑术学校欣赏利皮扎种马的英姿，或穿过霍夫堡皇宫，在艺术史博物馆饱览鲁本斯的杰作。莫扎特、施特劳斯、马勒、海顿和舒伯特等一众经典音乐巨匠的作品在富丽堂皇的演奏厅里不绝回响，还有在湖边或山脚举行的萨尔茨堡音乐节和布雷根茨音乐节等活动，都令人振奋不已。

山高涧深

在奥地利，最美的风景在路上。也许你会在满布沟壑的山谷中蜿蜒漫步，沿着陡峭的山腰铁路，揭开阿尔卑斯山的神秘面纱；抑或穿过冰川，越过繁花点缀的草原。如诗般的风景可能会让你不禁换上登山靴，骑上自行车，去探索这个国度隐秘迷人的角落。在冬季，山坡上到处都是滑雪爱好者；到了夏日，激浪漂流和溪降爱好者会前往波光粼粼的冰川河流和湖泊尽情玩乐。山就在那边呼唤着你。

不只是巴洛克

奥地利可能会让人眼前浮现巴洛克教堂风格的画面，一如美泉宫般宏伟的哈布斯堡建筑，还有像斯蒂芬大教堂那样散发着辉煌光芒的哥特式建筑。但这个国家不只有浮华和宫殿。城市间也吹拂着清新的建筑风气，带来新鲜和活力，将现代与历史和谐交融。其中一些最引人注目的标志性建筑反而是新近兴建的：翻新自皇家马厩的维也纳博物馆区、色彩艳丽犹如鲁比克魔方一般的林茨电子艺术中心，还有充满科幻感的格拉茨美术馆。

取自天然的美味

你可知道吗？奥地利菜不只是炸肉排和饺子。这里的餐饮行业飞速发展，同时也坚持着本地采购的精神。严格素食、有机菜、美食猎人、慢食——这些不仅仅是流行语。无论是在农贸市场、复古熟食店、热门的早午餐馆，还是在米其林星级餐厅，你都能够发现奥地利人对这片土地的热爱。春天的芦笋、夏天的甜杏，还有秋天的蘑菇、野味和新酿葡萄酒——奥地利人最爱品味的便是时令食物的原汁原味。

我为什么喜欢奥地利

本书作者 克丽·克里斯蒂亚尼(Kerry Christiani)

虽然在地图上，奥地利看起来面积很小，但这个国家的大部分领土都很立体，从壮阔的阿尔卑斯风景到山下的羊肠小道和隐秘村落，都在一一等待你来探索。我是一个登山爱好者，没有什么能比踏上蒂罗尔州或萨尔茨堡州的徒步小径，在2000多米的悬崖上摇摇欲坠更让我开心了——你会亲眼看到春天野花盛开，或是目睹晚霞从连绵不绝的石灰岩山峰上逐渐褪去。当然，还有维也纳美妙的咖啡馆和非凡的艺术氛围，瓦豪那被葡萄藤缠绕的浪漫，萨尔茨卡默古特晶莹透亮的湖泊，以及卡林西亚州的中世纪村庄，更不用说随处可见的城堡、修道院和蛋糕了。叫我如何不爱它呢？

关于作者的更多信息，见455页。

上图：萨尔茨堡的山区景色(见275页)

奥地利亮点

萨尔茨堡
沉浸在莫扎特的音乐和仙境般的建筑之中(251页)
因斯布鲁克
享受充满蒂罗尔自然气息的文化(322页)
埃斯瑞森韦尔特冰洞
走入闪闪发光的冰雪帝国(277页)
克里姆尔瀑布
奥地利高达360米的壮观瀑布(293页)
平茨高山脊路
走在奥地利最棒的高山徒步小径之一(288页)
大格洛克纳山公路
欧洲最令人兴奋的高山公路(291页)
Stuttgart
斯图加特
Regensburg
雷根斯堡
Danube
多瑙河
GERMANY
德国
Munich
慕尼黑
Memmingen
Braunau am Inn
Salzburg
萨尔茨堡
Bad Reichenhall
Inn
Bodensee (Lake Constance)
博登湖(康斯坦茨湖)
Bregenz
布雷根茨
Dornbirn
Schwarzenberg
Hohenems
Bregenzerwald
Oberstdorf
Zugspitze (2963m)
Kufstein
Wörgl
Kitzbühel
基茨比厄尔
Pinzgauer Spaziergang
平茨高山脊路
Tennengebirge Circuit
Werfen
韦尔芬
VADUZ
瓦杜兹
Feldkirch
St Anton am Arlberg
阿尔山麓圣安东
Alberg Pass
Hall
Schwaz
Salzach
萨尔察赫河
Zeller See
采尔湖
Zell am See
Bludenz
Sanna
Stanz
Ötz
Landeck
兰德克
Innsbruck
因斯布鲁克
Mayrhofen
Edelweiss Spitze (2577m)
Grossglockner Rd
大格洛克纳山公路
LIECHTENSTEIN
列支敦士登
Wildspitze
维尔特峰
(3774m)
Krimmler Wasserfälle
克里姆尔瀑布
Grossglockner
大格洛克纳山
(3798m)
Kaiser-Franz-Josefs-Höhe (2369m)
Brenner Pass (1374m)
Hohe Tauern National Park
上陶恩山国家公园
Rhein
莱茵河
Davos
达沃斯
Reschen Pass (1508m)
Timmelsjoch Pass
蒂默尔山
Lienz
SWITZERLAND
瑞士
Trento
特伦托
ITALY
意大利
Udine
乌迪内
Portogruaro
Adriatic Sea
亚德里亚海
海拔高度
4500m
3000m
1500m
1000m
750m
500m
250m
0

0 100 km
0 50 miles
CZECH REPUBLIC
捷克
瓦豪
在山谷之中徒步、用餐或者骑自行车(132页)
维也纳
探访维也纳的帝国宫殿(60页)
梅尔克修道院
奥地利辉煌的本笃会修道院(141页)
Brno
布尔诺
Drosendorf
Znojmo
Retz
Horn
Hollabrunn
Passau
Inn
因河
Freistadt
Krems an der Donau
多瑙河畔克雷姆斯
The Wachau
瓦豪
Stockerau
March
马尔希河
SLOVAKIA
斯洛伐克
Tulln
WIEN
维也纳
BRATISLAVA
布拉迪斯拉发
Linz林茨
Traun特劳恩
Danube 多瑙河
Melk
梅尔克
St Pölten
圣珀尔滕
Schwechat
Ansfelden
Wels
Traun
特劳恩河
Perchtoldsdorf
Mödling
Steyr
Amstetten
Baden bei Wien
Neusiedl am See
Gmunden
Waidhofen an der Ybbs
Bad Vöslau
Mondsee
Enns
恩斯河
Wiener Neustadt
Eisenstadt
Neusiedler See
新锡德尔湖
Traunkirchen
Ebensee
Hoher Nock (1963m)
Schneeberg (2076m)
St Gilgen
Bad Ischl
Mariazell
Neunkirchen
Sopron
Semmering
塞默灵
Gloggnitz
Nationalpark Kalkalpen
Bad Aussee
Eisenerz
Mürzzuschlag
Oberpullendorf
Hallstatt
哈尔施塔特
Stainach-Irdning
Admont
阿德蒙特
Kapfenberg
卡普芬贝格
Leoben
Radstadt
Haus
Bruck an der Mur
Oberwart
Szombathely
Unzmarkt-Frauenburg
Tamsweg
Judenburg
Graz
格拉茨
Güssing
Köflach
Murau
Bad Blumau
Rennweg
Voitsberg
HUNGARY
匈牙利
Feldbach
Spittal an der Drau
Wolfsberg
沃尔夫斯贝格
St Veit an der Glan
Bad Radkersberg
St Andrä
Feldkirchen
Ehrenhausen
Klagenfurt
克拉根福
Drau
Villach
Völkermarkt
Wörthersee
塞默灵铁路
沿着壮观的铁路前往塞默灵(159页)
阿德蒙特
陈列在历史建筑之中的精彩展览(221页)
哈尔施塔特湖
跳入清凉的萨尔茨卡默古特湖水之中(232页)
Drava
德拉瓦河
LJUBLJANA
卢布尔雅那
Sava
萨瓦河
Nova Gorica
ZAGREB
萨格勒布
CROATIA
克罗地亚
SLOVENIA
斯洛文尼亚

奥地利 Top 23

1

大格洛克纳山公路

1 急转弯：36个。长度：48公里。平均斜坡坡度：9%。最高观景点：埃德尔魏斯隘口(Edelweiss Spitze, 2571米)。大格洛克纳山公路(见291页)是欧洲最有魅力的驾驶公路之一，也是上陶恩山国家公园(Hohe Tauern National Park)最著名的风景线。沿着蜿蜒的公路前进，景色随着海拔升高而渐次展现在眼前。白雪皑皑的山峰、飞流直下的瀑布和珠光粼粼的湖泊为本就令人叹为观止的奥地利最高峰大格洛克纳山(Grossglockner, 3798米)和帕斯泰岑冰川(Pasterze Glacier)锦上添花。早点出发，给自己多留一点时间，因为路上到处都是让你不禁驻足观望、拍照留念的美景。

维也纳的皇宫

2 想象一下，如果你有着数不尽的金银财宝，能够随意差遣奥地利640年来最顶尖的建筑师，那你就能拥有哈布斯堡王朝的维也纳了。雄伟高雅的霍夫堡皇宫(见61页)带你穿越回到帝国时代；惊叹宝库中的众多皇冠，在西班牙骑术学校欣赏花式马术表演，参观为伊丽莎白皇后而建的水晶灯公寓。论富丽堂皇，只有拥有1441个房间的联合国教科文组织世界遗产美泉宫(见89页)，和巴洛克风格的美景宫能够与之匹敌，这两个宫殿都拥有经过精致修葺的花园。

MARIUSZ NIEDZWIEDZKI/SHUTTERSTOCK ©

2

MARTIN HOLLAUS/500PX ©

3

在阿尔卑斯山滑雪

3 上至70岁老人还能参与障碍滑雪，下至3岁小童已经学会如何驾驶雪犁，哪怕村庄规模再小，也会有自己的升降缆车系统——在这么一个国度里，滑雪岂止是一项运动，更是一种生活方式。为什么？仔细看看周围，阿尔山麓圣安东（见357页）的滑雪场外休闲设施、迈尔霍芬的自由滑板和震撼人心的陡峰Harakiri（意为“切腹”），还有基茨比厄尔风景无限、地形奇特的完美组合。无论热点还是冷门，高山抑或冰川，无论你钟情何种滑雪风格，奥地利总有一个滑雪场地适合你。

维也纳的咖啡馆文化

4 钢琴演奏者徐徐弹奏，系着领结的服务员来回走动，忙着为顾客送上蛋糕和让人感到眼花缭乱的咖啡餐单。这就是维也纳人所说的“Gemütlichkeit”（意为“慵懒”）。你会发现，抿一口牛奶咖啡，翻翻报纸，日子就这么懒散地过去了。在Café Sacher（见119页）尽享香浓的巧克力蛋糕，到Café Jelinek感受怪诞的氛围，在Café Leopold Hawelka品尝波希米亚风味——无论你处于什么心情和场合，维也纳总有一家咖啡馆适合你。纵情吃喝、聊天、阅读、做白日梦，就像托洛茨基、弗洛伊德、汉德瓦萨和沃霍尔曾经那样。图为Café Sperl。

萨尔茨堡要塞

5 徒步攀登陡峭的路径，或者乘坐索道前往萨尔茨堡要塞（见251页）——这座华丽的城堡在草木葱茏的山顶上俯瞰整个城市，吸引四方游客前来参观。萨尔茨堡要塞是全欧洲保留得最完整的堡垒之一，当你走过黄金走廊，就可以看到点缀着繁星的天堂穹顶。欣赏过迷人的装饰后，你还能在城堡博物馆里见到一系列让人不禁毛骨悚然的中世纪刑具。可别忘了登塔欣赏360°美景。图为透过主教座堂遥望城堡。

4

5

SERGEY FEDOSKIN/SHUTTERSTOCK ©

瓦豪

6 施特劳斯创作《蓝色多瑙河》时，脑海里一定在想象着瓦豪。这个充满浪漫气息的地区沿着多瑙河谷延展（见132页），因其自然美景和文化底蕴的和谐交融，被联合国教科文组织列入世界遗产名录。在瓦豪，你会看见阶梯状的葡萄园、长满树木的山坡和杏园等如诗如画的美景。除了著名景点梅尔克修道院，迪恩施泰因的库恩林格尔堡（见137页）也不容错过。这座山顶城堡曾经受到过破坏，游吟诗人布隆德尔曾经尝试拯救落入利奥波德五世魔掌而被囚禁于此的理查一世。

萨尔茨堡音乐节

7 说到古典音乐，没有一个国家敢和奥地利争雄。在18世纪和19世纪，奥地利涌现了一大批优秀的作曲家。人们总有理由去庆祝那个伟大的时代，其中最有名的活动就是萨尔茨堡音乐节。音乐节最开始在1920年举行，如今已成为奥地利文化日程中的一个重点活动。年中还会举办很多演奏会，以著名作曲家为主题，例如在奥地利土生土长的音乐家莫扎特，保证你总能看上一两场歌剧和话剧。

平茨高山脊路徒步

8 走在平茨高山脊路（见288页）上，抬头就能看见清澈蔚蓝的天空，一眼望去，雪峰簇拥。在多洛米蒂山玫红色的朝阳中醒来，或徒步于齐勒河谷环路，登上被冰川覆盖的茫茫巅峰。这时候你就该庆幸自己带上雪地靴了……当地人乐意告诉你欣赏奥地利阿尔卑斯山最好（不，是唯一）的方式就是徒步。他们说得没错。这里有举世无双的徒步路网和阿尔卑斯木屋，让你更亲近自然。

埃斯瑞森韦尔特冰洞

9 埃斯瑞森韦尔特冰洞（见277页）里闪亮的洞穴和通道仿若来自白女巫贾迪丝手下的纳尼亚世界。千百万年一点一滴雕刻而成，滕嫩山脉石灰岩下的冰雪地下世界被公认为全球最大的可进出冰洞。当你手持电石灯，冒险走进山脉冰冷的内心，梦幻般的雕塑、晶莹的湖泊和阴森庞大的冰宫将一一展现在你眼前。即使在夏天，这里的温度也保持在零摄氏度以下，要注意保暖。

MILOSLAV VANEK/PROFIMEDIA.CZ A.S./ALAMY ©

音乐之声

10 感谢在电影《音乐之声》(*The Sound of Music*)中的出镜，萨尔茨堡在即使未踏足过这座城市的人心中也是一颗明星。你可以根据自己的想法，在旅途中安排参观几个电影外景地。米拉贝尔宫中著名的“哆来咪”雕塑(见253页)、本笃会农贝格修道院、海尔布伦公园里拍摄“即将十七岁”场景的凉亭——这就足够让你引吭高歌了。如果你想挖掘这部传奇电影背后的真实故事，可以在艾根19世纪的原版特拉普别墅里住上一晚。

梅尔克修道院

11 有人说，奥地利最伟大的艺术作品都是为上帝创作的。抬头看看在奥地利必游的本笃会修道院城堡梅尔克修道院(见141页)的金碧辉煌，你只能认同这种说法。这座双塔尖修道院教堂是巴洛克风格的绝世杰作，活灵活现的天使造型、镀金花饰和约翰·迈克尔·若特迈尔在天花板上的画作都让人眼花缭乱。这种奢华风格一直延续到图书馆和大理石走廊，两者都饰以保尔·特罗格创作的梦幻天眼穹顶。如果行程许可，你还可以留下来，欣赏夜间修道院的华丽灯饰。

10

INGOLF POMPE/LOOK-FOTO/GETTY IMAGES ©

RADU BERCAN/SHUTTERSTOCK ©

水疗体验

12 山间的清爽空气和温泉，让奥地利处处散发着健康的气息。想体验超凡脱俗的水疗，你可以到奥茨塔尔的阿尔卑斯山脚下，在水晶般的水族圆顶里飞碟状的泳池中肆意畅游，或在汉德瓦萨设计的色彩鲜明的Rogner-Bad Blumau里感受非凡的温泉。在维也纳林山的Römertherme里，历史的气泡浮出水面，罗马人曾经来此汲取硫黄水。在维多利亚时期，人们喜欢来到高雅的巴德加施泰因，这里含氡的温泉水据说能医百病。图为Alpentherme温泉（见287页）。

维也纳博物馆区

13 维也纳博物馆区（见78页）曾经是皇家马厩，如今成为全世界最大的展览区之一，占地60,000平方米，其艺术品的收藏规模甚至超过了一些小国家。利奥波德博物馆里展出克利姆特和席勒令人动容的佳作，而采用玄武岩建造而成的现代艺术博物馆（见79页）则展示一系列充满诱惑的维也纳行动主义作品，还有艺术馆的新媒体展览。充满进步主义色彩的时装店、工作室和咖啡馆将创造力带到画布上。如果天气和暖，维也纳人会聚在宽阔的庭院里闲聊、喝东西，坐看云起。

WILCO SNOEIJER/SHUTTERSTOCK ©

克里姆尔瀑布

14 "未见其形，先闻其声"，在目睹全欧洲最高瀑布——380米高的克里姆尔瀑布（见293页）之前，你肯定会先听到它雷鸣般的声响。在这个大瀑布的磅礴力量面前，会让人不禁自觉渺小。水流不断拍打巨石，水花映照出最上镜的彩虹。和所有自然奇迹一样，这座瀑布也有几个特定的最适合观赏的角度，就在瀑布徒步路径上。这条路径在潮湿的水雾丛林中蜿蜒前进，通往可以近距离观看三层瀑布和喷射水花景致的观景点。

蒂罗尔州的户外探险

15 在奥地利，哪里有四溅的水花、高耸的山峰或陡峭的深谷，哪里就会有动人心魄的户外冒险。每当夏天来临，你不禁要前往奥地利的漂流胜地（见322页）——蒂罗尔州，在奔腾的因河和桑纳河之中尽情享受。或者绑好索具，在齐勒河谷的滑翔伞体验中领略阿尔卑斯美景。自行车骑行爱好者可以利用缆车，探索高海拔和下坡线路。图为在迈尔霍芬玩滑翔伞（见337页）。

去酒庄品酒

16 在维也纳周边和布尔根兰州地区，尤其是有越来越多年轻、有创意的酒庄的新锡德尔湖周边，如果你看到有店铺门上挂着一根常青树木的树枝，很有可能你已经偶遇到一家酒厂了（见54页）。在闲适的小酒馆里坐上一会儿，品尝当地清爽的绿维特利纳（Grüner Veltliner）白葡萄酒和辛辣的蓝佛朗克（Blaufränkisch）葡萄酒。这个体验和葡萄酒本身有部分关系，也跟品酒的周围环境有关，包括气氛、景色、善谈的当地人和用心烹调的食物。9月是新葡萄酒出窖的时候，适合在金黄的葡萄园里漫步。

莫扎特的萨尔茨堡

17 莫扎特的精神故乡也许是在维也纳，但这个音乐奇才却是在萨尔茨堡充满巴洛克风格的阿尔特施塔特诞生并得以成长、发展。你可以在这里看到这位18世纪的超级巨星居住并热爱着，以及作曲的地方（见253页）。交响乐团会在1月下旬为已故的莫扎特庆祝生日（迟来的祝福总比不来好）。精美的米拉贝尔宫大理石厅年中会举办多场室内莫扎特曲目演奏会。在萨尔茨堡木偶剧院里会上演栩栩如生的木偶歌剧。

塞默灵铁路

18 不朽的塞默灵铁路（见159页）穿越阿尔卑斯山东部，让你体验怀旧的铁路旅行，欣赏全方位美景。为了建设这条铁路，20,000多名铁路工人不辞劳苦，从高山开始，完成了这项19世纪的工程壮举，它已然成为联合国教科文组织世界文化遗产。虽然蒸汽动力已经被电力取代，但当火车蜿蜒经过16座高架桥，钻过15条隧道，沿着100座石桥前进时，你依然可以想象到见证这个世界奇迹的首批乘客的心情。铁路工程之伟大和风景之优美经过了时间的验证。

17

18

阿德蒙特本笃会修道院

19 阿德蒙特本笃会修道院（见221页）坐落于施蒂里亚州盖绍泽山脉的裂谷深处，非凡地融合了景致、建筑和博物馆空间。本笃会修道院的巴洛克式图书馆的天花板壁画源自18世纪，足够诱惑你走进这个流水潺潺、高峰入云的偏远地区。花点时间逛逛修道院的博物馆，在感受地区自然历史的同时，欣赏古今艺术杰作。在玻璃楼梯上，陶醉于盖绍泽国家公园的壮丽风光。

维也纳纳旭市场

20 奥地利人以本土风味为傲，几乎每个地区都会出产惹人垂涎的惊喜。这些产品在维也纳最大、最有名的纳旭市场（见105页）总能找到一席之地：下奥地利州的凯普谷或布雷根茨林山的新鲜奶酪，还有以油花猪制成的图姆火腿（Thum Hum）。游逛市场并不只可以让你了解奥地利的美食地区，还能带你走进异国香料的感官世界。你可以走进食品摊（有些食品摊像餐厅一样大）歇歇脚，品尝几款首都最好的餐点。

CANADASTOCK/SHUTTERSTOCK ©

LIANEM/SHUTTERSTOCK ©

因斯布鲁克

21 蒂罗尔州首府因斯布鲁克以壮观的阿尔卑斯山北链山为背景（见322页），在这里，你可以感叹优雅的国家公寓或哥特式宫廷教堂，然后乘坐扎哈·哈迪德（Zaha Hadid）设计的充满未来主义色彩的索道缆车，前往滑雪道体验滑雪之乐。这里的文化深深地融入在风景之中。当你试图攀登7座高峰时，如果抓住路绳攀登因斯布鲁克Klettersteig会让你感到头晕目眩的话，不如试试走不那么可怕的Nordkette Singletrail山地自行车道。

萨尔茨卡默古特的湖泊

22 萨尔茨卡默古特（见228页）有很多波光粼粼的湖泊，是全奥地利最适合旅行者休养的地方之一。哈尔施塔特湖坐落在崎岖的达赫施泰因山山脚，是享受湖泊美景的绝佳位置。哈尔施塔特游客众多，上特劳恩湖畔则静谧得多。在更和暖、温和的沃尔夫冈湖湖畔散步或骑自行车，轻松体验巴特奥塞和巴特伊施尔等小镇气息。也可以到蒙德塞扬帆远航，让微风吹拂你漂洋过海。图为哈尔施塔特。

格拉茨

23 这个仅次于维也纳的奥地利第二大城市也是全奥地利最让人放松的城市之一。参观过埃根贝格宫、攀登过施洛斯贝格俯瞰城镇红屋顶美景后，也许还能在一个温暖的午后，到Aiola Upstair品尝一两杯长饮鸡尾酒——将旅程的终点定在施蒂里亚州南部的葡萄酒之路吧。这个酿酒区位于格拉茨南部约50公里处（见197页），不仅能满足味蕾，还能大饱眼福：连绵起伏、郁郁葱葱的山丘，和如诗如画的葡萄园景致在斯洛文尼亚边境缓缓展开。图为埃根贝格宫。

行前参考

更多信息，请参考“生存指南”章节（见417页）。

货币

欧元（€）

语言

德语

签证

奥地利是《申根公约》（*Schengen Agreement*）成员国之一。中国大陆旅行者需申请申根签证。中国香港、澳门和台湾公民可免签停留90天。

现金

很多地方都有自动柜员机。多数酒店和价格适中的餐厅都接受借记卡和Visa及MasterCard信用卡支付。但其他地方可能需要现金支付。不接受旅行支票。带有银联标志的柜员机都可以提取欧元现金。

手机

购买当地SIM卡（约€15）非常方便，可用于“非锁定”手机。开通国际漫游的中国移动、中国联通和中国电信手机均可在奥地利使用。

时间

欧洲中部时间（格林尼治标准时间/世界协调时间加1小时，GMT/UTC+1），比北京时间晚7小时，3月最后一个周日至10月最后1个周日实行夏令时，比北京时间晚6小时。

何时去

旺季（4月至9月）

- 旺季高峰自7月至8月。
- 湖区旺季高峰自6月至9月。
- 圣诞节和复活节物价上涨。
- 萨尔茨堡在7月和8月萨尔茨堡音乐节（Salzburg Festival）期间最为繁忙。

平季（3月下旬至5月和9月下旬至10月）

- 天气多变，湖区较凉爽，非常适合徒步。
- 景点开放，人流较小。

淡季（11月至次年3月）

- 每年的这个时候，很多景点都不再开放。
- 维也纳和各个州的首府文化活动较多。
- 滑雪度假村自12月中旬开始开放。
- 滑雪旺季为12月中旬至次年3月。

网络资源

奥地利大使馆（www.austria.org）网站会显示当前事务和实用信息。

Lonely Planet（www.lonelyplanet.com/austria）目的地信息、酒店预订、旅行者论坛和更多信息。

Österreich Werbung（www.austria.info）奥地利旅游局的官方旅游网站，提供中文页面。

Tiscover（www.tiscover.com）实用信息和住宿预订。

磨房论坛（http://www.doyouhike.net/）奥地利旅行攻略、游记和其他信息。

重要号码

如需在奥地利国外地区拨打列表上的号码，先输入你的国际接入码、国家代码、城市代码，再输入号码。

奥地利国家代码	☎43
紧急情况(报警、火警、救护车)	☎112
国际接入码	☎00
国际接线员及实用信息	☎11 88 77(国内、欧盟和邻近国家)；☎0900 11 88 77(其他国家)
山中救援	☎140

汇率

人民币	CNY1	EUR0.13
港币	HKD1	EUR0.11
澳门元	MOP1	EUR0.11
新台币	TWD1	EUR0.03
新加坡元	SGD1	EUR0.65
英镑	GBP1	EUR1.16
美元	USD1	EUR0.88
瑞士法郎	CHF1	EUR0.89

实时货币汇率见www.xe.com。

每日预算

经济：低于€80

- 宿舍床位或廉价双人间：约每人€25
- 自炊或特价午餐：€6~12
- 平价博物馆：€4

中档：€80~160

- 酒店标间：每人€60~90
- 两道主菜套餐搭配一杯葡萄酒：€30
- 重要的博物馆：€12

高档：高于€160

- 豪华套房和大城市双人间：€200起
- 水疗设施精心护理：€40~100
- 高级餐馆搭配葡萄酒的一餐：€70

营业时间

银行 工作日8:00或9:00~15:00（周四 至17:30）。

咖啡馆 7:00或8:00~23:00或午夜。

政府办事处 周一至周五 8:00~15:30、16:00或17:00。

邮局 周一至周五 8:00至正午，14:00~16:00。

餐厅 11:00~14:30或15:00，18:00~23:00或午夜。

更多详细信息见421页。

抵达奥地利

维也纳国际机场（Vienna International Airport）机场快线（City Airport Train，简称CAT）开往维也纳米德（Wien-Mitte）车站，每30分钟一班，运行时间5:36~23:06，全程16分钟。单程/往返车票分别为€11/17。维也纳机场线（Vienna Airport Lines）公共汽车每30分钟一班，全天候营业；开往Schwedenplatz，全程20分钟。单程车票为€8。

维也纳火车总站（Vienna Hauptbahnhof）这座耀眼的新维也纳主火车站建成于2015年。其他线路终到维也纳迈德灵（Wien-Meidling）车站和维也纳西站（Westbahnhof）。

格拉茨机场（Graz Airport）周一至周六首班火车于4:47从机场出发，末班发车时间为23:45，周日首班火车于5:10发车，发车间隔为至少每小时一班。630和631路公共汽车开往火车总站，班次间隔较长，全程约30分钟。两个线路都有一小时内有效的车票发售，票价为€2.20。

因斯布鲁克机场（Innsbruck Airport）F路公共汽车（Bus F）服务于因斯布鲁克机场，从玛丽亚·特蕾莎大街（Maria-Theresien-Strasse）出发，每15或20分钟一班（€2.30，全程16分钟）；出租车的相同车程收费约€10。

萨尔茨堡机场（Salzburg Airport）2、8和27路公共汽车（€2，全程19分钟）从总站外出发，大约每10至15分钟一班，途经阿尔特施塔特（Altstadt）附近的几个中央站点；2路和27路公共汽车终点站为火车总站。服务运营时间为5:30~23:00。

当地交通

汽车 小城镇租车服务相对有限，甚至完全没有租车服务，所以要在大城市预订。

火车和长途汽车 奥地利国家铁路系统和Postbus长途汽车服务整合于一体。你可以利用奥地利联邦铁路（Österreichische Bundesbahnen，简称ÖBB，431页）或Postbus（见433页）网站计划行程。

更多**当地交通**信息，见431页。

初次到访

更多信息，请参考“生存指南”章节（见417页）。

备忘清单

- 确保护照在到达日期后6个月内有效
- 确保具备有效的申根签证（中国大陆旅行者）
- 购买旅游保险，如有需要则购买医疗保险（见419页）
- 检查信用卡/借记卡是否可以在全球自动柜员机使用
- 复印所有重要文件和证件、卡（网上保存或纸质副本）
- 关闭手机数据漫游

带什么

- 登山靴（可在雪地中行走），外加一双正装鞋
- 防水夹克（夏天）或冬装夹克
- 背包
- 电源转换插头

旅程重要建议

- 探索夜晚的城镇，或考虑在林区径道进行一次轻松的夜间徒步，收获截然不同的体验。
- 选择一个便捷的城市、小镇或村庄作为区域中心，再安排日间行程——既节省时间，也可以免除携带行李的烦恼。
- 留点时间在维也纳和萨尔茨堡的咖啡馆和小餐馆（小酒馆）流连，或者静坐在公园或广场感受周围的气氛。
- 在网上预订火车票能够节省时间，并查看优惠车票（Sparschiene）信息。

穿什么

奥地利冬天非常寒冷，路面会结冰。因此必须穿着足够的保暖衣物和鞋子，穿戴手套、围巾和羊毛帽子。夏天，穿着方便穿脱、防水挡雨的衣服。奥地利人喜欢在晚上穿着正式晚装到高级餐厅进餐，尤其是在大城市，但对于一些高级酒吧和餐厅，休闲牛仔裤搭配得体的衬衫和男式休闲上装或女式小西服外套就已经足够了。

住宿

旅游局往往可以提供住宿清单和详细信息；部分旅游局还能够安排预订房间（免费，或收取小额费用）。

- **酒店** 提供各式酒店住宿，从价格低廉的房间到奢华五星级酒店，应有尽有。
- **民宿** 也被称为家庭旅馆和小旅馆（Gasthöfe），可以提供简单的城市游览行程和山间乡村度假屋住宿等服务。
- **包间住宿** Privatzimmer常有实惠房间（双人间价格低至€50）。
- **农场住宿** 主要针对家庭游客人，但部分住宿仅限夏季月份营业。
- **Alpine Huts** 营业时间从6月下旬至9月中旬，可以欣赏山上雪景。必须预订。

➡ **露营** 大部分度假村和城市都有露营地，自然环境优美。

社交礼仪

奥地利人相当拘谨，会选择用讽刺的方式去缓解社交规矩和限制，而不是公然揭露或打破规则。

➡ **电话** 通话开始时，先自报姓名，尤其是进行预订的时候。通话结束时，按照惯例向对方说“auf Wiederhören”（再见）。

➡ **问好** 除非你的年纪较小（20多岁）而且是和同辈一起，或对方先使用“du”（非正式的“你”），否则要用敬称“Sie”。如果在徒步过程中偶遇同好，可以以“Servus”、“Grüss di”（或者非正式形式的“Grüss dich”）或“Grüss Gott”（“你好”的通用形式）问好。

➡ **餐饮** 如果到别人家探访，巧克力或者鲜花都是较好的见面礼。进餐之前先说“Guten Appetit”（“祝好胃口”）。敬酒说“Zum Wohl”（葡萄酒）或者“Prost”（啤酒，两者均为“干杯”之意），而且要与对方眼神接触，否则会视为无礼，而且据说还会带来7年糟糕的性生活。

语言

在维也纳的地区中心和游客聚集的区域（例如湖边或度假村），你会发现很多人说英语，尤其是餐厅和酒店。但是，郊区的情况大多不一样，你应该事先学习几句常用语，以备不时之需。

火车的列车员和很多长途汽车司机的英语水平足以在必要时候提供协助。

JEAN-PIERRE LESCOURRET/GETTY IMAGES ©

在维也纳的咖啡馆“发呆”

货币

很多地方都有自动柜员机。多数酒店和价格适中的餐厅都接受Maestro借记卡和Visa及MasterCard信用卡支付，但其他地方可能需要现金支付。不接受旅行支票。

讨价还价

在奥地利文化里，并没有在商店讨价还价这一项。但跳蚤市场是例外，或者，比如皮划艇或自行车之类租赁时间比较长的项目，你可以询问商家能否提供一个更加优惠的价格。

小费

➡ **酒店** 在高端酒店，要向行李搬运员支付每件行李1或2欧元的小费，也需要向代客泊车的服务员支付小费。

➡ **餐厅** 约为账单的10%（除非服务非常糟糕）。

➡ **酒吧** 吧台大约5%，餐桌约为10%。

➡ **出租车** 约10%。

楼层

在奥地利以及欧洲的大部分地区，我们看到的建筑物的第一层楼，通常标注为ground floor（1层），而1st floor通常为底层以上的第二层，以此类推。偶有例外情况。

如果你喜欢

博物馆和宫殿

维也纳博物馆区(Museums Quartier)巴洛克式的马厩改造成欧洲最佳现代博物馆区。(见78页)

维也纳霍夫堡皇宫(Hofburg)霍夫堡皇宫主殿历史超过600年，现今被分设为多个华丽的博物馆。(见61页)

美景宫(Schloss Belvedere)欧根亲王的维也纳杰作，保存众多杰出艺术收藏。(见85页)

美泉宫(Schloss Schönbrunn)维也纳首屈一指的宫殿和花园，诉说着哈布斯堡王朝的故事。(见89页)

埃根贝格宫(Schloss Eggenberg)格拉茨华丽的文艺复兴宫殿，内设多个博物馆，外有大片花园。(见201页)

萨尔茨堡要塞(Festung Hohensalzburg)萨尔茨堡巨大的堡垒，拥有900年历史，参观富有历史内涵的审讯室更是锦上添花。(见251页)

萨尔茨堡主教宫广场(Residenzplatz)高贵而奢华，展出欧洲大师的佳作。(见253页)

徒步

平茨高山脊路(Pinzgauer Spaziergang)阿尔卑斯徒步径，沿途饱览上陶恩山国家公园(Hohe Tauern National Park)和阿尔卑斯山基茨比厄尔(Kitzbühel)的醉人美景。

Ranger Walks 在上陶恩山的导航路径中回归自然，与博学的护林员同行——从冰川徒步到野生动植物探索。(见281页)

齐勒河谷环路(Zillertal Circuit)经典的阿尔卑斯日间徒步路线，从色彩如宝石般绚丽的水库出发，沿路欣赏阿尔卑斯山齐勒河谷迷人景致。(见335页)

Radsattel环路 福拉尔贝格州最引人入胜的徒步路线之一，穿越山谷，登上3000米的山峰，走进冰川的国度。(见377页)

当代餐饮

Café Drechsler 在超级时髦的咖啡馆里，听着DJ打碟，品尝红烩牛肉。(见117页)

Der Steirer Nouveau 施蒂里亚州(Styria)佳肴——葡萄酒和红烩牛肉的艺术。(见206页)

Supersense 这家重新营业的咖啡馆里充满怀旧气息，融合咖啡、黑胶唱片和时尚的宝丽来相片。(见112页)

布尔根兰州(Burgenland)葡萄酒 幽静的小型葡萄酒酒庄获得了国际认可。(见169页)

南施蒂里亚葡萄酒之路 美味的葡萄酒加创意菜肴。(见195页)

维也纳奥地利小酒馆和酒庄 寻找充满现代风格的新一代小酒馆和新派奥地利小酒馆。(见113页)

冬季运动

主要滑雪度假村 在基茨比厄尔、阿尔山麓圣安东(St Anton am Arlberg)和迈尔霍芬(Mayrhofen)体验坡道滑雪和单板滑雪。(见342页)

施拉德明(Schladming)在滑雪场和冰川上进行高山滑雪，再观看几场滑雪赛事。(见223页)

高山速降 到基茨比厄尔的斯特雷夫(Streif)滑雪道、圣安东(St Anton)的Run of Fame滑雪线路和迈尔霍芬的Harakiri，考验自己的斗志。(见342页)

滑雪场外休闲设施 没有比得上圣安东和伊施格尔(Ischgl)的。(见355页)

低难度 从雪鞋健行、雪橇到塞费尔德(Seefeld)的热门滑雪场，即使不会滑雪的人也能体验冰雪的乐趣。(见348页)

上图： 现代艺术博物馆，维也纳（见79页）
下图： 五指观景台，克里彭施泰因山（见235页）

观景和极限运动

达赫施泰因冰宫（Dachstein Eispalast）和空中走廊 到达顶峰的观景平台之前，踏上在垂直崖面上的空中走廊，感受心脏的狂跳。（见223页）

Hintertuxer Gletscher 乘坐缆车前往，沉浸于绝世的冰川美景。（见339页）

维也纳摩天轮（Riesenrad）维也纳的标志性摩天轮，带你去欣赏美丽的城市风景。（见84页）

萨尔茨堡要塞 俯瞰塔尖、穹顶和萨尔茨堡连成片的屋顶。（见251页）

大格洛克纳山公路（Grossglockner Road）埃德尔魏斯隘口（Edelweiss Spitze）在30多个海拔超过3000米的高峰上欣赏360度全景。

Balthazar im Rudolfsturm 饱览哈尔施塔特湖（Hallstätter See）醉人湖景，浅酌长饮鸡尾酒。（见234页）

骑行

多瑙河谷（Danube Valley）骑行小径 从德国边境穿过满布葡萄园的瓦豪（Wachau）和维也纳，最终到达斯洛伐克。（见47页）

施拉德明 900公里自行车道，还有不少极具挑战性的山地自行车道。（见223页）

博登湖自行车道（Bodensee Radweg）围绕博登湖的车道，满目迷人风光。（见365页）

上陶恩山自行车道（Tauernradweg）全长310公里的大道，在上陶恩山国家公园欣赏山林景致。（见293页）

每月热门

最佳节庆

萨尔茨堡音乐节，7月

施蒂里亚音乐节，6月

圣诞市场，12月

中世纪古堡庆典，7月

多瑙岛音乐节，6月

1月

奥地利已经开始下雪，滑雪季即将开始。踏入奥地利最寒冷的月份之一，是时候登山进行高山滑雪和越野滑雪，或换上雪靴来一场徒步旅行了。

☆ 莫扎特音乐周

莫扎特音乐周是为了歌颂著名的萨尔茨堡之子——莫扎特。音乐周在1月下旬举行，举办一系列演奏会。（见262页）

☆ 新年音乐会

在1月1日，维也纳将以古典音乐演奏会奏响新年。维也纳交响乐团将在维也纳国家歌剧院（Staatsoper）表演，可谓星光熠熠。（见118页）

民俗化装游行

在奥地利西部的很多地方，当地人会穿着成“怪老子”（Perchten，是一种头戴复杂头饰的魔鬼），穿过大街小巷游行，庆祝当年收获财富和丰收。

2月

冬天的气候非常寒冷，但维也纳的博物馆和文化活动则高潮迭起，充满了热闹轻快的气氛。山坡上的滑雪场景依然令人兴奋。

☆ 维也纳国家歌剧院

在1月和2月，维也纳会举行300场左右的舞会，其中在国立歌剧院举办的舞会无疑是最耀眼的。（见99页）

3月

旭日逐渐融化公共广场的寒冷。3月下旬开始就可以进行各类徒步和骑行活动了，但维也纳以外的很多景点依然还没开放。

复活节

复活节是家人团聚、庆祝的节日。萨尔茨堡会举行复活节艺术节（Osterfestspiele，262页），而维也纳则举办复活节庆祝活动（OsterKlang，99页）。

4月

春天的气息开始蔓延，城中花园内百花齐放。此时酒店房价还没上涨，游客量也不算大。阿尔卑斯山的顶峰依然被白雪覆盖。

5月

在明朗的春日里，城市总是让人如此身心愉悦：不拥挤，也很和煦。到Alm（意为“草地”）山徒步，在繁花中游玩。4月开始，所有景点和活动都进入了夏季安排。

☆ 米尔施塔特音乐周

在卡林西亚州（Carinthia）的米尔施塔特，5月至9月会举办一连串演奏会，多数会在中世纪修道院中上演。

维也纳艺术节

全球艺术家齐聚维也纳舞台，活动一直持续到6月中旬。（见99页）

☆ Höhenrausch

Höhenrausch的本质就是在怪诞而美好的地方展出现代艺术，通过城市游览、山顶步行、艺术设施和娱乐活动吸引人们前来林茨。（见176页）

6月

积雪终于融化，这时候来一场徒步或是划一次皮划艇感觉真是棒极了，徒步路径上几乎空无一人，天气温暖得刚好又不会太过酷热。山上的湖泊也开始逐渐解冻。维也纳和萨尔茨堡的热门景点开始变得人声鼎沸。

☆ 多瑙岛音乐节

整个维也纳都被多瑙岛上持续三天的摇滚、流行、硬核摇滚、民谣和乡村音乐狂欢节迷得神魂颠倒。（见99页）

☆ 舞蹈节

顶尖国际现代舞团体中的佼佼者登上舞台，从6月至7月，连续一个月在因斯布鲁克舞蹈节上呈献迷人舞蹈。

☆ 夏季舞台

萨尔茨堡的舞蹈、戏剧和音乐先锋潮流从6月中旬开始涌现，一直持续到7月中旬。（见262页）

☆ 施蒂里亚音乐节

作为格拉茨最重要的文化节日，施蒂里亚音乐节将在6月和7月上演源源不断的古典音乐演奏会。（见203页）

7月

暑假从7月开始，所以很多家庭都选择在湖边或到山上享受温暖的天气。城市可能会变得酷热非常，人头涌动，但餐厅的露天用餐体验却是最好的。

☆ 维也纳国际舞蹈节

首屈一指的维也纳前卫舞蹈节自7月中至8月中举行，5周的活动中迎来舞者、舞蹈教练和教师前来参与。（见100页）

☆ 萨尔茨堡音乐节

自7月下旬至8月，世界一流的歌剧、古典音乐和戏剧在萨尔茨堡各大舞台上演。（见262页）

☆ 中世纪古堡庆典

7月最后一个周六，弗里萨赫（Friesach）小镇会熄灭灯光，让时光穿越到中世纪。（见307页）

8月

学校假期还没结束，很多家庭都抓紧机会到度假村玩乐一番，因此各个度假村都会变得略微拥挤。趁着天气晴好，参观相对偏僻的景点——去探索酒厂或攀登高峰吧。

☆ 布雷根茨音乐节

布雷根茨音乐节从7月下旬开始一直持续到8月下旬，是福拉尔贝格州（Vorarlberg）最高端的文化盛宴，流动露天舞台上流淌着古典音乐，上演着充满古典风情的表演。（见365页）

La Strada Graz

这个洋溢着热情的夏季艺术节将为格拉茨的街头巷尾带来街头剧场、舞蹈、木偶剧场和“新式马戏团”表演。（见203页）

9月

气温开始逐渐下降，各大景点的人群也开始逐渐散去。但博物馆和大多数活动依然开放，部分高端音乐节依然热闹非凡。

☆ 国际音乐节

林茨的舞台迎来了最为人称道的音乐节，一系列古典音乐演奏会围绕作曲家安东·布鲁克纳（Anton Bruckner）展开。（见177页）

☆ 国际海顿节

来自全球和奥地利的表演者将带领观众领略一连串约瑟夫·海顿（Josef Haydn）的作品，活动将在几乎整个9月期间于海顿的故乡艾森施塔特举行。

山地瑜伽节

圣安东（St Anton）举办山地瑜伽节，参与者纷纷做出如树木般挺立的动作，给9月初的度假村增添一丝禅意。（见359页）

10月

金色10月——满眼赤褐和金黄，夜晚的山区变得愈加寒冷，葡萄酒收获的季节已然到来，有些博物馆已经开始准备冬季的闭馆工作了。

☆ 施泰尔秋季艺术节

这个前卫的艺术节每年会在格拉茨举办，涵盖音乐、戏剧、电影和其他更多内容。（见203页）

☆ 维也纳电影节

从10月中旬开始一连2周，城市电影院上映各种小众电影，从纪录片到短片正片，一应俱全。（见100页）

11月

首都维也纳以外的很多博物馆都进入了“冬眠模式”，白昼逐渐变短，天气时而会变得有点恶劣。咖啡馆、小酒馆和餐厅成为人们的聚脚地。

圣马丁节

在11月11日前后，新酿葡萄酒开始陆续发布，而圣马丁节的习俗正是鹅肉盛宴和新酿的玉露琼浆。

维也纳现代音乐节

当代音乐和流行文化在这个为期3周的音乐节中表现得淋漓尽致，全维也纳总共16个会场参与演出。

12月

下雪啦！滑雪度假村正蓄势待发，维也纳和其他城市的剧场和古典音乐演奏厅的活动如火如荼——最顶尖的表演往往会在最寒冷的月份上演。

圣诞市场

圣诞市场（Christkindl-märkte）最早会在12月上旬在全国各地陆续开业，到12月24日结束，人们会在广场上品尝热红酒。

新年夜

可要预订好12月31日的座位，维也纳的街头擦肩接踵，人们会以绚烂的烟火和爆竹来庆贺新年的到来。

旅行线路

2周 从维也纳到萨尔茨堡

这一条线路是奥地利游的经典版本，领略维也纳的奢华宫殿和咖啡馆，再去匍匐着葡萄藤的瓦豪（Wachau）河谷，而后向西前往萨尔茨堡州阿尔卑斯山。连恢宏的交响乐或歌声曼妙的修女也无法完美地歌颂莫扎特和玛丽亚·特蕾莎的故事，以及美妙的自然风光——一路俯拾皆是。

抽几天时间开展一趟文化之旅，漫游哈布斯堡宫殿，沉浸在展出克林姆特作品的世界级画廊，体验**维也纳**的华丽咖啡馆。

乘坐火车继续西行，清风徐来，你会来到葡萄酒酿酒区的中心地带，踏上如画般的**瓦豪**多瑙河谷（Danube）的土地。在这里停留一两天，感受城堡和修道院，品尝当地雷司令葡萄酒。

沿西向的道路一直前进，2天后到达**萨尔茨卡默古特**，充满电影画面感的山峰衬托着蓝到极致的湖泊。置身于惊艳绝伦的哈尔施塔特（Hallstatt）一边畅游，一边欣赏巅峰美景，到达赫施泰因洞群（Dachstein Caves）观赏让人咋舌的冰洞。从这里出发，继续西行到达**萨尔茨堡**，享受由巴洛克艺术、采邑总主教宫殿和莫扎特音乐等组成的艺术盛宴。逗留几天后，抽一天时间到**韦尔芬**的山顶城堡和非凡的埃斯瑞森韦尔特冰洞（Eisriesenwelt）——通通在滕嫩山脉（Tennengebirge）参差的石灰岩山峰的眼下。

2周 从维也纳到因斯布鲁克

这是游览奥地利各大城市的豪华线路，经历沿途文化和引人入胜的阿尔卑斯风光。

从3天的**维也纳**深度文化游开始，在展出克里姆特丰富的作品的美景宫或奢华的美泉宫中细味哈布斯堡生活，然后沿着多瑙河谷西行到达**多瑙河畔克雷姆斯**。在这里多待几天，游览处于艺术前沿的画廊，参与一流品酒会，别忘了安排一次激动人心的**梅尔克**本笃会修道院-堡垒之旅，俯瞰多瑙河谷。

在第7天（在冬天可以将行程提早1天或2天），出发前往**林茨**。林茨是一座工业城市，但又拥有诸如伦托斯艺术博物馆和林茨电子艺术中心的杰出展览。第8天来到被群山围绕的**哈尔施塔特**和萨尔茨卡默古特的湖泊边欣赏美景，再心旷神怡不过。

从哈尔施塔特，你可以选择到城堡脚下的淳朴巴洛克城市**萨尔茨堡**，感受莫扎特和玛丽亚·特蕾莎的双重文化结合，或湖边的**滨湖采尔**，沿着徒步路径登上奥地利的巅峰，然后继续前往**因斯布鲁克**，文化体验、徒步或滑雪——一切随你所好。

10天 萨尔茨堡州和萨尔茨卡默古特

开始你的**萨尔茨堡**之旅，用3天时间仔细梳理后街小巷，登上城堡最高点俯瞰莫扎特故乡的所有城堡。也许你会被《音乐之声》的行程吸引，或大步攀登阿尔卑斯山。或绕行参观意大利风格的海尔布伦宫（Schloss Hellbrunn）或**哈莱因**盐矿。

从萨尔茨堡出发，向南沿路深入最诗情画意的萨尔茨卡默古特湖泊——**沃尔夫冈湖**。夏日炎炎，游泳、散步和骑自行车都是绝佳的选择。之后几天，徒步或骑自行车探索几个更鲜为人知的静谧小镇。

在圣沃尔夫冈或圣吉尔根（St Gilgen）的湖边散步以后，可以乘坐短途汽车前往**巴特伊施尔**，在接下来的3天里探索萨尔茨卡默古特的其他美妙湖景。其中最美的是**哈尔施塔特湖**（Hallstätter See），和风格更加慵懒的**上特劳恩**，两个地方都非常适合过夜。在上特劳恩附近，有达赫施泰因洞群，乘坐缆车浏览其中梦幻的冰洞，再来一段徒步。

上图: 沃尔夫冈湖全景
（见245页）

下图: 美景宫，维也纳
（见85页）

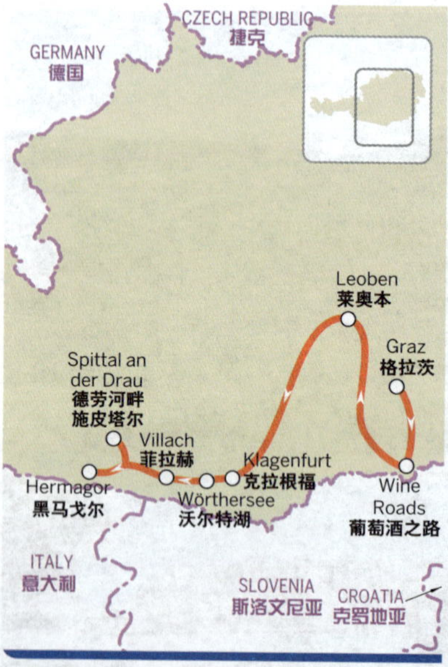

10天 施蒂里亚州和卡林西亚州

这个南部名景线路带你体验休闲舒适、富有文化底蕴的格拉茨，施蒂里亚州的葡萄园，碧绿盎然的沃尔特湖（Wörthersee）和更多其他湖泊、村庄和鲜为人知的小径。

先用3至4天的时间揭开**格拉茨**的面纱。格拉茨是奥地利第二大城市，友好随和，这里有现代化的画廊、文艺复兴时期的庭院，以及能唤醒感官的美食和夜生活，无一不能吸引你的注意。第3天，沿着施蒂里亚州南部**葡萄酒之路**探索，一路托斯卡纳般的风光和斯洛文尼亚边境紧紧结合，葡萄园随处可见。

乘坐经过**莱奥本**的火车前往克拉根福（Klagenfurt），其间你可以腾出几个小时来游览一下莱奥本博物馆中心。接下来的5天可以分成**克拉根福**、**沃尔特湖**、**菲拉赫**或**德劳河畔施皮塔尔**等多个部分，所有小镇上都散布着众多景点，还可以进行多种户外活动。诸如盖尔谷（Gail Valley）里的**黑马戈尔**一类的小镇就非常适合骑自行车、徒步，在冬天还能到纳斯费尔德（Nassfeld）滑雪。

2周 蒂罗尔州

无论你走到哪里，在蒂罗尔州，你总能见到山。穿起登山靴，或是踩上滑雪板，潜入无与伦比的阿尔卑斯山谷。

先在慵懒的**因斯布鲁克**住上几天。从沉淀了深厚的历史底蕴的阿尔特施塔特（Altstadt）古镇开始，参观画廊，欣赏哈布斯堡王朝的宝藏，感受激情四射的夜生活，又或是乘坐充满未来主义气息的索道缆车登上北链山（Nordkette）。从因斯布鲁克出发，向南前进，到**施图拜冰川**找寻风景旖旎的滑雪场，或向西边挺进，参观**施塔姆斯**的精美巴洛克修道院。

第5天，出发到崎岖的**厄茨河谷**。在这里，你可以沉浸在Ötzi Dorf的史前史中，再到水族圆顶享受温泉水疗。之后，到**兰德克**附近体验漂流，探索**伊姆斯特**Rosengartenschlucht峡谷，或是到**阿尔山麓圣安东**徒步和滑雪。

在第2周，回到因斯布鲁克并向东边前进。留1天时间游览纯朴的中世纪小镇——**蒂罗尔州哈尔**，参观**瓦滕斯**水晶满布的施华洛世奇水晶世界。**齐勒河谷**的高山景致会让你迫不及待地到户外活动。最后走进以堡垒为巅的**库夫施泰因**，再登上传奇的**基茨比厄尔**山峰，为旅程画上完美的句号。

计划你的行程

滑雪

无论你是高山回转专家、无所畏惧的自由式雪板玩家，还是滑雪初学者，都能在奥地利找到适合你的滑雪场。各式滑道应有尽有，令人惊叹。尽管瑞士与法国阿尔卑斯山脉的滑雪场以坡道高度著称，但奥地利一直以来都是欧洲最好的全能型滑雪胜地。这片土地是现代滑雪运动的发源地，汉内斯·施奈德（Hannes Schneider）在此开创了具有突破性的阿尔贝格技术（Arlberg technique），也见证了奥林匹克传奇的诞生，同时还是滑雪后休闲活动（après-ski）的精神摇篮。在这里，你将发现为中级滑雪者准备的滑雪路线、令人胆颤心惊的黑道，以及夏季的冰川滑雪场。简而言之，奥地利为级别不同、需求各异的滑雪爱好者打造了完美的粉雪体验。

最佳滑雪地区

阿马德滑雪区（Ski Amadé，见279页）萨尔茨堡州的阿马德滑雪区是奥地利最大的滑雪胜地，拥有5个雪量充足的滑雪场以及25座度假村，雪道总长达到760公里。其中包括低调的拉德施塔特（Radstadt）和适合家庭滑雪的菲尔茨莫斯。这片广阔的滑雪区域可以满足不同级别滑雪爱好者的需求：无论是从绿树成排的雪道缓缓滑下，还是在雪道外进行野雪滑行。

阿尔贝格滑雪区（Ski Arlberg，见359页）阿尔贝格滑雪区设有全新的快速缆车连接莱希与阿尔山麓圣安东，截至2016/2017年冬季，已成为奥地利最大的互相连通的滑雪区。该区域拥有值得引以为豪的305公里雪道和87辆滑雪缆车，被列为全国最负盛名的滑雪地区之一。毕竟，这里是阿尔山麓圣安东的中心所在，也是资深滑雪玩家与单板滑雪高手向往的圣地。滑雪区记录了详细的降雪情况，滑雪者可以尝试富有挑战性的地形，体验绝妙的野雪滑行；滑雪后的娱乐活动更是精彩丰富，即便

最佳滑雪场

穿上你的滑雪靴，在以下推荐的几处滑雪场享受滑行乐趣和滑雪后的狂欢吧：

最佳陡坡 施特雷夫滑道（Streif）位于风景壮丽的哈嫩卡姆山（Hahnenkamm），是基茨比厄尔首屈一指的惊险雪道。而地处迈尔霍芬（Mayrhofen）的赫拉基利（Harakiri）则是奥地利最陡峭的滑道，坡度高达78%。在这条超级黑道上只能一路向前，没有退路……

最佳家庭滑雪场 菲尔茨莫斯（Filzmoos）是不容错过的选择，那里有适合初学者的缓坡，场地宽敞，风景如画，还能欣赏达赫施泰因山脉绵延起伏的自然美景。相比之下，海利根布卢特（Heiligenblut）的滑道非常低调，另设有滑雪幼儿园。

最佳单板滑雪场 迈尔霍芬是自由式雪板滑雪玩家的胜地，不少人认为当地的凡斯朋肯公园（Vans Penken）是奥地利最棒的地形公园。

Austria Outdoors 奥地利户外运动

0 — 100 km
0 — 50 miles

不是全欧洲，至少也是奥地利最时尚有趣的滑雪后休闲项目。

基茨比厄尔（Kitzbühel，见342页）基茨比厄尔位于闻名遐迩的哈嫩卡姆山，拥有170公里精心维护的平整雪道，中世纪风格的小镇中心没有车来车往，激情四射的夜生活精彩纷呈，是奥地利最受欢迎的滑雪胜地之一。也许有人会抱怨滑雪场的降雪量不太可靠——毕竟最低海拔仅762米，与高山滑雪标准相比非常低，但这并不妨碍滑雪爱好者在此体验各类高山速降、单板滑雪以及滑野雪的乐趣。

齐勒河谷竞技场（Zillertal Arena，见339页）迈尔霍芬的滑雪道总长143公里，是齐勒河谷竞技场的精华所在。这里不仅是中级滑雪者的天堂，更拥有奥地利最陡峭的黑道，即坡度78%、看似有去无回的赫拉基利滑道。此外，迈尔霍芬神奇的地形公园对许多自由式滑雪玩家而言独具吸引力。即使山谷中的积雪较薄，附近的亨特图克斯冰川（Hintertux Glacier）也是不错的选择。

滨湖采尔—卡普伦（Zell am See-Kaprun，见282页）这一坐落于湖畔的滑雪胜地位于滨湖采尔以及与其如出一辙的卡普伦镇，拥有长达138公里的向阳坡道。滑道两边绿树成排，风景优美，非常适合初学者与家庭滑雪之旅。即使低坡的积雪量不够，仍能在基兹特因霍恩冰川的新鲜粉雪与地形公园中尽享滑雪乐趣。滨湖采尔的老城区采取车辆禁行的政策，这里提供丰富多彩的滑雪后休闲活动，却一点不喧闹嘈杂。上陶恩山脉为冰川覆盖的宜人美景在滨湖采尔-卡普伦地区一览无遗。

锡尔夫雷塔-蒙塔丰（Silvretta-Montafon，http://winter.silvretta-montafon.at；Vorarlberg；1/2天通票 €39/78）布因峰（Piz Buin，海拔3312米）标志性的山顶如箭头般陡峭而高耸，俯瞰整个锡尔夫雷塔-蒙塔丰滑雪区。这一低调的滑雪胜地位于福拉尔贝格州东南角一座宁静美丽的山谷中，吸引了不少家庭、游客以及滑雪爱好者前往。滑雪区拥有长达246公里的雪道，同时提供滑雪橇、冬日徒步等各类野雪区的活动项目。

锡尔夫雷塔竞技场（Silvretta Arena，见355页）伊施格尔拥有238公里经人工整理的雪道和71辆超现代化的缆车，是锡尔夫雷塔竞技场的特色与魅力所在。其高坡滑道海拔超过2000米，对雪质有充足的保障，非常适合信心十足的中级滑雪者、野雪及单板爱好者。伊施格尔热闹非凡的派对与疯狂刺激的（有时甚至没有底线的）滑雪后休闲活动远近闻名，每年雪季开始与结束时都会举行名流云集的音乐演出。如果喜欢更为安静的环境，可前往附近的加尔蒂（Galtür）、卡普尔（Kappl）与萨姆瑙恩（Samnaun，瑞士）。

瑟尔登（Sölden，见350页）厄茨河谷（Ötztal）四周环绕着奥地利最原始、最高的山川。雪量充足的瑟尔登是这里最大的滑雪胜地，滑雪道位于海拔1350米至3340米之间，总长145公里。滑雪场设有先进的缆车系统，也提供精彩绝伦的滑雪后休闲活动。瑟尔登的地形是中级滑雪者的天堂，但拥有极富挑战性的长距离雪道，例如50公里长的"三巨头落差雪道"（Big 3 Rally）和野雪区。除滑雪外，雷滕巴赫（Rettenbach）和蒂芬巴赫（Tiefenbach）两大拥有丰富降雪的冰川也是非雪季的理想选择。

雪道级别分类

大多数旅游局官方网站和滑雪场山谷缆车站都提供相关的雪道地图；不同雪道根据难易程度按颜色标识进行分类：

➡ **蓝色** 代表适合初学者的雪道，雪面平整，相对简单。

➡ **红色** 代表中级雪道，通常经过机压，较为平整，相比于蓝色雪道更陡、更窄。要求滑雪者至少达到中级水平。

➡ **黑色** 适合技巧娴熟的高级玩家。一般非常陡

折扣优惠

可密切关注www.igluski.com、www.skiingaustria.co.uk、www.ifyouski.com与www.j2ski.com等网站，留意最后的特价滑雪套餐。当地旅游局与www.austria.info网站有时也会推出相关活动优惠。

你可以通过"雪地智慧"（Snow-brainer, www.snow brainer.com）网站提前租赁滑雪和单板滑雪装备以节省时间和金钱。该网站的租赁优惠有时高达50%。

BORIS-B/SHUTTERSTOCK ©

上图:阿尔山麓圣安东滑雪场(见357页)

下图:阿尔山麓圣安东街景(见357页)

峭，可能未经平整，有时会出现隆起的坡面障碍和垂直下降的情况。

缆车通票

有效期为一周的缆车通票大约需要€250，这将为你节省不少预算。持通票可搭乘一个或多个滑雪区的缆车，多数情况下也包括往返不同区域的接驳巴士。如果要前往相对冷门的地区，缆车通票可能比奢华度假村出售的交通服务便宜近一半。单日滑雪通票一般售价€35至€50，通票有效期越久，优惠力度越大。儿童通常为半价，5岁以下免费（需出示护照证明年龄）。

如今，大部分缆车通票已无须手动检票，其内部的植入芯片可被检票闸自动识别。许多通票可在线预订。

安全

➡ 雪崩是积雪地区可能发生的严重危险，有时甚至会造成致命影响。

➡ 如果你去滑野雪，切记不要单独行动。随身携带雪崩探杆（一种可折叠的细杆，可用来确定雪崩受困者的位置）、探测仪、雪铲以及专业的求生指南。

➡ www.lawine.at（德语网站）提供各地区雪崩风险和积雪覆盖率的相关信息。

➡ 高海拔地区的紫外线强度增加，经积雪反射后更为强烈；建议佩戴滑雪镜，并涂上防晒霜。

➡ 在滑雪前保持良好的身体状态，逐步增强体能。

➡ 穿上排汗衣裤，以适应体温的不断变化；确保已做好头部、手腕和膝盖等部位的防护措施（建议佩戴护具）。

➡ 在你沿着黑道飞驰而下之前，确认自己已购买了合适的保险并已详细阅读所有保险条款，尤其是小字部分。否则，高山救援、就医治疗和遣送服务的费用将成三倍以上增长。

实用资源

书籍

《阿尔卑斯登山滑雪：阿尔卑斯山脉中部与东部》（*Alpine Ski Mountaineering: Central and Eastern Alps*）作者：比尔·奥康纳（Bill O' Connor）。不容错过的滑雪指南，内容详尽，包含了锡尔夫雷塔、厄茨河谷、施图拜与奥特拉山脉（Ortler ranges）等地区的滑雪之旅。

《滑雪与单板滑雪目的地指南》（*Where to Ski and Snowboard*）作者：克里斯·吉尔（Chris Gill）和戴夫·沃茨（Dave Watts）。每年更新的滑雪者必备指南，涵盖了目的地从地形到缆车通票的所有信息。

《欧洲滑雪胜地TOP50》（*Which Ski Resort – Europe: Our Top 50 Recommendations*）作者：帕特·沙普尔斯（Pat Sharples）和瓦妮莎·韦布（Vanessa Webb）。这本便携指南的作者分别为自由式滑雪冠军和滑雪教练，书中提供了从野雪区到滑雪后休闲活动等各方面的详尽信息。

网络资源

Bergfex（www.bergfex.com）网站提供了有关阿尔卑斯山雪道地图、降雪预报，以及奥地利所有滑雪胜地的详尽信息。

If You Ski（www.ifyouski.com）关于滑雪场指南、滑雪套餐、装备租赁以及滑雪学校的实用信息。

MadDog Ski（www.maddogski.com）有趣的滑雪指南，提供了业内人士有关住宿、滑雪后休闲活动等各方面的建议。

On the Snow（www.onthesnow.co.uk）可查看有关奥地利各大滑雪胜地的点评，另有降雪报告、网络摄像头及缆车通票等详细信息。

滑雪与单板滑雪目的地指南（Where to Ski & Snow-board，www.wheretoski andsnowboard.com）网站记录了各大滑雪胜地的关键信息，并按优缺点进行排序，同时还提供其他滑雪者的评价。

世界单板滑雪指南（World Snowboard Guide，www.worldsnowboard guide.com）主要面向单板滑雪爱好者，同时也提供奥地利几乎所有滑雪胜地的全面信息。

装备租赁和课程费用

每个滑雪场都设有类似Intersport（www.intersport.at）的体育用品商店，在那里可以租借滑雪板（适用于高山速降、越野滑雪与小回转)、单板、雪靴、滑雪杖、头盔等滑雪装备。滑雪、单板滑雪和越野滑雪装备租赁大约需要每天/周€28/127，顶级装备的费用为€34/158。雪靴租赁约为每天/周€16/61。在Intersport，如果父母双方同时租借装备器材，14岁以下的儿童将享受半价优惠，10岁以下儿童免费租赁，全家可享第七天费用全免的额外优惠。

大部分滑雪场都开设了一所或多所滑雪学校；奥地利滑雪运动网站(Snowsport Austria, www.snowsport austria.at)提供了各地区滑雪学校的信息。面向成人和儿童的团体课程通常定价€70/天(上午两小时，下午两小时)，4天€200和6天€260。参加课程的时间越长，每天的均价越低。如需私教授课，可预约。儿童学员必须年满4岁。

越野滑雪和雪鞋健行

奥地利的越野滑雪(德语：Langlauf)通常比速降滑雪更简单，也更便宜——凭初次体验券购买单日通票仅需€3。越野滑雪的两大技术分别为相对传统的、在预先维护过的越野滑道(德语：Loipen)上蹬动滑行的动作和更有活力的"滑冰"式技术。通过越野滑雪学校的培训，基础技术非常容易掌握。该项目的滑道根据难易程度从蓝到黑进行标识。

塞费尔德(Seefeld)是奥地利最佳越野滑雪目的地之一，拥有279公里的越野滑道，交叉穿梭于该地区，同时设有使用泛光灯照明的滑道。滨湖采尔是另一大热门滑雪胜地，在40公里的平整雪道上可以欣赏到上陶恩山的迷人全景。此外，巴德加施泰因(Bad Gastein)地区也是挑战个人耐力和步法技术的滑雪胜地之一，这里的越野滑道标识清晰，总长共90公里。如需了解更多越野滑雪地区与滑雪套餐信息，可访问www.langlauf-urlaub.at(德语网站)。

是不是对拥挤的滑道感到厌倦了？雪鞋健行是滑雪之外另一不错的选择。在阳光明媚的日子里踏过层层积雪，穿越熠熠发光的丛林，这份宁静的快乐简直是无与伦比的体验。如果你觉得雪地健行和球拍一样是个过时的玩意儿，不妨这样想：雪地健行的装备更轻，而且简单易学。奥地利阿尔卑斯山的许多滑雪场都设有含标识的路线，有些甚至提供付费的导游服务。租借雪鞋健行装备和滑雪杖的费用通常为单日€15至€20。

计划你的行程

在奥地利徒步

"山谷在呼唤"(德语: Der Berg ruft)是奥地利人周末进山徒步时常说的话，当地店铺在夏天停业期间也会贴上这样一句告示。难道还需要其他理由吗？对奥地利人而言，徒步并不是一项运动，而是他们的第二天性。孩子们在高山牧场草坪上追逐嬉戏，修女拄着手杖行走于山间，体格强健的70岁老人迎风穿越海拔2000米的山口——如此普遍的徒步爱好迟早也会使你深受影响，加入其中。高耸入云的山峰、森林密布的山丘和郁郁葱葱的绿色山谷，这些秀丽美景完美地勾勒出奥地利迷人的自然风光，也为徒步创造了无数机会。快前往奥地利这片层峦叠嶂的后花园吧，仔细聆听，你也将听到山谷的呼唤……

轻装上阵

如果你热爱长距离徒步，但觉得徒步背包过于累赘，不妨考虑一下德语中所说的"Wandern ohne Gepäck"(无背包徒步)。如今，奥地利许多地区都提供这项便捷的服务方案，只需支付少许额外费用，酒店将负责把你的行李运送到下一个住宿点。访问www.austria.info或www.wanderhotels.com了解更多详细信息。

如果你希望自己的徒步向导既可爱又毛绒绒，羊驼徒步(llama trekking)将是你的不二之选。在许多小镇都能见到这一最受家庭欢迎的徒步项目，**多洛米蒂山**(Dolomites)的利恩茨(Lienz, ☎0664 431 27 29; www.dolomitenlama.at; Oberlienz 36; 单日徒步€60~125)便是其中之一。从2小时的森林漫步到为期2周的徒步之旅，没有什么比这些活动更能提起孩子们对徒步的兴趣了。你可以将行李放在羊驼身上，一身轻松地享受眼前的迷人风景。如需了解徒步项目的更多信息，请联系当地旅游局。

徒步标识

奥地利的徒步道路纵横交错，维护良好，采用红-白-红条纹(通常位于路边的石头和树上)以及黄色指示牌作为路标。请务必注意，在阿尔卑斯山地区，这些路标并不能完全取代详细的地图指南或指南针。和滑雪道一样，徒步道路按难易程度用不同颜色进行标识:

蓝色 蓝色徒步道路(有时没有颜色标识)适合所有徒步者；沿途标记清晰，多为平路，方便步行。

红色 红色徒步道路要求徒步者有良好的体能，步履稳健，并且有一定登山经验。有时山路陡峭而狭窄，有些区域甚至需要攀岩或使用短距离路绳。

黑色 黑色徒步道路非常陡峭，需要正确的装备，在恶劣天气下或有一定危险，适合经验丰富、不畏高的徒步登山者。

徒步装备清单

衣着

- □ 防风防水外套
- □ 透气抓绒外套
- □ 宽松的户外徒步休闲裤，裤腿最好可通过拉链拆卸
- □ 徒步短裤
- □ T恤或长袖衫
- □ 袜子（含聚丙烯面料）
- □ 遮阳帽
- □ 墨镜
- □ 游泳衣（可选）

鞋袜

- □ 抓地力强的徒步靴
- □ 徒步凉鞋或人字拖
- □ 袜子

其他装备

- □ 徒步背包或小型背包
- □ 睡袋
- □ 水壶
- □ 地图
- □ 指南针
- □ 瑞士军刀

紧急情况所需装备

- □ 紧急备用粮
- □ 急救包
- □ 手电筒、备用电池和灯泡
- □ 求生哨
- □ 手机
- □ 探测仪
- □ 雪铲
- □ 雪崩探杆

其他杂物

- □ 照相机和镜头
- □ 伞
- □ 驱虫药
- □ 高能量食物（例如坚果、
- □ 干果、面包和腌肉）
- □ 每人每天至少1升水
- □ 防晒霜（SPF30+）
- □ 化妆洗漱包、卫生纸和毛巾
- □ 收纳包

海拔2000米以上徒步装备

- □ 保暖内衣
- □ 备用衣物
- □ 脚套
- □ 手套
- □ 保暖帽
- □ 徒步手杖

奥地利高山俱乐部（ÖAV）会员服务

在开启奥地利阿尔卑斯山的徒步之旅前，可以考虑加入奥地利高山俱乐部（Austrian Alpine Club，简称ÖAV；www.alpenverein.at）。成人会员年费为€55.50，学生、25岁以下或61岁以上的会员将获得更多优惠。以会员身份预订奥地利（ÖAV）和德国高山俱乐部（German Alpine Club，简称DAV）的高山木屋可享高达50%的优惠折扣。更多会员福利包括徒步保险、交流会、全国攀岩馆通票和价格优惠的地图指南。此外，俱乐部也会组织各类徒步活动，并在英国设有奥地利高山俱乐部分部（www.aacuk.org.uk）。会员申请至少需要2周的处理时间。

奥地利阿尔卑斯山拥有一千多栋高山木屋，其中241栋由俱乐部维护管理。

天气

如果有什么关于奥地利阿尔卑斯山的经验之谈，首当其冲的便是千万不要想当然地预测当地天气情况。上一秒还是阳光明媚，下一秒便风云骤变——冰雹、闪电、大雾，或是暴雨如注等。出发前往高海拔地区进行长距离徒步前须查看天气预报。当地旅游局通常会显示或提供山区天气预报的信息。

奥地利高山俱乐部（Österreichischer Alpenverein，www.alpenverein.at）提供可靠的高山区天气预报。

降雪预报（Snow Forecast，www.snow-forecast.com）提供奥地利主要滑雪胜地的最新降雪预报。

奥地利天气（Wetter Österreich，www.wetter.at）提供当日及三天内的天气预报和最新气象预警。

上图: 在上陶恩山国家公园徒步(见280页)

下图: 在利恩茨附近和羊驼徒步(见315页)

NORBERT EISELE-HEIN/GETTY IMAGES ©

5条最佳长距离徒步路线

路线名称	起点	终点	徒步距离	徒步需时
Adlerweg	蒂罗尔州基茨比厄尔附近的圣约翰（St Johann）	阿尔山麓圣安东	300公里	3~4周
Arnoweg	萨尔茨堡	萨尔茨堡	1200公里	2个月
Berliner Höhenweg	迈尔霍芬附近的芬肯山（Finkenberg）	迈尔霍芬	70公里	8天
Salzburger Almenweg	韦尔芬（Werfen）附近的普法尔韦尔芬（Pfarrwerfen）	普法尔韦尔芬	350公里	1个月
Stubai Höhenweg	施图拜新施蒂夫特（Neustift）	施图拜新施蒂夫特	120公里	8天

安全

大多数徒步者的身体不适都可直接归因于过度劳累、热衰竭，以及不合适的着装和鞋。滑草、滑碎石坡或滑冰时不慎跌落是较为常见的危险，应尤其小心黑色冰面。雪崩和山体滑坡也是高山道路可能发生的灾害。了解以下相关常识将在徒步时为你带来更好的安全保障：

➡ 务必沿着有标识或设有路标的道路进行徒步，特别是在大雾天气。雾气对大部分徒步道路都不会造成太大影响，但须格外小心。少数情况下最好在路边稍作停留，直到能见度恢复且可以继续前行。

➡ 建议出发前仔细查看当地天气预报。同时，别忘了山区天气多变且往往会突然发生。

➡ 逐渐增加徒步路线长度和海拔高度，直到你可以完全适应广阔的高山地形，这将有效预防高原反应和疲劳的症状。

➡ 应尽量避免独自在山中徒步。为确保徒步安全，建议至少2人同行，如徒步团队中至少有3人，则意味着一旦出现伤者，1人可陪同看护，另1人寻求帮助。

➡ 提前将你的徒步计划告诉负责可靠的第三方，例如家人、木屋管理员或酒店前台，并及时告知你已安全返回。

实用资源

书籍

如果你打算经常进行徒步活动，不妨购买一本详尽的徒步指南。从以下推荐书目中开启你的徒步之旅吧：

《奥地利最佳山区徒步路线TOP100》（***100 Mountain Walks in Austria***）作者：盖乌·雷诺兹（Kev Reynolds），奇切罗内徒步指南系列（Cicerone）非常实用的徒步指南，收录了10个地区（主要位于阿尔卑斯山）一百条以上的徒步路线。

《阿尔卑斯花卉图鉴》（***Alpine Flowers Alpenblumen***）康帕斯丛书系列（Kompass）NF1300 这本方便随身携带的口袋指南内含彩色图鉴，为你带来详尽的当地花卉知识与信息。

《奥地利阿尔卑斯山徒步与木屋指南》（***Walking Austria's Alps Hut to Hut***）作者：乔纳森·赫德尔

路线难度	亮点	实用信息
中级	领略经典的高山自然风光，从凯撒山（Kaisergebirge）的石灰岩山峰到阿尔贝格地区崎岖的高山风景	www.adlerweg.tirol.at网站提供地图、旅行手册和路线描述等实用信息
高级	史诗级奥地利阿尔卑斯山环程徒步路线，沿途欣赏各处峡谷、山谷以及上陶恩山国家公园的冰川美景	罗瑟出版社（Rother）有关Arnoweg的徒步指南涵盖了这条路线的所有细节。也可访问www.arnoweg.com了解更多详细信息
高级	高山木屋徒步路线，沿路可以看到湖泊与冰川的秀丽风光，以及齐勒河谷峻秀的群山	www.naturpark-zillertal.at网站提供详细的德语路线描述；高山俱乐部地图（Alpenvereinskarte）编号35《齐勒河谷阿尔卑斯山》（*Zillertaler Alpen*）涵盖了该路线的相关信息，地图比例为1:25,000
中级	木屋徒步路线，沿途经过萨尔茨堡州富饶的高山牧场，并有机会欣赏喀斯特风貌以及常年被冰雪覆盖的上陶恩山山峰	www.salzburger-almenweg.at网站提供详尽的路线描述、地图指南以及虚拟路线体验
中高级	经典的环程木屋徒步路线，沿途经过冰川、崎岖多石的山峰和高山天然湖泊	www.stubaier-hoehenweg.at网站提供地图与路线描述的下载；奇切罗内徒步指南系列的《施图拜阿尔卑斯山徒步之旅》（*Trekking in the Stubai Alps*）可作为内容可靠的徒步指南

（Jonathan Hurdle），该指南提供了大量多日徒步路线与奥地利高山留宿木屋的信息，令人跃跃欲试，充满期待。

《轻松徒步：瑞士与奥地利阿尔卑斯山》（***Walking Easy in the Swiss & Austrian Alps***）作者：切特·利普顿（Chet Lipton），涵盖最受欢迎地区的轻松徒步路线，徒步时间2至6小时不等。

《徒步奥地利》（***Walking in Austria***）作者：盖乌·雷诺兹，奇切罗内徒步指南系列 提供102条徒步路线的最新信息，包括单日徒步与需要沿路留宿木屋的多日徒步路线。

网络资源

开始计划你的下一次徒步吧，以下网站提供徒步路线、地图以及GPS数据的下载：

Bergfex（www.bergfex.com）网站提供详尽的徒步路线描述（多数为德语）、地图信息以及免费GPS数据下载，可根据地区、难易等级和路线长度进行检索，打造你的理想徒步之旅。

奥地利旅游信息网（Austria Info，www.austria.info）从主题徒步一日游到长距离徒步，与奥地利徒步相关的信息应有尽有。同时还能了解国家公园和自然保护区、徒步村庄和特殊徒步套餐的详细信息。此外，网站提供各地区旅行手册的下载。

奥地利自然之友（NFÖ，Friends of Nature Austria；www.naturfreunde.at）提供上百条徒步路线及路线描述、地图信息和GPS数据下载，包括越野行走与雪鞋健行。另有该组织经营管理的木屋信息、山区安全贴士和最新天气预报。

奥地利阿尔卑斯山俱乐部（Österreichischer Alpenverein，www.alpenverein.at）可搜索阿尔卑斯山木屋的住宿信息，并了解更多相关活动、游览路线、徒步村庄和森林保护区的动态。网站还推荐了奥地利10条最佳长距离徒步路线（Weitwanderwege），路线长度从430公里至1400公里不等，沿途将欣赏到奥地利各地区令人赞叹的自然风光。

地图

香烟店（Tabak）、报刊亭与书店是购买地图的最佳去处，通常只出售当地地图，各大主要城市的书店会提供更多选择。在不少户外用品店也能买到徒步地图，不过种类相对有限。许多当地的旅游局为游客准备了简易地图，足以支持轻松的短距离徒步线路。

米其林编号730的国家地图《奥地利》（*Austria*）采用1:400,000的比例，提供了详尽的奥地利国家概览。你也可以从奥地利国家旅游局（the Austrian National Tourist Office，简称ANTO，www.austria.info）获得免费的1:800,000国家地图。此外，www.austrianmap.at网站含有可缩放的国家地形地图。以下高质量的徒步地图可在线购买：

弗赖塔格和贝恩特地图出版社（Freytag & Berndt，www.freytagberndt.at）徒步地图信息可靠，选择繁多，比例为1:50,000。

康帕斯地图出版社（Kompass，www.kompass.at）提供多样的1:50,000徒步地图，地图内的小手册含有高山木屋的联系信息以及徒步路线背景介绍。

奥地利阿尔卑斯山俱乐部（ÖAV，www.alpenverein.at）提供1:25,000的大比例徒步地图，绘制清晰，内容详细准确。

地区

即使是奥地利最小的村庄也拥有不少精彩绝伦的徒步路线，在这里，最重要的问题并不是哪里有徒步，而是如何挑选最合适的徒步线路。对于纯粹主义者而言，奥地利西部高山的高山徒步路线是最佳选择。而低地地区的瓦豪拥有众多葡萄种植园，满目的葡萄藤攀爬延伸，别有一番韵味。当地旅游局通常提供各类旅行手册、地图指南，以及本地向导的信息。

许多地区会在夏天举行主题导览徒步，有时凭宾客体验卡可免费参加因斯布鲁克和基茨比厄尔等地的相关活动。其他地区，例如上陶恩山国家公园（Hohe Tauern National Park）和齐勒河谷高山自然公园（Naturpark Zillertaler Alpen），则会收取一定费用（通常在€5左右）。徒步主题丰富多样，从了解各类草本植物到观赏野生动物，以及半日短途徒步和摄影远足活动，等等。

求救信号“1组6次”

标准高山受困求救信号为6次哨声、6通电话、6发烟雾弹和6声呼喊——尽所有可能发出求救信号和声音，每组6次——在一分钟内做到每10秒重复一次。如果你有手机，务必时刻随身携带。在阿尔卑斯山地区可以拨打☎140寻求高效的高山救援，但价格非常昂贵，最好确认你的保险可以提供全面的保障（请仔细阅读保险附属细则）。

住宿

徒步酒店

如今，徒步不再意味着阴冷潮湿的帐篷和好几天不洗的袜子。越来越多徒步酒店（德语：Wanderhotel）的出现大大提升了在奥地利徒步的舒适体验。这些酒店往往由专业徒步玩家经营，可以帮助你规划徒步路线，同时也提供从休闲漫步到高山徒步的各种导览徒步活动和装备租赁（例如徒步手杖、保温杯和背包）。大多数酒店为家族生意，你将有机会体验当地美食、享受桑拿和漩涡浴，使疲惫的双脚得到放松。www.wanderhotels.com网站涵盖了不同价位的酒店信息，从农场民宿到奢华Spa酒店的多样选择可以满足不同徒步者的需求。

此外，你还可以访问奥地利的徒步村庄网站（Wanderdörfe，www.wanderdoerfer.at）。网站收录的44个适合徒步爱好者的村庄和地区形成了覆盖全奥地利的网络。这些地区风景迷人，提供标识清晰的短距离、长距离徒步路线，以及可供留宿的高山木屋，基础设施（例如火车或徒步公共汽车）较为完善，旅馆老板准备周到。可在线订购免费的介绍手册。

木屋徒步之旅

在奥地利徒步的乐趣之一便是留宿于当地的高山木屋。这些沿路的住处使你在整理行李时备感轻松，即便是阿尔卑斯山多日徒步，一个小型背包即可装下所有必备之物。在这套完善的住宿体系下，每栋木屋之间的徒步距离几乎都在5到6个小时，无须再随身携带帐篷、露营炉具等增加徒步负担的物品。这些木屋通常于6月中旬至9月中旬徒步道路尚未积雪时开放营业。7月和8月为旺季，建议预订。奥地利高山俱乐部网站（ÖAV, www.alpenverein.at）提供木屋的联系信息和开放时间。

如果在拥有多个床位的木屋宿舍过夜，通常被称为“床垫宿营”（Matratzenlager），若床位已满，则只能睡在“临时床位”（Notlager，意为临时收容所中任何可以暂住的空间）。宿舍提供毯子和枕头，但你需要带上自己的旅行床单。在热门徒步地区，这些木屋更像是山中的小旅馆，设有烘干室甚至热水淋浴房（一般需要收取额外费用）。

大多数木屋设有其乐融融的公共餐厅（Gaststube），你可以在那里结交新朋友，并在茶余饭后分享各自的徒步经历。奥地利高山俱乐部会员可以选择“登山客专享美食”（Bergsteigeressen），虽然未必特别精致可口，但价格低廉且卡路里含量很高！自带茶包和咖啡也是个不错的主意，可向木屋管理员购买热水（Teewasser）。

最佳徒步选择

带着你的背包来到户外，踏上以下精彩的徒步旅程吧：

➡ 最佳单日徒步路线 初夏时节，阿尔卑斯山的玫瑰绚丽绽放，此时齐勒河谷环路（Zillertal Circuit）上的风景尤为迷人。拉德萨特尔环路（Radsattel Circuit）是一条难度适中的徒步路线，位于锡尔夫雷塔阿尔卑斯山，沿途可将冰川美景、波光粼粼的湖景和标志性的布因峰尽收眼底。

关于本书的徒步路线信息

所有徒步时间与距离仅供徒步者参考。

徒步时间的相关信息只基于实际行走时间，不包括中途用餐、拍照、休息或周边游的额外时间。当你计划徒步行程时，务必将所有因素考虑周全。

海拔高度须与徒步距离一同作为参考——陡直上升的路面与平地道路所需的徒步时间大相径庭。

➡ 最佳高山徒步路线 平茨高山脊路（Pinzgauer Spaziergang）是一条经典的高山徒步路线，途中可欣赏到上陶恩山和基茨比厄尔阿尔卑斯山（Kitzbühel Alps）山峰白雪皑皑的景象，可谓美不胜收。

➡ 最佳短距离徒步路线 快来体验这条适合摄影的森林漫步路线吧，你可以在克里姆尔瀑布（Krimmler Wasserfälle，见293页）前拍摄近距离特写，这条高达380米的瀑布为欧洲最高瀑布。玫瑰花园峡谷环路（Rosengartenschlucht Circuit）是较为轻松的徒步路线，沿途经过伊姆斯特（Imst）的峡谷，这里风光无限，景色令人称奇。

➡ 最佳儿童徒步路线 想要带着童车里的孩子一起徒步？不妨考虑在白天租一匹性格温顺的羊驼，一同探索利恩茨附近多洛米蒂山崎岖山路沿线的瑰丽景色。或是跃入卡林西亚州魏森湖（Weissensee）岸边的牧场小屋，尽情享受亲子欢乐时光。

最佳徒步地区地图见34页。

计划你的行程

骑行和探险运动

奥地利是欧洲最适合骑行的国家之一。标识清晰的自行车道纵横交错，遍布全国，带你领略奥地利山川河谷和不同城市最迷人的一面。不论你想在发卡弯和费劲的崎岖山路测试自己的体力、骑着山地自行车在阿尔卑斯山俯冲下坡开辟车道，还是悠闲地滑行，欣赏湖畔的壮丽美景，总能在奥地利找到令人惊叹不已的绝佳骑行路线。

运输自行车

在列车时刻表上寻找自行车标志，或者访问奥地利联邦铁路网站（Österreichische Bundesbahn，简称ÖBB，www.oebb.at）查询允许携带自行车的列车信息。奥地利境内铁路的自行车票为全价票的10%，国际列车为€12。

许多奥地利度假胜地充分考虑到山地自行车速降运动的受欢迎程度，允许骑行者携带自行车免费乘坐缆车，或仅在夏天收取少量额外费用。如此一来，你可以充分享受速降下坡的乐趣，而无须担心艰难的上坡回程。

住宿

奥地利各地区都有为骑行者准备的酒店与膳宿公寓（家庭旅馆），尤其是阿尔卑斯山地区。所谓的自行车酒店则提供更全面的服务，包括自行车停放设施和维修服务等，酒店员工对于当地的骑行路线也非常熟悉。在www.bike-holidays.com和www.radtouren.at网站可按地区查询适合骑行者的酒店。当地旅游局同样提供相关住宿信息，有时还会推出特别的优惠套餐。

最佳骑行地区地图见34页。

何时去

每年5月至10月的气候温暖宜人，对骑行者而言有着无法抗拒的吸引力。速降山地自行车手通常选择于6月下旬至9月中旬前往阿尔卑斯山。如果在冬天遇到降雪天气，则无法于高海拔地区进行骑行活动，但你可以借此机会探访奥地利地势较低的山谷，享受难得的宁静时光。7月至8月骑自行车沿高山车道向上行驶会感到又热又渴，相当累人，建议涂抹足量防晒霜，补充大量水分，并安排一定的休息时间。

骑行

网络资源

Radtouren（www.radtouren.at）非常实用的网站，收录了奥地利境内的主要骑行路线和沿途酒店信息。

Radfahren（www.radfahren.at）该网站提供不同骑行路线的详细描述（包括长距离路线）、适合骑行者居住的酒店、自行车租赁服务以及奥地利境内运输自行车的相关信息。网站设有互动地图，操作简单，便于搜索。

Bike Holidays（www.bike-holidays.at）可按地区

搜索山地车(mountain-bike，简称MTB)骑行路线、自由骑行公园和奥地利自行车酒店的相关信息。

Biken(http://bike-holidays.at)提供萨尔茨卡默古特(Salzkammergut)和上奥地利州(Upper Austria)骑自行车与山地自行车的相关信息，易于查询。还可以订购包括《骑行奥地利》(*Cycling Country Austria*)在内的免费指南手册。

地图和指南

当地旅游局通常会提供有关自行车与山地自行车骑行的信息手册和地图指南。自行车俱乐部也是获取信息的一大途径。如需更详尽的地图和指南，可参考以下资源：

Kompass(www.kompass.at)提供比例为1:125,000和1:50,000的自行车旅行地图，包括博登湖(Bodensee)、多瑙河(Danube)与因河谷(Inntal)周围的长距离骑行路线。

Esterbauer(www.esterbauer.com)推出骑行路线系列(Bikeline)，包含自行车与山地自行车骑行的地图和指南，全面涵盖奥地利的主要骑行路线。

Freytag & Berndt(www.freytagberndt.at)提供一系列骑行地图和涵盖160条单日骑行路线的《奥地利骑行地图》(*Austria Cycling Atlas*)。

自行车租赁

绝大多数奥地利小镇和度假胜地都提供城市和山地自行车的租赁。Intersport(www.intersport.at)体育用品商店几乎垄断了奥地利的骑行装备租赁服务，在全国共设有260家门店，出租各类优质自行车。单日租赁费用视不同车型而定，从标准自行车的€18到电动自行车的€25不等。所有价格均包含自行车头盔。租借儿童自行车可享50%的优惠。想要提前规划线路的骑行者可以按地区搜索相关信息并在线预订所需自行车。

骑行路线

值得去奥地利骑行的理由有很多，绝不仅仅是为了享受在阿尔卑斯山挑战极限的乐趣。当你骑车穿过人迹罕至的乡村小路，微风拂面，自行车的链条吱吱作响，你将收获意想不到的别样体验。有许多自行车道光滑

在蒂罗尔州骑行(见322页)

平坦，易于骑行，沿途风光无限，其中不少为环湖路线或位于河流沿岸。

多瑙河自行车道 该路线沿着蔚为壮观的多瑙河从帕绍(Passau)一路延伸至布拉迪斯拉发(Bratislava)，总长380公里，沿途经过林区、深谷与果园，景色优美，充满诗意。河流两岸的车道均设有绿色与白色的指示牌。Esterbauer出版社的骑行路线系列指南《多瑙河骑行路线》(*Danube Bike Trail*)提供了实用的地图和路线描述。访问www.donauradweg.at(德语网站)可以了解更多路线详情并查询互动地图。www.donauradweg.info网站包含不同骑行路线的信息。

因河骑行路线(Inn Trail, www.innregionen.com)以因斯布鲁克为起点，沿着青绿色的因河一路延伸，全长302公里，途经奥地利并最终抵达谢尔丁(Schärding)。全程主要为下坡路段，沿路经过蒂罗尔州、巴伐利亚州和上奥地利州的肥沃农田、高山山谷以及城堡高高矗立的小镇，末段则一路穿过田园村庄和乡间小道直达谢尔丁。该路线标识清晰，但路牌标志或因地区有所不同。

博登湖自行车道 该自行车道长270公里，部分路

跟着GPS自由骑行

如果想要穿过奥地利人烟稀少的乡村地区，探索鲜为人知的骑行路线，GPS导航可以使这一切变得更为简单。www.bike-gps.com网站提供自行车和山地自行车骑行路线下载。而www.gps-tour.info网站则收录了奥地利上百条骑行路线的详细信息。

段位于福拉尔贝格州的布雷根茨（Bregenz），全程环绕欧洲第三大湖博登湖，沿路设有红色和白色指示牌，非常易于骑行。路线途经奥地利、德国以及瑞士的林区、湿地、果园、葡萄园和古镇。趁初秋骑行者较少的时候来吧，你还将有机会品尝当地新酒，在晴空万里的日子里尽情欣赏阿尔卑斯山的醉人美景。访问www.bodensee-radweg.com网站了解更多详细信息。

萨尔茨卡默古特骑行路线 这条345公里的环程路线将带你领略萨尔茨卡默古特天然高山湖泊的旖旎风光，包括哈尔施塔特湖（Hallstätter See）、阿特湖（Attersee）以及沃尔夫冈湖（Wolfgangsee）。尽管道路不完全平坦，但路线沿途设有清晰的路标（R2），对骑行者的体能要求仅为中级。如需获得更详尽的资料，可以参考Esterbauer出版社的骑行路线系列指南《骑行地图：萨尔茨卡默古特》（*Radatlas Salzkammergut*）。

陶恩山骑行路线（Tauern Trail）陶恩山骑行路线总长310公里，途经毗邻上陶恩山国家公园的地区，可以欣赏到奥地利最巍峨壮丽的高山美景。严格来说，骑行的难度并不高，但在高海拔地区骑自行车需要一定体力。整条路线始于克里姆尔（Krimml），沿着萨尔察赫河（Salzach River）蜿蜒至萨尔茨堡，随后一路延伸，抵达萨拉赫河山谷（Saalach Valley）和帕绍。双向自行车道均设有绿色与白色的指示牌。www.tauernradweg.com网站提供相关地图和GPS轨迹。

山地自行车骑行

奥地利阿尔卑斯山可以称得上山地自行车的骑行圣地，这里拥有发卡弯、令人筋疲力尽的上坡路和使人心跳加速的下坡道。全国山地自行车道纵横交错，但最富有挑战性的地形主要位于蒂罗尔州、萨尔茨堡州、福拉尔贝格州和卡林西亚州。以下几条路线和骑行地区一定会吸引这些“两轮速度狂魔”的骑行者。

达赫施泰因骑行路线（Dachstein Tour）这条三日骑行路线全程环绕达赫施泰因山区崎岖的石灰岩山峰，贯穿奥地利萨尔茨堡州、上奥地利州和施蒂里亚州三个州，被奉为奥地利最佳山地车骑行路线之一。总长182公里，起点和终点均位于巴特戈伊瑟恩（Bad Goisern），途经菲尔茨莫斯附近。想要完成这条路线，你需要拥有良好的体能。访问www.dachsteinrunde.at网站了解更多详细信息。

萨尔茨堡高山牧场骑行路线（Salzburger Almentour）在这条146公里的路线中，骑行者将于3天内穿越30个高山牧场。尽管路线名称令人联想起平缓的牧场草坪，但沿途例如十二角峰（Zwölferhorn peak）等不少绝佳观景点都需要费劲攀爬才能到达。从安娜贝格（Annaberg）沿沃尔夫冈湖前往Edtalm的路段设有绿色和白色的指示牌。可通过德语网站www.almentour.com了解路线详情和特色亮点。

锡尔夫雷塔山地自行车竞技场（Silvretta Mountain Bike Arena）位于Patznauntal的锡尔夫雷塔山地自行车竞技场沿着斜坡一路延伸至瑞士境内，是阿尔卑斯山最大的山地自行车竞技场之一，设有1000公里自行车道，部分海拔高达近3000米。伊施格尔则是一个非常不错的大本营，这里建有一座技巧公园，当地旅游局也提供大量路线信息。15条自由骑行路线十分适合追求速度的骑行者，其中VeliII骑行路线高度落差为1300米。如需了解路线详情，可以访问德语网站www.silvretta-bikeacademy.at。

基茨比厄尔 基茨比厄尔地区共有800公里长的山地自行车车道，是奥地利最适合骑车滑行的路线之一。该路线海拔700米至2300米，含有试验段环路、速降车道和自行车公园。从基茨比厄尔出发至图恩山口（Pass Thurn）的哈嫩卡姆自行车之旅（Hahnenkamm Bike Safari）是不容错过的骑行体验，沿途可远眺大格洛克纳山（Grossglockner）和皇帝山（Wilder Kaiser）的绝美风光。

施图拜和齐勒河谷 这两座广阔的山谷从蒂罗尔州的因河开始向南延伸，两侧高山耸立，800公里的山地自行车车道纵横交错。沿途地形各异，

上图：在阿尔卑斯山攀岩

下图：在萨尔茨堡州划皮划艇

THILO BRUNNER/LOOK-FOTO/GETTY IMAGES ©

风景壮丽，峡谷、瀑布与冰川美景不时映入眼帘。从迈尔霍芬到亨特图克斯冰川的高山骑行路线以及从金茨灵（Ginzling）至Schlegeisspeicher蜿蜒而上、令人头晕目眩的车道都是该路线的精彩亮点。

探险运动

攀岩和飞拉达铁索攀岩

对于充满热情的攀岩者而言，奥地利是夏季的完美去处，这里已经成为彼得·哈伯勒尔（Peter Habeler）和南蒂罗尔州的赖因霍尔德·梅斯纳（Reinhold Messner）等登山传奇的代名词。阿尔卑斯山拥有不同难度等级的攀岩路线，各地区也提供装备租赁（€10左右）和导游服务。

如果你还没完全准备好直接攀爬海拔3000米的高峰，不妨试试飞拉达铁索攀岩。如今，奥地利阿尔卑斯山的主要度假胜地几乎都可以进行这项活动。路线沿途使用固定铁索，并设有垂直梯、空中飞索和索桥，提供了非常棒的攀岩体验，你需要的只是一身安全吊带、头盔以及不畏高的头脑。

网络资源

Bergsteigen（www.bergsteigen.at）可按地区或难度等级搜索攀岩路线、铁索攀岩和冰墙攀岩的相关信息。

奥地利高山俱乐部（ÖAV，www.alpenverein.at）奥地利高山俱乐部德语官方网站，专设攀岩资讯板块。

Rock Climbing（www.rockclimbing.com）提供奥地利一千多条攀岩路线的详细信息，大部分包含难度等级说明和图片。

探险区域

对于热衷于登山运动的人来说，攀登奥地利最高峰大格洛克纳山（海拔3798米）将带来千载难逢的攀岩体验。跟随专业导游登上上陶恩山国家公园的自然高地，在名副其实的攀岩天堂尽享登山乐趣。

齐勒河谷阿尔卑斯山的花岗岩悬崖峭壁、奇峰险石与岩石巨砾使其成为另一大热门攀岩胜地，尤其是金茨灵和迈尔霍芬。

其他颇具吸引力的攀岩地区还包括下奥地利州的Pelstein、达赫施泰因的石灰岩山峰和萨尔茨堡州的滕嫩山脉（Tennengebirge）。

水上运动

尽管奥地利是一个内陆国家，但一到夏天，人们会在当地的湖泊与河流上开展各式各样的水上活动。你可以在新锡德尔湖（Neusiedler See）进行帆板运动，在蒂罗尔州参与白水漂流，或是前往沃尔特湖（Wörthersee）体验水肺潜水。凭借风力在湖面上呼啸而过已经成为奥地利最受欢迎的水上运动，有些当地人的水平甚至足以参加奥运会。

漂流和划独木舟

在奥地利高山河流回旋急转的白水中进行漂流、划独木舟或是皮划艇是夏季广受欢迎的活动，人们有机会放纵一把，尽情享受水上运动的乐趣。适合开展这些高速水上运动的几大河流包括施蒂里亚州的恩斯河（Enns）和萨尔察河（Salza），蒂罗尔州的因河、Sanna河和厄茨塔尔河（Ötztaler Ache）以及东蒂罗尔的伊瑟尔河（Isel）。相关项目收费€30左右起，通常包含交通费和装备。

知名漂流中心包括兰德克（Landeck）和因斯布鲁克，可出发前往因河、齐勒河谷采尔（Zell am Ziller）和阿尔山麓圣安东的漂流探险之旅。

帆板和帆船

帆船、帆板和风筝冲浪是奥地利湖面上非常受欢迎的水上活动。

新锡德尔湖位于维也纳附近，是欧洲中部为数不多的草原湖之一。湖面风力强劲，使其成为帆板和风筝冲浪的首选之地。每年4月下旬至5月上旬这里都将举办冲浪世界杯的分站赛。

萨尔茨卡默古特地区的圣吉尔根（St Gilgen）和蒙德塞（Mondsee）拥有风景优美的湖泊，非常适合进行水上运动；后者设有奥地利规模最大的帆船学校。除此之外，卡林西亚州的米尔施塔特湖（Millstätter See）、蒂罗尔州的阿亨湖（Achensee）和福拉尔贝格州广阔的博登湖也是帆船运动的热门场所。

奥地利帆船联盟（Österreichischer Segelverband，www.segelverband.at）提供当地帆船俱乐部名单以及位置信息。

Kitesurfing（www.kitesurfing.at）提供新锡德尔湖风筝冲浪的详尽信息。

游泳和潜水

舒适温暖还是清透冰凉？高山美景抑或棕榈繁茂？奥地利拥有许多天然湖泊地区，提供各式各样的游泳与潜水体验。卡林西亚州以纯净的水质闻名，夏天的水温可达28℃，温暖宜人；米尔施塔特湖和沃尔特湖含有开放水域，可进行游泳和水肺潜水，能见度相当高。在萨尔茨卡默古特的哈尔施塔特湖与阿特湖以及福拉尔贝格州的博登湖，你可以纵身跃入湖中，感受水花四溅的乐趣。

沙滩

尽管奥地利并不是濒海国家，但几大湖区周围几乎都设有湖滨浴场（德语：Strandbäder），为游客带来令人兴奋的亲水体验。大多数湖滨浴场包含沙滩、户外泳池和烧烤区。部分浴场免费，另一些则每天收费€4左右。如果你有一丝不挂的勇气，博登湖哈尔德（Hard，见365页）、哈尔施塔特湖、米尔施塔特湖，甚至维也纳多瑙岛（见92页）等地的天体沙滩始终欢迎裸泳者的光临。

溪降

当你在溪降过程中沿着沟壑顺势而下或从瀑布惊险垂降时，所有的喧嚣嘈杂仿佛都已消失。这项疯狂的运动令你全身湿透，却也是奥地利阿尔卑斯山最受欢迎的活动之一。当地有许多半日导览游，费用为€50至€80不等。大多数公司提供所有必需装备，不过你得自己带上泳衣、紧固的鞋子、毛巾以及一颗不畏高的头脑。该项目需要良好的体能。

迈尔霍芬、齐勒河谷、厄茨河谷与利恩茨都是奥地利最佳溪降胜地。

滑翔伞

在奥地利，只要有山峰与习习微风，就不难找到滑翔伞和滑翔翼的活动项目。如果你在风和日丽的天气来到阿尔卑斯山，总能看见天空中星星点点的滑翔者们借助热气流穿越高山峻岭与茂密森林。许多高山度假村都提供装备租赁、培训课程或是作为乘客的双人飞行体验；后者价格€100左右起。许多人选择在夏天参加滑翔项目，但是晴朗的冬日也同样能欣赏到当地的无限风光。

蒂罗尔州拥有狭长的山谷和充足的缆车设施，一直以来都是奥地利滑翔伞项目的中心。齐勒河谷采尔同样值得一去。此外，上陶恩山国家公园地形崎岖，该地区的滨湖采尔也是另一大景色优美的滑翔伞基地。

www.flugschulen.at网站含有当地提供滑翔伞和滑翔翼培训的滑翔学校概况，可以帮助你找到最合适的滑翔场所，展开双翼，遨游天际。

计划你的行程

和当地人吃喝

炸猪排配面条或许是玛丽亚女皇的最爱，但随着一代代厨师将自己的创意融入季节性的当地食材，不断带来美味新浪潮，如今奥地利的美食可谓丰富多样。这里拥有生鲜集市、储藏丰富的葡萄酒厂和越来越受欢迎的有机和野生食材，是饕餮享受美食的理想目的地。

当季最佳选择

春季（3月至5月）

厨师们选用芦笋和野蒜为当季菜肴增添不少魅力。五月啤酒节期间还将推出五月特酿啤酒（Maibock，烈性啤酒）。

夏季（6月至8月）

每到夏天，瓦豪都会掀起一阵杏桃热潮，而此时也正是品尝布雷根茨林山和蒂罗尔州乳制品、在各大湖畔享用淡水鱼的好时节。7月的妙卡巧克力节（Milka Chocolate Festival）更使布卢登茨的气氛达到沸点。每个村庄都沉浸在啤酒节的狂欢中，伴随着欢快的民谣尽情享受精彩夏日。

秋季（9月至11月）

雾气弥漫的秋天带来一场蘑菇和野味的森林盛宴。人们在小酒馆（Heuriger）中欢声笑语，品尝新酒。啜饮一杯来自Mostviertel地区果园的果酒（梨子酒和苹果酒）也是秋季不容错过的选择。在圣马丁节（11月11日），烤鹅是当地人餐桌上的必备菜肴。

冬季（12月至次年2月）

去灯光闪耀的圣诞市场试试月牙形状的饼干和热红酒吧。维也纳的咖啡屋也是冬天避寒取暖的完美之选。

美食体验

尽管奥地利在烹饪界的地位并不如法国和意大利那么高，但美食体验仍然是旅途中必不可少的重要环节：不论是在Mostviertel的苹果园浅酌气味浓烈的果酒、品尝布雷根茨林山口感细腻柔滑的阿尔卑斯山奶酪，还是坐在萨尔茨卡默古特的湖边享用从清澈见底的湖水中打捞上来的当地淡水鱼。

终生难忘的大餐

➡ **Esszimmer**（见268页）位于萨尔茨堡的米其林星级餐厅，安德烈亚斯·凯布林尔（Andreas Kai-blinger）在这里为新鲜的食材施以神奇的烹饪魔法。

➡ **Obauer**（见278页）坐落于阿尔卑斯山的餐厅，为满足美食家们的严苛要求，Obauer兄弟始终坚持精心挑选食材，打造非凡的味蕾体验。

➡ **Mayer's**（见285页）环境优美浪漫的米其林星级餐厅，位于滨湖采尔湖畔的城堡内。

➡ **Die Wilderin**（见329页）野生食材、现场即兴爵士乐演奏以及小酒馆般的热闹氛围将为你的因斯布鲁克之行锦上添花。

➡ **Waldgasthaus Triendlsäge**（见349页）餐厅隐藏于塞费尔德的森林中，快坐上由马匹拉的雪橇，前往树木繁茂的冬日仙境一探究竟吧。

➡ **Meierei im Stadtpark**（见109页）菜式繁多，气氛明快，提供维也纳最好的匈牙利炖牛肉。

➡ **Schulhaus**（见337页）这家位于蒂罗尔州齐勒河谷山顶的餐厅坐拥辽阔的阿尔卑斯山美景，采用农场的新鲜食材烹饪佳肴。建筑前身是一所学校。

➡ **Hermagorer Bodenalm**（见314页）这座魏森湖附近的高山牧场小木屋提供凉拼盘（Brettljause），既能填饱肚子，又能解渴。

➡ **Aiola Upstairs**（见206页）提供可口的食物，同时还能欣赏格拉茨老城的迷人风光。

廉价美食

有时，美食体验与精致佳肴无关。那些匆忙之中并非完美的用餐经历或许恰巧是最难忘的。维也纳的香肠摊可以称得上快餐界的传奇，但奥地利的街头美食远不止此。豆粉煎饼、百吉饼、有机汉堡、健康卷饼、沙拉和寿司外卖——你会在各个城市的街头巷尾发现它们的踪迹。

几乎每条主街上都有提供新鲜卷饼的面包房和出售小点心或刚出炉的馅饼的蛋糕店。许多肉店设有站位，你能在那儿专心品尝香肠、炸猪排或肉奶酪等食物，价格通常为€5左右。

最佳小吃店

➡ **Bitzinger Würstelstand am Albertinaplatz**（见106页）加入歌剧迷和夜食族的行列，在被封为"维也纳香肠摊之王"的小吃店品尝奶酪香肠（Käsekrainer）或者辣味烤香肠面包（Bosna bratwurst）吧。

➡ **Kröll**（见328页地图；Hofgasse 6；单片卷饼€3.70；⏲6:00~21:00）咖啡馆位于因斯布鲁克老城区，人潮来往熙熙攘攘，每天都应接不暇。这里提供美味可口的卷饼。

➡ **Yppenplatz 4**（见110页）位于集市正中央，供应由附近奥塔克林酿造厂（Ottakringer Brewery）生产的美味有机小香肠，以及新鲜松脆的小食。

➡ **Cafesito**（见367页）在这家位于布雷根茨的波希米亚风咖啡屋里，不妨点一杯鲜果奶昔或价格公道的咖啡来搭配有嚼劲的百吉饼。

➡ **IceZeit**（见267页）萨尔茨堡最好的冰淇淋店。无须多言，你懂的。

敢不敢尝？

➡ **灰色奶酪**（Graukäse）齐勒河谷当地带有霉菌的灰色酸味奶酪。说实话，实物可比听上去好吃得多！

➡ **奶酪香肠** 油滋滋的奶酪香肠，卡路里含量非常高。是维也纳香肠摊颇受欢迎的宵夜选择与适合搭配啤酒的小吃。

➡ **肝丸子汤**（Leberknödelsuppe）尝试一下肝丸子汤吧，奥地利各地都提供这道菜式，是开始大快朵颐之前最好的开胃菜。

➡ **牛肉冻**（Rindfleischsulz）牛肉制成的肉冻，通常淋上含有南瓜籽油的油醋酱加以调味。

➡ **蜗牛**（Schnecken）英语中的snails，法语称作Escargots。这些软体动物慢慢爬上了餐桌，摇身一变成为奥地利不少餐厅中的美味佳肴。

➡ **瓦尔德地区的罂粟美食**（Waldviertel Mohn）含有罂粟籽的丸子、甜品、卷饼与面条为瓦尔德地区当地美食增添了不少与花卉相关的自然元素。

➡ **齐勒河谷的农夫盛宴** 接受我们的挑战，试试这道包含冷肉拼盘、酸菜与丸子的农夫盛宴吧。撇开食材不谈，我们打赌念出菜名时你一定会磕磕绊绊，舌头打结。

地方特色

本土膳食主义者在奥地利相当常见，当地人为他们的本土产品感到自豪。在晴朗的周六清晨，你会看到许多当地居民拿着菜篮和纸袋在农贸市场挑选当季食材。与其说这是一种口味习惯，倒不如称之为道德的力量：奥地利人认为，他们应该坚定地支持本地农民、乳酪厂和酿酒厂，许多居民甚至会特地购买地区自产的有机食品。

厨师们也充分利用当季地方食材的优势烹饪美食。近年来，更有不少厨师逐渐加入到慢食主义（以蜗牛为标志）的行列。许多本土佳肴的口味的确胜过其他产地，例如布雷根茨林山的开胃高山奶酪、来自新锡德尔湖的淡水鱼、施蒂里亚州含有坚果果香的深色南瓜籽油，以及瓦豪地区气味独特而浓烈的雷司令葡萄酒。

维也纳

没有什么比一块滚上面包屑的维也纳经

典小牛排更能代表奥地利地道美食的了。它们往往有靴子那么大，炸至色泽金黄，嫩度恰到好处。以辣椒调味的马车夫牛肉汤和山葵煮牛肉等匈牙利风味美食在当地也备受青睐。乡村小酒馆提供在维也纳周边生产的葡萄酒，搭配大块的黑面包并佐以口感顺滑、辛辣开胃的新鲜利普萄软干酪。用来煮汤的蔬菜（如胡萝卜、芹菜、小萝卜和根茎类蔬菜）在农贸集市和餐厅菜单上都非常常见。

当然，维也纳的咖啡屋文化也堪称奥地利之最。

下奥地利州

如果需要用一种水果代表下奥地利州，当仁不让的便是瓦豪体型迷你、鲜嫩多汁的杏桃。果酱、烈酒与甜品里都能看见它的身影。瓦尔德地区位于多瑙河谷以北，这里乡村田园众多，提供以罂粟籽为原料之一的面条和甜品等各种美食。而河谷以南的Mostviertel拥有大量果园，盛产苹果酒和梨子酒。不少奥地利上等葡萄酒都产自当地整齐排列于山坡之上的葡萄种植园，其中包括气味浓烈的绿维特利纳（Grüner Veltiner）、雷司令白葡萄酒、果味醇香的茨威格和中等酒体的布洛勃艮德（Blauburgunder，又名黑皮诺，Pinot noir）红葡萄酒。该地区也种植芦笋，而且还能捕捉到鲑鱼和鲤鱼。

萨尔茨堡和萨尔茨堡州

萨尔茨堡的莫扎特巧克力球（Mozartkugel，英语中采用了并不是很优雅的直译“Mozart's Bal”，意为“莫扎特的球”）是一种外层包覆巧克力外壳，以开心果杏仁糖和牛轧糖为夹心的甜食。和上奥地利州人一样，萨尔茨堡当地居民钟爱含有面条和丸子的菜式，例如表面铺有奶酪和洋葱的平炭高面疙瘩。然而在他们心目中，毗邻湖畔的萨尔茨卡默古特则提供更胜一筹的鱼类美食。萨尔茨堡小面团是萨尔茨堡最受欢迎的超大份甜品，采用类似舒芙蕾的烘焙方法制成（不要问到底加了多少蛋白！），表面撒有糖粉。

布尔根兰州

和下奥地利州一样，布尔根兰州是奥地利的顶级葡萄酒产区之一。不过，该地区也同样以新锡德尔湖的淡水鱼闻名——当地淡水鱼种类繁多，包括鲈形目鱼类、狗鱼、鲤鱼和鲶鱼等。快来品尝布尔根兰州的坚果、果园农产品以及产自一种全身毛茸茸的曼加利察猪的火腿吧，当地的美食一定让你垂涎欲滴，跃跃欲试。

卡林西亚州

卡林西亚州为多山地区，奶酪、火腿香肠、各类野味、羊肉和牛肉都是当地特产。而只要附近有湖区，你就能在菜单上找到鲑鱼和其他淡水鱼类。在不能吃肉的星期五，有些当地人会选择卡林西亚州饺子（Kärntner Nudel），馅料包括土豆、奶酪、薄荷、类似香芹的野生细叶芹、蘑菇或是这些食材的任意组合。

施蒂里亚州

施蒂里亚州同样供应曼加利察猪火腿，更是Almochsen牛肉的原产地，这些牛群放养于格拉茨东北30公里处的高山牧场。前往施蒂里亚州的游客一定会注意到，当地从沙拉到肉类的所有美食都淋上了南瓜籽油调味。这种健康的深色油散发着坚果果香，和盐以及黑胡椒一同作为重要调味品摆放在餐桌上。

蒂罗尔州和福拉尔贝格州

这两个地区有一大共同之处：奶酪，尤其是被当地人称为干草奶酪（Heumilchkäse）的品种，它的爱好者将其原料奉为全世界最纯的牛奶。土豆炒肉（Gröstl，有些地区也称作Gröstel）是一种将剩菜炒在一块儿的菜肴，通常以土豆、猪肉和洋葱为原料，表面加一个煎蛋。这道菜也有以香肠为原料的不同版本，而因斯布鲁克土豆炒肉（Innsbrucker Gröstl，也称为土豆炒牛肉，Gröstl Kalb）则选用牛肉作为食材。

上奥地利州

上奥地利州毗邻德国巴伐利亚州和捷克的波希米亚地区，所以毫不意外地成为奥地利的丸子（Knödel）中心。喜欢吃甜食？那你绝不能错过林茨蛋糕。这种酥皮蛋糕表面以薄面皮打造格状花纹，馅料里包含杏仁、不同香料和红醋栗果酱。

饮食方式

何时吃

➡ **早餐**（Frühstuck）常言道，早餐是一天中最重要的一餐。奥地利人对此深信不疑。在工作日，当地人可能会随手抓一个抹着果酱的小面包，以及一杯咖啡或一碗什锦麦片。但每到周末，早餐通常值得花一个上午的时间悠闲享受。越来越多的咖啡馆和餐厅开始提供周日的自助早午餐，价格为€15至€20，包括半生的单面荷包蛋、三文鱼、餐前小食、麦片、鲜榨果汁和起泡酒等一系列美食。直到晚餐前你都会觉得非常饱。

➡ **午餐**（Mittagessen）这也是当地人非常重视的一餐。通常包括一碗汤或沙拉，外加一道主食。用餐时间一般为11:30至14:30。

➡ **咖啡和蛋糕**（Kaffee und Kuchen）只有这场下午3点的仪式才能打破当地人两餐之间不吃点心的惯例。在蛋糕店或咖啡屋尽情享受当地美食吧。

➡ **开胃酒**（Apéritif）餐前酒的受欢迎程度正在不断上升。街边露天餐馆的常见开胃酒？当然非阿贝罗餐前酒（Aperol spritz）莫属了。

➡ **晚餐**（Abendessen）如果暂时撇开城市里的夜宵不谈，奥地利人的晚餐时间要比欧洲其他国家的居民更早一些。餐厅厨房工作时间一般为19:00至21:00或21:30。不过许多饭店都在该时间段之外提供额外的小吃菜单。

去哪吃

➡ **小饭馆/酒馆**（Beisln/Gasthäuser）通常为木质结构、内部装饰温馨的乡村小饭馆，提供家常菜肴，包括煮牛肉、炸猪排、匈牙利炖牛肉等。

➡ **啤酒屋**（Brauereien）许多啤酒作坊和自酿啤酒吧也提供肉类菜肴。它们的啤酒花园是夏天非常受欢迎的聚餐地点。

➡ **咖啡馆**（Cafes）咖啡馆种类繁多，从提供咖啡和三明治的咖啡面包坊、有机熟食店，到冰淇淋咖啡吧或是冰淇淋小店。

➡ **小酒馆**（Heurigen）自中世纪以来，奥地利当地温馨舒适的小酒馆始终生意兴旺。门口通常挂有绿色灌木，便于识别。

➡ **快餐店**（Imbiss）提供各种小吃或外卖食物的餐厅，最著名的便是当地的香肠摊。

➡ **咖啡屋**（Kaffeehäuser）咖啡屋也被戏称为维也纳的"客厅"。这里并不仅仅因为各类美味蛋糕以及像手臂那么长的咖啡单而闻名于世，许多还提供便宜的早餐、午餐和全天供应的小吃。

➡ **蛋糕店**（Konditoreien）传统的蛋糕咖啡店，不少店内同时提供各类甜点。

➡ **创意饭馆**（Neo-Beisln）新潮小饭馆，一般采用复古而时尚的装饰风格，提供富有创意、原料新鲜的奥地利经典菜式。在城市中尤为常见（特别是维也纳）。

➡ **餐厅**（Restaurants）当地餐厅的涵盖范围非常广，从比萨到米其林星级餐厅，应有尽有。

菜单揭秘

➡ **Degustationsmenü** 美食家菜单

➡ **Hauptspeise** 主菜——鱼类、肉类或素食（适合素食主义者）

➡ **Kindermenü** 两道或三道式的儿童菜单，有时包含软饮

➡ **Laktosefrei/Glutenfrei** 不含乳糖/麸质的食物

➡ **Mittagstisch/Mittagsmenü** 午市套餐，通常为两道式，包括一碗汤或沙拉，外加一道主食

➡ **Nachtisch** 甜点，通常在咖啡或餐后酒之前供应

➡ **Speisekarte** 菜单

➡ **Tagesteller** 当日推荐菜肴，通常只在午餐时供应

➡ **Vorspeise** 开胃菜

➡ **Weinkarte** 葡萄酒单

地区速览

维也纳

艺术和建筑
音乐
咖啡情调

无与伦比的宫殿

作为奥地利的首都，维也纳拥有许多宏伟的宫殿、教堂与艺术空间建筑，例如霍夫堡皇宫、美泉宫、美景宫、斯蒂芬大教堂、维也纳博物馆区和阿尔贝提纳博物馆等。你几乎能在这座城市的每个角落发现建筑或艺术杰作。

古典音乐的狂欢

你可以在维也纳全城宫殿般的演奏厅里欣赏莫扎特的乐曲、探访莫扎特故居、观看国家歌剧院上演的名作，或品味由维也纳现代乐团作曲家带来的精彩演出。

咖啡馆和时尚酒吧

维也纳的咖啡馆早已名声远扬：不妨在葛洛丽观景台咖啡厅这样富丽堂皇的咖啡馆或类似德雷克斯勒咖啡厅的时尚现代的环境中小憩片刻。分离派建筑师阿道夫·洛斯的小酒吧是喝鸡尾酒的好去处，当地的小酒馆也值得一去。

见60页

下奥地利州和布尔根兰州

饮食
文化
户外活动

自产美食

多瑙河谷的瓦豪地区拥有不少顶级餐厅和产自当地的新鲜食材，例如牛肉、奶酪和瓦尔德地区的罂粟籽。新锡德尔湖附近的布尔根兰州以葡萄酒和小酒馆闻名，一杯奥地利的上等葡萄酒无疑是凉拼盘的绝配。

文化亮点

瓦豪地区的梅尔克修道院是当地的修道院之王。欣赏户外音乐和歌剧的一流场所非格拉芬艾格宫莫属。克雷姆斯与沙拉堡宫经常举办盛大的展览，而艾森施塔特则拥有豪华壮观的埃斯特哈齐宫。

骑自行车和水上运动

下奥地利州最受欢迎的自行车道位于美丽的瓦豪地区，沿着多瑙河一路延伸。如果你想在湖边骑行或参加水上运动，千万不要错过布尔根兰州的新锡德尔湖。

见129页

上奥地利州

文化
建筑
乡村度假

先锋艺术

被绚丽灯光点亮的林茨电子艺术中心以机器人的技术魔法与虚拟旅程体验带领游客走进未来世界。建筑外观呈长方形的伦托斯艺术博物馆也举办一些先锋艺术展览。参观州立美术馆将有机会欣赏到现代艺术和雕塑作品。

古修道院和老教堂

克雷姆斯明斯特的本笃会修道院和圣弗洛里安巴洛克风格的奥古斯丁修道院收藏着不少教会珍品。新哥特式新主教座堂（Neuer Dom）与奢华的旧主教座堂（Alter Dom）均位于林茨，而凯弗马克特则以当地教堂中的哥特式祭坛而闻名。

乡村度假

绵延起伏的乡村星罗棋布着施泰尔这样的童话小镇和巴特哈尔Spa度假胜地。米尔地区和特劳恩地区的农场民宿提供纯粹的宁静时光。你也可以在卡尔卡尔彭国家公园的石灰岩旷野中进行徒步。

见171页

施蒂里亚州

文化
户外活动
葡萄酒

文化之城格拉茨

施蒂里亚州州府格拉茨以贯穿全年的节日狂欢而闻名。这座面积不大的城市包含不少特色文化亮点以及诸多一流博物馆，其中包括埃根贝格宫博物馆。

徒步、骑自行车和滑雪

施蒂里亚州拥有众多徒步路线，有些简单易行，有些则颇具挑战性，分布在较为偏僻的盖绍泽国家公园或更受欢迎的施拉德明地区，山谷两壁陡直，适合进行徒步和山地自行车骑行。这里的山峰直入云霄，高度令人眩晕，而滑雪道则在冬季重新焕发生机，热闹非凡。

葡萄园和葡萄酒之路

当地餐桌上的葡萄酒通常产自附近斯洛文尼亚边境地区位于山坡上的葡萄园。气味独特而浓烈的雷司令白葡萄酒和酒体饱满的皮诺红酒与南施蒂里亚州葡萄酒之路沿线的美味餐厅相得益彰。

见195页

萨尔茨卡默古特

湖泊
户外活动
自然美景

湖中游泳

萨尔茨卡默古特拥有陡峭险峻的山谷，群山高耸直立，不少深水湖泊也坐落于此，是最适合游泳的地区。尽管有些湖水温度偏低（真的非常低），但哈尔施塔特湖、沃尔夫冈湖和蒙德塞等湖泊都是挑战开放水域和游泳戏水的完美选择。

徒步、骑自行车和滑雪

你可以从哈尔施塔特和上特劳恩出发沿湖畔徒步、投入达赫施泰因群山的怀抱（尤其不能错过五指观景台）以及开始冬日滑雪之旅，这两处地区都是绝佳的大本营。萨尔茨卡默古特也非常适合骑行，当地高山地形各异，路线较为简单。

盐矿和冰洞

在哈尔施塔特独具特色的盐矿中寻找当地著名的“白色金子”吧。或者潜入零摄氏度以下的达赫施泰因洞群，探访闪闪发光的冰洞世界。

见228页

萨尔茨堡和萨尔茨堡州

文化亮点
自然奇观
品味历史

宫殿和Spa

萨尔茨堡奢华的主教宫、雄伟的巴洛克式老城区与萨尔茨堡要塞都是当地的文化亮点。"美好年代"(Belle-époque)广受欢迎的巴德加施泰因以含有氡的泉水而闻名。

冰洞和瀑布

徒步爱好者一定会被滕嫩山脉的自然风景深深吸引。埃斯瑞森韦尔特冰洞位于地下,邻近陡峭险峻的列支敦士登峡谷(Liechtensteinklamm),是世界上迄今为止已发现的最大冰洞。上陶恩山国家公园拥有令人惊叹的冰川、海拔3000米的山峰以及380米高的克里姆尔瀑布,是阿尔卑斯山的一大热门美景。

咖啡屋和啤酒吧

在Bazar或Sacher这样气派非凡的咖啡屋,你将在品尝美味蛋糕的同时感受到扑面而来的历史气息。如果想要全年不间断地体验啤酒节的无限魅力,不妨前往由隐修院经营的啤酒厂Augustiner Bräustübl或环境幽暗的Stiegl Keller。

见249页

卡林西亚州

湖泊
水上运动
骑行

湖中畅游

沃尔特湖是适合所有人群的夏季度假胜地。水温相对暖和,距离克拉根福也不远。如果希望湖水更加凉爽,可以选择魏森湖,这是奥地利适合游泳的湖泊中海拔最高的地区。

最佳雪道

纳斯费尔德滑雪场位于黑马戈尔附近,尽管位置偏远,却依然广受欢迎。滑雪者乘坐6公里长的千禧特快缆车(Millennium-Express cable car)爬上山坡,体验最佳滑雪道的乐趣。卡林西亚州的越野滑雪、滑雪徒步和溜冰活动也非常精彩,尤其是在当地崎岖不平的边远地区。

山地自行车

从11公里长的速降车道俯冲而下——山地自行车是卡林西亚州最受喜爱的消遣活动。黑马戈尔、魏森湖周围或菲拉赫城外的骑行游览路线也同样备受欢迎。

见295页

蒂罗尔州和福拉尔贝格州

滑雪
户外活动
历史和文化遗产

超级雪道

蒂罗尔州拥有奥地利最好的滑道,在群山密布的国家,这可算得上一项殊荣。阿尔山麓圣安东、基茨比厄尔、迈尔霍芬和伊施格尔等高山度假胜地都设有出色的滑降雪道与野雪区,并提供热闹非凡的滑雪后休闲活动。

徒步和骑行

蒂罗尔州风景迷人的高山徒步与骑行路线堪称奥地利之最。齐勒河谷、厄茨河谷和Patznauntal山势崎岖,景色优美,这里的山谷与高峰在夏天吸引着热爱高海拔徒步和山地自行车运动的人们不断前来。

宫殿和乳品场

雄伟壮丽的霍夫堡皇宫、文艺复兴时期的阿姆布拉斯宫和收藏有古典大师作品的美术馆都是因斯布鲁克的魅力所在。农场民宿和村庄分布于福拉尔贝格州布雷根茨林山,不妨在当地绵延起伏的乳品场尽情享受回归自然的感觉吧。

见320页

在路上

WIEN
维也纳
60页
Upper Austria
上奥地利州
171页
Lower Austria & Burgenland
下奥地利州和布尔根兰州
129页
The Salzkammergut
萨尔茨卡默古特
228页
Salzburg & Salzburgerland
萨尔茨堡和萨尔茨堡州
249页
Styria
施蒂里亚州
195页
Tyrol & Vorarlberg
蒂罗尔州和福拉尔贝格州
320页
Carinthia
卡林西亚州
295页

维也纳

人口：1,766,750 / ☎01

包括 ➡

最佳餐饮

- Steirereck im Stadtpark（见111页）
- Punks（见108页）
- Lingenhel（见107页）
- Plachutta（见111页）
- Blue Mustard（见109页）
- Griechenbeisl（见108页）

最佳住宿

- Grand Ferdinand Hotel（见104页）
- Magdas（见101页）
- Grätzlhotel（见102页）
- my MOjO vie（见100页）
- DO & CO（见104页）

为何去

世界上很少有城市能像维也纳这样轻松穿梭于现在和过去之间。它辉煌的历史面貌很容易辨认：宏伟壮丽的皇家宫殿和华丽夸张的巴洛克内部装饰，还有侧立于壮丽广场上的博物馆。

然而，维也纳也是欧洲最具活力的城市空间之一。这里的博物馆区离霍夫堡皇宫仅一步之遥，在其令人印象深刻的玄武岩外观的内部展示着一些世界上最具争议性的当代艺术品。馆外的庭院在夏季的夜晚总是热闹非凡，会有成群的维也纳人在那里喝酒聊天。

这是莫扎特的城市，也是“法尔科”（Falco，即Hans Hölzel）的维也纳，这位歌星令歌曲中的城市变得不朽神韵。在维也纳，同时提及诗朗诵比赛和斯蒂芬大教堂并没有什么不妥。市区范围内不乏绿地，“蓝色”多瑙河从历史中心的东侧穿流而过——这就是奥地利的首都，毫无疑问。

何时去

- 维也纳的景点和活动如此之多，任何时候，无论夏季还是冬季，前往都很合适。
- 7月、8月以及复活节、圣诞节和新年等节假日期间最为拥挤。
- 春季和秋季人数有所下降，但是天气多变。
- 夏季可以在多瑙河上晒太阳，也可以懒洋洋地坐在酒庄的户外花园里，品尝那里酿造的葡萄酒。
- 10月可以到维也纳森林徒步，沉醉于维也纳壮丽的秋季风光。
- 12月可以在市政厅前面滑冰，或者到充满了节日气氛的圣诞市场去尝一尝热红酒。

历史

大约在公元前15年，罗马人来到维也纳，那时候，它可能是凯尔特人重要的贸易站。罗马人取代了凯尔特部落Vinid，在这里安营扎寨，并将这个地方命名为文多博纳（Vindobona）。这个定居地在3世纪和4世纪发展成为城镇，葡萄园也引入了周边地区。

公元881年，这座城镇以Wenia之名出现在官方文献中。在接下来的几个世纪里，维也纳的控制权几经易手，之后被巴本堡家族（Babenburgs）所拥有。哈布斯堡家族继承了统治权，但是家族中并没有人在这里久居，直到1533年，斐迪南改变了这一状况。1529年，这座城市曾被奥斯曼土耳其人围攻。

在宗教改革和反宗教改革运动期间，维也纳是反抗和争论的温床。在17世纪末的瘟疫和围攻中，这座城市受尽了折磨。不过，18世纪初预示着维也纳黄金时代的到来，巴洛克建筑、公民改革和古典音乐革命在这一时期接踵而至。

然而，情况在19世纪初开始变味——拿破仑于1805年和1809年先后两次占领了这座城市。但他对欧洲的统治相当短暂，1814年至1815年，维也纳主办了维也纳会议，以庆祝拿破仑的失败。维也纳在后拿破仑时代的欧洲不断发展，并于1873年主办了第二次国际盛会——世界博览会。"一战"的到来中止了这座城市的建筑和文化发展，战争结束后，君主制已经成为过去。

20世纪20年代，法西斯主义兴起，1934年，在城市的街道上爆发了内战。社会主义者被击败，维也纳的市议会也解散了。1938年3月15日，希特勒来到这座城市，令20万狂喜的维也纳人为之欢呼。

在盟军的轰炸之下，维也纳损失惨重。1945年4月11日，挺进的苏联军队解放了这座城市。同盟国加入了对它的占领，直到1955年，维也纳才得以独立。从此以后，它从"冷战"的风口浪尖消失，转而成为新老欧盟成员国之间的焦点。

景点

内城区 (Innere Stadt)

★斯蒂芬大教堂 天主教堂

（Stephansdom; St Stephan's Cathedral; 见68页地图; ☎团队游01-515 323 054; www.stephanskirche.at; 01, Stephansplatz; 正殿 成人和一名儿童 €6，增加一名儿童 €1.50; ⏲公众参观 周一至周六 9:00~11:30和13:00~16:30，周日 13:00~16:30; ⓤStephansplatz）斯蒂芬大教堂又名小斯蒂芬（Steffl），这是其具有讽刺意味的昵称。它是维也纳的哥特式建筑杰作，也是这座城市的骄傲和快乐之源。最早矗立在这里的教堂始建于12世纪，保留下来的部分是罗马风格的**大门**（Riesentor）和**异教徒塔**（Heidentürme）。从外观上看，首先映入你眼帘的是壮丽的花砖**屋顶**，上面有一排排令人眼花缭乱的V形图案和奥地利雄鹰。进入教堂内部，华丽的哥特式石头**布道坛**（pulpit）在正殿中颇为醒目，由安东·皮尔格林（Anton Pilgrim）于1515年制作完成。

有一个经常被人们忽视的细节是布道坛的栏杆，上面刻满了蝾螈和蟾蜍之间永无止境的善恶之战的场景。巴洛克式的**主祭坛**（high altar）位于正殿的尽头，描绘了圣斯蒂芬所经历的石刑。正殿左侧的圣坛陈列着带有侧翼的**维也纳新城祭坛装饰品**（Wiener Neustadt altarpiece），其历史可以追溯到1447年；右侧的圣坛是用红色大理石建造的**腓特烈三世之墓**（tomb of Friedrich Ⅲ），是文艺复兴时期风格的作品。在他的领导下，维也纳于1469年成为主教辖区（这座教堂也随之变成了主教座堂）。需要注意的是，正殿会在弥撒期间关闭（一天最多举行8次）。

可供选择的游览项目包括自助式**语音导览**（audio tour; 成人和一名儿童 €8，增加一位儿童 €1.50）和**导览游**（guided tour; 成人/儿童 €5.50/2），都可以进入中殿。

★霍夫堡皇宫 宫殿

（Hofburg; Imperial Palace; 见68页地图; www.hofburg-wien.at; 01, Michaelerkuppel; 🚌1A, 2A Michaelerplatz, 🚋D, 1, 2, 46, 49, 71 Burgring, ⓤHerrengasse）免费 从1273年至1918年，霍夫堡皇宫一直是哈布斯堡家族的大本营，没有哪里比它更能代表奥地利辉煌灿烂的文化遗产了。宫殿历史最悠久的部分是13世纪的**瑞士人庭院**（Schweizerhof），得名于曾经守卫着这个区域的瑞士卫兵。文艺复兴时期风格的**瑞士人大门**（Swiss gate）可

维也纳艺术史博物馆

亮点半日游

维也纳艺术史博物馆（Kunsthistorisches Museum）的规模之大令人望而生畏，这条半日路线可以帮你充分利用这次参观的机会。

走上豪华的大理石阶梯，为安东尼奥·卡诺瓦创作的《忒修斯杀死肯陶洛斯》（*Theseus Slaying the Centaur*）带来的冲击力而赞叹。右转进入埃及和近东收藏馆，在那里的Ⅱ号厅，你可以试着解读❶ **Ka-ni-nisut陵墓祭室**的浮雕。接着穿越数千年来到古罗马展厅，XVI号厅里展出的❷ **奥古斯都石雕**的精细程度极具魅力。这个楼层的另一侧都属于维也纳艺术厅，那里藏着很多珍品，比如XXIX号厅内出自本韦努托·切利尼之手的金光闪闪的❸ **盐瓶**。

来到二楼的画廊，体验真正的文艺复兴和巴洛克艺术的狂欢。东翼会向你展现荷兰、佛兰德斯和德国绘画，以XV号厅内丢勒令人鼓舞的❹ **《三位一体的崇拜》**为起点，在途中还可以

LEEMAGE/GETTY IMAGES ©

奥古斯都石雕

希腊和罗马文物，XVI号厅

这件缠丝玛瑙石雕可能是皇家玉石雕刻师狄奥斯库里得斯（Dioscurides）的手工作品，它可以追溯到公元1世纪，以精致的浅浮雕展现了奥古斯都的神化，他装扮成朱庇特的样子，坐在罗马人旁边。被击败了的野蛮人则位于下层。

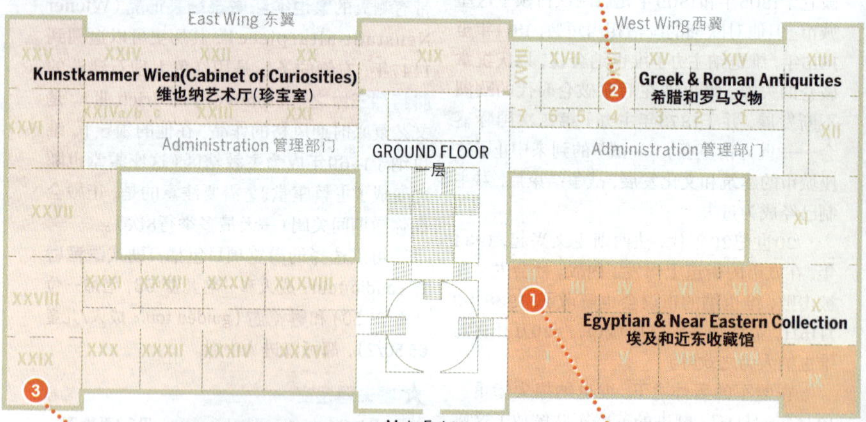

盐瓶

维也纳艺术厅，XXIX号厅

本韦努托·切利尼手工制造的金色盐瓶（1543年）装饰着代表大地和海洋的忒勒斯（大地女神；Tellus）和持有三叉戟的尼普顿（海神；Neptune）令人炫目的寓意肖像。他们靠在显示四风、一天的时间和人类活动的底座上。

DIETER NAGL/AFP/GETTY IMAGES ©

Ka-ni-nisut陵墓祭室

埃及和近东收藏馆，Ⅱ号厅

浮雕和象形文字描绘了第五王朝的高级官员Ka-ni-nisut，连同他的妻子、孩子，以及作为殡葬祭司和仆人随从们的生活。这座拥有4500年历史的墓室以惊人的方式展现了死后的世界。

欣赏到内容丰富的鲁本斯和伦勃朗的作品，高潮是X号厅内陈列的老彼得·勃鲁盖尔创作的精致详尽、引人入胜的❺《巴别塔》。要留出同样多的时间去欣赏对面展厅里的意大利、西班牙和法国大师们的作品。杰作包括4号厅内拉斐尔的❻《草地上的圣母》、V号厅里展出的卡拉瓦乔仁慈的❼《玫瑰经圣母》，以及在7号厅里抢尽了风头的朱塞佩·阿尔钦博托的❽《夏季》。

独家贴士

» 在门厅拿好语音导览和楼层平面图，以便确认你自己的位置。

» 在线上订票可以避免排队。

» 在周四18点至21点参观游客较少。

» 禁止使用闪光灯拍照。

《巴别塔》

荷兰、佛兰德斯和德国绘画，X号厅

勃鲁盖尔细致入微的作品《巴别塔》（1563年），用夸张的手法表现了勤奋的人们为了达到神的高度而付出的徒劳努力。罗马圆形大剧场为这幅画提供了灵感。

ART MEDIA/PRINT COLLECTOR/GETTY IMAGES ©

《草地上的圣母》

意大利、西班牙和法国绘画，4号厅

这是拉斐尔在1506年创作的具有重大影响的文艺复兴鼎盛时期的杰作，画中的圣母和幼小的耶稣及圣约翰有着彩虹般的色彩，与背景中的托斯卡纳草地形成了对比。

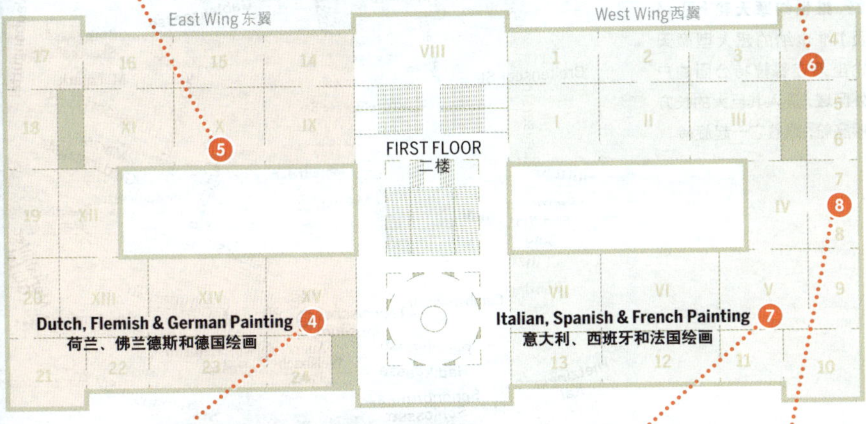

《三位一体的崇拜》

荷兰、佛兰德斯和德国绘画，XV号厅

这幅圣坛装饰画是丢勒的代表作，是他于1511年在纽伦堡商人马托伊斯·兰道尔（Matthäus Landauer）的委托下创作的。画中的天使、圣徒和世俗信徒围绕在三位一体周围，丢勒则藏在画面的右下角。

DEA PICTURE LIBRARY/GETTY IMAGES ©

《玫瑰经圣母》

意大利、西班牙和法国绘画，V号厅

卡拉瓦乔标志性的明暗对照绘画风格赋予了这幅1607年创作的杰作深度、丰富性和情调。画中抱着小耶稣的圣母让圣道明（St Dominic）向跪在她面前的光着脚的穷人分发玫瑰经。

《夏季》

意大利、西班牙和法国绘画，7号厅

意大利宫廷画师朱塞佩·阿尔钦博托的《夏季》（1563年）得到了哈布斯堡家族的青睐。这幅杰作以水果和蔬菜构成的肖像来赞美季节的丰饶，是他四季轮换的组画中最引人注目的一幅。

维也纳亮点

❶ **斯蒂芬大教堂**（见61页）登上维也纳宏伟壮丽的哥特式主教座堂，欣赏深受喜爱的城市象征。

❷ **美泉宫**（见89页）体验极致奢华，欣赏花园美景。

❸ **博物馆区**（见78页）在这个充满了酒吧并且洋溢着城市活力的艺术空间里闲逛。

❹ **现代艺术博物馆**（见79页）欣赏涂抹着沙拉的裸体和周围的其他现代艺术品。

❺ **Café Sperl**（见113页）在维也纳大名鼎鼎的咖啡馆之一停下来放松一下，享用蛋糕和咖啡。

❻ **Schank zum Reichsapfel**（见106页）在维也纳的酒庄里漫步，让自己沉浸其中。

❼ **维也纳摩天轮**（见84页）维也纳的超大型摩天轮坐落在普拉特公园的户外区域，进入其巨大的长方形座舱，跟着它一起旋转。

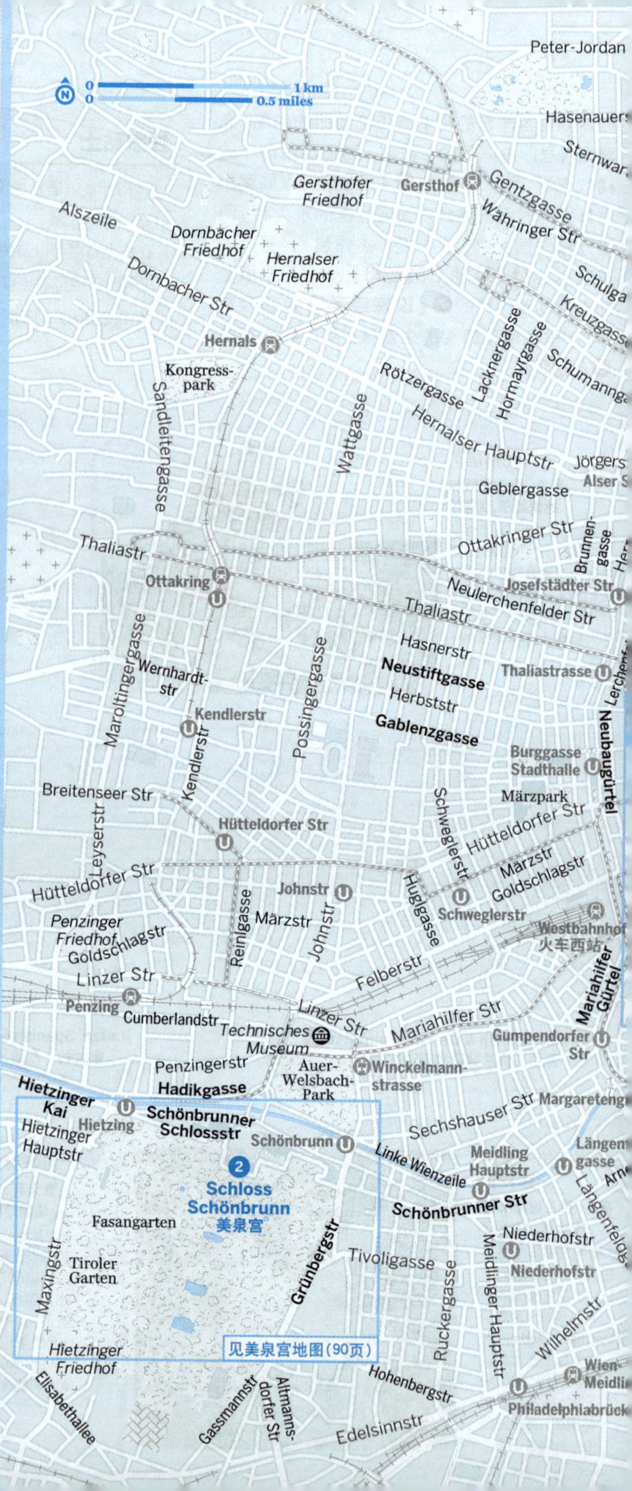

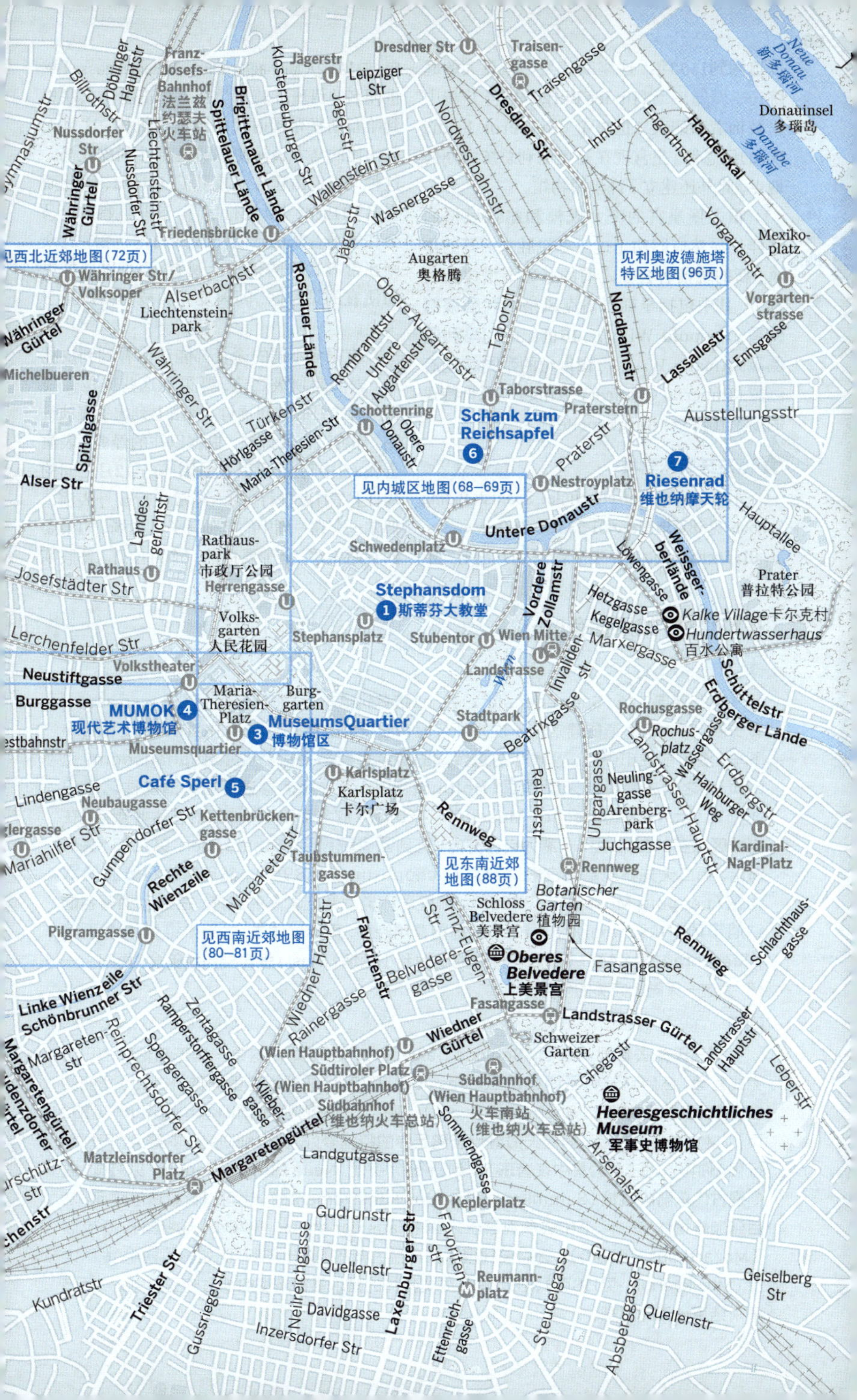

Neue Donau
新多瑙河
Donauinsel
多瑙岛
Danube
多瑙河
Dresdner Str
Traisengasse
Traisengasse
Jägerstr
Leipziger Str
Jägerstr
Klosterneuburger Str
Franz-Josefs-Bahnhof
法兰兹约瑟夫火车站
Döblinger Hauptstr
Billrothstr
Gymnasiumstr
Nussdorfer Str
Nussdorfer Str
Liechtensteinstr
Währinger Gürtel
Spittelauer Lände
Brigittenauer Lände
Friedensbrücke
Wallensteinstr
Wasnergasse
Nordwestbahnstr
Dresdner Str
Innstr
Engerthstr
Handelskai
Vorgartenstr
Mexikoplatz
见西北近郊地图（72页）
Währinger Str/Volksoper
Alserbachstr
Liechtensteinpark
Währinger Gürtel
Michelbeuren
Währinger Str
Spitalgasse
Alser Str
Rossauer Lände
Jägerstr
Augarten
奥格腾
Obere Augartenstr
Untere Augartenstr
Rembrandtstr
Taborstr
Nordbahnstr
见利奥波德施塔特区地图（96页）
Vorgartenstrasse
Lassallestr
Ennsgasse
Ausstellungsstr
Taborstrasse
Praterstern
Schottenring
Türkenstr
Hörlgasse
Maria-Theresien-Str
Obere Donaustr
Schank zum Reichsapfel
6
Praterstr
Nestroyplatz
7
Riesenrad
维也纳摩天轮
见内城区地图（68–69页）
Landesgerichtsstr
Rathauspark
市政厅公园
Rathaus
Josefstädter Str
Herrengasse
Schwedenplatz
Untere Donaustr
Hauptallee
Weissgerberlände
Löwengasse
Prater
普拉特公园
Stephansdom
1
斯蒂芬大教堂
Vordere Zollamtstr
Hetzgasse
Kegelgasse
Kalke Village卡尔克村
Hundertwasserhaus
百水公寓
Volksgarten
人民花园
Stephansplatz
Stubentor
Wien Mitte
Invalidenstr
Marxergasse
Lerchenfelder Str
Volkstheater
Neustiftgasse
Burggasse
Landstrasse
Wien
Schüttelstr
Erdberger Lände
MUMOK
4
现代艺术博物馆
Maria-Theresien-Platz
Burggarten
3
MuseumsQuartier
博物馆区
Stadtpark
Beatrixgasse
Rochusgasse
Rochusplatz
Wassergasse
Westbahnstr
Museumsquartier
Karlsplatz
Karlsplatz
卡尔广场
Reisnerstr
Ungargasse
Neulinggasse
Landstrasser Hauptstr
Hainburger Weg
Erdbergstr
Café Sperl
5
Lindengasse
Neubaugasse
Arenbergpark
Kardinal-Nagl-Platz
Zieglergasse
Mariahilfer Str
Gumpendorfer Str
Kettenbrückengasse
Rennweg
Juchgasse
Rechte Wienzeile
Margaretenstr
Taubstummengasse
见东南近郊地图（88页）
Rennweg
Botanischer Garten
植物园
Schlachthausgasse
Pilgramgasse
见西南近郊地图（80–81页）
Wiedner Hauptstr
Favoritenstr
Prinz-Eugen-Str
Schloss Belvedere
美景宫
Oberes Belvedere
上美景宫
Rennweg
Fasangasse
Belvederegasse
Linke Wienzeile
Schönbrunner Str
Rainergasse
Fasangasse
Landstrasser Gürtel
Rampersdorffergasse
Zentagasse
Margaretenstr
Reinprechtsdorfer Str
Spengergasse
Wiedner Gürtel
(Wien Hauptbahnhof)
Schweizer Garten
Landstrasser Hauptstr
Margaretengürtel
Südtiroler Platz
(Wien Hauptbahnhof)
Südbahnhof
(Wien Hauptbahnhof)
火车南站
（维也纳火车总站）
Ghegastr
Leberstr
Kliebergasse
Südbahnhof
（维也纳火车总站）
Heeresgeschichtliches Museum
军事史博物馆
Sonnwendgasse
Matzleinsdorfer Platz
Margaretengürtel
Landgutgasse
Arsenalstr
Kepplerplatz
Gudrunstr
Gudrunstr
Quellenstr
Laxenburger Str
Favoritenstr
Reumannplatz
Geiselbergstr
Kundratstr
Triester Str
Gussriegelstr
Neilreichgasse
Davidgasse
Inzersdorfer Str
Ettenreichgasse
Steudelgasse
Absberggasse
Quellenstr

以追溯到1553年。这座庭院与一座更大的庭院——城堡广场（In der Burg）相连，广场中央装饰着弗朗茨二世皇帝（Emperor Franz II）的纪念像。皇宫现在是奥地利总统的办公地点，此外还建立了许多博物馆。

霍夫堡皇宫的庞大规模和建筑风格的多样化显然应归功于过去总想胜人一筹的作风；新的统治者会在之前的基础上增建新的部分，其中包括早期巴洛克风格的利奥波德侧翼（Leopold Wing）、16世纪的阿马利娅侧翼（Amalia Wing）、18世纪的帝国总理府侧翼（Imperial Chancery Wing）以及哥特式的皇家礼拜堂（Burgkapelle）。

★西班牙骑术学校 表演艺术

（Spanische Hofreitschule; Spanish Riding School; 见68页地图; ☎01-533 90 31-0; www.srs.at; 01, Michaelerplatz 1; 表演€25~217; ⊙时间不定; 🚌1A, 2A Michaelerplatz, Ⓤ Herrengasse）举世闻名的西班牙骑术学校是真正能让人联想到哈布斯堡帝国时代的维也纳机构。这里无与伦比的马术表演使用的是雄性利皮扎马，这种马以前由建在利皮扎（Lipizza，因此而得名）的皇家马场进行培育。这些优雅的公马会在古典音乐的伴奏下表演马术芭蕾，观众则在带有栏杆的楼座上观看，也可以选择更加便宜的站席区，闪闪发亮的枝形吊灯悬于头上。

有很多不同的途径都能让你看到利皮扎马。表演是顶级之选，要买到这些座位需要提前几个月的时间预订。网站上列出了表演日期，你可以在线订票。根据以往的经验，表演会在2月中旬至6月以及8月中旬至12月之间的周日上午11点进行，周六经常举行额外表演，偶尔也会在一周中的其他日子里加场。如果要购买站席票，至少要提前一个月预订。暑假期

在维也纳，如果你有……

两日

先在瑞典广场（Schwedenplatz）跳上1路有轨电车，绕着环城大道（Ringstrasse）转一圈，对林荫大道的建筑来一次短暂但很有收获的非正式游览。在Kärntner Strasse下车，漫步前往市中心，等候你的是辉煌的哥特式斯蒂芬大教堂（Stephansdom，见61页）。之后去参观霍夫堡皇宫（Hofburg，见61页），然后穿过环城大道前往艺术史博物馆（Kunsthistorisches Museum，见76页），欣赏那里令人惊叹的艺术收藏品。在内城区众多的餐馆中找一家为自己充电，再到国家歌剧院（Staatsoper，见78页）去看演出。第二天先参观皇家宫殿美泉宫（Schönbrunn，见89页），然后前往利奥波德博物馆（Leopold Museum，见78页），那里堪称奥地利艺术家的宝库。在维也纳著名的纳旭市场（Naschmarkt，见105页）提前享用晚餐，再穿过城市，去乘坐维也纳摩天轮（Riesenrad，见84页）。最后在传统的奥地利小酒馆（Beisl）里尝尝当地美食，再喝上一杯，为这一天画上完美的句号。

四日

第三天先去参观美景宫（Schloss Belvedere，见85页），这是一座无与伦比的巴洛克式宫殿。然后到分离派博物馆（Secession，见79页）去看看克里姆特（Klimt）华丽的名作《贝多芬横饰带》（*Beethoven Frieze*）。最后找一家酒吧，比如Dachboden（见103页），度过美好的夜晚。第四天最好用于满足你的特别爱好。先仔细研究一下景点，再规划行程。你可以将注意力集中在音乐上，到新堡博物馆（Neue Burg Museums，见71页）去参观古代乐器收藏馆（Sammlung Alter Musik Instrumente），也可以看看其他藏品，然后到咖啡馆休息一下，下午去参观音乐之家（Haus der Musik，见70页）或者莫扎特故居（Mozarthaus，见73页）。之后前往俱乐部或是古典音乐演出场所，比如音乐协会金色大厅（Musikverein，见118页），在贝多芬或莫扎特的音乐最初演奏的地方感受其魅力，用音乐来结束一天的游览。

历史上的白马

利皮扎马（Lipizzaner）马种的历史可以追溯到16世纪20年代，当时斐迪南一世（Ferdinand I）从西班牙进口了第一批宫廷用马。他的儿子马克西米利安二世（Maximilian II）在60年代又进口了新的马种。1580年，大公查尔斯二世（Charles II）在利皮扎（Lipizza，如今位于斯洛文尼亚）建立了皇家马场，这种马由此而得名。奥地利贵族看重西班牙的马是具备充分理由的：西班牙马被认为是当时所培育的最新式的马种，这要感谢7世纪的摩尔人，是他们将优雅的马匹带到了伊比利亚半岛。大约在18世纪中叶，意大利马列入了这个品种（这些马也带有西班牙马的血统）。18世纪中叶，利皮扎马就以欧洲最优秀的马种而闻名于世了。

几个世纪以来，自然灾害，但是更多的时候是战争，导致利皮扎马无数次地从原来位于斯洛文尼亚的马场撤离。1915年，它们从利皮扎的马场被放逐是由于"一战"的爆发。一些马前往了拉克森堡（Laxemburg，就在维也纳郊外），其他的则去了今天捷克境内的波希米亚（Bohemia，当时是奥匈帝国的一部分）。

1918年，奥地利的君主政体瓦解，利皮扎落在了意大利人手中，马匹也被分到了奥地利和意大利两地。意大利人在斯洛文尼亚经营马场，奥地利人则把他们的马带到了格拉茨附近的皮贝尔（Piber），自1798年起，该地一直在为帝国繁育军马——在当时，种马通常会跟英国的马种杂交。

随着哈布斯堡王朝的崩溃，以及两次世界大战的到来，我们擅长后腿站立旋转的骏马朋友的命运起起伏伏。"二战"爆发后，希特勒的军团进犯，征用了奥地利的皮贝尔马场，开始在那里饲养军马和骡子。他们还要把占领区里的不同马场聚集在同一个屋檐下。皮贝尔的利皮扎马最终搬到了位于波希米亚的霍斯陶（Hostau）。1945年，由于担心利皮扎马落入正在朝这个地区挺进的苏联军队的手中，美军控制了霍斯陶的利皮扎马及其他马匹，并把它们交还给了奥地利。

今天，皮贝尔仍然在向西班牙骑术学校提供白色的骏马。

间，这里还会举办特殊的"皮贝尔邂逅维也纳"（Piber meets Vienna）表演。**午前训练课程**（Morgenarbeit；成人票/儿童票 €15/7.50，1月至6月和8月中旬至12月 周二至周五 10:00至正午）的参观者可以参加一次授课的部分内容。

1小时的**导览游**（成人/儿童 €16/8；3月至次年1月下旬 14:00、15:00和16:00，1月下旬和2月周二至周日 14:00、15:00和16:00）提供英语和德语解说，可以带你进入表演大厅、马厩及其他设施。**午前训练和团队游联票**（成人票/儿童票 €31/15）是另一种选择。所有的票在米迦勒广场（Michaelerplatz）的游客中心皆有售。在训练课程期间，也可以在门口购买午前训练的参观票。

★皇帝寝宫 宫殿

（Kaiserappartements, Imperial Apartments；见68页地图；www.hofburg-wien.at；01，Michaelerplatz；成人票/儿童票 €12.90/7.70，含导览游 €15.90/9.20；⏲7月和8月 9:00~18:00，9月至次年6月 至17:30；Ⓤ Herrengasse）皇帝寝宫曾经是弗朗茨·约瑟夫一世（Franz Josef I）和伊丽莎白皇后（Empress Elisabeth）的官方住所，其枝形吊灯照耀下的宫殿，富丽堂皇，令人目眩。这里的亮点是茜茜公主博物馆（Sisi Museum；见74页），该馆专门介绍了这位奥地利最受爱戴的皇后，展品以奥地利君主的服装和珠宝为主。门票包含多语言语音导览。导览游会带你参观皇帝寝宫、茜茜公主博物馆和**银器馆**（Silberkammer；⏲7月和8月 9:00~18:00，9月至次年6月 至17:30），该馆的银质餐具服务最多可满足140名客人同时用餐。

★皇家珍宝馆 博物馆

（Kaiserliche Schatzkammer, Imperial Treasury；见68页地图；www.kaiserliche-schatzkammer.at；01，Schweizerhof；成人票/儿童票 €12/免

Innere Stadt 内城区

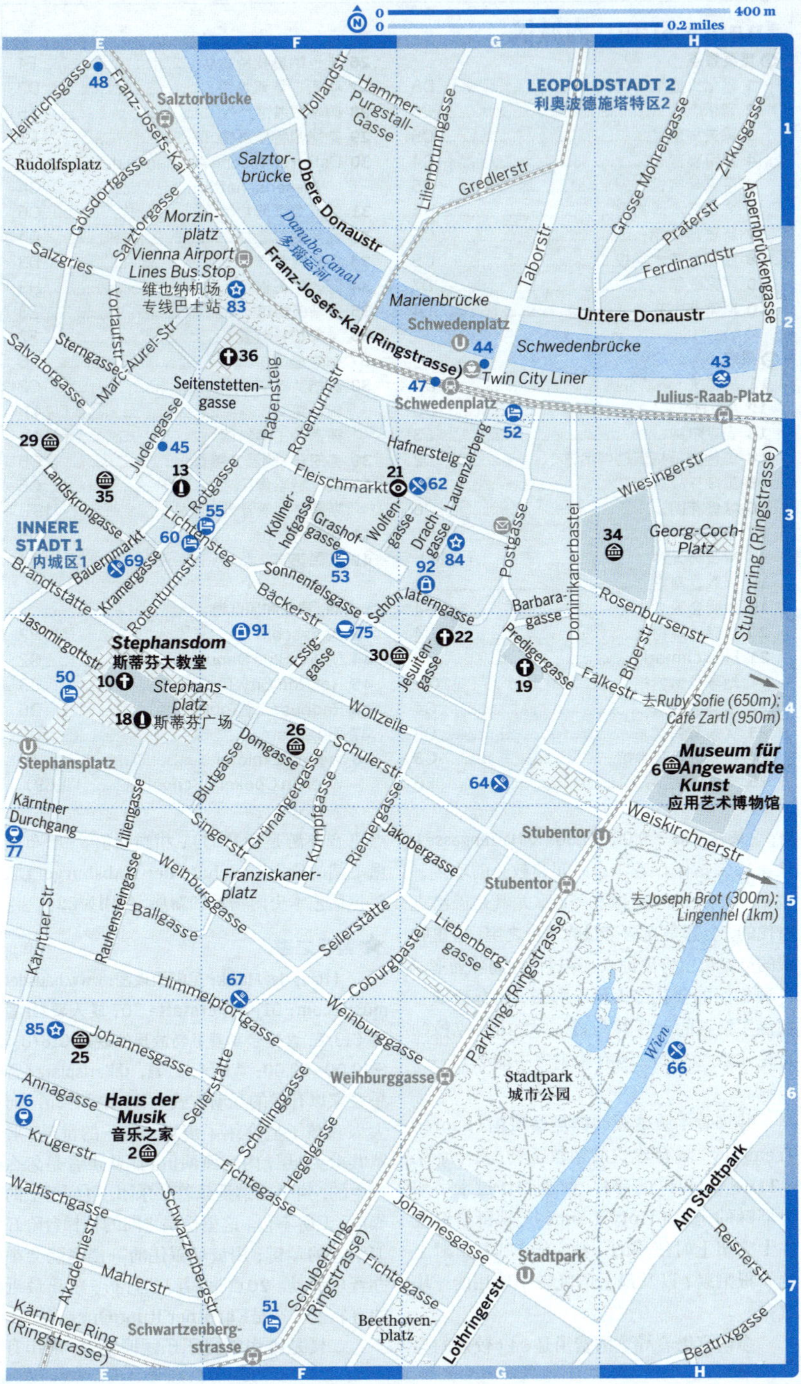
0 400 m
0 0.2 miles
LEOPOLDSTADT 2
利奥波德施塔特区2
INNERE STADT 1
内城区1
Stephansdom
斯蒂芬大教堂
Stephansplatz
斯蒂芬广场
Museum für Angewandte Kunst
应用艺术博物馆
Haus der Musik
音乐之家
Vienna Airport Lines Bus Stop
维也纳机场专线巴士站
Danube Canal
多瑙运河
Stadtpark
城市公园
Schwedenplatz
Twin City Liner
Julius-Raab-Platz
Salztorbrücke
Schwedenbrücke
Marienbrücke
Obere Donaustr
Untere Donaustr
Franz-Josefs-Kai (Ringstrasse)
Stubenring (Ringstrasse)
Parkring (Ringstrasse)
Schubertring (Ringstrasse)
Kärntner Ring (Ringstrasse)
Stubentor
Weihburggasse
Schwartzenbergstrasse
Franziskanerplatz
Georg-Coch-Platz
Beethovenplatz
Rudolfsplatz
Morzinplatz
Kärntner Durchgang
去Ruby Sofie (650m); Café Zartl (950m)
去Joseph Brot (300m); Lingenhel (1km)
Wien
维也纳
景点

Innere Stadt 内城区

费；周三至周一 9:00~17:30；Herrengasse）皇家珍宝馆保存着来自民间和教会的珍宝，包括用于祈祷的圣像和圣坛，尤其是巴洛克时代的，全都是光彩夺目的无价之宝，这里收藏的皇室御宝价值惊人。穿过一间间陈列室，各种华丽的宝物令人目不暇接，如金玫瑰、镶满了钻石的土耳其马刀、一块2680克拉的哥伦比亚绿宝石，还有珍宝之中的亮点——皇冠。

装饰着木质镶板的**神圣珍宝馆**（Sacred Treasury）藏有珍贵的宗教圣物：真十字架（True Cross）的碎片、曾经刺伤过十字架上耶稣的圣枪（Holy Lance）、耶稣被钉死在十字架上时使用的一枚钉子、基督王冠上的一根荆棘，以及最后的晚餐中使用的一块桌布。

多语言语音导览的费用是€4（较短的亮点语音导游是免费的），相当超值。“哈布斯堡王朝的珍宝”（Schatz der Habsburger）联票包括艺术史博物馆和新堡，费用为€20。

★音乐之家 博物馆

（Haus der Musik；见68页地图；www.hausdermusik.com；01，Seilerstätte 30；成人票/儿童票 €13/6，含维也纳莫扎特故居的联票 €18/8；10:00~22:00；D，1，2，71，Karlsplatz）音乐之家以有趣的互动方式（用英语和德语）向大人和孩子们介绍了声音和音乐的世界。展览共分为4层，内容面面俱到，从声音是怎么产生的，到维也纳爱乐管弦乐团，再到街上的噪声，无所不包。这里楼层之间的楼梯台阶好似钢琴的琴键；用玻璃罩住的一楼庭院会举办音乐活动。20点过后门票打折。距离最近的有轨电车站是Kärntner Ring/Oper。

二楼是**维也纳爱乐乐团博物馆**，展出有

住宿

49 Benediktushaus C2
50 DO & CO E4
51 Grand Ferdinand Hotel F7
52 Hotel Capricorno G2
53 Hotel Kärntnerhof F3
54 Hotel Sacher D6
55 Lamée Vienna F3
56 Opera Suites D6
57 Pertschy Palais Hotel D4
58 Radisson Blu Style Hotel C3
59 Steigenberger Hotel Herrenhof C3
60 Topazz Vienna E3

就餐

Bitzinger Würstelstand am Albertinaplatz .... （见86）
61 Blue Mustard D4
62 Griechenbeisl G3
Meierei im Stadtpark .... （见66）
63 Meinl's Restaurant D3
64 Plachutta G4
65 Soupkultur C1
66 Steirereck im Stadtpark H6
67 Tian F5
68 Trześniewski D4
69 Wrenkh E3

饮品和夜生活

70 Café Central C3
71 Café Landtmann A3
72 Café Leopold Hawelka D4
Café Sacher .... （见54）
73 Café Tirolerhof D6
74 Demel C4
75 Kaffee Alt Wien F4
76 Kruger's American Bar E6
77 Loos American Bar E5
Meinl's Weinbar .... （见63）
78 Palmenhaus C6
79 Volksgarten ClubDiskothek A5

娱乐

80 Bundestheaterkassen D6
Burgkapelle Vienna Boys' Choir Tickets .... （见17）
81 城堡剧院 A3
82 霍夫堡皇宫音乐厅 C5
83 Jazzland F2
84 室内歌剧院 G3
85 Metro Kinokulturhaus E6
86 奥地利电影博物馆 D6
国家歌剧院 .... （见9）

购物

87 多禄泰拍卖行 D5
88 J&L Lobmeyr Vienna D6
Meinl am Graben .... （见63）
89 Palais Ferstel C3
90 Steiff D4
91 Wald & Wiese F4
92 Wiener Rosenmanufaktur G3

关这个管弦乐团著名的新年音乐会的历史，并可聆听最近的精彩表演。你甚至可以通过掷骰子来创作属于自己的华尔兹舞曲。三楼名叫**Sonosphere**，有很多吸引人的装置、交互式玩具和触摸屏。可以测试听力的极限，尝试用采样的声音来录制你自己的CD（€7）。对日常声音的爱好者来说，这里的亮点之一是收集了取自纽约、东京及其他地方的街道和地铁的声音。

四楼的展览介绍了维也纳的古典乐作曲家，还播放了一段有趣的互动视频，你可以借此指挥维也纳爱乐管弦乐团。五楼有一个被称为**Virtostage**的装置，能让你用肢体语言和动作塑造音乐，甚至是创作一部歌剧。

★ 新堡博物馆 博物馆

（Neue Burg Museums；见68页地图；☎01-525 240；www.khm.at；01, Heldenplatz；成人票/儿童票 €15/免费；⏲周三至周日 10:00~18:00；🚋D, 1, 2, 71 Burgring, Ⓤ Herrengasse, Museumsquartier）新堡里面有三座新堡博物馆。**古代乐器收藏馆**（Sammlung Alter Musik Instrumente）陈列着大量五花八门的乐器。**以弗所博物馆**（Ephesos Museum）展出了奥地利考古学家于1895年至1906年在土耳其的以弗所发掘的人工制品。**武器和盔甲博物馆**（Hofjägd und Rüstkammer）内收藏的古代盔甲大体可以追溯到15世纪和16世纪。门票包含艺术史博物馆以及这三座新堡博物馆的费用。使用语音导览收费€4。

★ 阿尔贝提纳博物馆 画廊

（Albertina；见68页地图；www.albertina.at；01, Albertinaplatz 3；成人票/儿童票 €12.90/免

Vorstadt Northwest 西北近郊

费；⏲周四至周二 10:00~18:00，周三 至21:00；🚋D, 1, 2, 71 Kärntner Ring/Oper，Ⓤ Karlsplatz, Stephansplatz）阿尔贝提纳曾经是哈布斯堡供客人居住的皇家公寓，如今它变成了一座博物馆，里面的展品经常被吹捧为世界上最杰出的绘画艺术收藏。永久展出的巴特里纳藏馆（Batliner Collection）出展的100多幅名画涵盖了从莫奈到毕加索的时代，以及不断变换的高品质特展，让阿尔贝提纳成为真正不容错过的地方。

Vorstadt Northwest 西北近郊

馆内的多语言语音导览（€4）覆盖了所有展厅，对于皇家公寓和展出作品背后的故事也会有所介绍。

法国印象派和后印象派，还有瑞士大师阿尔贝托·贾科梅蒂（Alberto Giacometti）的作品，是巴特里纳藏馆最初的焦点。但是随着时间的推移，捐助人夫妇赫伯特和丽塔·巴特里纳（Herbert & Rita Batliner）又为其增添了大量的俄罗斯先锋派作品，创建了20世纪和当代艺术名人录，包括莫奈、毕加索、德加、塞尚、马蒂斯、夏加尔、诺尔德、乔连斯基和更多其他画家。

门票（而不是语音导览）全天有效，所以你可以跑出去吃午餐，然后再回来继续参观。

奥地利电影博物馆（Österreichisches Filmmuseum，见121页）的分馆也坐落在这里。

维也纳莫扎特故居 博物馆

（Mozarthaus Vienna；见68页地图；☎01-512 17 91；mozarthausvienna.at；01, Domgasse 5；成人票/儿童票 €11/4.50，含音乐之家的联票 €18/8；⏲10:00~19:00；Ⓤ Stephansplatz）从1784年至1787年，这位伟大的作曲家在这里度过了快乐而高产的两年半时光。展品包括乐谱和绘画的复制品，免费的语音导览则为参观者重现了他在这里居住时的情景。莫扎特总共在维也纳生活了11年，其间频繁地更换住所，在他经济拮据的时候，有时会住在环城大道外侧更加便宜的近郊（Vorstädte）。在这些住所中，维也纳莫扎特故居是唯一幸存下来的地方。

展览从顶楼开始——那里可俯瞰一个狭窄的封闭式内庭，展现了18世纪晚期的社会，为当时的达官贵人和莫扎特的生活提供了注解，例如共济会会员（Freemasons，他为共济会创作了很多作品）。也介绍了莫扎特的一些恶习——他处处留情、喜欢赌博而且挥霍无度，令展览独具特色。

中间的楼层依然保留着原来的灰泥天花板，那里集中展示了莫扎特的音乐以及他的音乐影响。他就是在这栋房子里创作了《费加罗的婚礼》（*The Marriage of Figaro*）。另一个房间里梦幻般的全息演出选自《魔笛》

(*The Magic Flute*)。最下面一层有莫扎特的卧室，还有几件摆放在玻璃柜中的古董家具，透露着那个时代的气息。

大教堂南塔

塔

(Südturm; Cathedral South Tower; 见68页地图; www.stephanskirche.at; 01, Stephansplatz; 成人票/儿童票 €4.50/2; ⏲9:00~17:30; Ⓤ Stephansplatz) 1433年，斯蒂芬大教堂的南塔达到了它的最终高度136.7米。今天，你可以登上343级台阶，来到一个小平台，将内城区的屋顶尽收眼底，欣赏维也纳最壮观的景色之一(无须购买正殿的门票)。在1359年为南塔铺设基石的时候，据说鲁道夫四世(Rudolf Ⅳ)曾经用过银质的泥刀和铲子。

最初的设想是建造两座塔，但是南塔建得太高了，几乎没给第二座塔留出空间。

茜茜公主博物馆

博物馆

(Sisi Museum; 见68页地图; ☎01-533 75 70; 01, Michaelerkuppel; 成人票/儿童票 €12.90/7.70，含导览游 €15.90/9.20; ⏲7月和8月 9:00~18:00，9月至次年6月 至17:30) 茜茜公主博物馆设在皇帝寝宫内，该馆专门介绍奥地利皇后伊丽莎白，她常被亲切地称为茜茜。经过了部分修复的奢华马车是展览的一大亮点，但是真正能让人感受皇后生活的是一些细节：她在婚礼前夕所穿的礼服的重现，以及她的遮阳伞、扇子和手套。门票包含多语言语音导览的费用。导览游可以带你参观皇帝寝宫和毗邻的银器馆(见67页)。

国家图书馆大厅

图书馆

(Nationalbibliothek Prunksaal, Grand Hall; 见68页地图; ☎01-534 10; www.onb.ac.at; 01, Josefsplatz 1; 成人票/儿童票 €7/免费; ⏲周二、周三和周五至周日 10:00~18:00，周四 至21:00; 🚋D, 1, 2, 71 Burgring, Ⓤ Herrengasse) 国家图书馆是奥地利的头号图书馆，这里的馆藏相当惊人，包括各类书籍、地图、地球仪及其他文化遗产；不过，馆内的亮点是**大厅**(Prunksaal)，这座壮丽的巴洛克式大厅建于1723年至1726年，壁画则出自丹尼尔·格兰(Daniel Gran)之手。在卡尔六世(Karl Ⅵ，他的雕像就竖立在中央穹顶下方)的授意下，图书馆收藏了约20万册皮革装订的学术巨著。语音导览的费用为€3。

存放在玻璃柜中的珍贵书籍大多源自15世纪，它们被翻开，以展示正文中精美的插图。格兰创作的美轮美奂的壁画是对皇帝的神化。

持联票可以参观**世界语博物馆**(Esperantomuseum; 见68页地图; ☎01-534 10 730; www.onb.ac.at; 01, Herrengasse 9, ground fl; 成人票/儿童票 €4/免费; ⏲6月至9月 周五至周三 10:00~18:00，周四 至21:00，10月至次年5月 周二、周三和周五至周日 10:00~18:00，周四 至21:00; 🚌1A, 2A Michaelerplatz, Ⓤ Herrengasse)、**地球仪博物馆**(Globenmuseum; 见68页地图; ☎01-534 10 710; www.onb.ac.at; 01, Herrengasse 9, 1st fl; 成人票/儿童票 €4/免费; ⏲6月至9月 周五至周三 10:00~18:00，周四 至21:00，10月至次年5月 周二、周三和周五至周日 10:00~18:00，周四 至21:00; 🚌1A, 2A Michaelerplatz, Ⓤ Herrengasse)和**纸莎草纸博物馆**(Papyrusmuseum; 见68页地图; ☎01-534 10 420; www.onb.ac.at; 01, Heldenplatz; 成人票/儿童票 €4/免费; ⏲周二、周三和周五至周日 10:00~18:00，周四 至21:00; 🚋D, 1, 2, 71 Burgring, Ⓤ Herrengasse, Museumsquartier)，还有新建的**文学博物馆**(Literaturmuseum; 见68页地图; www.onb.ac.at/literaturmuseum; 01, Grillparzerhaus, Johannesgasse 6; 成人票/儿童票 €7/免费; ⏲周二、周三和周五至周日 10:00~18:00，周四 至21:00; Ⓤ Stephansplatz)，联票票价€15。

艺术论坛美术馆

画廊

(Kunstforum; 见68页地图; www.bankaustria-kunstforum.at; 01, Freyungasse 8; 成人票/儿童票 €11/4; ⏲周六至周四 10:00~19:00，周五 至21:00; Ⓤ Herrengasse) 这家归私人所有的艺术论坛博物馆每年会吸引大约30万名参观者，理由很充分——不断更换的展览通常以深受人们喜爱的现代主义艺术家或者大名鼎鼎的当代艺术家为主题，令参观者们激动不已。近年来，米克尔·巴塞洛(Miquel Barceló)、博特罗(Botero)、弗丽达·卡洛(Frida Kahlo)、巴尔蒂斯(Balthus)和马丁·基彭贝格(Martin Kippenberger)的作品都在这里展出过。

苏格兰教堂 教堂

（Schottenkirche；见68页地图；www.schotten.wien；01，Freyung；⊙博物馆 周二至周六11:00~17:00，教堂商店 周一至周五 10:00~18:00，周六 至17:00，旺季周一关闭；ⓤHerrengasse，Schottentor）免费 苏格兰教堂坐落在Herrengasse的北端，创建它的本笃会修道士可能来自Scotia Maior（爱尔兰）；其现在的正立面可以追溯到19世纪。教堂内部有绘制着华美壁画的天花板，并以陶红色为装饰。

虽然正殿只有每天正午和下午18点做礼拜的时候才能进入，但是可以在门口窥视一下。隔壁的修道院里有一座小小的艺术品和人工制品博物馆（成人票/儿童票 €8/2），展品都和宗教有关，不过更让人感兴趣的是教堂商店，那里出售自制的烈酒、蜂蜜和果酱。

普墨林大钟 钟

（Cathedral Pummerin, Boomer Bell；见68页地图；www.stephanskirche.at；Stephansplatz；成人票/儿童票 €5.50/2；⊙9:00~17:30；ⓤStephansplatz）重达21吨的普墨林大钟是奥地利最大的钟，它于1957年被安置在了斯蒂芬大教堂的北塔上面。在大教堂的其他部分以流行的哥特风格建造起来的时候，这座塔却由于资金短缺和哥特式建筑魅力的衰退而中断了工程。现在只能乘电梯前往参观大钟（无须购买正殿的门票）。

斯蒂芬大教堂地下墓穴 古迹

（Catacombs；Stephansdom Katakomben；见68页地图；☎01-515 523 054；www.stephanskirche.at；01，Stephansplatz；30分钟的团队游成人票/儿童票 €5.50/2；⊙团队游 周一至周六10:00~11:30和13:30~16:30，周日 13:30~16:30；ⓤStephansplatz）大教堂周围斯蒂芬广场（Stephansplatz）上的区域起初是一片墓地——单纯从字面意思来说，它成了维也纳的"正中心"（dead centre）。但是在18世纪30年代，黑死病和流感席卷欧洲的时候，卡尔六世下令关闭了墓地，此后，维也纳的逝者就被葬在了斯蒂芬大教堂下面的"新墓穴"内。19世纪，墓穴的名字变成了更能体现哀思的"地下墓穴"（Katakomben）。只能通过团队游览进入参观。

民俗博物馆 博物馆

（Museum für Volkskunde；见72页地图；www.volkskundemuseum.at；08，Laudongasse 15-19；成人票/儿童票 €8/免费；⊙周二至周日 10:00~17:00；🚊5，33，ⓤRathaus）民俗博物馆坐落在18世纪初的申博恩宫（Palais Schönborn）内，展示了18世纪和19世纪的乡村住宅，馆内陈列着来自奥地利各地及其邻国的手工雕塑、绘画和家具。很多展品都以宗教或乡村为主题，明显的花卉图案随处可见。经常举办临时展览。乘有轨电车到Laudongasse即是。

犹太博物馆 博物馆

（Jüdisches Museum；Jewish Museum；见68页地图；☎01-535 04 31；www.jmw.at；01，Dorotheergasse 11；成人票/儿童票 含犹太广场博物馆 €10/免费；⊙周日至周五 10:00~18:00；ⓤStephansplatz）设在埃斯克勒斯宫（Palais Eskeles）内的维也纳犹太博物馆介绍了维也纳的犹太人从13世纪在犹太广场上建立第一个社区直至今日的历史。之前经常更换展览内容的展厅内，现在摆放着从1945年至今的永久展览。亮点是颇为惊人的仪式艺术品收藏，位于博物馆的顶层。犹太博物馆和犹太广场博物馆的联票的有效期为4天。

犹太广场博物馆 博物馆

（Museum Judenplatz；见68页地图；☎01-535 04 31；www.jmw.at；01，Judenplatz 8；成人票/儿童票 含犹太博物馆 €10/免费；⊙周日至周四 10:00~18:00，周五 至17:00；ⓤStephansplatz，Herrengasse）犹太广场博物馆的主要焦点是一座曾经矗立在犹太广场上的中世纪犹太教堂的发掘遗迹，并且通过一部电影和大量的展品展示了维也纳犹太人的历史。这座教堂建于中世纪，但是公爵阿尔布雷希特五世（Albrecht V）的"仇恨和误解"致使他在1421年下令破坏了它。在这里仍然能看到犹太教堂的基本轮廓。犹太广场博物馆和犹太博物馆（见本页）的联票有效期为4天。

进入博物馆后，你可以先观看一段12分钟的视频（有英文字幕），丰富的内容涵盖了犹太教、犹太教堂和犹太区。接下来是出土文物展，然后，如果你愿意，可以在数据库中搜索失去的亲人或朋友。馆内散布着很多玻璃柜，里面陈列着残片，比如维也纳的犹太历史文献。语音导览收费€2（有德语和英语讲解；还有一个特别的儿童版本）。

奈德哈特壁画馆

博物馆

（Neidhart-Fresken；见68页地图；☎01-535 90 65；www.wienmuseum.at；01, Tuchlauben 19；成人票/儿童票 €5/免费；⏲周二至周日10:00~13:00和14:00~18:00；Ⓤ Stephansplatz）这栋低调的房子位于Tuchlauben，里面藏着不同寻常的装饰：维也纳现存最古老的世俗壁画。这些小壁画的历史可以追溯到1407年，描绘的是游吟诗人奈德哈特·冯·罗严塔尔（Neidhart von Reuental，1180~1240年）的故事，以及中世纪的生活，场景生动而逼真。它们是在1979年准备将房子重建为公寓的时候被人们发现的。考虑到其悠久的历史，这些艺术品的状态还是相当出色的。

圣鲁珀特教堂

教堂

（Ruprechtskirche, St Rupert's Church；见68页地图；☎01-535 60 03；www.ruprechtskirche.at；01, Ruprechtsplatz 1；⏲周一和周二 10:00至正午，周三 10:00至正午和15:00~17:00，周四和周五 10:00~17:00，周六 11:30~15:30；🚊1, 2, Ⓤ Schwedenplatz）人们相信，这座维也纳最古老的教堂的历史可以追溯到740年。塔楼偏低的楼层建于12世纪，屋顶建于15世纪，而西侧文艺复兴时期风格的铁门建于16世纪30年代。到了夏季，这里的石墙会爬满常春藤。教堂内部的设计，线条明快，罗马风格的中殿是12世纪建造的，值得看上一眼。需要注意的是，由于宗教仪式，周日不向公众开放。

贝多芬故居

博物馆、故居

（Beethoven Pasqualatihaus；见68页地图；www.wienmuseum.at；01, Mölker Bastei 8；成人票/儿童票 €5/免费；⏲周二至周日 10:00~13:00和14:00~18:00；🚊D, 1, 2, Ⓤ Schottentor）从1804年至1814年，贝多芬就居住在这栋房子的5层（Floor 4，他在维也纳待了35年，似乎住过大约80个地方，幸亏不是所有的住处都成了博物馆）。在此期间，他创作了第四、第五和第七交响曲，以及歌剧《费德里奥》（*Fidelio*），此外还有其他的一些作品。他居住的两间房间（加上隔壁公寓的另外两间房间）被改建成了这座通风良好的博物馆，馆内并不太多的藏品包括贝多芬的肖像、文章和私人物品。

这栋房子是以其长期所有者约瑟夫·贝内迪克特·弗里赫尔·冯·帕斯夸拉蒂（Josef Benedikt Freiherr von Pasqualati）的名字命名的。

安克尔钟

纪念物

（Ankeruhr；Anker Clock；见68页地图；01, Hoher Markt 10-11；Ⓤ Stephansplatz, Schwedenplatz）这座机械钟是弗朗茨·冯·马奇（Franz von Matsch）于1911年创作的一件新艺术杰作，得名于出资建造它的安克尔保险公司。在12小时的周期内，罗马皇帝马可·奥勒留（Marcus Aurelius，他于公元180年在维也纳去世）、约瑟夫·海顿、欧根亲王（Eugene of Savoy）、玛丽亚·特蕾莎（Maria Theresia）及其他著名人物会穿过钟面，在显示分钟的静态量度背景上指示时间。正午时分，所有人物都会随着风琴音乐的曲调接连出现。

霍尔市场（Hoher Markt）曾经是罗马前哨的中心，现在则是维也纳历史最悠久的广场。

环城大道（Ringstrasse）

环城大道周围的许多纪念性建筑都是弗朗茨·约瑟夫皇帝下令建造的，这条宽阔的林荫大道环绕着内城区的大部分地区。1857年，皇帝决定拆除多余的军用防御工事和训练场地，用各种历史风格的宏伟而辉煌的公共建筑取而代之。工程在第二年开始，并于19世纪70年代达到顶峰。1873年，股票市场的崩盘给规划造成了沉重的打击，由于资金短缺和“一战”的爆发，其他宏伟计划都被搁置了。步行或者骑自行车探索环城大道并不费力；如果你没有时间，也可以乘坐1路或2路有轨电车，它们都沿着林荫大道的路段运行，能让你对那些令人难忘的建筑有个初步印象。

★ 艺术史博物馆

博物馆

（Kunsthistorisches Museum, KHM, Museum of Art History；见80页地图；www.khm.at；01, Maria-Theresien-Platz；成人票/儿童票 含新

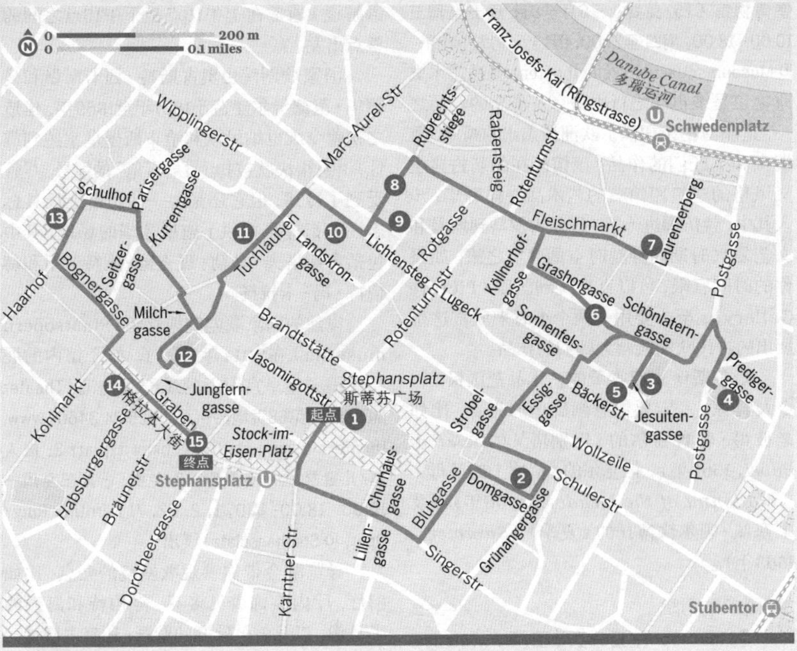

步行游览 维也纳历史中心

起点: 斯蒂芬大教堂
终点: 格拉本大街
距离: 3公里; **需时:** 1.5~5小时

从维也纳标志性的主教座堂❶**斯蒂芬大教堂**(见61页)开始，沿着Kärntner Strasse走一小段路，然后进入充满了韵味的小巷蜿蜒前行，来到❷**维也纳莫扎特故居**(见73页)，这位伟大的作曲家在这里生活了近3年时间。

一连串狭窄的小巷会将你带往两座精致的巴洛克教堂。❸**耶稣会教堂**(Jesuitenkirche)的内景纯粹是“欺骗”，竟然用壁画制造了穹顶的错觉，而1634年建造的❹**道明会教堂**(Dominikanerkirche)是维也纳最出色的早期巴洛克时代的教堂建筑。耶稣会教堂对面的❺**奥地利科学院**(Austrian Academy of the Sciences)所在的大学建筑的历史可以追溯到1755年。

在白天，你可以从东侧进入❻**圣十字庭院**(Heiligenkreuzerhof，晚上则从Grasshofgasse一侧进入)。繁忙的❼**Fleischmarkt**是传统的希腊区中心。爬上楼梯，进入❽**Judengasse**活力十足的酒吧区，那里是传统的犹太区中心。霍尔市场是维也纳历史最悠久的广场，也是热闹的商业街区。这里的亮点是新艺术风格的❾**安克尔钟**(见76页)，这座机械钟会用历史人物显示时间，还有❿**罗马博物馆**，展出的古罗马遗迹可以追溯到1世纪至5世纪。然后经过⓫**奈德哈特壁画馆**(见76页)，到达斯蒂芬大教堂一侧最令人印象深刻的教堂——⓬**圣彼得教堂**，教堂穹顶上的壁画是J.M.罗特迈尔(JM Rottmayr)绘制的，此外还有一座金圣坛。

西北侧的⓭**Am Hof**竖立着一根令人难忘的玛丽亚圆柱(Mariensäule)。在你沿着格拉本大街(Graben)返回斯蒂芬广场的途中，可以看一看⓮**阿道夫·洛斯公厕**，里面镶着红木板的隔间装饰着不透明的玻璃门以及精致的瓷砖。然后去瞻仰一下格拉本大街上镀金的巴洛克式⓯**黑死病纪念柱**(1693年)，它是为了纪念维也纳死于黑死病的75,000多名受难者而建造的。

堡博物馆 €15/免费；⏲6月至8月 周五至周三 10:00~18:00，周四 至21:00，9月至5月 周一闭馆；ⓤMuseumsquartier, Volkstheater）参观艺术史博物馆是维也纳之行中最令人难忘的经历之一，这座博物馆摆满了欧洲最杰出的画家、雕塑家和工匠们的作品。该馆所在的新古典主义风格的建筑跟馆藏的艺术品一样奢华，步入其中，就仿佛进入了一段从古罗马到埃及和文艺复兴时期的穿越时空的寻宝之旅。如果你的时间有限，可以直接跳到画廊（Picture Gallery），至少要用一两个小时来欣赏这里展出的古代欧洲绘画大师们的作品。

哈布斯堡家族收藏的艺术品范围极广，令人震惊。一定要留意画廊中的亮点，比如老彼得·勃鲁盖尔的《巴别塔》（*Tower of Babel*, 1563年）、拉斐尔的《草地上的圣母》（*Madonna of the Meadow*, 1506年）以及朱塞佩·阿尔钦博托的《夏季》（*Summer*, 1563年）。

★国家歌剧院 知名建筑

（Staatsoper；见68页地图；www.wiener-staatsoper.at；01, Opernring 2；🚊D, 1, 2, 71 Kärntner Ring/Oper, ⓤKarlsplatz）几乎没有音乐厅能跟新文艺复兴风格的国家歌剧院相媲美，它是维也纳最著名的歌剧和芭蕾舞演出场所。即使你抢不到票进去欣赏男高音的精彩表演，也可以通过40分钟的导览游（成人/儿童 €7.50/3.50），领略一番这座文化堡垒的建筑光辉与音乐天赋。团队游（有英语和德语解说）通常在上午10点至下午16点之间的整点出发。

国家歌剧院由奥古斯特·西卡斯堡和爱德华·范德努尔建造于1861年至1869年，建造之初曾令维也纳民众和哈布斯堡皇室感到震惊，并且很快就被扣上了“石龟”的绰号。尽管受到了冷遇，但它还是为一些历史上最具标志性的指挥家提供了施展才华的场地，其中包括古斯塔夫·马勒、理查德·施特劳斯和赫伯特·冯·卡拉扬。

以前的国家歌剧院博物馆（Staatsopernmuseum）在2014年关闭了，如今馆内的展品在霍夫堡皇宫附近的戏剧博物馆（Theater Museum；见68页地图；☎01-525 24 3460；www.theatermuseum.at；01, Lobkowitzplatz 2；成人票/儿童票 含所有展览 €8/免费；⏲周三至周一 10:00~18:00；🚊D, 1, 2, 62, 71 Kärntner Ring/Oper, ⓤStephansplatz）展出。

导览游会带你参观歌剧院的亮点，比如门厅，厅内装饰着贝多芬、舒伯特和海顿的半身像，以及著名歌剧的壁画；还有主楼梯，它被上方象征自由七艺的大理石雕像守卫着；茶室（Tea Salon）被22克拉的金箔点缀得耀眼炫目；施温德门廊（Schwind Foyer）里的16幅由奥地利艺术家莫里茨·冯·施温德（Moritz von Schwind）绘制的以歌剧为主题的油画相当吸引人；而古斯塔夫·马勒大厅（Gustav Mahler Hall）则悬挂着以莫扎特的《魔笛》（*The Magic Flute*）为灵感的挂毯。你还可以来到舞台，了解下幕后的故事，每年这里都会上演大约300场演出。

> **ⓘ 维也纳卡**
>
> 维也纳卡（Die Wien-Karte, Vienna Card；48/72小时 €21.90/24.90）可以让你无限制使用公共交通系统（包括夜班车），还可以在全市指定的博物馆、咖啡馆、酒庄、餐馆和商店，以及参加导览游和乘坐城市机场快线（City Airport Train，简称CAT）的时候，享受数百种折扣优惠。折扣价通常比正常价格便宜5%至25%。在维也纳的主要旅游局——维也纳旅游信息中心（见126页）、机场游客信息中心（见126页）以及很多高级酒店的服务台都能买到。

★利奥波德博物馆 博物馆

（Leopold Museum；见80页地图；www.leopoldmuseum.org；07, Museumsplatz 1；成人票/儿童票 €13/8；⏲6月至8月 周五至周三 10:00~18:00，周四 至21:00，9月至5月 周三和周五至周一 10:00~18:00，周四 至21:00；ⓤVolkstheater, Museumsquartier）利奥波德博物馆是维也纳博物馆区（Museums Quartier；MQ；见80页地图；www.mqw.at；07, Museumsplatz；⏲信息和票务中心 10:00~19:00；ⓤMuseumsquartier, Volkstheater）的一部分，该馆是以眼科医生鲁道夫·利奥波德（Rudolf Leopold）的名字命名的。1950年，在他还是一名年轻学生的时

候，就以非常便宜的价格买下了他的第一幅埃贡·席勒作品。此后他逐渐积累起了以19世纪和现代主义奥地利艺术品为主的、数量庞大的私人收藏。1994年，他以1.6亿欧元的价格将全部收藏的5266幅画作出售给了奥地利政府（如果分别计算，这些画作的价值高达5.74亿欧元），利奥波德博物馆就这样诞生了。利奥波德咖啡馆（Café Leopold；见80页地图；www.cafe-leopold.at；07, Museumsplatz 1；周日至周三 10:00至午夜，周四 至次日4:00，周五和周六 至次日6:00；；U Museumsquartier, Volkstheater）位于顶层。

利奥波德博物馆拥有白色的石灰岩外观和开放的空间（21米高的玻璃顶中庭非常漂亮），大部分房间都洒满了自然光。考虑到鲁道夫·利奥波德对席勒（1890~1918年）的偏爱，该馆成为世界上收藏这位画家作品最多的地方也就不足为奇了——共藏有41幅油画以及188幅素描和图样。其中的突出作品有：与幽灵有关的《自我预言家Ⅱ 死亡与人》（*Self Seer Ⅱ Death and Man*, 1911年）、忧郁的《母亲与两个孩子》（*Mother with Two Children*, 1915年）和被抓了现行的《红衣主教与修女》（*Cardinal and Nun*, 1912年）。

其他极具代表性的艺术家包括阿尔宾·埃格-利恩茨（Albin Egger-Lienz），他总是无情地描绘出乡村生活，还有理查德·格斯特尔和奥地利第三大表现主义画家科柯施卡。在展出的克里姆特（Klimt）为数不多的作品中，不容错过的是寓意深刻的《死亡与生命》（*Death and Life*, 1910年），画中将盘绕在一起的各色人等与一个骷髅状的死神放在了一起。这里还展出了洛斯、霍夫曼、奥托·瓦格纳、瓦尔德米勒和洛马柯的作品。

1小时的导览游可提供英语和德语解说，费用含在门票内，周日15点开始。

★现代艺术博物馆 画廊

（Museum Moderner Kunst, MUMOK；见80页地图；www.mumok.at；07, Museumsplatz 1；成人票/儿童票 €11/免费；周一 14:00~19:00，周二、周三和周五至周日 10:00~19:00，周四 10:00~21:00；49 Volkstheater, U Volkstheater, Museumsquartier）现代艺术博物馆的黑色玄武岩大厦和尖锐的棱角，与博物馆区的历史外观形成了鲜明的对比。馆内收藏着维也纳最优秀的20世纪艺术品，主要集中于激浪艺术、新现实主义、波普艺术和超级现实主义。表现主义、立体主义、极简抽象派艺术和维也纳行动主义（Actionism）的精华，通过馆藏的9000件作品得到了体现，这些作品会按主题分类，轮流展出，但是请注意，有时所有的行动主义作品都会被收拾起来，以便为临时展览腾出空间。

维也纳行动主义发展于20世纪60年代，这个激进的流派远离了主流艺术，一些艺术家也被划进了限制性的文化和政治潮流。冈特·布鲁斯、奥托·穆尔、赫尔曼·尼奇和鲁道夫·施瓦茨克格勒等这些艺术家的目的是用他们令人反胃的激进表演和行为艺术来震撼观众，他们的作品经常将人体当作画布。他们很“成功”：不仅作品非常令人震惊，一些艺术家还因违背公共礼仪而遭到了监禁。馆内也展出其他著名艺术家的作品——毕加索、保罗·克莱、雷内·玛格丽特、马克斯·恩斯特和阿尔贝托·贾科梅蒂，相比之下，这些作品显然都比较温和。在带孩子前往参观之前，最好确认一下展览日程，以确保内容适合孩子观看。

可以在线查看导览游的日程表，1小时的导览游次数繁多，能提供德语和英语解说（含在门票内）。

★分离派博物馆 博物馆

（Secession；见80页地图；www.secession.at；01, Friedrichstrasse 12；成人票/儿童票 €9/5.50；周二至周日 10:00~18:00；U Karlsplatz）1897年，19位前卫的艺术家脱离了主流的艺术家协会，成立了维也纳分离派（Vienna Secession, Sezession）。克里姆特、约瑟夫·霍夫曼、科洛·莫泽尔和约瑟夫·玛丽亚·奥尔布里希都是其中的成员。奥尔布里希设计了新的分离派展览中心，将稀少的功能性和风格主题结合在了一起。这里最有吸引力的是克里姆特创作的精美的镀金作品——《贝多芬横饰带》（*Beethoven Frieze*）。英语导览游（€3）在周六上午11点开始，耗时1小时。语音导览的费用为€3。

在该馆举办的第14届展览（1902年）上，主要展出了34米长的《贝多芬横饰带》。不过这是一次临时展览，画作是为主要展品——

Vorstadt Southwest 西南近郊

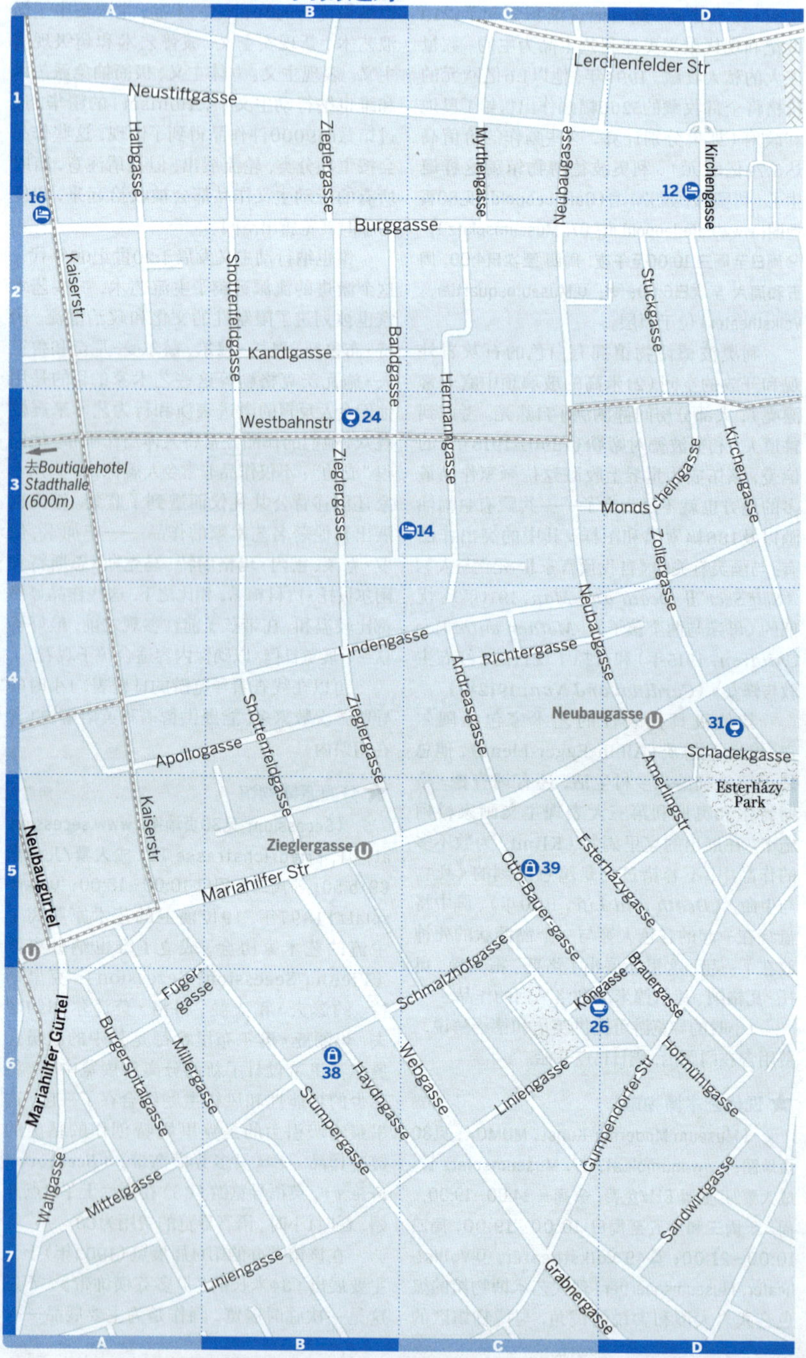

维也纳 景点

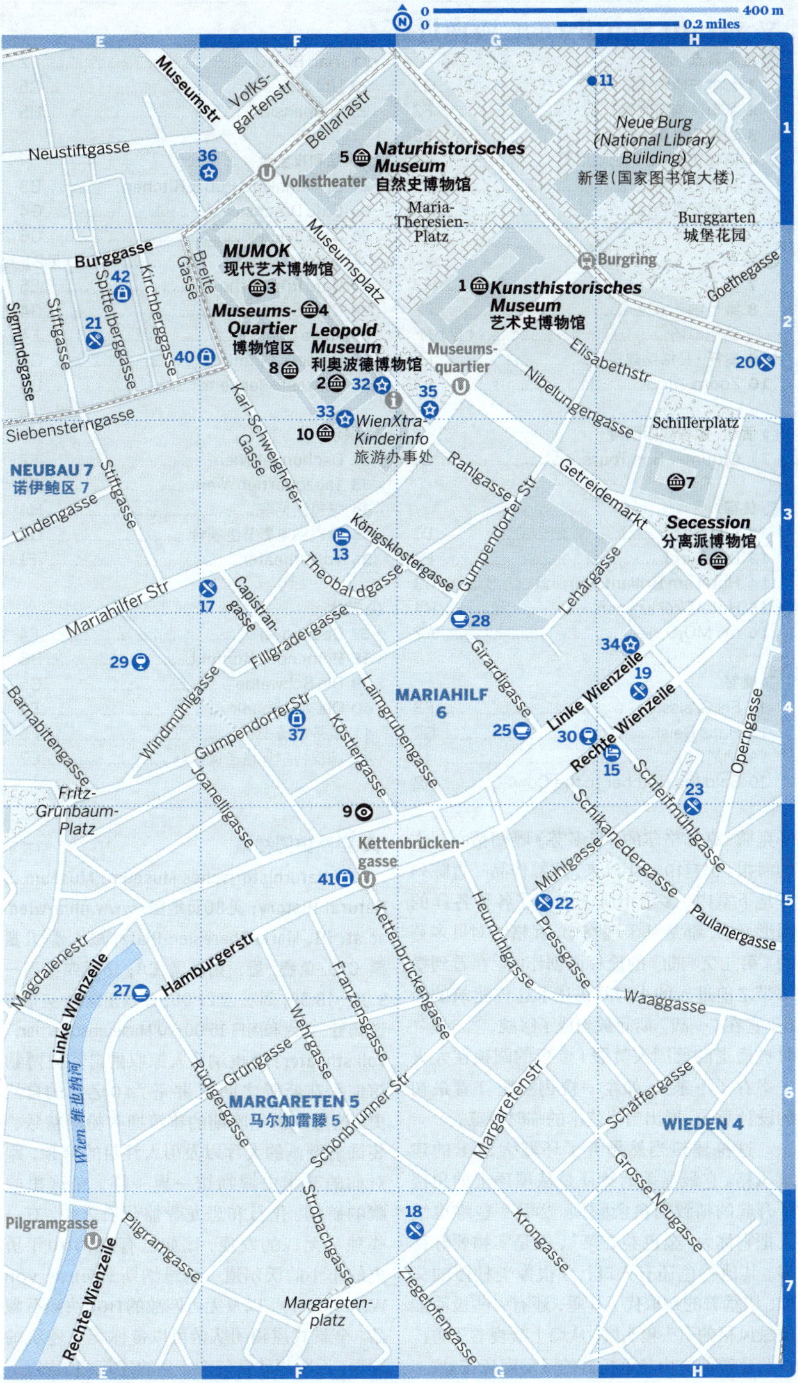
0 400 m
0 0.2 miles
E F G H
1 2 3 4 5 6 7
Museumstr
Volksgartenstr
Bellariastr
Neustiftgasse
36
Volkstheater
5 Naturhistorisches Museum 自然史博物馆
Maria-Theresien-Platz
11
Neue Burg (National Library Building) 新堡(国家图书馆大楼)
Burggarten 城堡花园
Burgring
Goethegasse
Burggasse
42
Spittelberggasse
Kirchberggasse
Breite Gasse
MUMOK 现代艺术博物馆
3
Museumsplatz
1 Kunsthistorisches Museum 艺术史博物馆
Sigmundsgasse
Stiftgasse
21
40
Museums-Quartier 博物馆区
4
Leopold Museum 利奥波德博物馆
8
2
32
35
Museums-quartier
Elisabethstr
20
Nibelungengasse
Siebensterngasse
Karl-Schweighofer-Gasse
33
10
WienXtra-Kinderinfo 旅游办事处
Schillerplatz
NEUBAU 7 诺伊鲍区 7
Stiftgasse
Rahlgasse
Getreidemarkt
7
Lindengasse
Königsklostergasse
13
Gumpendorfer Str
Secession 分离派博物馆
6
Theobaldgasse
Lehárgasse
Mariahilfer Str
17
Capistrangasse
28
Fillgradergasse
34
29
Girardigasse
Linke Wienzeile
19
Barnabitengasse
Windmühlgasse
GumpendorferStr
37
Köstlergasse
Laimgrubengasse
MARIAHILF 6
25
30
Rechte Wienzeile
15
Schleifmühlgasse
Operngasse
23
Fritz-Grünbaum-Platz
Joanelligasse
9
Schikanedergasse
Kettenbrücken-gasse
41
Mühlgasse
22
Paulanergasse
Heumühlgasse
Pressgasse
Kettenbrückengasse
Magdalenestr
Hamburgerstr
27
Franzensgasse
Waaggasse
Linke Wienzeile
Wehrgasse
Grüngasse
Schönbrunner Str
Margaretenstr
Schäffergasse
Wien 维也纳河
Rüdigergasse
MARGARETEN 5 马尔加雷滕 5
WIEDEN 4
Grosse Neugasse
Strobachgasse
18
Pilgramgasse
Pilgramgasse
Krongasse
Rechte Wienzeile
Margareten-platz
Ziegelofengasse

Vorstadt Southwest 西南近郊

马克斯·克林格尔的《贝多芬》雕塑精心制作的海报。但自1983年以来，这幅作品一直陈列在地下室内。多语小册子介绍了各种各样的图形元素，都是基于理查德·瓦格纳对贝多芬的《第九交响曲》的诠释而创作的。在看到横饰带之前进入的小房间讲述了这栋建筑的经历。它在"一战"期间被当成了医院，"二战"时被撤退的德国人焚毁（金色的圆顶在大火中幸存了下来）。如今一楼仍然坚守着最初的设计意图：展出当代艺术的临时展览。

这栋建筑当然抛弃了环城大道上的建筑风格。它最显著的特征是从屋顶上的角楼中升起的精致的**金色圆顶**，尽管一些维也纳人把它称为"金色卷心菜"，但是实物要好得多。其他特色还有入口上方很像美杜莎的头像，用垂着的蛇取代了耳垂；还有一些极简抽象派风格的石头猫头鹰，从墙上凝视着下方；以及建筑前方由乌龟托着的巨型陶瓷花盆。

★自然史博物馆 博物馆

（Naturhistorisches Museum, Museum of Natural History；见80页地图；www.nhm-wien.ac.at；01, Maria-Theresien-Platz；成人票/儿童票 €10/免费，屋顶团队游 €8；⏲周四至周一 9:00~18:30，周三 至21:00，屋顶团队游 英语解说 周五、周六和周日 15:00；Ⓤ Museumsquartier, Volkstheater）维也纳令人惊叹的自然史博物馆似乎在眨眼之间就讲完了40亿年的自然史。这座19世纪晚期的建筑拥有粉刷精致、装饰着壁画的大厅以及引人注目的穹顶，跟对面的艺术史博物馆一模一样。在这里收藏的矿物、化石和恐龙骨骼化石之中，有一些独一无二的发现，比如已有25,000年历史的小小的沃尔道夫的维纳斯（Venus von Willendorf），以及无可匹敌的1100块陨石藏品。全景式屋顶团队游可以带你爬上建筑的屋顶，近距离欣赏装饰华丽的建筑；12岁以下的孩子不能参加游览。

★应用艺术博物馆 博物馆

（Museum für Angewandte Kunst，MAK，Museum of Applied Arts；见68页地图；www.mak.at；01，Stubenring 5；成人票/19岁以下 €9.90/免费，周二 18:00~22:00 免费，团队游 €2；⏲周三至周日 10:00~18:00，周二 至22:00，英语团队游周日正午；🚊2 Stubentor，ⓊStubentor）应用艺术博物馆致力于展示日常生活中的技艺和艺术形式。这里每间展室的风格都不尽相同，包括文艺复兴、巴洛克、东方风格、复古主义、帝国时期、装饰派艺术以及维也纳工坊（Wiener Werkstätte）制造的独特的金属制品。受邀而来的当代艺术家可以用他们觉得适合的方式来布置房间，进而造就了既抢眼又独特的展览。20世纪的设计和建筑展室是最有吸引力的地方之一，弗兰克·盖里（Frank Gehry）创作的纸板椅子堪称佳作。

藏品包括挂毯、蕾丝织物、家具、玻璃制品和装饰品；克里姆特的《斯托克雷特横饰带》（*Stoclet Frieze*）在楼上展出。地下室的研究收藏（Study Collection）中有基于材料类型的展览：玻璃和陶瓷、金属、木材和纺织品。在这里你可以找到任何东西，从古老的东方雕像到与众不同的沙发，无一例外（留意那个红唇沙发）。

★市政厅 地标

（Rathaus，City Hall；见72页地图；www.wien.gv.at；01，Rathausplatz 1；⏲团队游 9月至次年6月 周一、周三和周五 13:00，7月和8月 周一至周五 13:00；🚊D，1，2 Rathaus，ⓊRathaus）免费 维也纳新哥特风格的市政厅是环城大道林荫路上的19世纪建筑群之中的代表杰作，它建成于1883年，是因科隆大教堂而成名的建筑师弗里德里希·冯·施密特（Friedrich von Schmidt）以佛兰德斯市政厅为模型设计的。从装饰着喷泉的市政厅公园（Rathaus park）可以一睹其正面带有石雕花边、尖拱窗户和细长塔楼的整体效果。这座公园里还摆放着维也纳华尔兹之父——约瑟夫·兰纳和老约翰·施特劳斯的青铜像。1小时的导览游只有德语解说；多语言语音导览免费。

如果把塔尖上的中世纪武士，或称市政厅人所持的三角旗也算进去，主要的中央尖塔将高达102米。

导览游会带你穿过阿尔卡登庭院（Arkadenhof），这是欧洲最大的带有拱廊的内庭之一，来到拥有筒形穹顶的节日大厅（Festsaal），每年6月，这里都会举办康科迪亚舞会（Concordia Ball）。可以在管弦乐队壁龛内找找作曲家莫扎特、海顿、格卢克（Gluck）和舒伯特的浮雕。在会议厅（Stadtsitzungsaal）中，一盏重达3200公斤的花朵形吊灯悬挂在方格天花板下方，天花板上还装饰着金箔花饰和描绘了历史事件的壁画，比如1365年大学的建立过程。团队游的其他亮点还包括带有华丽的绿色锦缎装饰的参议院议事厅、盾徽大厅（Wappensäle）以及装饰着挂毯的石头大厅（Steinsäle）。

希特勒在维也纳

1889年，阿道夫·希勒特出生在上奥地利州的因河畔布劳瑙，当时的名字是阿道夫·席克尔格鲁贝（Adolf Schicklgruber，他的父亲在他们于1893年搬到德国的时候改了姓）。年仅17岁的时候，他来到了维也纳。在这里度过了穷困潦倒的6年之后，希特勒放弃了这座城市，去了慕尼黑，在那里声名鹊起。后来他在《我的奋斗》（*Mein Kampf*）一书中写道，维也纳的那段时光是"我曾经历过的最伟大的转变。我从一个软弱的世界公民变成了狂热的反犹分子"。他没有说，这是否与他两度被美术学院拒之门外有关，后者认为他的作品"不够好"。尽管他相信适当的训练会让他成为非常成功的艺术家，但是这些拒绝还是令希特勒写信给一个朋友，信中谈到命运或许已经为他保留了"其他的目标"。最终，这个"目标"变得对所有人来说都过于明确了。

1938年，希特勒带领着德国军队短暂地回到了维也纳，并在英雄广场（Heldenplatz）接受了狂热人群的欢迎。一天后他就离开了。

美术学院 博物馆

（Akademie der Bildenden Künste; Academy of Fine Arts; 见80页地图; www.akbild.ac.at; 01, Schillerplatz 3; 成人票/儿童票 €8/免费; ⏲周二至周日 10:00~18:00; 🚊D, 1, 2 Kärntner Ring/Oper, Ⓤ Museumsquartier, Karlsplatz）创办于1692年的美术学院是一个经常被低估的艺术空间。这里的画廊集中展示了经典的佛兰德斯、荷兰和德国画家的作品，其中包括很多重要人物，比如希罗尼穆斯·博斯、伦勃朗、凡·戴克、鲁本斯、提香、弗朗西斯科·瓜尔迪和老克拉纳赫，而这些只是其中的一小部分。1小时的团队游（€3，只有德语解说）在每周日的上午10点半开始。语音导览的费用为€2。最精彩的亮点是博斯创作的令人难忘又毛骨悚然的圣坛装饰画《最后的审判三联画》（*Triptych of the Last Judgement*, 1504~1508年）。三联画左侧的一幅描绘的是亚当和夏娃遭到放逐，中间和右侧的两幅则展现了地狱的恐怖画面。建筑本身有着非常吸引人的正面，是由因议会大厦而闻名的特奥菲尔·汉森（Theophil Hansen, 1813~1891年）设计的。这里仍然是一所艺术学校，并以曾经两次拒绝了阿道夫·希特勒以及接受了埃贡·席勒（虽然后者乐于尽快离开）而令人津津乐道。学院正前方就竖立着18世纪的德国剧作家**弗里德里希·席勒的雕像**（statue of Friedrich Schiller）。

维也纳艺术馆 博物馆

（Kunsthalle Wien; Arts Hall; 见80页地图; ☎01-521 890; www.kunsthallewien.at; 07, Museumsplatz 1; 两个展厅 成人票/儿童票 €12/免费; ⏲周五至周三 11:00~19:00，周四 至21:00; 🚊49 Volkstheater, Ⓤ Museumsquartier, Volkstheater）艺术馆的展厅是博物馆区内用来展示本地和国际当代艺术的地方。这里高高的天花板、开放式的布局和极强的功能性使它得以跻身于欧洲顶级展览空间的行列。展览通常会持续3至6个月，主要以照片、视频、电影、装置作品和新媒体的方式展出。周末参观还包括1小时的导览游，可以选择英语或德语解说。

周六的团队游（1号厅下午15点开始，2号厅下午16点开始）以主题为重点，周日的团队游（时间和地点相同）则倾向于概述。

人民花园 花园

（Volksgarten; 见68页地图; www.bmlfuw.gv.at; 01, Dr-Karl-Renner-Ring; ⏲4月至10月 6:00~22:00，11月至次年3月 6:30~19:00; 🚊D, 1, 2, 46, 49, 71 Dr-Karl-Renner-Ring, Ⓤ Volkstheater, Herrengasse）**免费** 人民花园坐落在城堡剧院（Burgtheater）和英雄广场之间，是在庄严的玫瑰花丛以及更加庄严的雕像之间稍加放松的好去处。**伊丽莎白皇后纪念像**（monument to Empress Elisabeth）位于花园的东北角，离仿照雅典的忒修斯神庙建造的**忒修斯神庙**（Temple of Theseus，由拿破仑委托建造）和Volksgarten ClubDiskothek（见114页）不远。

城堡花园 花园

（Burggarten, Castle Garden; 见68页地图; www.bmlfuw.gv.at/ministerium/bundesgaerten; 01, Burgring; ⏲4月至10月 6:00~22:00，11月至次年3月 7:30~17:30; 🚊D, 1, 2, 46, 49, 71 Burgring, Ⓤ Museumsquartier）**免费** 坐落在霍夫堡皇宫后面的城堡花园，可谓环城大道和内城区忙碌喧嚣之中的一片绿树成荫的绿洲。大理石的**莫扎特雕像**是公园中最著名的住客，不过这里也竖立着一身军装的**弗朗茨·约瑟夫雕像**。城堡花园的内城区一侧是**蝴蝶屋**（Schmetterlinghaus, Butterfly House; 见68页地图; ☎01-533 85 70; www.schmetterlinghaus.at; 01, Burggarten; 成人票/儿童票 €6.50/3.50; ⏲4月至10月 周一至周五 10:00~16:45，周六和周日 至18:15，11月至次年3月 10:00~15:45; 🚊D, 1, 2, 71 Burgring, Ⓤ Karlsplatz）和漂亮的新艺术风格的Palmenhaus（见114页）酒吧。

多瑙运河对岸 (Across the Danube Canal)

从内城区越过多瑙运河的区域以住宅区为主，对普通游客来说，基本没有令人感兴趣的独立景点，但这个地区是维也纳的户外活动场所。

★维也纳摩天轮 摩天轮

（Riesenrad; 见96页地图; www.wienerriesenrad.com; 02, Prater 90; 成人票/儿童票

€9.50/4；⏲9:00~23:45，冬季时间缩短；🚻；Ⓤ Praterstern）维也纳摩天轮在每一份普拉特公园的愿望清单中都会位列榜首；至少对看过英国的黑色电影《第三个人》（*The Third Man*，1949年）并会回想起奥森·威尔斯（Orson Welles）的布谷鸟钟台词的所有人来说皆如此——电影中的故事就发生在笼罩着阴影的战后维也纳。这个摩天轮由英国人沃尔特·B.巴塞特（Walter B. Basset）建造于1897年，能升至65米，带着430吨的重量旋转一整圈大约需要20分钟——你有充裕的时间来拍摄在你脚下展开的城市美景。

这个不容错过的地标还出现在了詹姆斯·邦德007系列电影《黎明生机》（*The Living Daylights*）以及理查德·林克莱特（*Richard Linklater*）执导的《爱在黎明破晓前》（*Before Sunrise*）之中，为它在影视业中赢得了声誉。

★ 普拉特公园 公园

（Prater；见96页地图；www.wiener-prater.at；🚻；Ⓤ Praterstern）维也纳市中心最大的公园占地60平方公里，由白杨林和栗树林、草地和林荫大道，以及儿童游乐场、游泳池、高尔夫球场和赛马场组成。中央的Hauptallee林荫道是公园的主干道，这条路笔直地从Praterstern一直延伸到**Lusthaus**（☎01-728 95 65；02，Freudenau 254；主菜 €11~19；⏲周一至周五 正午至22:00，周六和周日 至18:00，冬季时间缩短；📶；🚌77A）。秋季，路旁高大挺拔的栗树会变成迷人的赤褐色和金色，春季则开遍了白色的花朵。

维也纳杜莎夫人蜡像馆 博物馆

（Madame Tussauds Vienna；见96页地图；www.madametussauds.com/wien；02，Riesenradplatz 1；成人票/儿童票 €20.50/16.50；⏲10:00~20:00，冬季时间缩短；Ⓤ Praterstern）这个蜡像乐园位于Würstelprater，很多雕塑而成的"名人"都会登台亮相——妮可·基德曼、迈克尔·杰克逊和约翰尼·德普是其中的亮点。其他名人，比如弗朗茨·约瑟夫皇帝和他挚爱的茜茜公主，还有克里姆特、弗洛伊德和法尔科，则为展览增添了独特的奥地利色彩。

可供参观者触摸和亲自操作的展品能让你跟蜡像互动，从跟阿尔伯特·爱因斯坦一起做智商测试，到与莫扎特和贝多芬一起作曲，都很有趣。

多瑙河塔 塔

（Donauturm；www.donauturm.at；22，Donauturmstrasse 4；成人票/儿童票 €7.90/5.70，含维也纳摩天轮的联票 €13.50/7.40；⏲10:00至午夜；Ⓤ Kaisermühlen Vienna International Centre）多瑙河公园（Donaupark）内的多瑙河塔高252米，是维也纳最高的建筑。170米处的旋转餐厅能让你欣赏城市及周边地区的绝佳全景，这里的食物深受维也纳人喜爱。喜欢冒险的人可以在塔边蹦极。详情请查阅网站。

外环线以内（Inside the Gürtel）

外环线以内的区域聚集着颇为密集的公寓楼，其间穿插着树木繁茂的公园，还有几座宏伟的巴洛克式宫殿。

★ 美景宫 宫殿

（Schloss Belvedere；见88页地图；www.belvedere.at；成人票/儿童票 上美景宫 €14/免费，下美景宫€12/免费，联票 €20/免费；⏲10:00~18:00；🚋D，71 Schwarzenbergplatz，Ⓤ Taubstummengasse，Südtiroler Platz）美景宫是艺术的杰作，也是世界上最出色的巴洛克式宫殿之一。它由约翰·卢卡斯·冯·希尔德布兰特（Johann Lukas von Hildebrandt，1668~1745年）设计，是为杰出的军事战略家欧根亲王建造的，他于1718年征服了土耳其人。装饰着华丽壁画的大厅充满了克里姆特、席勒和科柯施卡（Kokoschka）创作的艺术品，浪漫得令人晕眩；美景如画的花园让人浮想联翩，它就像落下的剧院幕布，专注地展示着维也纳的天际线。

★ 西格蒙德·弗洛伊德博物馆 博物馆、住宅

（Sigmund Freud Museum；见72页地图；www.freud-museum.at；09，Berggasse 19；成人票/儿童票 €10/4；⏲10:00~18:00；🚋D，Ⓤ Schottentor，Schottenring）西格蒙德·弗洛伊德的理论有点像电话的诞生——一旦铃声响起，这个世界就再也不可能回到从前了。弗洛伊德在这里度过了最多产的岁月，并且研究出了他具有开拓性的理论中最重要的部分。他在1891年和家人一起搬到了这里，直到1938

年在纳粹的压力下被迫流亡才离开。

在弗洛伊德最小的女儿安娜的帮助下，公寓于1971年被改造成了博物馆。她送给父亲的一面镜子就挂在他书房的窗户上，可能是藏品中最让人难以忘怀的艺术品。几乎原封未动的候诊室区也同样令人难忘。每年都会在原来的生活区举办不同的主题展览，楼下的一处前面带有窗户的装置空间是为不同风格的当代艺术家准备的。纪念维也纳艺术家弗朗茨·韦斯特（Franz West）的当代艺术展偶尔也会在此举办。乘有轨电车到Schlickgasse即是。

★约瑟夫之家 博物馆

（Josephinum；见72页地图；www.josephinum.meduniwien.ac.at；09，Währinger Strasse 25；成人票/儿童票 €8/免费，导览游 €4；⏲周三 16:00~20:00，周五至周六 10:00~18:00，导览游周五 11:00；🚻；ⓊWähringer Strasse/Volksoper）喜欢建筑的人有时参观这片启蒙运动时代的建筑群仅仅是为了欣赏1785年建造的这片宏伟的新古典主义建筑，然而约瑟夫二世（Joseph Ⅱ）专门为军医建造的医学院，实际上是维也纳最不寻常的博物馆。这里的亮点是已有200年历史的解剖和产科模型，它们都是蜡质的，数量巨大：虽然是为教学而设计的直观教具，但是为了便于公众参观，直至今日，这些模型依然陈列在原来的、用红木和威尼斯玻璃制成的展示柜中。

在这座参观者稀少的博物馆里，有3间房间偶尔会让你觉得自己似乎走进了恐怖片中的场景，或者是到目前为止内心深处尚未探索过的部分。如果你确信能让早餐留在胃里，别忘了留出足够的时间，看看规模庞大的医疗器械收藏——网站承诺："从止血带到膀胱镜，无所不包。"此外还有遗容面模展，以及展现手术情景和医疗条件的油画、水彩画和照片展，说来奇怪，后者相当令人信服。

★上美景宫 画廊

（Oberes Belvedere；Upper Belvedere；03，Prinz-Eugen-Strasse 27；成人票/儿童票 €14/免费；⏲10:00~18:00）华丽的上美景宫坐落在花园的上方，能将维也纳的天际线尽收眼底，是这座城市不容错过的景点之一。它建于1717年至1723年，在以大理石、壁画和灰泥为装饰的房间之中展示着无与伦比的艺术收藏，是哈布斯堡帝国的无尽财富和文化品位的强有力的证明。

★军事史博物馆 博物馆

（Heeresgeschichtliches Museum；Museum of Military History；www.hgm.or.at；03，Arsenal；成人/19岁以下 €6/免费，每月第1个周日免费；⏲9:00~17:00；ⓊSüdtiroler Platz）颇为出色的军事史博物馆设在兵工厂（Arsenal）内，这是一片巨大的新拜占庭风格的兵营和军需库建筑群。博物馆分为两层，展览内容从"三十年战争"（1618~1648年）持续到"二战"，包括匈牙利起义和普奥战争（结束于1866年）、拿破仑战争和土耳其战争，以及"一战"。二楼的亮点包括穆斯塔法·帕夏的国玺（Great Seal of Mustafa Pasha），它在1697年的森塔战役（Battle of Zenta）中落入欧根亲王之手。

在一楼，关于弗朗茨·斐迪南大公于1914年在萨拉热窝遇刺引发了一系列事件，最终导致"一战"爆发的展厅抢尽了风头。他中枪时所乘的汽车（连同弹孔）、失血而死时所坐的沙发，以及颇为恐怖的血迹斑斑的外衣，皆在展出之列。东翼的展览介绍了"一战"后一直到1938年德奥合并之前的共和国岁月；出色的展品包括宣传海报和纳粹相关物品，还有希特勒洗脑民众的录像片段。

★维也纳博物馆 博物馆

（Wien Museum；见88页地图；www.wienmuseum.at；04，Karlsplatz 8；成人票/儿童票 €10/免费，每月第1个周日免费；⏲周二至周日 10:00~18:00；ⓊKarlsplatz）维也纳博物馆藏有15万件人工制品，极具吸引力的展览介绍了维也纳从新石器时代至20世纪中叶的历史，将这座城市和它的个性融入了富有意义的展览内容之中。展览分为三层，包括两个临时展览场地。

一楼的起点令人印象深刻，这个部分追溯了城市从公元前5600年到中世纪晚期的历史。突出的展品包括带有奇怪装饰的中世纪头盔、凯尔特金币，以及来自文多博纳（Vindobona）罗马军营的人工制品。不过，真正吸引眼球的是从"二战"轰炸过后的斯蒂芬大教堂找回来的贵重的彩色玻璃和雕塑。需要特别注意的是14世纪的《王侯像》（*Fürstenfiguren*），是从大教堂的西立面抢救下来的。

二楼的轻快节奏贯穿了文艺复兴和巴洛克时期，还陈列着迷人的处于中世纪全盛时期的城市模型。土耳其的两次围攻都展现得淋漓尽致。

然而，最吸引人的主角在三楼，那里的展览深入地介绍了维也纳19世纪末20世纪初的艺术鼎盛时期。在展的原封未动的现代主义起居室，是阿道夫·洛斯于1903年为附近的公寓设计的，室内装饰着大量的桃花心木和大理石，此外还有不少优秀的分离派作品，比如克里姆特在神话的启发下创作的金光闪闪的《帕拉斯·雅典娜》（*Pallas Athene*，1898年），以及埃贡·席勒的《青年母亲》（*Young Mother*，1914年）。

★卡尔教堂 教堂

（Karlskirche，St Charles Church；见88页地图；www.karlskirche.at；04，Karlsplatz；成人票/儿童票 €8/免费；⏲周一至周六 9:00~18:00，周日 正午至19:00；Ⓤ Karlsplatz）维也纳最杰出的巴洛克式教堂坐落在雷塞尔公园（Resselpark）的东南角。它建于1716年至1739年，是卡尔六世在1713年的黑死病平息时发愿建造的。教堂由约翰·伯恩哈德·菲舍尔·冯·埃拉赫（Johann Bernhard Fischer von Erlach）设计并开始建造，最后由他的儿子约瑟夫完成。巨大的椭圆形铜质穹顶高达72米，亮点是可以乘电梯爬上圆屋顶（含在门票内），以便近距离欣赏约翰·米歇尔·罗特迈尔（Johann Michael Rottmayr）绘制的精美壁画。语音导览的费用为€2。

前面巨大的双圆柱仿自罗马的图拉真圆柱（Trajan's Column），上面刻着圣查尔斯·博罗梅奥（St Charles Borromeo，他救助过意大利的黑死病受难者）的一生，这座教堂就是为他建造的。持教堂门票也可以参观博罗梅奥博物馆（Museo Borromeo）礼拜堂以及一座小博物馆，里面展示着数量不多的宗教艺术品，还有据称是圣人穿过的衣服。主祭坛装饰画描绘了圣查尔斯·博罗梅奥升天。教堂前面有一个水池，一座亨利·摩尔（Henry Moore）创作的雕塑从1978年开始一直立于池中。

下美景宫 宫殿

（Unteres Belvedere；见88页地图；03，Rennweg 6；成人票/儿童票 €12/免费；⏲周四至周二 10:00~18:00，周三 至21:00；🚊D）建于1714年至1716年的下美景宫是一座令人愉快的巴洛克式宫殿。这里的亮点包括欧根亲王从前的居所和礼仪室、怪诞大厅（Groteskensaal；现在的博物馆商店）、第二大理石厅（Marmorsaal）、大理石画廊（Marmorgalerie）以及金色房间（Goldenes Zimmer）。

临时展览在橘园（Orangery）中举办，那里的一条人行道傲视着欧根亲王的私人花园。附属于橘园的Prunkstall是以前的皇家马厩，现在你可以快步浏览那里收藏的150件奥地利中世纪艺术品，包括宗教物品、圣坛装饰画、雕塑和哥特风格的三联画。

美景宫花园 花园

（Belvedere Gardens；见88页地图；03，Rennweg/Prinz-Eugen-Strasse；⏲6:30~20:00，冬季时间缩短；🚊D）这座三层式花园连接着上下两座美景宫，它采用了经典的法式风格，由多米尼克·吉拉德（Dominique Girard）设计建造，他就是因凡尔赛宫苑而闻名的安德烈·勒诺特尔（André le Nôtre）的弟子。经过修剪的花木点缀在装饰花坛的边缘。水中女神在下瀑布（Lower Cascade）周围嬉戏，在那里你还会看到受希腊和罗马风格影响的雕塑，包括8位缪斯女神和描绘了一年12个月的丘比特裸像。

由神话动物守卫着的上瀑布（Upper Cascade）分五层落入下面的水池之中。在你走向上美景宫（见86页）的时候，可以仔细看看带翅膀的斯芬克斯像，她们是力量和智慧的象征，看上去似乎正准备腾空而起。

列支敦士登宫 宫殿

（Palais Liechtenstein；见72页地图；☎01-319 57 67；www.liechtensteinmuseum.at；09，Fürstengasse 1；团队游 €20；⏲导览游 每月第1和第3个周五 15:00；🚊D，Ⓤ Rossauer Lände）列支敦士登宫曾是意大利风景画家卡纳莱托的建

Vorstadt Southeast 东南近郊

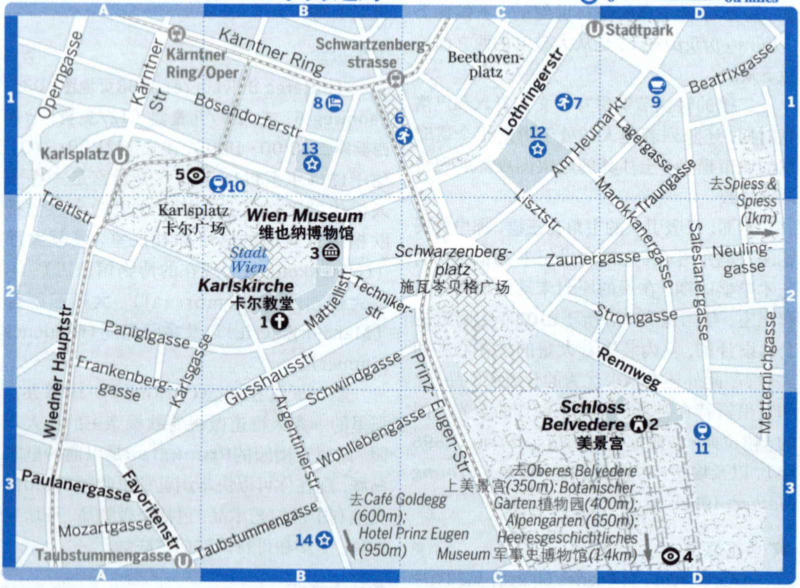

Vorstadt Southeast 东南近郊

◎ 重要景点

1 卡尔教堂 B2
2 美景宫 D3
3 维也纳博物馆 B2

◎ 景点

4 美景宫花园 D3
5 城铁候车亭 A1
下美景宫 .... （见2）

活动、课程和团队游

6 3 City Wave C1
7 Wiener Eislaufverein C1

住宿

8 Hotel Imperial B1

饮品和夜生活

9 Café am Heumarkt D1
10 Club U B1
11 Salm Bräu D3

娱乐

12 Konzerthaus C1
13 音乐协会金色大厅 B1
14 Radiokulturhaus B3

筑灵感的源泉，这座壮丽的巴洛克式宫殿坐落在景色优美的庭园之中，还有一些雕像点缀四周。这里还保存着列支敦士登大公汉斯-亚当二世（Prince Hans-Adam Ⅱ）的私人艺术收藏（在纳粹于1938年实现德奥合并以前，他的家人一直居住在维也纳），包括源自1500年至1700年的大约200幅绘画和50尊雕塑。可以通过每个月2次的导览游参观这座宫殿，游览时间为1小时（德语解说；有英语语音导览）。需要预订。

一楼不容错过的**绅士公寓图书馆**（Gentlemen's Apartment Library）是一个华丽的新古典主义大厅，藏有约10万册书籍，还有约翰·米歇尔·罗特迈尔创作的壁画。楼上是**赫拉克勒斯大厅**（Herkulessaal）——因著名的罗马画家安德烈亚·波佐（Andrea Pozzo，1642~1709年）创作的天花板壁画以赫拉克勒斯为主题而得名。大厅周围有7间**艺术画廊**，能带你穿越200年的艺术史，其中不乏令人震惊的佳作，比如拉斐尔的《男子肖像》（*Portrait of a Man*，1503年），以及鲁本斯极为感人的《克拉拉·塞雷娜·鲁本斯肖像》(*Portrait of Clara Serena Rubens*, 1616年), 还有凡·戴克和弗朗茨·哈尔斯(Frans Hals)级别的名作。一定要留意世界上最昂贵的家具之一——**佛罗伦萨巴德明顿橱柜**(Florentine Badminton Cabinet), 这是18世纪20年代为英国第三代博福特公爵亨利·萨默塞特(Henry Somerset)定制的。

要前往这里, 可以乘坐D路有轨电车到Seegasse下车。

城铁候车亭 知名建筑

(Stadtbahn Pavillons; 见88页地图; www.wienmuseum.at; 04, Karlsplatz; 成人票/儿童票 €5/免费; ⊙4月至10月 周二至周日 10:00~18:00; ⓤKarlsplatz)在卡尔广场(Karlsplatz)上窥视雷塞尔公园的是奥托·瓦格纳最优秀的两件作品——城铁候车亭。它们建于1898年, 当时瓦格纳正在规划维也纳的第一个公共交通系统(1893~1902年)。这些候车亭是华丽的新艺术(Jugendstil)典范, 在其钢铁和大理石构成的建筑上装饰着花卉图案和金色的镶边。西边的候车亭内有一个展览, 展出瓦格纳最著名的新艺术作品, **施泰因霍夫教堂**(Kirche am Steinhof; ☎910 60-11 204; 14, Baumgartner Höhe 1; 团队游 €8, 新艺术主题游, 含教堂 €12; ⊙周六 16:00~17:00, 周日 正午至16:00, 团队游 周六 15:00~16:00, 周日 16:00~17:00; 🚌47A, 48A Baumgartner Höhe)和**邮政储蓄银行**(Postsparkasse; 见68页地图; www.ottowagner.com; 01, Georg-Coch-Platz 2; 博物馆成人票/儿童票 €8/免费; ⊙周一至周五 10:00~17:00; 🚋1, 2, ⓤSchwedenplatz)。东边的候车亭内是**Club U**(见88页地图; www.club-u.at; 04, Künstlerhauspassage; ⊙21:00至次日4:00; ⓤKarlsplatz)。

1977年, 为了给在下面运行的地铁腾出空间, 候车亭被拆除了, 后来进行了复建, 不过比原来高了1.5米。

百水公寓 地标

(Hundertwasserhaus; 03, Löwengasse和Kegelgasse交叉路口; 🚋1 Hetzgasse)这栋住宅公寓体现了百水(Hundertwasser)所有古怪的创意特色, 这位维也纳激进建筑师偏爱弯曲的线条、高低不平的表面、蜡笔涂出的鲜艳色彩以及镶嵌式的细部。

你不能进去一探究竟, 但是可以到马路对面去看看**卡尔克村**(Kalke Village; www.kalke-village.at; 03, Kegelgasse 37-39; ⊙9:00~18:00; 🚋1 Hetzgasse) **免费**, 那也是百水先生的作品。

植物园 花园

(Botanischer Garten; www.botanik.univie.ac.at; 03, Rennweg 14; ⊙10:00至黄昏前1小时; 🚋71, O) **免费** 这些植物园属于维也纳大学, 设有热带温室, 种植着来自六大洲的11,500种植物, 包括中国矮竹、银杏、鹅掌楸和日本粗榧等稀有品种。

外环线以外 (Outside the Gürtel)

★美泉宫 宫殿

(Schloss Schönbrunn; 见90页地图; www.schoenbrunn.at; 13, Schönbrunner Schlossstrasse 47; 成人票/儿童票 帝王主题游 €13.30/9.80, 豪华环形游 €16.40/10.80, 带导游的豪华环形游 €19.40/12.30; ⊙7月和8月 8:30~18:30, 9月、10月和4月至6月 至17:30, 11月至次年3月 至17:00; ⓤHietzing)哈布斯堡王朝家族极致奢华的夏宫, 现在已被联合国教科文组织列入了《世界遗产名录》。在这座宫殿的1441间房间中, 有40间向公众开放; 帝王主题游(Imperial Tour)会带你参观其中的26间房间, 包括弗朗茨·约瑟夫和茜茜的私人套房, 而豪华环形游则涵盖了全部40间房间, 包括从玛丽亚·特蕾莎时代保留下来的奢侈的18世纪的内饰。这些游览带有语音导览, 也可以额外付费, 让导游随行。

因为美泉宫的人气, 门票会盖上离开的时间, 可能会留出1小时或者更多的时间间隔, 所以最好直接购票并进去参观, 之后再探索花园, 或者在线预订并购买特定时间的门票。

美泉宫花园 花园

(Schloss Schönbrunn Gardens; 见90页地图; www.schoenbrunn.at; 13, Schloss Schönbrunn; ⊙6:30至黄昏; ⓤHietzing) **免费** 以法式风格建造的宫殿正规花园打理得非常漂亮, 夏季它是色彩的交响曲, 冬季则是灰与褐的组合, 每个季节都拥有自己的魅力。约瑟夫二世在1779年向公众开放了这座庭院, 在其绿树成

Schloss Schönbrunn 美泉宫

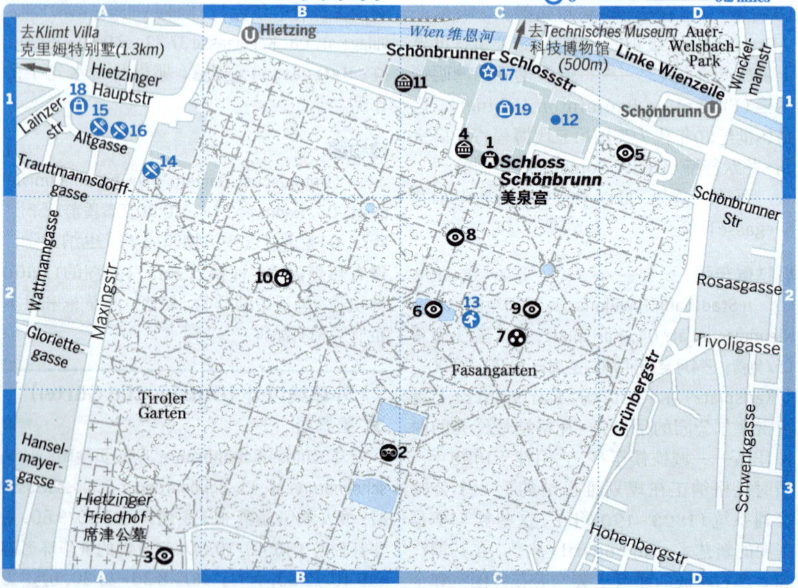

Schloss Schönbrunn 美泉宫

重要景点

1 美泉宫 C1

景点

2 凯旋门 B3
3 席津公墓 A3
4 儿童博物馆 C1
5 太子花园 D1
6 海神喷泉 C2
7 罗马废墟 C2
8 美泉宫花园 C2
9 美泉 C2
10 动物园 B2
11 皇家马车收藏馆 C1

活动、课程和团队游

12 Hofbackstube Schönbrunn C1
13 Irrgarten C2

就餐

14 Maxing Stüberl A1
15 Pure Living Bakery A1
16 Waldemar A1

娱乐

17 木偶剧院 C1

购物

18 1130Wein A1
19 美泉宫圣诞市场 C1

行的林荫道上隐藏着很多景点（这些林荫道是按照1750年至1755年的网格和星形系统排布的）。

在1772年至1780年，费迪南德·赫岑多夫（Ferdinand Hetzendorf）在约瑟夫二世的命令下为公园增加了一些决定性的特色：于1778年仿造的**罗马废墟**（Roman ruins；见本页地图；成人票/儿童票 €3.60/2.80；⌚7月和8月 8:30~18:30，4月至6月、9月和10月 至17:30，11月至次年3月 至17:00）；1781年修建的**海神喷泉**（Neptunbrunnen；见本页地图；成人票/儿童票 €3.60/2.80；⌚7月和8月 8:30~18:30，4月至6月、9月和10月 至17:30，11月至次年3月 至17:00），雕塑的主题取自希腊神话；还有位于花园最高点的宏伟建筑，1775年建造的**凯旋门**（Gloriette；见本页地图；成人票/儿童票 €3.60/2.80；⌚9:00~18:00，11月至次年3月中旬提前关闭）。

最初的美泉（Schöner Brunnen; Fountain; 见90页地图）泉水在罗马废墟附近汩汩涌出，而巴洛克式的迷宫（Irrgarten，见97页）是20世纪晚期重建的，里面既有经典的树篱迷宫、观景台、游戏、谜题，也有著名设计师冈特·贝尔茨克（Günter Beltzig）设计的现代游乐场。

宫殿东侧是太子花园（Kronprinzen garten; Privy Garden; 见90页地图; www.schoenbrunn.at; 成人票/学生和儿童票 €3.60/2.80; ⏲7月和8月 8:30~18:30，4月至6月、9月和10月 至17:30，11月至次年3月 至17:00），那里种植着柑橘，还有为其增色的凉亭、池塘以及根据刺绣图案设计的三重花坛。

克里姆特别墅 博物馆

（Klimt Villa; www.klimtvilla.at; 13, Feldmühlgasse 11; 成人票/儿童票 €10/5; ⏲4月至12月 周四至周六 10:00~18:00; 🚋58）在经过彻底改造之后，克里姆特别墅于2012年9月向公众开放，它能让你沉浸在维也纳最著名的分离派大师的感官世界之中。这座20世纪20年代建造的新巴洛克式别墅坐落在席津区（Hietzing）树木茂密的一角，周围是景色如画的庭院，这里原本是克里姆特的乡村画室所在的地方，也是他最后的画室，从1911年至1918年，他曾在这里工作。

出色的展品包括精心复制的家具和地毯，还有克里姆特极富个性的情色素描。同样特别的是漫步在画家从前的花园中所感受到的惬意氛围，他的两片玫瑰花丛仍然能开出杂乱但芬芳的花朵。虽然需要一点想象力才能勾勒出画室中的情景，但是莫里茨·奈尔拍摄的原版照片却展现了这里的生活气息。照片中的克里姆特和他的侍从穿着松散的高档波希米亚长袍，就像《阿黛尔·布洛赫-鲍尔夫人Ⅱ》（*Adele Bloch-Bauer Ⅱ*）和《弗雷德里克·贝尔》（*Frederike Beer*）等肖像画中所描绘的那样（这两幅画都是克里姆特在这里绘制的）。

皇家马车收藏馆 博物馆

（Wagenburg; Imperial Coach Collection; 见90页地图; www.kaiserliche-wagenburg.at; 13, Schloss Schönbrunn; 成人票/儿童票 €8/免费; ⏲3月中旬至11月 9:00~17:00，12月至次年3月中旬 10:00~16:00）皇家马车收藏馆展示了各种各样的四轮马车，从儿童的玩具小车，到豪华的国家马车，无所不包；但是什么都比不上弗朗茨一世皇帝（Franz I Stephen，1708~1765年）的加冕马车。它重达4吨，周身都是华丽的镀金装饰，使用了威尼斯玻璃窗，还点缀着上了漆的小天使。

活动

维也纳奥伯拉温泉 水疗

（Oberlaa Therme Wien; ☎01-680 09; www.thermewien.at; 11, Kurbadstrasse 14; 成人票/儿童票 3小时 €18.50/12.50，全天 €25.90/16; ⏲周一至周六 9:00~22:00，周日 8:00~22:00; 👪; 🚋67 Oberlaa-Therme Wien）如果你想放松一下逛博物馆逛得疲惫不堪的双脚，或者逃离城市的喧嚣，自在一天，维也纳温泉或许能实现你的愿望。这是奥地利最大的温泉浴场，汩汩流出的热水在舒适的27℃至36℃之间，而喷射、漩涡、瀑布和洞穴似的水池可以帮你按摩放松。

除了嵌合式的室内和户外浴池，这里还有能让孩子们泼水、跳水并从滑道飞速滑入游泳池中，大人可以在桑拿区名为“朝阳”和“彩虹”之类的散发着药草味的蒸汽浴室里排毒。天气暖和的日子里，也可以在花园里享受日光浴，或者玩玩排球和法式滚木球。

维也纳城市自行车 骑车

（Citybike Wien; Vienna City Bike; www.citybikewien.at; 1/2/3小时 免费/€1/2，之后每小时 €4）全市共设有120多个维也纳城市自行车共享站。租用自行车需要信用卡和€1的注册费；只需在机器上刷卡，然后跟着多语言提示操作就可以了。这些自行车是交通工具的替代品，只能锁在自行车站内（除非你用自己的锁锁车）。

丢失自行车会让你破费€600。

Wiener Eistraum 滑冰

（见72页地图; www.wienereistraum.at; 01, Rathausplatz; 成人票/儿童票 €4起，租用预热冰鞋€7.50/5.50; ⏲1月下旬至3月上旬 9:00~22:00; 🚋D, 1, 2 Rathaus, Ⓤ Rathaus）隆冬时节，市政厅广场（Rathausplatz）会变成两个连接在一起的溜冰场，总面积达8000平方米。它对城

孩子们的维也纳

维也纳是一座对孩子非常友好的城市。孩子在日常生活的各个方面都很受欢迎，城市里的很多博物馆也特意准备了面向儿童的展览。餐馆通常都会提供儿童餐，而在孩子需要消耗精力的时候，游乐场也很多。

博物馆

特别适合儿童的展览包括：

➡ **音乐之家**（Haus der Musik，见70页）有很多注重实践的展品，可以提升人们对音乐的理解，这些展品适合几乎所有年龄段的参观者。

➡ **自然史博物馆**（Naturhistorisches Museum，见82页）的人类学展区相当好，在那儿你能拿到一张自己作为史前人类的照片，并深入研究鉴定。看看“博物馆之夜”（Nacht im Museum）的日程安排，这个活动可以让孩子（必须有成人陪同）体验手电筒之旅，并在馆内过夜（要自带睡袋）。

➡ **科技博物馆**（Technisches Museum；www.technischesmuseum.at；14，Mariahilfer Strasse 212；成人/19岁以下 €12/免费；⏲周一至周五 9:00～18:00，周六和周日 10:00～18:00；🚸；🚋52，58 Winckelmannstrasse，ⓊSchönbrunn）有很多互动展品，可以促进孩子们对科学技术的理解。

维也纳博物馆区有两处专门为孩子设计的空间：

➡ **Zoom**（见80页地图；☎01-524 79 08；www.kindermuseum.at；07，Museumsplatz 1；展览 成人票/儿童票 €4/免费，活动 儿童 €4～6，陪同的成人免费；⏲7月和8月 周二至周日 12:45～17:00，9月至次年6月 周二至周五 8:30～16:00，周六和周日 9:45～16:00，活动时间不定；ⓊMuseumsquartier，Volkstheater）设有展览区以及可以亲自动手的手工艺项目（从8个月到14岁）。

➡ **Dschungel Wien**（见80页地图；☎01-522 07 20；www.dschungelwien.at；07，Museumsplatz 1；成人票/儿童票 €6/4.50起；⏲售票处 周一至周五 14:30～18:30，周六和周日 16:30～18:30；ⓊMuseumsquartier，Volkstheater）是一家儿童剧院，有舞蹈表演，偶尔上演英语表演。

游乐场和空地

游乐场比比皆是，不过普拉特公园里的**耶稣会草坪**（Jesuitenwiese）—— 在

市溜冰爱好者很有吸引力，届时溜冰场也会增设食品摊、特别活动和热红酒（Glühwein）柜台，还有DJ表演。滑道以“之”字形穿过附近的公园，并环绕整个广场。

这里有一个免费溜冰区，会向初学者和儿童免费提供设备，开放时间为周一至周五上午9点至16点，以及周六和周日上午8点至20点。周一至周五17点，这里会设置8条冰壶冰道。

★Space and Place　步行游览

（http://spaceandplace.at）要了解维也纳的内部独家消息，可以参加尤金（Eugene）既有趣又奇特的团队游活动。可供选择的项目仍在不断增加：“维也纳丑陋”（Vienna Ugly）之旅将注意力集中在首都丑陋的一面；“维也纳精神的味道”（Smells Like Wien Spirit）通过气味对城市进行有趣的探索；还有交际性的“咖啡馆社交”（Coffeehouse Conversations）。可登录网站查看日期和详情。

★多瑙岛　户外

（Donauinsel, Danube Island；ⓊDonauinsel）细长的多瑙岛从北边的克洛斯特新堡（Klosterneuburg）对面，一直延伸到南边的多瑙-奥恩国家公园（National park Donau-Auen），长约21.5公里，它将多瑙河一分为二，形成了一条名叫新多瑙河（Neue Donau）的独立支流。该岛创建于1970年，是维也纳的水上休闲场所，部分沙滩（不要指望有很多沙子）可以进行游泳、划船和小规模的滑水。

Praterstern以东大约1.5公里处的Hauptallee路旁——有一个很棒的以“狂野西部”（Wild West）为主题的游乐场；而在**多瑙岛**（Donauinsel，见92页）上的**多瑙岛水上游乐场**（Wasserspielplatz Donauinsel），蹒跚学步的孩子可以玩水，大一些的孩子可以通过钢索飞快地越过水域，也可以穿越吊桥。乘地铁（U-Bahn）到多瑙岛，再向下游步行7分钟即可到达。在**博物馆区**（MuseumsQuartier，见78页）内，从5月前后到9月会有一个沙坑，还会举办各种各样的活动。露天的冬季溜冰场**Wiener Eistraum**（见91页）设有儿童专区。

美泉宫

壮丽的美泉宫会令孩子们着迷，他们可以在**儿童博物馆**（Kindermuseum；见90页地图；www.kaiserkinder.at/kindermuseum.html；13，Schloss Schönbrunn；成人票/儿童票 €8.80/6.70；⏲10:00~17:00；👪）装扮成王子和公主，也可以看看自然科学、考古学和玩具展览。1.5小时的导览游（可预订英语解说）可以带他们了解哈布斯堡家族儿童的生活。

《魔笛》（*The Magic Flute*，2.5小时）和《阿拉丁》（*Aladdin*，1.25小时）演出在宫殿的**木偶剧院**（Marionetten Theater，见121页）进行。

美泉宫的迷宫对所有人来说都很有趣，**Labyrinthikon**游乐场则是为孩子们设计的，那里有14处可以用来攀登、爬行和进行教育探索的游戏点。

孩子们还会乐于参观世界上最古老的动物园——美泉宫**动物园**（Tiergarten；见90页地图；www.zoovienna.at；成人票/儿童票 €18.50/9；⏲旺季 9:00~18:30，淡季 至16:30；👪），那里生活着大约750种动物，包括大熊猫和东北虎。

行前参考

- **公共交通**：6岁以下的孩子可以免费乘坐；15岁以下购买单程票享受半价。
- **餐馆**：更换尿布的设施非常少。专用的儿童菜单也不常见，但是通常能提供儿童餐。
- **酒店**：一般都有带栏杆的儿童小床。12岁以下的儿童通常可以免费和父母住在一起。
- **在公共场合哺乳**：可以。
- **保姆**：最好通过酒店安排。

岛的一端是指定的“天体文化”（Freikörperkultur，简称FKK）区，专门供裸泳者使用，他们也可以吃饭、喝酒、散步、骑自行车和玩轮滑，当然都是裸体，场面相当壮观。岛上遍布混凝土小径，还有不少自行车和轮滑租赁商店。小径旁散布着餐馆和小吃店，不过酒吧最集中的地方——统称为沉没都市（Sunken City）和Copa Cagrana，在Reichsbrücke和U1线的Donauinsel车站附近。6月下旬，岛上还会举行多瑙岛音乐节（Donauinselfest，见99页）。

Pedal Power　骑车

（见96页地图；☎01-729 72 34；www.pedalpower.at；02，Ausstellungsstrasse 3；自行车租赁 每小时/半天/全天 €6/19/30，带导游的自行车游 €29~64，赛格威游 €79；⏲4月至10月 8:30~19:00；Ⓤ Praterstern）可以在这里租用城市和山地自行车，或者尝试赛格威（Segway）之旅，其行程覆盖了主要的城市景点，包括环城大道、市政厅、霍夫堡皇宫等。带导游的自行车游种类颇多，从3小时的城市杰出景点速览，到全天的瓦豪河谷（Wachau Valley）葡萄园骑行之旅，不一而足。可以登录网站了解更多详情。

多花€6，即可安排把自行车送过来，以便你在酒店取车。儿童座椅和头盔分别加收€5/3。

多瑙-奥恩国家公园　户外

（Nationalpark Donau-Auen；☎01-400 04 9495；www.donauauen.at；22，Dechantweg

8；⏲国家公园之家 3月至10月 周三至周日10:00~18:00；🚌91A，92A，93A，🚆S80）占地9300公顷的多瑙-奥恩国家公园，是从维也纳的边界沿着多瑙河环绕到斯洛伐克边境的一条广阔的绿色植物带，也是欧洲最后仅存的主要湿地之一。这座公园创立于1996年，由大约65%的森林、20%的湖泊和水路以及15%的草地组成，生长着近700种蕨类和有花植物。

公园内比较安静的区域吸引了大量的鸟类和野生动物，比如马鹿、河狸、铃蟾、鹰、鸢和数量巨大的翠鸟。国家公园之家（wien-lobAU National Park House）位于公园的北入口，会提供一系列的主题导览游，从冬季步行游览到观鸟漫步，不一而足，其中大部分的费用标准都在成人/儿童€10/5左右。进入国家公园的乘船游从Salztorbrücke出发，耗时4.5小时；必须预订。可登录网站查阅更多详情。

省钱妙计

维也纳提供了很多免费体验这座城市的机会，从漫步在城市街道上饱览壮观的建筑，到数不胜数的免费博物馆、展览、公共建筑、公园和教堂，以及一些令人难以置信的免费娱乐、节日和活动，无所不包。

免费博物馆和展览

一些博物馆对19岁以下的参观者免费，由维也纳市运营的市立博物馆内的永久性展览在每月的第一个周日免费开放。如果你对现代或当代艺术感兴趣，可以到散布在内城区里的免费私人艺术馆去看看。大部分艺术馆都会提供一份日程表，上面的地图带有展览列表和展馆位置，非常实用。

下列地方都是免费的：

➡ **多禄泰拍卖行**（Dorotheum；见68页地图；www.dorotheum.com；01，Dorotheergasse 17；⏲周一至周五 10:00~18:00，周六 9:00~17:00；Ⓤ Stephansplatz）这家绝妙的拍卖行摆满了各种各样的物品，从绘画到家具和日常用品，无所不包。

➡ **奥地利抵抗运动档案馆**（Archiv des Österreichischen Widerstands；见68页地图；☎01-228 94 69-319；www.doew.at；01，Wipplingerstrasse 8；⏲周一至周三和周五 9:00~17:00，周四 至19:00；Ⓤ Stephansplatz）这里的展览记录了纳粹统治时期的反法西斯秘密抵抗运动。

➡ **奈德哈特壁画馆**（Neidhart-Fresken，见76页）拥有从14世纪保存下来的壁画。

➡ **美景宫花园**（Schloss Belvedere Gardens，见87页）坐落在上下美景宫之间的精心设计的花园。

➡ **美泉宫花园**（Schloss Schönbrunn Gardens，见89页）这座奢华的花园既有修剪整齐、装饰华丽的区域，也有舒适惬意的森林绿地。

➡ **应用艺术博物馆**（Museum für Angewandte Kunst，见83页）每周二下午18点至晚上22点免费。拥有维也纳最好的应用艺术收藏。

➡ **百水公寓**（Hundertwasserhaus，见89页）由古怪的建筑师弗里登斯里奇·百水（Friedensreich Hundertwasser）设计的一座建筑（内部不向公众开放）。

➡ **奥托·瓦格纳建筑**（Otto Wagner Buildings；见80页地图；06，Linke Wienzeile & Köstlergasse；Ⓤ Kettenbrückengasse）和**纳旭市场**（Naschmarkt，见105页）也可以看看外环线地铁站，都是这位建筑师设计的，他在19世纪末20世纪初规划了这座城市的很多地方。

免费公共建筑

环城大道沿线坐落着很多壮丽的建筑，包括**霍夫堡皇宫**（Hofburg，见61页）建筑群，在里面闲逛是免费的（霍夫堡皇宫内单独的博物馆和景点要票）。环城大道上的其他亮点有大

老多瑙河 水上运动

（Alte Donau；22, Untere Alte Donau；ⓊAlte Donau）老多瑙河是多瑙河的内陆支流，被一片狭长的陆地将其与新多瑙河（Neue Donau）分隔开来。直到1875年，它一直是这条河的主流。现在，这片160公顷的水域成了维也纳帆船和划船爱好者们的最爱，它也吸引了很多游泳者、散步者和捕鱼者，到了冬季（如果天气够冷），还会吸引溜冰爱好者。

Strandbad Alte Donau 游泳

（22, Arbeiterstrandbadstrasse 91；成人票/儿童票 €5.50/3；⏲5月至9月中旬 周一至周五 9:00~20:00，周六和周日 8:00~20:00；ⓊAlte Donau）每逢夏季，这片游泳区都会充分地利用老多瑙河。它深受维也纳本地人喜爱，在夏季的周末总是人满为患。设施包括餐馆、沙滩排球场、运动场和滑道，还有大量的树荫。

学主楼（见72页地图；☎01-427 70，团队游 01-427 71 7525；www.univie.ac.at；01, Dr-Karl-Lueger-Ring 1；导览游 成人/儿童 €5/3；⏲周一至周五 7:00~22:00，周六 至19:00，英语导览游 周六 11:30；🚋D, 1, 2，ⓊSchottentor）和**正义宫**（Justizpalast, Supreme Court；见72页地图；☎01-521 52-0；www.ogh.gv.at；01, Schmerlingplatz 11；⏲周一至周五 7:30~16:30；🚋D, 1, 2 Burgring，ⓊVolkstheater）。

➡ **斯蒂芬大教堂**（Stephansdom，见61页）北侧廊可以免费参观。

➡ **市政厅**（见83页）维也纳华丽的市政厅有免费导览游。

➡ **中央公墓**（Zentralfriedhof；www.friedhoefewien.at；11，Simmeringer Hauptstrasse 232-244；⏲7:00~20:00，冬季时间缩短；🚋6，71 Zentralfriedhof）贝多芬、勃拉姆斯（Brahms）、施特劳斯和舒伯特等名人都安葬在这座公墓里。

➡ **圣母忠仆会教堂和圣母忠仆会地区**（Servitenkirche & Servitenviertel；见72页地图；www.rossau.at；09，Servitengasse 9；⏲仅弥撒期间；ⓊRossauer Lände）非常安静的教堂庭院及周边地区。

➡ **普拉特公园**（Prater，见85页）多瑙运河对岸的维也纳公园和林地。

➡ **多瑙岛**（Donauinsel，见92页）多瑙河中央的一座小岛和休闲区。

➡ **奥格腾**（Augarten；见96页地图；www.kultur.park.augarten.org；03，Obere Augartenstrasse；⏲6:00至黄昏；ⓊTaborstrasse）这座18世纪的公园里有小径和草地。

➡ **席津公墓**（Hietzinger Friedhof；见90页地图；www.friedhoefewien.at；13，Maxingstrasse 15；语音导游 €7；⏲7:00至黄昏；ⓊHietzing）古斯塔夫·克里姆特、奥托·瓦格纳及其他维也纳名人的安息之地。

免费娱乐

夏季有很多免费的节日和活动，包括**多瑙岛音乐节**（Donauinselfest，见99页）的摇滚乐、流行乐、民谣和乡村音乐表演，**音乐电影节**（Musikfilm Festival，见100页）的歌剧、轻歌剧和音乐会，还有**Kino Unter Sternen**（见100页）等露天电影院放映的电影。维也纳的同性恋活动——**彩虹大游行**（Regenbogen Parade；www.hosiwien.at/regenbogenparade；⏲6月中旬）的壮观场面也是免费的。

在4月、5月、6月和9月以及跨年夜（Silvester），**国家歌剧院**（Staatsoper，见118页）外面都会竖起LED露天电视墙，播放歌剧表演，每次放映会设置180个座位。

冬季的赠品包括在城市令人陶醉的**圣诞市场**（Christkindlmärkte，见125页）上闲逛。

你通常能在酒吧里免费听DJ打碟，有时在户外空间也能听到，比如**博物馆区**（Museums Quartier，见78页）。

Leopoldstadt 利奥波德施塔特区

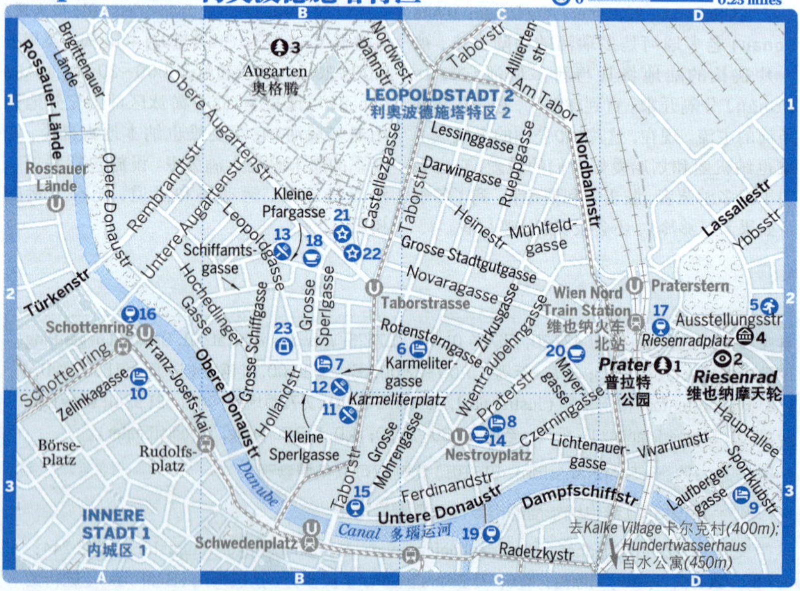

Leopoldstadt 利奥波德施塔特区

重要景点
1 普拉特公园 D2
2 维也纳摩天轮 D2

景点
3 奥格腾 B1
4 维也纳杜莎夫人蜡像馆 D2

活动、课程和团队游
5 Pedal Power D2

住宿
6 Gal Apartments C2
7 Grätzlhotel B2
8 Hotel Capri C3
9 Magdas D3
10 Österreichischer Jugendherbergsverband A2

就餐
11 Harvest B3
Kaas am Markt .... （见23）
12 Schank zum Reichsapfel B2
13 Skopik & Lohn B2
Tewa .... （见23）
Zur Rezeption .... （见7）

饮品和夜生活
14 Balthasar C3
15 Das Loft B3
16 Flex A2
17 Fluc D2
18 Sperlhof B2
19 Strandbar Herrmann C3
20 Supersense C2

娱乐
21 前所未有的影院 B2
22 MuTh B2

购物
23 卡梅利特市场 B2

Sailing School Hofbauer 划船

（☎01-204 34 35; www.hofbauer.at; 22, An der Obere Alte Donau 191; ⌚4月至10月; Ⓤ Alte Donau）Hofbauer在老多瑙河的东岸出租帆船（每小时€16.50）和手划船（每小时€11），还向那些希望学习或温习技巧的人们提供课程（英语）。也出租脚踏船（每小时€14）和冲浪板（€15.50）。

3 City Wave 水上运动

（见88页地图；www.3citywave.at；03；Schwarzenbergplatz；⌚6月中旬至9月 周日至周四 10:00~22:00，周五和周六 至23:00；ⓊStadtpark；Karlsplatz）冲浪？在维也纳市中心？是的！这里的人造海浪就在施瓦岑贝格广场（Schwarzenbergplatz）上的Hochstrahlbrunnen喷泉前面，吸引了很多新手和专业人士。50分钟的自由冲浪课程收费€39。也会组织儿童冲浪营。

Wiener Eislaufverein 滑冰

（见88页地图；www.wev.or.at；03，Lothringerstrasse 22；成人票/儿童票 €7/6，租用靴子€6.50；⌚周六至周一 9:00~20:00，周二至周五至21:00；🚊D Schwarzenbergplatz，ⓊStadtpark）想来次旋转吗？占地6000平方米的Wiener Eislaufverein是世界上最大的露天滑冰场。它离环城大道和城市公园（Stadtpark）都很近。记得戴上手套和帽子。

迷宫 户外

（Irrgarten；Maze；见90页地图；成人票/儿童票 €5.30/3；⌚8:30~17:30）美泉宫花园里长达630米的迷宫，是基于1720年至1892年间占据着这个地方的原版迷宫设计的经典树篱迷宫；隔壁的**大迷宫**（Labyrinth）是一个游乐场，里面有游戏、攀登设备以及一个巨大的镜子万花筒。

美泉宫廷面包房 餐饮

（Hofbackstube Schönbrunn；Court Bakery Schönbrunn；见90页地图；☎01-24 100-300；每人含薄酥卷饼/咖啡和薄酥卷饼 €5/10；⌚4月至10月 10:00~17:00，11月至次年3月 至16:00，整点表演）这里的游客味道有点儿浓，但是，如果你想了解制作酥脆可口的苹果卷饼（strudel）的诀窍，可以到这个地下室面包房来看看，现场表演整点开始。之后可以配上一杯咖啡，享用做好的薄酥卷饼。

Badeschiff 游泳

（见68页地图；www.badeschiff.at；01，Danube Canal；成人票/儿童票 €5/2.50；⌚5月至9月 8:00~22:00，酒吧 全年 10:00至次日1:00，厨房 全年 10:00~22:00；🚊1，ⓊSchwedenplatz）在多瑙河岸上（而不是河里！）游泳。这座28米长的小型健身游泳池漂浮在瑞典广场（Schwedenplatz）和乌拉尼亚（Urania）之间的多瑙河岸边，设有多个露天平台，上面有撑着阳伞的日光浴床，悬在泳池上方的平台上还有一个露天足球场。到了晚上，这里还会兼作酒吧；冬季游泳池关闭，船会变成纯粹的酒吧和餐馆。

船上常设保龄球场和舞池，经常有DJ在这里打碟。乘有轨电车到Julius-Raab-Platz即是。

★ Hot Rod City Tour 自驾

（见68页地图；☎01-660 87 73；www.hotrodcitytour-wien.com；01，Judengasse 4；2小时游览 每人€99~119；⌚10月至次年5月 10:00~20:00，6月至9月 8:00~22:00；ⓊSchwedenplatz）如果你曾经想要体验驾驶迷你高速汽车的感觉，这就是你的机会。这些底盘很低的单人汽车会结队出发，用1.5小时在城市里转上一圈，途中会经过维也纳的许多地标。头盔、步话机和保险费用都包含在票价内；必须持有有效的驾照（接受外国驾照）。

Vienna Explorer 骑车、步行

（见68页地图；☎01-890 96 82；www.viennaexplorer.com；01，Franz-Josefs-Kai 45；⌚团队游 复活节至10月，自行车租赁 全年 8:30~18:00；🚊1，ⓊSchwedenplatz）这家存在已久的机构是在维也纳市内（3小时；成人/儿童€29/14.50）以及更远的区域内（覆盖了瓦豪葡萄园，10.5小时；€64/39）进行自行车游的理想选择，它也提供维也纳城市步行游览（2.5小时；€16/8）。如果你想自己出去，这里还有自行车租赁服务（每小时/天 €5/15起）。乘有轨电车到Salztorbrücke即是。

★ Wrenkh Cookery School 烹饪

（见68页地图；☎01-533 15 26；www.wrenkh-wien.at；01，Bauernmarkt 10；每人 €48起；ⓊStephansplatz）这所设在同名餐馆（见104页）里的烹饪学校提供的英语和德语课程涵盖了奥地利的经典菜肴，比如炸肉排、精炖牛肉（Tafelspitz）、淡水鱼和苹果卷饼，还有国际美食（印度、泰国等）以及素食和纯素食。也可以留意一下觅食之旅。课程从2.5小时€48到6小时€130皆可选择。可以在线查看课程安排。

☞ 团队游

Fiaker Carriage Rides 团队游

(20分钟/40分钟/1小时团队游 €55/80/110)游览维也纳最浪漫的方式之一是乘坐观光马车(Fiaker),这是一种由两匹马拉着的传统敞篷马车(最多能乘坐4名乘客)。马车夫通常会说英语,并且会指出途中的名胜古迹。在斯蒂芬广场(Stephansplatz)、阿尔贝提纳广场(Albertinaplatz)和霍夫堡皇宫的英雄广场(Heldenplatz)都能找到由马、马车和戴着圆顶硬呢帽的马车夫组成的队列。

短途游览会带你穿过老城区,长途游览则会包括环城大道。

Vienna Walks & Talks 步行

(☎01-774 89 01; www.viennawalks.com)Vienna Walks & Talks提供的《第三个人》主题游(*Third Man Tour*; 成人/儿童 €19/16.50)非常棒,这个1.5小时的游览是以1949年拍摄的电影为基础设计的,也有很多其他带英语和德语解说的游览选择。

Vienna Tour Guides 步行

(www.wienguide.at; 成人/儿童 €16/8)Vienna Tour Guides是一个由一些知识渊博的导游组成的机构,他们能组织60多种不同的步行导览游(有些用英语解说),从新艺术派建筑到维也纳的犹太人传统,涵盖的内容相当全面。游览大约持续1.5小时至2小时;有些需要有效的公共交通通票,进入景点需要另外购买门票。

旅游局的月刊小册子《维也纳步行游览》(*Wiener Spaziergänge*)会提供所有团队游的详尽说明,给出不同的出发地点,而且会指出哪些游览项目提供英语解说。

Vienna Sightseeing Tours 巴士

(☎01-712 468 30; www.viennasightseeingtours.com; 04, Rainergasse 1; 随上随下城市游 €17~25, 其他团队游 €39~119; ⏲6:30~18:30; 🚋D, Ⓤ Südtiroler Platz/Wien Hauptbahnhof)Vienna Sightseeing Tours经营着随上随下(Hop On Hop Off)城市游,以及由附属的Cityrama组织的团队游。这些游览都会带你参观美泉宫,除了一些维也纳主题(通常是音乐)游览,另外,也提供去往布拉迪斯拉发、布达佩斯、布拉格和萨尔茨堡的团队游。后者包括酒店接送和门票。

DDSG Blue Danube 游轮

(见68页地图; ☎01-588 80; www.ddsg-blue-danube.at; 01, Schwedenbrücke; 1.5小时团队游 成人/儿童 €22/11; ⏲复活节至10月 10:30~18:20; Ⓤ Schwedenplatz)DDSG Blue Danube的船有各种各样的巡游路线。最受欢迎的那些包括以多瑙运河和多瑙河为航道,环绕利奥波德施塔特区(Leopoldstadt)和布里吉特瑙区(Brigittenau)的航行。精选游览路线包括通过努斯多夫水闸(Nussdorf locks,由奥托·瓦格纳建于1900年前后),或继续前往瓦豪区。

Ring Tram 团队游

(见68页地图; ☎01-790 91 00; www.wienerlinien.at; 01, Schwedenplatz, Platform C; 成人票/儿童票 €9/4; ⏲10:00~17:30; 🚋1, 2, Ⓤ Schwedenplatz)你可以乘坐公共有轨电车自助游览环城大道,但是,如果你更喜欢带有视频画面和多语言解说的无缝式游览,就参加Ring Tram团队游吧,它会在持续的30分钟里带你绕行环城大道(不停站)。持票可以进行一次不中断的行程,这意味着不能随上随下。

Oldtimer Bus Tours 巴士

(见80页地图; ☎01-503 74 43 12; www.oldtimertours.at; 01, 从Heldenplatz出发; 团队游 成人/儿童 €19/12; ⏲5月至10月中旬; 🚋D, 1, 2, 71 Burgring, Ⓤ Museumsquartier)这些老式敞篷(下雨时关闭)车在市中心行驶,偶尔也会一直开到维也纳林山(Wienerwald)。团队游耗时1小时,会于周二至周日的11点15分、12点45分、14点15分和16点,从霍夫堡皇宫前面的英雄广场出发。

Redbus City Tours 巴士团队游

(见68页地图; ☎01-512 40 30; www.redbuscitytours.at; 01, Kärntner Strasse 25; 24小时 成人/儿童 €24/12, 48小时 €30/15; ⏲9:00~19:00; 🚋D, 1, 2 Kärntner Ring/Oper, Ⓤ Karlsplatz)这些可以随时上下车的游览项目包括涵盖了内城区及周边地区主要景点、至少需要1.5小时的路线,以及前往所有市内大景点的2小时路线。巴士从阿尔贝提纳博物馆(Albertina)外面出发。

节日和活动

★圣诞市场
圣诞市场

(Christkindlmärkte; www.wien.info/en/shopping-wining-dining/markets/christmas-markets; ⌚11月中旬至12月25日)维也纳备受喜爱的圣诞市场季从11月中旬前后持续到圣诞前夜。届时迷人的圣诞市场将占领街道和广场，摆出的摊位会出售木质玩具、节日装饰品和传统食品，比如香肠(Wurst)和热红酒(Glühwein)。其中最吸引人的是**市政厅广场圣诞市场**(Rathausplatz Christkindlmarkt; 见72页地图; www.christkindlmarkt.at; ⌚11月13日至12月26日 10:00~22:00; 🚊D, 1, 2 Rathaus, ⓤRathaus)。

歌剧院舞会
文化节

(Opernball; www.wiener-staatsoper.at; ⌚1月/2月; 🚊D 1, 2, 71 Kärntner Ring/Oper, ⓤKarlsplatz)在1月和2月举行的近300场舞会中，歌剧院舞会是最棒的。它于每年圣灰星期三(Ash Wednesday)之前的周四在国家歌剧院(见118页)举行，是一场极其奢华的社交盛会，有很多身穿燕尾服的男士和身穿华美白色礼服的女士出席。

复活节之声音乐节
音乐节

(OsterKlang Festival, Sound of Easter Festival; www.osterklang.at; ⌚3月或4月)在"复活节之声"音乐节期间，管弦乐队和室内乐演奏会会在维也纳的一些最好的音乐厅登台。亮点是由维也纳爱乐乐团(Vienna Philharmonic)献上的开幕音乐会。

维也纳艺术节
艺术节

(Wiener Festwochen, Vienna Festival; www.festwochen.at; ⌚5月中旬至6月中旬)为期一个月的维也纳艺术节于5月中旬至6月中旬在全市的不同场馆中举行，丰富多彩的活动日程表涵盖了来自世界各地的戏剧作品、音乐会、舞蹈表演和视觉艺术。

多瑙岛音乐节
音乐节

(Donauinselfest; https://donauinselfest.at; ⌚6月下旬) **免费** 多瑙岛音乐节在6月下旬

走进森林：维也纳林山

如果你真的想要体验很棒的户外活动，就飞奔到维也纳林山(Wienerwald)去。这片45公里长的林山带是奥地利首都的乡村休闲场所，它点缀在维也纳的边缘，从西北一直延伸至东南，并因小约翰·施特劳斯于1868年创作的音乐会华尔兹舞曲《维也纳森林的故事》(*Tales from the Vienna Woods*)而名垂千古。

这些森林是为散步而建的，市议会的网站(www.wien.gv.at/umwelt/wald/freizeit/wandern/wege)详细介绍了9条步行路线，其中有几条能带你进入森林。你大约需要3小时来走完7.2公里长的4号小路，这条路一直通往**Jubiläumswarte**。这座瞭望塔矗立在维也纳林山的绿色林冠上方，从最高的平台眺望，不但能将大部分维也纳尽收眼底，还能看到远处施内山(Schneeberg)2076米高的山峰。爬到塔顶非常令人兴奋。带上野餐用品，跳上49路有轨电车，到Bahnhofstrasse下车，朝着有轨电车的方向走到Rosentalgasse，之后跟着路标走就可以了。从Jubiläumswarte开始，小路基本都是穿过郊区，所以最好原路返回。

另外一条稍长一些的路线是1号小路，这条11公里长的环路以努斯多夫(Nussdorf，从环城大道乘坐D路有轨电车)为起点，要攀登**卡伦山**(Kahlenberg，海拔484米)，这座藤蔓丛生的小山俯瞰着迷人的城市风光。返回努斯多夫的时候，可以到酒庄(Heuriger)去喝一杯，消除所有疲劳。你可以单程或往返都乘坐连接着努斯多夫和卡伦山的38A路公共汽车，这样就不用辛苦自己的腿了。

还有一种自己探索维也纳林山的方式，是在46条带有标记的山地自行车路线中择其一。这些路线都设有路标，并且按照难度进行了分级。网站www.wienerwald.info列出了所有路线，还给出了相应的地图。

的一个周末举行，会持续3天。这是一场摇滚乐、流行乐、民谣和乡村音乐演出的盛宴，会吸引近300万观众。最棒的是，免费！

维也纳爵士音乐节 音乐节

（Jazz Fest Wien；www.viennajazz.org；⊙6月下旬至7月中旬）从6月底到7月中旬，国家歌剧院及全市的很多俱乐部中都会传出爵士乐、蓝调和灵魂乐的旋律，整个维也纳也会随之摇摆。

维也纳电影节 电影节

（Viennale Film Festival；www.viennale.at；⊙10月下旬至11月上旬）这个奥地利最好的电影节的特色是来自世界各地的边缘电影和独立电影，而且会在遍及全市的很多地方放映。

音乐电影节 电影节

（Musikfilm Festival；http://filmfestival-rathausplatz.at；01, Rathausplatz；⊙7月中旬至9月上旬；🚊D, 1, 2 Rathaus，ⓊRathaus）太阳一落山，市政厅广场就会变成歌剧、轻歌剧和音乐会的免费放映场。一定要早点儿来找个好位子。食品摊和吧台会营造出狂欢节般的氛围。

维也纳国际舞蹈节 舞蹈节

（ImPulsTanz；www.impulstanz.com；⊙7月中旬至8月中旬）从7月中旬至8月中旬，维也纳杰出的先锋派舞蹈节会吸引一大批国际知名舞蹈团体和新人。演出将在博物馆区、人民剧院（Volkstheater）和许多小场馆里进行。

博物馆长夜 文化节

（Lange Nacht der Museen；http://langenacht.orf.at；⊙10月第1个周六）在10月的第一个周六，奥地利全国约500家博物馆都会在下午18点至次日1点向参观者打开大门。买一张票（成人票/儿童票 €15/12；博物馆有售）即可进入所有的博物馆——仅维也纳就有80多家。票价还包括市内的公共交通费用。

露天影院 电影节

（Kino Unter Sternen；www.kinountersternen.at；⊙6月下旬至7月中旬；ⓊKarlsplatz）这座露天影院在雷塞尔公园的卡尔广场，是深受维也纳人喜爱的夏季活动，会持续3周时间。无须购票，还有出售食品和饮料的摊位。

前所未有的影院 电影节

（Kino wie noch nie；见96页地图；www.kinowienochnie.at；02, Augarten；票价 €8.50；ⓊTaborstrasse）每年夏季，奥格腾（Augarten）都会举办这个为期2个月的露天电影节，届时会放映各种各样的影片，包括艺术电影、世界电影和经典电影。

跨年夜 新年

（Silvester；⊙12月31日）每逢跨年夜，内城区都会变成大型派对区，会举办露天音乐会，还会在挤满了人的街道上燃放大量的焰火。

> **不 要 错 过**
>
> **维也纳电影节**
>
> 维也纳一年一度的国际电影节——“偏爱边缘题材的”**维也纳电影节**（Viennale，见本页）是这座城市电影上映时间表上的亮点。在从10月中旬开始的两周时间里，公共电影院会放映从纪录片到短片和故事片等各种类型的作品。
>
> 电影节前的周六就会开始售票。你可以通过信用卡、在线或者拨打专门的热线电话进行预订——售票开始后，电话号码会在网站上公布。在市内设立的任何一个展台都可以拿票，比如**维也纳电影节主展台**（Viennale main booth；见80页地图；www.viennale.at；06, MuseumsQuartier, Mariahilfer Strasse交叉路口；⊙10:00~20:00；ⓊMuseumsquartier）。

住宿

从随处可见枝形吊灯、古董家具和19世纪油画真品的豪华住宅，以及个性鲜明的先锋设计酒店，到便宜的青年旅舍，维也纳可供选择的住处应有尽有。位于两者之间的是舒适的、通常由家庭经营的客栈（Pensionen），很多不太奢侈的传统酒店，还有时髦的公寓。

★my MOjO vie 青年旅舍 $

（见80页地图；☎0676-551 11 55；www.mymojovie.at；07, Kaiserstrasse 77；铺 €24~28，大床/标三/四 带独立浴室 €80/120/160，标单/

大床/标三/四 带公用浴室 €40/60/90/116；@ 📶；Ⓤ Burggasse-Stadthalle）一部老式的笼式电梯嘎嘎作响地带你来到这处注重设计的背包客住处。你所渴望的一切在这里都能得到满足——设备齐全的宿舍、每张床都配有2个电源插座、可以自己做饭的厨房、上网本、可以随意翻阅的旅行指南，以及能让你即兴演奏的乐器。这里没有空调，但是夏季可以用风扇。

Hotel am Brillantengrund 酒店 $

（见80页地图；☎01-523 36 62；www.brillantengrund.com；07, Bandgasse 4；标单/大床/标三/四 €69/79/99/119起；@ 📶；🚋49 Westbahnstrasse/Zieglergasse, Ⓤ Zieglergasse）这家酒店所在的柠檬色建筑环绕着一座便于社交的庭院，庭院中点缀着盆栽棕榈树。酒店在社区中发挥着关键的作品，会跟当地艺术家合作，举办定期展览，还有DJ、现场音乐表演及其他活动，比如临时市场和商店。铺着镶木地板的房间很简单，但是装饰着古董家具，这些家具将当地艺术品、别致的墙纸和复古灯具巧妙地结合在了一起。房价含早餐。

这里的咖啡馆也是邻里之间的最爱，供应菲律宾饭菜，以及奥地利和地中海菜肴。

Gal Apartments 公寓 $

（见96页地图；☎0650 561 19 42；www.apartmentsvienna.net；02, Grosse Mohrengasse 29；公寓 大床/标三/四 €89/99/152；@ 📶；Ⓤ Nestroyplatz, Taborstrasse）如果想在离家很远的地方有一个很棒的新家，可以入住这些宽敞的公寓，它们带着积极进取的利奥波德施塔特区的活泼气息。这些公寓在一栋经过了翻修的比德迈式样（Biedermeier）的房子里，装饰着现代家具和受新艺术风格启发的画作。只需步行一小段路就可以到达卡梅利特市场（Karmelitermarkt）、普拉特公园和奥格腾，乘地铁前往市中心也用不了10分钟。

Angel's Place 客栈 $

（☎01-89 20 432；www.angelsplace-vienna.eu；15, Weiglgasse 1；大床 €60~76，套 €100；📶；Ⓤ Schönbrunn）这家可爱的客栈由一个酒窖改造而成，它坐落在普通的住宅区内，漫步10分钟即可到达美泉宫的大门。暖色调的地下室房间很舒适，铺着木地板，装饰着颜色鲜艳的纺织品，还能看到原来的砖砌拱顶。如果你想弄点儿小吃，这里还有一间公用厨房。欧陆式早餐需额外支付€6。

Hotel Drei Kronen 家庭旅馆 $

（见80页地图；☎01-587 32 89；www.hotel3kronen.at；04, Schleifmühlegasse 25；标单/大床 €69/92起；@ 📶；Ⓤ Kettenbrückengasse）这个由家庭经营的住所离纳旭市场（Naschmarkt）只有几步之遥（有些房间就俯瞰着它），可以说是维也纳最鲜为人知的秘密之一。宫殿般的装饰（富有光泽的大理石、抛光的黄铜饰品、白色与金色相间的墙纸）是明显的维也纳风格，然而随意休闲的感觉还是占了上风。房间里装饰着新艺术风格的家具和艺术品（包括很多克里姆特的复制品）。

自助式早餐非常丰盛，有糕点、谷类食品、培根和散养鸡的鸡蛋，还有汽酒（Sekt），这可是三星家庭旅馆前所未闻的奢华。

★ Magdas 精品酒店 $$

（见96页地图；☎01-720 02 88；www.magdas-hotel.at；02, Laufbergergasse 2；大床 €70~150）多么独树一帜：Magdas是一家引人关注社会差异的酒店，这里接待客人的员工全都是难民。这家由从前的养老院转变而来的精品酒店于2016年开门迎客，并且很快步入了正轨。房间以复古的冷色调为主，装饰着独一无二的壁画、编织垫和经过了升级改造的物品。最值得选择的是带阳台的房间，可以俯瞰普拉特公园，就在拐角处。

★ Hotel Capricorno 酒店 $$

（见68页地图；☎01-533 31 04-0；www.schick-hotels.com/hotel-capricorno；01, Schwedenplatz 3-4；标单/大床 含早餐 €118/146起；🅿 📶；🚋1, 2, Ⓤ Schwedenplatz）这家酒店建于20世纪中叶的外立面黯淡无光，不过它在2015年进行了绝妙的翻新，用光亮的棉绒制作了热情洋溢的酸橙色、橘色、柠檬色和茄子色的遮光帘。这里共有42间房间，其中大部分都带有阳台（正面的房间俯瞰着多瑙运河；背面的房间更加安静一些）。使用酒店的停车场在维也纳并不常见，其实每天仅需€24。步行10分钟即可到达斯蒂芬大教堂。

★Hotel Rathaus Wein & Design

精品酒店 $$

（见72页地图；☎01-400 11 22；www.hotel-rathaus-wien.at；08，Lange Gasse 13；标单/大床/标三/家/套 €110/130/160/170/300起；❄📶；ⓊRathaus，Volkstheater）这家精品酒店有39间极简抽象派风格的开放式房间，每间都以一位奥地利酿酒师为主题，小酒柜里存放的优质葡萄酒就出自这些酿酒师之手。带有巧妙的逆光照明的房间体现了犀利的设计眼光，尤其是以乳白色为主色调，并且配备了混合式床铺和浴缸的那些。有些房间可以俯瞰内庭空间。

酒店在用枝形吊灯照明的酒吧里提供葡萄酒品酒会，还会组织短途游，前往奥地利附近的葡萄酒产区。葡萄酒也是早餐（住客/非住客 €18/24）的一个主题，届时会供应以葡萄酒为原料制作的奶酪、蜜饯和蛋糕，还有穆兹利（muesli，牛奶什锦早餐）、水果、鱼和冷切肉。

★Grätzlhotel

精品酒店 $$

（见96页地图；☎01-208 39 04；www.graetzlhotel.com；02，Grosse Sperlgasse 6；大床 €119~189）Grätzlhotel曾经是电工、灯具制造商和面包师做买卖的地方，如今它蒙受一些维也纳顶级建筑师的好意，以超酷的内饰为利奥波德施塔特区注入了新的生命力。正好位于卡梅利特市场拐角处的套房采用了极简抽象派风格和一体化设计，装饰着老式的灯具，营造了像家一样的感觉——配有雀巢品牌的厨房、复古收音机以及维也纳圣查尔斯药房（Saint Charles Apotheke）的洗漱用具。

早餐在**Zur Rezeption**（早餐 €6.80~8.90；⏲周六至周二 9:00~18:00，周三至周五 9:00~23:00）咖啡馆供应。如果你想了解游览这个地区的一些捷径，就到那里去，虽然你房间里的步行地图应该能让你领先一步。入住手续很简单（你会得到一个进入房间的密码），还有免费的自行车，可以骑车逛逛景点，或者一直骑到附近的多瑙河。

Hotel Capri

酒店 $$

（见96页地图；☎01-214 84 04；www.hotelcapri.at；02，Praterstrasse 44-46；标单 €75~105，大床 €109~149，标三 €119~168，四 €139~199；🅿📶；ⓊNestroyplatz）从外观上看，这家中档酒店没什么特色，然而实际上却有很多优点：从普拉特公园步行前往这里只需要5分钟；坐2站地铁即可到达斯蒂芬广场；员工会尽最大努力满足客人的要求。色调柔和的房间布置合理、无可挑剔，都配备了平板电视和水壶。早餐供应水果、谷类食品、冷切肉和鸡蛋，非常有益健康。

Spiess & Spiess

家庭旅馆 $$

（☎01-714 85 05；www.spiess-vienna.at；03，Hainburger Strasse 19；标单 €105~145，大床 €140~180；❄@📶；ⓊRochusgasse）在这家陈设雅致、位置优越的家庭旅馆里，施皮斯（Spiess）一家会竭尽所能地欢迎你的到来。以清新的白色为主色调的宽敞房间设计用心、品位一流；价格较高的房间带有壁炉和阳台。早餐是颇为诱人的瑞典式自助餐，会供应新鲜的水果沙拉、培根和鸡蛋，还有谷类食品和糕点。

Ruby Sofie

精品酒店 $$

（☎01-361 96 60 60；www.ruby-hotels.com；03；Marxergasse 17；大床 €74~119；ⓊWien Mitte）“简洁奢华”是这家一流精品酒店奉行的理念，它所在的建筑前身是豪华的音乐厅Sofiensäle。酒店内部采用了最低程度的时尚设计，气氛自在而悠闲，简化的房间铺着橡木地板，配备了古董家具、扩展坞站、室内平板电脑和雨淋花洒。这里还有一家图书馆、能让你借走吉他的酒吧、瑜伽平台以及免费自行车。

早餐需额外支付€12，物有所值，菜品注重地区性和有机化，包括新鲜水果、面包、维也纳咖啡和超级食物（营养丰富，有明显抗氧化作用的食物）。

Hotel Kärntnerhof

酒店 $$

（见68页地图；☎01-512 19 23；www.karntnerhof.com；01，Grashofgasse 4；标单 €79~129，大床 €105~225，标三 €175~259，套 €219~359；🅿@📶；ⓊStephansplatz）近期的翻修令这家酒店恢复了新艺术时代的辉煌——翻修采用了新艺术色（灰色和鼠尾草色）、英式墙纸和意式纺织品，同时保留了排列在墙上的具有时代感的绘画，以及通往屋顶平台的镶嵌着木板和磨砂玻璃的电梯。停车场收费€20。

Opera Suites 家庭旅馆 $$

（见68页地图；☎01-512 93 10；www.operasuites.at；01，Kärntner Strasse 47；大床 €155~170，公寓 €168起；📶；🚋D，1，2，71，Ⓤ Karlsplatz）Opera Suites就坐落在著名的Café Sacher（见119页）正对面，离主要景点也很近。这里能提供舒适的标准间和高级客房（都配备了Nespresso咖啡机和小酒柜），还有周边街道上带有小厨房的公寓。欧陆式早餐收费€10。乘有轨电车到Kärntner Ring/Oper即是。

Das Tyrol 酒店 $$

（见80页地图；☎01-587 54 15；www.das-tyrol.at；06，Mariahilfer Strasse 15；标单 €109~229，大床 €149~259，小型公寓 €149~299；❄@📶；Ⓤ Museumsquartier）设计出自Das Tyrol之手。这里宽敞的房间以清新的黄色和绿色为主色调，装饰着一些艺术真品，比如迪特尔·科赫（Dieter Koch）有趣的画作《唐老鸭》和《黛西鸭》，并配备了Nespresso咖啡机。拐角处的房间带有小阳台，可以俯瞰Mariahilfer Strasse；一居室的小型公寓带小厨房。早餐供应按客人要求烹制的鸡蛋和普罗塞克葡萄酒，能让你整个上午都保持精力充沛。

铺着金色瓷砖的水疗中心设有桑拿浴室和“光疗法”淋浴，在那里可以观看鱼儿在水族箱中游弋。

Pertschy Palais Hote 酒店 $$

（见68页地图；☎01-534 49-9；www.pertschy.com；01，Habsburgergasse 5；标单 €91~148，大床 €125~183，家庭房 €153~228；📶；Ⓤ Herrengasse，Stephansplatz）巴洛克风格的卡夫里亚尼宫（Palais Cavriani）建于18世纪，它坐落在安静的中心地段，离格拉本大街很近，可谓无与伦比。员工非常友善，孩子们也会受到热情的迎接（提供幼儿玩具和儿童高脚椅）。这里的55间房间以奶油色、皇家红和金色为装饰，都很宽敞，铺着镶木地板，摆放着老式家具。家庭房带有颇具时代感的壁炉（可惜停用了）。

25hours Hotel 设计酒店 $$

（见68页地图；☎01-521 51；www.25hours-hotels.com；07，Lerchenfelder Strasse 1-3；大床 €160~190，套 €195~330；🅿📶；Ⓤ Volkstheater）这里的217间由Dreimeta设计的房间都装饰着大胆的颜色，其中的34间套房带小厨房。顶级套房配有露台，可以一览霍夫堡皇宫的全景。屋顶酒吧**Dachboden**（⏲15:00至次日1:00）、“美人鱼洞穴”（Mermaid's Cave）桑拿区，以及可以免费使用的电动自行车都令它格外出众。

Steigenberger Hotel Herrenhof 酒店 $$

（施泰根博格阁庄园酒店；见68页地图；☎01-534 040；www.steigenberger.com；01，Herrengasse 10；大床 €160~213，套 €509~709；❄@📶；Ⓤ Herrengasse）这家酒店以雅致的紫红色为主色调，共有196间房间，格调物超所值。24至28平方米的高级客房，以及35平方米的豪华客房还能免费使用两层的康体区，那里有桑拿浴室、蒸汽浴室和设施齐备的健身房。拐角处的豪华房带有超大的窗户。餐馆备受好评。

Hotel Prinz Eugen 酒店 $$

（☎01-505 17 41；http://prinz-eugen-vienna.hotel-rv.com；04，Wiedner Gürtel 14；标单 €55~72，大床 €67~88；❄@📶；Ⓤ Südtiroler Platz）虽然没有想象中悬挂着枝形吊灯的大理石大堂那么奢华，但这里仍然是明智的选择，它就坐落在火车总站的正对面，步行前往美景宫只需要5分钟。房间以长毛绒纺织品、木质家具和柔和的色调为装饰，高层的房间可以眺望维也纳各处的屋顶。丰盛的自助早餐能让你大半天都保持精力充沛。

Benediktushaus 客栈 $$

（见68页地图；☎01-534 989 00；www.benediktushaus.at；01，Freyung 6a；标单 €80，大床 €125，标三 €135，四 €140；📶；Ⓤ Schottentor）到本笃会修道院来休息一下吧——当你从窗户望出去，看到郁郁葱葱的宁静庭院时，肯定想不到自己正身处繁忙的中心。这家客栈由隔壁的苏格兰修道院（Scottish Abbey）经营。没有电视的整洁房间很简单，令人平静舒心，一些具有时代感的古董为大厅增添了气氛。

Boutiquehotel Stadthalle 酒店 $$

（☎01-982 42 72; www.hotelstadthalle.at; 15, Hackengasse 20; 含早餐 标单 €87~117, 大床 €117~137, 家庭房 €145~155; Ⓟ📶; ⓊSchweglerstrasse）世界上第一家实现了零能耗平衡的城市酒店，充分利用了太阳能、雨水收集和LED照明，屋顶上还种了芬芳的薰衣草。鲜艳的紫色、粉色和桃红色窗帘使复古与现代相结合的房间显得生动而活泼。这里共有79间房间，分布在两栋建筑内，它们中间是一座爬满了常春藤的庭院，有机早餐就在庭院中供应。

Altstadt 家庭旅馆 $$

（见80页地图; ☎01-522 66 66; www.altstadt.at; 07, Kirchengasse 41; 标单 €129~186, 大床€194~216, 套 €199~427; ❄📶; ⓊVolkstheater）奥托·恩斯特·维森塔尔（Otto Ernst Wiesenthal）倾注了他的热情和无可挑剔的品位，设计了位于施皮特尔贝格区（Spittelberg）的维也纳最杰出的客栈之一。维特拉（Vitra）和菲利普·斯塔克（Philippe Starck）的设计元素，与包括安迪·沃霍尔和普拉肯斯基在内的名人的原创艺术完美地融为了一体。这里的45间房间天花板都很高，空间充足，采光良好，而装潢各不相同。孩子按年龄收费（0~6/7~12/13~18岁 免费/€20/40）。

免费的下午茶包括自制蛋糕，丰盛的早餐供应鲑鱼、意式餐前小吃和汽酒；点燃明火，你可以在旁边慢慢啜饮一杯红酒。

★ **Grand Ferdinand Hotel** 设计酒店 $$$

（见68页地图; ☎01-918 804 00; www.grandferdinand.com; 01, Schubertring 10-12; 铺/大床/套 €30/180/500起; ❄📶🏊; 🚊2, 71）这家超级时髦的新酒店的接待处摆放着一个巨大的马标本。这里铺着镶木地板的宿舍里配有桃花心木的上下铺，色彩丰富的设计师房间摆放着躺椅，装饰着枝形吊灯的华丽套房则配备了私人香槟酒柜——这一切在维也纳的住宿界引起了不小的震动。早餐（€29）在屋顶上的全景露台供应，露台旁边是带有加热功能的露天无边际游泳池。

这里有3家餐馆：一家位于屋顶（仅为住客服务），还有一楼时髦的欧洲餐馆，以及一家供应红烩牛肉和香槟酒的餐吧（这两家都向非住客开放）。如果你需要租车，可以借走酒店的玛莎拉蒂（每天€220起）。离这里最近的有轨电车站是Schwarzenbergplatz。

★ **Hotel Sacher** 历史酒店 $$$

（见68页地图; ☎01-514 56 780; www.sacher.com; 01, Philharmonikerstrasse 4; 大床 €398起, 套 €745起; ❄@📶; 🚊D, 1, 2, 71 Kärntner Ring/Oper, ⓊKarlsplatz）走进这家酒店，就像把时钟往回拨了100年。大堂里深色的木质镶板、原版油画，以及深红色的窗帘和巨大的金色枝形吊灯，都令人联想起19世纪末叶的妓院。最小的房间也出人意料的宽敞，套房相当富丽堂皇。额外的惊喜包括，到达后可以尝尝咖啡馆（见119页）里著名的萨赫蛋糕（Sacher Torte）。

最先进的水疗中心配备了药草桑拿浴室、冰泉和健身房。

★ **Hotel Imperial** 酒店 $$$

（见88页地图; ☎01-501 100; www.grandluxuryhotels.com; 01, Kärntner Ring 16; 大床/套 €425/525起; @📶; 🚊D, 1, 71 Karlsplatz, ⓊKarlsplatz）这家布局不规则的酒店从前是一座宫殿，全部采用大理石装潢，还保留着哈布斯堡时代的威严，且服务和这里的水晶一样完美无瑕。套房里装饰着19世纪的绘画和真正的古董家具（还有管家服务），而5楼和6楼比德迈式样的房间更加舒适，可能还带有阳台。早餐收费€41。

★ **DO & CO** 设计酒店 $$$

（见68页地图; ☎01-241 88; www.docohotel.com; 01, Stephansplatz 12; 大床 €249~289, 套 €960~1550; @📶; ⓊStephansplatz）在这家奢华的酒店，可以从价格较高的房间眺望斯蒂芬大教堂的近景。这里共有43间房间，都配备了最先进的娱乐系统和多国电源插座。有些房间还带有室内极可意浴缸，但是要知道，浴室（不是厕所）的玻璃墙是透明的。从7楼的酒吧和8楼的屋顶餐馆及露台也可以欣赏大教堂的风光。自助早餐收费€29。

Radisson Blu Style Hotel 设计酒店 $$$

（见68页地图; ☎01-22 780 3214; www.radissonblu.com/stylehotel-vienna; 01, Herrengasse

12；大床/套 €170/290起；❄📶；Ⓤ Herrengasse）虽然是全球连锁酒店，但是这家极富魅力的酒店也是维也纳"最时尚酒店地址"这一称号的有力竞争者。这里时髦的现代装饰充满了新艺术和装饰派艺术的色彩，所有房间都配备了各种便利设施，包括Nespresso咖啡机。早餐费用为每人€23。

Topazz Vienna 豪华酒店 $$$

（见68页地图；☎01-153 222 40；www.hoteltopazz.com；01，Lichtensteg 3；大床 €259~359；❄📶；Ⓤ Stephansplatz）在拥有32间房间的Topazz，有着淡绿色和灰色色调的奢华家具，显然受到了20世纪初维也纳工坊（Wiener Werkstätte）时代的启发。大多数豪华房和至尊房都带有大大的、铺着软垫的舷窗坐位；高级房带有小阳台。它的姐妹酒店Lamée Vienna就在街对面。

Lamée Vienna 豪华酒店 $$$

（见68页地图；☎01-153 222 40；www.hotellamee.com；01，Rotenturmstrasse 15；大床 €259~379，套 €349~479；📶；Ⓤ Stephansplatz）这家酒店的装饰采用了装饰派艺术和20世纪30年代的风格，这里的普通套房和套房，对高级房、豪华房和至尊房进行了很好的补充。在级别较高的房间，酒店每天都会为迷你吧免费补货。它的姐妹酒店Topazz Vienna就坐落在马路的正对面。

就餐

在维也纳的这些地方用餐能让你感受这座城市的历史——烤香肠的路边摊、设在拱顶酒窖里烛光摇曳的葡萄酒吧，还有朴实的装饰着木质镶板的奥地利小酒馆，后者主要供应红烩牛肉和维也纳炸肉排；而要想感受维也纳现在的魅力，可以去时髦的咖啡馆、多民族市场和国际化的小餐馆；至于未来，则在于由一波又一波推动着新趋势并令人激动不已的厨师们所开拓的创新空间。

★ Mamamon 泰国菜 $

（见72页地图；☎01-942 31 55；www.mamamonthaikitchen.com；08，Albertgasse 15；主菜 €7~9.50；⏲周一至周五 11:30~21:30，周六 正午至21:30；Ⓤ Josefstädter Strasse，Rathaus）老板皮亚诺（Piano）用她妈妈的名字Mon命名了自己的餐馆。这里的泰国南部风味、街头风格的装饰和店内流淌着的独立音乐，为维也纳发展迅速的东南亚美食界增添了一抹亮色。天气暖和的晚上，快乐的年轻人群会走出餐厅、进入庭院，单独的食客则会在室内拉过公共大餐桌旁的凳子坐下，或者选择靠窗的座位。

皮亚诺烹制的饱满的炸鱼饼（tod mun；€6）堪称泰国之外，或许也包括奥地利国内最佳，出自她之手的撒有香草的青木瓜沙拉（€7.50）、生猪肉沙拉（larb；€6.50）和让人上瘾的糯米饭也有不少忠实的粉丝。尝尝其他的烟熏肉头盘、咖喱和炒菜，也都十分有趣，但是不该错过每天的咖喱配米饭（€6至€8.50），这道菜通常会使用新鲜的应季食材，但是仍然能保持绝对正宗的味道（需要注意的是，周五一般是鱼，但往往午餐时就卖光了）。

★ 纳旭市场 市场 $

（Naschmarkt；见80页地图；06，Linke & Rechte Wienzeile；⏲周一至周五 6:00~19:30，周六 至18:00；Ⓤ Karlsplatz，Kettenbrückengasse）维也纳别具风味的纳旭市场，沿着Linke Wienzeile在U4线的车站Kettenbrückengasse和Karlsplatz之间延伸了500多米。市场的西端（Kettengasse）聚集着各种各样的摊位，出售肉类、水果和蔬菜（包括一些外来品种）、调味品、葡萄酒、奶酪、橄榄、印度和中东特产，以及美味的烤肉串和炸豆丸子。总共123个固定摊位，包括许多可以坐下用餐的餐馆。

另有35个地方被分配给了临时摊位，比如农民摊位。市场在东端渐渐消失，取而代之的是出售印度布料、珠宝首饰和不值钱的小玩意儿的摊位。毗邻的跳蚤市场（Flohmarkt，见122页）在每周六举办。

★ Vollpension 咖啡馆 $

（见80页地图；www.vollpension.wien；04，Schleifmühlgasse 16；菜肴 €2.80~7.90；⏲周二至周六 9:00~22:00，周日 至20:00；✎；🚌1，62 Wien Paulanergasse）这个刷成了白色的砖砌店铺装饰着不太匹配的老式家具和流苏灯罩，墙上还挂着肖像画。它由15位奶奶和爷爷连同他们的家人一起经营，在他们共同的保留项目中有200多种蛋糕。早餐，比如裸麦粗面包配牛油果和羊乳酪，会一直供应到下午16点；午餐菜肴包括用土豆和豆腐做成的严格素食炖菜。

传统的红酒有机菜炖牛肉配面包团子，以及法兰克福香肠配鲜辣根芥末，也是店里的特色菜。

★Bitzinger Würstelstand am Albertinaplatz 街头食品 $

（见68页地图；www.bitzinger-wien.at；01, Albertinaplatz；香肠 €3.40~4.40；⌚8:00至次日4:00；🚊Kärntner Ring/Oper，Ⓤ Karlsplatz, Stephansplatz）维也纳最好的香肠摊设在国家歌剧院后面，一直备受推崇。Bitzinger提供了对比鲜明的神奇景象：演出结束后，盛装打扮的女士和先生们在户外餐桌或加热柜台旁一边啜饮啤酒、葡萄酒（€2.30起）或约瑟夫·佩里耶香槟（Joseph Perrier Champagne；0.2升€19.90），一边狼吞虎咽地吃香肠。芥末（€0.40）可以选择甜辣（süss，即微辣）或者超辣（scharf）。

★Eis Greissler 冰激凌 $

（见80页地图；www.eis-greissler.at；06, Mariahilfer Strasse 33；1/2/3/4/5球 €1.50/ 2.80/ 3.80/4.80/5.30；⌚11:00~22:00；Ⓤ Museumsquartier）🍃照例排起的队伍使Eis Greissler很容易被发现。不管风吹雨打，当地人都会聚集到这里，购买用有机牛奶、酸奶和奶油制成的冰激凌，这些原料就来自位于下奥地利州的自有农场，这里还为严格素食者准备了大豆和燕麦奶冰激凌。纯天然的口味随季节而变化，但是可能会包括肉桂、梨、草莓、树莓、巧克力、榛子或奶油焦糖。

Waldemar 咖啡馆 $

（见90页地图；☎0664 361 61 27；www.waldemar-tagesbar.at；13, Altgasse 6；三明治 €4.90~6，午餐主菜 €4.30~6.90；⌚周一至周五 7:30~20:00，周六和周日 9:00~20:00；Ⓤ Hietzing）这家时尚大气的咖啡馆是享用早餐和开胃酒的好去处，无论菜单还是外观，这里都充满了明显的国际范儿。可以加入当地的休闲一族，尝尝法式长棍面包和果酱，或者在专门的"müsli & co"菜单中做选择。午餐时间可以来一份酥脆的烤三明治，也可以要一碗热气腾腾的泰式绿咖喱或达尔（dahl，一种印度菜肴）。亲切的员工还会制作美味的咖啡。

Schank zum Reichsapfel 奥地利菜 $

[见96页地图；☎01-212 25 79；http://zumreichsapfel.at；02, Karmeliterplatz 3；主菜 €7.50~14.20；⌚周一至周六 16:00至午夜；🚊Karmeliterplatz（Taborstrasse），Ⓤ Nestroyplatz]这家酒馆总是生机勃勃，非常令人愉快。店里的木质装潢很传统，有深色的木质镶板和一个装饰着花砖的烤炉，还有一群快活的本地人，他们一边尽享盘子里的乡村面包、肥肉、火腿、香肠和蒜味香肠，一边啜饮奥地利葡萄酒。来自卡林西亚州的主菜更实在，包括烤猪肉配团子、红烩牛肉和奶酪面条等。

Trześniewski 三明治 $

（见68页地图；www.trzesniewski.at；01, Dorotheergasse 1；三明治 €1.20~3.60；⌚周一至周五 8:30~19:30，周六 9:00~18:00，周日 10:00~17:00；Ⓤ Stephansplatz）Trześniewski供应精心制作的单片长条形三明治已经100多年了。可以从22种美味的馅料中选择自己喜欢的，来搭配维也纳黑面包——这些馅料以奥地利自产的农产品为主，比如鸡肝、熏鲑鱼和辣根奶油干酪，以及野生辣椒和红辣椒、鸡蛋和黄瓜。这家分店是维也纳现有的10多家连锁店中的旗舰店。

Pure Living Bakery 咖啡馆 $

（见90页地图；www.purelivingbakery.com；13, Altgasse 12；蛋糕和小吃 €4~10.50；⌚9:00~21:00；📶；Ⓤ Hietzing）喜欢甜食的旅行者柯尔斯滕（Kirsten）受她在美国的生活所启发，将那种悠闲的氛围和美国熟食店的食品带到了维也纳。这家起居室般的咖啡馆里装饰着冲浪板和咖啡袋，还有藤椅和假日快照，可以在这里放松一下，享用有机藜麦沙拉、夹着熏鲑鱼和牛油果的现烤面包圈，或者超级食物思慕雪。

盆栽植物和粉色及蓝色的折叠躺椅给秀丽的花园带来了私人感，你可以轻松地在那里度过一个阳光明媚的下午：一边看杂志，一边喝奶昔，再吃点儿当地烘焙美食，比如馅料丰富的苹果派、温热的肉桂卷和大大的曲奇饼。也有不含麸质的食品。

Harvest 严格素食 $

[见96页地图；☎0676 492 77 90；http://harvest-bistrot.at；02, Karmeliterplatz 1；主菜 €10~12，早午餐 €15.50，午餐 €8.80；⊙周一、周二、周四和周五 11:00~23:00，周六和周日 10:00~18:00；✎；🚋Karmeliterplatz (Taborstrasse)，ⓊNestroyplatz]Harvest充满了放荡不羁的热情，这家店对自己供应的超级健康的素食和严格素食的季节性很自信，从兵豆、梨、胡桃和熏豆腐沙拉，到椰香蔬菜咖喱，菜肴的品种也十分丰富。蜡烛、柔和的灯光与不太协调的老式家具构成了背景，还有一个露台，夏季可以去那里用餐。老维也纳烘焙咖啡、自制蛋糕和周末早午餐更是锦上添花。

Soupkultur 汤 $

（见68页地图；www.soupkultur.at；01, Wipplingerstrasse 32；汤 €2.40~4.90，沙拉 €5~9；⊙周一至周四 11:30~15:30，周五 至 15:00，周六和周日关闭；✎；🚋D, 1, ⓊSchottentor）每个星期，混合好的有机农产品和香气扑鼻的调味品都会被切片剁碎，以便加入种类不同的汤和沙拉之中，从红豆汤到传统的匈牙利红烩牛肉（一种炖菜），从凯撒沙拉到泰式青木瓜沙拉，选择十分多样。这里的座位是象征性的，但是可以用杯子或容器把它带走——附近就有一座树木繁茂的公园。乘有轨电车到Wipplingerstrasse即是。

Leones Gelato 意式冰激凌 $

（见72页地图；www.leones.at；08, Langegasse 78；1/2/3球 €1.80/3.30/4.50；⊙正午至 22:00；ⓊAlser Strasse）这家可供堂食的意式冰激凌店格外精明，它把一切都做得恰到好处。口味使它保持简单并转向了传统，所以这里没有花哨的颜色或巧克力棒品种。这些冰激凌都放在纯意式的圆顶金属盖子下保鲜。店里也供应咖啡：作为额外收获，可以把咖啡做成冷饮或者affogato（一种意式甜品饮料）。

可以留意一下他们在其他街区的夏季流动店铺。

Café Goldegg 咖啡馆 $

（www.cafegoldegg.at；04, Argentinierstrasse 49；小吃 €3.50~6，主菜 €10~13；⊙周一至周五 8:00~20:00，周六 9:00~20:00，周日 9:00~19:00；📶✎；ⓊSüdtiroler Platz）这家咖啡馆充满了经典的维也纳风情，店内设有绿色天鹅绒小隔间，装饰着木质镶板，摆放着台球桌，还带着新艺术风格的光彩——不过有所改良。员工体贴周到，令人神清气爽。除了菜单上必不可少的选项，比如红烩牛肉，你还会发现一些更加清淡的菜肴，例如烘烤意式三明治配自制罗勒香蒜酱，还有阿育吠陀蔬菜咖喱。

Suppenwirtschaft 汤 $

（见72页地图；www.suppenwirtschaft.at；09, Servitengasse 6；菜肴 €4.80~6.60；⊙周一至周五 11:30~18:00；✎；ⓊRossauer Lände）🍃这间别致的小厨房既提供堂食也可以外卖，菜品以汤为主，不过每周菜单上也有一些咖喱和沙拉；它很适应Servitengasse的绅士格调。所有菜肴都是每天新做的，原料采购自纳旭市场。17点到18点的时间段内，全部菜品半价优惠。

★ Flein 奥地利菜 $$

（见72页地图；☎01-319 76 89；09, Boltzmanngasse 2；主菜 €9.20~19.50；⊙周一至周五 11:30~15:00和17:30~23:30；🚋38, 41, ⓊSchottentor）简朴的Flein坐落在大学区的深处，隐藏在高墙和一扇不太起眼的绿色大门后面。沿着花园小径前行，就会来到这家简单而精致、既可笑又有情调的地方了；在宜人的晚上，餐桌不但会摆在室内，还会摆到树下。这里的食物将传统菜肴和一些有趣的意式烹饪结合在了一起，偶尔还会加入国际化改良的惊喜。

餐馆的员工都很年轻，而且会说英语，他们会乐于帮你看懂每天的手写德文菜单，可以先尝尝威尼斯茄子、肥美的羊肉香肠或者应季的鱼类主菜。葡萄酒都是精选，价格也反映了它们的出身。乘有轨电车到Sensengasse即可。

★ Lingenhel 新派欧洲菜 $$

（☎01-710 15 66；www.lingenhel.com；03；

Landstrasser Hauptstrasse 74；主菜 €19~24；⏲商店 8:00~20:00，餐馆 周一至周六 8:00~22:00；Ⓤ Rochusgasse）Lingenhel是维也纳最令人兴奋的美食新秀之一，这家超级漂亮的熟食店、酒吧兼餐馆坐落在一栋已有200年历史的老房子里。商店里摆满了意大利蒜味香肠（salami）、葡萄酒和自产奶酪，而备受赞誉的大厨丹尼尔·霍夫迈斯特（Daniel Hoffmeister）则在经过了粉刷的简约风餐馆中掌管着厨房。这里供应的随季节变化的食物——就像红点鲑配苤蓝和茄子五花肉那样简单——都很原汁原味。

一定要尝尝在它自己的乳品厂制作的奶酪，从奶油般柔滑的山羊奶酪，到莫萨里拉水牛奶酪，或者是挂在它的制酪工场中的奶酪（详情见网站）。酒吧很时髦，而且能激起客人对店里的苦艾酒和奎宁水的兴趣。

★ Punks

新派欧洲菜 $$

（见72页地图；☎0664 275 70 72；www.punks.wien；08，Florianigasse 50；小盘 €4.50）店名"朋克"可能只是赠品，然而这家游击队风格的餐馆确实在让一个在其他方面都很高雅的街区震惊。帕特里克·穆勒、安娜·施瓦布和勒内·施泰因达切纳已经"占用了"一家从前的葡萄酒吧，并且避开了通常的改装或者任何形式的室内装饰；确切地说，这家店的亮点在于厨房，以及在吧台后面准备的别出心裁的小菜。

每道菜肴都以主要的原料命名，比如苤蓝、奶酪或淡水鱼类大鲇鱼，尽管它们都包含着混合搭配得恰到好处的味道（通常很有趣）、口感和色泽，使用的都是当地产的漂亮的应季农产品。每个人可以点两三盘，如果是几个人一起用餐，也可以要求提供整份菜单。普罗塞克葡萄酒在这里很受欢迎，可以来一杯尝尝，然后再点一些上等的天然葡萄酒。

★ Griechenbeisl

法式小馆 $$

（见68页地图；☎01-533 19 77；www.griechenbeisl.at；01，Fleischmarkt 11；主菜 €15~28；⏲11:30~23:30；🖉；🚊1，2，Ⓤ Schwedenplatz）这家维也纳历史最悠久的餐馆可以追溯到1447年，贝多芬、勃拉姆斯、舒伯特、施特劳斯及其他很多名人曾经都是这里的常客。店内有拱顶房间，装饰着木质镶板，前门门口的井底还困着一尊奥古斯丁的塑像。菜单涵盖了每一道经典的维也纳菜肴，每天还会提供3种素食。夏季可以到植物环绕的前庭花园里用餐。

这里的许多房间中包括最古老的Zither Stüberl，还有马克·吐温室（得名自另一位从前的客人），里面刻着吐温和其他住客的亲笔签名，房间已经获得了文化遗产的称号。

★ Skopik & Lohn

新派欧洲菜 $$

（见96页地图；☎01-219 89 77；www.skopikundlohn.at；02，Leopoldsgasse 17；主菜 €13~27；⏲周二至周六 18:00至次日1:00；Ⓤ Taborstrasse）蜘蛛网似的涂鸦爬满了Skopik & Lohn的天花板，为这家原本不折不扣的法式啤酒馆——无处不在的护墙板、球形灯、紧挨着的餐桌，还有穿着白色短上衣的侍者——增添了先锋派色彩。菜单上都是新派欧洲菜，带着明显的地中海倾向，值得一试的菜肴包括慢炖羊肉配薄荷豌豆泥、杏仁玉米粥，以及搭配夏季松露和安康鱼的意大利面。

★ Said the Butcher to the Cow

汉堡、牛排 $$

（见80页地图；☎01-535 69 69；http://butcher-cow.at；01，Opernring 11；主菜 €10.80~31.90；⏲厨房 周二至周六 17:00~23:00，酒吧 周二和周三 17:00至次日1:00，周四至周六 17:00至次日2:00；🚊D，1，2，71 Kärnter Ring/Oper，Ⓤ Karlsplatz）这家时髦的食客聚集地不仅有一个闪亮的名字，还会供应足以令人倾倒的奶油面包汉堡（照烧鸡肉配芥末蛋黄酱、黑虎虾小白菜、红酒醋腌哈罗米奶酪配芒果酸辣酱、黑豆牛油果酱配牛肝菌）、炭烤牛排和特制乳酪蛋糕。更棒的是，它在夜间还会化身为杜松子酒吧，供应30种杜松子酒和7种不同的奎宁水。

★ Wrenkh

法式小馆 $$

（见68页地图；☎01-533 15 26；www.wrenkh-wien.at；01，Bauernmarkt 10；主菜 €8~25；⏲周一至周六 11:00~23:00；🖉；Ⓤ Stephansplatz）Wrenkh不但专门研究蔬菜（扁豆蘸白葡萄酒酱配面包团子、辣味腌红薯配烧烤山羊奶酪、奶油菠菜馅的烤土豆配苹果芹菜沙

拉)，还创作了一些美味的鱼类菜肴(油煎山涧鳟鱼配圣女果土豆沙拉)和肉菜(干式熟成里脊牛排配味噌和茄子奶油)。在平日里，含2/3道菜的特价午餐套餐只需要花费€9.50/10.50。

它还经营着一所烹饪学校(见97页)。

★Blue Mustard 各国风味 $$

(见68页地图；☎01-934 67 05；www.bluemustard.at；01, Dorotheergasse 6-8；4道菜的套餐 €59~63，主菜 €15~25，街头食品 €4.50~8.50；⏲厨房 周一至周六 17:00~22:00，街头餐车 周一至周六 8:00~17:00，酒吧 周一至周四 17:00至次日2:00，周五和周六 17:00至次日4:00；ⓊStephansplatz)斯蒂芬大教堂哥特式窗户的背光手工木雕、无处不在的维也纳霓虹灯地图，以及停在门厅里的街头餐车，令这里成了维也纳最热门的新店之一。亚历山大·迈耶(Alexander Mayer)的"旅行菜单"可能从维也纳开始(牛杂浓汤炖菜)，在那不勒斯结束(香梨干酪夹心的杏仁榛子意式脆饼)，还有惊艳的鸡尾酒与之相伴。

复古的金色餐车供应的街头食品，囊括了从越南春卷到墨西哥肉卷和炸豆丸子的多国风味。也可以去酒吧尝尝令人兴奋的创意精调鸡尾酒，比如El Cipote(龙舌兰、芦荟利口酒、墨西哥辣椒和菠萝汁)。泡酒包括泡培根的伏特加和泡鼠尾草的杜松子酒。

★Tian Bistro 素食 $$

(见80页地图；☎01-890 466 532；www.tian-bistro.com；07, Schrankgasse 4；主菜 €10~18；⏲周一至周五 11:30~22:00，周六和周日 9:00~22:00；🌿；🚊49 Siebensterngasse/Stiftgasse，ⓊVolkstheater)夏季，五颜六色的餐桌会摆到Tian Bistro外面铺着鹅卵石的小巷里，至于室内，玻璃屋顶营造了中庭风格，充满了绿色植物的餐厅沐浴在阳光之中。这里是米其林星级素食餐馆Tian(见112页)的后代，比前者的价格更便宜，气氛更加轻松自在，供应超群的素食和严格素食，比如黑松露意式烩饭配皮埃蒙特榛子。在周末，早餐会一直供应到下午2点。

Joseph Brot 法式小馆 $$

(03, Landstrasser Hauptstrasse 4；早餐 €6.70~14.60，午餐主菜 €12.50~17.50；⏲面包房 周一至周五 7:30~21:00，周六和周日 8:00~18:00，法式小馆 周一至周五 8:00~21:00，周六和周日 8:00~18:00；ⓊWien Mitte)作为维也纳最优质的面包供应商之一，Joseph Brot最新的面包房、法式小馆兼法式糕点店无疑是赢家。除了新鲜美味的面包——比如有机的橄榄番茄夏巴塔面包(意式拖鞋形面包)和黑麦蜂蜜薰衣草面包，这里也供应有益健康的早餐、特色茶、健康的思慕雪，以及美味至极的糕点。随季节而变化的特色菜，比如海鲷配西红柿洋蓟橄榄，是简约法式小馆里午餐菜单上的明星。

Meierei im Stadtpark 奥地利菜 $$

(见68页地图；☎01-713 31 68；http://steirereck.at；03, Am Heumarkt 2a；早餐套餐 €20~24，主菜 €11.50~22；⏲周一至周五 8:00~23:00，周六和周日 9:00~19:00；🌿；ⓊStadtpark)Meierei坐落在城市公园绿意盎然的外围，这里最著名的是配有柠檬、马槟榔和奶油团子的红烩牛肉(€18)，当然还有120种精选奶酪。丰盛的早餐会一直供应到正午，以大受欢迎的美食为特色，比如煮鸭蛋配红薯、水芹和野生菌，以及热乎的凝乳奶酪薄酥卷饼搭配接骨木果蜜饯。

这里还沿着小牛肉和细香葱团子的路线，以独特的方式改良了维也纳的经典美食。

Ubl 奥地利菜 $$

(见80页地图；☎01-587 64 37；04, Pressgasse 26；主菜 €8.50~18；⏲周三至周日 正午至14:00和18:00~22:00；ⓊKettenbrückengasse)这家深受喜爱的奥地利小酒馆的菜单上写满了维也纳经典菜肴，比如炉烤火腿面条焗菜、烤猪肉和4种炸肉排，而且全年供应应季菜肴。与吃了一顿丰盛的大餐相比，你也可能是在这里喝了一肚子的李子杜松子酒。绿树成荫的花园在夏季妙不可言。

Maxing Stüberl 奥地利菜 $$

(见90页地图；www.maxingstueberl.at；主菜 €9~18.50；⏲周一至周六 11:00~14:00；ⓊHietzing)这家木质装潢的传统餐厅曾经是约翰·施特劳斯的最爱，现在它仍然在供应美味的传统菜肴，而且只用老板克里斯蒂娜·申克（Christine Schenk）的家乡——下奥地利州的Pielachtal出产的最棒的农产品做原料。音乐和蜡烛恰到好处地提升了这里的情调。

第一道菜包括水煮牛肉肉冻拌洋葱和南瓜籽油，或者牛肉汤配牛肝团子；主菜有油煎黑香肠（血肠）配德国泡菜和烤土豆，或者用铁锅烹制的秘制鸡肉。凝乳团子配煨浆果也很令人难忘。

Café Français

法国菜 $$

（见72页地图；☎01-319 09 03；www.cafe-francais.at；09；Währingerstrasse 6-8；主菜€8~19.50；⊙周一至周六 9:00至午夜）维也纳人总是聚集在这家宽敞、随意又充满魅力的法式餐馆里。大大的窗户和公园美景使它成了可爱的晨间去处，而普罗旺斯风味的沙丁鱼、鱼汤或摩洛哥哈利拉汤等小份菜肴又能让你享用一顿丰盛的午餐。晚上这里会迎来下班后来喝开胃酒的富裕人群，以及来享用丰盛（但并非总是特别正宗的）主菜的食客。

Yppenplatz 4

各国风味 $$

（www.yppenplatz4.at；16，Yppenplatz 4；主菜 €9~12.80；⊙周一至周六 10:00~23:00；🚊2，Ⓤ Josefstädter Strasse）Yppenplatz 4用木材和玻璃将当地啤酒公司奥塔克林（Ottakringer）的办公室打造成了重塑的香肠摊，对这个曾经颇为前卫的街区来说，可谓全新的时尚面孔。尽管菜单涵盖了全球酒馆的标准配置——意式烩饭、手撕猪肉、汉堡包，但是也有好评如潮的啤酒公司自己手工制作的有机香肠，以及撒了迷迭香盐的鲜炸薯片。

奥塔克林的“创意”啤酒厂Brauwerk也会在这里展示优质的精酿啤酒，年轻的服务生则乐于帮你找到搭配完美的香肠和hausmarke啤酒。乘有轨电车到Neulerchenfelder Strasse即是。

Wetter

意大利菜 $$

（☎01-406 07 75；www.wettercucina.at；16，Payergasse 13/4；主菜 €9~20；⊙周二至周五 17:00至午夜，周六 10:00~22:00；🚊4）意大利菜在维也纳司空见惯，但是这里能做得相当地道。坐落在广场边的Wetter视野极佳，不管菜单如何，这里都很吸引人，而它也是在市场店铺中享用意式浓缩咖啡的好去处。但是这里精心烹制的地区特色菜——从香烤野猪肉搭配热那亚风味牛肚，到油炸沙丁鱼和肥肉、自制小方饺，也为它吸引来了很多当地人。乘有轨电车到Yppengasse即是。

La Salvia

意大利菜 $$

（www.lasalvia.at；16，Yppenplatz；餐前小吃拼盘 €7~10，意大利面 €9~12；⊙周二至周四 16:00~22:00，周五 10:00~22:00，周六 9:00~16:00；🚊2，Ⓤ Josefstädter Strasse）邻近的弗留利–威尼斯朱利亚的里雅斯特曾经是维也纳的海滨沙龙，而La Salvia则通过供应弗留利和伊斯特拉半岛的菜肴来赞颂这份长久的友谊。当地人喜欢到这儿来享用中间市场店铺的圣丹尼尔火腿和弗留利高原奶酪拼盘——从刚刚越过边境的农民那里新鲜收购的，或者在随意的工作日晚上来喝一杯葡萄酒，再吃一盘意大利面。

这里也是在市内采购各种意大利熟食的最佳选择之一，从普罗塞克葡萄酒和甜点，到可持续捕捞的鱼做成的鱼罐头、意大利面和香蒜沙司，应有尽有。

La Tavolozza

意大利菜 $$

（见72页地图；☎01-406 37 57；www.latavolozza.at；08，Florianigasse 37；比萨 €7~14.50，主菜 €14.50~22；⊙周一至周五 17:00至午夜，周六和周日 从正午开始营业；🚊2，Ⓤ Rathaus）在这家友好的街区意大利餐馆中，拥挤的餐桌上烛光摇曳，温馨的氛围能让你感受到一丝家庭的气息。食物非常美味：先是从柴火烤炉里新鲜出炉的酥脆面包，接着是味浓量足的烤鱼和烤肉，再配上浓郁的基安蒂红酒。松露之类的应季特色菜通常都是菜单上的明星。乘有轨电车到Lederergasse即是。

Stomach

奥地利菜 $$

（见72页地图；☎01-310 20 99；09，Seegasse 26；主菜 €12~20；⊙周三至周六 16:00至午夜，周日 10:00~22:00；Ⓤ Rossauer Lände）多年来，Stomach一直都在供应非常出众的美食。菜单上满是摆盘精致的肉类、鱼类和蔬菜类菜肴，包括施蒂里亚（Styrian）烤牛肉、奶油南瓜汤，以及应季供应的野猪肉和鹿肉。餐馆

维也纳特色菜

维也纳有很多保留的传统菜肴，其中一两种是从其他地区传入的菜肴变体。经典的特色菜包括：

- **炸肉排**（Schnitzel）维也纳炸肉排通常应该使用裹了面包屑的小牛肉，但是猪肉正在一些地方盛行。
- **红烩牛肉**（Goulash）红烩牛肉在维也纳随处可见，但是**Meierei im Stadtpark**（见109页）达到了近乎完美的顶点。
- **精炖牛肉**（Tafelspitz）传统上，这种炖好的上等牛肉要先加入当地出产的鲜蔬汤（Suppengrün），再配上辣根（Kren）酱。
- **动物内脏**（Beuschel）即下水，通常是切片的肺和心，搭配轻奶油酱汁。
- **炸鸡**（Backhendl）鸡肉裹上面包屑，油炸，通常被称为施蒂里亚炸鸡（steirischer Backhendl）。
- **洋葱烤牛肉**（Zwiebelrostbraten）浇了调味汁的烤牛肉切片配上炒洋葱。
- **火腿杂块**（SchinkenfleckerlIn）炉烤火腿面条焗菜。
- **农夫盛宴**（Bauernschmaus）冷盘肉拼盘。

所有甜品中毫无争议的佼佼者是蛋香煎饼（Kaiserschmarrn；香甜薄煎饼配葡萄干）和苹果卷饼（Apfelstrudel），但是夏季也可以尝尝杏香团子（Marillenknödel）。

的内部装饰属于正宗的乡村风格，杂草丛生的花园也非常漂亮。有趣的是，“Stomach”这个名字是由单词Tomaschek重新排列组合而来的，后者是原来坐落在这里的肉店的名字。

Haas Beisl 奥地利菜 $$

（见80页地图；☎01-586 25 52；www.haasbeisl.at；05, Margaretenstrasse 74；主菜€10~19；⏲周一至周六 11:30~22:00，周日 至21:00；Ⓤ Pilgramgasse）这家传统的马尔加雷滕（Margareten）小酒馆采用了暖色调的木质装潢，是个能让你在特别正宗的本地化氛围里享用美食的好地方。经典菜肴包括下水、甜品、红烩牛肉和团子，烹制方法可能跟你的奶奶如出一辙。两道菜的周中午餐套餐售价€7.90。

★Steirereck im Stadtpark 美食店 $$$

（见68页地图；☎01-713 31 68；http://steirereck.at；03, Am Heumarkt 2a；主菜€48~52，6/7道菜的套餐 €142/152；⏲周一至周五 11:30~14:30和18:30至午夜；Ⓤ Stadtpark）这家米其林两星餐馆所在的建于20世纪的建筑，优雅地坐落在树木茂密的城市公园内，它的前身是一家乳品厂，而现在，餐馆的厨房掌舵人是海因茨·赖特鲍尔。他的品鉴套餐是一顿令人纵情的盛宴，集合了天然而完整的味道，也证明了他是一位对菜品有着严格标准的厨师。搭配葡萄酒需要额外支付€79/89（6/7道菜）。

季节起着决定性的作用，不过你可能会从用野莴苣、奇亚（chia，一种薄荷类植物）和尤加利调味的嫩甜菜开始，然后是用牛奶喂养的小牛肉配甜瓜、茄子和酸叶草。一定要留点儿肚子给大名鼎鼎的奶酪车或是美味可口的甜品，比如牛奶和树莓。服务想来肯定无可挑剔，必须预订。

★Plachutta 奥地利菜 $$$

（见68页地图；☎01-512 15 77；www.plachutta.at；01, Wollzeile 38；主菜 €16.50~27.20；⏲11:30~23:15；Ⓤ Stubentor）如果你想尝尝精炖牛肉，一定不能错过这家装饰着木质镶板、还铺着白色桌布的专业餐馆。这里会供应不少于13种不同部位的牛肉，所用的都是奥地利本土饲养的牛，比如Mageres Meisel（瘦而

多汁的肩肉）、Beinfleisch（涂油的肋肉）和Lueger Topf（带牛舌和小牛嘴的肩肉）。记得给奥地利奶酪盘留出一点儿空间。

很像遮檐的户外露台在寒冷的天气里是有取暖设备的。

★ Tian 素食 $$$

（见68页地图；☎01-890 46 65-2；www.taste-tian.com；01，Himmelpfortgasse 23；2/3道菜的午餐套餐 €29/34，4/6道菜的晚餐套餐 €93/108；⏲周二至周六 正午至14:00和17:45~21:00；✎；🚊2，ⓊStephansplatz）克里斯蒂安·霍尔佩尔（Christian Holper）所有的装饰着枝形吊灯又颇具休闲风格的餐馆，把素食菜肴上升到了米其林星级的高度（白树莓番茄汤、云杉芽牛肝菌烩饭、菜花绿杏仁藜麦），并以地区性采购的农产品为原料，也有来自Tian自己菜园的。搭配葡萄酒的4/6道菜的晚餐套餐售价€138/173；在慵懒的下午，可以到这儿来尝尝3道菜的午餐套餐，还有免费畅饮的香槟或葡萄酒（€99）。乘有轨电车到Weihburggasse即是。

★ Meinl's Restaurant 各国风味 $$$

（见68页地图；☎01-532 33 34 6000；www.meinlamgraben.at；01，Graben 19；主菜 €16~39，4/5道菜的套餐 €67/85；⏲周一至周六 正午至午夜；📶✎；ⓊStephansplatz）Meinl's将品质超群的美食和无与伦比的酒单及格拉本大街的风景完美地结合在了一起。这家高档餐馆的创意菜包括鱿鱼和白松露烩饭、苹果杜松子酒腌猪里脊配青豆和鸡油菌。同址的多功能店铺（见122页）有一家咖啡馆和寿司吧，而这家店自己的酒窖葡萄酒吧（见113页）会供应物超所值的午餐套餐。

Restaurant Mraz & Sohn 各国风味 $$$

（☎01-330 45 94；www.mraz-sohn.at；20，Wallenstein Strasse 59；4/6/9道菜的套餐 €65/86/112；⏲周一至周五 19:00至午夜；🚊5 Rauscherstrasse，ⓊJägerstrasse）Mraz & Sohn可不仅是一个响亮的名字，这真的是一家归家庭所有并由其经营的餐馆。大名鼎鼎的主厨马库斯·姆拉兹是两颗米其林星及其他荣誉背后的创意力量，这些荣誉授予了闪耀着创意才华、并充分发扬了主要原料自身味道的菜肴——不管是鲜美多汁的和牛还是章鱼。

Kim 亚洲菜 $$$

（见72页地图；☎0664 425 88 66；www.kim.wien；09，Währingerstrasse 46；午餐主菜 €10，5道菜的晚餐套餐 €75；⏲周三至周五 正午至15:00和18:00~23:00；ⓊWähringer Strasse）在这家低调的时髦餐馆里，金·科赫特用自己的创意诠释着韩国和日本料理。她的菜单一直在不断变化，但是通常都会把鱼类菜肴，比如香茅草辣椒金枪鱼米粉作为主菜。食物新鲜得令人垂涎欲滴，而且充分利用了有机农产品。建议尽早预订。她还会提供烹饪课程。

饮品和夜生活

这座城市的历史经常与潮流的最前沿共舞，这里的饮酒去处自然也是形形色色，从莫扎特时代一直延续至今的拱顶酒窖，到喧闹的啤酒花园、放荡不羁的学生酒吧和时髦的鸡尾酒吧，还有复古酒吧和屋顶酒吧，无所不包。城市范围内有700多公顷葡萄园，走访酒庄（Heuriger）可谓典型的维也纳体验。

★ Das Loft 酒吧

（见96页地图；02，Praterstrasse 1；⏲10:00至次日2:00；🚊2 Gredlerstrasse，ⓊSchwedenplatz）哇，景色真美！乘电梯来到位于索菲特酒店19楼的Le Loft，立刻就把维也纳缩小到了玩具城的规模。在这家装着玻璃墙的雅致酒吧里，你可以越过石榴马提尼或莫吉托鸡尾酒，辨认维也纳的地标，比如斯蒂芬大教堂和霍夫堡皇宫。晚上，背光式天花板会展现宛如印象派画家的彩色调色板一般的绚烂。

★ Supersense 咖啡馆

（见96页地图；02，Praterstrasse 70；午餐特色菜 €5.50~6.50，早餐 €3.80~8；⏲周一至周五 9:00~19:00，周六 10:00~17:00）这家复古的豪华咖啡馆坐落在一栋装饰华丽、可以追溯到1898年的意式豪宅内，它为普拉特地区带来了一丝时尚的新鲜气息。前面的咖啡馆会供应本地烘焙的咖啡、美味的早餐和当日特色菜，往里走会来到一家出售各种物件的商店，从黑胶唱片到珍贵的宝丽来照相机、书法用具和手工装订的笔记本，琳琅满目。

★ Botanical Gardens 鸡尾酒吧

（见72页地图；www.botanicalgarden.at；09, Währinger Strasse 6-8；⌚周二至周六 17:00至次日3:00）Botanical Gardens是上方的Cafe Stein阳光明媚的空间的地下镜像，一旦维也纳的天气变得寒冷，这里就会成为舒适迷人的"避难所"。晦涩的航海主题在所有体现了鸡尾酒复兴场景的箱子上做了记号，好在有足够多的本地怪癖来保持这里的趣味性。

不过，鸡尾酒（和它们的制作者）才是这里的主角，调制时会用到高品质的烈酒和新鲜的果汁，还会使用香草、香料及其他植物性配料，比如非洲高粱、零陵香豆和迷迭香，来增加有趣的变化。

★ POC Cafe 咖啡

（见72页地图；www.poccafe.com；08, Schlösselgasse 21；⌚周一至周五 8:00~17:00；🚊5, 43, 44, ⓊSchottentor）友好的罗伯特·格鲁贝尔（Robert Gruber）是维也纳的咖啡传奇人物之一，他富有感染力的激情通过这个布局不规则又颇像实验室的漂亮地方掀起了不小的波澜。POC代表着"喝咖啡的人"（People on Caffeine）；虽然滤纸、意式黑咖啡格调或者夏季的冰镇冷饮确实是这个地方的存在理由，但是它也以令人吃了还想吃的甜品而闻名，比如非常棒的罂粟籽蛋糕、奶酪蛋糕或者时令水果挞。乘有轨电车到Lange Gasse即是。

★ Meinl's Weinbar 葡萄酒吧

（见68页地图；www.meinlamgraben.at；01, Graben 19；⌚周一至周六 11:00至午夜；ⓊStephansplatz）这家酒窖在食品商场Meinl am Graben（见122页）的地下室里，有大量的奥地利葡萄酒可供选择，此外也有少量的国际品牌。以杯出售的葡萄酒超过30种；在上午11点半至下午14点半之间，还会供应很棒的午餐套餐（2/3道菜的套餐 €10.50/13.50）。如果想体验完整的美食，可以预约餐馆（见112页）。

★ Loos American Bar 鸡尾酒吧

（见68页地图；www.loosbar.at；01, Kärntner Durchgang 10；⌚周四至周六 正午至次日5:00，周日至周三 至次日4:00；ⓊStephansplatz）Loos是在内城区享用经典鸡尾酒的绝佳选择，比如这里标志性的干马提尼，就是才华横溢的调酒师用老练的手法调制的。这个仅有27平方米的小地方（只能坐大约20位顾客）是阿道夫·洛斯于1908年设计的，装饰着铺天盖地的缟玛瑙和抛光的黄铜饰品，装有镜子的墙壁使它看起来大了不少。

小酒馆

维也纳传统的Beisl类似于小酒馆，这种店通常装饰着木质镶板，会在简朴的餐桌上摆满红烩牛肉、维也纳炸肉排、精炖牛肉及其他深受喜爱的菜肴，当然也少不了葡萄酒和啤酒。在天气暖和的月份里，很多Beisl都会开到露台上，或者是以灯笼照明的鹅卵石庭院中。可以在典型的小酒馆里，比如**Griechenbeisl**（见108页），一边慢条斯理地喝酒，一边享用经典的奥地利美食，同时感受店里独特的氛围。这些店铺还推出了新一代小酒馆——新式Beisl，感觉稍微高档一些，通常会提供有机产品。

★ Strandbar Herrmann 酒吧

（见96页地图；www.strandbarherrmann.at；03, Herrmannpark；⌚4月至10月上旬 10:00至次日2:00；📶；🚊O Hintere Zollamstrasse, ⓊSchwedenplatz）在这家忙碌的运河边沙滩酒吧里，肯定会让你产生身处海边的错觉。这里有沙滩椅、沙子、打碟的DJ，以及一大群在夏季夜晚纵情狂欢的维也纳人。一到"欢乐时光"（傍晚18点至19点），鸡尾酒就会买一送一。还有一个令人惊奇的冷知识：它坐落在赫尔曼公园（Herrmannpark）内，这座公园是以明信片的发明者埃马努埃尔·赫尔曼（Emanuel Herrmann, 1839~1902年）的名字命名的。

★ Café Sperl 咖啡

（见80页地图；www.cafesperl.at；06, Gumpendorfer Strasse 11；⌚周一至周六 7:00~23:00，周日 11:00~20:00；📶；ⓊMuseumsquartier, Kettenbrückengasse）1880年开业的Sperl是维也纳最好的咖啡馆之一，这里有新艺术风格

的华丽陈设、壮观的规模、舒适的隔间以及悠闲的氛围。一定要尝尝Sperl Torte蛋糕，仿佛让你做了一个杏仁奶油巧克力的美梦。买一块蛋糕再来一份报纸（有英文、法文和德文的10多种日报），点一杯咖啡（有34种），就可以加入其他顾客中，看人来人往了。

周日下午15点半至17点半有钢琴家现场演奏。

★ Café Leopold Hawelka 咖啡

（见68页地图；www.hawelka.at；01，Dorotheergasse 6；⏲周一至周三 8:00至午夜，周四至周六 至次日1:00，周日 10:00至午夜；Ⓤ Stephansplatz）这家昏暗的、挂满了图片的咖啡馆堪称是维也纳的活历史。它由利奥波德和约瑟芬·哈韦尔卡创立于1939年，如今他们的儿子冈特（Günter）仍然在用约瑟芬的秘方烘焙特制的Buchtein（撒了糖霜的甜果酱馅酵母卷）。这里曾经是艺术家和作家们的聚集地——弗里登斯里奇·百水、埃利亚斯·卡内蒂、阿瑟·米勒和安迪·沃霍尔都曾经常光临此处。

★ Volksgarten ClubDiskothek 夜店

（见68页地图；http://volksgarten.at；01，Burgring 1；⏲4月至9月中旬；🚊D，1，2，71 Dr-Karl-Renner-Ring，Ⓤ Museumsquartier，Volkstheater）这些19世纪早期的房子散落在人民花园的草地上，它们分为三个区域：冬日花园（Wintergarten）雅座酒吧装饰着20世纪50年代的老式家具和棕榈树，圆柱大厅（Cortic Säulenhalle）是现场音乐演出和主题之夜的举办地点，还有极受欢迎的ClubDiskothek（服务费€3起）。营业时间多有变化；可在线确认活动日程。

★ Brickmakers Pub & Kitchen 精酿啤酒

（见80页地图；☎01-997 44 14；www.brickmakers.at；07，Zieglergasse 42；⏲周一至周五 16:00至次日2:00，周六 10:00至次日2:00，周日 10:00至次日1:00；Ⓤ Zieglergasse）英国赛车绿色的地铁瓷砖、镶嵌式地板以及由迪斯科、嘻哈乐、放克音乐和灵魂音乐组成的背景音乐，为绝佳的精酿啤酒和苹果酒提供了闪亮的舞台：任何时候这里都有30种桶装啤酒，还有150多种瓶装的。烤炉几乎接管了厨房，在午餐和晚餐时段，客座厨师会烹制从美味的炸鱼加薯条到熏牛胸肉烧烤的各种菜肴。

Demel 咖啡

（见68页地图；www.demel.at；01，Kohlmarkt 14；⏲9:00~19:00；🚊1A，2A Michaelerplatz，Ⓤ Herrengasse，Stephansplatz）这家精致豪华的咖啡馆坐落在能看见霍夫堡皇宫的地方，里面有一个华丽的洛可可时期的沙龙。Demel的专长是Ana Demel Torte，一种用巧克力和牛轧糖做成的卡路里炸弹，此外还有爱德华·萨赫蛋糕。橱窗里展示着一系列千变万化的可食用艺术品（比如芭蕾舞女演员和造型精致的盆景）。

Fluc 夜店

（见96页地图；www.fluc.at；02，Praterstern 5；⏲18:00至次日4:00；Ⓤ Praterstern）Fluc位于铁轨错误的一边（Praterstern的环境有时不尽如人意），在一条经过了改造的人行通道里面，可以说是最接近维也纳无政府夜生活的地方——不过不会有肢体暴力方面的担忧。

穿着黑衣的学生、酗酒的人以及偶尔出现在电视里的名人，都可以分享这个简约的场地，而不会有任何麻烦，每晚都有DJ打碟或现场表演（高科技舞曲和电子音乐是绝对的主角）。

Balthasar 咖啡馆

（见96页地图；☎0664 381 68 55；http://balthasar.at；02，Praterstrasse 38；⏲周一至周五 7:30~19:00，周六 9:00~17:00；Ⓤ Nestroyplatz）这家奇特的咖啡馆以大胆的色彩和看起来很像泄了气的金色氦气球的灯罩为装饰，这里煮的咖啡在维也纳数一数二，包括一款令人精力充沛的意式黑咖啡。糕点、法式长棍面包和布朗尼蛋糕也相当棒。

Palmenhaus 酒吧

（见68页地图；☎01-533 10 33；www.palmenhaus.at；01，Burggarten；⏲周一至周五 10:00至午夜，周六 9:00至午夜，周日 9:00~23:00；🚊D，1，2，71 Burgring，Ⓤ Karlsplatz，Museumsquartier）Palmenhaus开在宏伟的室内夏季露台上，面对着城堡花园。它坐落在经过了精心修复的新艺术风格的热带植物温室内，有着高高的

拱形天花板、玻璃墙和钢梁，还能看到相邻的蝴蝶屋（Schmetterlinghaus）。轻松而友好的氛围使这里成了享用一杯葡萄酒或咖啡的理想去处。周末的晚上偶尔有DJ打碟。

经典的奥地利菜肴（主菜€16.80~32），比如炸肉排，做得相当好；如果想吃正餐，建议预约。

Café Landtmann 咖啡馆

（见68页地图；www.landtmann.at；10，Universitätsring 4；⏲7:30至午夜；📶；🚋D，1，2，Ⓤ Rathaus）弗洛伊德、马勒和玛琳·黛德丽都对这家咖啡馆情有独钟，它开业于1873年。如今，它以精致的内部装饰以及靠近城堡剧院、市政厅和议会的地理位置吸引着政客和戏剧爱好者。特制的传统咖啡多得令人惊叹，甜品菜单则以萨赫蛋糕（一种巧克力蛋糕）和苹果卷饼为特色。

在周日至周二的晚上20点至23点，有免费的现场钢琴演奏。乘有轨电车到Rathausplatz即是。

Café CI 咖啡馆

（www.ci.or.at；16，Payergasse 14；主菜 €7~11，小吃 €4.50~7.50；⏲周一至周六 8:00至次日2:00，周日 从10:00开始营业；🚋2，Ⓤ Josefstädter Strasse）这家咖啡馆是30年前为支持新移民而设立的，这里总举办各类活动，比如读书、展览抑或是语言或舞蹈课程。夏季，这里的露台挤满了喝着有机啤酒的奥塔克林本地人；到了冬季，他们会躲进室内，随意翻翻日报，并享用暖人心房的红烩牛肉或塞尔维亚辣香肠。乘有轨电车到Neulerchenfelder Strasse/Brunnengasse即是。

Flex 夜店

（见96页地图；www.flex.at；01，Augartenbrücke；⏲周二至周六 21:00至次日6:00，夜店 从23:00开始营业；🚋1，2，Ⓤ Schottenring）多瑙河畔的Flex是一个满是涂鸦的空间，现在这里可能吸引着非常年轻的主流人群，但是仍然保留着昔日尖锐的外观。据说店里的音响系统是欧洲最好的之一，入场费通常都很公道，着装要求更是闻所未闻。除了有本地和国际DJ打碟，偶尔还会有现场表演加入其中。

晚上的风格差异很大，从硬核鼓与贝斯电音，到独立音乐或电子音乐（夜店最知名的部分），无所不包。在夏季，**Flex Cafe**（不收服务费）会在运河沿岸以及它自己的舞池边上摆放野餐桌，届时前者会挤满快乐的饮酒者。

Café Rüdigerhof 咖啡馆

（见80页地图；05，Hamburgerstrasse 20；⏲9:00至次日2:00；Ⓤ Kettenbrückengasse，Pilgramgasse）Rüdigerhof的正面是新艺术风格建筑的光辉典范，店内20世纪50年代的家具和陈设则与情景喜剧《我爱露西》（*I Love Lucy*）中的一个场景如出一辙。这里的氛围惬意而友好，周围的花园很大，还有不少树荫。丰盛的奥地利美食（大块炸肉排、菠菜鸡蛋面条、山羊奶酪卷饼）远在平均水平之上。每周六的上午，这里都会挤满了纳旭市场的购物者。

Lane & Merriman's 爱尔兰酒吧

（见72页地图；☎01-402 47 64；www.laneandmerrimans.net；09，Spitalgasse 3；⏲周一、周二和周四 16:00至午夜，周三、周五和周六 11:00至午夜；Ⓤ Alser Strasse）是的，这是一家爱尔兰酒吧——橱窗里有标志性的简·鲍恩拍摄的塞缪尔·贝克特肖像照。但是请忘掉你的先入之见：大卫·甘农对这个饱受诟病的地方进行的现代诠释相当令人愉快。大卫可能会引导你去喝奥地利生物啤酒，而不是健力士（Guinness）黑啤；你同样可以点一壶茶，再来一块巧克力蛋糕。

这里的饮料单和食物远远超过了一般水平。酒馆的经典食品——炸鱼加薯条、汉堡包、汤和奶油苏打面包、英式烤鸡，都尽可能地使用了当地采购的有机农产品；每晚的特色菜售价€9.99。早餐菜单从名副其实的爱尔兰早餐（€12），到有机麦片粥搭配炖苹果（€3.95）以及美味的小吃（€3.50），后者也用于搭配工作日的"欢乐时光"鸡尾酒（它们自己就很有吸引力，一杯€5）。

Tunnel 酒吧、咖啡馆

（见72页地图；www.tunnel-vienna-live.at；08，Floriangasse 39；⏲周一至周六 9:00至次日2:00，周日 至午夜；📶👶；🚋2，Ⓤ Rathaus）这家悠闲、可爱又放荡不羁的咖啡馆吸引着学生

和所有来客。白天，这里是放松的好地方，可以坐在古老的木桌旁，一边喝咖啡，一边浏览公共书籍或杂志，也可以尝尝午餐时间的啤酒和拉美小吃。气氛会在晚上21点的（通常都是免费）特约演出而升级，从民谣变为独立音乐，从拉丁乐变为爵士乐。

完整的演出阵容会在网上公布，包括德语的酒吧竞猜，偶尔还会有英语单口相声，以及播放大型足球赛事的大屏幕。乘有轨电车到Lederergasse即是。

Weinstube Josefstadt
葡萄酒吧

（见72页地图；08，Piaristengasse 27；⏲4月至12月 16:00至次日午夜，1月至3月关闭；Ⓤ Rathaus）Weinstube Josefstadt是维也纳最漂亮的城市葡萄酒吧之一。这片树木茂盛的绿洲连接着两栋高耸的住宅楼，一桌桌友好又能喝的本地人面朝着一座雅致的上了漆的木头凉亭，挤在树木和灌木丛之间。葡萄酒都是本地产的，价格便宜，食物很典型，有自助式的肉类和油煎馅饼可供选择。

需要注意的是，这个地方的路标不太明确，表明其存在的唯一标示是挂在门口的金属绿色花环。

Kruger's American Bar
酒吧

（见68页地图；www.krugers.at；01，Krugerstrasse 5；⏲周一至周六 18:00至次日4:00，周日 19:00至次日4:00；🚊D，1，2，71，Ⓤ Stephansplatz）这家装饰着木质镶板的美式酒吧光线有些昏暗，店内依然保留着一些原来的装饰，都是20世纪20年代和30年代的产物。它是维也纳的一个传奇，陈设着皮革的切斯特菲尔德沙发，播放着法兰克·西纳特拉、迪恩·马丁等人的音乐。饮品单多达71页；设置了独立的雪茄和吸烟室。乘有轨电车到Kärntner Ring/Oper即是。

Salm Bräu
精酿啤酒

（见88页地图；www.salmbraeu.com；03，Rennweg 8；⏲11:00至午夜；🚊71 Unteres Belvedere，Ⓤ Karlsplatz）Salm Bräu酿造自己的淡啤酒（Helles）、比尔森啤酒（Pils）、三月啤酒（Märzen；带有浓郁麦芽味的红色啤酒）、混合啤酒（G' mischt；一半淡啤酒和一半黑啤酒，后者又叫Dunkel）以及小麦啤酒（Weizen；香醇的小麦啤酒，口感微甜）。它就坐落在美景宫旁边，极受欢迎，“欢乐时光”是周一至周五的下午15点至17点，周六则为正午至下午16点。

Sperlhof
咖啡

（见96页地图；02，Grosse Sperlgasse 41；⏲16:00至次日1:30；Ⓤ Taborstrasse）装饰着木质镶板、张贴着海报、感觉非常古怪的Sperlhof是1923年开业的，每一家维也纳咖啡馆应该都跟它有些相像。今天，这里依然吸引着形形色色的顾客，比如喝咖啡的人、空想家、台球和乒乓球玩家，以及国际象棋高手。如果你在找一本小说，可以看看二手书目录。

Café Berg
咖啡馆

（见72页地图；www.cafe-berg.at；09，Berggasse 8；⏲周一至周六 10:00至午夜，周日 至23:00；📶；🚊D，1，Ⓤ Schottentor）Café Berg是维也纳首屈一指的男同性恋吧，不过这里也欢迎各行各业的人。员工都是城里最出色的，布置优美而时尚，气氛有些冷淡。这里也是才华横溢的多面手，白天会供应早餐和午餐，晚上则会备好活动和葡萄酒。

KaffeeModul
咖啡

（见72页地图；www.kaffeemodul.at；08，Josefstädterstrasse 35；⏲周一至周五 7:30~17:30，周六 10:00~14:00）喝不下牛奶咖啡了？那就到这里来尝尝意式黑咖啡、馥芮白和冷萃咖啡吧。这里号称是“维也纳最小的咖啡店”，这个长凳排成了一列的小空间内充满了欢声笑语，又从街边的凳子传向远方。除了咖啡和曲奇饼什么都没有，但是这家店提供的都是直接贸易、小批量烘焙及专业制作的饮品。

Halbestadt Bar
鸡尾酒吧

（www.halbestadt.at；09，Stadtbogen 155；⏲周一至周四 19:00至次日2:00，周五和周六 至次日3:00；Ⓤ Nussdorferstrasse）在你无法打开玻璃门的时候，无可挑剔的款待就开始了。老板会把门向外转，陪你走进去，并提供下单的建议。在铁路拱洞（Bogen）下方充满了独特氛围的狭小空间里，500多瓶酒装饰着墙壁，调酒师会用极具吸引力的手法调制出诱人的鸡尾酒。需要注意的是，这里不能预订，而且很快就会客满。

Rafael's Vinothek 葡萄酒吧

(见80页地图；06, Naschmarkt stand 121；⏲周一至周五 10:00~19:30，周六 至18:00；Ⓤ Kettenbrückengasse）在这家纳旭市场的葡萄酒商店里，来自奥地利各地的450多种不同的葡萄酒都有备货。可以坐在酒桶桌旁，以杯或瓶为单位，品尝其中的多种酒，还可以搭配奶酪和熟肉拼盘。店里的气氛友善却杂乱，整个市场的摊贩都喜欢到这儿来喝一杯。

Juice Deli 果汁吧

(见80页地图；www.juicedeli.at；06, Mariahilfer Strasse 45, shop 20, Raimundhof；⏲周一至周五 9:30~19:00，周六 11:00~18:00；Ⓤ Neubaugasse）穿过一条与Mariahilfer Strasse相连的狭窄小巷即可到达这家店铺所在的庭院。这个崇尚本地膳食的地方会为每一位客人单独制作饮料。他们用地区性采购的应季有机水果、蔬菜和香草，制作冷压果汁和思慕雪，例如芒果香蕉配手工杏仁乳。这里也供应多种排毒水（香茅草和薄荷；人参）。支持玻璃瓶，并尽量避免塑料包装。

天气暖和的时候，前门外面的小露台上会摆放几张桌子。

Fischer Bräu 精酿啤酒

(☎01-369 59 49；www.fischerbraeu.at；19, Billrothstrasse 17；⏲16:00至次日0:30；Ⓤ Nussdorfer Strasse）Fischer Bräu每4至6周会酿造一种新啤酒，另外全年都会酿造陈贮的淡啤酒。夏季，在喧闹的摆满了桌子的啤酒花园里，周日下午通常都有现场音乐表演。只收现金。

Café Tirolerhof 咖啡

(见68页地图；☎01-512 78 33；01, Führichgasse 8；⏲周一至周六 7:00~22:00，周日 9:30~20:00；📶；🚊D, 1, 2, 71 Kärntner Ring/Oper, Ⓤ Stephansplatz, Karlsplatz）经过了精心修复的20世纪20年代的青年艺术风格（Jugendstil）的装潢、巨大的拱形窗户以及自制的苹果卷饼（Apfelstrudel），使Tirolerhof成了内城区里非常引人注目的选择。

Heuriger Huber 葡萄酒厂

(☎01-485 81 80；www.sissi-huber.at；16, Roterdstrasse 5；⏲周二至周六 15:00至午夜，时间可能变动；🚊10, 44）雷司令和白皮诺是这家颇具魅力的酒庄主要生产的葡萄酒。这里有一座庞大的地中海花园，花园周围还环绕着橄榄林、柑橘园和薰衣草田。海鲜、沙拉、意大利面和烤肉都在它的精选菜单上。拜访前一定要确认营业时间。乘10路或44路有轨电车到Dornbach/Güpferlingstrasse即是。

Café Drechsler 咖啡

(见80页地图；www.cafedrechsler.at；Linke Wienzeile 22；⏲周日至周四 8:00至午夜，周五和周六 至次日2:00；📶；Ⓤ Kettenbrückengasse）特伦斯·康兰爵士仿佛在这里施展了魔法，用抛光的大理石吧台和桌面、包豪斯风格的灯具以及刷成了白色的木质镶板将Drechsler打造成市内最生气勃勃的咖啡馆之一。食物包括传说中的红烩牛肉。晚上有DJ打碟，以保持活泼、时髦的气氛。

Café Jelinek 咖啡

(见80页地图；www.steman.at；06, Otto-Bauer-Gasse 5；⏲9:00~21:00；Ⓤ Zieglergasse）这家破旧的大咖啡馆既不精致也没有气氛，更缺乏其他一些咖啡馆所拥有的魅力，但是属于完完全全的维也纳风格。柴木火炉、贴满了图片的墙壁以及褪了色的天鹅绒扶手椅，用它们包容的温暖，吸引着来自各行各业的人们。可以和本地人一起流连于新鲜烘焙的咖啡、蛋糕和日报。

Tanzcafé Jenseits 酒吧、夜店

(见80页地图；www.tanzcafe-jenseits.com；06, Nelkengasse 3；⏲周二至周六 20:00至次日4:00；Ⓤ Neubaugasse）在这家由妓院改造而成的酒吧里，妓院与放荡不羁的文化人相遇了。这里柔和的灯光、红色的天鹅绒以及镀金的镜子，营造了舒适而私密的气氛。Jenseits早已将令人不快的过去抛在了身后，如今这里挤满了富有创造力的人群，他们会在小小的舞池里争夺空间。活跃的DJ会在眨眼之间将灵魂音乐切换成无聊的流行乐。

Café Zartl 咖啡

(03, Rasumofskygasse 7；⏲7:00~23:00；📶；🚊1 Rasumofskygasse, Ⓤ Rochusgasse）Zartl展现了咖啡馆的颓废之美，这里带有条纹的长条形软座、蚕茧般包容的温暖，还有不时

走来走去的员工，会把你带回它在1883年开业时的情景。可以到这儿来享用慵懒的早餐，观察旁边的人们，喝咖啡的时候配上令人愉快的薄酥卷饼。你身边的人多半都是常客。

Café am Heumarkt 咖啡

（见88页地图；03, Am Heumarkt 15；⌚周一至周五 9:00~23:00；Ⓤ Stadtpark）注意找房子的门牌号码，而不是名字，因为这家充满了魅力的老式咖啡馆没有任何标志。店内仿佛是20世纪50年代的时间隧道——到处都铺着抛光的镶木地板，摆着长条形皮革软座和大理石餐桌。可以像本地人那样：看看报纸、打打台球，再用咖啡和务实的维也纳食物放松一下。

Kaffee Alt Wien 咖啡馆

（见68页地图；☎01-512 52 22；www.kaffeealtwien.at；01, Bäckerstrasse 9；⌚周日至周四 10:00至次日2:00，周五和周六 至次日3:00；📶；Ⓤ Stephansplatz）放荡不羁的Alt Wien灯光昏暗、个性十足，是吸引学生和文艺青年的经典去处。这里是了解市内各项活动实情的一站式商店，所有可以利用的墙壁空间都贴满了宣传演出、音乐会和展览的海报。红烩牛肉大名鼎鼎，搭配黑面包和啤酒堪称完美。

☆ 娱乐

从歌剧、古典音乐和戏剧，到摇滚乐或爵士乐的现场演出，维也纳提供了大量的娱乐选择。维也纳是德语世界最古老剧院——城堡剧院的所在地，而著名的维也纳童声合唱团（Wiener Sängerknaben）和维也纳爱乐管弦乐团（Vienna Philharmonic Orchestra）的总部也设在这里，后者在拥有绝佳声学体验的音乐协会金色大厅里演出。

★ 国家歌剧院 歌剧

（Staatsoper；见68页地图；☎01-514 44 7880；www.wiener-staatsoper.at；01, Opernring 2；票价 €10~208，站席 €3~4；🚊D 1, 2, 71 Kärntner Ring/Oper, Ⓤ Karlsplatz）享有盛名的国家歌剧院是维也纳首要的歌剧和古典音乐演出场所。演出是奢侈而正式的活动，所以观众也会相应地精心打扮一番。幕间休息的时候，可以在门厅和茶点部中漫步，充分欣赏歌剧院金碧辉煌的内部装饰。7月和8月，这里不上演歌剧（仍然组织团队游）。最多可提前2个月购票（见68页地图；☎01-514 44 7810；www.bundestheater.at；01, Operngasse 2；⌚周一至周五 8:00~18:00，周六和周日 9:00至正午；Ⓤ Stephansplatz）。

一年一度的歌剧院舞会（Opernball，见99页）的票价从€490一直飙升到令人咋舌的€21,000，而且提前几年就售罄了。

★ 城堡剧院 剧院

（Burgtheater，国家剧院；National Theatre；见68页地图；☎01-514 44 4440；www.burgtheater.at；01, Universitätsring 2；坐席 €7.50~61，站席 €3.50，学生票 €9；⌚售票处 周一至周五 9:00~17:00；🚊D, 1, 2 Rathaus, Ⓤ Rathaus）多年来，城堡剧院从未失去它的格调——它是德语区最重要的剧院之一，每年会上演大约800场演出，从莎士比亚到伍迪·艾伦的戏剧都涵盖在内。它还经营着可以容纳500名观众的学院剧院（Akademietheater），后者建于1911年至1913年。

城堡剧院和学院剧院的票在开演前1小时会以票面金额的75%出售。建议预订，不过具体情况还是取决于演出，有些直到最后一分钟都可能有票。

★ 音乐协会金色大厅 演出场所

（Musikverein；见88页地图；☎01-505 81 90；www.musikverein.at；01, Musikvereinsplatz 1；票价 €24~95，站席 €4~6；⌚售票处 9月至6月 周一至周五 9:00~20:00，周六 至13:00，7月和8月 周一至周五 9:00至正午；Ⓤ Karlsplatz）豪华的音乐协会金色大厅拥有着奥地利所有音乐厅中最好的音响效果，对于这个傲人的头衔，维也纳爱乐管弦乐团予以了认可。可在周一至周六的上午10点、11点和正午，通过45分钟的导览游（有英语和德语解说；成人/儿童 €6.50/4）参观奢华的内部。规模较小的演出在布拉姆斯厅（Brahms Saal）举办。没有学生票。

著名的新年夜音乐会的票价为€25（站席）至€800；因为需求很大，所以会在1月或2月进行抽选——要在网站www.wienerphilharmoniker.at上登记。站席票最多可提前7周购买。

★ **MuTh** 演出场所

（见96页地图；☎01-347 80 80；www.muth.at；02，Obere Augartenstrasse 1e；维也纳童声合唱团周五演出 €39~89；⊙周一至周五16:00~18:00和开演前1小时；Ⓤ Taborstrasse）这座将巴洛克与当代风格融合在一起的音乐厅自2012年12月开业以来一直备受赞誉，且引人注目。这里是维也纳童声合唱团（Wiener Sängerknaben）的新家，他们以前只在霍夫堡皇宫演出。除了能在周五下午参加这些拥有天籁之音的男孩们的合唱课，这里也会举办最出色的舞蹈、戏剧、歌剧、古典音乐、摇滚乐和爵士乐演出。

这个能够容纳400名观众的音乐厅的音响效果难出其右。这里还有一家咖啡馆，你可以在演出前后去那里喝一杯。

维也纳剧院 剧院

（Theater an der Wien；见80页地图；☎01-588 85；www.theater-wien.at；06，Linke Wienzeile 6；票价 €10~160，站席 €7，学生票 €10~15；⊙售票处 周一至周六 10:00~18:00，周日 14:00~18:00；Ⓤ Karlsplatz）维也纳剧院主办过一些意义深远的首演，包括贝多芬的《费德里奥》（*Fidelo*）、莫扎特的《魔笛》（*Die Zauberflöte*）以及小施特劳斯的《蝙蝠》（*Die Fledermaus*）。如今，除了上演音乐剧、舞蹈演出和音乐会，它还以每月一次首演的频率，恢复了举办高品质歌剧演出的美誉。

学生票在开演前30分钟开售；演出前1小时还可以买到站席票。

人民歌剧院 歌剧、舞蹈

（Volksoper，People's Opera；见72页地图；☎01-514 44 3670；www.volksoper.at；09，Währinger Strasse 78；⊙9月至次年6月；Ⓤ Währinger Strasse）人民歌剧院提供比国家歌剧院更加亲切的体验，这里专门主办轻歌剧、舞蹈、音乐剧以及少量内容更严肃的标准歌剧演出。站席和视野受限的票价€3~10，和很多演出场所一样，这里也会在开演前30分钟出售过剩的折扣票和减价票。人民歌剧院在7月和8月关闭。

Metro Kinokulturhaus 电影院

（见68页地图；☎01-512 18 03；www.filmarchiv.at；01，Johannesgasse 4；电影票 成人/儿童 €8.50/7；⊙周一至周五 14:00~21:00，周六和周日 11:00~21:00；Ⓤ Stephansplatz）Metro Kinokulturhaus是奥地利电影档案馆（Austrian Film Archive）的一部分，它开业于2015年，现在是一座展览陈列馆（大部分展览都是免费的，不过有些要收门票）。这里经过了修复的**电影院**第一次进行改造用于放映电影是在1924年，现在依然保留着木质镶板和红色天鹅绒内饰；这座电影院会放映奥地利的历史电影和艺术电影。

维也纳咖啡馆

许多伟大的艺术作品都是在这些维也纳人的"客厅"里诞生的。曾被马勒、克里姆特、弗洛伊德、托洛茨基和奥托·瓦格纳等名人在他们的时代频繁光顾过的维也纳咖啡馆，已经于2011年被联合国教科文组织列入了非物质文化遗产名录。很多咖啡馆都保留着原来的奢华装饰，而且通常都会专门制作一种特定的蛋糕，比如**Café Sacher**（见68页地图；www.sacher.com；01，Philharmonikerstrasse 4；⊙8:00至午夜；🚊D，1，2，71 Kärntner Ring/Oper，Ⓤ Karlsplatz）的萨赫蛋糕，这种外层有巧克力糖衣、中间夹着杏子酱的巧克力蛋糕曾经深受弗朗茨·约瑟夫皇帝喜爱。如今，新浪潮咖啡馆正在将自己的创意融入传统之中。

霍夫堡皇宫音乐厅 古典音乐

（Hofburg Concert Halls；见68页地图；☎01-587 25 52；www.hofburgorchester.at；01，Heldenplatz；票价 €42~55；🚊D，1，2，71 Burgring，Ⓤ Herrengasse）新霍夫堡皇宫（Neue Hofburg）的音乐厅包括豪华的宴会大厅（Festsaal）和大舞厅（Redoutensaal），这里经常举办施特劳斯和莫扎特的音乐会，而奉献这些演出的是霍夫堡交响乐团（Hofburg Orchestra）以及来自国家歌剧院和人民歌剧院的独奏演员。演出从晚上8点半开始，可以在线购票，也可以通过旅行社和酒店购买。座位不固定，所以要早点儿来确保一个好座位。

Jazzland

现场音乐

（见68页地图；☎01-533 25 75；www.jazzland.at；01，Franz-Josefs-Kai 29；服务费 €11~20；⌚8月中旬至7月中旬 周一至周六 19:00至次日2:00，现场音乐 从21:00开始；🚋1，2，Ⓤ Schwedenplatz）Jazzland藏在圣鲁珀特教堂（Ruprechtskirche）下面的老酒窖里，它是维也纳最古老的爵士乐俱乐部，其历史可以追溯到近50年前。这里的音乐涵盖了爵士乐的整个范畴，本地和国际音乐人都会登台献艺。过去的表演者包括雷·布朗、泰迪·威尔逊、大乔·威廉姆斯和马克斯·卡明斯基。

B72

现场音乐

（www.b72.at；08，Hernalser Gürtel 72；⌚周日至周四 20:00至次日4:00，周五和周六 至次日6:00；🚋44，Ⓤ Alser Strasse）偏激的现场表演、另类的强劲节奏以及专辑发行活动是B72娱乐阵容的支柱，可以预见，这些都很吸引年轻人群。这里高高的玻璃墙和拱形的砖砌内室，还有令人愉快的杂乱感，都是外环线沿线的大部分酒吧所具有的典型特征。店名源自这里的位置，铁路拱洞（Bogen）72号。乘有轨电车到Hernalser Gürtel即是。

De France

电影院

（见72页地图；☎01-317 52 36；www.defrance.at；01，Schottenring 5；🚋D，1，2，Ⓤ Schottentor）De France在它的两间小电影院里放映配了字幕的原声电影。放映列表包括相当一部分的英语电影。

Votivkino

电影院

（见72页地图；☎01-317 35 71；www.votivkino.at；09，Währinger Strasse 12；♿；Ⓤ Schottentor）Votivkino建于1912年，是维也纳最古

维也纳童声合唱团

维也纳童声合唱团（Wiener Sängerknaben）原本是马克西米利安一世（Maximilian I）在1498年创建的皇家合唱团，如今，它早已成为世界上最著名的合唱团。观看演出的地点不同，体验也会截然不同。最正式的演出是在皇家礼拜堂里，那里的重点显然是宗教仪式音乐。其他场合的演出则从流行音乐一直到世界音乐都有可能。无论演出的环境和风格如何，音色之美与合唱的和谐感都是一样的。

合唱团会在霍夫堡皇宫的**皇家礼拜堂**（Burgkapelle；见68页地图；☎01-533 99 27；www.hofmusikkapelle.gv.at；01，Schweizer Hof；⌚周一和周二 10:00~14:00，周五 11:00~13:00；🚌2A Heldenplatz，🚋D，1，2，71 Burgring，Ⓤ Herrengasse）做主日（周日）弥撒的时候演唱，但是平日也会在维也纳及其他地方的演出场所举办临时音乐会。皇家礼拜堂的周日演出在9月中旬至次年6月的周日上午9点15分进行。能让你欣赏合唱团歌声的其他场所包括**MuTh**（见119页），这是合唱团位于奥格腾（Augarten）的专用音乐厅，会在周五下午举办定期演出。

维也纳童声合唱团的网站（www.wienersaengerknaben.at）上有各演出场所的链接，旁边还会标明每场演出的日期。

可以通过各个演出场所订票。皇家礼拜堂周日演出的票价为€10~36，可以给**售票处**（见68页地图；☎01-533 99 27；www.hofmusikkapelle.gv.at；01，Schweizerhof；票价 €10~36；Ⓤ Herrengasse）发邮件或者传真进行预订。最好提前6周左右订票。

低于€60的订单，可以在取票的时候支付现金——在演出前的周五上午11点至下午13点以及下午15点至17点，到位于霍夫堡皇宫瑞士人庭院（Schweizerhof）的礼拜堂售票处即可取票。你也可以在周日上午8点15分至8点45分把票取走，但是这不太明智，因为排队的人很多。如果订单金额达到或超过了€60，需要通过银行汇款。不接受信用卡和支票。€10的座位是看不到合唱团的。

免费的站席（Stehplatz）票从上午8点半开始发出。未收款的票也会从当日上午8点开始转售。排队买这些票以及拿站席票的队伍都很长，所以要尽早到达——早上7点左右，并做好等候的准备。

老的电影院之一。从那时起，它一直在大范围地更新，如今已经成了市内数一数二的电影院。这里有3块屏幕，不但会展现好莱坞更加古怪的商业冒险影片，也会上映原声艺术电影。

周二上午11点的放映是为带着孩子的父母保留的，周末下午还有专门为孩子们安排的日场。

工坊和文化之家 艺术中心

（WUK；Workshop & Culture House；见72页地图；☎01-40 12 10；www.wuk.at；09，Währinger Strasse 59；⊙问讯处 周一至周五 9:00~20:00，周六和周日 15:00~20:00；Ⓤ Währinger Strasse）每个人眼中的WUK都是不一样的。这里的音乐厅会举办很多活动：与泡夜店竞争的中型国际及本地摇滚乐演出、古典音乐会、电影之夜、戏剧和儿童表演。这里也有女性团体、临时展览和实用技能研讨会，还有一家咖啡馆，附带一座美妙的鹅卵石庭院。

Konzerthaus 演出场所

（见88页地图；☎01-242 002；www.konzerthaus.at；03，Lothringerstrasse 20；⊙售票处 周一至周五 9:00~19:45，周六 至13:00，以及开演前45分钟；🚊D Gusshausstrasse，Ⓤ Stadtpark）Konzerthaus是古典音乐界的主要演出场所，但是一年四季也能在它神圣的大厅里听到民族音乐、摇滚乐、流行乐或者爵士乐。在这里的大厅（Grosser Saal）、莫扎特厅（Mozart Saal）和舒伯特厅（Schubert Saal），最多可以同时进行3场演出；这个庞大的建筑群还有另外4座音乐厅。

学生可在开演前30分钟购买€16的学生票；儿童可以享受50%的折扣。

Radiokulturhaus 演出场所

（见88页地图；☎01-501 70 377；http://radiokulturhaus.orf.at；04，Argentinierstrasse 30a；票价€7~27；⊙售票处 周一至周五 16:00~19:00；🚊D Plösslgasse，Ⓤ Taubstummengasse）从颂歌到西纳特拉（Sinatra）和R.E.M.乐队，或者专属于贝多芬和莫扎特的夜晚，在Radiokulturhaus可以期待所有的一切。这里是维也纳的文化热点之一，分为几个演出场所，包括Grosser Sendesaal，这是维也纳广播交响乐团和Klangtheater（主要用于广播剧）的总部。

这里也会举办舞蹈演出、讲座和文学作品阅读活动，就连咖啡馆里也有低调的表演。

Marionetten Theater 木偶剧院

（木偶剧院；见90页地图；☎01-817 32 47；www.marionettentheater.at；13，Schloss Schönbrunn；票价 全部演出 成人 €11~39，儿童 €9~25；⊙售票处 演出日从11:00开始；Ⓤ Schönbrunn）这座美泉宫里的小剧院会上演备受人们喜爱的作品《魔笛》（2.5小时）和《阿拉丁》（1.25小时）。这些演出老少咸宜。木偶的服饰极其华丽，非常吸引眼球。

Kammeroper 剧院

（室内歌剧院；见68页地图；☎维也纳票务 01-588 85；www.theater-wien.at；01，Fleischmarkt 24；票价 €6~156；🚊1，2，Ⓤ Schwedenplatz）室内歌剧院是排在国家歌剧院（见118页）和人民歌剧院（见119页）之后的维也纳第三大歌剧院。这座小剧院是观赏与众不同、古怪奇特的歌剧作品的理想去处。夏季，整个剧团都会搬到美泉宫剧院（Schlosstheater Schönbrunn），在更加奢华的环境里继续演出。

奥地利电影博物馆 电影院

（Österreichisches Filmmuseum；见68页地图；☎01-533 70 54；www.filmmuseum.at；01，Auginerstrasse 1；成人票/儿童票 €10.50/6；🚊D，1，2，71 Kärntner Ring/Oper，Ⓤ Karlsplatz）奥地利电影博物馆坐落在阿尔贝提纳博物馆（见68页地图）内，这里会放映一系列带字幕和不带字幕的原声电影，围绕世界上的一位导演、一批导演或是一个特定主题展开的活动通常会持续几个星期。放映一般在傍晚18点45分开始；其他时间请登录网站确认。

维也纳英语剧院 剧院

（Vienna's English Theatre；见72页地图；☎01-402 12 60；www.englishtheatre.at；08，Josefsgasse 12；票价€24~47；⊙售票处 8月中旬至6月演出日 周一至周五 10:00~19:30，周六 17:00~19:30，7月至8月中旬关闭；🚊2 Rathaus，Josefstädter Strasse，Ⓤ Rathaus）建于1963年的

维也纳英语剧院是维也纳历史最悠久的外语剧院（偶尔也有法语或意大利语演出）。上演的作品范围广泛，从永恒的经典，比如莎士比亚，到当代作品和喜剧，无所不包。学生可以享受20%的折扣。€10的余票在开演前15分钟开售。

人民剧院 剧院

（olkstheater；见80页地图；☎01-521 11-400；www.volkstheater.at；07, Neustiftgasse 1；票价 €11·53；⏰售票处 周一至周六 10:00~19:30；Ⓤ Volkstheater）人民剧院可以容纳近1000名观众，是维也纳最大的剧院之一。它建于1889年，内部装潢体现了与之相称的奢华。不过大部分演出都是翻译的（从伍迪·艾伦到英格玛·伯格曼再到莫里哀，无所不包），只会上演德语表演。学生可在开演前1小时以€5购买未售出的票。必须预订。

Tanzquartier Wien 舞蹈

（见80页地图；☎01-581 35 91；www.tqw.at；07, Museumsplatz 1；票价 €10~57；⏰售票处 7月中旬至8月 10:00~16:30，9月至次年7月中旬 周一至周五 9:00~19:30，周六 10:00~19:30；Ⓤ Museumsquartier, Volkstheater）Tanzquartier Wien位于博物馆区，是维也纳位列榜首的舞蹈机构。这里会举办一系列带有强烈实验色彩的本地和国际演出。学生购买预售票可以享受30%的折扣。未售出的票（€8）在开演前15分钟开售。

购物

这座优雅的城市拥有悠久的手工艺历史，近年来，它又在时尚和设计界展开了创意之翼。无论你是在浏览内城区的手绘瓷器、诺伊鲍区（Neubau）的新浪潮街头服饰，还是弗赖豪斯菲特尔区（Freihausviertel）的诱人美食，都会发现蕴藏其中的灵感、追求质量的热情以及对细节的注重。

1130Wein 食品和饮品

（见90页地图；www.1130wein.at；Lainzerstrasse 1；⏰周一至周五 10:00~19:00，周六 至15:00；Ⓤ Hietzing）快到这家街区葡萄酒商店来体验令人愉快的罗伯特·施波纳–特留尔齐（Robert Sponer-Triulzi）的品酒会吧，他存了一大堆来自奥地利各地的颇为有趣的极品（但是不一定昂贵的）葡萄酒。他会用一两个新品种来挑战你，以确保你能带着自己会喜爱的酒离开。如果你要去野餐，这里也有冷冻的白葡萄酒。

★跳蚤市场 市场

（Flohmarkt, Flea Market；见80页地图；05, Linke Wienzeile；⏰周六 6:30~18:00；Ⓤ Kettenbrückengasse）维也纳的这片与**纳旭市场**（Naschmarkt；见80页地图；www.wienernaschmarkt.eu；06, Linke & Rechte Wienzeile；⏰周一至周五 6:00~19:30，周六 至18:00；Ⓤ Kettenbrückengasse）的西南端相邻接的跳蚤市场充满了古董和旧货（Altwaren），堪称欧洲最好的跳蚤市场之一。兜售书籍、服装、唱片、古老的电子产品、老明信片、装饰品、地毯等无奇不有的各类商品的摊位，一直延伸了几个街区。最好早点儿来，因为随着上午时间的推移，市场会变得越来越拥挤，另外要做好讨价还价的准备。

这里很有气氛，更像东欧的市场，商品就乱糟糟地堆在人行道上。

★Meinl am Graben 饮食

（见68页地图；www.meinlamgraben.at；01, Graben 19；⏰周一至周五 8:00~19:30，周六 9:00~18:00；Ⓤ Stephansplatz）维也纳最具声望的多功能店铺充满了优质的欧洲食品。巧克力和糖果占据着一楼（ground floor），令人印象深刻的奶酪和熟肉则诱人地陈列在楼上。地下室存有欧洲和奥地利的葡萄酒及水果利口酒，还有一家时尚的葡萄酒吧（见113页）；这里还开着一家出类拔萃的餐馆（见112页）。

★Steiff 玩具

（见68页地图；www.steiff-galerie-wien.at；01, Bräunerstrasse 3；⏰周一至周五 10:00~12:30和13:30~18:00，周六 10:00~12:30和13:30~17:00；Ⓤ Stephansplatz）Steiff是19世纪晚期在德国创立的，它被公认为是泰迪熊的原创者，这种玩具熊曾于1903年出现在了莱比锡玩具博览会（Leipzig Toy Fair）上：当时有一名美国商人买了3000只，并以美国总统西奥多·罗斯福（昵称"泰迪"）的名字将其命名为"泰迪熊"进行销售。今天，它的奥地利旗舰店里摆满了讨人喜欢的熊，以及其他优质的柔软可爱的玩具。

★ Beer Lovers
饮品

（见80页地图；http://beerlovers.at；06, Gumpendorfer Strasse 35；⏲周一至周五 11:00~20:00，周六 10:00~17:00；Ⓤ Kettenbrückengasse）这家商场简直是精酿啤酒的"仙境"。这里存有1000多个品牌的啤酒，它们来自超过125家不同的酿酒厂，足有70多种类型，而且每天都会购入更多的酒。定期提供品酒会，冰啤酒存放在步入式玻璃冰箱以及可以重复充装的大桶里。这里也供应精酿苹果酒、小批量利口酒以及不含酒精的精品饮料，比如姜汁啤酒。

★ Die Werkbank
设计

（见80页地图；www.werkbank.cc；07, Breite Gasse 1；⏲周二至周五 正午至18:30，周六 11:00~17:00；Ⓤ Volkstheater）家具、灯具、地毯、花瓶、首饰、手表、平面造型艺术品、包袋甚至自行车，都有可能在"工作台"展出的创意作品中找到。这个全白的空间就像是一个设计集合体，一些维也纳最富有创新精神的设计师会在这里展示他们的作品。

★ Dirndlherz
服装

（见72页地图；http://dirndlherz.at；07, Lerchenfelder Strasse 50；⏲周四和周五 11:00~18:00，周六 至16:00；Ⓤ Volkstheater）奥地利设计师Gabriela Urabl以她自己对阿尔卑斯时尚的诠释，设计了独一无二的最新款阿尔卑斯少女式连衣裙，从别致的紫色天鹅绒胸托，到20世纪50年代风格的条格，以及印着波普艺术之类的古怪图案，还有带有朋克风的圆锥形金属钉的阿尔卑斯少女式连衣裙，样式十分丰富。也有印着"Mei Dirndl is in da Wäsch"（我的连衣裙正在洗）等宣传语的T恤。

★ Wald & Wiese
食品、化妆品

（见68页地图；www.waldundwiese.at；01, Wollzeile 19；⏲周一至周五 9:30~18:30，周六 9:00~17:00；Ⓤ Stephansplatz）🍃大约有5000个蜂群和600名养蜂人在维也纳的市区范围内采集蜂蜜，采集点包括市政厅、国家歌剧院、艺术史博物馆、分离派博物馆以及几家酒店的屋顶。他们的劳动成果在这家专业的蜂蜜精品店中销售，这里也供应蜂蜜加工而成的饮品，比如蜂蜜酒、蜂蜜威士忌利口酒和格拉巴酒（grappa），还有蜂蜡蜡烛、护手霜、牙膏、蜂王浆……

在松露季节，这里也出售本地采收的松露及相关产品（包括松露蜂蜜）。

★ Wiener Rosenmanufaktur
食品、化妆品

（见68页地图；www.wienerrosenmanufaktur.

购物街

Kärntner Strasse 内城区的主要购物街，真正吸引着大批人群的地方。

科尔市场（Kohlmarkt）高端的浮华奢侈之河。

诺伊鲍（Neubau）该市最炙手可热的设计师就聚集在精品店林立的街道旁，比如Kirchengasse、Lindengasse和Neubaugasse。

Mariahilfer Strasse 维也纳的高街型购物街，有不少大牌，且人流量更大。

弗赖豪斯菲特尔（Freihausviertel）纳旭市场南边，Schleifmühlgasse周围的小巷里挤满了本地的时装、设计和特色食品商店。

Theobaldgasse 紧邻Mariahilfer Strasse的Theobaldgasse有很多什么都卖的小店，从互惠贸易时装，到有机食品，无所不包。

Gumpendorferstrasse 复古时装、高档化妆品、设计师品牌灯具——尽在这条时髦的第6区街道。

Josefstädter Strasse 这条老式购物街上充满了有个性的商店，从旧货到宝石，出售的商品应有尽有。

at; 01, Schönlaterngasse 7; ⏲7月和8月 周一至周五 15:00~19:00, 周六 11:00~17:00, 9月至次年6月 周一至周五 13:00~18:30, 周六 11:00~18:30, 周日 14:00~17:00; Ⓤ Schwedenplatz）英格丽德·玛丽亚·海尔德施塔布（Ingrid Maria Heldstab）在她位于维也纳第23区的花园里种植的玫瑰，被用在了一系列不可思议的产品当中，从果酱（包括加了姜的辣味）、果冻和利口酒——你可以在店里品尝，到肥皂、精油及其他化妆品，颇为丰富。这家小店设在维也纳最古老的建筑之一——Basiliskenhaus里，其历史可以追溯到1212年。

★ J&L Lobmeyr Vienna 家庭用品

（见68页地图；www.lobmeyr.at; 01, Kärntner Strasse 26; ⏲周一至周五 10:00~19:00, 周六 至18:00; Ⓤ Stephansplatz）经过装饰精致华丽的熟铁楼梯即可到达，这里能让你领略维也纳最奢华的零售体验之一。店内展示的比德迈式样的商品、洛斯设计的套组、精美/富有艺术气息的玻璃器皿和瓷器，都在正厅里的枝形吊灯的照耀下熠熠生辉。Lobmeyr自1823年开始营业，当时它专门为王室服务。

现在的产品更加专注于受20世纪早期的维也纳工坊的艺术家影响而创作的作品。该运动旨在将艺术手工艺的思想融入功能性设计，这为后来的装饰派艺术铺平了道路。

卡梅利特市场 市场

（Karmelitermarkt; 见96页地图; 02, Karmelitermarkt; ⏲周一至周五 6:00~19:30, 周六 至17:00; 🚊2 Karmeliterplatz, Ⓤ Taborstrasse）卡梅利特市场有着悠久的传统，它反映了所在街区的种族多样性；你肯定能看到哈西德派的犹太人骑着自行车或轻便摩托车在这里购买符合犹太教规的商品。这个市场坐落在一个拥有美丽建筑的广场之上，每当中午到来，当地人涌向各种美食店铺解决午餐的时候，这里都会变得生机勃勃。

水果和蔬菜摊位与出售符合犹太教规及伊斯兰教律法的肉类屠夫共享着市场。到了周六，广场上还会出现另一个市场——Bauernmarkt，农民们会在那里设置摊位，上面摆满了季节性货物、新鲜出炉的面包、特制蒜味香肠和有机香草。维也纳人通常在上午到这儿来尽情采购，然后找一家熟食店吃早午餐或者午餐，很多熟食店都摆放了户外座位，比如Kaas am Markt（见96页地图; www.kaasammarkt.at; 02, Karmelitermarkt 33-36; 便餐和主菜 €5~9; ⏲周二至周五 9:00~18:00, 周六 8:00~14:00; 🖉; 🚊2 Karmeliterplatz, Ⓤ Taborstrasse）🍃和Tewa（见96页地图; ☎0676 84 77 41 211; http://tewa-karmelitermarkt.at; 02, Karmelitermarkt 26-32; 早餐 €5.50~9.80, 午餐 €6.90~7.90; 周一至周六 7:00~23:00; 🚊2 Karmeliterplatz, Ⓤ Taborstrasse）。

Bauernmarkt Yppenplatz 市场

（16, Yppenplatz; ⏲周六 9:00~13:00; 🚊2, Ⓤ Josefstädter Strasse）每个周六的上午，当本地的农民进城出售肉类、乳制品、水果和蔬菜的时候，他们的摊位就会加入Brunnenmarkt和Yppenplatz上常设的市场商贩的行列。来自维也纳附近的手工业生产者也是如此，偶尔还有来自施蒂里亚州、卡林西亚州和斯洛文尼亚等远处的商人。乘有轨电车到Neulerchenfelder Strasse即是。

Brunnenmarkt 市场

（16, Brunnengasse; ⏲周一至周五 6:00~18:30, 周六 至14:00; 🚊2, Ⓤ Josefstädter Strasse）每逢周六，都会有超过170个摊位将Thaliastrasse和Ottakringer Strasse之间的区域占满，进而形成维也纳规模最大的街头市场。这个吸引人的大市场由土耳其食品杂货商、水果蔬菜生产者和各种食品供应商组成，它会逐渐地、几乎悄无声息地融入快乐而时尚的Yppenmarkt。

约有四分之一的商贩会在工作日到这儿来做买卖——远不及周末热闹，但是也不像周末那么乱糟糟。乘有轨电车到Neulerchenfelder Strasse即是。

Palais Ferstel 购物中心

（见68页地图; 01, Strauchgasse 4; ⏲周一至周五 10:00~18:30, 周六 至18:00; Ⓤ Herrengasse）Palais Ferstel拥有意大利文艺复兴风格的六角形天窗、包含寓意的雕塑以及采光出色的拱廊，仿佛回到了一个更加富有魅力的消费时代。它于1860年开业，一直延伸到壮丽辉煌的Café Central（见68页地图;

www.palaisevents.at; 01, Herrengasse 14; ⏰周一至周六 7:30~22:00, 周日 10:00~22:00; 📶; Ⓤ Herrengasse), 那里同样带着建筑师海因里希·冯·费斯特尔这个19世纪中叶哈布斯堡时代的蓝眼睛男孩的显著特征。

今天, 这个购物中心汇集了高档的熟食店、珠宝店和巧克力店铺, 即使你不打算买东西, 也可以进来逛逛。

Staud's 食品

(www.stauds.com; 16, Yppenplatz; ⏰周二至周六 8:00~12:30, 周五 15:30~18:00; 🚌2, Ⓤ Josefstädter Strasse) 问问维也纳人谁做出了奥地利最好的果酱, 肯定会听到始终如一的答案: "Staud's。" 汉斯·施陶德(Hans Staud)在为他香甜可口的果酱寻求最优质的原料供应方面非常严格。这个亭子似的商店出售各种腌制蔬菜、酸辣酱、葡萄酒果冻、芥末调味品、果酱以及蜜饯水果, 比如味道浓郁的西洋李子、杏和野生越橘, 无论哪一种都是非常独特的礼物。乘有轨电车到Neulerchenfelder Strasse即是。

Die Schwalbe 时装和饰品

(见80页地图; www.die-schwalbe.at; 06, Otto-Bauer-Gasse 24; ⏰周一至周六 11:30~18:30; Ⓤ Neubaugasse) 这里的"生态城市街头服饰"涵盖了从连帽运动衫和套头衫到T恤、夹克、短裤和长裤等多种服装, 还有各种配饰, 比如无檐小便帽、便帽和围巾, 都是小规模生产的品牌, 包括Blueberry Rockster、Habu San、Hemp Hoodlamb和Plasma Lab。令人心动的休息室在周二至周五的下午13点至傍晚18点半, 以及周六的下午13点至17点营业。

Blühendes Konfekt 食品

(见80页地图; www.bluehendes-konfekt.com; 06, Schmalzhofgasse 19; ⏰周三至周五 10:00~18:30; Ⓤ Zieglergasse, Westbahnhof) 紫罗兰、森林草莓和樱花、薄荷和牛至——迈克尔·迪瓦尔德(Michael Diewald)会用大部分野生和自家花园里种植的东西来生产带着季节性口味的糖果。向工坊里望去, 会看到花朵和香草被熟练地制成了独一无二的奶油夹心巧克力和迷你花朵巧克力, 都是可以吃的艺术品。

ℹ 实用信息

紧急情况

警察局(Police Station; ☎01-31 31 00; www.

圣诞市场

从11月中旬前后到12月底, 圣诞市场(Christkindlmärkte)会把节日的欢快氛围带到城市的广场、庭院和铺着鹅卵石的小巷里。每个市场都有自己的偏好, 但是都不缺少热红酒(Glühwein)、栗子(Maroni)和闪闪发光的圣诞树。每年开市的日期和时间都会列在网站www.wien.info上。

最受喜爱的圣诞市场包括:

市政厅广场(Rathausplatz, 见99页)这个大市场包括一棵圣诞树、150个摊位以及孩子们喜爱的各种活动, 从烘焙曲奇的工坊到骑小马, 这一切都与背景中颇具情调的新哥特式市政厅形成了对比。

美泉宫(Schönbrunn; 见90页地图; ⏰11月第3周至12月26日 每天 10:00~21:00; 🚌1A, Ⓤ Schönbrunn)在这个设在宫殿庭院内的手工艺市场上, 可以买到胡桃钳、婴儿床小摆件和木偶, 这里还有很多为孩子们准备的活动, 另外每天都有古典音乐会, 工作日从傍晚18点开始, 周末则从下午14点开始。

施皮特尔贝格(Spittelberg; 见80页地图; www.spittelberg.at; 07, Spittelberggasse; ⏰11月13日至12月23日 周一至周四 14:00~21:00, 周五 14:00~21:30, 周六 10:00~21:30, 周日 10:00~21:00; Ⓤ Volkstheater, Museumsquartier)这个比德迈式样的街区里的鹅卵石小巷, 为深受维也纳人喜爱的市场提供了场地, 这里的摊位出售优质的艺术品和工艺品。

polizei.gv.at/wien; 01, Deutschmeisterplatz 3; ⏲24小时)

女性紧急求助热线(Women's Emergency Line, Frauennotruf; ☎01-717 19; www.frauennotruf.wien.at; ⏲24小时)女性咨询和紧急服务热线。

医疗服务

综合医院(Allgemeines Krankenhaus; ☎01-40 40 00; www.akhwien.at; 09, Währinger Gürtel 18-20)有一间急诊室。

现金

自动柜员机随处可见。在经济型酒店或经济至中档餐馆,不一定能用信用卡。酒吧和咖啡馆通常只收现金。

邮局

邮政总局(Main Post Office; 见68页地图; www.post.at; 01, Fleischmarkt 19; ⏲周一至周五 7:00~22:00, 周六和周日 9:00~22:00; 🚋1, 2, Ⓤ Schwedenplatz)

旅游信息

机场游客信息中心(Airport Information Office; ⏲7:00~22:00)提供全方位服务,有地图、维也纳卡,还可以预订能直接入住的酒店。位于**维也纳国际机场**到达大厅。

Die Villa(☎01-586 8150; http://dievilla.at; 06, Linke Wienzeile 102; ⏲时间各异; Ⓤ Pilgramgasse)Die Villa是维也纳主要的同性恋信息中心,能就这座城市的相关待遇提出建议并提供信息。

维也纳青年信息中心(Jugendinfo, Vienna Youth Information; 见68页地图; ☎01-4000 84 100; www.wienxtra.at/jugendinfo; 01, Babenbergerstrasse 1; ⏲周一至周三 14:00~19:00, 周四至周六 13:00~18:00; 🚋D, 1, 2, 71 Burgring, Ⓤ Museumsquartier)维也纳青年信息中心为14岁至26岁的青少年提供各种减价活动门票。这里的员工会告诉你城里都有什么活动。

市政厅信息中心(Rathaus Information Office; 见72页地图; ☎01-525 50; www.wien.gv.at; 01, Rathaus; ⏲周一至周五 8:00~18:00; 🚋D, 1, 2 Rathaus, Ⓤ Rathaus)市政厅提供社会、文化和实际问题的相关信息,不但对游客很有用,也适用于居民。这里有一个实用的信息屏。

维也纳旅游信息中心(Tourist Info Wien; 见68页地图; ☎01-245 55; www.wien.info; 01, Albertinaplatz; ⏲9:00~19:00; 📶; 🚋D, 1, 2, 71 Kärntner Ring/Oper, Ⓤ Stephansplatz)维也纳主要的旅游办事处,提供免费地图和一排排小册子。

WienXtra-Kinderinfo(见80页地图; ☎01-4000 84 400; www.wienxtra.at/kinderaktiv; 07, Museumsplatz 1; ⏲周二至周五 14:00~18:00, 周六和周日 10:00~17:00; Ⓤ Museumsquartier)这个旅游办事处主要面向儿童(看看膝盖高的展示柜),能提供大量儿童活动的相关信息,还有一个小型室内游乐场。它位于博物馆区的庭院内,在Mariahilfer Strasse入口处附近。

ℹ 到达和离开

飞机

维也纳国际机场(VIE; ☎01-700 722 233; www.viennaairport.com; 📶)位于市中心西南19公里处,提供国际航线服务。设施包括餐馆和酒吧、银行和自动柜员机、货币兑换柜台、超市、邮局、汽车租赁机构,以及两个在早上5点半至夜间23点之间提供服务的行李寄存柜台(每24小时€4~8; 最长保管6个月)。也有自行车箱(Bike box; €35)和行李打包服务(每件€12)。

斯洛伐克首都布拉迪斯拉发就在维也纳以东60公里处,服务于布拉迪斯拉发的**布拉迪斯拉发机场**(Airport Bratislava; BTS; ☎02-3303 3353; www.bts.aero; Ivanská cesta)也是飞往奥地利的可行选择。

船

多瑙河是进出维也纳的通畅路线。从维也纳出发的主要目的地是东欧地区; **Twin City Liner**(见68页地图; ☎01-904 88 80; www.twincityliner.com; 01, Schwedenplatz; 单程票 成人 €20~35; 🚋1, 2, Ⓤ Schwedenplatz)的服务连接着维也纳和布拉迪斯拉发,行程1.5小时,而它的姐妹公司**DDSG Blue Danube Schiffahrt**(☎01-588 80; www.ddsg-blue-danube.at; 02, Handelskai 265, Reichsbrücke; 单程票 €99~109, 往返票 €125; ⏲周一至周五 9:00~17:00, 周六和周日 10:00~16:00, 11月至次年2月 周六和周日关闭)在5月中旬至9月提供往返于布达佩斯和维也

纳的服务，船于周三、周五和周日从维也纳出发，于周二、周四和周六从布达佩斯出发。DDSG的票也可以在Twin City Liner购买或领取。

从4月下旬至10月上旬，斯洛伐克渡船公司**LOD**[☎斯洛伐克421 2 529 32 226；www.lod.sk；Schiffstation Reichsbrücke，Handelskai 265（维也纳出发点）；单程票/往返票 €20/29；⏲4月下旬至10月上旬]运营的水翼船每周都有5至7天往返于布拉迪斯拉发和维也纳（1.5小时）。船运季的变化取决于天气状况。

长途汽车

Eurolines（☎0900 128 712；www.eurolines.at；03，Erdbergstrasse 200；⏲办事处 8:00~18:00；Ⓤ Erdberg）基本用长途汽车路线将奥地利和欧洲的其他国家连接在了一起。它的主要终点站位于U3线地铁站Erdberg，但是也有一些车站位于U6线和U1线地铁及火车站Praterstern，以及靠近维也纳火车总站（Hauptbahnhof）的Südtiroler Platz广场。

火车

奥地利的火车网络很密集，而且连接着这个国家的偏远角落。这个系统快捷、高效、频繁而且易于使用。**奥地利联邦铁路公司**（Österreiche Bundesbahn，ÖBB；www.oebb.at）是主要的运营商，它在维也纳所有的主要火车站都设有信息办公室。可以在线购买车票，也可以在售票处或者火车站的售票机上购买。长途火车票可以在车上购买，但是要加收€3的服务费。当地、地区和城际火车的车票必须在上车前买好。

当地交通

抵离机场

维也纳机场线巴士（Vienna Airport Lines；☎01-700 732 300；www.postbus.at；⏲周一至周六 8:00~19:30）有3种服务，连接着机场和维也纳的不同地区。其中最中心的是位于Morzinplatz/Schwedenplatz的**维也纳机场线巴士站**（Vienna Airport Lines bus stop；见68页地图；1185路巴士；单程/往返 €8/13，20分钟），这趟车途中会经过Wien-Mitte火车站。

乘出租车往返机场要花费€25~50。黄色的**Taxi 40100**（见128页）位于到达大厅（在书店附近），收取固定的机场价格€36。**C&K Airport Service**（☎01-444 44；www.cundk.at）的价格为€33起。

和Eurolines（www.eurolines.com）协力的**Slovaklines**（www.slovaklines.sk）运营着连接布拉迪斯拉发机场和维也纳国际机场的巴士，并且会继续开往位于维也纳火车总站的Südtiroler Platz（单程票/往返票 €7.50/13，1小时，每小时最多2班）。

巴士于每天上午8点半至晚上21点35分从布拉迪斯拉发机场到达大厅外面出发，从维也纳火车总站的Südtiroler Platz出发的时间为每天上午8点半至晚上21点35分。

你也可以在机场乘61路公共汽车到布拉迪斯拉发市中心，然后从布拉迪斯拉发火车站搭乘班次频繁的火车前往维也纳。

自行车

维也纳是骑自行车四处游览的好地方。在周一至周五上午9点至下午15点和傍晚18点半以后、周六上午9点以后以及周日全天，乘坐轻轨和地铁的时候，自行车可以带上标有自行车标志的车厢免费运输。不能把自行车带上有轨电车和公共汽车。维也纳还开展了**维也纳城市自行车**（Citybike Wien，见91页）共享单车项目，该项目的自行车站遍布全城。

小汽车和摩托车

你可以考虑租一辆小汽车去游览城市外面的景点，但是在维也纳市内，最好还是使用完善的公共交通系统。

公共交通工具

维也纳全面而统一的公共交通网络，是欧洲效率最高的公共交通网络之一。单一价格的车票在火车、有轨电车、公共汽车、地铁（U-Bahn）和轻轨（S-Bahn）地区列车上都可以使用。车次很频繁，很少需要等候10分钟以上。

所有地铁站以及很多公共汽车和有轨电车站都贴着交通地图。从设在9个地铁站里的**Wiener Linien**（☎01-7909-100；www.wienerlinien.at）还可以获取免费地图。卡尔广场（Karlsplatz）、斯蒂芬广场（Stephansplatz）和火车西站（Westbahnhof）的信息中心在周一至周五的早上6点半至傍晚18点半，以及周六和周日的上午8点半至下午16点提供服务。而位于Schottentor、Praterstern、

Floridsdorf、Philadelphiabrücke和Erdberg的信息中心在周末关闭。

出租车

以西欧的标准来说，这里的出租车比较可靠，而且相对便宜。市内行程按计程表收费；在周一至周六的早上6点至晚上23点，起步费大致为€3.80，其他时间则为€4.30，之后每公里收费€1.42。电话预约要额外收取€2.80。预计会有10%的小费。在火车站以及全市各处的出租车站很容易找到出租车。如果想叫车，可以联系**Taxi 40100**（☎01-401 00；www.taxi40100.at）或**Willkommen Taxi**（☎01-60 160；www.taxi60160.at）。这些车可以使用普通的信用卡和借记卡（不过，上车前最好确认一下）。

下奥地利州和布尔根兰州

包括 ➡

最佳餐饮

- ➡ Gut Drauf at Gut Oggau（见166页）
- ➡ Weingut Gabriel（见166页）
- ➡ Zur Dankbarkeit（见169页）
- ➡ Zum Kaiser von Österreich（见136页）

最佳住宿

- ➡ Gut Purbach（见168页）
- ➡ 伯恩斯坦城堡（见164页）
- ➡ Schloss Starrein（见147页）
- ➡ Restaurant & Hotel Schloss Grafenegg（见140页）
- ➡ 圣马丁温泉酒店（见169页）
- ➡ Raffelsberger Hof（见139页）

为何去

环绕维也纳四周的下奥地利州，是奥地利文明的发源地，为旅行者提供了这个国家最生机勃勃的文化景观之一。户外活动、一些知名的博物馆、葡萄酒、美食，以及一瞥卡农图姆（Carnuntum）的罗马时代，都让离开首都进行一日游或更长时间旅行的展望充满了吸引力。

自然，每个人都听说过多瑙河，它流经该地区的西北部，其间穿过了风景如画的河谷——瓦豪。这里拥有壮丽的自然美景，而它的葡萄园、城堡、修道院和中世纪村庄又使它成为名副其实的欧洲亮点。

在首都的南边，游客涉足不多的布尔根兰州简直是典型的奥地利假日宣传册；在这里你找不到高耸的山脉、冰川湖和华丽夸张的建筑，只有洋溢着乡村风情的平原地区像一块软嫩的炸肉排，在其王冠上的宝石——新锡德尔湖的周围伸展开来。对痴迷于水上运动的爱好者和初学划水的孩童而言，这个浅湖宛如“圣地”。

何时去

- ➡ 在4月至10月探访布尔根兰州，尤其是北部的新锡德尔湖地区。
- ➡ 从11月至次年3月，布尔根兰州将进入淡季的“冬眠状态”，这里最有吸引力的地方——户外，会变得寒冷、阴暗而且狂风大作。
- ➡ 最好在4月至10月的温暖季节前往下奥地利州，那时的瓦豪区通常会沐浴在柔和的日光之中，你可以充分利用多瑙河，享受那里的景点和活动。
- ➡ 秋季是享受瓦豪区葡萄酒的最佳时间，每年的未熟酒都从11月11日（圣马丁节）开始出售。

下奥地利州和布尔根兰州亮点

❶ **多瑙河谷**（见132页）漫步于瓦豪区的文化景观之中。

❷ **鲁斯特**（见165页）在一家秀丽的酒庄（Heurigen）里啜饮葡萄酒。

❸ **梅尔克修道院**（见141页）在梅尔克坐落在多瑙河岸边的宏伟修道院里感受巴洛克氛围。

❹ **新锡德尔湖**（见165页）在奥地利著名的草原湖上溅起一片水花。

❺ **塞默灵铁路**（见159页）在塞默灵镇乘上这趟非凡工程壮举的列车。

❻ **新锡德尔湖—塞温克尔国家公园**（见169页）在塞温克尔的鸟类天堂里流连忘返。

❼ **圣马丁温泉酒店**（见169页）在弗劳恩基兴爱上温泉。

❽ **多瑙河畔克雷姆斯**（见132页）徜徉于铺着鹅卵石的街道。

❾ **施内山**（见156页）徒步或乘火车登上下奥地利州的最高峰。

CZECH REPUBLIC
捷克
ardegg
尔德格
Znojmo
Nationalpark Thayatal
塔亚河谷国家公园
Retz
雷茨
genburg
根堡
March
马尔希河
Weinviertel
魏恩菲特尔
Mistelbach
Hollabrunn
ersbrunn
Stockerau
Danube
多瑙河
Tulln
图尔恩
Klosterneuburg
WIEN
维也纳州
WIEN
维也纳
March-Donauland
马尔希河－多瑙河地区
Purkersdorf
普克斯多夫
Perchtoldsdorf
佩希托尔茨多夫
enerwald
维也纳林山
Nationalpark Donau-Auen
多瑙－奥恩国家公园
Wien Schwechat
维也纳国际机场
Bad Deutsch-Altenburg
巴特多伊奇－阿尔滕堡
BRATISLAVA
布拉迪斯拉发
SLOVAKIA
斯洛伐克
Heiligenkreuz
海利根克罗伊茨
Mödling
默德灵
Gumpoldskirchen
贡波尔茨基兴
Bruck an der Leitha
Petronell-Carnuntum
彼得罗内尔－卡农图姆
Mayerling
梅耶林
Baden bei Wien
维也纳附近巴登
Bad Vöslau
Breitenbrunn
布赖滕布伦
Neusiedl am See
滨湖新锡德尔
Purbach am See
滨湖普巴赫
Neusiedler See 新锡德尔湖
Süd-Alpin
南阿尔卑斯
Eisenstadt
艾森施塔特
Podersdorf am See 滨湖波德斯多夫
chberg am hneeberg
山麓普赫贝格
Wiener Neustadt
维也纳新城
Oggau 奥高
Frauenkirchen
圣马丁温泉酒店
Rust
鲁斯特
Seewinkel
塞温克尔
Schneeberg 施内山(2076m)
Forchtenstein
弗尔希滕施泰因
Mörbisch am See
滨湖默比施
Győr
rschwang
Payerbach 派尔巴赫
Gloggnitz 格洛格尼茨
Sopron
Kreuzberg
Semmering 塞默灵
Semmering Pass
rschenkogel (1340m)
Horitschon
Burg Forchtenstein
弗尔希滕石堡
Deutschkreutz
德意志克罗伊茨
Raiding
Oberpullendorf
BURGENLAND
布尔根兰州
Bernstein
伯恩斯坦
Klostermarienberg
Lockenhaus 洛肯豪斯
Geschriebenstein (884m)
Burg Bernstein
伯恩斯坦城堡
Pápa
Bad Tatzmannsdorf
巴特塔茨曼斯多夫
Hartberg
Oberwart
上瓦特
Szombathely
Gerersdorf
盖雷斯多夫
Güssing
居辛
HUNGARY
匈牙利
Fürstenfeld
Burg Güssing
居辛城堡
Zalaegerszeg
佐洛埃格塞格
SLOVENIA
斯洛文尼亚
B2
E49
B303
S5
A1
A2
B21
B26
A3
A4
S31

下奥地利州（LOWER AUSTRIA）

到达和离开

下奥地利州的大部分地区都有极好的高速公路、铁路和长途汽车线路连接着这个国家的其他地方。在州内旅行通常都可以乘火车，但是在多瑙河以北的瓦尔德维尔地区（Waldviertel）以及多瑙河以南的莫斯特维尔地区（Mostviertel），火车线路有限。在这里最好自己开车或者骑自行车，也可以利用当地公共汽车。

多瑙河谷（The Danube Valley）

多瑙河从西边的伊布斯（Ybbs）附近流入下奥地利州，并从东边的斯洛伐克首都布拉迪斯拉发（Bratislava）附近流出，它在这个州的山丘和田野之间开辟了一条风景如画的道路。奥地利境内的多瑙河最壮观的部分，是多瑙河畔克雷姆斯（Krems an der Donau）和梅尔克（Melk）之间引人注目的河段，这个地区被称为**瓦豪**（Wachau）。这里的景观以葡萄园、森林山丘、生产葡萄酒的村庄和矗立在几乎所有弯曲处的雄伟要塞为特征。瓦豪区如今是联合国教科文组织认可的世界遗产，因为自然与文化之美在这里和谐地融为了一体。

瓦豪—尼贝龙根高旅游协会（Tourismusverband Wachau Nibelungengau；☎02713-300 60 60；www.wachau.at；Schlossgasse 3, Spitz an der Donau；⏲周一至周四 9:00~16:30，周五 至14:30）是人们获取瓦豪区及其周边地区全面信息的绝佳途径。

当地交通

自行车

在维也纳和梅尔克之间，有一条非常平坦的自行车道沿着多瑙河的两岸伸展，并途经克雷姆斯、迪恩施泰因（Dürnstein）、魏森基兴（Weissenkirchen）以及位于北岸的施皮茨（Spitz）。很多酒店和民宿（Pensionen）都是面向自行车骑手的，大多数城镇至少会有一家自行车租赁维修店铺。要了解更多信息，可以拿一份《多瑙河自行车道——从帕绍到布拉迪斯拉发》（*The Donauradweg – Von Passau bis Bratislava*）的免费复印件（可在旅游局获取，或者从网站http://brochures.austria.info下载PDF文档），它提供了有关整个路线的距离、酒店及旅游信息中心的详情。

船

探索该地区的另一种非常热门的方式是乘船，尤其是在克雷姆斯和梅尔克之间的地区（穿过瓦豪）；从帕绍（Passau，德国）乘船到维也纳也是可行的。在多瑙河上乘船旅行的最为便利的时间，是5月至9月，那时船运公司会执行夏季时刻表。儿童可以享受50%的折扣。

Brandner（☎07433-25 90 21；www.brandner.at；Ufer 15, Wallsee）在4月中旬至10月下旬提供克雷姆斯—梅尔克路线的服务，每天有1至2班船；站点包括施皮茨。

DDSG Blue Danube（☎01-58 880；www.ddsg-blue-danube.at；Handelskai 265, Vienna；Ⓜ Vorgartenstrasse）在4月至10月运营往返于克雷姆斯和梅尔克的船，而且会在迪恩施泰因和施皮茨停靠。自行车可以免费带上所有的船。

小汽车

多瑙河两岸的公路位于克雷姆斯和梅尔克之间的部分——B3和B33在这一段紧贴着河流的轮廓——非常适合观光。在克雷姆斯（2个过河点）、梅尔克、珀希拉恩（Pöchlarn）和伊布斯，汽车会经过桥梁跨越河流。

火车

从维也纳的弗朗茨·约瑟夫火车站（Franz-Josefs-Bahnhof）开往克雷姆斯的直达列车，是进入河谷最便捷的方式。从维也纳的火车西站（Westbahnhof）开出的列车会经圣珀尔滕（St Pölten）直达梅尔克，而不会沿着多瑙河谷走。克雷姆斯和迪恩施泰因之间有季节性的火车服务，但是不够频繁，没有多大用处。大多数旅行者会乘坐每小时1班的长途汽车往返这两座城镇，汽车行驶的路线自始至终都拥抱着多瑙河。

多瑙河畔克雷姆斯（Krems an der Donau）

☎02732 / 人口：23,900

克雷姆斯——正如它的朋友所熟知的那样——标志着瓦豪区的起点，而且是多瑙河沿线较大城镇中最漂亮的一座。令人愉快的美食、具有独特氛围的历史中心、当地葡萄园出产的优质葡萄酒，以及儿座意料之外的博物馆，都吸引着成群的夏季游客，但是，在一年里的其他时候，这里可能悄无声息。漫无目的地信步而行是最好的游览方式，去教堂和博物馆看看，在多瑙河岸边散步，并沿途品尝当地的白葡萄酒。

克雷姆斯包括三个部分：东边的克雷姆斯、西边规模较小的施泰因村（Stein，以前是一座独立的小镇）以及相连的温德（Und）郊区。当地还有一句由此而来的俏皮话验证这三个部分：克雷姆斯和施泰因是三个镇（Krems und Stein sind drei Städte）。

景点

★弗罗纳论坛美术馆 画廊

（Kunstmeile；Forum Frohner；www.kunsthalle.at；Minoritenplatz 4；成人/儿童 €5/4；⊙周二至周日 11:00~19:00）这个当代的白色立方体是克雷姆斯艺术馆网络的一部分，它得名自艺术家阿道夫·弗罗纳（Adolf Frohner），坐落在以前的小兄弟会修道院内。这里的概念性作品的展览相当令人印象深刻，展品既有国际的，也有奥地利本土的。

格特维克修道院 修道院

（Stift Göttweig；Göttweig Abbey；☎02732-855 81-0；www.stiftgoettweig.at；Furth bei Göttweig；成人/儿童 €8.50/5；⊙6月至9月 9:00~18:00，3月至5月、10月和11月 10:00~18:00）这座修道院建于1083年，曾在18世纪早期被大火烧毁，但是拥有着令人难忘的巴洛克风格的内饰。今天，这座修道院仍然在从事宗教活动，除了能从花园平台和餐馆欣赏多瑙河谷对面的壮丽远景，这里的亮点还包括皇家楼梯（Imperial Staircase），上面神圣的天花板壁画是保罗·特勒格尔（Paul Troger）于1739年绘制的，还有修道院教堂（Stiftskirche）内铺天盖地的巴洛克内饰，那里的地下室内有一件克雷姆泽尔·施密特（Kremser Schmidt）的作品。

完整的导览游会带你参观修道院的皇家侧翼（Imperial Wing）、教堂和夏日小礼拜堂；较短的游览只会探索皇家侧翼，或者教堂和小礼拜堂。

前往格特维克的最佳方式是从克雷姆斯搭乘火车（€2.20，10分钟，每2小时1班），不过得从Klein Wien站经由一条陡峭的路步行上山。

圣法伊特教区教堂 教堂

（Pfarrkirche St Veit；Pfarrplatz 5；⊙黎明至黄昏）这座巨大的巴洛克风格的教区教堂又被称为“瓦豪大教堂”（Cathedral of the Wachau），教堂内颜色鲜艳的壁画出自马丁·约翰·施密特（Martin Johann Schmidt）之手，这位18世纪的本地艺术家又名为克雷姆泽尔·施密特（Kremser Schmidt），从1756年起，他就住在施泰因林茨门（Linzer Tor）附近的一栋房子里。这座巴洛克式建筑是西普里亚诺·比亚西诺（Cipriano Biasino）的作品，他设计过瓦豪区的几座教堂，包括格特维克修道院的教堂。

克雷姆斯艺术馆 画廊

（Kunsthalle Krems；www.kunsthalle.at；Franz-Zeller-Platz 3；€10；⊙周二至周日 10:00~17:00）这座艺术馆是克雷姆斯艺术之旅（Krems' Kunstmeile）的旗舰，这个兼收并蓄的项目聚集了很多画廊和博物馆。这里的展览经常变化，展品可能是19世纪中叶的风景画，也可能是硬核的概念性作品，不过通常都策划得很出色。导览游（€3）在周日下午2点进行。

皮亚利斯滕教堂 教堂

（Piaristenkirche；Frauenbergplatz；⊙黎明至黄昏）克雷姆斯最令人印象深刻的教堂，要从教区教堂（Pfarrkirche）经过一段有顶的楼梯才能到达。这里有令人惊叹的网状哥特式天花板，以及简朴而平淡的巨大窗户。教堂里最有气氛的时候是在日落之后，那时候最容易让人联想到18世纪的教民在庄严的巴洛克式圣坛前祈祷的情景。

漫画博物馆 博物馆

（Karikaturmuseum；www.karikaturmuseum.at；Steiner Landstrasse 3a；成人/儿童 €10/3.50；⊙10:00~18:00）奥地利独一无二的漫画博物馆，占据着艺术馆对面专门建造的建筑，这个大家伙看上去似乎在开玩笑，但也与博物馆的主题十分相称。馆内的展览常换常新，还有一个以奥地利和国际著名人物的漫画为专

Krems an der Donau 多瑙河畔克雷姆斯

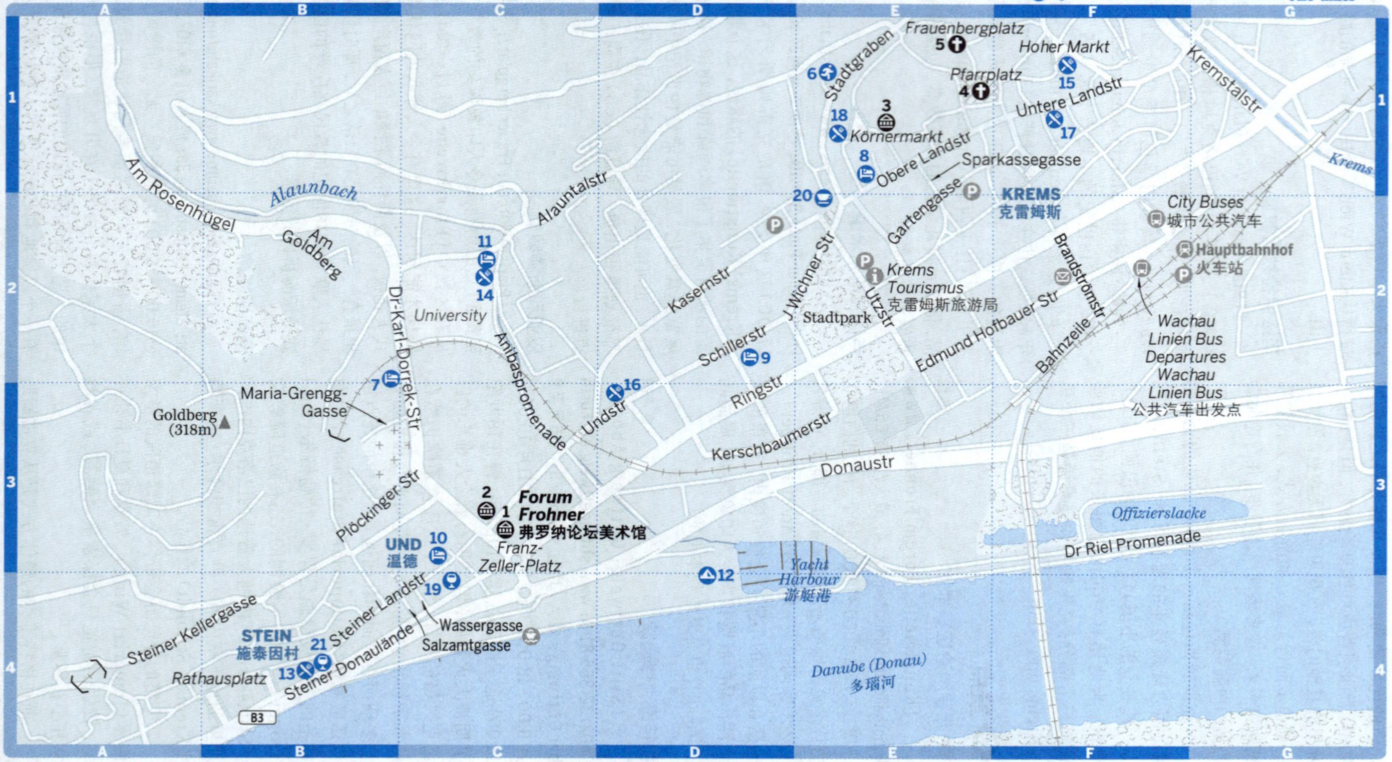

Krems an der Donau 多瑙河畔克雷姆斯

题的大型永久性收藏，都能为你带来有趣的体验。

克雷姆斯博物馆 博物馆

（Museum Krems；www.museumkrems.at；Körnermarkt 14；门票 €5；4月和5月 周三至周日、6月至10月 每天 11:00~18:00）这座城镇博物馆坐落在从前的多明我会修道院里，馆内收藏着宗教和现代艺术品，包括克雷姆泽尔·施密特的作品，他绘制了圣法伊特教区教堂里的湿壁画。馆内还有与酿造葡萄酒有关的人工制品，以及一个介绍著名的克雷姆斯芥末的展览部分。

活动

Weingut der Stadt Krems 葡萄酒

（克雷姆斯市属葡萄园；www.weingutstadtkrems.at；Stadtgraben 11；周一至周五 9:00至正午和13:00~17:00，周六 9:00至正午）这座市属葡萄园每年能出产20万瓶葡萄酒，多数是绿维特利纳（Grüner Veltliner）和雷司令，但也有各种各样的葡萄酒可供品尝和购买。

住宿

Hotel Alte Poste 酒店 $

（02732-822 76；www.altepost-krems.at；Obere Landstrasse 32；标单 €36~52，大床 €66~90；P）这家中型客栈在一栋已有500年历史的老房子里，有一座迷人的庭院，能提供条件基本但是相当惬意的房间。

ÖAMTC Donaupark Camping 露营地 $

（02732-844 55；www.donauparkcamping-krems.at；Yachthafenstrasse 19；露营地 每位成人/儿童/每辆车 €5.50/3，每个帐篷 €4~9；复活节至10月中旬；P）这片维护良好的露营地就坐落在多瑙河岸边，提供自行车租赁服务，还有一家小吃店。

Hotel-Garni Schauhuber 酒店 $

（0660 4003 412；Steiner Landstrasse 16；标单/大床 €40/72；）Schauhuber是富有魅力的老式酒店，有光洁闪亮的瓷砖表面、刷成了白色的墙壁以及宽敞的房间。早餐很丰盛。

Kolpinghaus 宿舍 $

（02732-835 41；www.kolpingkrems.at；Alauntalstrasse 95 & 97；标单/大床 €40/75；前台 周一至周五 8:00~17:00，周六和周日 至正午；P）这些顶呱呱的学生宿舍任何时候都向旅行者开放：如果你不介意一直走到大学里，它们确实物超所值。有些条件简单但舒适的房间非常大，浴室和一些酒店的单人间大小差不多，而且还有自己的厨房。唯一的缺点是规定的退房时间为上午10点。

Hotel Unter den Linden 酒店 $$

(☎02732-821 15; www.udl.at; Schillerstrasse 5; 标单 €62~82, 大床 €86~112; 📶) 这家由家庭经营的大型酒店拥有学识渊博、乐于助人的老板，明亮而舒适的房间以及位于克雷姆斯本镇的便利位置。这里处处都体现着历史韵味与一体化现代风格的融合，早餐在具有民间气息的餐厅里供应。需要预订。

Arte Hotel Krems 设计酒店 $$

(☎02732-71 123; www.arte-hotel.at; Dr-Karl-Dorrek-Strasse 23; 标单/大床 €100/145; P📶) 酒店名字里的“艺术”可能有些夸张，但是到这儿来可以享受精心设计的宽敞房间，它们带有开放式浴室，而且都装饰着20世纪60年代风格的家具，以及色彩鲜艳的大块图案。

建筑内有一家独立的健康工作室，同一栋建筑内还有一家不错的烧烤餐馆。

就餐

Filmbar im Kesselhaus 各国风味 $

(www.filmbar-kulinarium.at; Dr-Karl-Dorreck-Strasse 30; 主菜 €6~12; ⏲周三至周日 10:00至午夜; 📶) 这家时髦的学生餐馆兼酒吧为原本非常安静的大学校园注入了几分活力。如今这里已经成了这个地区聚会喝酒（看艺术电影）的地方，即使你的学生时代早已成了过去也没有关系。有机菜单上既有小吃，也有国际风味菜肴，比如玉米卷饼、意大利面和蔬菜串。

Schwarze Kuchl 奥地利菜 $

(www.schwarze-kuchl.at; Untere Landstrasse 8; 主菜 €8~13; ⏲周一至周五 8:30~19:30, 周六 至17:00) 如果想尝尝优质而纯正的当地食物，可以到这家白天营业的小餐馆来，它就坐落在穿过小城的主街上。在这里你可以享用红烩牛肉、杏子馅的薄煎饼以及瓦尔德地区的土豆烧牛肉（Gröstl），同时你可以在巨大的瓷砖烤炉上烤烤脚尖。

Blauenstein 奥地利菜 $$

(☎0699 1930 788; www.blauenstein.at; Donaulände 56, Stein; 主菜 €16.50~19.50, 4道菜套餐 €42; ⏲周四至周一 17:00~23:00, 周五至周日 11:00~15:00) 这家人气旺盛的餐厅位于地区政府大楼的楼上，会供应现代化的奥地利菜肴，还可以一览多瑙河赏心悦目的风光。楼下还有一家极具地区特色的葡萄酒吧，不管是散步之前还是之后，都可以去那儿喝一杯。

Jell 奥地利菜 $$

(www.amon-jell.at; Hoher Markt 8-9; 主菜 €13~23; ⏲周二至周五 10:00~22:30, 周六和周日 至14:00) Jell开在一栋华丽的石头房子里，别致的乡村情调以及它自己的葡萄园出产的优质葡萄酒，令它立于不败之地。友好的员工使你的地区体验更加难忘；位置就在圣法伊特教区教堂的东边。

★ Zum Kaiser von Österreich 奥地利菜 $$$

(☎0800 400 171 052; www.kaiser-von-oesterreich.at; Körnermarkt 9; 3/4/5/6道菜套餐 €45.50/49.50/59.50/69.50; ⏲周二至周六 18:00~23:00) 店名为“奥地利皇帝”的这家餐馆是克雷姆斯最受喜爱的高档餐馆之一。这里的装潢让人想起狩猎小屋，正好衬托了由这个地区大量野味构成的套餐，从鹿到野鸡再到兔子，都可以吃到。

Late Kloster Und 奥地利菜 $$$

(☎02732-70 493; www.late.at; Undstrasse 6; 3/4/5/10道菜套餐 €50/60/65/85; ⏲周二至周六 17:00~22:00) 相当夸张的内部装饰暗示：这是一家非凡的用餐去处。著名厨师夏利·托伊施尔（Charly Teuschl）会在这里重新解构菜肴，令人印象深刻。古老的修道院里有一座秀丽的庭院，再加上令人难忘的精选葡萄酒，共同将这里打造成了瓦豪区最好的餐馆之一。

饮品和夜生活

Weinstein 葡萄酒吧

(☎0664 1300 331; www.weinstein.at; Donaulände 56, Stein) 这家面朝多瑙河的葡萄酒吧拥有非常全面的本地葡萄酒存货，皆可以杯为单位品尝。厨房能提供美味的下酒菜，比如说夏季的白汁红肉或者冬季的辣子牛肉丁。

Piano 酒吧

（www.piano-krems.at；Steiner Landstrasse 21；⌚周一至周四 17:00至次日2:00，周五和周六至次日3:00，周日 至午夜）由学生、年轻工人以及老练的带着爵士范儿的顾客组成的跨界人群，挤满了这家充满人气又不同寻常的小酒馆。这里会供应几种本地的香肠小吃和三明治，以便搭配用专业眼光挑选出来的精选啤酒。

Stadtcafe Ulrich 咖啡馆

（www.stadtcafe-ulrich.at；Südtirolerplatz 7；⌚周一至周四 7:00~23:00，周六 至午夜，周日 9:00~23:00）克雷姆斯最忙碌的咖啡馆便是这家天花板高挑、维也纳风格的店铺，雅致门店就在施泰因门（Steinertor，通往老城区的中世纪大门）旁边。

购物

Galerie der Regionen 礼品和纪念品

（☎02732-850 15 15；www.volkskultureuropa.org；Donaulände 56，Haus der Regionen；⌚周一至周六 10:00至正午和13:00~18:00）这里展示着传统服装、围巾、首饰和家居用品等很多奥地利手工艺品，而且并不媚俗。可以留意一下传统的、带有民间图案的赖斯（Reiss）搪瓷器皿。

实用信息

克雷姆斯旅游局（Krems Tourismus；☎02732-82 676；www.krems.info；Utzstrasse 1；⌚周一至周五 9:00~18:00，周六 11:00~18:00，周日 11:00~16:00，冬季时间缩短）很有帮助的旅游局，能提供很多信息和地图。

邮政总局（Main Post Office；Brandströmstrasse 4-6）

到达和离开

如果要乘船，**河上码头**位于Donaustrasse附近，就在火车站以西大约1.5公里处。

Autovermietung Becker（☎02732-82433；www.rent.becker.at；Wachauer Strasse 30）出租小汽车，每天收费€65起。

每天都有班次频繁的火车连接着克雷姆斯和维也纳（€17.60，1小时）。**Wachau Linien**（☎0810 222 324；www.vor.at）运营的长途汽车会沿着多瑙河谷一直开到梅尔克（Melk，每小时1班，1小时）。可以从司机那里购买瓦豪区通票（Wachau Ticket；€10），持票即可在一天之内无限次地乘坐所有的公共汽车，包括克雷姆斯的**市区公共汽车**和多瑙河渡船。

迪恩施泰因（Dürnstein）

☎02711 / 人口：875

漂亮的小镇迪恩施泰因就坐落在多瑙河秀丽如画的拐弯处，这里不仅因美丽的建筑而闻名，还有一座著名的城堡坐落在城镇的山顶上，那里曾经关押过英格兰国王理查一世（Richard I of England），是的，就是狮心王（the Lionheart）。

迪恩施泰因在夏季游人如织，而在冬季则会彻底歇业。

景点

库恩林格尔堡 城堡

（Kuenringerburg）免费 库恩林格尔堡高高地坐落在城镇的山顶之上，这座城堡在1192年至1193年监禁过狮心王理查（Richard the Lionheart）。他的罪行是侮辱了利奥波德五世（Leopold V）；他在从圣地回国的途中，乔装经过奥地利时，不幸地被识破了身份。在支付了35,000公斤白银的巨额赎金之后，他才恢复了自由（这笔钱有一部分用在了维也纳新城的建设上）。

修道院 修道院

（Chorherrenstift；www.stiftduernstein.at；Stiftshof；成人票/儿童票 €3/1.50；⌚4月至10月周一至周六 9:00~18:00，周日 10:00~18:00）在迪恩施泰因街道两旁美丽如画的16世纪房屋及其他突出建筑中，经过了精心修复的修道院最令人难忘。它是当初始建于1410年的奥古斯丁修道院的遗迹；后来在18世纪进行了巴洛克风格的翻新[在约瑟夫·蒙格纳斯特（Josef Munggenast）及其他一些人的监督下]。很多天花板和圣坛画都是由克雷姆泽尔·施密特创作。持门票可以进入俯瞰着多瑙河的门廊，还可以参观介绍奥古斯丁修会修道士的展览——1788年以前，他们一直住在这里。

活动

Domäne Wachau
葡萄酒品鉴

（瓦豪庄园；☎02711-371 15；www.domaene-wachau.at；⏲4月至10月 周一至周六 10:00~17:00，11月至次年3月 周六关闭）如果你一心想要品尝瓦豪区生产的最好的葡萄酒，就要多拜访一些葡萄园，从富有革新精神的家族式经营者，到瓦豪庄园这样的大企业，后者是这个地区在国际上最知名的生产商之一。一间宽敞而现代的品酒厅就坐落在河畔，由一群热心的年轻助手提供服务。如果你不喜欢葡萄酒，这里还准备了一些不错的本地食品。

住宿

Pension Böhmer
客栈 $

（☎02711-239；Hauptstrasse 22；标单€45，大床€55~68；P）这家小型家庭旅馆位于镇中心，能提供俯瞰着主要街道的舒适房间。楼下有几间富有情调的房间，铺着鹅卵石的入口处很适合悠闲地喝点儿葡萄酒。Böhmer还能帮你挑选本地最好的杏子酒和果酱。

Hotel Sänger Blondel
酒店 $$

（☎02711-253；www.saengerblondel.at；Klosterplatz/Dürnstein 64；标单€79~89，大床€119~139；P 📶）这家酒店是镇上性价比最高的住宿选择之一，宽敞的房间里陈设着轻木家具，有些还配备了沙发。有几间房间可以眺望多瑙河，其他的能看到城堡或花园。

Hotel Schloss Dürnstein
酒店 $$$

（☎02711-212；www.schloss.at；Dürnstein 2；标单€159~189，大床€209~318；⏲4月至10月中旬；P @ 📶 🏊）这座城堡体现了老式奢华的极致。房间里陈设着古董家具和加了厚垫子的沙发。可在你一抵达就安排享受按摩服务，此外还有桑拿和蒸汽浴室。露台餐馆能欣赏令人惊叹的河景。冬季歇业。

> **从迪恩施泰因开始徒步之旅**
>
> 在参观过监禁狮心王理查的**库恩林格尔堡**（见137页）之后，可以从那里徒步穿过带有路标的草地（Schlossbergweg），前往**Fesselhütte**。从城堡走过来大约需要1小时，到达这家森林酒馆后，可以享用香肠、汤或葡萄酒。还有一条路从魏森基兴通往这里。

就餐

Weinschenke Altes Presshaus
咖啡馆 $

（Dürnstein 10；小吃和主菜€3.50~9.50；⏲4月至10月 周二至周六 14:00至深夜，周日 从11:00开始营业）这家位于城镇中心、酒馆（Heuriger）风格的咖啡馆出售本地葡萄酒——大量的维特利纳，以及很多小吃和丰盛的菜肴，比如红烩牛肉、炸肉排和野猪肉排。在游客与本地人当中都很受欢迎。这里的小吃特别正宗，长久以来一直深受人们喜爱，比如血肠、肥猪肉和黑面包配脆皮或肝酱。

Fesselhütte
奥地利菜 $

（www.fesslhuette.at；Dürsteiner Waldhütten 23；主菜€8~12；⏲4月至10月 周三至周日 9:30~18:00）这个可爱的老式森林餐厅供应精选拼盘、热乎乎的午餐菜肴以及自制的蛋糕和糕点。也可以坐在户外的花园里，品味瓦豪区葡萄园出产的葡萄酒。

★ Restaurant Loibnerhof
奥地利菜 $$

（☎02732-828 90；www.loibnerhof.at；Unterloiben 7；主菜€16~26；⏲周三至周日 11:30至午夜）这家由家庭经营的餐馆位于迪恩施泰因镇中心以东1.5公里处，它在一座比德迈式样（Biedermeiered）、已有400年历史的拱顶酒窖内，供应瓦尔德地区风味的创意菜肴。夏季，这里会在外面的家庭果园里摆放餐桌。自酿的坚果酒、杏子果酱或鹅肝冻糕都提供外卖。

实用信息

大量的游客并没能阻止迪恩施泰因在2013年废除旅游局——试试**市政厅**（rathaus；☎02711-219；www.duernstein.at；Hauptstrasse 25；⏲周一至周五 8:00至正午，以及周一 13:00~16:00，周二 13:00~19:00），那里也能提供一些信息。

到达和离开

从4月中旬至10月下旬，每天会有一两班**Brandner**（www.brandner.at；landing station near

Chorherrenstift）运营的船连接着迪恩施泰因和克雷姆斯（Krems，20至30分钟）。

迪恩施泰因有开往梅尔克（Melk，45分钟，每小时1班）和克雷姆斯（25分钟，每天18班）的公共汽车。这显然是最便利的旅行方式。

迪恩施泰因的火车站叫作Dürnstein-Oberloiben，有连接克雷姆斯（17分钟，每天3班）和魏森基兴（7分钟，每天3班）的火车。

魏森基兴（Weissenkirchen）

☎02715 / 人口：1445

魏森基兴和克雷姆斯相距12公里，这里拥有悠闲的高雅气质与古老的隐藏所，却莫名其妙地避开了人群。主要景点是加固过的哥特式教区教堂，以及教堂下方迷人的Teisenhoferhof拱廊庭院，那里有一条带顶的长廊，捆扎着很多鲜花和干玉米。

景点

瓦豪博物馆 博物馆

（Wachau Museum；☎02715-22 68；Weissenkirchen 32；成人票/儿童票 €6/2.50；⏰4月至10月 周二至周日 10:00~17:00）漂亮的瓦豪博物馆就坐落在教堂的正下方，这座很小的博物馆展示着多瑙河画派（Danube School）的艺术家们的作品。

魏森基兴教区教堂 教堂

（Weissenkirchen Parish Church）这座15世纪的哥特式教堂坐落在俯瞰着城镇的山顶上；要经过一座有顶小径组成的迷宫才能到达教堂的前门。留意巴洛克风格的圣坛（你肯定能看到），也可以懒洋洋地靠在花园露台上欣赏秀丽的多瑙河风光。

住宿

★Raffelsberger Hof 酒店 $$$

（☎02715-22 01；www.raffelsbergerhof.at；Freisingerplatz 54；标单/大床 €150/230；⏰4月中旬至11月；P）这家极具情调的酒店在一座融入了现代化的文艺复兴时期风格的小城堡里。房间不算大，但是非常舒适，而且并不乏味。除了迷人的公共区域和花园，这里还有一座天然的、看上去非常漂亮的“池塘”游泳池。

到达和离开

魏森基兴有去往迪恩施泰因的船和火车，不过从那里到达这座村庄最简单的方式是乘坐当地的公共汽车（8分钟，每天18班）。

施皮茨（Spitz）

☎02713 / 人口：1700

施皮茨位于多瑙河的北岸，在克雷姆斯以西17公里处，这是一座令人愉快的小镇，不像迪恩施泰因那样被游客挤得水泄不通。这里的镇中心是风景如画的老城区，周围的森林和葡萄园则提供了一些很好的徒步路线。要前往老城区，就在离开车站后左转，然后沿着Marktstrasse一直走到教堂广场（Kirchenplatz）。

位于施皮茨以西6公里处的米尔多夫（Mühldorf），是城堡和酒店Burg Oberranna的所在地。

活动

施皮茨徒步游 徒步

从旅游局拿几张地图，徒步爬到峭壁上面的欣特豪斯城堡废墟（Burgruine Hinterhaus），去欣赏令人难以置信的河谷风光。其他小径会穿过小镇后面的尧尔灵山自然公园（Jauerling Naturpark，即尧尔灵山自然保护区）内的森林。以红门（Rotes Tor，从Marktstrasse上的教区教堂步行15分钟）为起点的徒步游也能看到如画的美景。

住宿

Hotel Wachauer Hof 酒店 $

（☎02713-23 03；www.wachauerhof-spitz.at；Hauptstrasse 15；标单 €47~53，大床 €78~90；P）这家位于镇中心的酒店有舒适的房间和一家餐馆，夏季那里会设置户外座位。

★Burg Oberranna 历史酒店 $$

（☎02713-8221；www.burg-oberranna.at；标单/大床 €88/148；P）这家别具一格的酒店占据着一座中世纪的城堡（Schloss），周围环绕着森林，还可以俯瞰河谷。它经过了精心细致的修复，保留了大部分原始建筑，包括一处古老的罗马式教堂地下室。室内陈设着古董家具，很有气氛。这家酒店距离施皮茨大约6

公里远；如果你不开车，就得叫一辆出租车。

实用信息

旅游局（Tourist Office；☎02713-23 63；www.spitz-wachau.com；Mittergasse 3a；⏰4月至10月 周一至周六 9:00~13:00和14:00~18:00）旅游局位于车站以西400米处，能提供很棒的免费城镇地图，上面标出了徒步路线，还有一张颇为全面的酒庄一览表。需要注意的是，淡季期间的营业时间并不确定，也没有规律。

到达和离开

火车往返于施皮茨和克雷姆斯（35分钟，每天3班），不过公共汽车（35分钟，每天20班）是更好的选择。乘出租车前往Burg Oberanna大约要花费€17。

玛丽亚塔费尔和阿茨特滕（Maria Taferl & Artstetten）

☎07413 / 人口：850

玛丽亚塔费尔位于瓦尔德地区（Waldviertel），在多瑙河北侧离开了河流的位置，这座小镇因矗立在多瑙河谷高处的**玛丽亚塔费尔教区和朝圣教堂**（Pfarr- und Wallfahrtskirche Maria Taferl；www.basilika.at；Maria Taferl 1；⏰7:00~20:00）而闻名。这座巴洛克式教堂是雅各布·普兰陶尔（Jakob Prandtauer，因梅尔克而出名）设计的，它有两个洋葱形圆拱顶，以及深色的穹顶壁画。圣坛是一系列金色人物塑像的复合体。如果你决定在镇上留宿，会发现这里有很多酒店和民宿，从村庄所在的位置还可以欣赏最壮观的多瑙河风光。

阿茨特滕位于玛丽亚塔费尔以东大约6公里处，与多瑙河的距离大致相同，这里也有一座城堡。它最初是一座建于13世纪的中世纪城堡，但是能看到在过去的700年间所进行的改造，包括文艺复兴时期的特征。这座城堡在19世纪早期落入哈布斯堡家族手中之后声名鹊起，最终作为弗朗茨·斐迪南大公的所有物被历史铭记。城堡里面是一座**博物馆**（www.schloss-artstetten.at；Artstetten 1，Artstetten；成人票/儿童票 €8/5；⏰4月至10月 9:00~17:30；Ⓟ），展览的主题便是这位不幸的继承人，展出了他和妻子在城堡里生活时的照片和故事，以及他们前往萨拉热窝的命运之旅——在萨拉热窝遭到刺杀，结果引发了“一战”。他们的坟墓就在教堂里。

福伊斯布伦（Feuersbrunn）

格拉芬艾格城堡矗立在克雷姆斯以东大约10公里处，就在通往图尔恩（Tulln）的公路附近。这幢19世纪中叶的复古主义一时兴起之作现在成了举办展览和音乐会的场所，此外还开设了一家博物馆。2公里外的小村庄福伊斯布伦拥有着该地区最好的几处餐饮和住宿选择。

景点

格拉芬艾格宫 城堡

（Schloss Grafenegg；www.grafenegg.com；Grafenegg 10；成人票/儿童票 €6/4；⏰4月中旬至10月 周二至周日 10:00~17:00；Ⓟ）在Diendorf以南大约6公里处矗立着这座复古主义的城堡，其外观和感觉都和坐落在英国森林里、装饰华丽的都铎式大宅并无二致，不过离近点儿看，你就会发现仿哥特式、巴洛克式和比德迈式样的元素。城堡修剪整齐的19世纪花园是野餐的好去处。

住宿

Hotel Villa Katharina 酒店 $$

（☎02738-229 80；www.moerwald.at；Kleine Zeile 10；标单 €82~98，大床 €120~140；Ⓟ⊖📶）这家漂亮的小型乡村酒店有简单、明亮而时髦的房间，它们就坐落在葡萄园里，每间都喷上了反映葡萄酒产区的颜色。在一定程度上，附属的餐馆Restaurant Zur Traube本身也很值得前往。

就餐

Restaurant & Hotel Schloss Grafenegg 餐馆 $$

（☎02735-2616-0；www.moerwald.at；Grafenegg 12；主菜 €16.80~29.80；⏰复活节至12月 周三至周日 10:00~22:00；Ⓟ🖉）这家传统的酒店餐馆拥有颇具情调的复古内饰，老板是知名厨师和酿酒师托尼·默瓦尔德（Toni Mörwald）。这家店因注重细节而闻名。

Restaurant Zur Traube 奥地利菜 $$

(☎02738-229 80; www.moerwald.at/restaurant-zur-traube; Kleine Zeile 13-17; 主菜€16.50~24.50; ⊙正午至15:00和18:00~22:00，7月和8月 周一至周三 关闭; 🅿 ✎）这个高档的地方依然保留着过去作为乡村旅馆时所拥有的魅力。这里供应的是与之相称的奥地利经典菜肴，不过也结合当代的眼光和新鲜感进行了改良。还有一座特别令人难忘的酒窖，可以从那里挑选一杯或是一瓶酒来感受一下（就像它在这家名为"葡萄"的餐馆里的本职一样）。

ℹ 到达和离开

要从维也纳前往格拉芬艾格宫，可以先乘火车到附近的瓦格拉姆—格拉芬艾格（Wagram-Grafenegg，€3.80，20分钟，大约每天9班），然后朝东北方向步行2公里到达城堡，也可以搭乘出租车。从维也纳开车过来需要40至50分钟。

梅尔克（Melk）

☎02752 / 人口：5260

梅尔克大名鼎鼎的修道院-堡垒高高地矗立在河谷的山顶之上，使这里成了多瑙河谷最不容错过的旅游胜地。这座漂亮的小镇被一片连绵的森林与河流分隔开来，从克雷姆斯甚至是从维也纳出发，都可以到这儿来享受惬意又让人有所收获的一日游。你还可以顺道游览附近文艺复兴时代的沙拉堡宫，它就坐落在城镇以南6公里处，这样就能在建筑趣味中沉浸一整天了。

梅尔克是奥地利最受欢迎的旅游目的地之一，所以你肯定无法独享小镇铺着鹅卵石的街道。这里也是瓦豪区为数不多的在冬季仍然运转的地方之一，这使它成了全年都可以选择的去处。

👁 景点

梅尔克修道院 修道院

（Stift Melk; Benedictine Abbey of Melk; www.stiftmelk.at; Abt Berthold Dietmayr Strasse 1; 成人票/儿童票 €11/6，带导览游 €13/8; ⊙5月至9月 9:00~17:30，团队游 10:55和14:55，11月至次年3月 仅团队游 11:00和14:00）在奥地利数量众多的修道院中，梅尔克修道院是最著名的。这里的修道院教堂可能是下奥地利州最杰出的一座，它成对的尖塔和高高的八角形穹顶俯视着整个建筑群。教堂内部将巴洛克风格发挥到了极致，到处都是憨笑的小天使、镀金的螺旋形装饰以及抛光的人造大理石。戏剧性的主祭坛场景是彼得·维德林（Peter Widerin）的作品，刻画的是圣彼得和圣保罗（教堂的两位守护圣徒）。约翰·米歇尔·罗特迈尔（Johann Michael Rottmayr）创作了大部分的天花板绘画，包括穹顶上的那些。

在历史上，梅尔克对罗马人以及后来在这里建造了一座城堡的巴本堡家族（Babenbergs）都非常重要。1089年，巴本堡伯爵利奥波德二世（Leopold Ⅱ）把城堡捐给了本笃会修道士，他们将它改建成了加固的修道院。大火烧毁了最初的建筑群，按照雅各布·普兰陶尔（Jakob Prandtauer）和他的弟子约瑟夫·蒙格纳斯特（Josef Munggenast）的计划，在1702年至1738年，修道院以彻底的巴洛克风格进行了重建。据说有900万块砖头被用来建造这里的500间房间——不过别担心，你不必全部参观（大部分建筑群都被学校、修道士宿舍和办公室占用了）！

除了修道院教堂，亮点还包括图书馆（Bibliothek）和大理石厅（Marmorsaal）；这两处的天花板上都有惊人的错视画分层（出自保罗·特勒格尔之手），进而制造了建筑内高度更高的假象，天花板还稍微带有弧度，以便达到满意的效果。11间皇家房间是达官显贵们（包括拿破仑）下榻过的地方，现在成了一座有点儿炒作过了头的概念博物馆。

在游览主建筑群之前或者之后，记得去北堡（Nordbastei）转一圈，在那里你会发现一些古怪的临时展览、一个观景平台以及修道院的礼品店。

修道院和沙拉堡宫的联票售价€18。从11月前后到次年3月，只能通过导览游参观修道院（每天上午11点和下午14点）。一定要提前打电话或者发邮件，即便是在夏季，以确保你能参加英语解说的团队游。

沙拉堡宫 宫殿

（Schloss Schallaburg; ☎02754-6317; www.schallaburg.at; Schallaburg 1; 成人票/儿童票 €11/3.50; ⊙4月至11月上旬 周一至周五 9:00~

17:00，周六和周日 至18:00）这座城堡不仅以令人惊愕的建筑而闻名，还因里面富有革新精神的展览，以及极其漂亮的花园而闻名。400尊陶俑是这里的一件不可思议的珍品，完成于1572年至1573年，其中最大的一尊支撑着宫殿的上层拱廊。每年的展览都按主题组织，近年来关注的是甲壳虫乐队（The Beatles）以及威尼斯和拜占庭各不相同的文化时期。

住宿

Hotel Wachau 酒店 $$

（☎02752-525-31；www.hotel-wachau.at；Am Wachberg 3；标单 €62~82，大床 €95~135；P 📶）这家酒店位于火车站东南2公里处，明亮而整洁的房间大胆地将现代商务风和奥地利式的精致华丽进行了结合。餐馆供应精心准备的地方菜肴。

Hotel Restaurant zur Post 酒店 $$

（☎02752-523 45；www.post-melk.at；Linzer Strasse 1；标单 €66~82，大床 €130~142；P @ 📶）这家明亮而惬意的酒店位于镇中心，能提供25间宽敞、舒适的房间，它们都以漂亮的色彩为装饰，还添加了一些高档细节，比如黄铜质的床头灯。

就餐

Zum Fürsten 各国风味 $

（☎02752-523 43；Rathausplatz 3；主菜 €4.50~10.50；⏲10:30~23:00）这家备受喜爱的咖啡馆就坐落在修道院脚下，游览之后，可以到这儿来，在20世纪70年代的人造天鹅绒座位上放松一下。这里供应意大利面、薄酥卷饼、辣子牛肉丁及其他国际风味菜肴。

Zur Post 奥地利菜 $$

（☎02752-523 45；Linzer Strasse 1；主菜 €7.90~20；⏲周一至周六 11:30~22:00；✎）这家传统而低调的餐馆坐落在梅尔克主要街道上的同名酒店内。瓦尔德地区的鲤鱼、维也纳炸小牛排、多瑙河鲶鱼和有机羔羊肉都是菜单上的佳品，也会供应几种素食。

实用信息

梅尔克旅游局（Melk Tourist Office；☎02752-511 60；www.stadt-melk.at；Kremser Strasse 5；⏲4月

自驾游和骑行 多瑙河谷

起点：多瑙河畔克雷姆斯
终点：多瑙河畔克雷姆斯
距离：150公里
需时：一天

从❶**多瑙河畔克雷姆斯**的克雷姆斯—施泰因环岛取道向西南方向通往施皮茨的B3公路。从克雷姆斯-施泰因前进大约3公里，你会来到小村庄温特洛伊本，在右侧能看到❷**法国纪念碑**，它是1805年建立的，用于纪念奥地利和俄国的军队在这里战胜了拿破仑。随后很快就会到达漂亮的小镇❸**迪恩施泰因**，它距离克雷姆斯6公里远，带有蓝色塔楼的修道院随即映入眼帘，还有背景中的库恩林格尔堡，这座城堡是1192年狮心王理查被囚禁的地方。

当你进入了瓦豪区的中心地带，会看到河谷中的一片片风景如画的梯田式葡萄园。在距离克雷姆斯12公里的❹**魏森基兴**，你会看到漂亮的加固式教区教堂矗立在山顶上。这里的瓦豪博物馆里展示着多瑙河画派艺术家们创作的作品。

再前进几公里，一过沃森多夫就会看到❺**圣米迦勒**教堂，它所在的小村庄只有13栋房屋。如果此行带着孩子，正好可以让他们数数教堂屋顶上有几只陶质野兔（7只，也许他们不会看到答案！）。

在距离克雷姆斯大约17公里的地方，漂亮的❻**施皮茨**镇会进入你的视野，小镇周围环绕着葡萄园，镇内尽是安静的鹅卵石街道。

在施皮茨右转进入B217。位于你右侧的梯田山丘是❼**千桶山**，之所以如此命名，是因为它号称每季能出产1000桶葡萄酒。在你的左侧，河谷缺口处上面，是❽**欣特豪斯城堡废墟**。继续沿B217前行，到达水车那里，然后右转前往❾**Burg Oberranna**（见139页），它位于施皮茨以西6公里处的米尔多夫。

从这里原路返回B3，继续环形旅程。河谷变得宽阔起来，在左侧，你可以瞥见多瑙河对面的阿格施泰因城堡遗迹。

距离克雷姆斯21公里远的❿**维伦多**

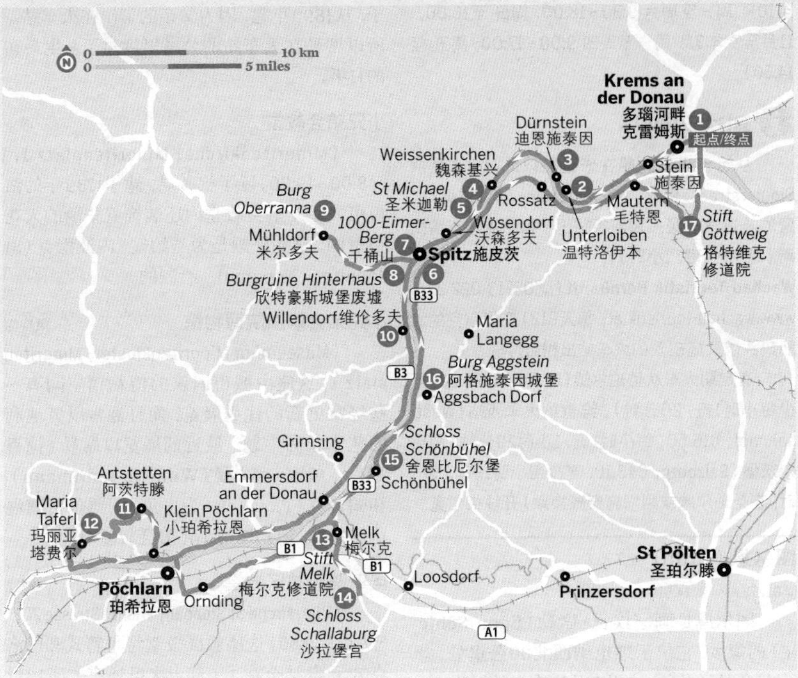

夫，是25,000年前的维纳斯小雕像被发现的地方。原物如今收藏在维也纳的自然史博物馆内。沿着B3继续前行，壮丽的梅尔克修道院在河对岸进入了视野。如果你想在多瑙河里游泳，这里的回水区有一些不错的去处。

在小珀希拉恩，一个标志指示着去往Artstettner Strasse（L7255）的岔路；跟着它前进5公里来到⑪ **阿茨特滕**，这里有很多洋葱形圆拱顶，非常与众不同。从这里开始，次级道路L7257会蜿蜒6.5公里，穿过广阔的绿色景观，一直延伸到坐落在多瑙河谷高处的⑫ **玛丽亚塔费尔**。

朝B3所在的方向前进6公里。左转进入通往克雷姆斯方向的B3公路，沿着改变方向的斜坡往左走，经小珀希拉恩的桥越过河流。沿着这条路一直前行进入B1（奥地利最长的公路），然后左转沿着这条通往梅尔克的公路前进。

沿着南岸伸展的第一段路比较乏味，但是很快就会有所改善。除非天公不作美，否则你可以看看对岸，辨认出远处的阿茨特滕。用不了多久，⑬ **梅尔克修道院**（见141页）就会金光闪闪地出现在前方。

从梅尔克开始，绕道向南前进7公里，会来到辉煌的文艺复兴时期的城堡⑭ **沙拉堡宫**（见141页）。要从梅尔克的修道院到达城堡，可以跟着路标前往火车站和东边的Lindestrasse，然后右转进入Hummelstrasse/Kirschengraben（L5340），再跟着路标前往城堡。

原路返回B33。注意要留在河流的南岸。在你到达了Abt-Karl-Strasse和Bahnhofstrasse的交叉路口时，右转，并在河边再次右转。沿着B1前行4公里，会来到⑮ **舍恩比厄尔堡**，这座12世纪的城堡矗立在梅尔克东北大约5公里处的一块岩石上。继续沿着B33的风光路段往克雷姆斯的方向前进。从舍恩比厄尔堡前行大约10公里后，⑯ **阿格施泰因城堡**的遗迹会进入你的视野。这座12世纪的山顶城堡是库恩林格尔家族修建的，如今可以在那里一览多瑙河的风光。

在距离梅尔克大约27公里处，一些漂亮的峭壁矗立在公路的上方。从毛特恩开始，需要绕路大约6公里才能到达⑰ **格特维克修道院**（见133页）。

至10月 周一至周六 9:30~18:00，周日 至16:00，11月至次年3月 周一至周四 9:00~17:00，周五 至14:30）

到达和离开

从运河出发的船在修道院以北400米处的Pionierstrasse停靠。Wachau Linien（见137页）运营的长途汽车经多瑙河谷往返于梅尔克和克雷姆斯（每小时1班，1小时）。

Wachau Touristik Bernhardt（02713-022 22；www.wachau-touristik.at；每天€12）在梅尔克的渡船码头以及施皮茨的火车站出租自行车。

有定期火车从圣珀尔滕（St Pölten，€6.20，至少每小时1班，20分钟）、维也纳火车西站（Westbahnhof，€16.50，每小时1班，1小时20分钟）和萨尔茨堡（Salzburg，€43.10，至少每小时1班，2.5小时，在圣珀尔滕或阿姆施泰滕换乘）开往梅尔克。

图尔恩（Tulln）

02272 / 人口：14,510

图尔恩是画家埃贡·席勒（Egon Schiele）的家乡，它位于维也纳西北30公里处，坐落在多瑙河岸旁。这里有几座有趣的博物馆，从维也纳或克雷姆斯到这儿来进行一日游很轻松。

景点

埃贡·席勒博物馆 博物馆

（Egon Schiele Museum；www.egon-schiele.eu；Donaulände 28；成人票/儿童票 €5.50/3.50；4月至10月 周二至周日 10:00~17:00）埃贡·席勒博物馆位于多瑙河附近，其建筑的前身是一所监狱。这里生动地讲述了这位出生在图尔恩的艺术家的生平故事。该馆展出了近100幅他的绘画和素描，还有一个他短暂入狱时被关押的小牢房的模型。在他于1912年因触犯法律遭到监禁的时候，他的100多幅情色绘画都被没收了。

埃贡·席勒出生地 博物馆

（Egon Schiele Birthplace；Bahnhofstrasse 69，Hauptbahnhof Tulln；€2；9:00~20:00）这座演绎性的博物馆感人地重现了埃贡·席勒的真实出生地和家庭住宅。埃贡·席勒是火车站巡查员阿道夫·席勒（Adolf Schiele）的儿子，从1890年起，因为父亲的工作在火车站，所以席勒在火车站的公寓里度过了人生最初的11年。

小兄弟会教堂 教堂

（Minoritenkirche；Minoritenplatz 1；8:00~19:00）除了旅游局，建于1739年的洛可可式小兄弟会教堂内还装饰着华丽的天花板壁画，这些壁画是为圣约翰·内波穆克（St Johannes Nepomuk）绘制的。

小兄弟会修道院博物馆 博物馆

（Museum im Minoritenkloster；Minoriten platz 1）这座由城市倡议的博物馆空间有一些经常更新的优秀展览，而且通常以奥地利的艺术家为主题。最近的展览以席勒（惊喜吧？）、威廉·考夫曼（Wilhelm Kaufmann）和帕舍克（Paschek）为主角。门票价格随展览而变动。博物馆与小兄弟会教堂毗连。

圣斯蒂芬教区教堂 教堂

（Pfarrkirche St Stephan；Wiener Strasse 20；7:30~19:30）这座教区教堂将哥特式和巴洛克式元素结合在了一起。这里还有一座13世纪的罗马式葬礼小教堂，里面绘制着壁画，相当令人惊叹。

食宿

Donaupark Camping 露营地 $

（02272-652 00；www.campingtulln.at；Donaulände 76；露营地 每名成人/每组帐篷和汽车€8.50/6；4月至10月；）露营地就坐落在镇中心东侧的河畔，旁边还有一片秀丽的森林。

Junges Hotel Tulln 青年旅舍 $

（02272-651 65 10；www.tulln.noejhw.at；Marc-Aurel-Park 1；铺/标单/大床 €23.50/34/54；P）位于多瑙河附近的青年旅舍迎合了研讨会的客人和旅行者。宿舍里能睡4至8名客人。

Hotel Nibelungenhof 酒店 $$

（02272-626 58；www.nibelungenhof.info；Donaulände 34；标单 €48~69，大床 €98；）这家酒店就坐落在多瑙河畔，有一座可爱的露台花园，楼下有咖啡馆兼餐馆。这里的房

间布置各不相同，不过都以鲜明而迷人的色彩为装饰。休息室里摆放着数量可观的书籍，还有一个不错的壁炉。

Gasthaus zur Sonne 奥地利菜 **$$**

（☎02272-646 16；Bahnhofstrasse 48；主菜 €9~25；⌚周二至周六 11:30~13:30和18:00~21:00）这家传统餐馆供应品质出众的传统菜肴，比如红烩牛肉和意大利香醋（balsamic vinegar）泡牛肝。建议预约——这里很受欢迎。

ℹ 实用信息

旅游局（Tourist Office；☎02272-675 660；www.tullner-donauraum.at；Minoritenplatz 2；⌚周一至周五 9:00~19:00，周六和周日 10:00~19:00，10月至次年4月 周六和周日关闭）从喷泉一端往主广场（Hauptplatz）北面走一个街区即是。

ℹ 到达和离开

每小时都有几班地区和轻轨列车连接着图尔恩和维也纳的弗朗茨·约瑟夫火车站（Franz-Josefs-Bahnhof，€7.80，30至45分钟），每小时还有1班火车从这里开往克雷姆斯（€10，35分钟）。

瓦尔德地区和魏恩菲特尔（Waldviertel & Weinviertel）

很少有游客涉足的瓦尔德地区（即森林区）以克雷姆斯一带和东边的坎普谷（Kamptal，后者与主要的农业和产酒区——魏恩菲特尔、即"葡萄酒区"毗连）为起点，以北边和西边的捷克边境为终点，覆盖了多瑙河以北横跨下奥地利州的辽阔地带。瓦尔德地区是一个被严重低估、实际却美景如画、值得称颂的地区，这里充满了起伏的山丘和田园村庄，虽然实际上没有多少森林值得一提，但是有不少出众的景点和休养处。尤其是坎普谷，那里是避开旅游人群的绝佳去处。

德罗森多夫（Drosendorf）

☎02915 / 人口：1200

可爱的要塞小镇德罗森多夫坐落在瓦尔德地区最北端的边缘，紧靠捷克边境，它总是被维也纳人忽略，仅仅是因为太遥远了。然而，这座独特而漂亮的城镇拥有完整无缺的城墙，很值得尽力前往一游。一条堡垒步道以信息服务中心为起点；它会穿过城堡——这座以巴洛克风格为主的建筑矗立在古罗马式的地基之上，最终在穿过霍纳门（Hornertor）后结束，这座东南方向的主城门历史可以追溯到13至15世纪。越过护城河，然后按顺时针方向沿着墙壁走。

🛏 食宿

Schloss Drosendorf 酒店 **$**

（☎02915-232 10；www.schloss-drosendorf.at；Schlossplatz 1；标单/大床 €48/70；P ⊖ @）如果你要在镇上过夜，有几个不错的选择，但是这里是最有气氛的，甚至可能稍微有点儿让人紧张。另外，性价比很高。

MOKA 咖啡馆

（☎02915-22 27；www.moka.at；Hauptplatz 5；⌚4月至10月 周四至周一 9:00~18:00）有点儿故意怀旧的MOKA不仅制作罂粟籽蛋糕，还会做全套的罂粟籽蛋糕。其中包括白罂粟籽的、罂粟籽杏仁的或者浇了巧克力的，当然也少不了传统的有着浓郁香味的那一款。这里的咖啡也很棒，还有一份即兴菜单，夏季更会开放露台。没错，这家店就是那种值得绕道前往的蛋糕门店。

ℹ 实用信息

信息服务中心（Information Service；☎02915-232 10；Schlossplatz 1；⌚周一至周四 8:00~16:30，周五 至12:30）这个信息服务中心坐落在城堡内。城墙里面的主广场（Hauptplatz）上还有一个信息台，能提供实用的"跟着数字步行游"小册子（德文），还提供一份住宿清单。

ℹ 到达和离开

要从维也纳（Praterstern站）前往德罗森多夫，可以乘坐每2小时1班的火车到雷茨（Retz，€15.80，70分钟），要确保它能赶上在工作日运营的几班长途汽车之一（€6.80，1小时）。从这里进入捷克的唯一方法是原路返回雷茨，从那里乘火车到兹诺伊莫（Znojmo），或者徒步（也可以乘出租车）6公里到达边境另一侧的第一座村庄弗拉捷

宁(Vratěnín),再从那里乘长途汽车进一步前往摩拉维亚(Moravia)。

朗根洛伊斯(Langenlois)

☎02734/人口: 7235

漂亮而勤奋的朗根洛伊斯镇位于产酒区坎普谷(Kamptal)的中心地带。苍翠的低地与绵延起伏的山丘相连,一排排葡萄藤一直延伸到视野的尽头。白葡萄酒——尤其是绿维特利纳(Grüner Veltliner)、雷司令、威尔士雷司令和白皮诺——在这里达到了卓越的高度,镇广场上到处都是葡萄酒商人(Vinothek),看上去似乎每条小巷和每条路上都布满了酒馆(Heuriger)或酒窖。

活动

Loisium Weinwelt 葡萄酒

(www.loisium.at; Loisium Allee 1; 90分钟的语音导览游 成人/儿童 €11.50/6.30; ⏲10:00~19:00)从Loisium Hotel穿过成排的葡萄藤就会来到Loisium Weinwelt,这是对朗根洛伊斯悠久的葡萄酒酿造史,及其现在和未来的颂歌;同时,也体现了一种建筑主张,它所在的铝质立方体建筑是纽约建筑师斯蒂文·霍尔(Steven Holl)设计的。多语言的语音导览游每30分钟就会组织一次,会带你穿过一条1.5公里长的古老深邃的隧道网。

住宿

Loisium Hotel 酒店 $$$

(☎02734-77 100-0; www.loisiumhotel.at; Loisium Allee 2; 大床 €175~220; P ⊖ @ 📶 ≋)这家现代酒店坐落在葡萄藤之间,能提供宽敞、明亮而现代的房间。浴室有一种简化的复古魅力,所有房间都带阳台。这里还有非常不错的餐馆和酒吧,不过水疗中心才是亮点,那里有宽敞的桑拿和蒸汽浴室区,以及一座20米的加热户外游泳池(也是全年开放),相当令人惊喜。

饮品和夜生活

★Weingut Hirsch 葡萄酒厂

(☎02735-24 60; www.weingut-hirsch.at; Hauptstrasse 76, Kammern)约翰内斯·希尔施(Johannes Hirsch)和他的家人酿造的葡萄酒是奥地利最优雅的。葡萄都以生物动力耕种法种植,人工采摘,并以这个地区独一无二的方式轻柔地修剪;葡萄酒的酿造则将传统的"慢"方法——放置于酒窖中发酵,与现代科技有效地结合。这家葡萄酒厂只生产绿维特利纳和雷司令,而且每一种葡萄酒都产自单一的葡萄园。

实用信息

Ursin Haus旅游服务中心(Ursin Haus Tourist Service; ☎02734-20 00; www.langenlois.at; Kamptalstrasse; ⏲10:00~18:00)这家葡萄酒商场扮演着双重角色,也充当着镇上的旅游信息服务中心。它能提供全镇葡萄酒供应商的完整清单,包括那些季节性营业的酒庄、酒窖和餐馆。主要的旅游网站也列出了这些信息,还有可以下载的"朗根洛伊斯葡萄酒之路"(Langenlois Wine Route)地图。

到达和离开

自己开车来体验朗根洛伊斯是最好的,不过也有从维也纳(1.25小时, €14.90)、圣珀尔滕(1小时, €8.60)和克雷姆斯(30分钟, €3.30)开往这里的定期长途汽车。

塔亚河谷国家公园(Nationalpark Thayatal)

塔亚河谷是奥地利面积最小的国家公园,它位于魏恩菲特尔地区的西北地段,紧贴着奥地利和捷克的边境(旧"铁幕"的一段)。这里的独特景观是中欧仅存的天然山谷之一,而它实际上是两座公园——另一半是波迪伊国家公园(Podyjí National Park),位于边境对面。在奥地利发现的3000种植物中,大约有1300种都生长在塔亚河谷。景观包括被塔亚河(Thaya river,捷克的迪耶河)切开的幽深峡谷、大量的岩层、陡峭的山坡、一些干草原,以及草甸和大片多节的原始森林。徒步显然是这里最受欢迎的活动,小径有时会越过国境再折回来。

景点

塔亚河谷国家公园之家 展览

(Nationalparkhaus; ☎02949-700 50; www.

np-thayatal.at; 展览 成人票/儿童票 €4/2.50; ⌚3月中旬至9月 9:00~16:00, 10月 从10:00开始营业）国家公园之家位于哈尔德格（Hardegg）附近，能提供大量的信息，还有一个介绍公园的各种生态系统和动物居民的展览，包括野猫、白鹳和蜥蜴。哈尔德格是公园的天然起点，如果你没有自己的交通工具，很难到达那里。

住宿

★ Schloss Starrein 公寓 $

（☎0664 13 12 333; www.gutstarrein.org; Starrein 1; 公寓 €75; Ⓟ📶）从国家公园开车走不远即可到达，在瓦尔德地区农田的中心地带，年轻的老板彼得（Peter）和萨比娜（Sabine）在家庭城堡里准备了一间客房公寓，以后还会增加更多。这座12世纪和文艺复兴时期的城堡处于半修复状态，很有气氛，而客房就位于城堡的顶层。这是一个漂亮、整洁又宽敞的空间，装饰简单而时尚，配有设备齐全的厨房和超级舒适的床铺。有一扇"窗户"可以俯瞰城堡赏心悦目的原建小教堂，其他窗户则可眺望着远处的田野。

购物

Gut Starrein 食品和饮品

（☎0664 350 2084; www.gutstarrein.org; Starrein 1; ⌚周六 9:00至正午，或者提前致电安排时间）这家不大但非常漂亮的农场商店（Hofladen）就坐落在这座美丽城堡的庭院里。有些农产品来自老板彼得和萨比娜·艾兴格环绕在城堡周围的农场，其他的则来自与他们志同道合的本地人。这里销售几种土豆和洋葱、新鲜香草、单粒小麦之类的传统谷物，以及燕麦、油、本地牛肉和香肠、伏特加酒乃至手工牛皮。

到达和离开

如果没有自己的车，最好的选择是从维也纳乘火车到雷茨（Retz, €15.80, 1小时），再从那里乘长途汽车到Pleising，然后换乘另一班车到哈尔德格（Hardegg）。自己开车就简单多了。

维也纳林山（Wienerwald）

维也纳林山包括维也纳西边和西南和缓的森林山丘，以及首都正南方的产酒区。对维也纳人来说，这里是散步、攀岩和骑山地自行车的好去处。这片地区有很多步行和自行车小径，在《维也纳林山徒步和自行车地图》（*Wienerwald Wander-und Radkarte*）中都有标明，可从当地旅游局，以及该地区的旅游总局——维也纳林山旅游局（Wienerwald Tourismus）免费获取。

维也纳林山地区散布着很多吸引人的小村庄，比如种植葡萄的小镇**佩希托尔茨多夫**（Perchtoldsdorf）和**贡波尔茨基兴**（Gumpoldskirchen）。风景如画的**默德灵**（Mödling）就坐落在维也纳以南15公里处，那里曾深受艺术爱好者们的喜爱：从1818年至1820年，贝多芬躁动的渴望把他带到了Hauptstrasse的79号，而在1918年至1925年，奥地利作曲家阿诺德·申贝格（Arnold Schönberg）就住在Bernhardgasse的6号。可以在默德灵旅游信息中心获取更多信息。

在距离默德灵大约20公里的地方坐落着**海利根克罗伊茨**（Heiligenkreuz），以及12世纪的西多会修道院——**海利根克罗伊茨修道院**（Stift Heiligenkreuz; ☎02258-8703; www.stift-heiligenkreuz.at; Heiligenkreuz 1; 成人票/儿童票 €7.50/3.80; ⌚团队游 周一至周六 10:00、11:00、14:00、15:00和16:00，周日 11:00、14:00、15:00和16:00）。这里的牧师会礼堂是巴本堡王朝的大部分成员最后的长眠之地——1246年以前，这个家族一直统治着奥地利。修道院博物馆收藏着乔瓦尼·朱利亚尼（Giovanni Giuliani, 1663~1744年）创作的150尊黏土模型，这位威尼斯雕塑家还创作了庭院内的三位一体柱。需要注意的是，英语团队游只能提前申请。

梅耶林（Mayerling）位于海利根克罗伊茨西南6公里处，尽管现在不怎么引人注意，但是1889年发生在这里的皇家谋杀兼自杀惨案依然吸引着游客。**加尔默罗会修道院**（Carmelite convent; ☎02258-22 75; karmel-mayerling.org; Mayerling 1; 成人票/儿童票 €6.70/4; ⌚9:00~18:00）可以参观，不过它是在事件发生之后建成的，除了一些纪念物，这里没什么可看。令人毛骨悚然的是，小教堂里的圣坛就建在鲁道夫大公（Archduke Rudolf）和玛丽亚的遗体被发现的地方。

在梅耶林和魏森巴赫—诺伊豪斯（Weissenbach-Neuhaus）之间，距离两者大约都是5公里远的L4004旁，矗立着**派尔施泰因山**（Peilstein，海拔716米），那里的**Peilstein Klettersteig**可以攀岩——从Schwarzensee停车场和公共汽车站可以前往这座山。这是该地区景色最优美的陡坡之一，也是维也纳人的最爱。Peilsteinhaus小屋和餐馆，还带有一座儿童游乐场，可以沿着以海利根克罗伊茨为起点，并且途经梅耶林的徒步小径（01/06）到达那里（16公里，4.5小时可以到达派尔施泰因山）。从Schwarzensee/Peilstein公共汽车站出发，需要徒步半小时；以魏森巴赫为起点，则需要1.5小时。

活动

Peilstein Klettersteig 攀岩

这座小山是维也纳最受喜爱和周末轻松享受攀岩乐趣的地方之一。这里有铁索道（via ferrata）和绳索道，因此很适合新手和儿童。徒步小径也通往Peilsteinhaus小屋和餐馆，那里有一座儿童游乐场。

实用信息

默德灵旅游信息中心（Tourismus Information Mödling；☎02236-267 27；www.moedling.at；Kaiserin Elisabeth-Strasse 2；⊙周一至周五9:00~12:30和13:30~17:00）

维也纳林山旅游局（Wienerwald Tourismus；☎02231-621 76；www.wienerwald.info；Hauptplatz 11，Purkersdorf；⊙周一至周五 9:00~17:00）这个地区的很多步行和自行车小径都在《维也纳林山徒步和自行车地图》（*Wienerwald Wander und Radkarte*）中有所提及。

到达和离开

要想真正深入了解这个地区，最好自己骑车或者开车，虽然火车和长途汽车也能把你带到主要的中心。穿过该地区的主干道是A21，它从维也纳呈环形向南延伸，经过海利根克罗伊茨，然后向北弯曲，在旧伦巴赫（Altlengbach）东边与A1会合。

长途汽车路线包括从维也纳附近巴登（Baden bei Wien）到海利根克罗伊茨（€2，20至30分钟，工作日每天7班），或者从巴登到Schwarzensee（€5.70，1小时，周一至周六每天6班）。

如果要乘火车前往这里，可以乘坐S1或S2，从维也纳麦德林火车站（Wien-Meidling）经佩尔希托尔茨多夫（Perchtoldsdorf；€2.20，11分钟，每小时4班）到达贡波尔茨基兴（Gumpoldskirchen；€3.80，27分钟，每小时1班），也可以从维也纳麦德林火车站乘坐S50（或者从火车西站乘坐S60）到普克斯多夫（Purkersdorf，€3.80，20分钟，每小时1班）。从维也纳附近巴登开往魏森巴赫—诺伊豪斯（Weissenbach-Neuhaus；€5.80，50分钟，周一至周六每天7班）的中转火车需要在莱奥伯斯多夫（Leobersdorf）换乘。

维也纳附近的巴登（Baden bei Wien）

☎02252 / 人口：25,100

这座温泉镇位于维也纳林山的东部边缘，有含硫黄的矿泉，以及郁郁葱葱的绿色公园、花园和树林，仿佛是一个弄错了年代的美景如画之地。巴登接待著名游客的历史由来已久；罗马人到这儿来是为了享受有益于健康的泉水，贝多芬赶到镇上是希望治愈他的耳聋，而在19世纪早期，这里更是作为哈布斯堡家族最喜爱的避暑胜地而声名远播。镇中心的大部分建筑都属于19世纪的比德迈式样。需要注意的是，在10月至次年3月，巴登实际上处于冬眠状态。

从火车站步行前往镇中心大约需要15分钟。沿着Kaiser-Franz-Joseph-Ring往西走，然后右转进入Wassergasse即是。

景点

★阿努尔夫·莱纳博物馆 博物馆

（Arnulf Rainer Museum；www.arnulf-rainer-museum.at；Josefsplatz 5；成人票/儿童票 €6/4；⊙10:00~17:00）这座有趣的博物馆坐落在有轨电车终点站附近，其建筑的前身是一座女澡堂（Frauenbad），馆内展示的是使之得名的阿努尔夫·莱纳的作品，他于1929年出生在巴登，曾经是桀骜不驯的艺术学校辍学生，初期以超现实主义风格作画，后来发展成了特有的多媒体和表演作品。

展品包括那幅不光彩的跟黑猩猩一起创作的绘画，插曲是莱纳试图为一群黑猩猩作画，结果只是被一个不情愿的合作者追着跑。

博物馆保留了建于1815年的比德迈式样的澡堂内令人愉快的大理石特色，这使它更加值得参观。展览一年更换两次。

圣三一纪念柱
纪念碑

（Dreifaltigkeitssäule）矗立在主广场（Hauptplatz）上的圣三一纪念柱的历史可以追溯到1714年，是奥地利最古怪的纪念柱之一（很有那种"有人把我的蛋糕放在雨地里了"的一点点往下淌的感觉，还融入了巴洛克风格）。

疗养公园
公园

（Kurpark）疗养公园是散步的理想环境，也可以躺在舞台前面的长椅上休息片刻——从5月至9月，这座舞台会上演免费音乐会。吸引人的花坛与纪念著名艺术家（莫扎特、贝多芬、施特劳斯、格里尔帕策等）的纪念碑相得益彰。公园南门附近的温蒂妮喷泉（Undine-Brunnen）是人类和鱼类形象的完美结合。

罗莱特博物馆
博物馆

（Rollett Museum；Weikersdorfer Platz 1；成人票/儿童票 €3.50/2；⏲周三至周一 15:00~18:00）罗莱特博物馆位于镇中心西南，紧邻Weilburgstrasse（从Thermalstrandbad往东南方向步行5分钟即是），这里介绍了城镇历史上的一些重要方面。最不同寻常的展览是颅相学的创始人约瑟夫·加尔（Josef Gall，1752~1828年）收集的颅骨、半身像和尸体面模，正是他点燃了以颅骨的形状推断犯罪特征的热潮。参观体验不太令人愉快。

活动

Thermalstrandbad
游泳

（Helenenstrasse 19-21；全天 成人票/儿童票 €7.80/3.90；⏲5月至9月 8:30~19:30）这栋专门设计建造的实用主义建筑建于1926年，里面是综合性游泳池，包括一片宝贵的嵌在沙地中的池子。建筑本身就值得一看，不过它也是让人愉快的地方，可以在草地上消磨一个下午，或者享受水花飞溅的乐趣。有时，你会闻到一股巴登非常标志性的"水煮鸡蛋"味儿——来自这里具有疗效的水中所含的硫黄，然而并不总是那么明显。

皇太子鲁道夫之路
骑车

（Kronprinz-Rudolf-Weg）12公里长的皇太子鲁道夫之路沿着施韦夏特河（Schwechat River）通往梅耶林（Mayerling）。如果不想去博物馆或浴场，到这里来骑车或者徒步也是不错的夏季娱乐。旅游局有免费的路径介绍（德文），自行车可以在镇上租到。可以将这条路与6公里长的通往海利根克罗伊茨（Heiligenkreuz）的北侧返程支路结合在一起。

罗马浴场
水疗

（Römertherme；Roman Baths；☎02252-450 30；www.roemertherme.at；Brusattiplatz 4；3小时/全天€15.30/18.90；⏲10:00~22:00）罗马浴场是专注于健康的现代浴场，有很多带有疗效的水池，以及多种多样的理疗服务。工作日的门票稍微便宜一些。

住宿

Villa Inge
家庭旅馆 $

（☎02252-431 71；Weilburgstrasse 24-26；标单/大床 €45/68起；⏲4月至10月；P ❄ @）这栋大别墅坐落在河畔，离Thermalstrandbad很近。房间很宽敞，早餐厅可爱而明亮，而且能眺望花园。就巴登的住宿来说，这里性价比很高，尤其是家庭公寓（€120起）。

★Hotel Schloss Weikersdorf
酒店 $$

（☎02252-48 301 0；www.hotelschlossweikersdorf.at；Schlossgasse 9-11；标单 €85~140，大床 €125~185；P @ 📶 🏊）要获得完整的巴登体验，看看这家坐落在美丽花园中的"超软垫"酒店就可以了。房间很时尚，有些带阳台，能提供按摩服务，还设有休闲港湾、休息室及其他健康设施。这里还有3个可以吃饭的地方，包括Rosenkavalier，巴登最好的餐馆之一。

Hotel Herzoghof
酒店 $$

（☎02252-872 97；www.hotel-herzoghof.at；Kaiser-Franz-Ring 10；标单/大床 €100/149；P 📶）这家位于镇中心的酒店就在疗养公园对面，提供简单而现代的房间，性价比颇高。这里有桑拿和蒸汽浴室。

饮品和夜生活

Cafe Central
咖啡馆

（Hauptplatz 19；⏲周二至周六 7:00~

20:00，周日 8:00~20:00）城镇主广场的这家咖啡馆像一位讨人喜欢的"标准元老"。宝石般的门店拥有20世纪中叶的内饰，以及举止传统的侍者。

Weinkult 葡萄酒吧

（www.weinkult.at; Pfarrgasse 7; ⏲周二至周五 11:30~20:00，周六 10:30~17:00）这家葡萄酒商店出售约150种奥地利产的葡萄酒，还能以杯为单位购买享用其中的12种，可供品尝的酒以周为单位进行轮换。

实用信息

巴登旅游局（Baden Tourismus; ☎226 00-600; www.baden.at; Brusattiplatz 3; ⏲5月至9月 周一至周六 9:00~18:00，周日 至16:00，10月至次年4月 周一至周五 至17:00）

到达和离开

360路公共汽车每30至60分钟（€6，40分钟）从维也纳的Oper出发。在巴登，362路公共汽车经镇中心往返于Thermalstrandbad和火车站（Bahnhof）之间。

地区和轻轨列车连接着巴登和维也纳麦德林火车站（Wien-Meidling，€4，20分钟，每小时3班），以及巴登和维也纳新城（Wiener Neustadt，€5.30，20分钟）。

Lokalbahn有轨电车（€6.50，1小时，每15分钟1班，40分钟）连接着维也纳的Oper和巴登的约瑟夫广场（Josefsplatz）。

马尔希河-多瑙河地区（March-Donauland）

马尔希河—多瑙河地区从维也纳的东部边界一直延伸到斯洛伐克边境，多瑙河以及它天然的泛滥平原是这里的特色。这个地区布满了风景秀丽又颇为勤劳（但是不太鼓舞人心）的乡村。卡农图姆是罗马帝国时代重要的古罗马营地，而多瑙—奥恩国家公园（Nationalpark Donau-Auen）也建在这里，令它成了非常有趣的一日游目的地。

实用信息

Wien-lobAU国家公园之家（Nationalparkhaus Wien-lobAU; ☎01-4000-49495; www.donauauen.at; Dechantweg 8, Vienna; ⏲3月至10月 周三至周日 10:00~18:00）

到达和离开

维也纳的后院有定期火车和公共汽车服务，还有纵横交错的自行车道。你也可以从斯洛伐克首都布拉迪斯拉发（Bratislava）到这儿来一次快速的短途游。

彼得罗内尔-卡农图姆（Petronell-Carnuntum）

☎02165 / 人口：1240

罗马城镇卡农图姆是罗马帝国东北部最重要的政治和军事中心，曾经被称为上潘诺尼亚（Upper Pannonia）；这里的峰值人口曾达到50,000之多，相比之下，维也纳就像是一座村庄。该镇在公元40年前后发展起来，但是大约400年之后就被遗弃了。主要景点散布在现今的小村庄彼得罗内尔—卡农图姆各处，更大一些的温泉镇巴特多伊奇—阿尔滕堡（Bad Deutsch-Altenburg）离这里大约4公里远，海恩堡（Hainburg）则在后者以东4公里处。

景点

卡农图姆博物馆 博物馆

（Museum Carnuntinum; Badgasse 40-46, Bad Deutsch-Altenburg; ⏲3月中旬至11月 9:00~17:00）这座考古发现博物馆是奥地利同类博物馆中规模最大的，在它建馆以来的100年中，已经收集了3300多件古罗马珍品。该馆的亮点《起舞的酒神女祭司》（*Tanzende Mänade*）通常在这里展出，这尊大理石雕像拥有极为完美的臀部。虽然位于巴特多伊奇—阿尔滕堡，但是博物馆坐落在多瑙河岸边，可以顺便在疗养公园（Kurpark）里散散步。

彼得罗内尔露天博物馆 遗迹

（Freilichtmuseum Petronell; www.carnuntum.at; Hauptstrasse 1a, Petronell-Carnuntum; 成人票/儿童票€11/9; ⏲3月中旬至11月中旬 9:00~17:00）这座露天博物馆是彼得罗内尔—卡农图姆镇上的主要景点，就坐落在老平民

城镇的遗迹上。这里包括公共浴场的遗迹，还有完全重建的狄安娜（Diana，罗马神话中的月亮和狩猎女神）神庙。身材魁梧的年轻演员穿着长袍式束腰外衣和宽外袍，引导游客进行媚俗但颇为愉快的游览。你可以在这里购买仿真的罗马式凉鞋和服装，为下次的古罗马长袍派对做好准备。这座博物馆的旅游味很浓，但是非常有趣，也很好玩；各处的描述都是英文的（Lingua Anglica）。

住宿

Hotel-Gasthof Stöckl 酒店 $

（☎02165-623 37; www.gasthof-stoeckl.at; Hauptplatz 3, Bad Deutsch-Altenburg; 标单/大床€48/72; P ❄ 📶 🏊）这家位于中心地带的酒店很舒适，有一个太阳能加热的户外游泳池，还有桑拿和蒸汽浴室。

★ **Hotel Altes Kloster** 酒店 $$

（www.alteskloster.at; Fabriksplatz 1, Hainburg an der Donau; 标单/大床 €85/140; P 📶）现代而整洁的时髦酒店已经接管了这座17世纪的修道院，它坐落在海恩堡历史悠久的老城区内。酒店里宽敞的房间令人平静，供客人使用的水疗区设有桑拿和蒸汽浴室，以及红外线舱。半膳宿的套餐（房价加€21，全膳宿为房价加€28）非常划算；酒店的餐馆是这一带比较好的餐馆之一。

实用信息

巴特多伊奇－阿尔滕堡旅游局（Bad Deutsch-Altenburg Tourist Office; ☎02165-629 00; www.bad-deutsch-altenburg.gv.at; Erhardgasse 2; ⊙周一 8:00至正午和13:00~19:00，周二至周四至16:00，周五 8:00~13:00）

彼得罗内尔－卡农图姆旅游局（Petronell-Carnuntum Tourist Office; ☎02163-337 70; www.carnuntum.co.at; Hauptstrasse 1a; ⊙3月中旬至11月中旬 9:00~17:00）位于露天博物馆。

到达和离开

每小时有一班轻轨列车从维也纳中央车站（Wien-Mitte）出发，开往彼得罗内尔－卡农图姆、巴特多伊奇－阿尔滕堡（都是€7.50，50分钟）以及海恩堡（€9.20，1小时）。

自行车道以维也纳为起点，沿着多瑙河的北岸延伸，在巴特多伊奇－阿尔滕堡附近越过河流到达南岸，并继续延伸进入斯洛伐克。

圣珀尔滕（St Pölten）

☎02742 / 人口：51,920

在从维也纳前往萨尔茨堡的途中，人们总是呼啸而过，可能都不会注意到这座城镇。圣珀尔滕也许是下奥地利州的首府，尽管它依然保持着颇为懒散的气氛。虽然并不漂亮，但这里拥有古色古香的老城区（Altstadt），它与崭新的、非常现代的州政府区（Landhausviertel）形成了强烈的对比。

历史

下奥地利州的边界是巴本堡（Babenberg）的统治者在13世纪划定的，但是在1278年，这个地区和未来的帝国都落在了哈布斯堡家族手中。在奇妙而意外的命运转折下——20世纪20年代的病态经济让下奥地利州放弃了拥有首府的决定，后来纳粹又倾向于让克雷姆斯成为首府——圣珀尔滕直到1986年才成为下奥地利州的首府，进而结束了这个州在地理上受维也纳管理的长期局面，虽然事实上它是一个独立的州。具有讽刺意味的是，圣珀尔滕恰好拥有已知最古老的市政特权——授予于1159年。这里的老城区以巴洛克式建筑而闻名：巴洛克大师雅各布·普兰陶尔（Jakob Prandtauer）曾在这座城市里生活，并在这里离开了人世。

景点

大教堂 天主教堂

（Dom; Domplatz 1; ⊙黎明至黄昏）雅各布·普兰陶尔是巴洛克时代最重要的建筑师之一，而这座大教堂，是他在圣珀尔滕以巴洛克风格重建的杰作。教堂令人印象深刻的内部装饰采用了大量的仿造大理石和黄金，还用丹尼尔·格兰（Daniel Gran）的壁画加以补充。探索大教堂时，一定要看看带有古老墓碑的修道院。

州立博物馆 博物馆

（Landesmuseum; ☎02742-90 80 90; www.landesmuseum.net; Franz-Schubert-Platz 5; 成人

St Pölten 圣珀尔滕

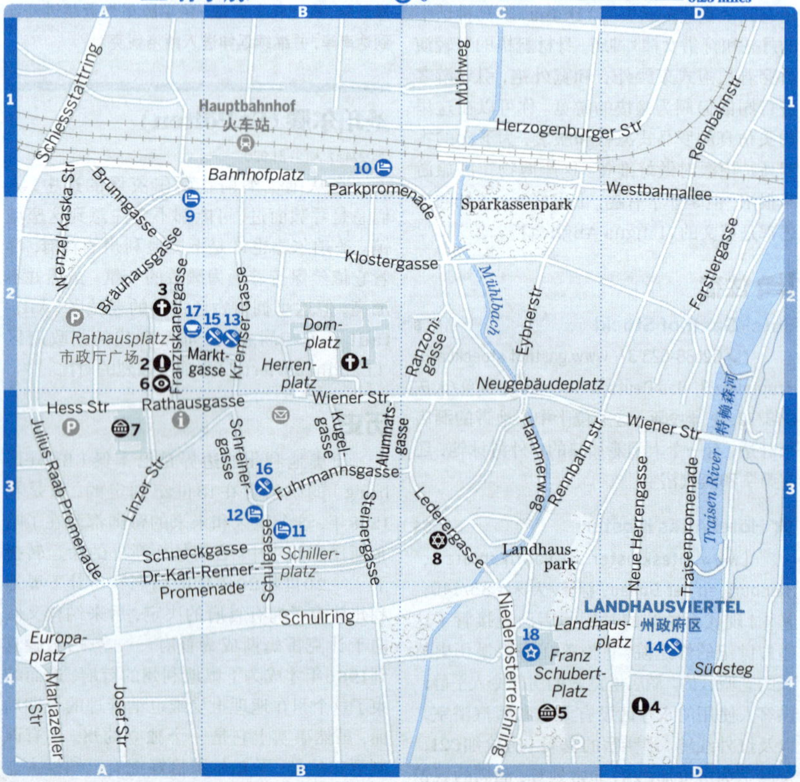

St Pölten 圣珀尔滕

景点

1 大教堂 B2
2 圣三一纪念柱 A2
3 方济各会教堂 A2
4 Klangturm D4
5 州立博物馆 C4
6 市政厅广场 A2
7 城市博物馆 A3
8 犹太教堂 C3

住宿

9 Gasthof Graf A2
10 Jugendherberge St Pölten B1
11 Metropol B3
12 Stadthotel Hauser Eck B3

就餐

13 Backwerk B2
14 Landhaus Stüberl D4
15 Lilli's Gastwirtschaft B2
16 Restaurant Galerie B3

饮品和夜生活

17 Cinema Paradiso A2

娱乐

18 FestSpielHaus C4

票/儿童票/家庭票 €5.50/3.50/11; ⏲周二至周日 9:00~17:00)下奥地利州的州立博物馆收藏着关于本地区的历史、艺术和环境的有趣展品。一阵由玻璃制成的波浪以运动中被冻结的姿态设置在入口上方,奠定了这里的气氛——实际上,水正是贯穿始终的主题。展览涵盖了从中世纪直到现在的艺术类藏品,其中的亮点是13世纪的申格拉本狮子(Lion of Schöngrabern）。博物馆坐落在镇上的州政府区（Landhausviertel），这片现代的政府建筑群位于河畔。如果想鸟瞰这里，可以乘电梯登上**Klangturm**（Landhausplatz；⏲周一至周六 8:00~18:00，周日 9:00~17:00）免费 的顶层，该建筑内经常举办临时艺术展。

市政厅广场 广场

（Rathausplatz）市政厅广场坐落在圣珀尔滕的中心地带，这座漂亮的城镇广场边上排列着咖啡馆以及引人注目的淡色调建筑。在这里居于主导地位的，是广场南边的**市政厅**（Rathaus），其巴洛克风格的正面（1727年）是约瑟夫·蒙格纳斯特（Joseph Munggenast）设计的。矗立在北侧边缘处的**方济各会教堂**（Franziskanerkirche；Rathausplatz 12；⏲黎明至黄昏）是1770年建成的，教堂内浮夸的圣坛旁边，是克雷姆泽尔·施密特（Kremser Schmidt）创作的圣坛画。在这两栋建筑之间竖立着高高的**圣三一纪念柱**（Dreifaltigkeitssäule；Rathausplatz），其历史可以追溯到1782年。这根迷人的白色纪念柱上雕着由主体构成的巨型螺旋，建造它的部分原因是为了兑现瘟疫过后的宗教誓言。

黑措根堡修道院 修道院

（Stift Herzogenburg；☎02782-83112 13；www.stift-herzogenburg.at；Herzogenburg；成人票/儿童票 €9/7；⏲团队游 4~10月 9:30、11:00、13:30、15:00和16:30）从城镇出发，开车或乘火车走不了多远就会到达黑措根堡修道院，这是多瑙河畔的巴洛克瑰宝之一。你需要参加团队游（得预约讲英语的导游），会带你进入修道院教堂（Stiftskirche），还会参观一个绘画展，展品包括本地的哥特式镶板作品、彩色玻璃，以及一些出人意料的不带宗教色彩的巴洛克式绘画。

城市博物馆 博物馆

（Stadtmuseum；www.stadtmuseum-stpoelten.at；Prandtauerstrasse 2；成人票/儿童票 €5/2；⏲周三至周日 10:00~17:00）虽然这座城市博物馆显然不能跟维也纳最好的博物馆相抗衡，但是它依然出色，很值得一游。二楼（1st floor）的永久性收藏聚焦于圣珀尔滕的新艺术主义，一楼（ground floor）的一个展区专门介绍了当地的考古宝藏。门票包括通常都很有价值的临时展览。

犹太教堂 犹太教堂

（Synagoge；Dr-Karl-Renner-Promenade 22；⏲周一至周五 9:00~15:00）圣珀尔滕主犹太教堂可以追溯到1912年，它有着颇为吸引人的新艺术特征。纳粹在1938年的大屠杀期间将其毁坏。在希特勒时代，这座建筑在市议会手中发挥着作用——红军到来之前，这里被当成了强迫劳动受害者们的营地，后来又变成了粮仓。今天，里面是一座犹太历史研究院。

住宿

Jugendherberge St Pölten 青年旅舍 $

（☎02742-321 96；www.oejhv.at；Bahnhofplatz 1a；铺/标单/大床 €25/32/48；@ 📶）从这家青年旅舍去火车站太过便利了，几乎就在同一栋建筑里。

Stadthotel Hauser Eck 酒店 $$

（☎02742-733 36；www.hausereck.at；Schulgasse 2；标单 €43~55，大床 €120~140；🚭📶）这家最近翻修的酒店在一栋布局不规则的新艺术派建筑内，它在城镇历史悠久的地段提供了性价比很高的住处。房间布置得很好，不过有时稍显紧凑，浴室干净得闪闪发亮。楼下的餐馆供应奥地利和意大利主食。

Gasthof Graf 酒店 $$

（☎02742-35 27 57；www.hotel-graf.at；Bahnhofplatz 7；标单/大床 €75/110起；P📶）这家拥有30间房间的酒店位于火车站对面。简朴的房间里摆放着廉价家具，墙壁上装饰着鲜艳的色彩；也有一些更贵的房间，带着一些时尚的复古设计感。楼下的餐馆供应价格实惠的主菜，但是得吸二手烟。

Metropol 酒店 $$$

（☎02742-707 00；www.hotel-metropol.at；Schillerplatz 1；标单 €92~108，大床 €142~158；P🚭📶）舒适、高档、以商务和文化顾客为目标的Metropol并不便宜（淡季价格下降20%），但是凭这个价格，就可以免费使用桑拿、蒸汽浴室和红外线灯。餐馆供应牛排和很棒的商务餐。

就餐

Lilli's Gastwirtschaft 奥地利菜 $

（Rathausplatz 15；主菜 €7~13；⊙周一至周五 10:00~20:00，周六 至14:00；☑）这家家常餐馆的午餐套餐售价€6.30，通常会使用来自瓦尔德地区的有机牛肉。在这里能吃到精心烹制的经典美食，包括精炖牛肉（Tafelspitz，苹果肉汤炖牛肉）和杏子馅的团子。

Landhaus Stüberl 奥地利菜 $

（www.landhausstueberl.at；Landhausboulevard 27；早餐 €4~6，午餐套餐 €7，主菜 €8.50~12；⊙周一至周四 7:00~19:00，周五 至17:00）虽然店名让人联想到传统的酒馆，但是这家位于州政府区的千禧年后开业的小餐馆并非如此，它的目标顾客是来自附近州议会的官僚家庭，以及到这儿来一边摆弄高科技设备一边联系业务的变革管理者们。供应的食物是意大利-奥地利菜，可以在室内享用，或者到俯瞰着特赖森河（Traisen River）的露台上去吃。

Backwerk 面包房 $

（Kremser Gasse 19；小吃 €0.79~2.50；⊙周一至周五 7:00~18:00，周六 8:00~15:00）这家德国经济型面包房设在圣珀尔滕的分店，是凑合一顿欧陆风午餐的好地方。

Restaurant Galerie 奥地利菜 $$

（☑02742-351 305；www.restaurantgalerie.at；Fuhrmannsgasse 1；主菜 €18.50~28.50，4道菜的套餐 €35.50~57.50；⊙周一至周五 11:30~14:00和18:00~21:30）Galerie供应美味、但昂贵的维也纳美食，这里还有很棒的酒单，意大利和法国葡萄酒尤为出色。虽然维也纳炸肉排并没有写在菜单上，但是，如果你友好地提出要求，通常都可以提供。

饮品和夜生活

Cinema Paradiso 咖啡馆

（☑02742-214 00；Rathausplatz 14；⊙9:00至次日1:00）这家黄金地段的咖啡馆很适合斟酌文章，或是一些激动人心的事情。店名副其实，它也是一家艺术电影院。

娱乐

FestSpielHaus 表演艺术

（☑02742-90 808 0222；www.festspielhaus.at；Kulturbezirk 2）FestSpielHaus是一家现代剧院，主要上演来自奥地利及海外的各种令人难忘的音乐、戏剧和舞蹈表演。

实用信息

邮局（Post Office；Wiener Strasse 12）

旅游局（Tourist Office；☑02742-33 30；www.st-poelten.gv.at；Rathausplatz 1；⊙周一至周五 8:00~17:00，周六 9:00~17:00，周日 10:00~17:00，11月至次年3月 周六和周日 关闭）

到达和离开

圣珀尔滕拥有很好的公路网：东西向的A1/E60从城市南边几公里处经过，S33从那里向北分叉，绕过圣珀尔滕向东延伸，直到克雷姆斯（Krems）。

每小时大约有3班火车从维也纳火车西站开往圣珀尔滕（€10.10，30分钟）。这里还有每小时1班去往克雷姆斯的直达火车（€6.60，45分钟）、每小时2班去往梅尔克的车（€6.20，20分钟），以及每天至少4班去往玛丽亚采尔的车（Mariazell，€17，2.5小时）。

南阿尔卑斯（Süd-Alpin）

下奥地利州的南角，又称为南阿尔卑斯，拥有一些该州最壮观的景色。这里的山区地势逐渐升高与阿尔卑斯山相连，并在施内山（Schneeberg，海拔2076米）达到顶峰——这座山很受维也纳人喜爱，因为可以来此滑雪和徒步。附近的塞默灵（Semmering）长久以来一直是首都市民的最爱，主要是由于这里清新的高山空气。不过，这个地区最令人难忘的亮点之一是旅行本身；越过塞默灵山口的蜿蜒铁路，已经被联合国教科文组织认定为世界遗产了。

维也纳新城（Wiener Neustadt）

☑02622 / 人口：41,640

维也纳新城曾被简单地称为新城区（Neustadt）或者新城市（Nova Civitas），它是巴本堡家族于1194年用狮心王理查交纳的

赎金建造的(所以，如果你是英国人，那些城墙按理说是属于你的!)。它在15世纪腓特烈三世(Friedrich Ⅲ)统治时期成为哈布斯堡家族的居所。这位皇帝著名的AEIOU(Alles Erdreich Ist Österreich Untertan，即“世间的一切皆属于奥地利”)雕刻在全城各处都能找到。该镇在“二战”中遭到了严重的破坏(只有18处住宅未受损伤地保留了下来)，所以你现在看到的基本都是战后重建的。

景点

大教堂 天主教堂

(Dom; Domplatz; ◷黎明至黄昏)这座大教堂的建筑风格有点复杂，从罗马式(其历史可以追溯到13世纪晚期)到哥特式，再到巴洛克式。简朴的外观和清晰的线条从外面看很显著，但是内部会让那些喜爱罗马式对称风格的人陷入绝望——中殿与圣所的失衡显而易见。

主广场 广场

(Hauptplatz)该镇主要广场的一侧坐落着**市政厅**(Rathaus)，这是一栋混合了多种风格的建筑。它最初是一座哥特式建筑，而后在16世纪晚期增加了一些文艺复兴风格的装饰，当19世纪早期仿制品流行起来的时候，又在上面加了一个新哥特式的尖顶。广场中心矗立着建于1678年的**玛丽亚圆柱**(Mariensäule)，它的侧面还有一组在灾难中降生的圣徒雕像。

新修道院教堂 教堂

(Neukloster; Ungargasse; ◷黎明至黄昏)这座教堂之所以成名，是因为它正是1793年莫扎特的《安魂曲》(*Requiem*)首演的地方。建筑方面，这座14世纪的教堂属于相当直接的哥特风格，有着拱顶天花板和高高的窗户，但是其内部又以巴洛克风格进行过大范围的翻修。风格之间的冲突留下了一点儿遗憾；最有吸引力的特色是宁静的修道院，通过右侧的一扇没有标记的门即可到达，那里有一口文艺复兴时代的水井。

城市博物馆 博物馆

(Stadtmuseum; ☎02622-373 951; www.stadtmuseum.wiener-neustadt.at; Petergasse 2a; 成人票/儿童票 €6/2; ◷周三至周日 10:00~16:00，周四 至20:00)这座城市博物馆的一部分占据着以前的圣彼得修道院，馆内藏有来自大教堂的人工制品，还有关于城镇历史的其他展览。这里的一流展品是15世纪的科尔维努斯杯(Corvinus Chalice)，据传说，这是匈牙利国王马蒂亚斯·科尔维努斯(Matthias Corvinus)赠送的礼物。请注意，塔楼只开放到下午14点半。

> **不要错过**
>
> **州政府区(LANDHAUSVIERTEL)**
>
> 位于圣珀尔滕历史核心区东南方的州政府区(State Parliament Quarter)，是一个由政府建筑和文化机构组成的现代建筑群，玻璃和钢铁丛林排列在河岸边，非常显眼。要把握你的方位，可以先去**Klangturm**(见153页)，在它的顶层(乘电梯到达)能眺望360度的全景，不仅这个街区，几乎整个圣珀尔滕都能尽收眼底。这栋高楼的底层有一家小画廊，还有一个信息中心。离高楼几步远的地方矗立着**州立博物馆**(Landesmuseum，见151页)，馆内有关于本地区的历史、艺术和环境的收藏，很是吸引人。城区的新纪元感体现在附近的**FestSpielHaus**(见154页)的演出日程表中，这里吸引着来自奥地利及其他地方的许多令人印象深刻的音乐家、管弦乐队、戏剧公司和舞蹈团。

军校 城堡

(Militärakademie; Burgplatz 1) 免费 原来的城堡始建于13世纪，在18世纪中叶被改造成了军校(由玛丽亚·特蕾莎皇后创办)，就连年轻的隆美尔(Rommel)在成为“沙漠之狐”之前也曾管理过这所学校。军校在“二战”后被迫彻底重建了，它真正的亮点是圣乔治大教堂(St-Georgs-Kathedrale)，这座教堂拥有精美的晚期哥特式内饰。马克西米利安一世(Maximilian I)出生在这座城堡里，后来他就安葬在圣坛下面。

食宿

Jugendhotel Europahaus 青年旅舍 $

(☎02622-296 95; www.hostel.or.at;

Promenade 1；铺/标单/大床 €17/20.50/41；前台 7:00~10:00和17:00~20:00；)这家隶属国际青年旅舍联盟（HI）的青年旅舍占据着城市公园（Stadtpark）内的一处一流房产，就坐落在水塔（Wasserturm）附近。这里经常客满，所以要提前打电话或者预订。

Hotel Corvinus 酒店 $$

（02622-24 134；www.hotel-corvinus.at；Bahngasse 29-33；标单/大床 €85/120；）立方体似的外观可能没什么吸引力，但是这家四星级酒店的内部非常舒适。它主要迎合商务和研讨会客人的需求，有68间明亮的房间，还有一些提升舒适度的附加设施，比如康体区、酒吧和枝繁叶茂的露台。

Cafe Bernhart 咖啡馆 $

（Hauptplatz 20；主菜€9~12；周一至周五 8:00~18:00，周六 至17:00）这家咖啡馆的装饰融合了20世纪80年代与老维也纳的风格，非常讨人喜爱。当地人会在这里逗留很长时间，看看当天新闻，而不只是喝一杯牛奶咖啡（Melange）。这里有着不可思议的魅力。

Hartig' s 奥地利菜 $

（Domplatz 2；主菜 €9~15；11:30至午夜）这家餐馆（Gasthof）坐落在大教堂附近，它在小酒馆（Beisl）的氛围中供应多种奥地利经典菜肴。后面的啤酒花园是镇上最令人愉快的地方之一。

Zum Weissen Rössl 法式小馆 $

（Hauptplatz 3；主菜 €7~12；周一至周六 7:00~20:00）这家挂着帘子的小餐馆非常舒适。它藏在市政厅的拱廊下面，供应价格实惠的奥地利经典菜肴，包括可以选择的小盘或大盘红烩牛肉。在主广场上设有户外座位。

实用信息

旅游局（Tourist Office；02622-373；www.wiener-neustadt.gv.at；Hauptplatz 3；周一至周五 8:00~17:00，周六 至正午）能提供一本免费的英文小册子《文化漫步》(*Cultural Promenade*)，上面介绍了主要的景点，并在地图上标出了它们的位置。

到达和离开

每小时都有几班火车往返于维也纳新城和维也纳麦德林火车站（Wien-Meidling，€10.70，30至40分钟）。邮政巴士（Postbus）从维也纳新城火车站的北端出发。

施内山、拉克斯山和地狱谷 (Schneeberg, Raxalpe & Höllental)

塞默灵的北面矗立着下奥地利州的两座最高峰——施内山（海拔2076米）和拉克斯山（海拔2007米）。从维也纳乘火车前往这个地区很简单，这使它成了非常受欢迎的徒步去处。

徒步小径的起点，以及乘坐齿轨火车的地方是施内山麓普赫贝格（Puchberg am Schneeberg），那里的旅游局会告诉你施内山的徒步条件。

施内山的南面是景色优美的地狱谷，这是由施瓦察河（Schwarza River）造成的深邃的狭长谷地。拉克斯山在地狱谷的南面高高升起，这座山是徒步的另一个好去处。

活动

施内山铁路 铁路

（Schneebergbahn；02636-3661 20；www.schneebergbahn.at；Bahnhofplatz 1，Puchberg am Schneeberg；“蝶螈”列车 单程/往返 €26.10/36；4月下旬至10月下旬）施内山铁路的起点是施内山麓普赫贝格，乘“蝶螈”列车（Salamander）大约需要1小时，乘蒸汽火车大约需要1.25小时（加收€8）；可在网站上查看时刻表。

拉克斯缆车 缆车

（Raxseilbahn；02666-524 97；www.raxseilbahn.at；单程/往返 €15/26）Hirschwang是地狱谷里的一座小村庄，拉克斯缆车（Raxseilbahn）以这里为起点，爬升至1547米，终点处有大量的徒步小径。虽然一直处于更新中，但这是奥地利的第一条缆车线路，始建于1926年。

食宿

Damböckhaus 木屋 $

（02636-22 59；www.damboeckhaus.at；Hochschneeberg 8；标双 €66；5月至10月）这座超级舒适的木屋坐落在高原上，主人维利

(Willi)和吉西(Gisi)满怀爱意，将一切打理得井井有条。房间设施很基本，但是足够舒适，还会供应很棒的肉类主菜和自制甜品，分量都相当大。

★Hotel Looshaus 历史酒店 $$

(☎02666-529 11; www.looshaus.at; Kreuzberg 60, Payerbach; 标单/大床 €60/104, 不带浴室€53/90)虽然这里的大部分客人都是到山里短暂休假的维也纳人，但是对那些痴迷于20世纪设计的人来说，这家酒店也是建筑的朝圣地。酒店建筑是艾尔弗雷德·洛斯(Alfred Loos)的晚期作品，1930年完工时，是一座私人乡村住宅。从1959年起，它一直是一家酒店，而且一直由同一个家族经营。

酒店内部一尘不染，维护得也非常好，似乎这里一直都没有什么变化，而这正是其魅力所在。它就像一个不可思议的、早期现代主义设计的时间胶囊。这里的每间房间都不一样，但是都配备了漂亮的嵌入式家具，色彩的使用也十分有趣。前面的房间能欣赏山谷和远处阿尔卑斯山的美景，相信你不会选择其他房间。你还可以在中央双层通高的餐厅里享用丰盛的奥地利标准菜肴，夏季也可以到外面的露台上去吃。从拉克斯山麓赖谢瑙(Reichenau an der Rax)步行几分钟上山即是。

Gasthof Pension Schmirl 客栈 $$

(☎02636-2277; www.schmirl.at; Muthenhofer Strasse 8; 标单/大床 €33/66; P ⊜)Gasthof Pension Schmirl坐落在小镇边缘靠近铁路的地方，能提供舒适的房间。有些房间带阳台，至于其他优势，可以用窗外施内山的风光来鼓励自己面对之后的艰难攀登。

Hotel Marienhof 酒店 $$

(☎02666-529 95; www.marienhof.at; Hauptstrasse 71-73, Reichenau; 标单 €90, 大床 €160~210; P ≋)Hotel Marienhof是布局不规则的元老级酒店，拥有古色古香的大餐馆、友好的酒吧以及可爱的花园露台。房间的天花板很高，配置了很多室内装潢品，还挂着厚厚的窗帘。豪华客房物有所值。

Berghaus Hochschneeberg 木屋 $$

(☎02636-22 57; www.berghaushochschneeberg.at; Hochschneeberg 6; 标单/大床 €42/84)Berghaus Hochschneeberg就位于山区铁路站，能提供漂亮的老式房间，还有一家餐馆。每晚多花€10就可以获得半膳宿。

Baumgartenhütte 木屋

(☎072099 1234; www.schneebergbahn.at; Hochschneeberg 5; ⏲火车运营期间 每天)这座惬意的山区木屋就坐落在铁路线旁边，以出色的家常菜而闻名。

Hengsthütte 奥地利菜

(☎02636-21 03; www.hengsthuette.at; Hochschneeberg 1; ⏲4月至10月 周二至周日，11月至次年3月 周六和周日 8:00~20:00)这间小屋坐落在铁路线旁边，供应山区最受欢迎的美食，比如猪肉和团子，以及苹果蛋糕，还有葡萄酒和有机果汁。不能过夜。

ℹ 实用信息

旅游局(Tourist Office; ☎02636-22 56; www.puchberg.at/tourismus; Sticklergasse 3; ⏲周一至周四 9:00至正午和14:00~16:30，周五 9:00至正午)旅游局会告诉你施内山的徒步状况。从5月至10月，它还会于上午8点至下午16点在火车站开设一个窗口。

ℹ 到达和离开

从维也纳和所有较大的城镇开车前往本地区都很方便。从维也纳和格拉茨(Graz)通往这里的铁路服务也很不错。

塞默灵 (Semmering)

☎02664 / 人口: 600

塞默灵拥有清新的空气，以及从深深的山谷中拔地而起的壮丽山峰。它是很受维也纳人欢迎的高山度假胜地，尤其是对于年长的粉丝来说，他们会在夏季前往这座温泉镇，以便安静地散散步，或者去乘坐激动人心的火车(当滑雪季到来的时候，小镇则会变得年轻起来)。这个略带忧郁的度假胜地没有真正的中心：它主要沿着Hochstrasse伸展，这条街在火车站后面形成了一道弧线。

活动

这是非常适合徒步的地区，还有一座很

棒的高山高尔夫球场。对维也纳人来说，这里也是可以轻松前往的滑雪目的地，尽管不是特别主流的滑雪目的地。

徒步

在南边高耸于塞默灵之上的是Hirschenkogel[“魔山”（Zauberberg）；海拔1340米]，那里有一架现代缆车将徒步爱好者（单程/往返 €10/14）或滑雪者送到顶峰。旅游局和信息中心（Infostelle）有徒步方面的地图和小册子。

两条相当轻松的小径沿着塞默灵铁路（Semmeringbahn）景色优美的线路延伸，起点就在火车站后面。其中一条沿铁路伸展17公里，到达了施蒂里亚州（Styria）的米尔茨楚施拉格（Mürzzuschlag），那里有班次频繁的火车可以把你送回塞默灵。另一条小径从起点通往布赖滕施泰因（Breitenstein）和克拉姆（Klamm，下奥地利州），距离分别是9.5公里和15公里。在克拉姆，这条小径一分为二，一条延伸到派尔巴赫（Payerbach，距离起点21公里），另一条则通往格洛格尼茨（Gloggnitz，距离起点23公里）。

滑雪

旅游局能提供滑雪学校的相关信息。Hirschenkogel缆车的冬季滑雪一日通票售价€31.50。也有地区滑雪一日通票，售价€34.50。

骑车

如果高山不能击败你，就会使你变得更强大。旅游局出租自行车（每24小时€12）。

食宿

Hotel-Restaurant Belvedere 酒店 $

（02664-22 70；www.belvedere-semmering.at；Hochstrasse 6；标单 €45起，大床 €70~80；P）家庭经营的Belvedere有简单的高山风格的装饰，房间带阳台，还有小游泳池、桑拿浴室，以及大花园和露台之类的特色。带有连通门的大床房适合家庭入住。附近就有一些很棒的徒步小径。

Pension Löffler 客栈 $

（02664-23 04；www.pension-loeffler.at；标单/大床 €45/80；）如果你到这个地方来是为了滑雪，这里是个不错的选择，只要走一小段路就可以到达滑道和塞默灵的滑雪后娱乐活动区。房间简单但舒适，楼下有一家很好的餐馆兼咖啡馆。

★ **Panorama Hotel Wagner** 酒店 $$

（02664-25 12；www.panoramahotel-wagner.at；Hochstrasse 267；标单/大床 €74/118起；P@）瓦格纳（Wagner）一家会在这家极其环保的酒店里照料你的身心：房间里摆放着未经加工的木质家具，使用天然的棉质寝具，还能欣赏山谷的壮丽风光。提供毛毡拖鞋，可以让你把街上的压力和尘垢统统抛开。漂亮的花园、藏书丰富的图书馆和吊床、桑拿浴室、水疗和按摩设施皆有助于放松。

Grand Hotel Panhans 酒店 $$

（02664-818 10；www.panhans.at；Hochstrasse 36；标单 €70~90，大床 €140~210；）四星级酒店Grand Hotel Panhans仿佛来自另一个时代，不过房间整洁而现代。这里的休养设施包括游泳池和康体区（也欢迎非住店客人）。房间和公寓都可以选择森林或者山景。Wintergarten餐馆是塞默灵最高档的用餐去处。

实用信息

火车站信息中心（Infostelle Bahnhof；www.semmeringbahn.at；5月至10月 9:00~11:30和14:00~17:00）由铁路发烧友运营——能提供塞默灵铁路和城镇自身的资料。可以要一本有趣的铁路爱好者步行路线小册子。

塞默灵旅游局（Tourismusbüro Semmering；02664-200 25；www.semmering.at；Semmering 248；9:00~17:00）这家出色的旅游局能提供酒店和餐馆的完整清单。

到达和离开

如果你自己开车，可以考虑塞默灵西北经布赖滕施泰因（Breitenstein）通往地狱谷的小道；这条路蜿蜒下山，会从铁路线下方经过几次，可以让你欣赏到火车开过时的壮观景色。

塞默灵有连接布赖滕施泰因（Breitenstein，€2.20，8分钟）、克拉姆（Klamm，€3.70，15分

钟）、派尔巴赫（Payerbach，€3.30，30分钟）和格洛格尼茨（Gloggnitz，在派尔巴赫换乘，€5.90，40分钟）的火车。至少有5班往返于格拉茨（Graz，€19.30，1小时20分钟）和维也纳（€21.20，1.25小时）的EC/IC直达列车在塞默灵停站。

布尔根兰州（BURGENLAND）

布尔根兰州是奥地利最年轻的州，它是"一战"结束时奥匈帝国瓦解后才产生的。

历史

在10世纪，这片地区落入匈牙利手中，但是说德语的农民逐渐在匈牙利的村庄里定居下来。16世纪，土耳其人来到这里，既镇压了匈牙利人，也没有放过奥地利籍德国人，当地居民遭到蹂躏。找不到人照料农场的地主们邀请了大量克罗地亚人来此定居，为今天该地区的匈牙利和克罗地亚影响奠定了基础——大约有10%的人口是克罗地亚人，克罗地亚语和匈牙利语都是公认的当地语言；布尔根兰州中部的几座小镇还拥有克罗地亚语的标志。

"一战"结束后，哈布斯堡帝国走到了尽头，奥地利失去了对匈牙利的控制，但是《圣日耳曼条约》（*Treaty of St Germain*）的签订，让奥地利最终保住了说德语的匈牙利西部地区。新的布尔根兰州诞生了，这个名字取自当时匈牙利西部4个地区的名字后缀"burg"——这4个地区是普雷斯堡（Pressburg，布拉迪斯拉发）、维瑟尔堡（Wieselburg，莫雄）、厄登堡（Ödenburg，肖普朗）和艾森堡（Eisenburg，沃什瓦尔）。由于匈牙利不愿失去厄登堡（肖普朗），在1921年12月进行了一次颇具争议的公民投票，结果把肖普朗留给了匈牙利人。布尔根兰州失去了它理所当然的首府，艾森施塔特（Eisenstadt）成了新首府（Hauptstadt）。

ℹ 到达和当地交通

从维也纳向南伸展至格拉茨和卡林西亚州（Carinthia）的A2高速公路，与布尔根兰州的西部边界平行。这条路上的许多出口都提供了前往该州大部分地区的快速而便捷的途径。A4通往滨湖新锡德尔（Neusiedl am See）。至于艾森施塔特和新锡德尔湖（Neusiedler See）的北部地区，从维也纳和下奥地利州乘火车即可轻松到达。

布尔根兰州是自行车骑手的梦想之地。这里的大部分地形都是平原，或者是平缓起伏的丘陵，标记清晰的自行车道纵横交错。当地的旅游局能提供骑行地图。以滨湖新锡德尔为起点的新锡德尔湖自行车小径长达135公里，它向南伸展，进入匈牙利（带上你的护照）并延伸38公里后，会重新回到奥地利，回到湖的西侧滨湖默比施（Mörbisch am See）南边的位置。

Fahrräder Bucsis（☎02167-207 90；www.fahrraeder-bucsis.at；火车站，Neusiedl am See；每天 €15；⏲3月至10月中旬 8:30~19:00）自行车道从它的门口开始。

Nextbike（☎02742-229 901；www.nextbike.at；每小时 €1，24小时 €8）在新锡德尔湖附近和艾森施塔特市内设有超过16个站点，可以在站点租车及

不要错过

通过塞默灵隘口的火车

在当时，这是一项令人难以置信的工程壮举，20,000多名工人花了数年时间才得以完工。即便是在今天，它的之字形转向线、15条隧道和16座高架桥，也会给人留下深刻的印象。这就是**塞默灵铁路**（Semmeringbahn；www.semmeringbahn.at），这条42公里长的铁轨以格洛格尼茨（Gloggnitz）为起点，然后爬升455米到达最高点的塞默灵火车站，后者的海拔高度是896米。

塞默灵线由卡尔·里特尔·冯·盖加（Karl Ritter von Ghega）建成于1854年，是欧洲的第一条高山铁路；由于它的工程特征，这条铁路在1998年被联合国教科文组织列入了世界遗产名录。沿途经过险峻的峭壁和森林覆盖的山区，景色壮丽，令人难忘；其中最引人入胜的部分是在塞默灵和派尔巴赫（Payerbach）之间奔驰的30分钟。

从维也纳出发，大部分去往格拉茨（Graz）的快车都在米尔茨楚施拉格（Mürzzuschlag）停站，你可以从那里乘坐地区火车到达塞默灵（€21.50，1.75小时）。

交还租用的自行车。网站说明了步骤和注册方法(需要提前在网站上注册)。

艾森施塔特(Eisenstadt)

☎02682 / 人口: 13,350

布尔根兰州优雅的小型首府最为人所熟知的,是从前这里最著名的居民——18世纪的音乐家和作曲家约瑟夫·海顿(Joseph Haydn)。它被一座令人惊叹的宫殿照管着,有几座不错的博物馆,还有一些漂亮的街道可供漫步。从维也纳到这儿来进行一日游很轻松,也可以在此选择比新锡德尔湖的城镇更加经济实惠的基地,游览附近的葡萄园。

景点

★ 埃斯特哈齐宫 宫殿

(Schloss Esterházy; www.esterhazy.at; Esterházyplatz 1; 所有博物馆 成人票/儿童票 €36/18; ⏲3月中旬至4月和10月 10:00~17:00, 5月至9月 10:00~18:00, 11月至次年3月中旬 周五至周日 10:00~17:00)埃斯特哈齐宫是艾森施塔特最引人注目的景点,这座非凡的城堡宫殿有着和美泉宫相似的黄色,它矗立在埃斯特哈齐广场(Esterházyplatz)上,非常醒目。这座城堡的历史可以追溯到14世纪,它进行过巴洛克式的翻新,后来又以新古典主义风格再次翻新了。里面有256间房间,很多都被州政府占用了,但有25间可以通过团队游参观。定期团队游覆盖了大约7间房间,可以带你了解宫殿的历史,以及居住在宫里的人们的生活。

这里的一个亮点是装饰着壁画的**海顿厅**(Haydn Hall),在1761年至1790年,海顿受雇于埃斯特哈齐家族期间,这位作曲家几乎每晚都在这里指挥管弦乐队演奏。

需要穿过宫殿庭院的**惊爆海顿**(Haydn Explosive)展览提供了历史与时新的有趣集合:海顿的音乐将伴随你参观介绍这位伟大作曲家生活和工作的展览,有描绘弦乐四重奏的全息照片,投影在天花板上的那个时代的家具,地板上的一个小洞还有一幅古怪的投影:一个赤裸着上身的女人在地狱里一边燃烧一边大喊虐待。要最有效地利用宫殿并且了解海顿,最好先参加团队游,再去参观海顿展览。

奥地利犹太博物馆 博物馆

(Österreichisches Jüdisches Museum; Jewish Museum of Austria; ☎02682-651 45; www.ojm.at; Unterbergstrasse 6; 成人票/儿童票 €5/3; ⏲5月至10月 周二至周日 10:00~17:00)这座博物馆位于从前的犹太街(Judengasse)——这条街是中世纪艾森施塔特的犹太人居住的地方。馆内的永久性展览介绍了艾森施塔特犹太人的礼仪活动和生活方式。展览说明使用的是德文和希伯来文。博物馆的一部分是历史悠久的萨姆松·韦特海默(Samson Wertheimer)的私人犹太教堂,他于1658年出生在德国的沃尔姆斯(Worms),后来在匈牙利升到了拉比(rabbi)的位置。他为犹太教堂提供了资金,而这座教堂是1938年后为数不多的幸存下来的犹太教堂之一。

贝尔格教堂 教堂

(Bergkirche; ☎02682-626 38; www.haydnkirche.at; Haydnplatz 1; ⏲4月至10月 9:00~17:00)这座不同寻常的教堂保存着安放海顿遗体的白色大理石坟墓。它起初是一座小礼拜堂,在1701年被改造成了代表骷髅地(Calvary)的古怪教堂——这座山在耶路撒冷外面,普遍认为耶稣是在这座山上被钉死在十字架上的。参观过所有地牢似的房间后,你会觉得苦路14处(Stations of the Cross)就在你脚下。不过,爬上"山"顶后等待你的可不是一群扔石头的罪人,而是可以纵览全镇的绝佳美景。

海顿故居 博物馆

(Haydn-Haus; www.haydnhaus.at; Josef-Haydn-Gasse 21; 成人票/儿童票 €5/4.50; ⏲6月至11月中旬 周一至周六 9:00~17:00, 周日 从10:00开始营业, 3月中旬至5月 周二至周六 9:00~17:00, 周日 从10:00开始营业)这座纪念海顿的博物馆坐落在一栋18世纪早期建造的房子里,这位伟大的作曲家在1766年至1778年就生活在这里。对海顿的仰慕者来说,这里也是不容错过的地方,馆内的收藏能让你深刻地了解他的私人生活,重建的房间里还摆放着那个时代的家具。墙上挂满了原版的肖像,还有一些稀有的展品,比如一架在艾森施塔特制作的强音钢琴(fortepiano),还有一封海顿的情人写给儿子的信,人们普遍认为海顿就是他的父亲。

州立博物馆 博物馆

（Landesmuseum；www.landesmuseum-burgenland.at；Museumgasse 1-5；成人票/儿童票€6/5；⏲周二至周六 9:00~17:00，周日 从10:00开始营业）州立博物馆会带你深入本地区的地方历史，只是看上去似乎有点儿突然。馆内的收藏包括罗马的镶嵌工艺、古代的人工制品、酿酒设备，以及一些20世纪20年代以来的有趣的宣传海报。这里还有一个弗朗茨·李斯特（Franz Liszt）的主题房间，展出了这位匈牙利作曲家有疣的遗容面模。

活动

埃斯特哈齐葡萄园 葡萄酒

（Weingut Esterházy；www.esterhazywein.at；Trausdorf 1，Trausdorf；⏲4月至10月 10:00~18:00，11月至次年3月 周六和周日 关闭）这座大规模的酒窖坐落在从艾森施塔特城镇中心开车10分钟就能到达的乡村，它是进入新锡德尔湖葡萄酒区的门户。埃斯特哈齐葡萄园是该地区最大的葡萄酒生产商之一，如今仍然由古老的曾经显赫的当地家族负责经营。这些醇美的葡萄酒并不在乎品牌知名度和时尚的现代标签，远离尘嚣，温和纯净。

节日和活动

国际海顿日 音乐节

（Internationale Haydntage；www.haydnfestival.at；⏲9月）为期两周的一系列音乐会吸引着优秀的本地演员和顶尖的国际表演者。从室内乐到完整的管弦乐队演出，无所不包。大部分活动都在海顿厅（Haydn Hall）或贝尔格教堂（Bergkirche）举办。

住宿

Hotel-Pension Vicedom 家庭旅馆 $$

（☎02682-642 22；www.vicedom.at；Vicedom 5；标单 €65，大床 €105~125；🚭📶）虽然听起来好像是一个闹市区的潮人聚集处，但它实际上是一家三星级客栈。这栋21世纪的建筑位于中心地段，房间设施基本却现代。可以要一个铺着木地板的房间，早餐很不错。

Hotel Ohr 酒店 $$

（☎02682-624 60；www.hotelohr.at；Rusterstrasse 51；标单 €69~105，大床 €95~179；🅿🚭📶）这家由家庭经营的酒店拥有风格宜人的时髦房间，而且可以步行前往镇中心。这里有两种不同级别的房间，更好一些的四星级选择价格也会有所上涨。乡村风的餐馆是市内最好的餐馆之一。

就餐

Haydnbräu 奥地利菜 $

（www.haydnbraeu.at；Pfarrgasse 22；主菜€10.40~17.50；⏲9:00~23:00；👪）赶紧到这家

布尔根兰州的葡萄酒

这个州出产的葡萄酒是奥地利数一数二的，这在很大程度上要归功于每年300天的日照、肥沃的土壤和出色的排水系统。虽然经典的白葡萄酒品种尤其引人注目，但是这个地区的红葡萄酒更不同寻常。当地最优质的葡萄酒可以说是蓝弗朗克红葡萄酒（Blaufränkisch），它于18世纪在这里起源，早于它到达多瑙河地区和德国的时间。

在布尔根兰州中部，尤其是Horitschon和德意志克罗伊茨（Deutschkreutz）村庄的周围，有着酿造蓝弗朗克的悠久传统，布尔根兰州南部同样是它的家乡。

这里也出产甜葡萄酒。最好的酿造者之一是**格哈德·内科维奇葡萄园**（Weingut Gerhard Nekowitsch，见170页）。

奥地利最小的葡萄酒产区——新锡德尔湖产区，也以创新和富有开拓精神的葡萄酒生产商而闻名，他们中的很多人都选择酿造生物动力、天然或最低限度干预的葡萄酒。与多瑙河沿岸的人们相比，这里发展迅速而且通常都洋溢着青春气息的氛围，造就了一些令人印象深刻的、更本地化也更加悠闲的葡萄酒体验。到这儿来品酒的最佳方式之一，是在滨湖新锡德尔租一辆自行车，然后经过葡萄园朝着国家公园一路往南骑。

Eisenstadt 艾森施塔特

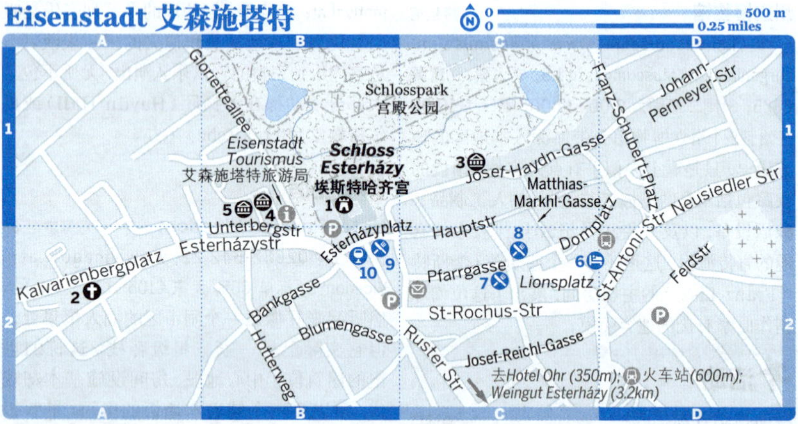

Eisenstadt 艾森施塔特

重要景点

1 埃斯特哈齐宫......B1

景点

2 贝尔格教堂......A2
3 海顿故居......C1
4 州立博物馆......B1
5 奥地利犹太博物馆......B1

住宿

6 Hotel-Pension Vicedom......C2

就餐

7 Haydnbräu......C2
8 Kredenz......C2
9 Restaurant Henrici......B2

饮品和夜生活

10 Selektion Vinothek Burgenland......B2

小啤酒厂和餐馆来享用该市性价比最高的食物吧：这里既有炸肉排和红烩牛肉等经典美食，也有时令菜肴作为补充。丰盛的午餐套餐售价€7.40，真的非常便宜，小吃菜单上有小份，更适合孩子。

Restaurant Henrici 奥地利菜 $$

（Esterhazyplatz 5；主菜 €16.50~23；周一至周五 10:00~23:00，周六和周日 从9:00开始营业）这家时髦的餐馆与它的姐妹葡萄酒吧Selektion（见本页）分享着埃斯特哈齐宫以前的门房。这是个很有气氛的用餐场所，菜单迎合了大众口味，包括汉堡、意大利面、地中海风味的鱼类菜肴或者当地特色菜，比如Esterházy-Rostbraten（烤牛肉配土豆鸡蛋面），以及埃斯特哈齐奶油蛋糕（Esterházy-Cream Cake）。

正如你所想象的，这里也有非常全面的地区葡萄酒清单。

Kredenz 咖啡馆 $$

（www.kredenz.at；Pfarrgasse 33；主菜 €9~17；周一至周四 10:00~22:00，周五和周六 至午夜）这家小咖啡馆和颇具法式小馆风情的小餐馆供应的菜肴种类不多，但是做得很好。午餐套餐（€8.90）可能包括胡萝卜姜汤配鸡胸肉和香草意式烩饭等菜肴。

饮品和夜生活

★Selektion Vinothek Burgenland 葡萄酒吧

（02682-633 45；www.selektion-burgenland.at；Esterhazyplatz 4；周一至周三 11:00~22:00，周四至周六 至午夜，周日 15:00~20:00）这家葡萄酒商场坐落在埃斯特哈齐宫从前的门房里，有一个夏季露台，为欣赏那座黄色的高雅建筑提供了绝佳的视野。在这里了解布尔根兰州的葡萄酒是非常令人愉快的选择。你可以试试有主题的系列酒品尝，或者只是买一瓶品尝。

实用信息

艾森施塔特旅游局（Eisenstadt Tourismus；

☎02682-673 90; www.eisenstadt.at; Glorietteallee 1; ⏲4月至9月 周一至周五 9:00~17:00，周六 9:00~13:00，10月 周一至周四 9:00~17:00，周五 至15:00）

邮政总局（Main Post Office; Ignaz-P-Semmelweis-Gasse 7）

到达和离开

每小时有1班直达**长途汽车**（Domplatz）从维也纳的Hauptbahnhof Vorplex开出（€16.30，1小时20分钟）。还有每小时1班的直达火车从火车总站（Hauptbahnhof，€23.10，1小时10分钟）出发开往这里。

居辛（Güssing）

☎03322 / 人口：3820

到了这个阶段，如果你还没出现城堡审美疲劳，可以前往巴特塔茨曼斯多夫（Bad Tatzmannsdorf）以南40公里处的居辛，这座宁静的小镇就坐落在施特雷姆巴赫河（Strembach River）岸边。在这里，醒目的**居辛城堡**（Burg Güssing; ☎03322-434 00; www.burgguessing.info; Batthyanystrasse 10; 成人票/儿童票 €6/4; ⏲复活节至10月 周二至周日 9:00~17:00; Ⓟ）高居河流和城镇上方，感觉很有戏剧性。这座城堡既有被破坏了的建筑，也有整修过的部分，里面藏有大量土耳其人和匈牙利人的武器，以及16世纪的令人印象深刻的肖像。这里还有一座塔，能让你欣赏周围乡村的全景。现代的百米**缆车**（Schrägaufzug; 单程/往返 €1/2; ⏲复活节至10月 周二至周日 10:00~17:00）可以把那些走不动的人送到城堡。城堡的餐馆有一个露台，可以纵览整个乡村。

如果你错过了巴特塔茨曼斯多夫的露天博物馆，可以前往居辛以西5公里处、位于**盖雷斯多夫**（Gerersdorf）的**露天博物馆**（Freilichtmuseum; www.freilichtmuseum-gerersdorf.at; Gerersdorf bei Güssing 66; 成人票/儿童票 €5.50/3; ⏲周一至周五 9:00~17:00，4月至11月中旬 10:00~18:00; Ⓟ）。在你探索这里的30多座建筑以及里面的传统家具陈设时，一两个小时很快就会过去。这些建筑体现了18世纪和19世纪布尔根兰州的乡村文化。

就餐

Burg Güssing 奥地利菜 $$

（居辛城堡; ☎03322-425 79; www.burgrestaurant.net; Batthyanystrasse 10; 主菜 €11~24; ⏲3月至12月 周二至周日 10:00~22:00）可以享用传统菜肴，也可以在城堡的露台上吃汉堡。

实用信息

旅游局（Tourist Office; ☎03322-440 03; www.suedburgenland.info; Hauptplatz 7; ⏲周一至周五 9:00至正午）居辛的旅游局可以提供私人房间。

到达和离开

每天每1至2小时就会有一班直达长途汽车连接居辛（€7.50，45至70分钟）和上瓦特（Oberwart）。在工作日和周六，还有几班直达公共汽车往返于居辛和盖雷斯多夫（€2，10分钟）。

洛肯豪斯（Lockenhaus）

洛肯豪斯位于布尔根兰州中部，以城堡而闻名，或者更准确地说，是以它从前的居住者伊丽莎白·巴托里（Elizabeth Bäthory）而出名。她更广为人知的名字是“血腥伯爵夫人”（Blood Countess），并因17世纪早期的恐怖统治而被载入了史册。据说她为了满足自己的施虐快感，折磨并残忍杀害了600多人，其中大部分都是农村女性。城堡早已清除了与如此可怕的恐怖景象相关的历史痕迹，但是仍然保留着令人印象深刻的酷刑室，里面有一具铁处女。

如果你想在这里留宿，Burghotel Lockenhaus可以提供房间，还有一间桑拿浴室。

在洛肯豪斯以东大约13公里处，坐落着小村庄Klostermarienberg，那里有一座现在已经废弃了的修道院，里面是**欧洲犬类博物馆**（Europäisches Hundemuseum; www.kulturimkloster.at; Klostermarienberg; €5; ⏲5月至8月 周日 14:00~17:00; Ⓟ），这肯定是欧洲唯一的犬类博物馆。犬类相关物品的奇特收藏包括绘画、雕像，以及“一战”和“二战”期间全副武装的狗照片，这些狗还戴着防毒面具，看起来很有趣。可以花几分钟参观一下修道

院的地下室，那里收藏着13世纪和14世纪的考古发现。

伯恩斯坦（Bernstein）位于洛肯豪斯以西15公里处，那里的特色是令人难忘的伯恩斯坦城堡（Burg Bernstein），现在它是一家酒店。

每间房间都陈设着惊人的古董，这些都出自阿尔马西（Almásy）家族的收藏，真的非常特别。安德烈亚（Andrea）和亚历山大（Alexander）是这里热情又务实的主人；亚历山大会乐于带你四处逛逛，而安德烈亚出色的厨艺会把早餐和晚餐变成享受。对那些看过迈克尔·翁达杰（Michael Ondaatje）的小说《英国病人》（*English Patient*）的人来说，这一切都是多余的；这里正是拉斯洛·阿尔马西（László Almásy）儿时的家，而他在北非的经历为《英国病人》提供了部分素材。

镇中心有一座规模不大的**岩石博物馆**（Felsenmuseum；☎03354-66 20；www.felsenmuseum.at；Hauptplatz 5；€6；⏰3月至10月 9:00~18:00，11月和12月 至17:00，1月和2月 关闭），主要展出宝石蛇纹石以及当地的矿业（是19世纪中叶镇上最先被开采的地方）。你还会在湖边发现一家出色的、全天营业的小咖啡馆，可以在那里享用午餐或晚餐。

你也可以参观**南布尔根兰露天博物馆**（Südburgenländisches Freilichtmuseum；www.freilichtmuseum-badtatzmannsdorf.at；Josef Hölzel-Allee；€1；⏰9:00~18:00；P），这座规模不大但很有意义的露天博物馆展示着19世纪布尔根兰州的茅草顶建筑。当地的旅游局能提供住宿信息。

新锡德尔湖卡

如果你要在艾森施塔特或者新锡德尔湖周边的城镇过夜，要确保自己能拿到新锡德尔湖卡（Neusiedler See Card；www.neusiedler-see.at），持卡可以免费乘坐湖泊周边地区的长途汽车和火车以及市内公共汽车，还能免费或以折扣价格进入很多景点。把你的酒店给你的注册表送到发卡处（旅游局是最方便的），你就会在逗留期间免费获得这张卡。只在3月下旬至10月下旬发卡。

活动

布尔根兰温泉 水疗

（Burgenland Therme；☎03353-89 90；www.burgenlandtherme.at；Am Thermenplatz 1, Bad Tatzmannsdorf；一日卡 成人/儿童 €24/14.50；⏰周日至周四 9:00~22:00，周五 至次日 0:30，周六 至23:00）如果你的身体需要一些关爱，可以到伯恩斯坦（Bernstein）以南15公里处的温泉镇巴特塔茨曼斯多夫（Bad Tatzmannsdorf）去泡泡温泉，这个现代的大型水疗中心目前由Aviva经营。夏季，天然的泳池是最棒的选择。

食宿

Burghotel Lockenhaus 历史酒店 $$

（☎02616-23 94；www.ritterburg.at；标单/大床 €98/136；P）Burghotel Lockenhaus有布置得古香古色的房间，以及一间桑拿浴室。早餐售价€8；从10月至次年3月，取暖需要另外支付€15。也有紧挨着城堡墙壁的带小厨房的公寓（€161，含早餐）。

★**伯恩斯坦城堡** 酒店 $$$

（Burg Bernstein；☎03354-63 82；www.burgbernstein.at；Schlossweg 1, Berstein；标单 €117~177，大床 €170~347；⏰4月下旬至10月中旬；P 📶）这座古老的城堡拥有你对目的地酒店所期望的一切。这栋建筑的地基始建于1199年，而它也保留着现代世界之前的浓厚氛围——这里有漂亮的内部庭院、有些凌乱但安排巧妙的野生花园以及远处的护城河。共有13间卧室可供客人使用；都配有会唤起回忆却又非常现代的浴室，不过除此以外的地方只进行了最低限度的翻修。

Kantine 48 各国风味 $

（☎03354-200 23；Badgasse 48, Bernstein；主菜 €7~11；⏰周一至周六 10:00~22:00，周日 至17:00）这家出色的全天经营的小咖啡馆坐落在湖畔，午餐时间以及傍晚18点后都会供应美食。无论你是不是到这里来游泳，这家店都是享用布拉塔奶酪（burrata）和沙拉拼盘、绿咖喱鸡或者现做的芝麻莱乳清干酪意面的完美去处。

实用信息

旅游局（Tourist Office；☎03353-70 15；www.bad.tatzmannsdorf.at；Joseph-Haydn-Platz 3，Bad Tatzmannsdorf；⊙周一至周五 8:00~17:30，周六9:30~14:30，周日 9:30~11:30，11月至次年3月 周日关闭）当地的旅游局可以帮忙提供住宿。

到达和离开

在这个地区最好自备交通工具，因为长途汽车服务可能比较匮乏。工作日有3班直达长途汽车连接着洛肯豪斯和艾森施塔特（€14，1.5小时）。工作日每小时有1班、周六则每小时有2班直达公共汽车从上瓦特（Oberwart，那里有火车站）出发，向北开往巴特塔茨曼斯多夫（Bad Tatzmannsdorf，€2.50，5分钟）；也有从上瓦特去往伯恩斯坦（€5，30分钟，每1至3小时一班）或者洛肯豪斯（€6.80，1小时，工作日每天2班）的长途汽车。

新锡德尔湖（Neusiedler See）

新锡德尔湖是欧洲第二大草原湖，也是奥地利的最低点。湖的平均深度为1.5米，这意味着湖水在夏季很快就会变暖。再加上温暖的盛行西北风，自然能让生活在内陆的奥地利人梦想成真。在夏季，会有成千上万的游客涌向湖泊，享受风帆冲浪和帆船运动。最好的游泳湖滩（这里不会过于裸露）位于湖的东岸；西岸则是茂密的芦苇地。不过，这些芦苇丛生的地区是近300种鸟类的理想繁殖地——塞温克尔（Seewinkel）周边是最受欢迎的观鸟去处。

但是，最好的还是这里的数英亩葡萄园，它们会出产一部分奥地利最受欢迎、最新颖的葡萄酒。鲁斯特（Rust）坐落在湖的西岸，是到酒庄里品尝葡萄酒的绝佳去处。奥高（Oggau）同样是理想的选择。

本地区也是骑自行车的好地方：平坦的自行车小径一直绕着芦苇地蜿蜒伸展，在湖上穿行的渡船可以搭载自行车，大多数酒店和家庭旅馆也能很好地满足自行车骑手们的需要。可以挑战完整的环湖骑行，中间还需要对匈牙利的领土来一次短暂的"入侵"。

实用信息

新锡德尔湖旅游局（Neusiedler See Tourismus；☎02167-86 00；www.neusiedlersee.com；Obere Hauptstrasse 24，Neusiedl am See；⊙周一至周五 8:00~17:00）整个湖区的主要信息中心。

到达和离开

每小时有一班火车从维也纳火车南站（Vienna Südbahnhof）开往滨湖新锡德尔，那里有长途汽车或地区火车去往所有较大的城镇。你也可以通过新锡德尔湖旅游局安排从维也纳出发的、带司机的包车一日游。

当地交通

从晚春到初秋，渡船会往返于伊尔米茨（Illmitz）和默比施、鲁斯特以及匈牙利的费尔特拉科什（Fertörákos）；鲁斯特和波德斯多夫（Podersdorf）、布赖滕布伦（Breitenbrunn）以及匈牙利的费尔特拉科什。布赖滕布伦和波德斯多夫之间也有渡船往来。可登录网站www.neusiedlersee.com查看当前的时刻表和票价。

公共汽车往来非常频繁。

鲁斯特（Rust）

☎02685 / 人口：1900

鲁斯特位于艾森施塔特以东14公里处，是聚集在新锡德尔湖周围的城镇中最惬意的小镇之一。在高温潮湿的日子，这里湖滨的芦苇带和隐秘的船屋会带来一种昏昏欲睡的沼泽感，而在夏季，鹳会懒洋洋地在人们的头顶上滑翔、彼此亲热，并在屋顶上的窝里不停地发出声响。许多鹳都会在小镇的烟囱上做窝，虽然葡萄酒——而不是鹳——才是鲁斯特繁荣起来的理由。1524年，皇帝授予当地的酒商在他们的葡萄酒桶上展示字母"R"的权利（这个独特的标志是原产于鲁斯特的象征），今天，软木塞上仍然带有这个标志。最好在镇上的众多酒庄（Heurigen）中找一家，品味这段历史。

景点

天主教堂 教堂

（Katholische Kirche；Haydengasse；⊙周一至周六 10:30至正午和14:30~17:00，周日15:00~17:00）这座教堂的塔楼是观察鹳的好地方，神父似乎并不介意此事。教堂坐落在市政厅广场(Rathausplatz)的南端。

菲舍尔教堂 教堂

(Fischerkirche; Rathausplatz 16; ⏲4月至10月 黎明至黄昏)这座教堂坐落在市政厅广场上与天主教堂相对的另一端,它是方圆数英里内历史最悠久的教堂,建于12世纪至16世纪。

活动

Seebad Rust 游泳

(www.seebadrust.at; Ruster Bucht 2; 成人票/儿童票 €4.50/2.50; ⏲5月至9月中旬 9:00~19:00)Seebad Rust位于湖畔和沐浴设施的入口,在周围生长着芦苇的Seepromenade往下1公里处。这里的游泳活动是后来兴起的,原先到处都长满了芦苇,如今的环境却令人耳目一新。这里有滑道、草坪区,还有很多酒吧、咖啡馆及餐馆。

食宿

Storchencamp Rust 青年旅舍、露营地 $

(☎02685-595; www.gmeiner.co.at; Ruster Bucht 2; 铺 €31~42, 标单/大床 €37/54, 露营地 每名成人/儿童/每个帐篷/每辆车 €6.50/4/4.50/4.50; 🚭📶)这家舒适的青年旅舍就位于港口,它是沐浴综合楼的一部分,能提供现代而干净的房间。你也可以住在圆锥形帐篷里,每晚收费€12。它还经营着友好的露营地,那里有200个露营位置,很受欢迎,还配备了很大的儿童游乐场,有便宜的自行车租赁服务,离湖很近,而且能免费进入沐浴区。露营地只在4月至10月开放。

> **留宿肖普朗**
>
> 跨过边境在匈牙利留宿,并"乘车往返于"新锡德尔湖,是既能有效地节省预算,又非常有意思的事情。肖普朗距离默比施只有14公里,那里的住处比边境这一边的奥地利要便宜得多,不论是通过流行的预订网站进行预订,还是找私人租赁皆如此。而且,食物和一些不错的当地葡萄酒也会便宜很多(葡萄酒的价格尤其便宜)。确认一下你租来的车在穿越边境时要额外支付多少钱——应该只是一笔象征性的费用。

Hotel Sifkovits 酒店 $$

(☎02685-276; www.sifkovits.at; Am Seekanal 8; 标单/大床 €85/135; ⏲仅旺季营业; 🅿🚭📶)Sifkovits靠近镇中心,这家由家庭经营的优质酒店有34间宽敞、简单但得体的房间,有电梯,也有附加服务,比如楼下休息室里的一碗水果,以及放了免费矿泉水的冰箱。这里还有不错的餐馆和能够抚慰人心的花园。有孩子用的小床,也可以为孩子加床。

TiMiMoo Boutique Hotel Bürgerhaus 精品酒店 $$$

(☎02685-6162; www.hotelbuergerhaus-rust.at; Hauptstrasse 1; 套 €255; 🅿📶)这家舒适怀旧的酒店对一些有此偏好的人来说可能有点儿妙不可言——这栋建于1537年的建筑以前是一家面包房,有着螺旋式的楼梯,比德迈式样的房间带有拱顶天花板,床边还挂了帘子。服务非常棒,而且很适合儿童,会提供小床,也可以选择以折扣价格加床。

Peter Schandl 奥地利菜 $

(www.buschenschankschandl.at; Hauptstrasse 20; 主菜 €7~14; ⏲3月中旬至11月中旬 周一和周三至周五 16:00至午夜,周六和周日 从11:00开始营业)这家餐馆坐落在18世纪的连排房屋里,有一座阴凉的庭院。著名酿酒师彼得·尚德尔(Peter Schandl)供应的菜单远远超出了普通酒窖的饮食。时令菜品可能包括姜味南瓜奶油汤和烤南瓜子、胡椒肝香肠配黄瓜芥末调料,或者烘肉卷配卷心菜。就在市政厅广场边上。

Weingut Gabriel 酒庄 $$

(www.weingut-gabriel.at; Hauptstrasse 25; 冷盘 €13; ⏲4月至10月 周四和周五 从16:00开始营业,周六和周日 从14:00开始营业; 👪)不要错过这家主街上的乡村葡萄酒店。这里不仅有充满了美味的香肠和冷切肉的、按重量计费的自助餐,葡萄酒也非常棒。季节适宜的时候,闲适宁静的鹅卵石庭院还会成为观察当地鹳鸟的绝妙地点。

饮品和夜生活

★Gut Drauf at Gut Oggau 葡萄酒厂

(☎0664 2069 298; www.gutoggau.com;

Hauptstrasse 31, Oggau; ⏲5月至8月 周四至周日正午至22:00，2月至4月和9月 周五 16:00~22:00，周六和周日 正午至22:00）这座美妙的酒窖在鲁斯特以北几公里处的小村庄奥高（Oggau），很值得提前做计划前往探访。年轻的酿酒师Eduard Tscheppe和Stephanie Tscheppe-Eselböck为他们极其吸引人的新派酒庄酿造了非常独特、生物动力和最低限度干预的葡萄酒。除了他们自己的酒，他们还供应从志同道合的奥地利和意大利生产商那里精选的葡萄酒，价格都很合理。

ℹ 实用信息

旅游局（Tourist Office; ☎02685-502; www.rust.at; Conradplatz 1, Rathaus; ⏲周一至周五 9:00至正午和13:00~16:00，周六 9:00~18:00，周日 至正午）有提供品酒活动的酿酒师的清单，还有镇上的酒店和私人房间的信息。

ℹ 到达和离开

每小时有1班连接艾森施塔特和鲁斯特的公共汽车（€3.80，25分钟）。要去滨湖新锡德尔（€3.80，40分钟，每1至2小时1班），可以在Schützen am Gebirge火车站换乘火车。渡船会穿过湖泊，去往波德斯多夫（Podersdorf）、布赖滕布伦（Breitenbrunn）和匈牙利的费尔特拉科什（Fertörákos）。

滨湖默比施（Mörbisch am See）

☎02685 / 人口：2300

默比施位于鲁斯特以南6公里处，是一个令人昏昏欲睡的地方，它离匈牙利边境只有几公里远。在这里，感受轻松悠闲的氛围，浏览刷成了白色的古雅房屋——这些房子上挂着玉米，阳台上鲜花盛开——是日常活动。

夏季的夜晚，**湖光音乐节**（Seefestspiele; www.seefestspiele-moerbisch.at; ⏲7月中旬至8月）会让镇上的宁静气氛发生戏剧性的变化，这个夏季轻歌剧节每年都会吸引大约20万人。这里还有**歌剧节**（Opern Festspiele; www.ofs.at; ⏲7月上旬至8月下旬），在西北大约7公里处的圣马尔加勒滕（St Margareten）附近的一座古老的罗马采石场里举行。

ℹ 实用信息

旅游局（Tourist Office; ☎02685-8430; www.moerbisch.com; Hauptstrasse 23; ⏲周一至周五 9:00~17:00，周六和周日 至正午）当地的旅游局能提供住宿以及当前活动、节日和湖畔设施等方面的建议，还会给你一份酒庄的清单。

ℹ 到达和离开

从艾森施塔特经鲁斯特开往默比施的长途汽车非常频繁（€4.30，40分钟）。边境在默比施以南2公里处，只能步行或骑自行车越过边境进入匈牙利，对环湖游览的人来说非常便利。这里没有边检，但是可能会要求你出示护照。或者，也可以搭乘在湖上穿行的渡船，留在奥地利境内。

滨湖普巴赫（Purbach am See）

☎02683 / 人口：2835

滨湖普巴赫位于鲁斯特以北17公里处，是湖畔最漂亮的城镇之一。这里又小又挤的镇中心全都是低矮的房屋。小镇依然被各个堡垒和三座城门保护着——这些是土耳其战争的纪念物。尽管镇上没有多少东西可看——也不能直接靠近新锡德尔湖，但是这里很适合感受慢节奏的生活，而且可以沿着历史悠久的Kellergasse和Kellerplatz广场从一个酒窖漫步前往另一个——这两处酒窖都在城墙外面。

🛏 住宿

Gasthof zum Türkentor 客栈 $

（☎02683-34 00; www.foltin.at; Hauptgasse 2; 标单/大床 €40/65; Ⓟ📶）这家惬意的老式客栈坐落在老城墙内，就在小镇历史地段的入口处。

Storchencamp Camping Purbach & Jugendherberge 露营地 $

（☎02683-55 38; www.gmeiner.co.at; Türkenstrasse 13; 露营地 每名成人/儿童/每个帐篷/每辆车€5/3.50/2.90/3，铺 €22; ⏲4月至10月; @📶🏊）这片露营地以及仅提供宿舍的青年旅舍都坐落在芦苇地边缘处，拥有大量的体育设施。

Weingut & Weingasthof Kloster am Spitz 酒店 $$

（☎02683-5519; www.klosteramspitz.at; Waldsiedlung 2; 标单 €75，大床 €120~150;

(P ⊜) Weingut & Weingasthof Kloster am Spitz坐落在城镇的西北边缘，周围葡萄园环绕（沿着Fellnergasse）。它包括一座以前的小修道院，和一家现代的酒店。房间很简单，但视野很棒。

★ Gut Purbach
酒店 $$$

（☎02683-560 86；www.gutpurbach.at；Hauptgasse 64；房间/套 €176/265）这是"湖区"最时尚的留宿选择。共有5间房间，包括一间套房，都把漂亮的配有乡村老式家具的老建筑，与当代的设计元素结合在了一起。每个房间都是独一无二的，并且都配备了极其舒适的大床。

就餐

★ Kloster Am Spitz
奥地利菜 $$$

（www.hotel-restaurant.klosteramspitz.at；主菜 €17~26，5/6道菜的套餐 €50/60）这家令人愉快的酒厂餐馆位于镇中心，看似质朴的餐厅供应颇为时尚的当代美食。淡水鱼和鳗鱼、当地的羔羊肉以及凝乳酪，是实验菜单和经典畅销佳品菜单上的特色。在夏季，你还可以坐在带棚架的庭院中，一边欣赏城镇和远处的湖泊风光，一边用餐。

实用信息

旅游局（Tourist Office；☎02683-5920；www.purbach.at；Am Kellerplatz 1；⏲9:00~19:00）旅游局能提供住宿和葡萄酒的相关信息。

到达和离开

普巴赫有连接滨湖新锡德尔（€3.70，12分钟，每小时1班）、艾森施塔特（€3.80，15分钟，每小时1班）和维也纳火车总站（Vienna Hauptbahnhof；€13.50，1小时，每小时1班）的直达火车，以及连接艾森施塔特（€3.80，20分钟，至少每2小时1班）的直达公共汽车。从鲁斯特的Schützen am Gebirge（镇中心）出发，步行300米即可到达火车站，那里可以换乘地区火车到达此地。

滨湖波德斯多夫（Podersdorf am See）

☎02177 / 人口：2075

滨湖波德斯多夫位于东岸，是唯一一座真正称得上完全"滨湖"的城镇，再加上没有芦苇的位置，可能就是它成为新锡德尔湖地区和布尔根兰州最受欢迎的度假胜地的原因。

活动

圣马丁温泉酒店水疗中心
水疗

（St Martins Therme & Lodge Spa Resort；☎02172-20 500 600；www.stmartins.at；Im Seewinkel 1，Frauenkirchen；一日通票 成人/儿童 €26/13.50；⏲9:00~22:00）这里位于波德斯多夫东南8公里处的弗劳恩基兴（Frauenkirchen），你可以在这个使用温泉水的现代水疗中心治愈身心。这里设计成了有趣的湿地景观，你也可以在户外的矿泉湖里游泳。也欢迎非住宿客人来访问数量众多的水疗设施。

如果是乘火车或公共汽车到达弗劳恩基兴，可以提前在酒店预订从火车站的免费接送。骑自行车从主自行车道绕道前往圣马丁也很简单（水疗中心有一个Nextbike站，其他站点位于火车站和弗劳恩基兴的大教堂附近）。

Surf & Segelschule Nordstrand
水上运动

（☎0664-277 6140；www.nordstrand.at；Seeufergasse 17）Surf & Segelschule Nordstrand出租帆船，还在工作日组织帆船课程。

Mission To Surf
水上运动

（☎0680-234 6529；www.surf-schule.at）有用于出租的设备，还会提供风筝冲浪课程。

食宿

7月和8月以及春季的周末要预订。Seestrasse从旅游局通往湖泊，这条街上有很多可以留宿的小地方。

酒店和度假村能提供最好的高档餐饮；湖岸沿线到处都是快餐店和咖啡馆。

Strandcamping
露营地 $

（☎02177-22 79；www.podersdorfamsee.at；Strandplatz 19；露营地 每名成人/儿童/每个帐篷/每辆车 €7.80/5/5.50/5.50；⏲3月下旬至10月）这片很受欢迎的露营地就在湖滩边上，是这一带规模最大的露营地之一。盛夏时节，有很多缓解闷热高温的树荫。

Steiner 民宿 $

(☎02177-2790; www.steinergg.at; Seestrasse 33; 标单/大床 €40/80; P ⊖)这家位于镇中心的客栈(Gästehaus)有热情的员工、宁静舒适的氛围，以及简朴而整洁的房间，房间配有现代化的浴室和阳台。

★ **Seewirt** 酒店 $$

(☎02177-24 15; www.seewirtkarner.at; Strandplatz 1; 标单 €62~95, 大床 €111~201; P ⊖ 🛜)四星级酒店Seewirt占据着渡船码头和湖滩旁边的一流位置，总是很快就会客满。折射的湖光洒满整洁的房间，没有繁复的装饰。餐馆供应直接简单的奥地利菜肴。

Hotel-Restaurant Pannonia 酒店 $$

(☎02177-22 45; www.pannonia-hotel.at; Seezeile 20; 标单 €50~68, 大床 €95~130; P ⊖ 🛜 ≋)这家酒店离滨水区很近，翻修后颇为时尚，室内陈设十分现代，还有很大的草坪区，孩子们可以在那里撒欢儿。老板还经营着马路对面的另一家酒店，那里有家庭房。餐馆的酒单堪比一部短篇小说，供应各种时令菜肴，比如生鹿肉片搭配野蒜沙司和西红柿。

圣马丁温泉酒店 水疗 $$$

(St Martins Therme & Lodge; ☎02172-205 00; www.stmartins.at; Im Seewinkel 1, Frauenkirchen; 大床 每人 €175~230; P ⊖ @ 🛜)这家现代化的大型度假村坐落在波德斯多夫往内陆方向8公里处的弗劳恩基兴，房间很豪华，还可以眺望湿地风光。水疗中心面积非常大，但偶尔会被前来开会的人住满。如果乘火车或公共汽车到达弗劳恩基兴，可以提前跟酒店预订免费的火车站接站服务。

★ **Zur Dankbarkeit** 奥地利菜 $$

(☎02177-22 23; www.dankbarkeit.at; Hauptstrasse 39, Podersdorf; 主菜 €9~19; ⏲4月至11月 周五至周二，1月至3月 周五至周日 11:00~21:00, 12月关闭)这家可爱的老餐馆会供应一些这一带最好的地区菜肴。内部花园里长有树木，洋溢着乡村气息，是享用本地葡萄酒的理想去处。

探索芦苇滩

虽然普巴赫没有直接坐落在湖岸上，但是它包含在自然保护区里，可以骑自行车或者轻松散步探索那里的芦苇滩。位于旅游局以北一个街区处的Kirchengasse/Gartengasse通往芦苇滩，一条2.5公里长的小径从那里沿着运河延伸至湖边。另一个可以骑车也可以步行的选择是沿着Kirschblutenradweg(B12)往北顺着芦苇滩去往布赖滕布伦(Breitenbrunn，大约4.5公里)，右转进入芦苇教育之路(Schilflehrpfad)，沿着它一直走到湖边(大约3公里)，那里可以下湖游泳。可以从露营地租用自行车，或者问问旅游局。**Canoe Excursions**(☎0664 382 8540; www.natur-neusiedlersee.com; 2小时 成人/儿童 €22/16; 👪)能带你进入芦苇滩，其活动也很适合孩子。至少要提前一天预订。

🍷 饮品和夜生活

Weinklub 21 葡萄酒吧

(www.weinclub21.at; Seestrasse 37; 品酒会 €5~12; ⏲5月至9月 9:00至正午和16:00~21:00)这家优秀的葡萄酒店代表着小镇及这个地区的21家葡萄酒生产商，会定期举办品酒会和活动。

ℹ 实用信息

旅游局(Tourist Office; ☎02177-2227; www.podersdorfamsee.at; Hauptstrasse 2; ⏲3月至10月 周一至周五 8:00~16:30，周六 9:00~16:30，周日 9:00至正午)

ℹ 到达和离开

每小时有1或2班公共汽车往返于新锡德尔和波德斯多夫(€3.80, 16分钟)。渡船连接着波德斯多夫和西岸的鲁斯特与布赖滕布伦。

塞温克尔 (Seewinkel)

☎02175

塞温克尔是**新锡德尔湖－塞温克尔国家公园**(Neusiedler See-Seewinkel National

Park）的中心，这里的草原和湿地对鸟类及其他野生动物极其重要。葡萄园、芦苇滩、波光粼粼的湖水和此起彼伏的鸟鸣使这里成了迷人的短途旅行目的地。这里还是观鸟的好地方，很适合步行或骑自行车探索。

保护区不允许游客直接进入，所以，如果确实想要观鸟，需要准备双筒望远镜。沿途设有观鸟台。

公园自己的信息中心位于伊尔米茨（Illmitz）的北部边缘，名为国家公园之家（Ntionalparkhaus）。那里有一个关于生态的小型展览，员工还能告诉你发现当地野生动物的最佳地点。

伊尔米茨（Illmitz）镇离湖4公里远，它被国家公园环绕着，是一处很好的基地。旅游局的员工能提供这个地区的信息。Arkadenweingut-Gästehaus是一个带有拱廊的可爱住处，就位于伊尔米茨镇中心。

活动

格哈德·内科维奇葡萄园 葡萄酒

（Weingut Gerhard Nekowitsch；☎02175-2039；www.nekowitsch.at；Urbanusgasse 2，Illmitz）甜点般的甜酒目前正在奥地利复兴。冰酒（Eiswein；用晚收并结冻而皱缩的葡萄所酿造的葡萄酒）和为酿造甜酒而晚收的精选葡萄最终被芦苇酒（Schilfwein）接收——酿造这种酒要把葡萄放在芦苇（Schilf）席上让其因热度而慢慢变干。芦苇酒的专家正是格哈德·内科维奇葡萄园的格哈德·内科维奇（Gerhard Nekowitsch）。

住宿

Arkadenweingut-Gästehaus 客栈 $

（☎02175-33 45；www.arkadenweingut-heiss.at；Obere Hauptstrasse 20，Illmitz；标单/大床 €43/66；P ⊖）这家简单的客栈坐落在伊尔米茨镇中心一座带有拱廊的可爱住处内。房间不算高档，但是很舒适，而且一尘不染。

实用信息

国家公园之家（Nationalparkhaus；www.nationalpark-neusiedlersee-seewinkel.at；⊙周一至周五 8:00~17:00，周六和周日 10:00~17:00，11月至次年3月 周六和周日 关闭）

旅游局（Tourist Office；☎02175-2383；www.illmitz.co.at；Obere Hauptstrasse 2-4；⊙周一至周五 8:00至正午和13:00~17:00，周六 9:00至正午和13:00~17:00，周日 9:00至正午，11月至次年6月 周六和周日 关闭）旅游局的员工能提供这个地区的相关信息，并帮你寻找住处。

到达和离开

渡船连接着伊尔米茨和默比施、鲁斯特以及匈牙利的费尔特拉科什（Fertörákos）。每小时有1班公共汽车往返于伊尔米茨和滨湖新锡德尔（€6.80，30分钟）之间。

维森（Wiesen）

在夏季，位于弗尔希滕施泰因（Forchtenstein）以北大约5公里处的小镇维森，会变成奥地利的格拉斯顿伯里（Glastonbury，英格兰城镇）。届时这里举办的一系列夏季**音乐节**（festivals）是奥地利规模最大的，涉及的音乐范围也是五花八门。可登录网站www.wiesen.at了解详情。

弗尔希滕石堡（Burg Forchtenstein；www.esterhazy.at；Melinda Esterházy-Platz 1；每个景点 成人票/儿童票 €9/7，两个景点 €13/6.50，埃斯特哈齐通票 €36/18；⊙3月下旬至10月 10:00~18:00）坐落在艾森施塔特西南大约20公里处的白云石山嘴尖坡之上，它是布尔根兰州最壮观的城堡之一。这座城堡始建于14世纪，又于1635年由埃斯特哈齐家族（the Esterházys；今天仍然是这里的主人）进行了扩建。亮点包括令人印象深刻的盔甲和武器收藏、祖先肖像画廊（Ahnengalerie）里展示的埃斯特哈齐王室的肖像，以及土耳其战争的战利品（城堡的主管会自豪地告诉你，弗尔希滕石堡是这个地区唯一没有落入土耳其人手中的城堡），还可以从防御墙上欣赏壮观的风光。珍宝馆收藏着丰富的珠宝和瓷器。联票（成人/儿童 €13/6.50）可以进入两个景点。

到达和离开

开往维森的火车从维也纳麦德林火车站（Wien-Meidling）出发，至少每2小时1班（€11，50至80分钟）。

上奥地利州

包括 ➡

最佳餐饮

- Cafe Jindrak（见177页）
- Freistadt Brauhaus（见191页）
- Paul's（见178页）
- Knapp am Eck（见186页）
- Löwenkeller（见189页）

最佳住宿

- Hotel am Domplatz（见177页）
- Hotel Christkindlwirt（见185页）
- Minichmayr（见185页）
- Hotel Goldener Adler（见191页）

为何去

这片和缓起伏的乡村地区名不见经传，却能让人体会到奥地利的伟大之处。首先，这里有非凡的多瑙河和丰富的音乐遗产、古色古香的咖啡馆和高处坐落着城堡的中世纪城镇，以及辉煌的奥古斯丁修道院和水疗中心。

这片规模不大的土地不只拥有林茨的高科技博物馆和先锋派画廊，还充满了其他惊喜：从供应自产苹果酒（Most）的乡村农舍，到卡尔卡尔彭偶尔有猞猁出没的石灰岩山峰，还有刷上了冰激凌色调的风景如画的城镇，比如施泰尔和谢尔丁。无论是身处向捷克绵延的薄雾笼罩的山区，还是身处黄昏时分融入远方的水彩画般的麦田，你都会发现这些景色所蕴含的绵长宁静之美。

何时去

- 夏季是在多瑙河沿岸和乡村之间骑自行车的好时机。9月可以到林茨参加前沿科技节和免费的河畔音乐会。客房会在6月至9月涨价，所以要预订。
- 秋季是在森林里散步、享受凉爽的完美选择。房价从10月开始下降，游客数量亦然。
- 冬季的到来伴随着旺盛且银光闪闪的圣诞市场。从12月上旬至次年4月中旬，越野滑雪爱好者会在卡尔卡尔彭国家公园里飞驰，速降滑雪爱好者则占据着Wurzeralm和欣特施托德尔（Hinter Stoder）的山坡。
- 从3月至5月的春季是平季，适合欣赏鲜花盛开的果园，施泰尔还会举行纪念舒伯特（Schubert）的活动。

上奥地利州亮点

❶ **电子艺术中心**（见173页）在林茨的前沿技术和科学中心玩像素游戏。

❷ **施泰尔**（见184页）爱上施泰尔故事书般的小巷和湍急的河流。

❸ **Baumkronenweg**（见191页）在科普夫（Kopfing）的树顶上方漫步。

❹ **卡尔卡尔彭国家公园**（见187页）徒步穿越奥地利第二大国家公园的荒野。

❺ **盖恩贝格温泉**（见194页）在奥地利数一数二的水疗中心里随水漂荡。

❻ **奥古斯丁修道院**（见181页）在圣弗洛里安宏伟的奥古斯丁修道院参加管风琴音乐会。

❼ **毛特豪森纪念馆**（见184页）在毛特豪森集中营追溯奥地利的过去。

❽ **恩格斯采尔修道院**（见193页）在奥地利唯一的特拉比斯特啤酒厂品尝啤酒、利口酒和奶酪。

到达和当地交通

飞机

奥地利航空公司（Austrian Airline）、德国汉莎航空公司（Lufthansa Airline）、瑞安航空公司（Ryanair Airline）和柏林航空公司（Air Berlin）都是为**林茨蓝色多瑙河机场**（Blue Danube Airport Linz; LNZ; ☎07221-60 00; www.linz-airport.at; Flughafenstrasse 1, Hörsching）提供服务的主要航空公司。这里有飞往维也纳、萨尔茨堡和格拉茨的航班，也有飞往柏林、法兰克福（Frankfurt）、杜塞尔多夫（Düsseldorf）、斯图加特（Stuttgart）和苏黎世（Zürich）的航班。瑞安航空公司的飞机也飞往伦敦斯坦斯特德机场（London Stansted）。

小汽车和摩托车

A1高速公路从东到西连接着维也纳和萨尔茨堡；A8向北通往德国的帕绍（Passau）及其他地方；A9则向南延伸直至施蒂里亚（Styria）。

公共交通工具

上奥地利州的长途汽车和火车服务由**上奥地利交通公司**（Oberösterreichischer Verkehrsverbund; www.ooevv.at）负责。票价取决于你经过的地区数量（一个地区€2.20）。有单程票，也有一日通票、周票、月票和年票。往返于维也纳和萨尔茨堡的特快列车会经过林茨和上奥地利州南部的大部分地区，也有从林茨出发，向南去往施蒂里亚州的圣米夏埃尔（St Michael）的特快列车，可以从那里前往克拉根福（Klagenfurt）和格拉茨。

林茨（LINZ）

☎0732 / 人口：197,500

"一切都始于林茨"（In Linz beginnt's）是奥地利人的谚语，这句话完全无误。这是一座不断发展的城市，它牵动着奥地利技术产业的脉搏。大胆的公共艺术装置、蓬勃发展的文化场景，还有似乎是为科幻电影新建的网络中心和先锋画廊，这一切都象征着明日的奥地利。

林茨于2009年成为"欧洲文化之都"。2014年，这座奥地利第三大的城市又获得了联合国教科文组织命名的"媒体艺术之都"称号。横跨多瑙河两岸的林茨不仅是当代的中枢，还拥有迷人的老城区（Altstadt），那里充满了古老的巴洛克式建筑。

历史

在罗马人接管林茨并把它命名为Lentia的时候，它只是一座建有防御工事的凯尔特村庄。到了8世纪，城镇归巴伐利亚统治时，它的名字改成了Linze。13世纪，它成了从施蒂里亚进口原材料的重要贸易城镇。而在1489年，林茨在腓特烈三世（Friedrich Ⅲ）的统治下成为帝国的首都，直到他于1493年辞世。

跟上奥地利州的大部分地区一样，林茨在16世纪和17世纪同样处于新教运动的最前线。然而，随着反宗教改革运动的进行，天主教气势汹汹地卷土重来。这座城市在19世纪的复兴很大程度上要归功于铁路的发展，当时林茨成了重要的铁路枢纽。

阿道夫·希特勒出生在附近的因河畔布劳瑙（Braunau am Inn），并在这里度过了学生时代。他的纳粹运动建造了大批的钢铁厂，如今它们仍然会雇用很多本地人。"二战"后，林茨就在苏联阵营和美国阵营的边界上。自1955年以来，林茨已经发展成了重要的工业城市、港口和州首府。

景点

★电子艺术中心 博物馆

（Ars Electronica Center; www.aec.at; Ars-Electronica-Strasse 1; 成人票/儿童票 €9.50/7.50; ⏰周二、周三和周五 9:00~17:00，周四 9:00~21:00，周六和周日 10:00~18:00）未来的技术、科学和数字媒体，是林茨最引人注目的焦点。在实验室里，你可以跟机器人互动、让数字对象活动起来、打印3D模型、把你的身体变成乐器，以及（虚拟）到外太空旅行。孩子们都很喜欢这里。中心的建筑是驻维也纳的建筑公司特罗伊施（Treusch）设计的。黄昏之后，当LED玻璃外立面如万花筒般变化颜色的时候，它就像是多瑙河畔的未来派之船。

★圣玛丽大教堂 主教座堂

（Mariendom, Neuer Dom; Herrenstrasse 26; ⏰周一至周六 7:30~19:00，周日 8:00~19:15）这座新哥特式的庞然大物也被称为新大教堂（Neuer Dom），这里有趣的尖塔、飞拱，以及带有金银细丝工装饰的窗户都很吸引眼球。这座大教堂是以科隆大教堂而闻名的文岑茨·施塔茨（Vinzenz Statz）于19世纪中叶设

Linz 林茨

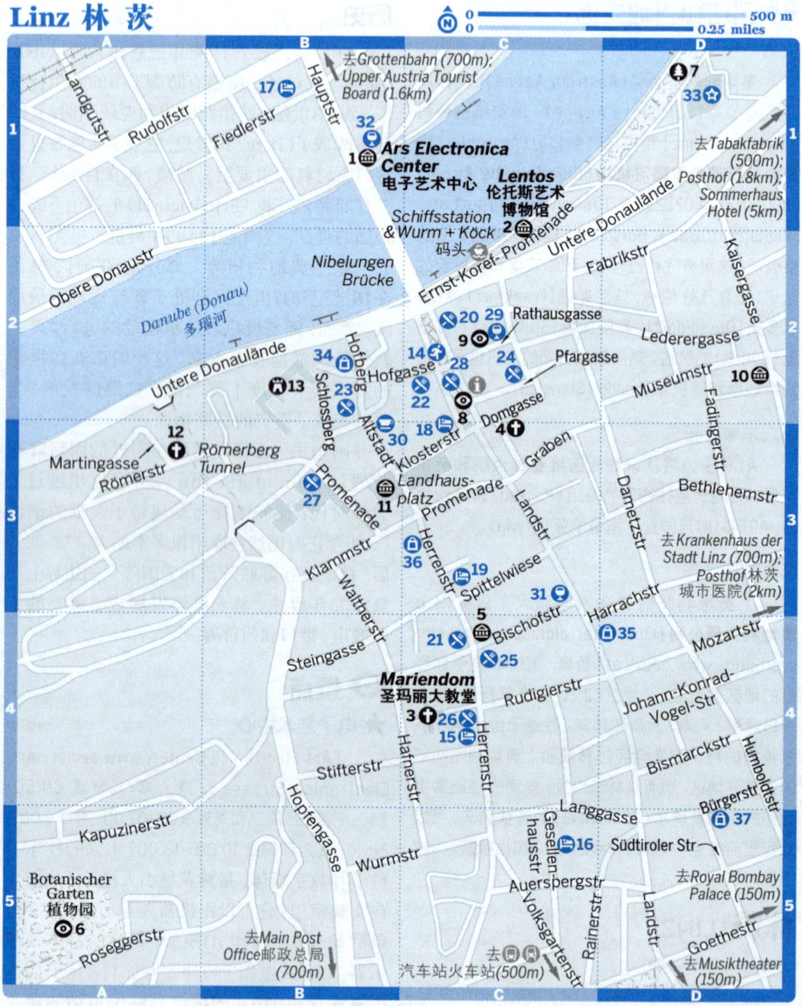

计的，其塔楼的高度被限制在了134米，以免令维也纳的斯蒂芬大教堂相形见绌。教堂内部装饰着名副其实的彩色玻璃窗帘，其中包括林茨窗(Linzer Fenster)，它描绘的是林茨的历史场景。

★伦托斯艺术博物馆 画廊

(Lentos; www.lentos.at; Ernst-Koref-Promenade 1; 成人/儿童 €8/4.50，导览游 €3; ⏲周二、周三和周五至周日 10:00~18:00，周四 10:00~21:00)玻璃和钢筋结构的伦托斯艺术博物馆俯瞰着多瑙河，这座长方形的建筑在晚上开启照明装饰时非常引人注目。这里保存着奥地利最杰出的现代艺术收藏之一，包括沃霍尔(Warhol)、席勒(Schiele)、克里姆特(Klimt)、科柯施卡(Kokoschka)和洛维斯·科林特(Lovis Corinth)的作品，这些作品有时会在大型展览中展出。这里有德语解说的定期导览游，30分钟的英语团队游在每月第一个周六的下午16点开始。此外，也可以从网站下载伦托斯的应用程序。

州立美术馆 画廊

(Landesgalerie; www.landesgalerie.at;

Linz 林茨

Museumstrasse 14；成人/儿童 €6.50/4.50；⊙周二、周三和周五 9:00~18:00，周四 9:00~21:00，周六和周日 10:00~17:00）州立美术馆坐落在一栋19世纪晚期的豪华建筑内，这里主要展出20世纪和21世纪的绘画、照片和装置作品。不断轮换的展览通常聚焦于上奥地利州艺术家们的作品，比如阿尔弗雷德·库宾（Alfred Kubin）的表现主义离奇画作，以及瓦莉·艾丝波特（Valie Export）深受维也纳行动主义影响的令人震惊的作品。露天的**雕塑公园**里展示的现代雕塑，与美术馆新古典主义风格的建筑形成了鲜明的对比。

城堡博物馆 城堡、博物馆

（Schlossmuseum；www.landesmuseum.at；Schlossberg 1；成人/儿童 €6.50/4.50；⊙周二、周三和周五 9:00~18:00，周四 9:00~21:00，周六和周日 10:00~17:00）罗马人、哈布斯堡王朝的皇帝、大火——林茨的城堡经历了这一切。你可以先欣赏一下城市的全景，再去探索博物馆的宝库，这里的珍宝是几个世纪以来从修道院和宫殿收集而来的。藏品涵盖了艺术、考古、历史武器和工具、技术以及民俗等诸多内容。哥特风格的教会绘画是真正的亮点。

主广场 广场

（Hauptplatz）在占据着城市中心位置的广场上，街头表演者吸引着人群，有轨电车隆隆地驶过，当地人则在人行道旁的咖啡馆里放松自己。广场四周坐落着华丽的巴洛克式建筑与色调柔和的文艺复兴时期风格的房屋。广场上的**圣三一纪念柱**（Dreifaltigkeitssäule）一照到阳光就会闪闪发光，这根20米高的纪念柱是1723年用萨尔茨堡大理石雕成的，用以纪念这座城市从战争、火灾与瘟疫中获得解脱。

开普勒沙龙 文化中心

（Kepler Salon；www.kepler-salon.at；Rathausgasse 5）免费 伟大的天文学家、数

学家和占星家约翰尼斯·开普勒（Johannes Kepler）完成极具开拓性的《鲁道夫星表》（*Rudolphine Tables*）时，就住在这里。这栋房子现在变成了开普勒沙龙，会在举办科学主题活动的时候向公众开放。州政府的行星喷泉（Planet Fountain）也是为了纪念这位天才而建的，还有一所用他的名字命名的大学，他曾于1612年至1626年在那里教书。

老教堂 天主教堂

（Alter Dom；www.dioezese-linz.at；Domgasse 3；⏲7:00~19:00）这座17世纪晚期的大教堂及其成对的塔楼在林茨的空中轮廓线上格外抢眼。教堂内部的灰泥装饰、粉色大理石圣坛和镀金的柱子，令它极为华丽。著名的本地人安东·布鲁克纳（Anton Bruckner）曾于1856年至1868年在这里担任风琴手。

马丁教堂 教堂

（Martinskirche；☎导览游 0732-77 74 54；Römerstrasse；导览游乐捐；⏲仅通过导览游进入）马丁教堂是奥地利最古老的教堂之一，它首次被提及是在799年。里面有罗马的碑文和一座窑，还有一幅人们相信可以追溯到13世纪早期的绘画，描绘的是意大利的卢卡（Lucca）著名的《圣容》（*Volto Santo*）雕塑。

州政府 历史建筑

（Landhaus；Landhausplatz 1）这座令人印象深刻的文艺复兴时期风格的建筑以前是一座女修道院，里面有三座互相连通的庭院，如今这里成了上奥地利州议会和政府的所在地。青铜质的**行星喷泉**（Planet Fountain）的历史可以追溯到1582年。

主教宅第 历史建筑

（Bischofshof；Bischofstrasse）这座巴洛克风格的主教宅第非常华丽，它是迈克尔·普鲁克迈耶（Michael Pruckmayer）按照雅各布·普兰陶尔（Jakob Prandtauer）的设计建造的，这位设计师也因圣弗洛里安（St Florian）和梅尔克（Melk）的修道院而声名大噪。宅第内部不对公众开放。

多瑙河公园 公园

（Donaupark；Ernst-Koref-Promenade；⏲24小时）多瑙河公园坐落在多瑙河的南岸，就在伦托斯艺术博物馆旁边，是这座城市的绿色休闲去处。在精心照料的花园里，现代雕塑矗立在灌木丛之间，格外醒目。对渴望在夏季呼吸新鲜空气的散步者、慢跑者、溜冰者、野餐者和城市工人来说，这里极具吸引力。

植物园 花园

（Botanischer Garten；Roseggerstrasse 20；成人/儿童€3/2；⏲5月至8月 7:30~19:30，其他月份时间缩短）这座宁静的植物园位于市中心西南1.7公里处，园内培育了10000种植物。从本地的高山植物，到兰花、杜鹃花和热带棕榈树，以及欧洲规模最大的仙人掌收藏之一，无所不包。

活动

Pöstlingbergbahn 遗产铁路

（波斯特林山铁路；www.linzag.at；Hauptplatz；成人/儿童 往返€6.10/3.10；⏲4月至10月 周一至周六 6:00~22:30，周日 7:30~22:00，11月至次年3月 周一至周六 6:00~20:30，周日 7:30~20:30）你可以沿着平缓的路线徒步登上**波斯特林山**（Pöstlingberg）的山顶，也可以搭乘窄轨的波斯特林山铁路列车，沿着陡峭的铁轨经过15分钟到达山顶。这是奥地利最陡峭的黏着铁路（只靠电力运行，而不使用缆绳和滑轮），实际也是世界上最陡峭的铁路之一，对这么一座低洼的城市来说，堪称一项壮举。

山顶上有19世纪末20世纪初修建的**Grottenbahn**（Am Pöstlingberg 16；成人票/儿童票€5/3；⏲6月至8月 10:00~18:00，3月至5月、9月和10月 10:00~17:00，11月至次年2月关闭），在那里，一家人——以及任何喜欢媚俗景点的人——都可以乘上龙列车，从地精、闪闪发光的钟乳石以及格林童话中的场景旁边经过。

节日和活动

Höhenrausch 艺术节

（www.hoehenrausch.at；⏲5月中旬至10月中旬）在每年比较暖和的月份里，林茨市中心的屋顶都会因这个艺术节而活跃起来——该节日的特色是奥地利及世界各地的交互式艺术项目。主题每年都会改变；例如，2016年的主题是赞美“不同的天使”（Different

Angels），亮点包括屋顶镜子迷宫、露天电影院、20米高的滑索，以及一座屋顶声音花园，那里设有借助风力演奏的钢琴琴弦和管风琴音管。

林茨音乐节 音乐节

（Linz Fest；www.linzfest.at；Donaupark；⏰5月中旬）在5月的第三个周末，这个盛大的狂欢活动会为河畔的多瑙河公园（见176页）带来免费的摇滚乐、爵士乐和民间音乐会。

Pflasterspektakel 狂欢节

（www.pflasterspektakel.at；⏰7月下旬）来自欧洲各地的音乐家、杂耍表演者、演员、诗人、喷火艺人和杂技演员会齐聚林茨，来参加这个为期3天、全城参与的街头文化节。

电子艺术节 文化节

（Ars Electronica Festival；www.aec.at；⏰9月上旬）这个为期5天的跨界活动，会在市内的不同场所展示由计算机编写和表演的网络艺术和音乐，以及其他技术与艺术结合而生的作品。

布鲁克纳音乐节 音乐节

（Brucknerfest；www.brucknerhaus.at；⏰9月中旬至10月下旬）这个为期6周的音乐节在布鲁克纳故居（Brucknerhaus，见180页）举行，届时林茨会用古典音乐向本地名人安东·布鲁克纳致敬。

住宿

★Hotel am Domplatz 设计酒店 $$

（☎0732-77 30 00；www.hotelamdomplatz.at；Stifterstrasse 4；大床 €111~175，套 €280~340；❄📶）🍃这个玻璃混凝土结构的立方体与新哥特风格的圣玛丽大教堂相邻（要一间可以俯瞰大教堂的房间）。酒店内装饰着很多引人注目的金属雕塑，北欧风格的房间十分现代化，装饰着质朴的白色和浅色的木制品，还有半开放性的浴室。可以在屋顶的水疗中心放松一下。天气晴朗的时候，朝向大教堂的露台是吃早餐（€18）的最佳去处，这里的早餐还包括一杯香槟酒。

Spitz Hotel 设计酒店 $$

（☎0732-73 37 33；www.spitzhotel.at；Fiedlerstrasse 6；标单/大床/公寓 €99/119/149起；P❄@📶）🍃奥地利建筑师伊萨·施泰因（Isa Stein）把她的先锋派印记留在了Spitz，从大堂里的铸模家具，到UFO风格的灯具，无一例外。每间极简抽象派的房间都突出了林茨艺术场景的一个方面，并以优美的线条、硬木地板、咖啡机和本地创意人的定制作品为特色；可以选择开放式或者封闭式浴室。有些房间带阳台。

Hotel Kolping 酒店 $$

（☎0732-66 16 90；www.hotel-kolping.at；Gesellenhausstrasse 5；标单 €72~94，大床 €96~122；P❄📶）Kolping藏在林茨市中心的一条小巷里，这里明亮的房间一尘不染，装饰着松木家具，服务体贴入微。自助式早餐（含在房价内）是市内最好的之一，有本地采购的有机农产品，包括农家鸡蛋、地区奶酪和新鲜的时令水果。也可以按要求准备盒装午餐。

Zum Schwarzen Bären 历史酒店 $$

（☎0732-77 24 77；www.linz-hotel.com；Herrenstrasse 11；标单 €92~105，大床 €129~140，家 €148~160，套 €190；P❄📶）这家15世纪的酒店曾经是备受赞誉的男高音歌唱家理查德·陶贝尔（Richard Tauber）的出生地，现在它由友善的内尔（Nell）一家经营。房间俯瞰着庭院，以单色调进行过翻修，还铺着镶木地板；有些房间甚至配备了水床。装饰着木质镶板的餐馆供应奥地利经典菜肴。

Wolfinger 历史酒店 $$

（☎0732-77 32 910；www.hotelwolfinger.at；Hauptplatz 19；标单 €82~102，大床 €102~143，标三 €127~163，四 €153~183；P@📶）这家已有500年历史的酒店坐落在主广场上，带着一种旧时代的奢华感。拱道、灰泥装饰和充满了时代感的家具都为房间增添了特色；后面的房间更安静，有些带阳台。

就餐

★Cafe Jindrak 咖啡馆 $

（www.jindrak.at；Herrenstrasse 22；菜肴 €3~8.80；⏰周一至周六 8:00~18:00，周日 8:30~18:00；👪）在这家著名的咖啡馆加入喜爱蛋糕的当地人行列——它是如今拥有9家

分店的连锁店中最初的本店（1929年），它们每年会以家族秘方生产超过10万个声名远播的林茨蛋糕（Linzer Torte）。你需要一把巨大的叉子（和胃口）才能应付在1999年赢得了吉尼斯世界纪录的那个大蛋糕——它有4米高，650公斤重。

Non Solo Vino
熟食、意大利菜 $

（☎0732-79 77 88；www.nonsolovino.at；Bischofstrasse 15；主菜 €8~18.50，开胃菜 €5.50~8；⌚周一至周五 10:00~18:00，周六 9:00~13:00；📶）将熟食店和餐馆合二为一的Non Solo Vino相信精心采购：这里的奶酪、熟肉、开胃菜和意大利面都有着一流的品质。它会用超级新鲜的原料准备午餐菜肴，比如生牛肉片搭配芝麻菜和自制意式小方饺（ravioli）。天气晴朗的时候最好早点儿到，以便在小庭院里抢一个座位。

k.u.k. Hofbäckerei
咖啡馆 $

（Pfarrgasse 17；菜肴€3~6；⌚周一至周五 6:30~18:30，周六 7:00~12:30）这家辉煌的、仿佛时间停滞了一般的咖啡馆所在的木结构建筑始建于1371年，在这里可以感受到具有帝国特色的生活。弗里茨·拉特（Fritz Rath）会在这里烘焙该市数一数二的林茨蛋糕——一种味道浓郁、香味扑鼻、有着漂亮的酥脆格子的糕点。夏季，最好的座位都在阴凉的庭院里。

Promenadenhof
奥地利菜 $

（☎0732-77 76 61；www.promenadenhof.at；Promenade 39；主菜 €8~19.50；⌚厨房 周一至周六 10:00至次日1:00，酒吧 周一至周六 17:00至次日2:00）Promenadenhof是正宗奥地利美食的忠实追随者，比如精炖牛肉（Tafelspitz）和施蒂里亚风味的鸡肉沙拉。在带有拱顶的店堂（Stuben）和啤酒花园供应这些菜肴，还提供100多种不同的几乎都产自奥地利的葡萄酒。

Gragger
面包房 $

（www.gragger.at；Hofgasse 3；菜肴€3~6；⌚周一至周五 7:30~18:00，周六 8:00~17:00；📶）🍃这家带有拱顶的咖啡馆在木桌上供应早餐（到上午11点），以及每日更换的菜肴，包括有益健康的汤、沙拉和美味的有机面包。

Stadtmarkt
市场 $

（Hauptplatz；⌚周二和周五 9:00~14:00）🍃这是林茨每周两次的农贸市场，可以在这里的超过25个摊位上采购野餐所需的一切。

★ Paul' s
汉堡包 $$

（☎0732-783 38；www.pauls-linz.at；Herrenstrasse 36；主菜€12.50~29.50；⌚厨房 周一至周五 11:30~22:30，周六 14:00~22:30，酒吧 周一至周五 10:30至次日1:00，周六14:00至次日3:00）这栋A字形建筑面对着宏伟的圣玛丽大教堂，它的外立面被分成了两个部分：一半是石头的，另一半则以落地式玻璃墙为正面，到了晚上，还会被灯光照成鲜艳的红色。明火烤的奶油面包汉堡包是这里的特色，包括搭配威士忌酱汁的和牛汉堡，以及熏龙虾汉堡包；餐馆也会烤制非常棒的牛排。

Royal Bombay Palace
印度菜 $$

（☎0732-65 86 05；www.bombaypalace.at；Goethestrasse 34；主菜 €12.60~18.40；⌚周二至周六 18:00~23:00，周日 11:30~14:30和18:00~22:00）这家雅致而正宗的餐馆中弥漫着的美妙香气，是从150公斤重的石臼（厨师们会用它捣碎香草和香料）以及手工建造的印式筒形泥炉里散发出来的。有机的菠菜奶豆腐（菠菜和自制农家鲜干酪）、马沙拉羊肉（羊肉配芝麻腰果酱）、黄油鸡，以及梭鲈配拉维纪草籽和酸奶酱，都是菜单上的亮点。

Verdi Restaurant & Einkehr
奥地利菜 $$

（☎0732-73 30 05；www.verdi.at；Pachmayrstrasse 137；主菜 €10~32；⌚周二至周六 17:00至午夜）这对美食搭档位于市中心以北5公里处，从这里眺望，林茨会像画卷般呈现在你的面前。在超级时髦的Verdi，埃里希·卢卡斯（Erich Lukas）以华丽的摆盘和严谨的态度供应时令菜肴，比如鹌鹑胸脯肉香草烩饭，以及肥美的散养鸡和松露团子。带有木梁的Einkehr也在同一栋建筑内，这是一个总体感觉更舒适的地方，供应奥地利暖胃食物。

Cubus
创意菜 $$

（☎0732-94 41 49；http://cubus.at；Ars-Electronica-Strasse 1；主菜 €12.50~30；⌚周一至周六 9:00~22:30，周日 至17:00；📶）这个玻

璃立方体位于电子艺术中心（见173页）的4楼（3rd floor），在这里可以欣赏多瑙河南岸的出色风光，它还会在天黑后开启紫色的灯光装饰。菜品受季节性原料影响，新鲜而且现代，还有清蒸鲑鱼和香草烩饭，以及香橙茴香沙拉。仅在工作日供应的两道菜的午餐售价€8.50，非常划算。

Alte Welt 奥地利菜 $$

（☎0732-77 00 53；www.altewelt.at；Hauptplatz 4；主菜 €9~18；⊙周一至周五 11:30~14:30和17:30至午夜，周六 正午至14:30和17:30至午夜，周日 17:30至午夜）Alte Welt坐落在一处带有拱廊的内部庭院内，这里供应丰盛的美食，比如烤猪肉和菜炖牛肉，还有性价比很高的包含两道菜的周中午餐（€7.50）。晚上，酒窖会举办爵士乐即兴演奏会、现场爵士乐表演和戏剧演出，届时会吸引很多学生及艺术爱好者。

Herberstein 意大利菜、日本菜 $$$

（☎0732-78 61 61；www.herberstein-linz.at；Altstadt 10；寿司 €5~13，主菜 €21.50~37；⊙厨房周一至周六 16:00~23:30，酒吧 16:00至次日4:00）时髦的Herberstein由带有寿司吧的日式酒廊、爬满了常春藤的花园，以及迷人的意大利餐馆组成。砖砌拱顶和巧妙的背光设计为比约恩·劳布纳（Björn Laubner）的精简意大利菜提供了舞台，比如牛柳意式干面、西蓝花菜花煎鳕鱼，以及南瓜小方饺搭配菠菜和帕尔马干酪——都会精心烹制并摆盘。

饮品和夜生活

★Bar Neuf 鸡尾酒吧

（www.barneuf.com；Rathausgasse 9；⊙周四至周六 19:00至次日2:00）林茨最好的鸡尾酒就是在这家怡人的酒吧里调制的。这里以光洁的白色地铁瓷砖为装饰，顶上是裸露的砖砌拱顶天花板。除了经典鸡尾酒和定制的酒，每个季节还会推出9种不同的鸡尾酒：苹果、干果和坚果是冬季的特色，夏季是在阳光下自然成熟的水果和新鲜香草，春季加入鲜花元素，秋季则会带来葡萄、黑莓和梨子。

Madame Wu 茶室

（www.madamewu.net；Altstadt 13；⊙周一至周三 10:00~21:00，周四至周六 至午夜，周日 13:00~20:00）这间亚洲风格的茶室处处都是舒适的角落，供应很棒的精选茶（200多种），还有一个开放式壁炉。下午茶（€15；搭配普罗塞克葡萄酒€18）从每天下午15点开始供应，包括美味的黄瓜鲑鱼三明治，以及搭配浓缩奶油和自制草莓酱的烤饼。在周六下午17点还会展示中国茶道（€15）。

林茨蛋糕

在**Cafe Jindrak**和**k.u.k. Hofbäckerei**这样的老式咖啡馆，很适合品尝经典的林茨蛋糕（Linzer Torte）。这种多层蛋糕是按照17世纪的食谱，用榛子、香料和味道浓郁的红醋栗果酱烘焙的，可谓维也纳著名的萨赫蛋糕（Sacher Torte）最大的竞争对手。

Stiegelbräu zum Klosterhof 精酿啤酒吧

（www.klosterhof-linz.at；Landstrasse 30；⊙9:00至午夜）在洞穴般的Klosterhof，可以跳过普通的食物，直接享用新鲜的散装施蒂格尔（Stiegl）啤酒。以栗子树遮阴的啤酒花园中央有一座巨大的喷泉，那里的空间能容纳1350名喜欢喝酒的客人。夏季每晚都有现场音乐演出，冬季则在大多数周末举办表演。

Cubus Terrace 鸡尾酒吧

（Ars-Electronica-Strasse 1；⊙周一至周六 9:00至次日1:00，周日 至18:00；📶）这家装有玻璃墙的咖啡馆坐落在电子艺术中心的顶层，是欣赏林茨夜景的不二之选。可以一边享用日落鸡尾酒，一边辨认这座城市的地标。夏季在周四举办现场音乐表演。

Strom 酒吧

（www.stwst.at；Kirchengasse 4；⊙周二至周四 14:00至次日1:00，周五和周六 至次日4:00）在这家生机勃勃的酒吧里，DJ会播放嘻哈乐、电子音乐和放克音乐。夏季，到这儿来参加聚会的客人们还会涌向外面的Kirchengasse。楼上是简陋的Stadtwerk，那里常有夜店活动、特约演出和派对之夜。

☆娱乐

Tabakfabrik
文化中心

（https://tabakfabrik-linz.at; Peter-Behrens-Platz 11）这座文化中心坐落在从前的烟草厂里，可谓林茨文化复兴的杰出典范。这里的活动十分丰富，从展览到阅读、电影放映、音乐会和派对之夜，无所不包。可以查看网站上的日程表，详细了解即将举办的活动。

Musiktheater
剧院

（音乐剧院；☎0732-761 10; www.landestheater-linz.at; Am Volksgarten 1）林茨的音乐剧院是驻伦敦的建筑师特里·波森（Terry Pawson）设计的，这座引人注目的几何形歌剧院于2013年4月正式开放。它是这座城市上演歌剧、轻歌剧、芭蕾舞、音乐和儿童文艺作品的主要舞台。

Posthof
音乐、剧院

（☎0732-77 05 48-0; www.posthof.at; Posthofstrasse 43）位于港区的Posthof会举办从蓝调、放克音乐和摇滚乐的特约演出，到前锋戏剧和舞蹈表演等多种多样的活动。节日活动偶尔也会在这里举行。乘27路或270路公共汽车到Hafen/Posthofstrasse即是。

布鲁克纳故居
现场音乐

（Brucknerhaus; ☎0732-76 12-0; www.brucknerhaus.at; Untere Donaulände 7）林茨最重要的音乐活动场所会上演顶级的古典音乐和爵士乐音乐会。这里也有专门为不同年龄段的孩子准备的节目（“迷你”和“中型”音乐会）。

ⓘ林茨卡

林茨卡（Linz Card; 一日 成人/儿童€18/15，三日 成人/儿童€30/25）能让你无限次地使用公共交通工具；免费进入主要博物馆，包括电子艺术中心、城堡博物馆、伦托斯艺术博物馆和州立美术馆；并且在其他景点、城市游览及乘坐河上游轮时享受折扣。三日卡还包括波斯特林山铁路的往返票。在旅游局、机场、博物馆及一些酒店都可以买到林茨卡。

购物

A/T Store
设计

（Hofburg 10; ⏲周一至周五 10:00~18:00，周六 至15:00）这家时髦的小型概念店里的大多数商品都出自奥地利设计师之手，而其他为数不多的来自斯堪的纳维亚及荷兰的商品也贯彻着同样的极简抽象派美学。时装（女装和男装）、鞋子、手表和首饰，与香水、护手霜及身体乳摆放在一起，还有一些美食之选，比如冰激凌、蜜饯和高山香草及香料包。

Vinyl Corner
音乐

（www.vinylcorner.at; Bürgerstrasse 14; ⏲周一至周五 11:00~18:00，周六 9:00~15:00）传统的奥地利民间音乐、伊迪斯·琵雅芙（Édith Piaf）的法语歌曲（chanson）、放克音乐、爵士乐、摇滚乐、雷鬼音乐、重金属音乐、饶舌音乐、古典乐、卡巴莱歌舞……凡是你能想到的，这个收藏家的梦想之地都有相应的黑胶唱片。这里也出售海报、唱机转台和清洁工具。

Confiserie Isabella
食品

（www.confiserie-isabella.at; Landstrasse 33; ⏲周一至周六 8:30~19:30）胡桃糖（praline）、夹心糖、果冻和棉花糖，都是这家怀旧糖果店里令人备感愉快的商品。

Göttin des Glücks
时装和饰品

（www.goettindesgluecks.com; Herrenstrasse 2; ⏲周一至周五 10:00~13:00和13:30~18:00，周六 10:00~13:00和13:30~17:00）🍃有良知的穿着，是Göttin des Glücks的座右铭，这家店非常关注互惠贸易和可持续发展的时尚。这里有一系列舒适随意的服装，包括柔软的棉质运动衫、衬衫、裙子和短裤。它在维也纳、因斯布鲁克、圣珀尔滕和格拉茨都设有同一类型的精品店。

Imkerhof
食品

（www.imkereizentrum.at; Altstadt 15; ⏲周一至周五 9:00~13:00和13:30~18:00，周六 9:00至正午）你可以吃、喝乃至用来洗澡的蜂蜜（包括栗子和金合欢品种）塞满了这家店的货架。

实用信息

林茨城市医院（Krankenhaus der Stadt Linz；☎0732-78 06；Krankenhausstrasse 9）该市的主要医院坐落在市中心以东1公里处。

林茨旅游信息中心（Tourist Information Linz；☎0732-7070 2009；www.linztourismus.at；Hauptplatz 1；⏲5月至9月 周一至周六 9:00~19:00，周日 10:00~19:00，10月至次年4月 周一至周六 9:00~17:00，周日 10:00~17:00）提供上奥地利州的相关信息，还有小册子和住宿清单。

上奥地利旅游委员会（Upper Austria Tourist Board；☎0732-22 10 22；Freistaedter Strasse 119）这个包罗万象的旅游委员掌握着这个地区的活动、住宿及餐饮方面的实情。

到达和离开

Schiffsstation（Untere Donaulände 1）位于南岸，就在伦托斯艺术博物馆旁边。从5月至10月上旬，**Wurm + Köck**（☎0732-78 36 07；www.donauschiffahrt.de；Untere Donaulände 1）会运营向西去往德国帕绍的船（Passau，单程€26，6.5小时，周二至周四、周六和周日14:20，10月上旬周六14:20），以及向东去往维也纳的船（€59，11.5小时，周六9:00）。

地区性长途汽车从邻近火车总站（Hauptbahnhof）的长途汽车总站（mainbus station）的停车处出发。

林茨坐落在连接维也纳（€18.90，1.5小时）和萨尔茨堡（€12.80，1.25小时）的主要铁路线上；在两个方向上，每小时各有2班特快列车开出。可在网站www.westbahn.at上购买车票。

每天最多有6班火车从这里开往布拉格（Prague，€48.80，4.75小时）。可在网站www.oebb.at上购票。

当地交通

抵离机场

林茨蓝色多瑙河机场（Blue Danube Airport Linz，见173页）位于城市西南13公里处。直达班车——601路公共汽车连接着火车总站（€3.10，20分钟）和机场，发车频率为周一至周六 5:00至20:30每小时1班，周日每2小时1班。或者，也可以乘坐每小时1班的连接林茨和赫尔兴（Hörsching，9分钟，€2.20）的火车，从机场开出的免费班车仅需3分钟即可到达赫尔兴。可在车站使用免费电话拨打☎0800 206 600叫车。这项服务非常可靠，在每天5:00至22:00运营。

公共交通工具

Linz AG（www.linzag.at）拥有覆盖全面的公共汽车和有轨电车网络，但是一到傍晚，服务就会变少。可在人行道上的自动售票机、烟店（Tabakladen）和火车总站购买单程票（€1.10）、一日通票（€4.40）和周票（€13.10）。司机不售票，在上车前买票并验票。

林茨周边（AROUND LINZ）

圣弗洛里安（St Florian）

☎07224／人口：5769

看起来不太起眼的圣弗洛里安，是坐落在林茨东南18公里处的一座集市城镇，那里隐藏着奥地利最好的奥古斯丁修道院之一。根据推测，圣弗洛里安就安葬在修道院下面，他是一名皈依了基督教的罗马军官，304年，他因信仰而遭受折磨，并溺死在了恩斯河（Enns River）中。传说弗洛里安是消防员及上奥地利州的守护圣徒，他曾用一个装满了水的水桶，拯救了一座燃烧的村庄。在很多奥地利教堂里，他都被塑造成了用一桶水浇灭火焰的罗马勇士形象。

景点

★奥古斯丁修道院 修道院

（Augustiner Chorherrenstift；www.stift-st-florian.at；Stiftstrasse 1；团队游 成人/儿童€8.50/3.50；⏲团队游 5月至10月中旬 11:00，13:00和15:00）这座修道院就像浮现在圣弗洛里安上方的一个幻影。它的历史至少可以追溯到819年，自1071年以来，它一直被遵从奥古斯丁教规的律修会修士（Canons Regular）占据着。如今，修道院壮观的黄白色外立面几乎全都是巴洛克风格。

你只能通过导览游参观修道院的内部，游览会带你进入华丽的公寓，那里装饰着奢华的灰泥装饰和壁画。公寓包括16间皇帝房间（曾经住过到访的教皇和王室成员）和一座带有画廊的图书馆，里面的藏书多达15万册。

豪华的**大理石厅**（Marble Hall）向欧根亲王（Prince Eugene of Savoy）表达了敬意，这位法国人曾经多次率领哈布斯堡王朝的军队战胜了土耳其人。欧根亲王房间里有一张有趣的床，上面刻着土耳其人的雕像，这给“和敌人睡在一起”这一想法带来了全新的含义！

团队游的高潮是**阿尔特多费画廊**（Altdorfer Gallery），那里展示着14幅多瑙河画派画家阿尔布雷希特·阿尔特多费（Albrecht Altdorfer，1480~1538年）的画作。基督和圣塞巴斯蒂安昏暗而生动的场景展现了明暗对照法的巧妙运用。阿尔特多费机敏地利用当时的问题来描绘圣经中的场景（比如，折磨基督的人之一显然是土耳其人）。

修道院大教堂（Stiftsbasilika；开放时间为6:30至黄昏）是一个充满活力的地方：这里的圣坛由700吨重的粉色萨尔茨堡大理石雕刻而成，建于18世纪的巨大管风琴确实满是黄金，而在建造它的年代，它是欧洲最大的管风琴。如果想聆听完整的管风琴演奏，可以安排好游览时间，来欣赏20分钟的音乐会（见本页）。

安东·布鲁克纳简单的坟墓在**地下室**内，在他旁边还有大约6000具被认为是罗马人的遗体，这些遗体是13世纪被发现的。他们的骨头和颅骨整齐地堆放在锻铁大门后面，就像是一件令人毛骨悚然的艺术品。

圣弗洛里安的天籁之音

1824年，著名的奥地利浪漫主义作曲家安东·布鲁克纳（Anton Bruckner）出生在距离圣弗洛里安8公里远的村庄安斯费尔登（Ansfelden）。从1850年至1855年，他是圣弗洛里安唱诗班的少年歌者和教堂风琴手。1896年，他被安葬在了钟爱的管风琴下方的地下室里。实际上，奥古斯丁修道院拥有悠久的音乐传统，舒伯特（Schubert）和米歇尔·海顿（Michael Haydn）等人都与它有渊源，它的常驻童声合唱团——圣弗洛里安童声合唱团（St Florianer Sängerknaben）也闻名于世；可以登录网站www.florianer.at查看音乐会的举办日期。

食宿

Gästehaus Stift St Florian 客栈 $$

（☎07224-89 02 13；www.stift-st-florian.at；Stiftstrasse 1；标单/大床 含早餐 €54/86）这家极其安静的客栈坐落在修道院的围墙内，俯瞰着回廊和修剪整齐的花园。老式家具、实木地板和蜡烛为斯巴达式的简朴房间增添了特色，房间里充满了自然光，十分宜人。

Landgasthof zur Kanne 客栈 $$

（☎07224-42 88；www.gasthof-koppler.at；Marktplatz 7；标单/大床 €56/90；P）这家14世纪的客栈拥有黄色的正面，它坐落在主广场上，干净而舒适的房间和餐馆（周二至周六营业）为它赢得了赞誉，后者供应来自克普勒（Koppler）家庭农场的新鲜农产品。

Zum Goldenen Löwe 奥地利菜 $$

（☎07224-89 30；www.goldenerloewe-wimhofer.at；Speiserberg 9；主菜 €7~15；⊙周四至周一 11:30~22:00，周二 11:30~14:00）这家装饰着木质镶板的餐馆坐落在修道院大门的对面，厨师敲打巨大炸肉排的声音便是对你的迎接。后面阳光明媚的啤酒花园俯瞰着起伏的乡村。工作日的特价午餐仅售€6.70。

娱乐

奥古斯丁修道院音乐会 古典音乐

（Augustiner Chorherrenstift Concerts；票价 €4.50，含修道院导览游 €11；⊙5月下旬至10月上旬 周一、周三至周五和周日 14:30）要欣赏修道院大教堂（见本页）管风琴的完整演奏，可以安排好游览时间，来观看20分钟的音乐会。

实用信息

小旅游局（tourist office；☎07224-56 90；www.st-florian.at；Marktplatz 2；⊙5月至10月 周二至周四 13:00~17:00，周五 12:30~17:00）坐落在镇中心的集市广场（Marktplatz）上。

到达和离开

圣弗洛里安[正式名称为圣弗洛里安市场（Markt St Florian）]不通火车。开往这里的公共汽

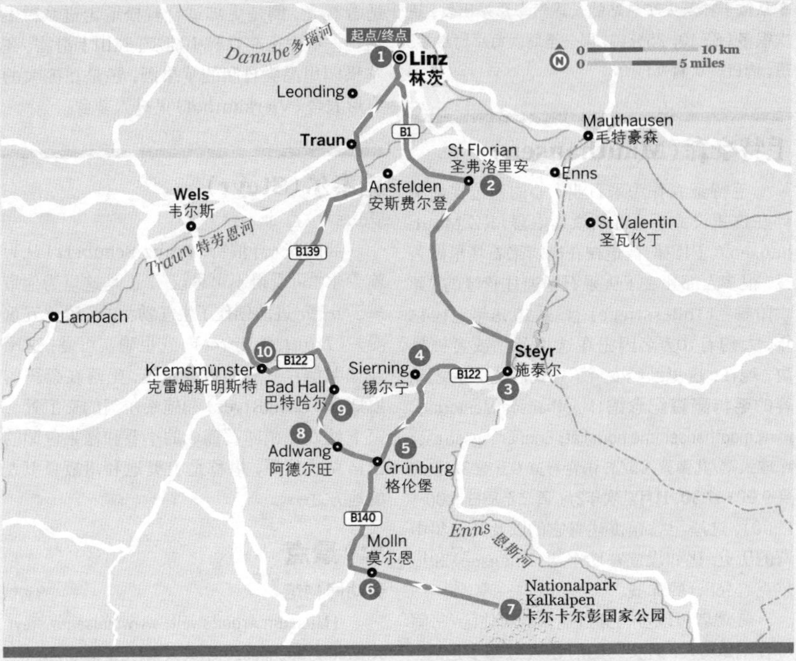

自驾游
上奥地利州亮点

起点：林茨
终点：林茨
距离：160公里
需时：一天

这条独辟蹊径的驾车路线会蜿蜒穿过上奥地利州的乡村风光，通往辉煌的修道院、质朴的村庄、水疗城镇以及石灰岩山脉。

先在❶**林茨**体验高科技的发展，并参观宏伟的历史建筑，然后向南沿着B1前进。在❷**圣弗洛里安**停下来，去探索宏伟的奥古斯丁修道院，它是巴洛克艺术的杰作，也是浪漫主义作曲家安东·布鲁克纳最后的安息之地。

继续往南走，沿着小路穿过错落有致的田野，其间散布着Vierkanthof，这种庞大的方形农舍带有内部庭院。起伏的乡村会把你带到河畔的❸**施泰尔**，这座图画书般的城镇为舒伯特的《鳟鱼五重奏》（*Trout Quintet*）提供了创作灵感。这个悠闲的地方适合吃午餐，很有气氛的Bräuhof就在主要街道上，那里有挂着灯笼的拱顶餐厅和热闹的人行道露台，会在工作日供应特价午餐。

沿着翡翠色的施泰尔河（Steyr River）向西行进，经B122到达❹**锡尔宁**，那里的特色是文艺复兴时期风格的城堡。从这里开始，B140会沿着河流向南伸展，通往漂亮的❺**格伦堡**镇，该镇的山顶上坐落着教堂。继续驱车南行，只需15分钟就会到达❻**莫尔恩**，它是去往❼**卡尔卡尔彭国家公园**的北部门户，公园内拥有壮观的石灰岩山峰、瀑布和旷野。可在莫尔恩的国家公园游客中心获取相关信息。

呼吸过山上的空气，振作精神，继续向北前行。经过格伦堡，然后向西沿着一条乡村公路前往小小的❽**阿德尔旺**。这里的甘格尔农舍是享用本地产的苹果汁和苹果酒（Most）的好地方。驱车向北5分钟，就是水疗镇❾**巴特哈尔**，你可以在那里泡一泡Mediterrana Therme温泉。取道B122继续西行，走不远就会看到❿**克雷姆斯明斯特修道院**，那里豪华的本笃会修道院拥有令人难以置信的图书馆和天文台。最后沿着B139开车返回林茨，沿途还会经过一些点缀着教堂的、景色优美的村庄。

车从位于林茨火车总站的长途汽车总站出发，班次很多（€3.10，25分钟，周一至周六每小时最多3班，周日班次偏少）。

毛特豪森（Mauthausen）

毛特豪森作为采石业中心的地位促使纳粹在这里设立了毛特豪森集中营（KZ Mauthausen）。囚犯们被迫在花岗岩采石场里做苦役，很多人都死在了从采石场通往营区的“死亡阶梯”（Todesstiege）上。从1938年至1945年，大约有10万名囚犯在这里死亡或者被处决。现在，这里已经变成了参观后让人为之动容的**毛特豪森纪念馆**（Mauthausen Memorial; www.mauthausen-memorial.at; Erinnerungsstrasse 1; 成人票/儿童票 €5/3，语音导览 €3; ⏲3月至10月 9:00~17:30，11月至次年2月 周二至周日 9:00~15:00），这座纪念馆讲述着它的以及其他集中营的历史，比如设立在埃本塞（Ebensee）和梅尔克（Melk）的那些。

参观者可以步行穿过遗留的居住区（每间可容纳200人，但实际的居住人数却多达500人），看看令人不安的毒气室。从前的病患区（Sick Quarters）现在存放着集中营的大部分令人痛心的资料——图表、人工制品，以及很多囚犯和党卫军看守的照片。这一切都赤裸裸且极其令人伤感地提醒着人类的残酷。

全年都有德语解说的导览游（含在门票内）；英语团队游览仅在7月和8月进行。

从林茨出发的360路公共汽车（€5.20，40分钟，每小时1班）会把你放在距离毛特豪森纪念馆1.5公里远的Mauthausen OÖ Linzer Strasse/Hauptschule站，从那里往山上走一段颇为陡峭的路就会到达纪念馆。

连接林茨和毛特豪森的火车（€5.20，25分钟，每小时1班）大多数都要在圣瓦伦丁（St Valentin）换乘。毛特豪森纪念馆位于火车站西北4公里处（跟着KZ Mauthausen标志走），大约要步行1小时，其中最后的1.5公里还要爬山。

特劳恩地区（THE TRAUNVIERTEL）

绿意盎然、地势起伏的特劳恩地区不太适合观光，倒是更加适合轻松地走进乡村生活——不论是在森林中徒步、在山上滑雪、在苹果园里品尝自制的苹果酒，还是在庞大的方形农舍（Vierkanthof）里进入梦乡。

施泰尔（Steyr）

☎07252 / 人口：38,395

弗朗茨·舒伯特（Franz Schubert）认为施泰尔“可爱得不可思议”，正是这里为他带来了灵感，进而创作了生气勃勃的《鳟鱼五重奏》（*Trout Quintet*）。它也确实可爱：这座宛如明信片一般的古老城镇，坐落在奔腾的恩斯河（EnnsRiver）和施泰尔河的交汇处，镇上处处是鹅卵石铺成的小巷和糖果色调的巴洛克式房屋，堪称是上奥地利州最吸引人的地方之一。

景点

劳动博物馆 博物馆

（Museum Arbeitswelt; www.museum-steyr.at; Wehrgrabengasse 7; 成人票/儿童票 €7/5; ⏲5月上旬至12月中旬 周二至周日 9:00~17:00）这座优秀的博物馆坐落在河畔经过了改造的旧工厂里，它深入地探索了施泰尔的工业历史。展览包括工人阶级的历史、“二战”期间的强制劳动，以及社会党（Socialist Party）的崛起。

城市博物馆 博物馆

（Stadtmuseum; Grünmarkt 26; ⏲4月至10月 周二至周日 10:00~16:00，11月至次年3月 周三至周日 10:00~16:00）免费 这座博物馆设在17世纪早期的粮仓里，其外立面上带有引人注目的拉毛粉饰壁画。该馆通过人工制品展示了施泰尔的文化和民俗。巴洛克式和比德迈式样的耶稣降生雕像是永久性收藏之中的亮点。

宫殿公园 公园

（Schlosspark; Blumauergasse; ⏲24小时）穿过这座宁静公园的小径通往巴洛克式的**兰贝格宫**（Schloss Lamberg），这座宫殿几乎就坐落在恩斯河和施泰尔河的汇合处中间。在带有上层拱门的**Bummerlhaus**（Stadtplatz 32）旁边，有一条陡峭的过道，它挤过老城墙，并向上爬行直至铺着鹅卵石的Berggasse和公园。

城市教区教堂 教堂

（Stadtpfarrkirche；www.dioezese-linz.at；Brucknerplatz 4；⌚8:00~18:00）这座哥特式教堂的尖塔是施泰尔最显眼的地标之一。这座教堂与维也纳的斯蒂芬大教堂（Stephansdom）拥有共同的特征，而且都与同一位建筑师有关——Hans Puchsbaum。

米迦勒教堂 教堂

（Michaelerkirche；Michaelerplatz 1；⌚8:00~18:00）这座带有双塔的巴洛克式教堂就坐落在施泰尔河的北侧，上面装饰着一幅圣米迦勒与堕落天使的壁画。

节日和活动

施泰尔音乐节 音乐节

（Musik Festival Steyr；www.musikfestivalsteyr.at；⌚7月下旬至8月中旬）古典音乐是这个为期两周的音乐节的支柱，但是也能看到铜管乐队表演、歌剧、戏剧和露天电影，还有一个儿童戏剧研讨会。

施泰尔舒伯特音乐节 音乐节

（Schubert@Steyr；www.schubertatsteyr.at；⌚9月下旬）每年，城镇都会举行为期3天的施泰尔舒伯特音乐节来向这位作曲家致敬，相关活动会在镇上的教堂和露天舞台上进行。

Christkindl季节邮局 圣诞节

（Christkindl Seasonal Post Office；www.christkindl.at；Christkindlweg 6，Christkindl；⌚11月25日至1月6日 10:00~17:00）如果你碰巧在圣诞节前后来到了施泰尔，可以前往位于老中心西侧的Christkindl郊区。圣诞季期间，Christkindlkirche教堂会设置一个特殊的邮局，以便处理从世界各地寄来的近200万封信。

住宿

Gasthof Bauer 家庭旅馆 $

（☎07252-544 41；www.bauer-gasthof.at；Josefgasse 7；标单/大床 €45/76；Ⓟ📶）这家舒适的家庭旅馆坐落在施泰尔河中的一座小岛上，自1880年以来，一直由同一个家族经营。这里的14间房间都比较简单，但是很舒适，花园里遮荫的栗子树枝繁叶茂，餐馆（主菜€7.50~11.50）供应新鲜的本地食物，还有性价比很高的午餐套餐（€7.80）。从城市广场（Stadtplatz）往西北方向步行1公里即是。只收现金。

Campingplatz Forelle 露营地 $

（☎07252-780 08；www.forellesteyr.at；Kematmüllerstrasse 1a；露营地 每名成人/儿童/每个帐篷€5.50/2.40/2；⌚4月至10月）这片绿树成荫的露营地坐落在恩斯河岸边，城镇中心东北3.3公里处，只在天气暖和的月份开放。这里有一座游乐场，可以进行划独木舟和打网球等活动，还为自行车骑手们配备了维修设施和存车处。从城镇中心乘坐1路公共汽车即可到达。

★ Hotel Christkindlwirt 酒店 $$

（☎07252-521 84；www.christkindlwirt.at；Christkindlweg 6，Christkindl；标单 €82~89，大床 €22~142；@📶）沿着位于Christkindl的朝圣教堂后面的小巷一直走，就能找到这个精致的避风港。这里现代的房间以暖色调为装饰，很多房间都带有阳台，可以欣赏河景。蜡烛在洞穴似的水疗中心里营造了宁静的氛围，那里配备了桑拿和蒸汽浴室，还有一些理疗项目，比如指压按摩（shiatsu）。餐馆（主菜€9.90至€31.90）的全景露台可以俯瞰下面的山谷。

Minichmayr 酒店 $$

（☎07252-534 10；www.hotel-minichmayr.at；Haratzmüllerstrasse 1-3；标单 €84~105，大床 €125~175；📶）这栋享有500年历史的房子坐落在施泰尔河和恩斯河的汇合处，里面崭新的现代化房间以淡奶油色调为装饰，显得质朴而雅致。这里还有一家出众的奥地利餐馆，装饰着雕刻精美的蜂蜜色木质镶板，而且能欣赏河流及远处城镇的惊人景色。从楼上的水疗中心也可以欣赏美景，那里配备了“爵士”（Jacuzzi）浴缸和蒸汽浴室。

Stadthotel Styria 历史酒店 $$

（☎07252-515 51；www.stadthotel.at；Stadtplatz 40；标单/大床/标三 €102/160/205；Ⓟ📶）施泰尔最有历史意义的酒店占据着一栋已有400年历史的连栋房屋，它就坐落在城市广场上。很多房间都保留着原本的特色，从具有时代特色的家具到横梁；装饰着壁画的早

餐室俯瞰着屋顶。建筑后面的房间更现代，其中有2间带有大大的私人露台。这里还有供客人使用的桑拿浴室和土耳其浴室。

就餐

★Knapp am Eck
欧洲菜 $$

（☎07252-762 69; http://knappameck.at; Wehrgrabengasse 15; 主菜 €11~23; ⊙周二至周六 11:00~14:00和18:00至午夜）一条施泰尔河畔的鹅卵石小巷通往这家支持本地食品的法式小馆，这里会用有机的时令农产品烹制创意菜，比如鲜嫩的羊肉配玉米粥和鼠尾草猪肉。到了晚上，蜡烛和灯笼会照亮花园里爬满了常春藤的墙壁、蔓生的玫瑰和栗子树。包含3道菜的午餐（仅周中提供）售价€19。

Orangerie im Schlosspark
欧洲菜 $$

（☎07252-740 74; www.orangerie-steyr.at; Blumauergasse 1; 主菜 €12.80~24.80; ⊙5月至9月 周四至周一 11:30~22:15，12月 每天11:30~22:15，其他月份时间缩短; ☑）经过了精心改造的18世纪柑橘温室开在面向着宫殿公园、树木繁茂的露台上。厨师会烹制新鲜的时令菜肴，从鸡油菌干制面条，到美味的牛肉汤配自制团子，种类颇多。在一周的工作日，2道菜的午餐套餐（€7.80至€9.80）通常能提供素食选择。

Bräuhof
奥地利菜 $$

（☎07252-420 00; www.braeuhof.at; Stadtplatz 35; 主菜 €9.50~24.50; ⊙10:00~23:00）在富有情调的Bräuhof，可以坐在已有300年历史的拱顶室内、在灯笼的照明下用餐，也可以到人行道露台上去吃。这里的肉菜，比如用火腿裹住的圆形猪肉片搭配蘑菇奶油沙司，跟香醇的奥地利葡萄酒非常配。在一周的工作日，3道菜的午餐套餐售价€8.50，可谓物美价廉。

Gasthof Mader
奥地利菜 $$

（☎07252-533 58; www.mader.at; Stadtplatz 36; 主菜 €8.50~19, 3/4/5道菜的晚餐套餐€32/39/48; ⊙厨房 周一至周六 11:00~22:00，酒吧 周一至周六 8:00至次日1:00）Mader拥有哥特风格的拱顶室、装饰着壁画的店堂（Schubertstüberl）以及带拱廊的内部庭院，在这里可以体验最有历史意义的一餐。极具奥地利特色的菜单上有不少特色菜，比如脆皮烤猪肉配团子，或者欧芹土豆鳟鱼。楼上有十几间舒适的房间（标单/大床/家€95/138/158）。

饮品和夜生活

★Yovela
咖啡

（☎0676-694 02 46; www.yovelacoffee.com; Kirchengasse 1; ⊙9月至7月中旬 周一至周五 8:30~18:00，周六 至17:00）这家咖啡馆满是装着有机咖啡豆的粗麻袋，空气中飘散着新鲜的烘焙咖啡的诱人香气。店主们于2002年在这里开办了店铺，现在他们也为维也纳的一些主要咖啡馆供货。在每个月的最后一个周六，他们还会开设3小时的课程（英语和德语; €54），内容涵盖烘焙、冲泡和装杯。只收现金。

实用信息

旅游局（Tourist Office; ☎07252-532 29-0; www.steyr.info; Stadtplatz 27; ⊙周一至周五 9:00~18:00，周六 至正午）在主广场上的市政厅（Rathaus）里。

到达和离开

长途汽车

地区性长途汽车从火车总站（Hauptbahnhof）出发；市区公共汽车则从火车总站外面离开，向北行驶。

火车

一些从林茨出发的火车（€8.20，50分钟，周一至周六每小时1班，周日班次较少）需要在圣瓦伦丁（St Valentin）换乘。大部分去往韦尔斯（Wels，€13.20，1.25小时，周一至周六每小时1班，周日班次较少）的火车也要在圣瓦伦丁换乘。

巴特哈尔（Bad Hall）

☎07258 / 人口：4812

巴特哈尔是坐落在施泰尔以西18公里处的一座令人昏昏欲睡的水疗镇，这里最有吸引力的是Mediterrana Therme温泉。

景点

疗养公园
公园

（Kurpark; ⊙黎明至黄昏）这座占地面积为34公顷的公园就在Mediterrana Therme

温泉对面，这里有外国的和本土的林地、香气四溢的花园、争奇斗艳的花坛，以及定期更换的艺术装置作品，还设置了儿童游乐场。如果想免费呼吸水疗中心的碘盐香薰，可以在中央凉亭里透过茂密的树枝墙壁呼吸那每小时1000升左右沁人心脾的香气。

活动

Mediterrana Therme 水疗

（www.eurothermen.at；Kurhausstrasse 10；一日通票 成人/儿童 €20/14.50；⊙9:00至午夜）从巴特哈尔的温泉涌出的含碘丰富的40℃泉水，因具有治疗功效而大受欢迎。外面有按摩喷口，可以欣赏山景，里面有加碘蒸汽浴室、带有圆柱的罗马浴室，以及能帮你彻底放松的涡流池。嬉水池会让小孩子开心不已。

实用信息

旅游局（Tourist Office；☎07258-72 00-0；www.badhall.at；Kurpromenade 1；⊙4月至10月 周一至周五 8:00~17:30，周六 9:00至正午和13:30~17:30，周日 13:30~17:30，11月至3月时间缩短）位于水疗中心东南200米处。

到达和离开

从施泰尔开往巴特哈尔的公共汽车班次十分频繁（€5.20，35分钟，周一至周六每小时1班，周日每2小时1班）。

卡尔卡尔彭国家公园（Nationalpark Kalkalpen）

这片包含崎岖的石灰岩山脉、高地沼泽和混交林的旷野鲜为人知、几乎未遭破坏，是颇为少见的金雕和猞猁的家园。这座与施蒂里亚州毗连的国家公园是奥地利第二大国家公园，面积仅次于上陶恩山（Hohe Tauern）。这里的山谷和峡谷如同刀割，之上是上诺克山（Hoher Nock，1963米）为主导的经典高山景观。

活动

卡尔卡尔彭国家公园在夏季是徒步爱好者、自行车骑手和攀岩爱好者的天堂，在冬季则是越野滑雪者最喜爱的地方。康帕斯70号地图（Kompass map 70，1:50000）涵盖了公园及园中小径的细节。可以在公园附近进行的其他活动还包括滑翔伞、激流漂流和洞穴探险。

Pro Adventures 探险运动

（☎0664 4412 111；www.pro-adventures.com；Gaisriegl 8，Vorderstoder；⊙通过预订）Pro Adventures经营多种多样的向导式活动，包括激流漂流（每天€75）、河流浮潜（每半天€49）、铁索攀岩（via ferrata，每天€75）和洞穴探险（每半天€39起），还出租独木舟（每天€49）。多日课程包括圆顶小屋建造（每2天€150）和徒步/越野滑雪游（€250起）。预订时要确认集合地点。

可以安排山间木屋的住宿；价格随季节而变化，提前询问。

Flugschule 探险运动

（☎07562-56 00；www.fliegmit.at；Dambach 144，Windischgarsten；20分钟双人飞行€130，2日训练课程€600；⊙通过预订）这所飞行学校经营滑翔伞和双人悬挂式滑翔，以及集中指导课程（英语和德语），所以你可以自己飞翔。飞行通常在欣特斯托德（Hinterstoder）滑雪场的区域内进行，但是也会到卡尔卡尔彭国家公园来；预订时要确认集合地点。

Wurzeralm 滑雪、徒步

（http://hiwu.at；Pyhrn 33，Wurzeralm；一日通票 冬季/夏季 €39.50/15；⊙电梯 12月上旬至次年3月下旬 9:00~16:30，6月下旬至10月 8:30~12:15和13:00~16:30）欧洲最快的缆车会从Wurzeralm的停车场迅速地把你送到滑雪区，那里有7部滑雪电梯为22公里长的斜坡提供服务。

Hinterstoder 滑雪、徒步

（www.hiwu.at；Hinterstoder 21，Hinterstoder；一日通票 成人/儿童 €42.50/15；⊙12月至次年4月中旬 8:30~16:30，6月中旬至9月中旬 8:45~16:30）在崎岖山峰构成的壮观背景下，Hinterstoder运营的40公里长的滑雪坡由14部电梯提供服务。

食宿

Hotel Freunde der Natur 酒店 $$

（☎07563-681；www.naturfreundehotel.at；

Wiesenweg 7, Spital am Pyhrn；标单/大床 含早餐€63/102起；P 🛜）这家小木屋风格的酒店俯瞰着大山，从这里去往Wurzeralm和卡尔卡尔彭国家公园都很方便。有70间房间，能提供多种便利，包括自行车租赁（每天€8起）、烘干室和滑雪板寄存，还有适合于家庭的生活设施，比如游乐场、传统奥地利餐馆中的儿童菜单，以及相连的房间。

Das Rössl 奥地利菜 $$

（☎07562-205 55；www.dasroessl.at；Hauptstrasse 9, Windischgarsten；主菜 €9.40~24.80；⏲厨房 周一、周二和周四至周六 11:00~14:00和17:00~22:00，周日 11:00~20:00，酒吧 周一、周二和周四至周六 11:00至午夜，周日 11:00~23:00；👪）如果要在迷人的温迪施加斯滕（Windischgarsten）用餐，这家牡蛎灰色的客栈餐馆便是首选。这里会烹制颇为丰盛的菜肴，包括里脊牛排、用雷司令腌制的猪肉及河鳟。户外探险所需的碳水化合物摄入也不是问题——每道主菜都会配上土豆沙拉。楼上有26间简单但舒适的房间（大床€76起）；每天都为过夜的客人供应早餐，费用含在房价内。

ℹ 实用信息

莫尔恩国家公园中心（Nationalpark Zentrum Molln；☎07584-36 51；www.kalkalpen.at；Nationalparkallee 1, Molln；⏲5月至10月 周一至周五 9:00~16:00，周六和周日 至14:00，其他月份时间缩短）这个超级现代又环保的中心就在公园北门附近。

皮恩山-普里尔山旅游服务中心（Tourismusverband Pyhrn-Priel；☎07562-52 66 00；www.urlaubsregion-pyhrn-priel.at；Hauptstrasse 28, Windischgarsten；⏲周一至周五 8:00~17:00，周六和周日 9:00至正午）位于公园边界南侧。

ℹ 到达和离开

从施泰尔去往莫尔恩（€6.20，45分钟，周一至周六每小时1班，周日班次减少）的直达长途汽车会继续开往温迪施加斯滕（€6.80，1小时）。在滑雪季和徒步季期间，从温迪施加斯滕出发的当地公共汽车去往Hinterstoder和Wurzeralm。

不过，要真正走出去探索这个地区，还是需要自己开车。

韦尔斯（Wels）

☎07242 / 人口：58,664

韦尔斯是特劳恩地区（Traunviertel）最大的城镇，它自新石器时代就出现了，曾经是罗马人的战略要塞。然而这里几乎没有真正的景点，只是探索上奥地利州乡村的便利基地。镇中心是享受漫步的好去处，那里有一大串文艺复兴时期风格和巴洛克风格的连排房屋，把内部庭院和带有围墙的花园藏了起来。夏季，这座城镇会因集市和露天音乐会而焕发生机。

👁 景点

城市广场 古迹

（Stadtplatz）韦尔斯的主广场周围排列着细长的连排房屋，其中很多都藏着带有拱廊的内部庭院。尤为吸引人的是18号爬满了常春藤的庭院，那里种植着棕榈树、杜鹃花和日式鹅掌楸。在前面，可以抬头仔细看一看已有2000年历史的**罗马圆形雕饰**（Römermedallion）。

附近的24号是文艺复兴时期的**莎乐美·阿尔特故居**（Haus der Salome Alt），其正面带有错视画（trompe l'oeil），并且是以从前的居住者莎乐美·阿尔特的名字命名的，她是萨尔茨堡最著名的亲王大主教沃尔夫·迪特里希·冯·莱特瑙（Wolf Dietrich von Raitenau）的情妇。

韦尔斯城堡 城堡

（Burg Wels；Burggasse 13；成人票/儿童票€4.50/2；⏲周二至周五 10:00~17:00，周六 14:00~17:00，周日 10:00~16:00）这座城堡坐落在长满了天竺葵的安静花园内，1519年，皇帝马克西米利安一世（Maximilian I）就在这里呼出了最后一口气。具有民间特色的博物馆保存着各种各样的展品，从炮弹，到比德迈式样的服饰，五花八门。必须要看的展品包括用马拉的苹果榨汁器，还有一间圆形房间，那是烘焙的圣地，里面的墙上满是动物形状的糕点和巨大的椒盐饼干。

城市教区教堂 教堂

（Stadtpfarrkirche；www.stadtpfarre-wels.at；Pfarrgasse 27；⏲8:00~18:00）简单的城市

教区教堂清新悦目，它建于14世纪，所在的位置以前有一座木质小教堂，后者首次被提及是在888年。现在的教堂值得关注的是哥特风格的彩色玻璃。

住宿

Boutique Hotel Hauser 精品酒店 $$

(07242-454 09; www.hotelhauser.com; Bäckergasse 7; 标单 €94~125，大床 €125~160;) 这家位于中心地带的精品酒店拥有完美无瑕的服务、线条简洁的现代房间，以及应季开放的屋顶游泳池、桑拿浴室和露台，足以让韦尔斯的大多数中档酒店相形见绌。有机的和地区性的农产品、自制蛋糕和果酱使自助早餐更加美味，而且，客人全天都可以享用免费的茶和果汁。

Hotel Ploberger 酒店 $$

(07242-629 41; www.hotel-ploberger.at; Kaiser-Josef-Platz 21; 标单 €99~119，大床 €131~151; P) 这家"最佳西方精品酒店"(Best Western)坐落在镇中心，这家Best Western旗下的酒店拥有崭新的现代房间，以单色调为装饰，有些房间还配备了令人舒心的设备，比如奈斯派索(Nespresso)咖啡机和DVD播放机。冬季，桑拿和明火令这里更显舒适。

就餐

★Löwenkeller 各国风味 $$

(07242-797 85; www.loewenkeller.at; Hafergasse 1; 2/3道菜的午餐套餐 €9.90/13.90，3/4/5道菜的晚餐套餐 €38/45/53，主菜 €16~28; 周二至周五 11:30~14:00和18:00~22:00，周六 18:00~22:00) Löwenkeller拥有裸露在外的石头、浆过的白色桌布和无可挑剔的服务，显然是镇上最精致的餐馆。供应的菜肴，比如清蒸鳟鱼配莳萝油菠菜、烤珍珠鸡蘸本地采的森林蘑菇酱，以及香草裹上奥地利羊肉和帕尔马干酪烩饭，都会精心准备，还会配上从酒窖取来的奥地利葡萄酒。

Gasthaus zur Linde 奥地利菜 $$

(07242-460 23; www.gasthaus-zur-linde.at; Ringstrasse 45; 主菜 €9~18; 周二至周六 11:30~14:00和17:30~21:30;) 这个由家庭经营的地方在过去的200年里一直在忙碌地烹制美食，如今也依然展现着老式的热情。这里供应奥地利经典菜肴和时令美食，比如春季的芦笋和秋季的野味。工作日提供的包含2道菜的午餐套餐售价€8.60，简直物超所值。

实用信息

可以从城市广场上的**旅游局**(tourist office; 07242-677 22-22; www.wels-info.at; Stadtplatz 44; 周一至周六 9:00~12:30和13:00~18:00)获取这座城市的相关信息、地图和语音导览(€4)。

到达和离开

火车和长途汽车都会开到城市广场以北1.25公里处的火车总站(Hauptbahnhof)。该镇在连接林茨(€3.30，15分钟，每小时最多3班)和萨尔茨堡(€10.40，1小时，每半小时1班)的城际(InterCity，即IC)及欧洲城际(EuroCity，即EC)快速铁路线上。其他常规铁路服务还包括开往帕绍(Passau，德国；€16，1小时，每小时1班或更多)和维也纳(€20.50，1.75小时，每半小时1班)的班次。

克雷姆斯明斯特(Kremsmünster)

07583 / 人口: 6435

如果没有壮丽的本笃会修道院，克雷姆斯明斯特只不过是另一座运转着的奥地利小镇。这座修道院在肥沃的克雷姆斯河谷(Krems Valley)高处若隐若现，规模相当大。

景点

克雷姆斯明斯特修道院 修道院

(Stift Kremsmünster; 07583-52 75-150; www.stift-kremsmuenster.at; Stift 1; 团队游 成人/儿童€8/3; 团队游 通过预订 5~10月10:00、11:00、14:00、15:30和16:00，11月至次年4月11:00、14:00和15:30)克雷姆斯明斯特庞大的本笃会修道院始建于777年，但是在18世纪进行了巴洛克风格的翻新。精致的灰泥装饰和壁画充满了长长的低矮**图书馆**(Bibliothek；书架承载着16万册书籍)和**皇帝大厅**(Kaisersaal)。**珍宝馆**(Schatzkammer)中最有价值的展品是黄金的塔西洛杯（Tassilo Chalice），这是巴伐利亚公爵在780年前后赠给修道士们的。你可以通过1小时的导览游参观这3个地方（提供几种语言的解说，包括英语）。

修道院教堂 教堂

（Stiftskirche; Stift 1; ⏲8:00~18:00）你不必参加克雷姆斯明斯特修道院的团队游，就可以进入修道院教堂。这座极为夸张的巴洛克式教堂内充满了纵横交错的白色灰泥装饰，悬挂着佛兰芒挂毯，还装饰着阴暗压抑的绘画。

天文塔 塔

（Sternwarte; Observatory Tower; ☎07583-52 75-150; www.stift-kremsmuenster.at; Stift 1; 成人票/儿童票 €9/3; ⏲团队游 通过预订 5月至10月 10:00，14:00和16:00）50米高的天文塔是克雷姆斯明斯特修道院建筑群的组成部分，它专门服务于大量的博物学学生。这里令人难以想象的收藏充满了7层，从海星化石到冰河时代的穴熊（cave bear）骨骼，无所不包。顺着螺旋式楼梯不断转弯爬至顶层，会看到陈列在那里的开普勒六分仪，还可以鸟瞰城镇及远处连绵起伏的乡村全景。有英语及其他语言的导览游。

鱼池 古迹

（Fischbehälter; Fish Basin; ⏲10:00~16:00）克雷姆斯明斯特修道院内建于17世纪的回廊庭院包含5座鱼池，每座池子的中间都有一尊神话雕像。涓涓细流很安静，你可以花€1喂喂鲤鱼。

ℹ 到达和离开

火车连接着克雷姆斯明斯特和林茨（€7，40分钟，每小时1班或更多）。

公共汽车会去往韦尔斯（€4.20，30分钟，周一至周六每半小时1班）。

米尔地区（THE MÜHLVIERTEL）

米尔地区偏远而美丽，那里有薄雾笼罩的花岗岩丘陵、茂密的森林和点缀着灰白色的Steinbloass农舍的山谷。这里的风光让人联想起并不遥远的捷克。上奥地利州的这个角落很值得一游，可以到这儿来参观哥特式建筑，接触热心的当地人，感受彻底的平静与安宁。

弗赖施塔特（Freistadt）

☎07942 / 人口：7502

弗赖施塔特与捷克边境的直线距离只有10公里，这里有一些奥地利保存最完好的中世纪防御工事。漫步穿过镇上狭窄的街道，可以到达门楼和已在从前的护城河里扎下了根的花园。

购买你最喜爱的啤酒

弗赖施塔特是一个酿酒公社（Braucommune），这个镇的居民真正拥有属于他们自己的酿酒厂——在你买下一栋房子的时候，也就自动买下了你最喜爱的饮料的份额。所有权限制在城墙内的149户人家，但是，如果你有多余的零钱，而且确实喜爱啤酒，不动产也以超过€40万的价格出售。实际上，酿酒厂不可能被接管，因为商人必须买下整座小镇，才能得到控制权。

这个协议早在1777年、酿酒厂开业时就开始了。在随后的几个世纪里，幸运的所有者们以液体形式获得他们享有的收益，这会以56升的Eimer Bier啤酒桶分发。每个所有者最多能获得130桶！而现在，不管怎样，所有者会拿到等值的现金支付（这些钱通常会在周五和周六的晚上直接交回酿酒厂）。

事实上，镇上的每一家酒吧都会供应本地啤酒，包括**Freistadt Brauhaus**（见191页），所以不难看出酿酒厂为什么能保持盈利。如果你想了解弗赖施塔特啤酒和购买方面的更多信息，可以前往**酿酒厂商店**（www.freistaedter-bier.at; Brauhausstrasse 2; ⏲周一至周五 8:00~17:00，周六和周日 9:00至午夜）。

景点

城堡博物馆 博物馆

（Schlossmuseum；www.museum-freistadt.at；Schlosshof 2；成人票/儿童票 €6/1；⊙周一至周五 9:00至正午和14:00~17:00，周六和周日 14:00~17:00）这座城市建于14世纪的城堡有一座带有锥形红色花砖屋顶的方形塔楼，这座博物馆就坐落在那里。馆内展览着600件雕刻彩色玻璃作品。爬上50米高的城堡主塔（Bergfried），还可以远眺弗赖施塔特的风光。

城墙 古迹

（Stadtmauern）弗赖施塔特的老城区（Altstadt）坐落在14世纪的坚固城墙里面，城墙带有门楼，比如中世纪的**Linzertor门**和框架式的**Böhmertor门**，这体现了该镇需要强大防御工事的历史，因为它是通往波希米亚的盐路上重要的中转点。环绕城镇的护城河现在变成了花园和小块的园地。

主广场 广场

（Hauptplatz）弗赖施塔特的中心是挤在老城墙之间、形状细长的主广场。广场上有一些华丽的建筑，还有一座哥特式的**城市教区教堂**（Stadtpfarrkirche；www.dioezese-linz.at；Hauptplatz；⊙8:00~18:00），它上面有一座哥特式塔楼。Waaggasse就在主广场西侧，沿街的一些房屋的墙壁上带有拉毛粉饰设计装饰。

住宿

Pension Pirklbauer 家庭旅馆 $

（☎07942-724 40；www.pension-pirklbauer.at；Höllgasse 2-4；标单 €28~33，大床 €46~54）这家迷人的家庭旅馆离中世纪的Linzertor门很近。克丽丝廷（Christine）是让她的客人感到宾至如归的行家。无论是俯瞰着小镇填满了花园的护城河的屋顶露台，还是乡村小屋式的房间——以松木和花布为装饰，带有非常干净的浴室，都被她打理得无可挑剔。

Hotel Goldener Adler 历史酒店 $$

（☎07942-20 79 90；www.hotels-freistadt.at；Salzgasse 1；标单/大床/标三 €59/98/125；Ⓟ📶）抛光石板、熟铁栏杆，以及塞满了古老四轮车和手纺车的拱顶走廊，都暗示着这家酒店的700年历史[1841年，艺术家卡尔·克龙贝格尔（Karl Kronberger）就出生在这里]。这里有30间房间，有些房间配有四柱床。可以通过桑拿和涡流放松一下，或者到啤酒花园（主菜€8至€16）去享用著名的用啤酒腌制的波希米亚猪前腿肉。

> **树顶之上**
>
> 崇拜泰山的人可以在**Baumkronenweg**（www.baumkronenweg.at；Knechtelsdorf 1, Kopfing；成人票/儿童票 €9.50/6.50；⊙3月中旬至11月上旬 10:00~18:00）体验令人头晕目眩的树顶漫步，这条树冠木板道位于谢尔丁（Schärding）以东21公里处的科普夫（Kopfing）。小径高45米，全长2.5公里，蜿蜒于薄雾笼罩的云杉林之上，还会经过瞭望塔、吊桥和平台，可以在那里鸟瞰森林的全景。你还可以睡在树林里的**Baumhotel**（☎07763-228 90；www.baumkronenweg.at；每名成人/儿童 €66/55；⊙3月中旬至11月上旬）。

就餐

★Freistadt Brauhaus 奥地利菜 $

（☎07942-727 72；www.freistaedter-bier.at；Brauhausstrasse 2；主菜 €8~14；⊙厨房 9:00~23:00，酒吧 至午夜）想品尝弗赖施塔特的啤酒，可以前往镇上的酿酒厂餐馆，那里拥有相当大的拱顶内室和啤酒花园。肉类的奥地利菜肴包括烤猪肉淋黑啤酒酱汁，再配上大量的泡菜；周中供应的包含2道菜的午餐套餐售价€7.50，相当物美价廉。每天傍晚6点开一桶啤酒。此外还有一个儿童游乐场。

Gasthaus Ratsherrnstube 奥地利菜 $$

（☎07942-724 39；http://ratsherrnstube-freistadt.stadtausstellung.at；Hauptplatz 1；主菜 €7.90~13.90；⊙厨房 周二至周日 8:00~23:00，酒吧 至午夜）这家大型传统客栈就坐落在弗赖施塔特的主广场上，会在夏季设置露台餐桌。这里也供应丰盛的奥地利菜肴，包括5种不同的炸肉排、加了辣椒粉的Müllerwurst香肠配泡菜、欧芹土豆煎梭鲈，以及奶酪团子。孩子可以点小份的成人菜肴。

饮品和夜生活

拥有他们自己的城镇酿酒厂（见190页）成为当地人酷爱弗赖施塔特啤酒（Freistädter）的原因，以至于他们会避开那些不卖桶装啤酒的地方。

★ Suchan 咖啡

（www.suchankaffee.at; Pfarrplatz 3; ⏰周四和周五 8:00~15:00，周六和周日 至14:00）营业时间短是因为Suchan的咖啡在奥地利各地乃至柏林都很受欢迎，所以要把一周里的其他时间都用来烘焙，并利用无混合（单品咖啡）、慢速滚筒和空气冷萃技术进行生产。所有咖啡豆都是有机的，产自遵循互惠贸易的小规模农场。惊喜：它还在镇上经营着2辆咖啡车，所以在店铺不营业的时候，也可以留意一下它们。

实用信息

米尔地区中心地带旅游局（Mühlviertler Kernland Tourist Office; ☎07942-757 00; www.muehlviertel.at/wo/region-freistadt.com; Waaggasse 6; ⏰周一至周五 8:30~12:30和13:00~17:00）能提供该镇及周边地区的相关信息。

到达和离开

弗赖施塔特在直通林茨（€9.10，1小时，每2小时1班）的铁路线上。这条线路也蜿蜒通往北边205公里处的布拉格；捷克的铁路票价比奥地利更便宜，所以你可以等到越过边境之后再（用捷克货币）购买后面行程的票，以达到省钱的目的。

往返于弗赖施塔特和凯弗马克特（Kefermarkt，€2.30，10分钟，每小时1班）的火车班次颇为频繁。

B310连接着通往林茨的A7高速公路，这条路从带有围墙的镇中心旁边经过，然后继续向北延伸直至布拉格。

因河地区（THE INNVIERTEL）

几个世纪以来一直被巴伐利亚和奥地利争来抢去的因河地区是一片富饶的农业区，它被因河（Inn River）一分为二，这条河的两岸在夏季对自行车骑手极具吸引力。这里有漂亮的巴洛克和哥特式建筑，其中最显著的建筑位于谢尔丁。

因河畔布劳瑙（Braunau am Inn）

☎07722 / 人口：16,351

因河畔布劳瑙就坐落在与德国正对的因河岸边，这座勤奋的河畔城镇是奥地利最大的铝冶炼厂以及很多其他工厂的所在地，对于沿着因河自行车道（Inn Radweg）骑车往来于因斯布鲁克的自行车骑手们来说，这里也是一个中途休息站点。作为希特勒的出生地，这座边境城镇得到了人们多余的关注，不过它更喜欢被称为“哥特之城”（die gotische Stadt），因为这里有源自哥特时代的建筑。

景点

圣斯蒂芬城市教区教堂 教堂

（Stadtpfarrkirche St Stephan; www.dioezese-linz.at; Kirchenplatz; ⏰8:00~18:00）晚期哥特式的圣斯蒂芬城市教区教堂的尖塔矗立在城市广场的西侧。由于1893年的计算错误——当时测量的塔高在100米左右，所以它一直被认为是奥地利第三高的尖塔，但是人们在1952年发现它的高度只有87米，于是降级成了国内第六高的尖塔。

城市广场 广场

（Stadtplatz）这座细长的主广场边上排列着色调柔和、颇显雅致的连排房屋；广场南端变窄直至16世纪的**门楼**（Torturm）。

食宿

Hotel am Theaterpark 酒店 $

（☎07722-634 71; www.hotelamtheaterpark-neussl.at; Linzer Strasse 21; 标单/大床/标三€50/73/87; P 📶）这家酒店是镇上最划算的住处之一，这里有28间维护良好的明亮房间，还配备了自行车寄存处和小健身房。你也可以在哥特式的酒窖里，或者绿树成荫的花园中，喝着葡萄酒放松一下。

Hotel Mayrbräu 酒店 $$

（☎07722-633 87; www.mayrbraeu.at; Linzer Strasse 13; 标单€57~82，大床 €92~112，

标三 €145；🅿📶）这家四星级酒店里宽敞而温暖的房间使它成了一个非常不错的选择；高级房（superior room）是最宽敞的。充满了当代艺术品的拱顶画廊，以及爬满了葡萄藤的内部庭院，为它增添了特色。房价含早餐。

Brauhaus Bogner 奥地利菜 $

（☎07722-223 58；www.hausbrauerei-bogner.at；Haselbach 26；主菜 €7~11；⏰厨房 周二至周日 16:00~23:00，酒吧 至1:00）Bogner是奥地利规模最小的啤酒厂之一，这家乡村酒馆兼餐馆供应货真价实的奥地利食物——比如炸肉排和菠菜手卷面配奶酪沙司，以及几种自酿啤酒，通常还能欣赏现场音乐。

实用信息

旅游局（tourist office；☎07722-626 44；www.tourismus-braunau.at；Stadtplatz 2；⏰周一至周五 9:00~18:00，周六 至正午）坐落在城市广场的北端。

到达和离开

不管是从林茨（€18.20，1.75小时，每小时1班）还是从萨尔茨堡（€13.40，1.25小时，每小时1班）乘火车前往这里，通常至少需要换乘一次。每天会有几班从韦尔斯开往这里的直达火车（€16.30，1.5小时）。

谢尔丁（Schärding）

☎07712 / 人口：4954

谢尔丁是因河畔的一座故事书般漂亮的城镇，可以在这里宁静的河滨散步，看看巴洛克式的镇中心，那里点缀着各种深浅不一的杏仁糖色的商人房屋，亮点包括白银路（Silberzeile）沿线一字排开、外形一模一样的带三角墙的建筑。

食宿

Hotel Stiegenwirt 酒店 $

（☎07712-30 70-0；www.stiegenwirt-schaerding.at；Schlossgasse 2-6；标单 €45~48，大床 €61~70；📶）自1910年以来，Hotel Stiegenwirt一直由同一个家族经营。这里简单的房间一尘不染，带有前面装着磨砂玻璃的浴室（有些房间带阳台）。酒店就坐落在谢尔丁景色如画的主广场边上，距离多瑙河自行车道（Donauradweg）及因河自行车道不过一步之遥。这里也出租自行车（每天€10起），并且设有自行车存放处。骑车之后可以蒸蒸桑拿，以便恢复活力。

Hotel Forstinger 酒店 $$

（☎07712-23 02-0；www.hotelforstinger.at；Unterer Stadtplatz 3；标单 €97~118，大床 €163~173，公寓€198；🅿❄📶）将古风和现代结合于一体的Hotel Forstinger远远超越了镇上的大多数地方，这里陈设雅致的房间有的配备了符合当代审美的家具，有的摆放着具有时代特色的家具。公寓最多能睡4个人，带小厨房。有机早餐包括素食和严格素食，在玻璃温室中供应，天气晴朗的时候，也可以在开满了鲜花的花园里享用。

Seven 各国风味 $$

（☎07712-361 35；www.seven.or.at；Silberzeile 7；主菜 €6.50~19.50；⏰厨房 周三至周六和周一 11:00~14:00和18:00~22:00，周日 正午至21:00，酒吧 周三至周一 10:00至午夜）精致的法式小馆Seven是吃点东西的好去处。这里适合观察路人的露台就在白银路上，还有一间宽敞的细长形餐厅，可以在那里享用备受喜爱的

特拉普啤酒（TRAPPIST BREW）

小小的河畔村庄多瑙河畔恩格尔哈茨采尔（Engelhartszell an der Donau）坐落着比利时境外仅有的8家持有执照的特拉普啤酒厂之一，而它也是奥地利唯一的一家。啤酒厂位于建于1293年的**恩格斯采尔修道院**（Stift Engelszell；www.stift-engelszell.at；Stiftstrasse 6, Engelhartszell an der Donau；⏰教堂 4月至10月 8:00~19:00，11月至3月 至17:00，商店 4月至10月 9:00~17:00，其他月份时间缩短），你可以购买修道士酿造的啤酒（深色的Gregorius、琥珀色的Benno以及金色的Nivard）；商店也出售修道士们在这里生产的利口酒和奶酪。商店隔壁是修道院华丽的洛可可式教堂，建成于1764年。

奥地利菜肴、汉堡包和意大利面。也供应一流的咖啡。

实用信息

旅游局（tourist office；☎07712-43 00-0；www.schaerding.at；Innbruckstrasse 29；⊙6月至9月 周一至周五 9:00~18:00，周六和周日 11:00~15:00，其他月份时间缩短）在横跨河流通往德国的桥梁附近，那里有一个配备了打气筒和维修工具箱的自行车服务点。

到达和离开

如果你有自己的交通工具，可以从林茨出发，沿着多瑙河经恩格尔哈茨采尔（Engelhartszell）前往谢尔丁，沿途的风景非常漂亮，不同凡响。

从4月至10月，还有一个更加悠闲的选择，是在Ingling（德国帕绍的河对岸）和谢尔丁之间进行1小时的**乘船游**（www.innschiffahrt.at；Leonhard-Kaiser-Weg 1；单程票 成人/儿童 €10/5，往返票 €14/7；⊙4月至10月 周二至周日 11:00和14:00）。可以免费运输自行车。

火车连接着林茨和谢尔丁（€15.20，1.25小时，周一至周六每小时最多2班，周日班次减少）。

盖恩贝格（Geinberg）

盖恩贝格温泉（Therme Geinberg；☎07723-85 01；www.therme-geinberg.at；Thermenplatz 1, Geinberg；4小时通票 成人/儿童 €18.10/13.20，一日通票 €25.10/18.70；⊙周六至周四 9:00~22:00，周五 至23:00；👪）坐落在上奥地利州乡村的中心地带，是奥地利的顶级水疗中心之一。泡在这里像洗澡水般温暖的加勒比咸水湖中，同时欣赏水下音乐和棕榈树摇曳，简直是梦幻般的体验。桑拿浴室模拟了星空，或者飘散着怡人的椰香。蒸过之后，冰冷的冷水淋浴意外地刺激。也提供豪华住宿（大床€256起）。

这里还有几家餐馆和咖啡馆（但是不供应加勒比食物）。

火车连接着盖恩贝格和因河畔布劳瑙（Braunau am Inn，€5.20，25分钟，周一至周五每小时1班，周六和周日班次减少），以及盖恩贝格和谢尔丁（€9.10，1小时，周一至周五每小时1班，周六和周日班次减少），后者要在诺伊马克特-卡尔海姆（Neumarkt-Kallham）换乘。

施蒂里亚州

包括 ➡

最佳餐饮

- Aiola Upstairs（见206页）
- Der Steirer（见206页）
- Santa Clara（见206页）
- T.O.M R（见215页）

最佳住宿

- Hotel Wiesler（见204页）
- Schlossberg Hotel（见204页）
- Loisium Südsteiermark（见212页）
- Stadthotel Brunner（见224页）
- Gasthof Kölblwirt（见223页）

为何去

施蒂里亚是奥地利的第二大州，别具一格的文化、精妙绝伦的建筑与连绵起伏的丘陵、葡萄藤缠绕的山峦在这里交相辉映。施蒂里亚的州府是景色宜人、环境清幽的格拉茨，它同时也是奥地利的第二大城市。从格拉茨往南走，你会来到被称为“施蒂里亚的托斯卡纳”（Styrian Tuscany）的葡萄酒之乡。这里盛产Kürbiskernöl——这种味道浓郁的深色南瓜籽油是当地菜肴不可或缺的调味剂。

施蒂里亚的东部地区散落着解乏提神的温泉水疗中心和屹立百年的城堡。如果你喜欢前者，那么Bad Blumau是不容错过的地方，那里不但能泡温泉，还可以欣赏由弗里登斯里奇·百水（Friedensreich Hundertwasser）设计的惊艳建筑。如果你更喜欢城堡，里格斯堡城堡（Schloss Riegersburg）可谓奥地利的城堡之冠。

在北部和西部，施蒂里亚的景观会转变为寒冷湍急的高山河流、高耸的山脉和裂开的山谷。这个地区的亮点是阿德蒙特修道院、迷人的穆劳以及埃茨贝格的露天矿。施蒂里亚的西北部一直延伸到萨尔茨卡默古特。

何时去

- 除非你是到这儿来滑雪，不然最佳游览时间是4月至10月。
- 施蒂里亚州南部地区的葡萄酒之路是9月的热门景点，届时那里会举行多种节日；到了10月，葡萄园会变成金黄色；而圣马丁节（St Martin’s Day，11月11日）前后，新酿的葡萄酒会上市销售。
- 从11月开始，很多景点和文化活动（比如格拉茨的最佳景点埃根贝格宫）都会关闭，或者游人稀少。
- 滑雪爱好者通常从12月中旬开始前往施拉德明（在达赫施泰因冰川则全年无休）。

施蒂里亚州亮点

❶ **格拉茨**（见197页）在施蒂里亚的首府探索时髦的餐馆、生机勃勃的酒吧和深夜般的洞穴铁路。

❷ **埃根贝格宫**（见201页）位于首府的宫殿和博物馆建于文艺复兴时期，美不胜收。

❸ **本笃会修道院**（见221页）漫步于阿德蒙特壮丽的巴洛克式修道院和世界上规模最大的修道院图书馆。

❹ **埃茨贝格钢铁厂和矿井**（见220页）参观艾森埃尔茨的地下世界，在矿井之上的钢铁厂漫步。

❺ **施拉德明**（见223页）在小径徒步，或在俯瞰阿尔卑斯度假胜地的冰川上攀爬。

❻ **葡萄酒之路**（见213页）以你的方式在施蒂里亚南部的葡萄园品味“施蒂里亚的托斯卡纳”。

❼ **Genuss Regal Vinofaktur**（见212页）品尝当地农产品，逐渐分清绿维特利纳（Grüner）和灰皮诺（Grauburgunder）。

❽ **约翰斯巴赫**（见222页）在奥地利最早的登山中心之一发现奇妙而动人的美丽之处。

到达和离开

长途汽车

去往玛丽亚采尔的邮政巴士（Postbus）和铁路相距甚远，不过能和通往穆尔河畔布鲁克（Bruck an der Mur）的火车接驳。要坐长途汽车去艾森埃尔茨，请以莱奥本为起点。要去往阿德蒙特和盖绍泽（Gesäuse），利岑（Liezen）镇和希夫劳（Hieflau）镇是主要的长途汽车换乘点。

小汽车和摩托车

A2道路从维也纳通往卡林西亚州的菲拉赫（Villach），横跨施蒂里亚南部，途经格拉茨正下方，A9道路则沿着几近南北走向的路线穿过施蒂里亚中部，这使从林茨和萨尔茨堡去往格拉茨的旅程变得十分简单。A9道路同时也连接着格拉茨和南边40公里处的斯洛文尼亚。

火车

施蒂里亚州的火车线路相对匮乏；连接卡林西亚州和维也纳的铁路干线在格拉茨北侧经过该地区的主要终点站穆尔河畔布鲁克。去往林茨和萨尔茨堡，通常要在布鲁克西南25公里处的圣米夏埃尔（St Michael）换乘。

当地交通

地区和城市交通（Regional and city transport；☎050 678 910；www.verbundlinie.at）按区域和时间计价。可以在机器上购买1至22区的车票；单区的单程票票价€2.20，1小时有效，也可购买1个区（€5）或多区（比如至贝恩巴赫的4个区的票价为€17）的24小时通票，或周票、月票。

在格拉茨，**Mobilzentral**（☎050 678 910；www.mobilzentral.at；Jakoministrasse 1；⊙周一至周五 8:00~18:00，周六9:00~13:00）可提供施蒂里亚地区长途汽车的准确信息。你也可以在这里购买国际火车票。

格拉茨（GRAZ）

☎0316 / 人口：265,780

奥地利的第二大城市以休闲的氛围著称。它魅力无限，四处是植被繁茂的绿地。红色的屋顶在这里形成一片亮丽的海洋，湍急而逼仄的河流穿过市中心，潺潺向远方流去。格拉茨的名片是一座风景秀丽的峭壁，它通过楼梯、索道缆车和玻璃电梯与市中心相连。在建筑方面，格拉茨文艺复兴时期的庭院和巴洛克式的宫殿都揭示了这座城市与邻国意大利的渊源。城里有一些前卫的现代建筑，艺术氛围浓厚，夜生活美妙绝伦——这在一定程度上要归功于庞大的学生群体（这里的4所大学里大约有50,000名学生）。格拉茨的青春活力横跨穆尔河，但却未惊扰到历史中心对面的宁静传统的伦德区（Lend）。

景点

主广场（Hauptplatz）及周边

大教堂 教堂

（Domkirche；www.domgraz.at；Burggasse 3；⊙黎明至黄昏；🚊1, 3, 4, 5, 6, 7 Hauptplatz）大教堂的历史可以追溯到15世纪，它在1786年成为主教座堂。其内部结合了哥特和巴洛克式元素，天花板上有网状拱顶；这里的亮点是康拉德·莱布（Conrad Laib）创作的镶板画《人群中的耶稣受难》（*Crucifixion in the Throng*，1457年），以及大教堂外面褪了色的Gottesplagenbild壁画，这幅壁画创作于1485年。

壁画描绘的是15世纪80年代早期的生活，当时格拉茨正在遭受土耳其入侵、瘟疫和蝗虫三重灾难。

城市教区教堂 教堂

（Stadtpfarrkirche；Herrengasse 23；⊙黎明至黄昏；🚊1, 3, 4, 5, 6, 7 Hauptplatz）格拉茨的教区教堂矗立在主广场和Jakominiplatz广场之间的Herrengasse街旁，巴洛克式的外观引人注目。教堂内部，由萨尔茨堡艺术家艾伯特·比尔克勒（Albert Birkle）在“二战”后创作的彩色玻璃窗颇具争议：右侧从底部往上数的第4块玻璃（主祭坛的左侧），描绘了希特勒和墨索里尼注视着被折磨的基督的场景。

容维尔特工作室 画廊

（Atelier Jungwirth；☎0316-81 55 05；www.atelierjungwirth.com；Opernring 12；⊙周二至周五 11:00~17:00，周六 至16:00）格拉茨最引人注目的当代艺术空间专门展示摄影作品。列在日程表中的展览涵盖了事件报道、时尚和更加概念化的作品，还有一些在国际上享有盛誉的杰出人士的主题展，比如保罗·罗佛西（Paolo Roversi）。

格拉茨新画廊 画廊

（Neue Galerie Graz；www.museum-joanneum.at；Joanneumsviertel；成人票/儿童票€9/3；⊙周二至周日 10:00~17:00；🚊1, 3, 4, 5, 6, 7 Hauptplatz）新画廊坐落在约安诺伊姆区（Joanneumsviertel）建筑群内，与这里的其他两座

Graz 格拉茨

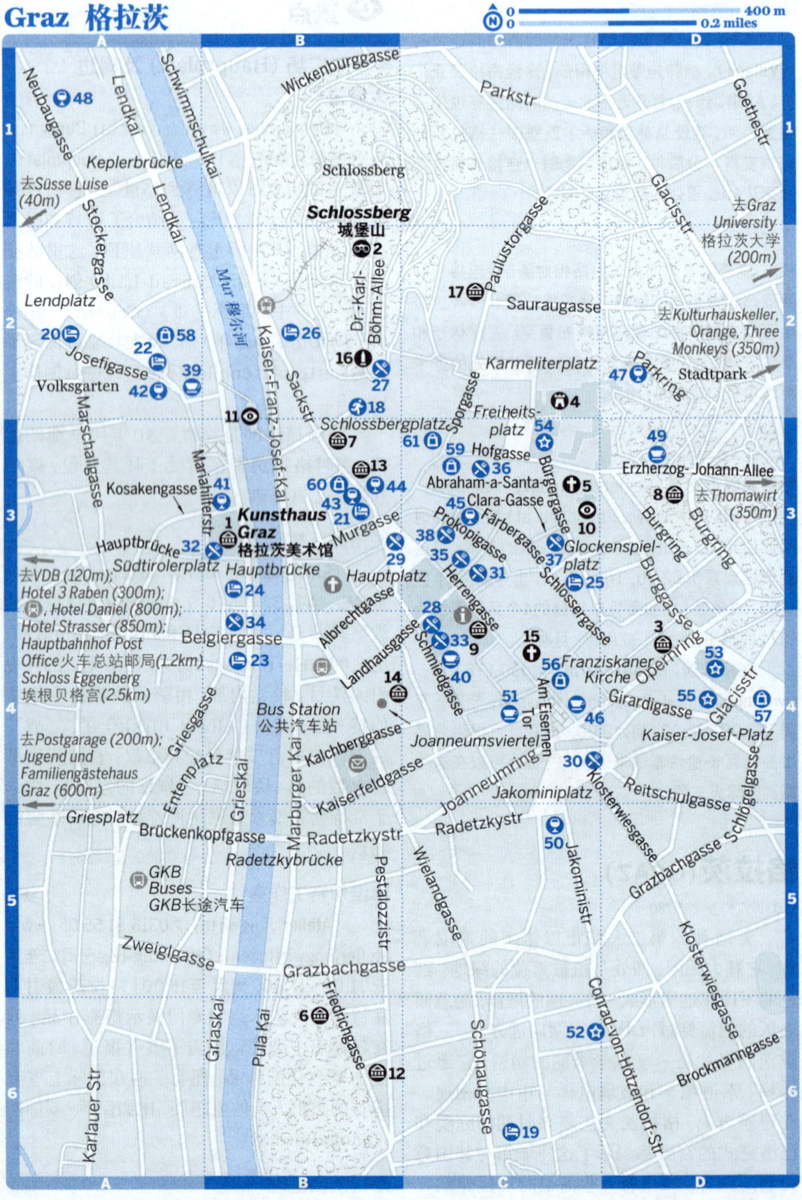

博物馆相比，地位更加崇高。地下展厅的不俗藏品是这里的亮点。尽管数量不多，但陈列着恩斯特·克里斯蒂安·莫泽尔（Ernst Christian Moser）、费迪南德·乔治·瓦尔德米勒（Ferdinand Georg Waldmüller）和约翰·内波穆克·帕西尼（Johann Nepomuk Passini）等画家充满了生命力的作品。这里也有埃贡·席勒（Egon Schiele）的作品。

Graz 格拉茨

方济各会教堂 教堂

（Franziskaner Kirche；☎0316-82 71 72；www.franziskaner-graz.at；Franziskanerplatz 14；⊙8:00~17:00）这座教堂和修道院是方济各会在1239年建造的。原本建于14世纪的圣坛在“二战”中被盟军的炸弹摧毁后，以当代风格进行了重建。这里的亮点是平和、安静、种满了玫瑰的修道院花园，其四周仍然环绕着原来的哥特式回廊。

自然史博物馆 博物馆

（Naturkundemuseum；www.museum-joanneum.at；Joanneumsviertel；成人票/儿童票€9/3；⊙周二至周日 10:00~17:00；；1，3，4，5，6，7 Hauptplatz）自然史博物馆是坐落在约安诺伊姆区建筑群内的博物馆之一，这里的地质学展览很出色，其中一个有趣的展厅展示了来自世界不同地方的石板。蝴蝶爱好者会在这里发现非常多的鳞翅目昆虫标本。

施蒂里亚军械库
博物馆

（Landeszeughaus；www.museum-joanneum.at；Herrengasse 16；成人票/儿童票 €9/3；⏲周一和周三至周日 10:00~17:00；🚊1，3，4，5，6，7 Hauptplatz）如果你酷爱盔甲和武器，那么一定会喜欢施蒂里亚军械库，这里保存着超过30,000件闪闪发亮的武器。这里的展览是格拉茨最有趣的展览之一，也是奥地利同类展览中规模最大的一个。

格拉茨艺术之家
画廊

（Künstlerhaus Graz；☎0316-74 00 84；www.km-k.at；Burgring 2；成人票/儿童票 €4/2；⏲周二至周日 10:00~18:00，周四 至20:00）作为当地最前卫的当代艺术机构，这里展示着由国际知名人士和新兴的施蒂里亚艺术家们带来的装置、演出和视频作品。该机构位于城市公园（Stadtpark）的绿地上，本身也是一座令人印象深刻的现代主义建筑——1952年由莱奥·朔伊（Leo Scheu）设计——在2013年进行了一次当代的整修。可以留意一下周四晚上从6点开始的发布会、电影和演出。

城堡
城堡、公园

（Burg；Hofgasse；🚌30 Schauspielhaus，🚊1，3，4，5，6，7 Hauptplatz）免费 格拉茨建于15世纪的城堡现在是政府机关的所在地。在庭院的远端，拱廊下方的左侧，有一个别具一格的双螺旋楼梯（1499年）——楼梯会随着螺旋的旋转分开和靠拢。城堡紧挨着城市的绿地——城市公园。

斐迪南二世陵墓
陵墓

（Mausoleum of Ferdinand II；www.domgraz.at；Burggasse 2；成人票/儿童票 €6/2；⏲1月至4月 周二和周五、5月至12月 每天 10:30~12:30和13:30~16:00；🚊1，3，4，5，6，7 Hauptplatz）斐迪南二世陵墓是风格派巴洛克式的代表作，由意大利建筑师彼得罗·德·波米斯（Pietro de Pomis）设计，于1614年开始修建；波米斯去世后，陵墓由Pietro Valnegro建成，不过约翰·伯恩哈德·菲舍尔·冯·埃拉赫（Johann Bernhard Fischer von Erlach）分担了内部华丽的灰泥装饰和壁画。斐迪南（1578~1637年）和他的妻子及儿子都葬在这里的墓穴中。

宫殿博物馆
博物馆

（Museum im Palais；www.museum-joanneum.at；Sackstrasse 16；成人票/儿童票 €9/3；⏲周三至周日 10:00~17:00；🚊1，3，4，5，6,7 Hauptplatz）经过了翻新的宫殿博物馆坐落在巴洛克式的赫伯施泰因宫（Palais Herberstein）内，里面有一段始建于1757年的精美楼梯，房间很好地衬托了以"身份象征"为主题的展览。这里还有永久性的珍宝展，展品包括腓特烈三世（Friedrich Ⅲ）使用过的马车，其历史可以追溯到15世纪中叶，此外还有一些特展。

格拉茨博物馆
博物馆

（Grazmuseum；www.grazmuseum.at；Sackstrasse 18；成人票/儿童票 €5/免费；⏲周三至周一 10:00~17:00；🚊1，3，4，5，6，7 Hauptplatz）这座小博物馆里的永久性收藏主要是跟城市历史有关的物品，并以经常更换的展览进行补充。在本书写作期间，主要展览楼层因为整修而关闭了。

感知博物馆
博物馆

（Museum der Wahrnehmung；www.muwa.at；Friedrichgasse 41；成人票/儿童票 €3.50/2，三昧浴缸 €45.60；⏲周三至周一 13:00~18:00；🚌34，34E Museum der Wahrnehmung）探索感官错觉的感知博物馆有一个经常更换的小型展览，展出的艺术品都与知觉有着密切（有时也可能比较遥远）的关系，还有一些小装置能帮助你自己探索错觉。三昧浴缸（samadhibath）或者叫冥想浴缸，是一种能剥夺身体所有感官的医疗浴缸（至少提前一周预订，只适用于16岁及以上的使用者）。

约安诺伊姆区建筑群
知名建筑

（Joanneumsviertel；www.museum-joanneum.at）这个历史建筑群内设置了很多博物馆，包括格拉茨新画廊和自然史博物馆，还有几个最近重新设计了的公共空间，后者主要用于夏季活动。

👁 穆尔河（Mur River）及周边

★格拉茨美术馆
画廊

（Kunsthaus Graz；www.kunsthausgraz.at；Lendkai 1；成人票/儿童票 €9/3；⏲周二至周

日 10:00~17:00；🚊1, 3, 6, 7 Südtiroler Platz）这个世界级的当代艺术殿堂是英国建筑师彼得·库克（Peter Cook）和科林·福涅尔（Colin Fournier）设计的，当地人又把它称为“友好的外星人”。这栋建筑是库克的经典作品，外表闪闪发光，造型延续了生物形态主义的风格。乍一看，这座建筑与颇具历史感的周边环境格格不入，但细细品味，却能感受到一种和谐的旋律。其展览每3至4个月就会更换。

穆尔岛

桥梁

（Murinsel；🐾；🚊4, 5 Schlossplatz/Murinsel, 🚊1, 3, 6, 7 Südtiroler Platz）穆尔岛是一座由金属和塑料建造的岛桥，它就位于穆尔河的中央。这个现代的浮动地标包含一家咖啡馆、一个儿童游乐场以及一个小舞台。即使这里不是你的目的地，也可以绕道在此稍作停留——它能让你近距离地感受湍急的河流。

城堡山 (Schlossberg)

★城堡山

观景点

（Schlossberg；电梯或缆车1小时票 €2.10，电梯票 成人/儿童 €1.40/0.90；🚊4, 5 Schlossbergplatz）免费 城堡山高473米，格拉茨建城伊始，就在这里建造了早期的堡垒。矗立于此的钟塔是城市最显眼的标准。你可以沿着风景如画的小径前往枝叶繁茂的山坡，也可以乘电梯或城堡山缆车（Schlossbergbahn）抵达这里。可步行一小段路，或者搭乘4路或5路有轨电车到Schlossplatz/Murinsel去乘坐电梯。

钟塔

塔

（Uhrturm；🚊4, 5 Schlossplatz/Murinsel去电梯）免费 这座城市的象征——钟塔，就坐落在城堡山的南郊。这座钟塔（它现在的形态可以追溯到16世纪60年代）深受人们喜爱，以至于在拿破仑于1809年侵略这座城市的时候，市民曾向他支付了2987弗罗林（florin）和11法新（farthing）的赎金以保护钟塔免受伤害。

民俗生活博物馆

博物馆

（Volkskundemuseum；www.museum-joanneum.at；Paulustorgasse 11-13a；成人票/儿童票€7/2.50；⏲3月下旬至12月 周三至周日 14:00~18:00；🚌30 Paulustor, 🚊1, 3, 4, 5, 6, 7 Hauptplatz）民俗生活博物馆专门介绍民间艺术和社会史。这里的亮点包括时间跨度长达2000年的传统服装展，它把人们的生活方式与服装和信仰结合在了一起。

埃根贝格 (Eggenberg)

埃根贝格宫

宫殿

（Schloss Eggenberg；www.museum-joanneum.at；Eggenberger Allee 90；成人票/儿童票€11.50/5.50；⏲团队游 10:00~16:00 每小时一次 3月下旬至10月 周二至周日 无13:00场次，展览 周三至周日 10:00~17:00；🚊1 Schloss Eggenberg）格拉茨雅致的宫殿是乔瓦尼·彼得罗·德·波米斯（1565~1633年）应约翰·乌尔里希（Johann Ulrich，1568~1634年）的要求，于1625年为埃根贝格王朝建造的。门票包含一个物超所值的导览游，通过它你会了解到每一个房间的特色、壁画中的故事，以及埃

> **格拉茨的博物馆**
>
> 格拉茨的大部分博物馆都隶属约安诺伊姆普世性博物馆（Universalmuseum Joanneum），在全市大约有20个。其中3座博物馆坐落在约安诺伊姆区建筑群内，这个引人注目的有趣建筑群有一部分位于地下。
>
> 购买**24小时通票**（成人/儿童/家庭€13/4.50/26）可以让你在两天内参观全部博物馆（但是仅24小时有效）。主要场所包括**埃根贝格宫**（见本页）、**格拉茨美术馆**（见200页）、**施蒂里亚军械库**（见200页）、**宫殿博物馆**（见200页），以及**自然史博物馆**（见199页）和**格拉茨新画廊**（见197页），后两者都在约安诺伊姆区内。
>
> 还有一个选择是**48小时通票**（成人/儿童/家庭 €19/7/38），在其中的任何一家博物馆都能买到。家庭票适用于2名大人和14岁以下的儿童，也提供了很大的折扣。

根贝格家族自身的逸闻。

1625年，约翰·乌尔里希从白丁晋升为内奥地利（Inner Austria）州长。当时内奥地利是一个非常强大的州，领土包含着施蒂里亚、卡林西亚，以及斯洛文尼亚的部分地区和意大利北部。他在之前的哥特式宫殿基础上修筑了巴洛克式宫殿（这解释了宫殿的一个区域里为什么会有一座有趣的哥特式小教堂，从玻璃立方体可以看到），还添加了许多意大利文艺复兴时期的特征，比如华丽的庭院拱廊。

导览游（有英语或德语解说）会带你参观24个豪华厅室（Prunkräume），它们和宫殿及花园中的其他陈设一样，都是基于天文学、黄道十二宫，以及传统和宗教神话设计的。游览在行星大厅（Planet Hall）结束，那里充满了白色的灰泥装饰和巴洛克式壁画。如果你还想参观博物馆，需要购买"约安诺伊姆"票（Joanneum）。

埃根贝格宫博物馆

博物馆

（Schloss Eggenberg Museums，又名老画廊和博物馆；☎0316-8017 9560；www.museum-joanneum.at/alte-galerie；Eggenberger Allee 90；成人票/儿童票 €9/3；⏲4月至10月 周三至周日 10:00~17:00，11月至12月 周三至周日 至16:00，1月至3月关闭；🚊1 Schloss Eggenberg）格拉茨的埃根贝格宫和公园庭院内坐落着一系列优秀的博物馆，包括**老画廊**（Alte Galerie），里面收藏着从中世纪到巴洛克时期的杰出绘画作品。同样非常值得一看的还有**考古博物馆**（Archaeological Museum），馆内陈列着从史前到古典时期的文物，**钱币收藏馆**（Coin Collection）也不应错过。

> **导览游**
>
> **格拉茨旅游局**（Graz Tourismus，见210页）提供了很多带德语和英语解说的步行游览项目（每名成人/儿童€10.50/6），出发时间为5月至10月每天下午2点半，以及11月至次年4月每周六下午2点半。也可以打听一下格拉茨周边的周末一日游，或者租用使用掌上电脑的多语言语音导览（2/4小时€7.50/8.50）。

老卢卡斯·克拉纳赫（Lucas Cranach der Ältere）、马丁·约翰·施密特（Martin Johann Schmidt）和小彼得·勃鲁盖尔（Pieter Brueghel the Younger）的作品只是老画廊里的几个亮点。巧妙的是，每个房间都涂上了不同的颜色，以便突出和补充陈列在里面的绘画的主色调。钱币收藏馆的藏品内容丰富，博采众长（利用放大镜观察钱币细节），考古博物馆则藏有罕见的Strettweg四轮车（Strettweg Chariot）和一副青铜面具——这两件藏品的历史都能追溯到公元前7世纪，此外还收藏着在这个州发现的罗马文物。

埃根贝格宫庭园

花园

（Schloss Eggenberg Parkland；www.museum-joanneum.at；Eggenberger Allee 90，Schloss Eggenberg；成人票/儿童票 €2/免费；⏲4月至10月 8:00~19:00，11月至次年3月 至17:00；🚊1 Schloss Eggenberg）这些宫殿花园为格拉茨的埃根贝格宫增添了大片的绿地，令人心情舒畅，是消磨时间的好去处，还可以看看鸣声洪亮的孔雀，以及在罗马浮雕之间漫步的鹿。行星花园是基于文艺复兴时期的行星主题建造的，跟你在宫殿里面发现的一样。

行星花园

花园

（Planetengarten；www.museum-joanneum.at；Eggenberger Allee 90，Schloss Eggenberg；⏲4月至10月 8:00~19:00，11月至3月 至17:00）行星花园出自艺术家赫尔加·托恩奎斯特（Helga Tornquist）之手，是对文艺复兴时期的天文花园的现代解读。它坐落在埃根贝格宫庭园内。

市中心以外 (Outside the City Centre)

皮贝尔马场

马场

（Bundesgestüt Piber；www.piber.com；Piber 1，Köflach；团队游 成人/儿童 €12/7.50；⏲团队游 4月至10月 10:00，11:00和13:00~16:00每小时一次，11月至次年3月 11:00和14:00；🅿👪）格拉茨西侧坐落着皮贝尔（Piber）村，那里是举世闻名的利皮扎马（Lipizzaner）育马场的所在地。最初马场设立在利皮查（Lipica，斯洛文尼亚），但是"一战"后斯洛文尼亚被吞并，于是搬到了这里。每年大约有40至50匹小马驹出生在育马场，不过其中大约只有5匹公马拥有被送到维也纳的西班牙骑术学校（Spanische Hofreitschule）接受训练的资质。

在夏季，你也可以选择用一大张地图和免费的多语言语音导览（押金€10）进行自助式游览，或者参加非常成熟的团队游（团队游仅限冬季）。

要从格拉茨前往皮贝尔，工作日期间最便利的选择是乘坐上午8点从格拉茨的Griesplatz广场出发的GKB长途汽车（见210页）700路早班车，它会在上午9点15分到达皮贝尔（必须在Voitsberg Hauptplatz换乘联运的705路长途汽车）。最后一班长途汽车在下午4点57分离开皮贝尔。这里也有开往克夫拉赫（Köflach，€10.20，1小时）的班次频繁的火车，从主广场（Hauptplatz）经Piberstrasse步行3.5公里（跟着路标走）就会到达发车地点，也可以乘出租车过去。

奥地利露天博物馆 博物馆

（Österreichisches Freilichtmuseum；www.freilichtmuseum.at；成人票/儿童票/家庭票€10/5/28；⏲4月至10月 周二至周日 9:00~17:00）位于施蒂宾（Stübing）的奥地利露天博物馆坐落在格拉茨东北大约15公里处，里面保存着近100栋奥地利农庄建筑，是举家出游的理想去处。从施蒂宾火车站步行前往博物馆大约需要20分钟；出了火车站左转，越过铁轨，然后顺着铁轨往南走直到入口处。从格拉茨出发的火车每小时一班（€4.30，15分钟）。

弗里达和弗雷德儿童博物馆 博物馆

（FRida & FreD；www.fridaundfred.at；Friedrichgasse 34；一个展览 成人票/儿童票/家庭票€5/5/14.50；⏲周一、周三和周四 9:00~17:00，周五至19:00，周六和周日 10:00~17:00；👪；🚌34，34E Museum der Wahrnehmung）这座规模不大但充满了乐趣的博物馆面向的是3至12岁的孩子，里面有两个展览，一个适合3至7岁的儿童，另一个适合8岁及以上的儿童。两个展览都从教育方面、以互动的形式介绍了动物和人类如何创造他们的家园和房屋。这里也有一些很棒的工作室和剧院。

活动

童话快车 铁路

（城堡山洞穴铁路，Fairytale Express，Schlossberg Cave Railway；www.grazermaerchenbahn.at；Schlossbergplatz；成人票/儿童票€8.50/6.50；⏲10:00~17:00，每月第一个周一关闭；👪；🚌4，5 Schlossbergplatz/Murinsel）童话快车是欧洲最长的洞穴铁路。行程大约35分钟，会蜿蜒穿过隧道中的一个个出自童话故事的场景，这些隧道在“二战”期间是躲避盟军轰炸的避难所。推荐4岁及以上的孩子游览；山里的温度在8℃至12℃，所以要确保穿着合适的衣服。

节日和活动

格拉茨的文化生活非常活跃，一年中会举行很多节日。

格拉茨街头和木偶戏艺术节 文化节

（La Strada Graz；www.lastrada.at；⏲7月下旬至8月上旬）这个户外夏季艺术节包括街头表演、舞蹈演出、木偶戏和“新马戏”。

城市音乐节 音乐节

（Stadtfest；www.grazerstadtfest.at；⏲7月上旬）文艺复兴时期的庭院将在周末变成摇滚乐和古典音乐的喧闹舞台。

施蒂里亚音乐节 音乐节

（Styriarte；☎0316-82 50 00；www.styriarte.com；⏲6月和7月）古典音乐节以几乎不间断的音乐会为特色。有些音乐会在文艺复兴时期的庭院内举行，是免费的。

施蒂里亚秋季艺术节 古典音乐节、表演艺术节

（Steirischer Herbst；www.steirischerbst.at；⏲10月）这个雄心勃勃、有时还颇为前卫的艺术节以新音乐、戏剧和电影为主，还有展览和艺术装置作品。

住宿

Hotel Daniel 酒店 $

（☎0316-71 10 80；www.hoteldaniel.com；Europaplatz 1；大床 €65~350；P ❄ @ 📶；🚌1，3，6，7 Hauptbahnhof）Daniel的房间设计典雅而且非常质朴。狭小的精品房算是物美价廉，设在屋顶上、超级时尚的“loft cube”（立方体阁楼）则适合不拘俗套的住客。大堂区充满了乐趣，是很棒的工作空间，当然也可以只是闲逛一下。

Hotel Strasser 酒店 $

(☎0316-71 39 77; www.hotelstrasser.at; Eggenberger Gürtel 11; 标单/大床 €65/75; P@📶; 🚊1, 3, 6, 7 Hauptbahnhof)Hotel Strasser物美价廉的房间铺着镶木地板，天花板也很高；有些房间，包括单人间，配有舒适的木质内饰。早餐通常不含在报价内，费用为€9。

★Hotel Wiesler 酒店 $$

(☎0316-70 66-0; www.hotelwiesler.com; Grieskai 4; 大床 €155~210; P@; 🚊1, 3, 6, 7 Südtiroler Platz)坐落在河畔的Wiesler是建于1901年的新艺术派杰作，最近它经过改造，变成了格拉茨最具吸引力的酒店。酒店老板Florian Weltzer推陈革新，包括房间分类的概念，并确保这是远离乏味的奢华体验。

房间里有一面不加粉饰的的墙壁，与之共存的是引人注目的黑色枝形吊灯、嵌在凸窗里的独立式浴缸，或者是一个摆放着古典打字机的床头书架。供应早餐的地方设在利奥波德·福斯特纳（Leopold Forstner）所作的镶嵌画《春》（*Spring*）下方，这位画家是科洛曼·莫泽（Koloman Moser）的学生，也是古斯塔夫·克里姆特（Gustav Klimt）的朋友。在隔壁的Speisesaal餐馆，年轻的街头艺术家约瑟夫·武尔姆（Josef Wurm）所作的壁画令4.3米高的大厅熠熠生辉，别具特色。

孩子们的格拉茨

拥有着绿地、游乐场和轻松氛围的格拉茨非常适合孩子。**弗里达和弗雷德儿童博物馆**（FRida & FreD，见203页）是格拉茨第一座专门面向儿童的博物馆，它的建立令这里更加令人满意。这座规模不大但充满了乐趣的博物馆主要服务于12岁以下的儿童，还会主办工作室、展览和戏剧活动。这里有很多可以亲身实践的任务和交互式展示。

城堡山洞穴铁路（Schlossberg Cave Railway，见203页）是欧洲最长的洞穴铁路，也是吸引小家伙的另一个亮点。20分钟的列车之旅会带你经过隧道里的一个个童话场景，这些隧道在“二战”期间曾经是躲避盟军轰炸的避难所。

★Schlossberg Hotel 酒店 $$

(☎0316-80 70-0; www.schlossberg-hotel.at; Kaiser-Franz-Josef-Kai 30; 标单 €140, 大床 €155~185; P@📶🏊; 🚊4, 5 Schlossbergbahn)四星级酒店Schlossberg地处中心位置，却不受喧嚣侵扰。它位于城堡山下，房间大小适中、装饰各异，还带着一种异乎寻常的雅致。酒店包括3栋历史悠久的建筑，所以建筑本身也颇为独特。屋顶的小游泳池和高得令人晕眩的阶梯状花园，给人留下难忘的住宿体验。

Augarten Hotel 酒店 $$

(☎0316-20 800; www.augartenhotel.at; Schönaugasse 53; 标单 €125~165, 大床 €155~200; P❄📶🏊; 🚊4, 5 Finanzamt)这家酒店充斥着店主本人的艺术藏品，其中包括玛丽亚·拉斯尼格（Maria Lassnig）、弗朗茨·韦斯特（Franz West）和马丁·基彭贝格（Martin Kippenberger）的作品。这里的所有房间都明亮而现代，虽然带着几分男性气质，但是并不那么令人难以忍受。更大的房间物有所值，有些两面墙都带窗户，还可以享受豪华的宽敞空间。

Hotel Weitzer 酒店 $$

(☎0316-70 30; www.hotelweitzer.com; Grieskai 12; 大床 €115~165; P@📶; 🚊1, 3, 6, 7 Südtiroler Platz)这家大酒店门庭若市，服务友善，却也未失家族经营的传统。房间装饰得整洁而时尚，颇具历史感的摆设引人注目。这里也有不错的餐饮选择，还配备了桑拿和健身设施。

Hotel Erzherzog Johann 酒店 $$

(☎0316-81 16 16; www.erzherzog-johann.com; Sackstrasse 3-5; 标单 €134, 大床 €169~189; P🚭📶; 🚊1, 3, 6, 7 Hauptplatz)这家老式酒店装饰着帷幔和镶木地板，受到新老顾客的青睐。在周末和需求较低的时候入住尤其划算。

酒店有几个古怪的主题房间，包括万达·萨赫-马索克套房（WandaSacher-Masoch-Suite），以作家利奥波德·冯·萨赫-马索克（Leopold von Sacher-Masoch）的妻子命名，这位作家给我们带来了术语“受虐狂”

（masochism）。房间传统典雅，看不到皮草或鞭子等情趣用品。此外还有马克西米利安皇帝套房（Kaiser Maximilian Room），这位哈布斯堡落魄皇帝在墨西哥的卧榻就放在屋里，供住客使用。

Gasthof-Pension zur Steirer-Stub' n 客栈 $$

（0316-71 68 55; www.pension-graz.at; Lendplatz 8; 标单 €59~89，大床 €104~164; P; 58, 58E, 63 Lendplatz, 1, 3, 6, 7 Südtiroler Platz）这家悠闲的旅馆将传统的格调与清新、活泼的感觉完美地结合在了一起，并用走廊里的花砖地板、室内植物和大量的松木装饰等特色予以完善。很多宽敞的房间外面都有平台，可以俯瞰伦德广场（Lendplatz）。

Hotel zum Dom 酒店 $$

（0316-82 48 00; www.domhotel.co.at; Bürgergasse 14; 标单 €80~125，大床€115~145; P; 30 Palais Trauttmansdorff/Urania, 1, 3, 4, 5, 6, 7 Hauptplatz）陶瓷制品及其他物品是Hotel zum Dom的特色，这里陈设各异的房间很传统，但是并不乏味。令人惊讶的是，这些房间配备了蒸汽/强力淋浴，或者配备了涡流浴缸；有一间甚至有一个阶梯式涡流浴缸。

Hotel 3 Raben 酒店 $$

（0316-71 26 86; www.dreiraben.at; Annenstrasse 43; 标单 €80~90，大床 €105~125; P; 1, 3, 6, 7 Esperantoplatz/Arbeiterkammer）这家商务酒店坐落在火车总站附近，非常便利。如果你是乘火车来到格拉茨，这里是十分方便的选择。房间大小适中，都很舒适，还有可能获得很大的折扣。

JUFA Graz 青年旅舍 $$

（0316-70 83 210; www.jufa.eu/jufa-graz-city; Idlhofgasse 74; 标单 €60，大床€85; P @; 31, 32, 33 Lissagasse）这家隶属国际青年旅舍联盟（HI）的青旅干净而舒适，它坐落在火车总站以南大约800米处，从Jakominiplatz广场乘公共汽车前往十分方便。这里没有宿舍，但是能提供可以睡4个人的房间，价格更加经济实惠。

Hotel Feichtinger Graz 酒店 $$

（0316-72 41 00; www.hotel-feichtinger.at; Lendplatz 1a; 标单 €61~75，大床€108~145; P; 1, 3, 6, 7 Südtiroler Platz）这家格拉茨商务酒店能提供一些市内性价比最高的床位。房间宽敞而简单，套房和公寓尤其划算。

就餐

格拉茨在2008年获得了“趣味烹饪之都”（Genuss Haupstadt）的殊荣。这里的餐饮业很出色，一些优秀的高档餐馆会烹制富有地区特色的美食。格拉茨拥有庞大的学生人群，在他们的带动下，绝佳的国际餐厅，廉价的亚洲小馆以及当地咖啡业都迅速崛起。Hofgasse的意大利区设有露台座位，在那里既能享用意大利美食，也可以体验地中海式的欢乐。

Mau Shi 亚洲菜 $

（0660 696 24 17; Herrengasse 7; 主菜 €5.50~12; 周一至周六 11:30至午夜，周日 至22:00;）这个氛围友好的住所由一系列互相连通的迷人房间组成，装修如同精巧可爱的合租屋。在夏季，餐桌还会摆到外面漂亮的小巷里。当地的年轻人会到这儿来享用春卷、绿咖喱和印度尼西亚沙拉，还有很受欢迎的果味鸡尾酒和有机啤酒。香料的味道很正宗，会大量添加新鲜的香草。

Kunsthauscafé 各国风味 $

（0316-71 49 57; www.kunsthauscafe.co.at; Südtirolerplatz 2; 主菜 €6~16.50; 周日至周四 9:00~23:00，周五和周六 至次日1:00）快乐的年轻人聚集于此，沿着长桌就坐，享用包括汉堡包（从大块的牛肉到山羊奶酪）、带点儿墨西哥风味的菜肴、主菜大小的沙拉，以及这家店的特色菜“施蒂里亚三明治”（Styrian Sandwich），这是酥脆的五花肉、奶油色的泡菜和辣根的精彩组合。这里非常吵闹，但是，如果你兴致勃勃，就会乐在其中。

Ginko Green Høuse 健康食品 $

（Herrengasse 7; 每日餐 €5.80，汤 €4; 周一至周六 8:30~19:00）如果你需要不带糕点的早餐、思慕雪或者一碗汤，这里就是格拉茨最好的选择。可以坐在店里吃，也可以外卖。

是的，其实他们也做糕点，包括一些不含麸质的美味点心。

Mangolds
素食 $

(www.mangolds.at; Griesgasse 11; 餐 €6~12; ⌚周一至周五 11:00~19:00，周六 至16:00; 🚭 👪; 🚊1, 3, 6, 7 Südtiroler Platz) 🌿这是一家按重量收费的素食自助餐馆，供应美味的素食馅饼、米饭类菜肴以及40多种不同的沙拉。这里也是能用咖啡和蛋糕消磨几个小时的迷人去处。

★Aiola Upstairs
各国风味 $$

(www.aiola.at; Schlossberg 2; 意大利面 €14.50~16.50，主菜 €19.50~27.50; ⌚周一至周六 9:00至午夜; 📶; 🚊4, 5 Schlossbergplatz/Murinsel 去电梯）如果问当地人格拉茨最好的户外用餐地点是哪里，他们会指引你前往Aiola。这家非常棒的餐馆坐落在城堡山上，从它玻璃箱似的内室和漂亮的夏季露台，都可以欣赏绝佳的风光。更好的是，这里的饭菜在该市数一数二，会供应有趣的国际风味菜肴，并使用应季食材。

★Der Steirer
奥地利菜、西班牙小吃 $$

(☎0316-70 36 54; www.dersteirer.at; Belgiergasse 1; 工作日午餐套餐 €8.90，主菜€10.90~22; ⌚11:00至午夜; 🚭; 🚊1, 3, 6, 7 Südtiroler Platz) 这家新式的奥地利小馆（Beisl）兼葡萄酒吧供应精心挑选的施蒂里亚菜肴，包括很棒的红烩牛肉（goulash）、羊排和填馅青椒，都以简单的当代手法烹制。这里施蒂里亚小吃的概念很不错，如果你只想品尝一下当地风味，这是一个很好的选择。

★Santa Clara
意大利菜 $$

(☎0316-81 18 22; Bürgerasse 6; 晚餐 €12~18; ⌚周二至周五 17:00~22:00) Santa Clara是一个不引人注目却一直深受格拉茨人喜爱的地方，它坐落在带有拱顶的老房子里，气氛越发轻松。这里没有固定菜单，每晚供应自助式的意大利开胃菜。再配上一碗汤和一杯葡萄酒，便是一顿令人满足的晚餐，美味的炸肉排会让你胃口大开。

Thomawirt
奥地利小酒馆 $$

(☎0316-32 86 37; www.thomawirt.at; Leonhardstrasse 40-42; 午餐套餐 €7和€8，主菜 €9.20~13; ⌚9:00至次日1:00; 🚭 🐾; 🚊7 Merangasse) 这家新式奥地利小馆兼酒馆位于大学区，工作日从上午11点开始供应特价午餐，还有丰富的午餐和晚餐选择，从施蒂里亚经典菜肴，到（昂贵的）牛排和素食主菜，不一而足，而且会一直供应到次日凌晨1点。酒吧里偶尔会用音乐放松一下；这个地方分为咖啡馆区、餐馆区和高级酒吧区。

Peppino im Hofkeller
意大利菜 $$

(☎0316-69 75 11; www.peppino-hofkeller.at; Hofgasse 8; 主菜 €11~23; ⌚周二至周六 正午至14:30和17:00~23:00; 🚊1, 3, 4, 5, 6, 7 Hauptplatz) 这家葡萄酒吧兼餐馆拥有种类繁多的精选的意大利葡萄酒，食客可在此细细品酒。你可以从黑板上选一道正宗的意大利面或主菜；经常变换的小菜单则涵盖了从章鱼沙拉，到牛肝菌小方饺和鹿肉等形形色色的菜肴。扎根于加尔达湖（Lago Gardo）的老板兼厨师还会烹制一些美味的淡水鱼菜肴。

Yamamoto
日本菜 $$

(www.yamamoto-sushibar.at; Prokopigasse 4; 主菜 €9~18; ⌚周三至周六 正午至22:00; 🚊1, 3, 4, 5, 6, 7 Hauptplatz) Yamamoto是日本人经营的餐馆，口味正宗，令人耳目一新。这里的寿司和生鱼片很新鲜，面食也深受食客青睐。

★Landhauskeller
奥地利菜 $$$

(☎0316 83 02 76; www.landhaus-keller.at; Schmiedgasse 9; 主菜 €17~34; ⌚周一至周三 正午至次日1:00，周四至周六 至次日2:00; 🚊1, 3, 4, 5, 6, 7 Hauptplatz) 这家餐厅的历史可追溯到16世纪，彼时它还是个脏乱的小酒馆，现在则逐步发展成了颇具神秘气息的时髦餐厅。这里供应融合了现代感的施蒂里亚特色菜。创意菜包括四种不同的精炖牛肉（Tafelspitz）、简单的烧烤湖鱼配甜菜，或是一种新奇而美味的当地提拉米苏，用南瓜籽、南瓜籽油和浸过的樱桃制作而成。

Prato im Palais
奥地利菜 $$$

(☎0316-23 20 98; www.prato.at; Sackstrasse 16; 小/大品尝套餐 €69/98; ⌚周一至周六 11:00至午夜; 🚊1, 3, 4, 5, 6, 7 Hauptplatz) Prato坐落在赫伯施泰因宫（Palais Herberstein）里，它把前面的酒吧和漂亮的庭院结合起来，变成了供应天然葡萄酒和优质美食的餐馆。Prato的菜肴是以19世纪的厨师卡塔琳娜·普拉托（Katharina Prato）的经典食谱《德国南部烹饪》（*Die Süddeutsche Küche*）为灵感烹制的。你可以选择美食品尝，或者试试"家常菜"菜单上的菜肴，后者以施蒂里亚菜肴为主，比如烤猪肉或鳟鱼。

El Gaucho 牛排 $$$

（☎0316-830 083；www.elgaucho.at/graz；Landhausgasse 1；主菜 €16~36；◷周一至周五 17:00~23:00，周六和周日 11:30~23:00；🚊1, 3, 4, 5, 6, 7 Hauptplatz）El Gaucho坐落在州政府（Landhaus）建筑内，颇具文艺复兴的脱俗之风，倒不太像是个餐厅了。食客可在这里享用鲜美多汁的阿根廷和本地牛排（会搭配松露团子之类的配菜，可以像主菜那样点餐）。令人舒心的深红色调装扮着餐厅，屋内悬挂着装饰用的玻璃灯。不过夏季最好的座位都在嘈杂的庭院内。

饮品和夜生活

格拉茨的咖啡馆和酒吧行业是由其庞大的学生人口推动繁盛的。一些咖啡馆供应食物，随着夜幕的降临变身为酒吧。大部分酒吧都聚集在三个区域：大学附近、Mehlplatz广场和Prokopigasse沿线[被称为"百慕大三角"（Bermuda Triangle）]，第三个区则一直延伸到伦德区的市场。

★ **Promenade** 咖啡馆

（www.promenade.aiola.at；Erzherzog-Johann-Allee 1；◷周一至周四 9:00至次日1:00，周五和周六 至次日2:00，周日 至午夜；🚌30 Schauspielhaus）令人愉快的Promenade是一家当地机构。最近大名鼎鼎的Aiola的幕后人物对它进行了翻修，为这家传统的咖啡馆增添了不少现代魅力。它坐落在城市公园树木成行的林荫道旁边，是在周末享用早餐（鸡蛋或开胃菜拼盘）的完美选择，也很适合来一杯午后鸡尾酒（spritz），再配上一些时髦的西班牙小吃式的小菜。

Freiblick Tagescafe 屋顶酒吧

（☎0316-83 53 02；freiblick.co.at；

农贸市场和小吃摊

➡ 格拉茨大学（Graz University，乘1路和7路有轨电车可以到达）附近有很多便宜的小餐馆，尤其是在Halbärthgasse、Zinzendorfgasse和Harrachgasse沿线。

➡ 在**约瑟夫皇帝广场**（Kaiser-Josef-Platz；◷周一至周六 6:00至正午；🚊1, 7 Kaiser-Josef-Platz）和**伦德广场**（Lendplatz；◷周一至周六 6:00~13:00；🚊1, 3, 6, 7 Südtiroler Platz）的农贸市场上，能买到最新鲜的水果和蔬菜，而且那里每天都有非常出色的小吃摊。

➡ 如果想找快餐摊，可以前往**主广场**（Hauptplatz；🚊1, 3, 4, 5, 6, 7 Hauptplatz）和**Jakominiplatz广场**（🚊1, 3, 4, 5, 6, 7, 13 Jakominiplatz）。

Sackstrasse 7-11, Kastner & Öhler；◷周一至周五 9:30~19:00，周六 至18:00）这家巨大的露台咖啡馆兼酒吧位于Kastner & Öhler百货公司的顶层，可以欣赏市内最美的景色。在这里可以一边享用早餐拼盘和咖啡，或者午餐时间的汤或沙拉，一边眺望云彩和屋顶。也可以在下午过来，尝尝普罗塞克鸡尾酒（Prosecco spritz），或是来一杯皇家雨果（Hugo Royal）——酩悦香槟（Moët Chandon）兑接骨木花口味的美酒（€15）。

Blendend 咖啡

（www.blendend.at；Mariahilferstrasse 24；◷周一至周五 16:00至次日2:00，周六和周日 从9:00开始营业）这家宽敞、温暖、放荡不羁却讨人喜欢的咖啡厅，在伦德区的破酒吧中脱颖而出。工作日里，Blendend是喝饮料、吃小吃的绝佳去处，到了周末，这里又会变成全天营业的咖啡馆，供应出色的自制蛋糕和甜品，以及与之不相上下的spritz鸡尾酒和优质的本地啤酒。天气暖和的时候，所有活动都会转移到庭院餐桌上去。

Buna 咖啡

（☎0316-22 86 83；Schmiedgasse 11；◷周一至周六 8:30~18:30）Buna是格拉茨新出现的

独立咖啡烘焙工坊之一；这里是它位于市中心的咖啡馆。可以到这儿来聊聊咖啡，品尝熟练制作的馥芮白（flat white）、意式黑咖啡（espresso）及冰滴咖啡（cold drip）。咖啡可以打包，你也可以搬个凳子坐下享用。

Parkhouse 酒吧

（www.parkhouse.at；Stadtpark 2；⏲3月至10月 10:00至次日2:00，11月至2月 周五和周六 21:00至次日2:00）这家超级悠闲的酒吧，坐落在公园里的一栋可爱的圆形建筑物内，是在早上或晚上喝一杯的理想去处。可登录网站查看DJ或现场音乐表演的详情。

Operncafé 咖啡馆

（www.operncafe.at；Opernring 22；咖啡和蛋糕 €7；⏲7:30~23:00；📶；🚊1, 3, 4, 5, 6, 7, 13 Jakominiplatz）这家传统咖啡馆秉承老派美学，店内出售自制糕点，为食客提供阅读和娱乐的书籍和玩具。这里的侍者乐在其中，自带一股典雅气质。

Tribeka 咖啡

（☎0316-26 97 64；www.tribeka.at；Kaiserfeldgasse 6；⏲周一至周五 7:00~20:00，周六和周日 从8:00开始营业）如果你需要在市中心来一杯"好"咖啡，这家很受欢迎的格拉茨连锁店的分店便是享用清晨咖啡的必去之处。大窗户和凸起的街旁露台挤满了自由职业者，还会提供多种多样的布朗尼蛋糕（brownies）、乳酪蛋糕和糕点作为食物。

Süsse Luise 咖啡馆

（Stand 9，Lendplatz；⏲周一至周六 8:00~23:30）伦德广场农贸市场在下午和晚上会作为格拉茨最悠闲的地方之一发挥它的作用。这个摊位的餐桌铺着桌布，还有迷人的员工提供服务，是最受欢迎的享用spritz鸡尾酒或本地啤酒的地方；也有出色的自制蛋糕。

Postgarage 夜店

（www.postgarage.at；Dreihackengasse 42；⏲周五和周六 从22:00开始营业；🚌32, 33, 40 Griesplatz，🚊1, 3, 6, 7 Südtiroler Platz）对学生非常友好的复古主题之夜，偶尔也有对20岁上下的快乐人群来说过于严肃的电子音乐之夜。可登录网站了解活动及价格。

La Enoteca dei Ciclopi 葡萄酒吧

（www.lenotecadeiciclopi.at；Sackstrasse 14；⏲周一 17:00~23:00，周二至周五 11:30~23:00，周六 10:00~23:00；🚊1, 3, 4, 5, 6, 7 Hauptplatz）这家小葡萄酒吧设置了可爱的庭院餐桌，来到这里，就像是走进了一个西西里家庭。这里的服务很热情，供应一系列优质的意大利南部葡萄酒。可以尝尝意大利面，或者来一盘西西里开胃菜。

Stockwerk Jazz 爵士乐

（☎0676 315 95 51；http://stockwerkjazz.mur.at；Jakominiplatz 18；音乐会 €12~18；⏲周一至周六 16:00至次日1:00，周日至午夜；🚊1, 3, 4, 5, 6, 7, 13 Jakominiplatz）这里是格拉茨顶尖的爵士乐吧，常有本地艺术家和国际表演团体登台，欣赏音乐的同时还能品尝美酒。它以质朴的木质装饰为特色，还有一个夏季屋顶露台。

Dom im Berg 夜店

（www.spielstaetten.at；Schlossbergplatz；🚊4, 5 Schlossplatz/Murinsel）城堡山下面的隧道曾经被用作防空洞。现在，部分隧道被改造成了庞大的艺术俱乐部演出场所。可登录网站查看营业时间和价格。

Exil 酒吧

（Josefigasse 1；⏲周二至周六 19:30至次日4:00；🚊1, 3, 6, 7 Südtiroler Platz）Exil是一家烟雾缭绕的独立酒吧，设有户外座位，还有几个唱机转盘服务于周五和周六的晚上。在忙碌的夜晚，这里的一切都会涌到街上去。

Cafe Centraal 小酒馆

（www.centraal.at；Mariahilferstrasse 10；⏲8:00至次日2:00；📶；🚊1, 3, 6, 7 Südtiroler Platz）这家传统的酒吧兼奥地利小酒馆拥有深色的木质内饰和室外座位，有一种非主流的感觉，从早餐就开始供应物美价廉的食物。

p.p.c. 夜店

（☎0316-8141 4133；www.popculture.at；Neubaugasse 6；门票 €8~10；⏲周三至周六 从22:00开始营业；🚊4, 5 Kepplerbrücke）这是格拉茨最受欢迎的跳舞场所之一，每周都会安排涉猎广泛、精彩纷呈的主题夜晚。

Orange 酒吧、夜店

（www.cbo.at；Elisabethstrasse 30；周三至周六 9:00至次日5:00，周一和周二 至次日3:00，周日 至18:00；7 Lichtenfelsgasse）年轻时尚的学生人群很喜欢这个地方，这里的中庭是温暖夏夜的完美去处。周三至周六晚上11点之后会出售€5左右的低价门票，那时有DJ打碟。

Insel Café 咖啡馆

（Murinsel；周一至周五 10:00至午夜，周六和周日 从9:30开始营业；；4，5 Schlossplatz/Murinsel）你在享用咖啡或spritz鸡尾酒，而穆尔河就在你脚下奔腾。在你休息的时候，孩子们可以在游乐场里自娱自乐。

M1 鸡尾酒吧

（www.m1-bar.at；Färberplatz 1，3层；周一至周五 16:00至次日2:00，周六 从9:00开始营业，周日 至23:00；1，3，4，5，6，7 Hauptplatz）M1是三层的现代咖啡馆兼酒吧，它坐落在屋顶露台上。这里供应近200种鸡尾酒，喝了几杯之后，螺旋式楼梯可能会让你晕眩。

Kulturhauskeller 酒吧、夜店

（Elisabethstrasse 30；周二至周六 21:00至次日5:00；7 Lichtenfelsgasse）喧闹的Kulturhauskeller很受学生青睐，这里弥漫着十足的酒窖酒馆气氛，周三有卡拉OK之夜。

☆娱乐

要了解市内的什么地方正在发生着什么，可以拿一份月刊Megaphon（€2.50，德文）。要查看影讯，也可以登录网站www.uncut.at/graz。

格拉茨是重要的文化中心，全年都会举办音乐活动。**格拉茨剧院服务中心**（Theaterservice Graz；0316-80 00；www.theater-graz.com；Kaiser-Josef-Platz 10；周一至周五 9:00~18:00，周六 至13:00，7月中旬至8月中旬关闭；1，7 Kaiser-Josef-Platz）是歌剧院和剧院的售票处。它还以爵士乐而闻名：可以查看Graz-jazz（www.grazjazz.at）了解即将开始的活动。

歌剧院 歌剧

（Opernhaus；www.theater-graz.com/oper；Kaiser-Josef-Platz 10；7月上旬至8月下旬关闭；1，7 Kaiser-Josef-Platz）金色、白色和红色相间的歌剧院。可登录网站查看演出活动和价格。

剧院 剧院

（Schauspielhaus；www.schauspielhaus-graz.com；Hofgasse 11；7月上旬至8月下旬关闭；30 Schauspielhaus，1，3，4，5，6，7 Hauptplatz）格拉茨主要的戏剧剧院。可登录网站查看演出日期和价格。

KIZ RoyalKino 电影院

（Conrad-von-Hötzendorf-Strasse 10；4，5 Finanzamt）放映英语电影。

购物

Hofbäckerei Edegger-Tax 食品

（www.hofbaeckerei.at；Hofgasse 6；周一至周六 7:00~18:00）这家历史悠久的面包房的新巴洛克式橡木门面上布满了奢华的雕刻，入口上方还悬挂着镀金的双头鹰，证明它从前是皇家御用的店铺。在里面，你会看到面包、施蒂里亚的坚果馅糕点“豹爪”（Panthertatzen），还有南瓜籽香草牛角面包，以及各种各样的甜坚果饼干。每样东西的包装都十分精美。

VDB 调味品、食品和饮品

（www.vdb.co.at；Annenstrasse 25；周一至周五 10:00~18:00，周六 9:00~13:00）曼弗雷德·范登贝格（Manfred van den Berg）收集了各种各样的神奇调味品，还生产了几种混合杜松子酒。可以在这里采购橄榄油、巧克力、果酱和南瓜籽产品。

Kastner & Öhler 百货店

（Sackstrasse 7-11；周一至周五 9:30~19:00，周六 至18:00）格拉茨的主要百货公司是很有吸引力的Kastner & Öhler，它就坐落在主广场的北侧。这里有专门的徒步登山区，还有它自己的高山咖啡馆。

Buchhandlung Moser 书籍

（www.morawa-buch.at；Am Eisernen Tor 1；周一至周五 9:00~18:30，周六 至18:00；1，3，4，5，6，7，13 Jakominiplatz）市内的主要书店。

Steirisches Heimatwerk 服装

（☎0316-82 71 06；www.heimatwerk.steiermark.at；Sporgasse 23；⊙周一至周五 9:30~18:00，周六 至16:00；🚊1, 3, 4, 5, 6, 7 Hauptplatz）奥地利人非常重视他们的民族服装，这个备受尊重的供应商出售精心制作的传统服装，从阿尔卑斯少女式连衣裙（Dirndl）到高山套头毛衣，不一而足。

ℹ 实用信息

格拉茨机场服务台（Graz Airport Information Desk；☎0316-29 02-172；www.flughafen-graz.at；⊙5:00~22:00）机场设施包括服务台、免费上网设备，到达大厅有一家银行，那里有一台自动柜员机。

格拉茨旅游局（Graz Tourismus；☎0316-807 50；www.graztourismus.at；Herrengasse 16；⊙4月至10月和12月 10:00~19:00，11月和1月至3月 至18:00；电话服务10:00~17:00；📶；🚊1, 3, 4, 5, 6, 7 Hauptplatz）格拉茨的主要旅游局，能提供大量关于这座城市的免费信息，员工乐于助人，而且见多识广。

火车总站邮局（Hauptbahnhof Post Office；Hauptbahnhof；⊙周一至周五 7:00~20:00，周六 8:00~18:00，周日 13:00~20:00；🚊1, 3, 6, 7 Hauptbahnhof）在火车总站里面。

邮政总局（Main Post Office；Neutorgasse 46；⊙周一至周五 8:00~19:00，周六 9:00至正午；🚊1, 3, 4, 5, 6, 7, 13 Jakominiplatz）

ℹ 到达和离开

飞机

格拉茨机场（Graz Airport；GRZ；☎0316-290 20；www.flughafen-graz.at）位于市中心以南10公里处，就在A2外侧，由火车及公共汽车与火车总站相连。直飞格拉茨的服务包括往返于柏林泰格尔机场（Berlin Tegel）的**柏林航空公司**（Air Berlin；www.airberlin.com）的航班、往返于美因河畔法兰克福（Frankfurt am Main）的**德国汉莎航空公司**（Lufthansa；☎0810 1025 8080；www.lufthansa.com）的航班、往返于苏黎世（Zürich）的**因特天空航空公司**（InterSky；www.flyintersky.com）的航班、往返于罗马的**意大利航空公司**（Alitalia；www.alitalia.com）的航班、往返于英国格拉斯哥和埃克塞特（Glasgow and Exeter）的**尼基航空公司**（Niki；www.flyniki.com）的航班、往返于维也纳的**奥地利航空公司**（Austrian Airlines；☎05 1766 1000；www.austrian.com）和尼基航空公司的国内航班，另外奥地利航空公司还有飞往很多其他德国城市的航班。

机场设施包括**服务台**、免费上网设备，安全区内有Wi-Fi，一层到达大厅有一家银行，那里有一台自动柜员机。

长途汽车

邮政巴士（Postbus；☎05 17 17, 050 678 910；www.postbus.at）从火车总站外面以及**Andreas-Hofer-Platz广场**（Andreas-Hofer-Platz）出发，开往施蒂里亚州的所有地区。每天都有班次频繁的直达**GKB长途汽车**（☎0316-59 87-0；www.gkb.at）去往贝恩巴赫（Bärnbach, €8.60, 50分钟），周一至周五每天有几班间接长途汽车去往皮贝尔（Piber, €9.20, 80分钟）。这些车都从Griesplatz广场出发。另外，每天还有6班直达ÖBB长途汽车（€28.60, 2小时）从火车总站开往克拉根福（Klagenfurt）。

小汽车租赁

租赁公司包括**Avis**（☎0316-81 29 20；www.avis.com；Reininghausstrasse 66）、**Hertz**（☎0316-82 50 07；www.hertz.com；Andreas-Hofer-Platz 1）——在机场设有办事处，以及**MegaDrive**（☎050 105 4130；www.megadrive.at）。

需要注意的是，格拉茨的大部分地区都是短期停车区（Kurzparkzone）；可以从自助停车机购票（每30分钟€0.60，最长3小时）。

火车

每小时有一班开往维也纳的火车（€37.30, 2.5小时），每天有5班开往萨尔茨堡的火车（€48, 4小时）。所有往北或往西走的火车都会经过穆尔河畔布鲁克（Bruck an der Mur, €12, 45分钟，每20分钟一班），这个主要的铁路枢纽站有着更加频繁的服务。去往克拉根福（€39, 2.75至3.5小时，每天7班）的火车需要在莱奥本（Leoben）换乘，也可以在穆尔河畔布鲁克换车，然后再在弗里萨赫（Friesach）换车（最好跟列车员确认一下）。

从格拉茨出发的国际直达列车连接的目的地包括萨格勒布（Zagreb，克罗地亚，€38, 4小时）、卢布尔雅那（Ljubljana，斯洛文尼亚，€41, 3.5小时）、圣戈特哈德（Szentgotthárd，匈牙利，€14,

1.5小时）以及布达佩斯（Budapest，匈牙利，€70，5.5小时）。

当地交通

自行车

可以从**Bicycle**（☎0316-82 13 57；www.bicycle.at；Körösistrasse 5；每24小时€10，周五至周一 €16，每周 €49；⏲周一至周五 7:00~13:00和14:00~18:00）租用自行车。**Mobilzentral**（见197页）也提供城市自行车租赁服务，费用为每天€10，或每周 €40；**Radstation am Hauptbahnhof**（http://grazbike.at；Europaplatz 4；每半天 €5~10，24小时 €10~22，每周 €39~55；⏲8:00~11:45和12:45~17:00）在火车总站外面出租自行车。

公共交通工具

格拉茨有一个区（101区）。公共汽车和有轨电车的单程票（€2.10）1小时内有效，不过更加明智的选择通常是购买24小时通票（€4.70）。10张一区车票的售价为€19.20，周票/月票售价€12.70/42.60。可以从司机那里购买1小时有效的票和24小时通票；其他通票可以从烟店（Tabak）、路边售票机或旅游局购买。

有轨电车

1路、3路、6路和7路有轨电车连接着Jakominiplatz广场和火车总站，周一至周六从凌晨4点45分左右到傍晚，每5至20分钟就会发出一班车。傍晚之后，1路和7路有轨电车会单独运营，直至服务在临近午夜时结束。

格拉茨周边

贝恩巴赫（Bärnbach）

☎03142 / 人口：5250

贝恩巴赫因圣芭芭拉教堂而闻名，这座教堂是弗里登斯里奇·百水重新设计的，除此之外，并无惊艳之处。

景点

圣芭芭拉教堂 教堂

（St Barbara Kirche；Piberstrasse；⏲黎明至黄昏）免费 尽管圣芭芭拉教堂建于“二战”之后，却在上世纪80年代显露颓势，急需修葺。当地居民投票决定委托特立独行的维也纳艺术家弗里登斯里奇·百水（Friedensreich Hundertwasser）对其重新设计；工作于1987年开始，于1988年完成。这座教堂色彩艳丽，荧光闪烁的铜质穹顶让人惊叹。到访者可以留下一笔善款，然后取一张英文解说卡，了解建筑特色背后丰富的象征意义。

实用信息

贝恩巴赫信息中心（Bärnbach Information；☎03142-615 50；www.baernbach.at；Hauptplatz 1；⏲周二、周三和周五 8:00~11:30，周一和周四 8:00~11:30和14:00~16:30）可以从玻璃制造中心和市政厅里的贝恩巴赫信息中心获取旅游信息。

到达和离开

每小时有一班火车从格拉茨开往这里（€7.60，50分钟）。火车站位于教堂以南2.5公里处。可以沿着Bahnhofweg和Neue Landstrasse前行，然后（右转）就会到达Piberstrasse。乘**出租车**（☎0664 340 22 47）到镇中心大约要花费€7。

施蒂里亚南部（SOUTHERN STYRIA）

施蒂里亚南部又被称为“施蒂里亚的托斯卡纳”（Steirische Toskana），这个称谓的确名副其实。不仅因为这里是葡萄酒之乡，而且连风景都会让人联想到基安蒂（Chianti）；连绵起伏的丘陵遍布一片片开垦的葡萄园或者纵横交错的农田，其间还点缀着鹿群出没的小森林。这里也因Kürbiskernöl而闻名，这种浓郁的南瓜籽油在施蒂里亚烹饪中极其常见。

德意志兰茨贝格（Deutschlandsberg）

☎03462 / 人口：8200

德意志兰茨贝格位于西舍尔（Schilcher）葡萄酒产区的中心地带，这座繁忙的小镇高处矗立着一座经过了精心修复的城堡，从镇中心步行上山，大约25分钟就可以到达那里。城堡里面有一座**博物馆**（www.burgmuseum.at；Burgplatz 2；成人票/儿童票 €9/4；⏲4月至10月周二至周日 10:00~18:00），陈列着关于西洋古代史、凯尔特人、历史兵器和古董珠宝的展览。藏品丰富，亮点包括源自公元前5世纪的一条精美的金项链。参观这里大约需要1.5小时。和所有高水准的城堡一样，这座城堡带有拱顶的地下室里也有一个酷刑室。

住宿

Burg Hotel 酒店 $$

（☎03462-56 56-0；www.burghotel-dl.at；Burgplatz 1；标单 €68，大床 €128~142；P 📶）如果想留宿，Burg Hotel是不二之选，这家酒店就坐落在城堡里。这里最迷人的是塔楼套房（每晚€250），附赠香槟；房间不是特别时髦，但十分别致，而且宽敞、安静，还可以眺望树林。

JUFA Hotel Deutschlandsberg 青年旅舍 $$

（☎05 7083-260；www.jufa.eu/jufa-deutschlandsberg-sport-resort；Burgstrasse 5，Deutschlandsberg；标单/大床 €53/87；P @ 📶）如果你想省钱，这家青年旅舍是不错的选择。它坐落在城堡脚下的一座葡萄园里。

实用信息

施泰尔马克南部和西部地区（Region Süd und West Steiermark；☎03462-431 52；www.sws.st；Hauptplatz 36，Deutschlandsberg）施泰尔马克南部和西部地区处理关于施蒂里亚西部和南部的电话、电子邮件及邮件咨询。

旅游局（Tourist Office；☎03462-75 20；www.schilcherland-deutschlandsberg.at；Hauptplatz 34；⏲3月至10月 周一至周五 9:00~16:00，周六 9:00至正午，11月至次年2月 周一至周五 9:00~13:00）关于城镇及附近地区的很好的信息来源。

到达和离开

每小时有一班火车（€10.20，1小时）连接着格拉茨和德意志兰茨贝格。

埃伦豪森（Ehrenhausen）

☎03453 / 人口：1060

风景如画的埃伦豪森镇坐落在连接格拉茨和斯洛文尼亚边境的A9附近，是前往施蒂里亚南部的葡萄园的绝佳中转站。

骑车探索葡萄酒之路

Velovital（Gut Pössnitzberg；☎03454-205；www.velovital.com；Hauptplatz 2；每天 €19.50起；⏲9:00~18:00）在洛伊查赫的旅游局设有电动自行车租赁点。可以在每天上午9点至正午租车，然后在下午5点至6点交还。其他的本地租车点包括**Gut Pössnitzberg**（见213页）。最好在线预订，或者通过电话预订。如果打算骑自行车游览，比较明智的做法是从格拉茨的**Bicycle**（见211页）租车，然后乘火车到埃伦豪森，从那里出发。

这座小镇几乎只有一条街道，街旁林立着色调柔和的房屋，其中占据首要地位的是巴洛克式的**教区教堂**（Pfarrkirche；Hauptplatz；⏲黎明至黄昏）。在动身前往葡萄酒之乡之前，你可以沿着市政厅（Rathaus）右侧的小径（步行大约3分钟）到黄白相间的鲁普雷希特·冯·埃根贝格（Ruprecht von Eggenberg，1546~1611年）**陵墓**（mausoleum）去看看，他是对抗土耳其人的锡萨克之战（Battle of Sisak）的英雄。

住宿

★ **Loisium Südsteiermark** 酒店、水疗 $$$

（☎03453-288 00；www.loisium-suedsteiermark.at；Am Schlossberg 1a，Ehrenhausen；房间 €215-270；P 📶 ♨）Loisium Südsteiermark与坎普谷（Kamptal）独特出众的Loisium度假村是姐妹酒店，它提升了南部地区住宿的奢华水准。现代建筑、简单而时尚的房间、葡萄园风光，以及令人放松的艾凡达（Aveda）水疗中心，让这家酒店颇具魅力。经过了一天辛苦的葡萄酒品尝之旅后再回到这里，就会发现它是多么令人愉快。

购物

Genuss Regal Vinofaktur 酒类

（☎03453-406 77-0；www.genussregal.at；An der Mur 13，Vogau；⏲9:00~19:00）Weinstrasse是个乡土气息浓郁的地方，但这家美食超市却显示了施蒂里亚作为美食和葡萄酒

圣地而日益上升的地位。这里聚集着大量堆放不太牢靠的船运集装箱，实在很难错过。如果你没有足够的时间探访酒窖，可以在这里采购大部分本地生产商的商品。

实用信息

旅游局（Tourist Office；☎0664 857 04 08；www.ehrenhausen.at；⌚周四、周五 9:00~18:00，周六 9:00~13:00）可以要一份葡萄酒馆（Buschenschenken）及营业时间的清单。这里也有非常全面的住宿清单。

到达和离开

每小时有一班火车（€10.20，45分钟）从格拉茨开往埃伦豪森。火车站位于主广场（Hauptplatz）东侧，大约步行4分钟就能到达。

洛伊查赫（Leutschach）

☎03454 / 人口：580

洛伊查赫聚集了大批施蒂里亚最有名气的葡萄酒生产商。与其说它是一座村庄，不如说是一片坐落在起伏丘陵和蜿蜒道路之间的葡萄园和酒窖。

住宿

这座乡村小镇及周边的乡村有很多地方可以留宿，从度假村风格的高档住处，到家庭经营的客栈，无所不包。

Gut Pössnitzberg 酒店 $$

（☎03454-205；www.poessnitzberg.at；Pössnitz 168；标单 €80.50~99.50，大床€140~198；P 📶 🏊）这家"葡萄酒酒店"坐落在公路尤为迷人的弯曲处，它将现代建筑与施蒂里亚风情和热情好客结合在了一起。房间设计得极其令人放松，配有大浴室，偶尔还有室内水流按摩浴缸（Jacuzzi）；酒店有一个漂亮的高架游泳池区。

Tscheppes Lang-Gasthof 酒店 $$

（☎03454-246；www.langgasthof-tscheppe.at；Hauptplatz 6；标单 €64~67，大床 €94~106；P 🚭 📶）这家很受欢迎的四星级酒店带有水疗设施，并以充满了啤酒花的药草浴而闻名（这里也是规模庞大的啤酒花种植区）。餐馆（主菜€9.80~21.50）备受好评。

葡萄酒之路

施蒂里亚南部的葡萄酒之路（Weinstrassen）由充满了田园风光的蜿蜒公路组成，它们纵横交错，沿途风景如画，宜人的美景令人联想到意大利的托斯卡纳。探访这个地区的最佳时机是葡萄收获后的两周时间（通常在9月），届时会开始出售未熟酒（Sturm）。9月的最后一个周末，洛伊查赫会庆祝**葡萄酒丰收节**（Weinlesefest；☎03454-70 70 10；www.rebenland.at；票价 €12；⌚9月下旬至10月上旬），活动现场满是酒香与歌声。

该地区的主要城镇是北边的埃伦豪森、加姆利茨（Gamlitz）和贝格豪森（Berghausen），以及西边的洛伊查赫镇，虽然相距不到20公里，但是最好经由一条部分沿着斯洛文尼亚边境延伸的蜿蜒路线前往。这个地区散布着村庄和群集的葡萄园，而不是成体系的城镇——其中有些还能提供风景如画的浪漫住处供人留宿。埃伦豪森有乡村气息不那么重的住处。在9月和10月的周末，住处通常会预订一空。如果你的时间比较灵活，在一周的工作日及其他时间到访往往是不错的选择。

如果想进一步探索，可以从洛伊查赫主要街道的顶端沿着一条公路往左走。这条路通往艾希贝格-特劳滕堡（Eichberg-Trautenburg），这个美丽的地区有许多葡萄酒馆和狭窄的柏油道路。这里的一条步道（560）会穿过森林、越过草地，还有部分沿着公路伸展。

老葡萄酒之路（Alte Weinstrasse）沿线及其南部的地区更加偏僻，但是北部绍萨尔（Sausal）山脉的山坡上遍布纵横交错的葡萄园和小森林，非常漂亮。这里也有越来越多的葡萄酒馆，不过往往没有聚集的人群。

饮品

★ Weingut Muster 葡萄酒厂

（☎03454-700 53；www.weingutmuster.com；Schlossberg 38）玛丽亚和泽普·穆斯特尔（Maria and Sepp Muster）采用生物动力栽培葡萄，酿造自然纯正的葡萄酒，因而获得大批粉丝，他们经营的品酒室在当地也以服务友善而著称。可以来此一游，在刷成了白色的漂亮酒窖里跟泽普聊聊当地风俗，再去看看他酿造的葡萄酒，你定会不虚此行。

实用信息

旅游局（Tourist Office；☎03454-70 70 10；www.rebenland.at；Hauptplatz 2，Leutschach；⊙周一至周五 9:00至正午和13:00~16:00，周六 9:00至正午）洛伊查赫的旅游局有免费的休闲地图（Freizeitkarte），上面标出了徒步小径和葡萄酒馆（包括营业时间）。旅游局关闭的时候，外面的架子上有小册子和地图。

到达和离开

你可以乘火车从格拉茨到莱布尼茨（Leibnitz，€6.50，40分钟），再乘长途汽车前往洛伊查赫（€8.50，45分钟）。

里格斯堡（Riegersburg）

☎03153／人口：2490

里格斯堡城堡（Schloss Riegersburg；☎03153-82 131；www.veste-riegersburg.at；Riegersburg 1；成人票/儿童票 €12.50/7.50；⊙5月至9月 9:00~18:00，4月和10月 10:00~18:00）里格斯堡位于格拉茨东南50公里处，坐落在200米高的石崖之上。这座令人难忘的城堡建于13世纪，目的是抵御匈牙利人和土耳其人的侵犯。今天，城堡里有一座关于巫术的**巫术博物馆**（Hexenmuseum）、一座介绍列支敦士登家族历史的**城堡博物馆**（Burgmuseum）——该家族于1822年得到了这座城堡，还有一个令人印象深刻的武器收藏。**战争纪念碑**（warmemorial）纪念着1945年的激战，当时占领着城堡的德国人遭到了俄国军队的袭击。

北侧的缆车只需90秒就可以把你送上去（单程€2.50）。

住宿

Schloss Kapfenstein 酒店 $$

（☎03157-300 30-0；www.schloss-kapfenstein.at；Kapfenstein 1；标单 €105~127，大床 €144~201；P @）自驾游的旅客可以考虑顺道拜访一下令人愉快的Schloss Kapfenstein，这家酒店兼餐馆坐落在里格斯堡以南17公里处。工作日的价格最便宜；周末只能选择周五至周日的套餐。餐馆会在外面俯瞰着山谷的庭院里供应讨人喜爱的施蒂里亚菜肴。

实用信息

旅游局（Tourist Office；☎03153-86 70；www.riegersburg.com；Riegersburg 26；⊙5月至10月 周一和周三至周六 8:30~15:00，11月至次年4月 周一和周三至周五 8:00至正午）可以获得城堡和其他活动的更多信息。

到达和离开

从格拉茨开往附近的费尔德巴赫（Feldbach）的火车班次频繁，在工作日，每天有6班长途汽车从那里前往里格斯堡（€2.40，20分钟）。最后一班车在傍晚6点前后返回；请在出发前确认好时间。

绍萨尔（The Sausal）

这个山区位于埃伦豪森的西北侧，与人们常走的葡萄酒路线相比，是更安静、更平和的选择。这里的酒窖通常在山脊顶上俯视着阶梯状的葡萄园，可以一边观景，一边在赏心悦目的环境中品酒。

就餐

Gasthaus zum Schmeh 奥地利菜 $$

（☎03456-220 33；www.gasthaus-zum-schmeh.at；Sausal 17，Pistorf；主菜 €15~22；⊙周三至周五 10:00~22:00，周六 至23:00，周日至18:00）这个地方热情而放松，从露台上或者透过窗户都可以欣赏美景。这里的饭菜不像周围的地区那么质朴，但是会用慎重采购的本地原料烹制，口味也比较清淡，即便是传统的重口味菜肴，比如小牛肝或牛肉片，也不例外。葡萄酒都是精选的，在阳光明媚的下午，还会供应本地啤酒。

★ T.O.M R 各国风味 $$$

（☎0660 400 87 34; tomr.at; Sankt Andrä im Sausal 1; 5道菜的午餐€68，9道菜的午餐或晚餐€99，周日 早午餐€45; ⌚周三至周六 18:30~23:00，周六 12:30~15:00，周日 11:00~15:00）知名厨师汤姆·赖德尔（Tom Reiderer）在洛伊查赫开设的餐馆一直是施蒂里亚南部的餐饮热点。他和妻子卡特里娜（Katrina）在以前的教区长住所里开了新店——这个明亮而雅致的优质餐厅楼上有一些房间可以供人留宿。赖德尔的烹饪过程需要集中注意力，非常视觉化，不过这里也充满了施蒂里亚的热情和安逸，还供应很棒的本地农产品。

饮品

几乎所有人都是到这儿来喝葡萄酒的，不过除了葡萄酒鉴赏，晚上也确实没什么可做。

Felber Jörgl 葡萄酒厂

（☎03456-31 89; www.felberjoergl.at; Höch 47, Kitzeck im Sausal; ⌚周四至周一 10:00~18:00）在绍萨尔，一半的乐趣是在风景优美的公路上开车，并尝试任何对你有吸引力的地方。这个位置出众的酒窖是开始品尝一系列以白葡萄酒为主的酒，同时享用美味的肉类和奶酪拼盘的好地方。

到达和离开

这里没有公共交通工具，葡萄园又相当分散，所以最好自己开车或者骑自行车进行探索。

施蒂里亚北部（NORTHERN STYRIA）

从格拉茨往北走，施蒂里亚州的景观开始发生变化；和缓的丘陵和平坦的牧场逐渐被参差不齐的山脉、原始森林、深深的山谷以及清冽的山间溪流所取代。这里也是该地区的工业中心区，是施蒂里亚铁路（Steirische Eisenstrasse）的所在地，几个世纪以来，铁矿业一直是这个地区的经济支柱。这里还有两个文化亮点，分别是玛丽亚采尔的朝圣教堂，以及阿德蒙特的修道院。

玛丽亚采尔（Mariazell）

☎03882 / 人口：1550

玛丽亚采尔坐落在阿尔卑斯山东部的下游，是奥地利的标志之一。游客可在此徒步、骑山地自行车以及滑雪，但真正让玛丽亚采尔闻名于世的，是它所享有的“奥地利朝圣圣地”的美誉。这里的宗座圣殿建于1157年，里面供奉着一尊神圣的圣母像，每逢周末、8月15日（圣母升天节）和9月8日（玛丽亚纪念日），都会有大批的奥地利人涌向圣殿。城镇上方的山名为Bürgeralpe（1,270米），那里有几家餐馆，还有一座小型博物馆。

景点

★ 宗座圣殿 教堂

（Basilika; Kardinal Eugen Tisserant Platz 1; ⌚7:00~20:00）玛丽亚采尔的宗座圣殿起初是古罗马样式的，在14世纪被改造为哥特式建筑，在17世纪又进行了大规模的巴洛克式翻修。多次修葺的结果造成了多种风格的碰撞融合，原来的哥特式尖塔从两个巴洛克式洋葱形圆拱顶之间伸出来，如同凸起一般。圣殿内部，哥特式扇形拱和巴洛克式的壁画与奢华的灰泥装饰结合在一起，而在上层的画廊里，还有一个非常有趣的珍宝馆（Schatzkammer; 成人票/儿童票€4/1; ⌚5月至10月 周二至周六 10:00~15:00，周日 11:00~15:00），里面收藏着持续了6个世纪的还愿捐赠品，大部分都是天真风格的画作。

不用寻常的是，教堂的中心还有一座规模不大却尽善尽美的小教堂，它被称为恩典教堂（Gnadenkapelle）。这座金银建筑内供奉着罗马风格的圣母像（Madonna），据说正是她的治愈力量帮助匈牙利国王路易斯（King Louis）在1377年击败了土耳其人。一年中除了两天之外，她都会穿着圣母礼服（Liebfrauenkleid），打扮得如同玩偶一般。约翰·伯恩哈德·菲舍尔·冯·埃拉赫和他的儿子约瑟夫·伊曼纽尔（Josef Emmanuel）都参与了巴洛克式的内部设计；主祭坛上的耶稣受难群雕（1715年）是洛伦佐·马蒂耶利（Lorenzo Mattielli）创作的。

Mariazell 玛丽亚采尔

Mariazell 玛丽亚采尔

重要景点

1 宗座圣殿 B2

景点

2 珍宝馆 B2

活动、课程和团队游

3 Hotel Schwarzer Adler A2

住宿

4 Goldene Krone A2
5 Hotel Drei Hasen A2

就餐

6 Brauhaus Mariazell A2
7 Questers A2

霍尔茨克内希特兰体验世界

博物馆

（Erlebniswelt Holzknechtland；门票和缆车 成人/儿童 €17.20/9.90；⌚4月至10月 9:00~17:00）这座小博物馆坐落在Bürgeralpe山上，它专门研究木头，以及木头的所有奇妙用途。

活动

Erlaufsee

水上运动、步行

这个小湖位于城镇西北几公里处，在夏季水温会达到22℃左右，除了适合游泳，还为风帆冲浪和水肺潜水提供了很好的机会；在旅游局可获得《玛丽亚采尔地区A-Z》（*Mariazellerland von A-Z*）一书，可联系书上列出的提供水上运动的机构。

一条简单的、耗时4小时的环形小径（Rundwanderweg）经过湖泊，然后向南穿过森林再返回玛丽亚采尔；你也可以乘坐蒸汽的**Museumstramway**（museumstramway.at；单程/往返 €7/10），它在7月和8月的周末及节假日运行。从Museumstramway Bahnhof发车。

Hotel Schwarzer Adler

骑车

（☎03882-286 30；www.hotelschwarzeradler.at；Hauptplatz 1；自行车 每天 €14~18）出租旅行自行车（trekkingbike）和山地自行车（mountain bike）。

Bürgeralpe

徒步、滑雪

（www.buergeralpe.at）在夏季，这座山是徒步的绝佳起点或终点，在冬季则是滑雪的好去处。**缆车**（cable car；☎03882-25 55；www.buergeralpe.at；成人票/儿童票 往返€18.80/11）全年运营。度假村有一个人工湖，常会举办一些特别活动。在冬季，成人滑雪通票的价格约为€31（一日通票）和€162（周票）。

住宿

朝圣日前后，在玛丽亚采尔难觅住宿。除了酒店和家庭旅馆，这里还有少量的私人房间。

Goldene Krone

酒店 $

（☎03882-25 83；www.mariazell.at/krone；Grazer Strasse 1；标单/大床 €48/96；@🛜）Goldene Krone提供的宽敞明亮的房间让人宾至如归，芬兰桑拿浴室和台球室（也有桌上足球）令其更显完美。一层（ground floor）有一家优秀的餐馆（主菜€9至€16），特色是传统的奥地利菜肴，以及街边的座位。

Hotel Jufa St Sebastian 青年旅舍 $

(☎05 7083 390; www.jufa.eu/jufa-erlaufsee-sport-resort; Erlaufseestrasse 49; 标单/大床 €47/74; P ⊖ @ 🛜 ≋)这家青年旅舍坐落在玛丽亚采尔和Erlaufsee湖的中间地点，这里有桑拿浴室、日光浴室和健身房。

Campingplatz Erlaufsee 露营地 $

(☎03882-49 37; www.st-sebastian.at; 露营地 每名成人/儿童/每个帐篷/每辆车 €5/2.5/4/3; ⏲5~9月中旬; P)这个小露营地位于Erlaufsee湖边的圣塞巴斯蒂安（St Sebastian），两侧都生长着松树林。197路公共汽车定时从公共汽车站开往圣塞巴斯蒂安。

★ Hotel Drei Hasen 酒店 $$

(☎03882-24 10; www.dreihasen.at; Wiener Strasse 11; 标单/大床/套 €80/130/180; ⏲3月中旬至4月中旬和11月关闭; P 🛜)这家舒适的酒店能提供一些镇上最宜人、最舒适的房间，还配备了桑拿浴室、娱乐室和日光浴平台等附加的惊喜。一流的餐馆（主菜€9至€24）专门供应季节性的野味菜肴。

就餐

Brauhaus Mariazell 小啤酒厂 $$

(☎03882-25 23; www.bierundbett.at; Wiener Strasse 5; 主菜 €12~18; ⏲周三至周六 10:00~23:00，周日 14:00~23:00; 🛜)这家令人愉快又颇为质朴的小啤酒厂能供应这一带最好的施蒂里亚菜肴，搭配自酿的淡啤酒和黑啤酒。餐厅后面有一个花园，楼上是住宿的地方（房间 每人€70起）。

Questers 海鲜 $$

(www.questers.at; Grazer Strasse 4; 主菜 €9~16，汤 €3.50~6; ⏲10:00~17:00，周五和周六 至18:00，周日 至16:00)这家美食店提供非正餐和小吃，不过也有很多美味的鱼类菜肴，以及适合野餐的美食，包括用野味制成的、令人垂涎的Krainer香肠。

实用信息

旅游局(Tourist Office; ☎03882-23 66; www.mariazellinfo.at; Hauptplatz 13; ⏲周一至周五 9:00~17:30，周六 至16:00，周日 至12:30，11月至次年4月周六和周日关闭)这里有标出了步道的城镇地图和小册子；不能预订房间，但是能提供住宿清单。

到达和离开

每2至3小时会有一班窄轨火车从北面84公里处的圣珀尔滕出发开往这里。行程比较缓慢（€16，2.5小时），但是在接近玛丽亚采尔的最后1小时，可以欣赏迷人的美景。长途汽车是从玛丽亚采尔进一步探索施蒂里亚州的唯一选择；每天有4班直达长途汽车往返于穆尔河畔布鲁克（Bruck an der Mur，€11.60，1.5小时），那里有往返于格拉茨的火车（€24，2.25小时）。每天还各有清晨一班和下午一班的直达长途汽车连接着维也纳（Südtiroler Platz）和玛丽亚采尔（€20，3小时）。

穆尔河畔布鲁克（Bruck an der Mur）

☎03862 / 人口: 12,960

布鲁克坐落在穆尔河和米尔茨河（Mürz River）的交汇处，是穆尔河谷的第一座城镇，也是施蒂里亚重要的铁路枢纽站。这里的景点有限，但若稍作停留，还是有一些有趣的东西可看。

景点

科洛曼·瓦利施广场 广场

(Koloman-Wallisch-Platz)每逢周三和周六，这座城镇广场都会开办食品鲜花市场。广场因市政厅（Rathaus）而生辉，还有一个很有吸引力的拱廊庭院；收割屋（Kornmesserhaus，1499年）同时带来了哥特式和一些文艺复兴时期的特色，这栋建筑是基于一座威尼斯宫殿的设计建造的。其他历史悠久的亮点包括10号的新艺术派外观，以及汉斯·普拉瑟（Hans Prasser）于1626年设计的精美的文艺复兴时期风格的锻铁井。

每周两次的食品鲜花市场就在主广场上进行。

兰茨克龙城堡 遗迹

(Schloss Landskron)几条小径蜿蜒通往这座城堡，它曾经是本地贵族听政的地方，直到1792年的大火把城堡及城镇的其他部分烧毁。人们自己动手，用石料重建了他们的房

子，今天，全部遗迹只有一座钟塔，还有几门从法国人那里缴获的大炮。

教区教堂 教堂

（Pfarrkirche；Kirchplatz；⏲黎明至黄昏）这座15世纪的哥特式教堂就坐落在通往城堡的路旁。

实用信息

旅游局（Tourist Office；☎03862-890 12 10；www.tourismus-bruckmur.at；Koloman-Wallisch-Platz 1；⏲周一至周四 8:00~16:30，周五 至正午）沿着通往城镇主广场的Bahnhofstrasse走就可以到达。

到达和离开

布鲁克和莱奥本都是这个地区的主要铁路枢纽站；所有开往格拉茨（€13，45分钟，每小时一班）的快车都从这里经过。其他直达列车还有去往克拉根福（Klagenfurt，€31.90，2小时）的车，以及去往维也纳（Wien，€29.30，1小时45分钟）的车，都是每小时一班。公路方面，主要高速公路从城镇的东南部贯穿而过。如果你打算在这个地区骑车，旅游局有实用的地图。邮政巴士的进出站点在火车站旁边。

莱奥本（Leoben）

☎03842 / 人口：24,850

一旦你深入挖掘莱奥本朴实的城市灵魂，这座并不引人注意的城镇就会展现一些惊喜。经过了翻新的博物馆区是在乘坐下一班火车之前闲逛一番的绝佳理由。该镇也是冶金工业的中心，以及Gösser啤酒的产地。1797年，拿破仑和弗朗茨二世皇帝（Franz Ⅱ）在这里签署了和平条约，令这座城镇声名远播。

景点

主广场 广场

（Hauptplatz）这座细长的长方形广场始建于13世纪，广场上矗立着引人注目的**鼠疫纪念柱**（Pestsäule；1717年）。排列在广场边上的很多雅致的建筑外观都是17世纪设计的，包括1660年修建的巴洛克式的Hacklhaus。在老市政厅正面展示的不同寻常的城镇主题图案上，可以看到莱奥本与炼铁工业的联系——描绘的是一只正在吃马蹄铁的鸵鸟。

在广场的北端，你会看到建于1794年的喷泉，装饰着持有城镇纹章盾牌的天使，而位于广场另一端的喷泉则是献给矿工的（1799年）。

艺术馆 博物馆

（Kunsthalle；www.museumscenter-leoben.at；Kirchgasse 6；⏲周一至周六 10:00~17:00）这个博物馆建筑群中设有许多临时展览，质量上乘，除了首都的博物馆外，其他地方都难以比拟。莱奥本博物馆中心内的永久性展览“过去的足迹”（Schienen der Vergangenheit）讲述了莱奥本及城镇工业的历史。可以登录网站确认价格及临时展览的相关信息——这些展览每两年会展出7至8个月。有联票。

莱奥本博物馆中心 博物馆

（Museums Center Leoben；www.museumscenter-leoben.at；Kirchgasse 6；成人票/儿童票/家庭票€5/3.50/11；⏲周二至周六 10:00~17:00，艺术馆展览期间时间延长）这是莱奥本的文化中心，里面有一个有趣的展览“过去的足迹”，讲述了莱奥本及其工业的历史，展览以现在为起点，然后倒流回到过去。这里还有很大的区域用于陈列经常更换的展览。该馆的水准非常高，所以最好登录城镇的网站，确认当前展览的相关信息。

圣克萨韦尔教区教堂 教堂

（Pfarrkirche St Xaver；Kirchplatz 1；⏲8:00~19:00）这座早期巴洛克式建筑建于1665年，是一座耶稣会教堂。它简单的外观掩盖了错综复杂的内部，里面有白色的墙壁，以及黑色和金色的巴洛克式圣坛。

老市政厅 历史建筑

（Altes Rathaus；Hauptplatz 1）莱奥本与炼铁工业的联系，在老市政厅正面展示着的不同寻常的城镇主题图案上就能看出来，它描绘的是一只正在吃马蹄铁的鸵鸟。

Hacklhaus 历史建筑

（Hauptplatz 9）主广场边上排列着建于17世纪的雅致建筑，包括巴洛克式的Hacklhaus。

活动

莱奥本旅游服务中心（见本页）可以帮你安排进入**修道院教堂**（Stiftkirche）的早期罗马式地下室的团队游，或者参观当地**Gösser啤酒厂**（Gösser Brewery）的活动，这两处都位于镇中心以南大约4公里处的Göss郊区。

Asia Spa 水疗

（☎03842-245 00；www.asiaspa.at；In der Au 3；4小时水疗 成人/儿童 €9/5，4小时桑拿 成人€21.50）莱奥本的水疗中心提供按摩和理疗服务。需要注意的是，16岁以下的儿童不能进入桑拿浴室。

住宿

Pension Jahrbacher 家庭旅馆 $

（☎03842-436 00；www.jahrbacher.at；Kirchgasse 14；标单/大床 €39/69；📶）这家位于镇中心的小型家庭旅馆能提供舒适的房间，它隶属Cafe am Schwammerlturm，坐落在圆形的城市塔楼顶层，设有观景角度绝佳的户外座位。你可以在那里纵览城镇及乡村的惊人美景。家庭旅馆最好预订，如果没有人应门，可以到隔壁的古董店或咖啡馆去等一会儿。

Falkensteiner Hotel 酒店 $$

（☎03842-405；www.leoben.falkensteiner.com；In der Au 1-3；标单 €100~230，大床 €110~240；P@📶🏊）这家面向研讨会及商务人士的酒店是Asia Spa建筑群的一部分，能提供优质的时尚房间。房间的色调温暖而醒目，淋浴间的一面墙是玻璃的，而且面对着双人床（但是慎重地装了帘子）。在这里留宿可以使用Asia Spa的设施。

Hotel Kindler 酒店 $$

（☎03842-43 20 20；www.kindler.at；Straussgasse 7-11；标单 €56，大床 €100；📶）这家修葺一新的酒店位于镇中心，这里很干净，物超所值，而且十分舒适；唯一的缺点是木地板发出的声音会传到其他房间去。

就餐

这里是奥地利最受喜爱的Gösser啤酒的产地，你会看到大量的桶装Gösser啤酒。这里也有很多葡萄酒吧和酒馆，是本地的工程人员经常光顾的去处，不过这里仍然是一座小镇。

Cafe am Schwammerlturm 咖啡馆 $

（☎03842-436 00；www.jahrbacher.at；Homanngasse 11；⏲周二至周日 11:00~18:00）这家小咖啡馆宛如视觉盛宴：坐落在圆形的城市塔楼顶层，设有非常棒的户外座位，可以纵览城镇及乡村的惊人美景。楼梯不适合胆怯的人，但是有一部（玻璃）电梯。

★ Stadt Meierei 奥地利菜、各国风味 $$

（☎03842-446 03；www.stadt-meierei.at；Homanngasse 1；午餐套餐 €8.90，主菜€17~27；⏲周二至周六 10:00~23:00）这家餐馆由厨师Martin Neuretter和服务员（chef de rang）兼酒侍伊莎贝拉·皮希勒（Isabella Pichler）经营，会供应优质的菜肴，菜单以羔羊肉、牛肉、家禽及鱼类特色菜为主。

实用信息

莱奥本城市信息中心（Stadt Information Leoben；☎03842-440 18；www.leoben.at；Hauptplatz 12；⏲周一至周五 8:00~17:00，周六 9:00至正午）社团和旅游信息中心，有小册子。

莱奥本旅游服务中心（Tourismusverband Leoben；☎03842-481 48；www.tourismus-leoben.at；Peter Tunner-Strasse 2；⏲周一至周五 9:00~17:00）莱奥本主要的信息中心；有一本Bei uns zu Gast小册子，上面有各种有用的名单。这里的莱奥本地图还包括一份很棒的周边地图，上面标出了徒步小径。

到达和离开

莱奥本位于穆尔河畔布鲁克（€4.40，15分钟，每小时一班）以西16公里处，而且就在从布鲁克通往克拉根福或林茨（Linz）的主要铁路线上。从莱奥本火车总站（Leoben Hauptbahnhof）步行10分钟就能到达镇中心：越过穆尔河，然后右转。

艾森埃尔茨（Eisenerz）

☎03848 / 人口：4330

艾森埃尔茨伫立在景色壮丽的埃尔茨山

(Erzberg，铁山)脚下，是施蒂里亚铁之路(Steirische Eisenstrasse)沿线的重要站点之一。这座独特的山峰因露天采矿的缘故而被完全剥蚀了，看起来就像一座梯级金字塔。不过这里景色秀丽，令人惊艳，橙色和紫色阴影与周围山脉苍翠的草木和灰色的峭壁形成了鲜明的对比。

景点

埃茨贝格(埃尔茨山)　工业博物馆

(Erzberg；☎03848-32 00；www.abenteuer-erzberg.at；Erzberg 1；团队游 成人/儿童€17/7.50，组合团队游 €30/13.50，Hauly卡车爆破之旅 €23/14.50；⊙团队游 5月至10月 10:00~15:00，必须预订；P)艾森埃尔茨的主要景点是埃尔茨山钢铁厂，可以参加"展示矿"(Schaubergwerk)团队游，进入已于1986年废弃的矿山地下近距离参观，或者选择地上游览，乘上"Hauly"卡车沿路驶进山里。这两种团队游通常都只提供德语解说，不过有英文说明。每周四上午9点，你还可以躲在Hauly卡车上，观看爆破岩石。从镇中心沿着河道步行10分钟就可以到达出发地点。

参加90分钟的"展示矿"团队游最好穿暖和一些。60分钟的Hauly卡车探险之旅(Hauly Abenteuerfahrt)沿途可以欣赏美景。

圣奥斯瓦尔德防御教堂　教堂

(Wehrkirche St Oswald；Kirchenstiege 4；⊙4月至10月 9:00~19:00)比起哥特式教堂，它更像一座要塞——这座高耸的堡垒在1532年增添了厚重的墙壁，以抵御土耳其人。

活动

艾森埃尔茨周围环绕着大量的小径。旅游局能提供标出了小径的免费城镇地图，包括去往闲适宁静的利奥波德施泰因湖(Leopoldsteiner See)的路线，这个湖就位于北边3公里处，在通往阿德蒙特的公路旁。这个小湖有一堵高达1649米的花岗岩墙背景；夏季可以租船游玩——不过会觉得非常寒冷。

住宿

Gästehaus Weninger　客栈 $

(☎03848-225 80；www.gaestehaus-weninger.at；Krumpentalerstrasse 8；标单/大床€49/76；P)Weninger是一家非常得体的客栈，配有健身房和桑拿浴室。它的目标群体是那些小住几日的游客，但也经常接待临时留宿一晚的客人。有的浴室很狭小，不过房间相当大。

JUFA Hotel Eisenerz-Almerlebnis　青年旅舍 $

(☎05 7083 340；www.jufa.eu/jufa-eisenerzer-ramsau-almerlebnisdorf；Ramsau 1；标单/大床€48/72；P@)这家隶属国际青年旅舍联盟的青年旅舍位于艾森埃尔茨以南5公里处。坐落在1,000米高的位置，非常令人愉快，配有桑拿浴室，以及室内和户外攀岩墙，还有通往山里的徒步小径。这里有一家餐馆。你需要有辆车才能到这儿来(乘出租车大约要花费€13)。

Gästehaus Tegelhofer　客栈 $

(☎03848-20 86；www.gaestehaus-tegelhofer.at；Lindmoserstrasse 8；标单/大床€31/62；P)这家现代的客栈性价比极高，房间宽敞而干净，还有免费的桑拿浴室和健身房。这里还有一间便宜的家庭公寓，能睡2至6人。

就餐

Gasthof zur Post　奥地利菜 $

(Lindmoserstr 10；主菜 €8~12；⊙周二至周日 11:30~14:30，周二至周六 18:00~21:30；P)传统的Gasthof zur Post主打本地经典菜肴，比如动物内脏做成的烩菜，或者便宜的红烩牛肉和鹿肉炖菜。

Barbarastub' n　咖啡馆 $

(Bergmannplatz 2；⊙周一至周六 8:30~19:00，周日 14:00~18:00)可以到这儿来享用美味的苹果卷饼(strudel)，或者坐在后面舒适的椅子上放松一下，再配上一杯茶或咖啡。这里也有关于城镇的小册子和地图，在旅游局关闭的时候很有帮助。

实用信息

旅游局(Tourist Office；☎03848-25 11 81；www.eisenerz-heute.at；Dr Theodor Körner Platz 1；⊙周一至周五 10:00至正午和15:00~17:00)位于镇中

心，员工乐于助人。有标识清楚的徒步地图。

到达和离开

每小时有一班直达的长途汽车从莱奥本开往艾森埃尔茨（€8.60，1小时），周日班次减少。每天还有几班车往返于艾森埃尔茨和希夫劳（Hieflau，€4.40，25分钟），你可以从那里乘坐长途汽车和偶有发车的火车去往塞尔茨塔尔（Selzthal）和利岑（Liezen）。

火车不再服务于艾森埃尔茨，但有专设的福登贝格-艾森埃尔茨（Vordernberg-Eisenerz）**怀旧列车**（Nostalgie；☎03849-832；www.erzbergbahn.at；成人票/儿童票€16/7.50）。要叫出租车，可以拨打电话☎4636。

盖绍泽国家公园（Nationalpark Gesäuse）

盖绍泽建立于2003年，是奥地利最年轻的国家公园，该地区保留着原有的自然风貌，参差不齐的山脊、石塔、深谷、高山牧场和茂密的云杉林遍布于此。这个地区被恩斯河（Enns River）冲刷，该河则是漂流高手的最爱，一些公司会在夏季组织漂流之旅。徒步及登山，还有较小范围内的山地自行车骑行，也是公园户外活动之中的特色；在公园内超过2000米高的6座山峰中，**Hocktor**（2369米）是最高的，它在徒步爱好者中很受欢迎。

除了一些山间木屋，你需要在阿德蒙特或约翰斯巴赫留宿。

实用信息

有员工提供服务的**国家公园信息亭**（national park pavilion；☎03611-21 101-20；Gstatterboden 25；⏲5月至10月 10:00~18:00）是非常有用的信息来源；阿德蒙特的旅游局也提供公园内住宿和活动的相关信息。

到达和离开

前往公园的最佳方式是乘坐每天一班的火车到Gstatterboden（€6，30分钟）和国家公园约翰斯巴赫（Johnsbach im Nationalpark，€6，30分钟）。

长途汽车连接着公园和阿德蒙特（912路公共汽车；€4.30，22分钟，每天4至7班），途中会经过Bachbrücke/Weidendom（€4.40，12分钟）。

阿德蒙特（Admont）

☎03613 / 人口：2530

阿德蒙特坐落在恩斯河谷（Enns Valley）的宽阔地段，是一座低调的小镇。白天，当人群乘着长途汽车到这儿来参观壮观的修道院时，它会活跃起来。到了晚上，它又会静下来，恢复令人愉快的静谧。如果想更加深入地探索这个地区，这座小镇是很棒的基地。

景点

本笃会修道院 修道院

（Benedictine Abbey；☎03613-231 20；www.stiftadmont.at；Admont 1；成人票/儿童票/家庭票 €10/5.80/24；⏲3月下旬至11月上旬 10:00~17:00，11月上旬至12月下旬 至14:00，12月下旬至次年3月下旬 预约）这里可谓奥地利最雅致、最令人兴奋的巴洛克式修道院，它将博物馆、宗教，以及现代艺术和建筑，融合成了一场备受赞誉的文化盛宴。

这座修道院最具吸引力的部分是**修道院图书馆**（Stiftsbibliothek），它是世界上规模最大的修道院图书馆。1865年的大火严重烧毁了修道院的其他部分，这座图书馆却幸存了下来。现在这里展示着修道院20多万册藏书中的近70,000册书籍，馆内装饰着巴托洛梅奥·阿尔托蒙特（Bartolomeo Altomonte，1694~1783年）创作的妙不可言的天花板壁画，以及出自约瑟夫·施塔梅尔（Josef Stammel，1695~1765年）之手的雕像（木雕，不过上色后看上去很像青铜像）。

这里也是**艺术史博物馆**（Kunsthistorisches Museum）的所在地，该馆收藏着一些稀有的珍品，比如1375年的便携式小圣坛，它由紫水晶制成，边上装饰着镀银层；若干由格哈德·墨卡托（Gerhard Mercator）于1541年和1551年制作的地球仪；还有源自15世纪和16世纪的圣体匣。这里每年都会举办多个精彩的临时展。

这里的另一座博物馆——**当代艺术博物馆**（Museum für Gegenwartkunst），保存着大约100位艺术家（大部分都是奥地利艺术家）的作品，还有可让游人触摸的展品。**自然**

史博物馆(Naturhistorisches Museum)在1674年创建的时候藏品很少,现今则包括专门展出有翅昆虫(世界上规模最大的收藏之一,包括蝴蝶)、大中型动物标本、蜡封的水果和爬行动物的众多展厅。从玻璃阶梯和药草园还可以眺望盖绍泽国家公园。

住宿

镇上及周边的乡村散布着几家很好的传统客栈,也有几个现代住所可以留宿。

★JUFA Schloss Röthelstein 青年旅舍、酒店 $$

(☎057 083 320; www.jufa.eu/hotel/roethelstein; Aigen 32; 标单/大床/标三/四€65/105/135/207; P 📶)修道院的修道士从前会到这座建于17世纪的巴洛克式城堡来避暑。城堡坐落在镇中心西南大约5公里处,在Aignerstrasse的外面。经过了翻修的宫殿两侧是精心修剪的草坪,有一座带有精致的玻璃屋顶和拱廊的内部庭院,房间装饰得很雅致,还铺着木地板。这里有40个房间,有些位于塔楼。

Hotel Spirodom Admont 酒店 $$

(☎03613-366 00; www.spirodom.at; Eichenweg 616; 标单/大床 €105/172; P @ 📶 🏊)阿德蒙特新开的四星级酒店坐落在修道院以北大约600米处,它以游泳池、康体设施,以及修道院或绿地的风光来吸引客人。

Hotel Gastof Traube 酒店 $$

(☎0660 658 67 77; www.hotel-die-traube.at; Hauptstrasse 3; 标单 €51~62, 大床 €110~129; P 📶)这是镇中心最好的住处之一,房间很现代,比Hauptstrasse沿线的其他地方略胜一筹。

实用信息

旅游局(Tourist Office; ☎03613-211 60 10; www.gesaeuse.at; Hauptstrasse 35; ⏲5月中旬至10月中旬 周一至周五 9:00~17:00, 周六 10:00~18:00)旅游局在市政厅(Rathaus)对面,靠近修道院教堂。它也是国家公园的办事处。

到达和离开

阿德蒙特位于塞尔茨塔尔以东15公里处,但火车班次很少。从希夫劳(Hieflau, €4.40, 30分钟,每天3至9班)和利岑(Liezen, €4.40, 30分钟,每天7至15班)出发的长途汽车是前往阿德蒙特的主要交通方式。连接阿德蒙特和位于Gstatterboden的国家公园办事处(€4.40, 22分钟,每天4至7班)的公共汽车会经过Bachbrücke/Weidendom(€4.40, 12分钟)。**Gasthaus Kamper**(☎03613-36 88; www.gh-kamper.at; Hauptstrasse 19; 每小时€2, 每天€7; 👨‍👧)出租旅行自行车和山地自行车,还有几辆儿童自行车。

约翰斯巴赫(Johnsbach)

☎03611 / 人口: 150

小村落约翰斯巴赫坐落在阿德蒙特东南17公里处,是这个地区徒步、登山和水上运动的中心。它瑟缩在颇具田园风情的溪流旁,四周都是崎岖的山峦。

约翰斯巴赫是奥地利最早的登山中心之一;令人感伤的**登山者公墓**(Bergsteiger-Friedhof; www.johnsbach.at; Johnsbach; ⏲黎明至黄昏)免费就是明证,那里不只安葬着本地的居民,还有不少登山者,都是几个世纪以来在盖绍泽不幸罹难的受害者。这里还有一座刷成了白色的颇为秀丽的教堂,是一个美丽又极其感人的地方。

活动

AOS Adventures 皮划艇、漂流

(☎03612-253 43; www.rafting.at; 3~4小时恩斯河漂流团队游€54; ⏲周一至周五 8:30~17:00, 团队游 9:00和14:00, 盖绍泽营地 10月中旬至次年4月关闭)提供漂流、划独木舟、萨尔察河(Salza River)立式单桨冲浪,还有溪降和滑索。

Haindlkarhütte 徒步

(☎0664 1140 046; www.haindlkar-huette.at; Johnsbach; ⏲9月至10月中旬)这家高山俱乐部提供信息、木屋出租、导游服务以及登山课程。

食宿

小村落里有几家不错的客栈提供餐饮和床铺。

★ Gasthof Kölblwirt 家庭旅馆 $

（☎03611-216；www.koelblwirt.at；Johnsbach 65；标单 €45，大床 €66~72）应有尽有：家庭旅馆、专攻施蒂里亚牛肉的餐馆、约德尔（yodelling）歌唱课程，以及北欧式滑雪板租赁。以松木为装饰的房间非常简单，待客热情。

Gasthof zum Donner 家庭旅馆 $

（☎03611-218；www.donnerwirt.at；Johnsbach 5，Johnsbach；标单/大床 €45/75）这家传统的高山酒店有明亮而舒适的房间，热闹的餐馆（主菜€9至€13.50）设有很棒的露台座位，还有一间桑拿浴室，可以在徒步之后放松一下。

到达和离开

自驾游的游客可以取道B146往东走，然后经设有路标的岔路到达约翰斯巴赫。要乘长途汽车，可以提前大约2小时给**Rufbus**（出租巴士；☎03613-4170，03613-2406）打电话，这种巴士每天会有4至5班从阿德蒙特火车站（Admont Bahnhof，€5）开往这里。也有从阿德蒙特开往岔路上的Bachbrücke/Weidendom（€5，12分钟）的定点公共汽车，从那里过来需要步行5公里。

施蒂里亚西部（WESTERN STYRIA）

和施蒂里亚北部一样，施蒂里亚西部也是被参差不齐的山脉和高山溪流分割的山区。穆劳是一座风景如画的城镇，也是徒步及骑车探索周边森林的出色起点。如果你要从格拉茨往这个方向走，可以考虑绕道前往塞考（Seckau）或上蔡灵（Oberzeiring）。前者以**本笃会修道院**（Benedictine Abbey；www.abtei-seckau.at；Seckau 1；团队游 成人/儿童 €5/3.50；⏲全年8:00~20:00，团队游 5月至10月下旬 11:00和14:00）而闻名，这是一座令人惊叹的古罗马式的宗座圣殿，也是卡尔二世（Karl Ⅱ）陵墓的所在地；后者则因古老的**银矿**（silver mine；www.silbergruben.at；成人票/儿童票/家庭票 €11.50/5/24；⏲团队游 5月至10月 每天10:30，13:30和15:00，11月至次年4月 周三15:00）而著名，现在那里作为展览矿区，以及呼吸疾病患者的小型疗养胜地而得以复兴。

施拉德明（Schladming）

☎03687 / 人口：6785

施拉德明坐落在施蒂里亚西部的恩斯河谷（Ennstal）深处，就在达赫施泰因山脉（Dachsteingebirge）冰川的底部。这个悠闲的滑雪胜地在夏季也能提供冰川滑雪和滑雪板服务，而且可以轻松地前往徒步小径，到恩斯河进行激流漂流，还能体验出色的山地自行车骑行。在上达赫施泰因山（Hoher Dachstein，2995米），不要错过在冰宫步行穿过冰川裂缝的机会，还要记得到天空步道（Skywalk）的高空全景平台去欣赏恩斯河谷的美景。

景点

达赫施泰因冰宫 冰川

（Dachstein Eispalast；www.dachsteingletscher.at；Ramsau am Dachstein；成人票/儿童票 €10/5.50，厢式缆车往返 成人票/儿童票 €36/18.50；⏲8:30~16:30，厢式缆车 7:50~17:30每20分钟一班）冰宫沿着几乎垂直的悬崖壁匿身于达赫施泰因冰川（Dachstein Glacier）的裂缝中，这一绝妙的胜地为游客提供了别样的体验，可以让你在巨大的空心冰块中行走。这里的厢式缆车（gondola）是世界上最惊人的缆车之一，它会带着你上升，并在垂直推动力的作用下停在天空步道的观景平台。每天大约有10班公共汽车（€8.90，45分钟）从施拉德明的Planet Planai出发，去往位于拉姆绍（Ramsau）附近的基地车站。

活动

施拉德明周围的地区有超过900公里的山地自行车道，这些小道分成20条路线，显示在旅游局提供的、优秀的免费山地自行车地图上。徒步小径基本以镇中心为起点——旅游局的城镇地图上标出了这些小径。

Schladming Ski Fields 雪上运动

（www.schladming-dachstein.at；一日通票 成人/儿童 €46.50/23.50起）从12月至次年3月，这个地区长达223公里的下坡滑雪道，以及86部滑雪电梯都会活跃起来。全年都可以在达赫施泰因冰川上滑雪和单板滑雪，但是并非所有电梯都在夏季运营。

大部分越野滑雪都可以在拉姆绍（滑雪板租赁的费用约为€18）的整个山谷中进行。租用适用于滑雪道的中等品质的滑雪板需要€23，雪地徒步鞋要花费€18。冰川上的价格也差不多。

Riesachfälle Waterfalls 徒步

你可以以施拉德明的Talbachgasse为起点展开徒步。沿着一条山地自行车和步行小径，顺着溪流走40分钟左右就会到达Untertal。从那里再走大约3.5小时可以到达瀑布。

另一个选择是乘公共汽车到很受欢迎的山谷餐馆Gasthof zu Riesachfall（见225页），然后沿着林间小径（1.5小时，必须穿一双好鞋，还要留意头的高度）或砾石铺成的林业道路（2小时）步行到达瀑布，以及更远处的Riesachsee湖。

[pi:tu] Bikecenter 骑车

（☎0680 320 78 62；www.bikeparkplanai.at；Coburgstrasse 52；每天 €20~80）这个专业的山地自行车租赁处位于Planai Stadium；用夏季卡（Sommercard）租用电动山地自行车可以享受折扣。

Trittscher 自行车、滑雪板出租

（☎03687-226 47-11；www.tritscher.at；Salzburgerstrasse 24）夏季，Trittscher以每天€15的价格出租山地自行车，电动自行车则为每天€25。而在冬季，这里会出租滑雪装备；可登录网站查看完备的价格列表，费用的高低取决于装备的水准。

住宿

精心设计的新住处在施拉德明不断涌现。在夏季，数量可观的酒店意味着折扣。但是在滑雪季，最好尽早预订，还要做好承受高价的准备。旅游局能帮你安排较小的民宿和私人房间。

★ Stadthotel Brunner 水疗酒店 $$

（☎03687-225 13-0；www.stadthotel-brunner.at；Hauptplatz 14；大床 €148~168）这家位于主广场的新酒店相当令人欣喜。彼得拉·布伦纳（Petra Brunner）和托马斯·劳齐克（Thomas Radzik）分别是厨师和音乐家，他们为这个时髦而友好的酒店添加了崭新的元素。令人心动的宽敞房间因漂亮的屋顶桑拿浴室和茶室而更显完美；丰盛的自助早餐带着印度的阿育吠陀元素，还有最优质的传统菜肴。

Post Hotel 酒店 $$

（☎03687-225 71；www.posthotel-schladming.at；Hauptplatz 10；房间 €100~150，公寓 €120~180；P ⊜ @ 📶）四星级的Post Hotel的房间宽敞而现代，并以雅致的色调为装饰。一些大床房带有适合家庭的连通门，家庭公寓则配备了独立的客厅。这里也有桑拿浴室，以及不错的半食宿服务。

Jugendgästehaus Schladming 青年旅舍 $$

（☎05 708 33 30；www.jufa.at/schladming；Coburgstrasse 253；标单/大床 €60/80；⊜ 📶）这家出色的青年旅舍坐落在靠近Planai基地车站的步行区内，复式房间楼上和楼下都有床铺，大床房的床可以搬到一起，也有标准间和家庭房。所有房间都整洁、明亮，还铺了地板。

Hotel Landgraf 酒店 $$

（☎03687-223 95；www.landgraf.cc；Hauptplatz 37；标单 €75~95，大床 €120~150；P）Hotel Landgraf是一家既舒适又实用的民宿型酒店，它位于施拉德明的镇中心，从很受欢迎的同名咖啡甜品店（konditorei）上楼即是。这里有适合家庭入住的宽敞公寓。需要注意的是，这里不发放夏季卡，在冬季提前几个月就会被预订一空。

就餐

数量庞大的餐厅挤满了这里漂亮的老城区街道，从传统的高山美食，到随处可见的在滑雪镇深受喜爱的比萨和得克萨斯-墨西哥风味菜肴，无所不包。

Bio Chi 健康食品 $

（www.biochi.at；Martin Luther-Strasse 32；主菜 €9，沙拉 €4.20~5.90；⊙周一至周五 8:00~18:00，周六 至14:00；✍）这家热情好客、菜肴丰富的健康食品店是一个本地机构，供应绿叶沙拉、鸡油菌烩菜配面包团子之类的素

食主菜，以及用有机原料制作的诱人甜品，还可以配上鲜榨果汁。这里也供应新鲜的健康早餐。不含麸质的蛋糕非常棒。

Stadtbräu 奥地利菜 **$**

（☎0664 517 96 20；www.kulinarwerk-schladming.com；主菜 €11.90~15.90；⏲周二至周日 10:00~23:00）这家带有拱顶的餐厅极其传统，菜单很丰盛，服务利落周到，从厨房里端出来的美食总是令人惊喜。这里的施蒂里亚菜肴——比如说，炖牛肉搭配烤土豆和辣根，或者猪肉、鸡肉和牛排混合烧烤——会使用优质的农产品，并尽量保持其原本的风味。

Johann 奥地利菜 **$$**

（☎03687-225 71；www.posthotel-schladming.at；Hauptplatz 10；主菜 €13.50~27.50；⏲11:30~13:30和17:30~21:30）Post Hotel的Johann餐馆将舒适的松木装饰和清新的绿白格子纺织品结合在一起，造就了这个非常高档的餐厅的环境。这里会用精选的优质且价格不菲的葡萄酒，来搭配精心烹制的施蒂里亚及奥地利菜肴。

Julius 意大利菜 **$$**

（☎0664 251 33 99；www.julius-kitchen.com；Martin-Luther-Strasse 31；主菜€13.90~16.90；⏲周日和周一 17:00~23:00，周二至周六 11:00~14:30和17:00~23:00）这家时髦的葡萄酒吧也供应很棒的当代意大利菜肴，可谓当地人的最爱。3道菜的鱼类套餐包括美味的龙虾小方饺和克罗地亚式煎大虾，还有很多不错的没有肉的意大利面。厨房也很乐意应要求制作严格素食。

Gasthof zu Riesachfall 餐馆 **$$**

（☎03687-616 78；www.gasthaus-riesachfall.at；Untertalstrasse 66，Untertal；主菜€9~16；⏲4月下旬至10月下旬 10:00~21:00）这间友好的高山木屋位于Untertal，会在天气晴朗的日子里开设露台座位。

Die Tischlerei 各国风味 **$$$**

（☎03687-221 92；www.dietischlerei.co.at；套餐 €31~45；⏲周二至周六 11:00~14:00和17:00至午夜，旺季每天营业）这家现代的大型餐馆坐落在离镇中心不远的一个街角，只需走一小段路就可以到达。这里供应涵盖了地中海风味和亚洲风味的多种套餐，虽然女服务员都穿着靓丽的阿尔卑斯式紧身连衣裙。以意大利菜为主的午餐套餐物美价廉，含2道菜的套餐售价€12.50，3道菜的套餐则为€15.50。

饮品和夜生活

悠闲的工作后或运动后的放松场景，在镇上和山上都能看到，也有一些舒适的小酒馆和雅致的葡萄酒吧。

Hohenhaus Tenne 酒吧

（www.tenne.com/schladming；Coburgstrasse 512；⏲11月至次年3月 11:00至次日4:00）滑雪季期间，在施拉德明找到滑雪后的聚会活动就像从冰山上滑落一样简单。Hohenhaus Tenne是值得一去的可靠地方。

购物

Heimatgold 食品和饮品

（☎03687-2250 5350；www.heimatgold.at；Coburgstrasse 49；⏲周一至周五 9:00~18:00，周六 至17:00）这个地方非常棒，可以在这里采购野餐所需的食品、自己做饭要用到的东西，或者可以带回家的美食礼品。Heimatgold支持本地农民的产品，从巧克力到腌制食品，再到生牛奶和现做的罐装施蒂里亚炖菜，都可以在这里买到。

实用信息

施拉德明-勒尔莫斯旅游服务中心（Tourismusverband Schladming-Rohrmoos；☎03687-227 77 22；www.schladming.at；Rohrmoosstrasse 234；⏲周一至周六 9:00~18:00，4月和11月周六关闭）能提供山地自行车和徒步路径地图，有很多关于这个地区的建议，如果你提前打电话，还可以安排住宿。外面放着实用的住宿告示板和免费电话。

到达和离开

每2小时有一班火车在去往格拉茨（€37.30，2.5小时）的途中从这里经过，每天至少有5班火车去往萨尔茨堡（€19.10，1.5小时）。通往厢式缆车的Dachsteinstrasse收费公路的费用为每名成人/儿童€6/2.80。

夏季，每天有5班公共汽车从市政厅广场（Rathausplatz）和伦德广场（Lendplatz）开往Riesachfall Wilde Wasser（€6.10，35分钟），这是去往Riesachfälle瀑布和湖泊的入口处。

穆劳（Murau）

☎03532 / 人口：2120

穆劳坐落在穆尔河谷（Murtal）西侧区域的河畔，这座吸引人的小镇充遍布着色彩柔和的房屋。小镇周围环绕着森林覆盖的丘陵和高山草甸，北面靠近施托尔察尔珀（Stolzalpe），南面则离梅特尼茨（Metnitzer）山脉不远，这使它成了在夏季徒步以及骑自行车的绝佳地点。

景点

穆劳城堡 城堡

（Schloss Murau；☎03532-23 02 58；Schlossberg 1；团队游 成人/儿童 €6/3；⏲团队游 6月至9月下旬 周三和周五 14:00）穆劳城堡是曾经统治着这个地区的列支敦士登家族于1250年建造的，在17世纪被改建成了现在的后期文艺复兴式外观。团队游会带你参观7个房间，包括小教堂和骑士厅（Rittersaal），那里经常举办音乐会。小教堂里的圣坛可以追溯到1655年，是来自Judenberg镇的大师们创作的。可登录网站查看特设的夏季儿童团队游的具体日期。

在穆劳周边骑车和徒步

从穆劳出发，前方有十几条骑行小径和山地自行车道。这些道路修筑之前，当地只有450公里长的Murradweg，它沿着穆尔河的水路蜿蜒前行。带有编号的小径和路线在穆劳旅游局实用的小册子《自行车和山地自行车》（*Rad & Mountainbike*）中都有标注，小册子有英文版。

徒步小径也从这里深入腹地，有些小径以火车站为起点，其他的则以Billa超市附近的Bundesstrasse为起点。一条通往Stolzalpen山峰（1817米）、难以前行的往返徒步路线需要5小时才能完成，它的起点就是Billa。旅游局能提供关于徒步的很有帮助的小册子《徒步旅行》（*Wandern*）。

Intersport Pintar（见本页）位于经过Billa超市后大约500米处，会出租旅行自行车和电动自行车。

圣马特乌斯城市教区教堂 教堂

（Stadtpfarrkirche St Matthäus；Schlossberg 8；⏲黎明至黄昏）这座经过了修复的教堂就坐落在城堡下方，它将哥特式和巴洛克式元素融合得极其出色，尤其是哥特风格的耶稣受难群像（1500年）与巴洛克式主祭坛（1655年）的完美组合。精美的壁画可以追溯到14世纪至16世纪。

啤酒酿造博物馆 博物馆

（Brewery Museum；☎03532-32 66 58；www.murauerbier.at；Raffaltplatz 19-23）穆劳以穆劳啤酒厂（Brauerei Murau）闻名于奥地利，那里设有一座关于啤酒酿造的博物馆。入馆会得到一杯本地啤酒或软饮料。

活动

Intersport Pintar 骑车

（☎03532-23 97；www.sportpintar.at；Bundesstrasse 7a；每天 自行车 €15，电动自行车 €25；⏲周一至周五 8:30~18:00，周六 至12:30）这里出租自行车，位于经过Billa超市后大约500米处。

食宿

该地区是施蒂里亚州的悠闲所在，有很多小酒馆，也有客栈和出租的私人公寓。

Hotel Gasthof Lercher 酒店、家庭旅馆 $

（☎03532-24 31；www.hotel-restaurant-lercher.at；Schwarzenbergstrasse 10；标单€45~80，大床 €74~163；P @ 📶）Hotel Lercher是二合一的住处：它包括提供便宜房间的三星级住处Gasthof，以及物超所值的四星级酒店。很多房间都可以欣赏施托尔察尔珀的风光，就连最便宜的房间也布置得很舒适。这里有桑拿浴室和蒸汽浴室。餐馆供应美味的季节性施蒂里亚和奥地利经典菜肴（主菜€12~18）。

Jufa Murau
青年旅舍 $

（☎05 7083 280；alt.jufa.eu/en/jufa-murau；St Leonhard Platz 4；标单/大床 €51/70；🅿📶）这家隶属国际青年旅舍联盟的青年旅舍占据着火车站附近的4栋建筑，这里有桑拿浴室，以及一座安静的内部庭院。在初秋最好提前打个电话，那时旅舍会歇业至少1个月。

★ Hotel Ferner's Rosenhof
酒店 $$

（☎03532-23 18；www.hotel-ferner.at；Rosseggerstr 9；标单 €73~89，大床 €126~180；🅿@📶）Hotel Ferner's Rosenhof拥有以轻型木质材料装饰的简约式房间、桑拿及药草蒸汽浴室，以及很有吸引力的餐馆露台（主菜€11至€26），既有格调又不失带有乡村风情的舒适。更贵、更宽敞的房间带阳台，有些房间有适合家庭入住的连通门。

Pizzeria Restaurant Platzhirsch
意大利菜、奥地利菜 $

（☎03532-33 39；Schillerplatz 10；比萨€7.20~10.90，主菜 €9.90~17.20；⏲11:00~23:00）这里供应很棒的可以堂食、也可以外卖的比萨，还有美味的意大利面和奥地利经典菜肴。

ℹ 实用信息

旅游局（Tourist Office；☎03532-27 20-0；www.murau-kreischberg.at；Liechtensteinstrasse 3-5；⏲全年 周一至周五 9:00~17:00，6月至9月 周六9:00至正午）有很多关于城镇及周边地区的小册子，包括徒步小径和自行车道。

ℹ 到达和离开

如果你是从萨尔茨堡州（Salzburgerland）过来，最令人愉快的交通方式是**穆尔河谷铁路**（Murtalbahn；☎03532-22 33；www.stlb.at；单程/往返€13.60/19）。从6月中旬至9月中旬，每逢周二和周四，这条线路上都会有一班蒸汽火车沿着窄轨铁路轧轧作响地往返于塔姆斯韦格（Tamsweg）和穆劳。

每2小时有一班直达的ÖBB火车连接着穆劳和塔姆斯韦格（€8.40，1小时）。去往莱奥本（Leoben，€15.10，1.5小时，每2小时一班）的火车需要在温茨马克特（Unzmarkt）换乘，那里也是从穆劳去往克拉根福（Klagenfurt，€18.60，2.25小时，每2小时一班）的火车的枢纽站。

萨尔茨卡默古特

最佳就餐

- Brot & Wein（见241页）
- Holzingerbauer（见248页）
- Restaurant zum Salzbaron（见234页）
- Restaurant-Pizzeria Simmer（见236页）

最佳住宿

- Heritage Hotel Hallstatt（见234页）
- Hotel Stroblerhof（见247页）
- Im Weissen Rössl（见246页）
- Halstätt Hideaway（见234页）

为何去

萨尔茨卡默古特景色壮丽，有高山和亚高山湖泊、风景如画的山谷、连绵起伏的山丘和崎岖陡峭的山岭（海拔近3000米）。这片地区大多是人迹罕至的荒野，就算在游人如织的地方，比如沃尔夫冈湖（Wolfgangsee）和蒙德湖（Mondsee），你也能寻得静谧之地。那里有宁静澄澈的水域，可以划船、游泳、钓鱼，更可以坐在岸边往水里丢石子。哈尔施塔特湖（Hallstätter See）颇受旅行者青睐，两侧是高耸的群山，非常适合徒步，可以说这里是最为壮丽的一片湖泊了。

萨尔茨卡默古特的盐曾是当地的"白金"，其声名斐然的盐矿如今被开辟成了有趣的景点，供人体验铁器时代的哈尔施塔特（Hallstatt）文化，以及凯尔特人和古罗马人的文明。

何时去

- 在7月至9月上旬去山间的湖泊游泳。其他月份或是湖水冰冷刺骨，或是气候严寒难当；其中最温暖的是沃尔夫冈湖和蒙德湖。
- 平季（春季和秋季）天气多变，盛夏时节，降雨频繁。
- 在12月至次年3月间，一旦下了雪，达赫施泰因（Dachstein）山脉就非常适合滑雪了。对于经验充足的旅行者，在装备和地图准备齐全的情况下，可经由一条越野路线滑到山脉施拉德明（Schladming）的另一侧。

萨尔茨卡默古特亮点

❶ **五指观景台**(见235页)在高高的达赫施泰因山脉上欣赏风景。

❷ **哈尔施塔特湖**(见232页)从上特劳恩到哈尔施塔特沿湖边徒步，并在小径间清澈的水中感受清凉。

❸ **圣沃尔夫冈**(见245页)探索沃尔夫冈湖著名的朝圣教堂，里边摆满了无价的艺术珍品。

❹ **皇帝别墅**(见230页)在弗朗茨·约瑟夫位于巴特伊施尔的夏宫里漫步。

❺ **达赫施泰因洞群**(见237页)深入凉爽的洞穴深处欣赏被巧妙照亮的冰塔。

❻ **格蒙登**(见238页)在这座迷人市镇的后巷与广场集市搜寻古董陶瓷器皿。

❼ **克里彭施泰因山**(见235页)冬季在达赫施泰因山脉的11公里下坡雪道上滑雪。

到达和离开

小汽车和摩托车

从萨尔茨堡（Salzburg）开车或骑摩托车到萨尔茨卡默古特，请沿A1公路向北行驶，或是沿Hwy 158到巴特伊施尔（Bad Ischl）。南北方向的主要公路是Hwy 145（Salzkammergut Bundesstrasse），这条路的大部分都沿铁路延伸。

火车

如果搭乘火车进入该地区，则从萨尔茨堡或林茨（Linz）出发，在Attnang-Puchheim换乘地方南北铁路线。从施蒂里亚州（Styria）出发，在Stainachlrdning转车。

当地交通

船

阿特湖（Attersee）、特劳恩湖（Traunsee）、蒙德湖、哈尔施塔特湖和沃尔夫冈湖有无数船只定时往来于各个市镇。

公共汽车

这片地区的所有市镇和村庄都有大巴定时往返；周末车次较少或完全没有。萨尔茨堡每小时有车开往该地区的多个市镇，其中包括巴特伊施尔、蒙德塞（Mondsee）和圣沃尔夫冈（St Wolfgang）；关于施蒂里亚州出发的车次，见www.busbahnbim.at。

火车

一辆列车南北而行，贯穿萨尔茨卡默古特。线路经过萨尔茨堡-林茨（Salzburg-Linz）线上的Attnang-Puchheim和比绍夫斯霍芬—格拉茨（Bischofshofen-Graz）线上的Stainach-Irdning。每小时发车1班，全程时长2小时30分钟。阿特湖也通火车。

小车站没有工作人员；在无人值守火车站（unbesetzter Bahnhof），可以使用站台售票机买票或上车后付钱。

巴特伊施尔（BAD ISCHL）

☎06132/人口：13,760

自从哈布斯堡（Habsburg）王朝的苏菲公主（Princess Sophie）于1828年在这里治好不孕症后，这座水疗小城的名气就像滚雪球一样越来越大。不出两年，公主就生下了弗朗茨·约瑟夫一世（Emperor Franz Josef I）；随后出生的两个儿子得到了“盐王子”（Salzprinzen）的绰号。如同鲑鱼洄游一般，弗朗茨·约瑟夫每年都回到巴特伊施尔朝圣，这里也成为他接下来60年里的夏季居所，许多欧洲贵族也在此定居。他签署的那封宣布对塞尔维亚开战并点燃第一次世界大战战火的关键信件上就印着巴特伊施尔的邮戳。

如今的巴特伊施尔是一座漂亮的小城，偶尔会有游客爆满的困扰。想要游览该地区的5座主要湖泊，这里可谓异常便捷的大本营。

景点

皇帝别墅 宫殿

（Kaiservilla；www.kaiservilla.at；Jainzen 38；成人/儿童€14.50/7.50，仅庭院€4.60/3.60；⊙4月至9月 9:30~17:00，10月 10:00~16:00，12月周六和周日 10:00~16:00，1月至3月 周三 10:00~16:00）弗朗茨·约瑟夫不甚齐整的夏宫——意大利风格的皇帝别墅，是他母亲苏菲公主送给他和准王妃巴伐利亚的伊丽莎白（Elisabeth of Bavaria）的订婚礼物。伊丽莎白既讨厌这座别墅又讨厌她的婆婆，不怎么在这里住，但皇帝本人爱上了这里，这里变成了他未来六十年中的夏宫。他的情妇卡塔琳娜·施拉特（Katharina Schratt），住在附近皇帝为她选的一栋房子里。

城市博物馆 博物馆

（Stadtmuseum；www.stadtmuseum.at；Esplanade 10；成人/儿童 €5.40/2.70；⊙4月至10月和12月 周三 14:00~19:00，周四至周日 10:00~17:00，1月至3月 10:00~17:00，11月闭馆）城市博物馆展示了巴特伊施尔悠久的历史，会定期更换展品。这里碰巧还是弗朗茨·约瑟夫和伊丽莎白订婚的地方，他们订婚前一天才刚在一场舞会上正式见面。你还可以通过团队游参观一下这边历史性的莱哈尔别墅（Lehár Villa；见本页；成人/儿童联票€9.30/5.40）。

莱哈尔别墅 住宅

（Lehár Villa；Lehárkai 8；成人/儿童 €5.70/2.70；⊙5月至9月 周三至周日 10:00~17:00）这

座粉色的别墅是歌剧作曲家弗朗茨·莱哈尔（Franz Lehár）的故居，反映了奥地利帝国晚期循规蹈矩的盛景。这里保留着莱哈尔离开时的样子，摆放着富有年代感的家具、私人收藏的“短命艺术”（ephemera）和画作。这里只能通过团队游参观——在城市博物馆组织。你还可以购买博物馆的联票（成人/儿童€9.30/5.40）。

活动

萨尔茨卡默古特温泉 水疗

（Salzkammergut Therme；www.eurothermen.at；Voglhuberstrasse 10；4小时/1日票成人€18/20.50，儿童€ 13/15；9:00至午夜）如果你想跟随苏菲公主的脚步，就来这家历史悠久的水疗馆护理一下吧。现如今，这里用现代化的手段经营，有常见的温泉池种类和欧式水疗护理，以及本地特有的盐水（brine）池等以及一间盐晶室。

节日和活动

莱哈尔节 音乐节

（Lehár Festival；www.leharfestival.at；门票€26~80；7月和8月）作为轻歌剧作曲家弗朗茨·莱哈尔的故乡，巴特伊施尔会举办莱哈尔节，上演莱哈尔与其他作曲家的作品。

住宿

Jugendgästehaus 青年旅舍 $

（06132-265 77；www.jugendherbergsverband.at；Am Rechensteg 5；铺/标单/双 €23/37/60；前台周一至周五 13:00起关闭；）这家客栈是国际青年旅舍联盟的会员，没有个性但是干净明亮，位于城中心Kreuzplatz后边。住三晚以上房价更便宜。

Goldenes Schiff 酒店 $$

（06132-242 41；www.goldenes-schiff.at；Adalbert-Stifter-Kai 3；标单 €87~117，双 €136~184，公寓€ 184~198，标套 €184~198；）这家四星级酒店的大部分双人间都有浴缸，最好的客房（标准套房；junior suite）别有风韵，后者拥有俯瞰河景的大窗。部分客房非常朴素，但这里还有个健康中心，里边有日光浴室和桑拿房，还有一间不错的餐厅（周二歇业）供应经典奥地利菜式（主菜 €15~30）。

Hotel Garni Sonnhof 酒店 $$

（06132-230 78；www.sonnhof.at；Bahnhofstrasse 4；标单 €70~95，双 €90~150；）这家可爱的酒店坐落于枫树林中一片阴凉的空地上，位于车站旁边，装饰舒适传统，有一个漂亮的花园配上一片池塘和一个阳光充足的花房。大卧房搭配有趣的老家具、碎呢地毯和木地板，却并不落入俗套。入住可以免费试用桑拿房和蒸汽浴室。请提前订房。

Landhotel Hubertushof 酒店 $$

（06132-244 45；www.hubertushof.co.at；Götzstrasse 1；标单 €80~92，双 €110~190；）这家现代的酒店拥有整洁明亮的客房，成功地做到了质朴的舒适，而没有过于繁复。部分客房里的开放式卫生间提醒着你正身处一座水疗之城，而且这里当然还有桑拿房和远红外线。安静的游泳池有户外部分。

Hotel Stadt Salzburg 酒店 $$

（06132-23 56 40；www.stadtsalzburg.at；Salzburger Strasse 25；标单 €51~62，双 €88~104；）富有氛围的公共空间、高效的工作人员以及经济的价位使得这里成为一个不错的选择，不过客房往往有些旧。加分项：门口有开往圣吉尔根（St Gilgen）和萨尔茨堡（Salzburg）站的大巴。

就餐

Cafe Zauner 咖啡馆 $

（www.zauner.at；Pfarrgasse 7；油酥糕点€3.80~6；8:30~18:00）富丽堂皇的Cafe Zauner自从1882年开业以来几乎就没变过样。其优雅的内饰搭配古董家具，令这里成为最适合享用可口的传统油酥糕点和黑咖啡的场所。

Heurigen-Stöckl 比萨店 $

（www.heli-pizza.at；Kurpark,Kurhausstrasse；比萨 €7~9.60；周三至周日 16:00起）这家新酿酒馆（Heuriger）位于Kurpark的树丛之间，有很多露天餐位，这里打破了烹饪的界限，供应比萨饼和传统酒馆简餐。两者都可以搭配醒好的葡萄酒或大壶的啤酒享用。

Restaurant Esplanade　奥地利菜 $$

（www.zauner.at；Hasner Allee 2；主菜€13.50~21；⏲5月至10月 10:00~21:00）知名点心铺Cafe Zauner的这家分店供应相当不错的奥地利基本菜肴——有些使用本地有机肉类，位于河边，地理位置相当怡人。鉴于这里拥有Zauner的优良血统，其甜品也有着相当大的吸引力。

饮品和夜生活

Café Sissy　奥地利菜

（www.cafe-sissy.at；Pfarrgasse 2；⏲8:00至午夜）又是一个茜茜公主（Sissy、Sisi或Sissi；或者说伊丽莎白公主）的朝圣地，在这家受欢迎的河畔酒吧/咖啡馆的墙上贴着着她的画像。你可以在这里吃早餐，中午或晚上享用Wiener schnitzel和其他的简单菜肴，或者只是在夜晚于前厅的吧台附近晃荡至午夜。这里有些脱离了时光，却又因此怪怪地迷人。

K.u.K. Hofbeisl　小酒馆

（www.kukhofbeisl.com；Wirerstrasse 4；⏲周一至周六 8:00至次日4:00，周日 9:00起）这个凌乱的地方有个法式小馆（Beisl；主菜 €11~22），在午饭和晚饭时间营业，另一座建筑里有个酒吧与之相连，酒吧是城里最热闹的深夜派对场所——周五和周六晚上大多有DJ打碟。鸡尾酒单尽管不太得潮人们的欢心，其野心却令人印象深刻，一共大约有150种鸡尾酒。

实用信息

Salzkammergut Touristik（☎06132-24 00 00；www.salzkammergut.co.at；Götzstrasse 12；⏲夏季 9:00~19:00，其余季节 周一至周五 9:00~18:00，周六 至次日5:00）一家非常有帮助的私营地方机构，出租越野自行车和山地自行车（每半/全天€20/25），以及Movelo电动自行车（每半/全天€23/28）。有上网服务（每15分钟€1）。

旅游局（☎06132-27 75 70；www.badischl.at；Auböckplatz 5；⏲旺季 周一至周六 9:00~18:00，周日 10:00~18:00，淡季 周一至周六 10:00~18:00，周日 至14:00）旅游局运营一条便捷的电话热线，热线在下班后一直开放到晚上10点，可以订房和咨询。

> **萨尔茨卡默古特体验卡**
>
> 萨尔茨卡默古特体验卡（Salzkammergut Erlebnis Card）不可转让，可以在这片地区的旅游局和酒店购买，售价€4.90，在5月1日至10月31日间享受巨大优惠。

到达和离开

长途汽车

邮政巴士（Postbus；☎05 17 17；www.postbus.at）在**火车站**（Bahnhofstrasse 8）外发车，每小时有车经圣吉尔根（€5.70，40分钟）开往萨尔茨堡（€10.60，1小时30分钟）。开往圣沃尔夫冈（€4.20，36分钟）的大巴途经施特罗布尔（Strobl）。

火车

开往哈尔施塔特（Hallstatt；€4.40，25分钟）的火车每小时一班，途经施特格（Steeg）/哈尔施塔特湖或是继续开往上特劳恩（Obertraun；€4.90，30分钟）。每小时还有火车开往格蒙登（Gmunden；€7.80，40分钟），换乘几次还可以去萨尔茨堡（€24.20，2小时）。

萨尔茨卡默古特南部（SOUTHERN SALZKAMMERGUT）

哈尔施塔特湖（Hallstätter See）

哈尔施塔特湖位于陡峭的群山之间，海拔508米，是这片地区最漂亮也最容易到达的湖泊之一。在夏季，这里有最棒的徒步和游泳体验，冬季还适合滑雪。不论春夏秋冬，这里都是了解当地文化历史的好去处。上特劳恩距离湖畔只有5公里，是距离达赫施泰因冰洞群最近的度假地。

整个哈尔施塔特—达赫施泰因地区在1997年被联合国教科文组织列入世界遗产名录。

哈尔施塔特（Hallstätter）

☎06134/人口：790

粉彩色的房屋在澄澈的湖面上投下闪烁的倒影，周围被高耸的群山环绕，哈尔施塔特

特单凭美貌就足以收获盛名。船只发出低沉的轰鸣，在湖上从火车站开往村庄，村庄令人心悬地位于高山和湖畔之间一条狭窄的土地上。村子所占的这块土地小到一年一度的圣体圣血节（Corpus Christi）游行主要在湖上的小船里举行。这里的纯游客数量或许会令你感到烦躁，特别是在夏季，这里是一片轿车和大巴的海洋，还有旅游团从车上下来。

哈尔施塔特的中心是Hallstatt Markt，而Hallstatt Lahn则位于城边靠近开往盐矿（Salzbergwerk）的缆索铁道。火车站位于哈尔施塔特的湖对面；要想进城必须搭乘渡轮。

景点

盐矿 矿井

（Salzwelten；☎06134-200 24 00；www.salzwelten.at；Salzbergstrasse 21；往返缆索铁道加团队游成人/儿童/家庭 €30/10/75；⊙4月至9月 9:30~16:30，10月 至15:00，11月 至14:30）迷人的盐矿位于哈尔施塔特上方高处的萨尔茨堡（盐山），是湖区主要的文化景点。德英双语团队游详细介绍了盐的形成过程以及采矿的历史，并带游客通过矿工滑梯下到矿井深处——最大的有60米长（你可以在上面拍照）。

哈尔施塔特高谷（Hallstätter Hochtal）靠近矿井，也是一处铁器时代的坟场。从缆索铁道底站附近借到的语音导览带你穿过无数站点并提供景点和埋葬仪式的解说。

缆索铁道（见235页）是前往山上车站最轻松的方式，从车站走到矿井只要15分钟；一段之字形的小路大概要走40分钟。还有一个选择是走人骨教堂（Beinhaus）后边的台阶，然后沿着小路走到如画的Soleleitungsweg；左转后沿着坡度非常陡的小路走过瀑布然后上台阶。这段破路不太好走，而且实在不适合儿童。

世界遗产博物馆 博物馆

（Weltkulturerbe Museum；☎06134-82 06；www.museum-hallstatt.at；Seestrasse 56；成人/儿童/家庭 €7.50/4/18；⊙4月至10月 10:00~18:00，11月至次年3月 周一和周二闭馆）这家多媒体博物馆介绍了这片地区铁器时代/凯尔特人占领时期以及盐矿开采的历史。解说全部为德英双语。其凯尔特和古罗马遗址的发掘工作仍在进行中，就在街角处达赫施泰因体育用品店（Dachsteinsport Janu）的下方。

人骨教堂 教堂

（Beinhaus；Bone House；Kirchenweg 40；€1.50；⊙5月至10月 10:00~18:00）这座小型人骨教堂里整齐地摆放着成排的头骨，头骨上画有装饰性的图案并且写着其主人生前的名字。这些人骨自从1600年起就被从过于拥挤的坟墓中掘出，尽管这种行为在20世纪已经很少了，最后一次新添人骨是在1995年。人骨教堂位于15世纪的天主教堂区教堂（Pfarrkirche）的场地内，堂区教堂里边有几幅迷人的哥特式湿壁画和3个三翼祭坛。

达赫施泰因体育用品店 博物馆

（Dachsteinsport Janu；Seestrasse 50；⊙8:00~18:00）免费 在旅游局对面的达赫施泰因体育用品店楼下可以一窥世界遗产博物馆的凯尔特与古罗马发掘工作。这里有个展览的墓地，但因为发掘工程仍在进行，所以并没什么值得一观。

值得一游

戈绍湖

这座小湖瑟缩在戈绍卡姆（Gosaukamm）山脉（2459米）那雄壮的陡峭山峰间。湖岸线的风景优美，用一个多小时就能绕整个湖转一圈。Gosaukammbahn（www.dachstein.at；往返成人/儿童 €14.30/8.60；⊙5月至10月 8:15~17:00）缆车向上运行1475米，上山后有壮丽的景色和步行路径。一两个小时1班的邮政巴士从巴特伊施尔开往湖边（€6.10，1小时），途经施特格。

在到达湖畔前你会穿过戈绍（Gosau）村，那里有自己的旅游局（☎06136 8295；www.dachstein-salzkammergut.at；Gosauseestrasse 5，Gosau；⊙周一至周五 8:00~18:00，周六和周日 至13:00，9月至次年6月 周六关闭），旅游局门外有住宿信息板。戈绍位于唯一一条通往湖边的公路的路口上，可以从哈尔施塔特湖走Hwy 166抵达。

活动

Tauchclub Dachstein 潜水

（☎0664 886 004 81；www.dive-adventures.at；课程 €35起）提供各种水肺潜水课程，有入门课程“尝试潜水”（Try Dive），也有夜间潜水和专业训练。

住宿

Campingplatz Klausner-Höll 露营地 $

（☎06134-83 22；www.camping.hallstatt.net；Lahnstrasse 7；营地每个 成人/儿童/帐篷/小汽车€9.30/5.20/5.70/4.70；⏰4月中旬至10月中旬；🅿📶）这处露营地位于Hallstatt Lahn的一片草地上，地处中心位置，几乎坐落在湖上，有个小亭子，还有一个服务露营客的公共休息室和洗衣房。

Seehotel Grüner Baum 酒店 $$

（☎06134-82 63；www.gruenerbaum.cc；Marktplatz 104；标单 €120，双 €170~230；🅿📶）这家四星级酒店的客房陈设富有品位，布置恰到好处。3间套房拥有超大露台，能够看到四面八方的美景，双人房的阳台较小，但也摆得下座椅。这里是湖畔不错的浪漫暂住场所。

Gasthof Zauner 客栈 $$

（☎06134-82 46；www.zauner.hallstatt.net；Marktplatz 51；标单/双 €150/180；⏰11月歇业；🅿🚭📶）这家古雅的客栈的墙面上覆盖着常春藤，超级雅致的客房用松木装饰，有阳台和湖景。餐厅（主菜 €12~25）很棒，除了鲜鱼菜肴，其他美味也值得一试。

Pension Sarstein 客栈 $$

（☎06134-82 17；Gosaumühlstrasse 83；双 €81~101，公寓 2/3/4人不含早餐 €100/130/150；📶）和气的菲舍尔（Fischer）一家对自家的小客栈引以为傲，客栈从哈尔施塔特中心沿湖边步行几分钟就到。老式的客房并不奢华，但整洁舒适并且带有能看到梦幻湖光山色的阳台。家庭规模的公寓有小厨房。

★Halstätt Hideaway 精品酒店 $$$

（☎0677 617 105 18；www.hallstatt-hideaway.com；Dr Mortonweg 24；套 €270~450；🅿📶）6间私人套房华丽现代而质感漂亮，组成了该地区最时尚的住宿之选。尽管价格反映了每间套房在大小和设施上的不同，但全都有独特的魅力——可能是高山的魔力、粉刷的天花板或现代的设计元素以及阁楼里带浴缸的迷人露台。

Heritage Hotel Hallstatt 酒店 $$$

（☎06134-20 03 60；www.heritagehotel.at；Landungsplatz 102；标单 €145，双€200~335；📶）这家豪华酒店的客房分布在三座建筑里。主楼可以说占据了城里最好的地理位置，位于湖边的栈桥上，但500年的老Stocker House是山坡上一座漂亮的玄武岩房子，目前为止是最富有氛围的。三座建筑里的客房都有漂亮的风景，其装饰现代且简约。

就餐

Balthazar im Rudolfsturm 奥地利菜 $$

（Rudolfsturm；主菜 €10.50~20；⏰5月至10月 9:00~17:00）Balthazar位于哈尔施塔特上方855米处，拥有这片地区最令人叹为观止的露台。这里的菜单上是奥地利休闲食物，服务一流，但真正吸引你过来的是宜人的风光。搭乘缆索铁道过来最方便。

★Restaurant zum Salzbaron 欧洲菜 $$$

（☎06134-82 63；www.gruenerbaum.cc；Marktplatz 104；主菜 €17~28；⏰11:30~22:00；📶✎）Salzbaron是城里最好吃的地方之一，位于湖畔Seehotel Grüner Baum（见本页）内，供应时鲜的泛欧洲菜肴——美味的本地鲑鱼在夏季占据了这里的重头戏。

实用信息

旅游局（☎06134-82 08；www.dachstein-salzkammergut.at；Seestrasse 99；⏰周一至周五 9:00~17:00，周六 至13:00）从渡口左转到达旅游局。这里有很多免费的湖畔市镇旅游地图以及徒步和骑行路线图。

到达和当地交通

渡轮

Hemetsberger Hallstättersee Schifffahrt（☎06134-82 28；www.hallstattschifffahrt.at；Am Hof 126）这家公司由家族经营，安排在6月至9月间往来上特劳恩和Hallstatt-Markt（€6，25分钟，每天4或

5班）的接驳船，并提供全年往来Hallstatt-Markt和哈尔施塔特火车站（€2.50，10分钟，每天15班）的服务，主铁路线上两边都有火车连接。价格见网站。

这家公司在7月中旬至8月期间还经营一条开往Hallstatt Lahn的环线，中途经过Hallstatt Markt、Obersee、Untersee和施特格（€10，90分钟，每天3班）。

长途汽车

每天至少有9班大巴往来哈尔施塔特（Lahn）城和Obertraun-Dachsteinseilbahn的缆车站（€2.20，9~16分钟）。

小汽车

进村是有限制的：电子门在白天才会启动。在村中心过夜会享受P1停车区（沿路标前行，进去的时候按下"Hotel Ticket"然后联系管理员）的停车优惠，每24小时收费€9；你还可以搭乘专门的摆渡大巴。更多见www.hallstatt.net/parking-in-hallstatt/cars。标准停车费为每24小时€12。

缆索铁道

不参观盐矿也可以搭乘**缆索铁道**（www.salzwelten.at；单程/往返 成人 €9/16，儿童 €4.50/8；⏲4月至9月 9:00~18:00，10月和11月 至16:00）；运营时间为4月上旬至11月下旬。

火车

火车连接了哈尔施塔特和巴特伊施尔（€3.80，25分钟，每小时1班），而连接哈尔施塔特和巴特奥塞（Bad Aussee；€3.80，15分钟）的火车每2小时1班。哈尔施塔特火车站（Bahnhof）位于村子的湖对面，发船时间和火车抵达时间一致（€2.40，10分钟，末班渡轮在晚6点50分抵达Hallstatt Markt）。

上特劳恩（Obertraun）

☎06131/人口：730

上特劳恩比哈尔施塔特更低调，是一座杂乱且相当平凡的村庄，从这里去达赫施泰因洞群非常方便。这里也非常适合出发去湖边徒步，或者攀爬难走的上坡，前往洞群以及更远处的高山草甸。

景点

★达赫施泰因洞群 洞穴

（Dachstein Caves；www.dachstein-salzkammergut.com；团队游套餐成人 €12.30~37.40，儿童 €10.80~20.60；⏲5月至9月 9:00~16:00）爬到达赫施泰因洞群（Dachsteinhöhlen），你会发现自己身处冰与地下洞穴组成的奇特世界，这里有些地方延伸了80公里。两座洞穴，Dachstein Eishöhle和Mammuthöhle之间，需要步行15分钟左右抵达，各自位于海拔1350米的Schönbergalm（见本页）缆车站的不同方向。每个洞穴的团队游为时1小时。

Dachstein Eishöhle里的冰拥有不超过500年的历史，形成了最高8米的"冰山"——是1910年最早发现洞群时的2倍高。斑斓的色彩展现了冰的形成过程，形状怪异，虚虚实实。洞穴只能通过导览游来游览；导游会提供英语和德语讲解。

Mammuthöhle没有冰，是世界上最深最长的30余座冰洞之一。团队游深入介绍了洞穴的形成，还有装置艺术和基于光影的艺术品加强体验。

克里彭施泰因山 观景点

（Krippenstein；www.dachstein-salzkammergut.com；缆车往返成人/儿童 €29.30/16.10；⏲6月中旬至10月）从上特劳恩你可以搭乘缆车前往克里彭施泰因山（2109米），在山上你会找到五指观景台（5Fingers viewing platform），后者在一座峭壁上伸出5个形状各异的观景台（其中一个像个跳水板）。在晴朗的日子里，从这里向下望到的湖景十分壮丽；一个玻璃地面让你可以直接看到脚下一片裂开的虚空。这里绝对不适合恐高的人。

活动

缆车 缆车

（www.dachstein-salzkammergut.com；成人/儿童 往返 €29.30/16.10；⏲5月至10月和12月至复活节）缆车本身就是个亮点，大约每15分钟从山谷车站出发，有好几站，越往远处走，景色越荒芜。缆车过了中点站Schönbergalm（去洞穴的话从这里下车）会继续升向克里彭施泰因山的最高点（2109米），怪诞的五指观景台挂在悬崖上，放眼望去，景色壮丽。

最后一段通往Gjaid Alm，带你远离人群，到达徒步路径，从这里越过岩石遍布的草甸或是通往山间更高处的地区。有些路线的起点位于简单而炙手可热的Gjaid Alm客栈（兼运营中的有机农场），后者距离缆车站只有10分钟的步程。

食宿

Campingplatz Hinterer 露营地 $

（☎06131-265；www.camping-am-see.at；Winkl 77；营地每个成人/儿童/帐篷/小汽车€10.80/8/3/5；⏲5~9月；P 📶）这片露营地环保且阴凉怡人，位于河流南岸的湖畔，有个酒吧。这里还有几辆"吉卜赛式"的房车（135€/晚）出租。

★ Gjaid Alm 木屋 $$

（☎06131-596；www.gjaid.at；Winkl 31；铺/标单/双含半膳 €42/99/110；⏲5月和11月歇业；📶）这里僻静怡人，位于一处多石的洼地内，有吃草的牛、绵羊和马匹，距离缆车站只有轻松的10分钟步程。客房明亮、有暖气且非常舒适，全部用轻木装饰且能看到草地上的风光。上楼梯之前先脱鞋。餐厅里的全部菜肴都采用有机食材。

Hotel Haus am See 酒店 $$

（☎06131-267 77；www.hotel-hausamsee.at；Obertraun 169；标单/双 €55/99；P 📶）这家酒店不加修饰，位于登艇站和游泳区旁边，地理位置便捷，拥有许多舒适的客房，房内有阳台和湖景。

★ Restaurant-Pizzeria Simmer 奥地利菜、意大利菜 $

（Seestrasse 178；主菜 €9.90~16，比萨 €7.20~9.50；⏲周三至周日 10:00至午夜）这家意大利兼奥地利餐厅无疑是这片地区最富有氛围的餐厅，拥有舒适的室内餐位，潺潺的溪流边还有露天餐位。这里的比萨饼很棒，后边还有草地保龄球。

实用信息

旅游局（☎06131-351；www.dachstein-salzkammergut.at；Obertraun 180；⏲周一至周五 8:00至正午和13:00~17:00，周六 9:00至正午，9月至次年6月 周六不开放）非常有帮助，有个免费的湖区和徒步路线地图。旅游局位于从火车站前往达赫施泰因缆车站的途中。

到达和离开

有一班**渡轮**（见234页）从Hallstatt Markt经Hallstatt Lahn开往上特劳恩（€6，25分钟，每天5班）。

每天至少有9班大巴往来哈尔施塔特（Lahn）城和位于Obertraun-Dachsteinseilbahn的缆车站（€2.20，9至16分钟）。

Obertraun-Dachsteinhöhlen是上特劳恩居住区的火车站，有火车开往巴特伊施尔（€5.90，30分钟，每天12班），中途经过哈尔施塔特（€2.60，3分钟）。

当地交通

山地和越野自行车可以在**Seecafe Obertraun**（☎0650-617 71 65；Strandbad Obertraun；自行车租金 每天€15；⏲5~9月）和**Sportshop Feuerer**（☎06131-267 60；Seestrasse 59；自行车/电动自行车租赁每天 €15/20）租到。

打车（☎06131-542）去缆车山谷站或往来哈尔施塔特与上特劳恩之间的费用约€14。

巴特奥塞（Bad Aussee）

☎03622/人口：4880

安静古板的巴特奥塞是萨尔茨卡默古特南部施泰尔马克州最大的市镇。这里靠近两座湖泊，与第三座湖哈尔施塔特湖之间非常便捷地以铁路和一条徒步路线相连。

景点

阿尔陶塞盐矿 博物馆

（Altaussee Salzbergwerk；www.salzwelten.at；成人/儿童/家庭 €22/11/46；⏲团队游 4月至9月 9:00~16:00 每小时1次，10月 9:00、11:00、13:00和15:00，全年 周三 19:00；P 🚻）这座运营中的盐矿位于巴特奥塞以北约6公里处的阿尔陶塞（Altaussee）附近，是"二战"时期纳粹偷走的艺术珍宝的秘密隐藏地点。所有团队游均为双语（德语和英语）。955路大巴（€2，10分钟）每天发车几班，从巴特奥塞邮局开往附近的车站"Altaussee Scheiben"（不过骑车或许更适合，因为大巴车次太少）。

卡默霍夫博物馆 博物馆

（Kammerhof Museum；☎03622-537 25

11；www.badaussee.at/kammerhofmuseum；Chlumeckyplatz 1；成人/儿童/家庭 €5/3/8；⏲时间不定）卡默霍夫博物馆，位于一座漂亮的17世纪建筑中，介绍了本地的历史和盐业生产。这里还有几幅安娜·普洛赫尔（Anna Plöchl）的画像，这位本地邮政局长的女儿名声不佳，和一位哈布斯堡王朝的皇子结了婚。解说均为德语，但有英文的单子。

活动

Schifffahrt Grundlsee 游轮

（☎03622-860 443 33；www.schifffahrt-grundlsee.at；成人/儿童 €24/14；⏲5月至10月）提供Grundlsee、Toplitzsee和卡默湖（Kammersee）的3小时乘船游，这三座湖位于巴特奥塞东北方5公里处。956路大巴在工作日约每小时1班从邮局发车开往Grundlsee Seeklause（€2.20，10分钟），周末每2小时1班。

住宿

Pension Stocker 家庭旅馆 $

（☎03622-524 84；www.zimmer-ausseerland.at/stocker；Altausseerstrasse 245；标单/双 €35/66；P 📶）这家漂亮的家庭旅馆位于Kurhausplatz西北方500米处，拥有阳台、种满鲜花的窗口花坛和一个大花园。

Josefinum 青年旅舍 $

（☎03622-521 24；Gartengasse 13；标单/双 €39/78；P 🚭 📶）位于中心地段的宁静住所，拥有简单的客房，由修女经营；包含三餐。晚上过来的话请提前打电话。

★ **Erzherzog Johann** 酒店 $$

（☎03622-52 50 70；www.erzherzogjohann.at；Kurhausplatz 62；房 每人 €103~143；P @ 📶 🏊）巴特奥塞这家四星级酒店拥有舒适的客房，但这里的设施才真正让你身心舒适：一个极棒的大桑拿和健康区，一个10米的私人游泳池，以及为住客免费提供的优质自行车（或者20€/天的电动自行车）。酒店还有专门为孩子准备的特别活动。

Gasthof Blaue Traube 客栈 $$

（☎03622-523 63；www.blauetraube.at；

饱览达赫施泰因洞群和山脉

规划日程

游览一两个洞穴和**五指观景台**——距离**克里彭施泰因山**（见235页）站大约15分钟步程——需要一整天的时间，在上午10点左右从从山谷缆车站出发。在中午或更早搭乘缆车上到第一站（Schönbergalm），在信息台报名参加洞穴游。先去**Mammuthöhle**，然后从那里花30到45分钟抵达**Rieseneishöhle**。如果你只有时间看一个洞穴，我们推荐Rieseneishöhle。

你可以用两天的时间游览一两个洞穴和五指观景台；你还可以搭乘缆车的最后一段前往**Gjaid Alm**站，顺便去一下Gjaid Alm的草地小屋，然后步行探索这片区域或是徒步回山谷。

优惠

有好几种套票和套餐，其中包括一种包含了缆车所有区间和夏季参观洞穴的套票（往返成人/儿童€43.40/23.90）。在山谷车站查询。

冬季滑雪

冬季的克里彭施泰因山是个双板滑雪和单板自由滑雪的区域（1日通票€34）。缆车在12月开始运行，具体取决于维护进度和雪况；通常在复活节前后结束运营。山上也有高级越野滑雪。

对于坡道滑雪者来说，最棒的雪道是11公里的下坡滑道，起点位于克里彭施泰因山，途经Gjaid Alm站，最后到达山谷站。抓紧你的帽子！

山峰上的食宿

Gjaid Alm（见236页）环境宜人，拥有明亮的客房，定期举办冥想、登山和气功课程。

Kirchengasse 165；标单/双 €50/90；📶）这家位于城中心的客栈历史悠久，客房现代而宽敞，但有点平淡。大厅里有Wi-Fi。

就餐

Konditerei Lewandofsky-Temmel
咖啡馆 $

（Kurhausplatz 144；苹果卷 €3.10；⊙周一至周六 8:00~22:00，周日 9:00起）进来喝咖啡并吃一块有着松脆酥皮的美味苹果卷（apple strudel）吧，在Kurpark外的露台上享用最佳。

Restaurant Erzherzog Johann
奥地利菜 $$

（☎03622-52 50 70；www.erzherzogjohann.at；Kurhausplatz 62；主菜 €14~24，午市自助餐 €15；⊙正午至14:00和18:30~21:00，午市自助餐周一至周五）Hotel Erzherzog Johann的餐厅拥有丰富的酒水选择，还有几道不错的菜，服务有特色。

实用信息

旅游局（☎03622-523 23；www.ausseerland.at；Bahnhofstrasse 132；⊙周一至周五 9:00~18:00，周六 至正午）旅游局位于邮局大楼里，这里非常棒，工作人员乐于助人。这里有市镇地图，图上标出了这片地区的徒步路线。

到达和离开

巴特奥塞位于巴特伊施尔（€7.90，35分钟）和Stainach-Irdning（€5.90，35分钟）之间的铁路线上；两个方向的火车均每小时1班。大巴的终点站在旅游局，始发站在邮局。

火车站位于市镇中心以南1.5公里处——下了火车之后去前边外面的车站等大巴。

萨尔茨卡默古特北部（NORTHERN SALZKAMMERGUT）

特劳恩湖（Traunsee）

特劳恩湖是奥地利最深的湖，最深处有192米深。东侧以峭壁为主，其中最高的是雄伟的特劳恩施泰因（Traunstein；1691米）。

活动

Traunsee Schiffahrt提供往返湖上巡游。要想自己探索湖面的话可以从Schiffahrt Loidl（见242页）租脚踏船或是电动船。

到达和离开

特劳恩湖的度假村分布在西岸沿线，互相通火车，并且还可以搭火车去巴特伊施尔。

当地交通

船

Traunsee Schiffahrt（☎07612-667 00；www.traunseeschiffahrt.at；Rathausplatz）在5月中旬至10月上旬有船沿湖畔巡游。有船从格蒙登的Rathausplatz前往Landhotel Grünberg am See（成人/儿童€3/2.50，7分钟，每天3班）、特劳恩基兴（Traunkirchen；成人/儿童 €8/6，45分钟，每天4班）和埃本塞（Ebensee；成人/儿童 €11/7.5，70分钟，每天4班）。还有几艘船提供往返巡湖游（成人/儿童 €19/13，125分钟，每天4班）。

公共汽车

Bummelzug（☎0676-501 69 18；www.bummelzug-gmunden.at；成人/儿童往返 €5/3；⊙5月至9月 10:00~17:00）面向游客经营，开往西岸的奥尔特水上宫殿（Seeschloss Ort；位于格蒙登）。

Panorama Shuttle（www.feuerkogel.net；成人/儿童单程 €3.50/2；⊙5月至9月 8:50~18:40）每天有7趟车开往东岸上路的尽头。

火车

特劳恩湖的度假村分布在西岸沿线，度假村之间互通火车。火车往来于格蒙登和特劳恩基兴（€3.10，10分钟，每小时1班）与埃本塞（€4.10，20分钟，每小时1班）之间，再之后是巴特伊施尔（€8.10，40分钟）。

格蒙登（Gmunden）

☎07612/人口：13,080

漂亮的格蒙登历史悠久，拥有游艇码头、湖畔广场和栈道，散发着轻松愉悦的度假氛围。这里主要以大型的制陶业以及作为盐业中心的地位而闻名。尽管这里仍旧出产陶器，但如今这里主要是时尚的萨尔茨堡人的周末度假地。

景点

★奥尔特水上宫殿

城堡

（Seeschloss Ort; www.schloss-ort.at; Orth 1; 成人/儿童 €4/免费; ⏲5月至10月 10:00~17:00）这座城堡坐落在湖畔，通过一段堤道抵达，据说原来是一座古罗马要塞的废墟。这里的历史可以追溯至909年或更早（尽管城堡在一次火灾之后于17世纪重建），一座风景优美的庭院、一段拥有晚期哥特式外观的台阶，以及1578年的五彩拉毛粉饰陶瓷器（sgraffito）让这里更添美色。漂亮的自然保护区Toscana Park位于湖的东侧并构成了城堡的背景。

★K-Hof

博物馆

（☎07612-79 44 23; www.k-hof.at; Kammerhofgasse 8; 成人/儿童 €6/2; ⏲周三至周五 13:00~17:00, 周六和周日 10:00~17:00）K-Hof博物馆是奥地利最独特而别具一格的博物馆之一卫生用品博物馆（Museum for Sanitary Objects）的搭档博物馆，博物馆建筑群深入地介绍了这片地区迷人的历史。展览包含陶瓷品制造（格蒙登如今仍旧以此闻名）、盐、化石以及15世纪天文学家约翰内斯·冯格蒙登（Johannes von Gmunden）的生平，这位天文学家的理论启发了哥白尼（Copernicus）。

教区教堂

教堂

（Pfarrkirche; Kirchplatz）免费 12世纪的教区教堂位于Rathausplatz北边，本来是一座哥特式教堂，后来被改造成了巴洛克式。祭坛是雕塑家托马斯·施万塔勒（Thomas Schwanthaler; 1634~1707年）的作品，可以追溯至1678年。

魏尔宫

宫殿

（Schloss Weyer; Freygasse 27; 成人/儿童 €12/免费; ⏲周二至周五 10:00至正午和14:00~17:30, 6月至9月 周六 10:00~13:00）这座宫殿里收藏有精美的迈森（Meissen）瓷器、银器和珠宝，并专门为其举办专题临时展。

活动

格林贝格缆车

缆车

（Grünberg Seilbahn; www.gruenberg.info; 往返成人/儿童 €16.90/9.30; ⏲旺季 9:00~18:00, 5月至6月和9月至11月中旬 至17:00）这辆全新的缆车每30分钟发车，带着游客向上984米到达本地的高山格林贝格（Grünberg），

巴特奥塞周边的户外活动

乘船游

Grundlsee位于巴特奥塞东北方5公里处，是一片更为细长的湖泊，西端有个不错的观景点，这里还有水上运动（包括一个帆船学校）和步道。从湖的东端有两片更小的湖泊蔓延出来，即Toplitzsee和卡默湖（Kammersee）。在5月至10月期间，3小时的乘船游（见237页）会带你游览全部3座湖泊。

徒步

Koppentalweg是一条风景优美的徒步和骑行路线，长10公里，向西穿过葱郁的特劳恩河谷（Traun River valley）；路线经过Koppenbrüllerhöhlen（洞群）与哈尔施塔特河畔沿线的Ostuferwanderweg相连。路线的起点位于巴特奥塞火车站。

从旅游局（见238页）可以获得一个标记有该地区徒步路线的地图。

山地自行车

自行车小径从巴特奥塞一路通向所有的主要湖泊，其中包括哈尔施塔特湖，在没有小径的地方，公路通常适合骑行。Zweirad Friedl（☎03622-529 18; www.zweiradfriedl.at; Meranplatz 38; 山地自行车租赁 每天€15; ⏲周一至周五 9:00至正午和13:00~18:00, 周六 9:00至正午）出租山地自行车，而Sport Käfmüller（☎03622-549 11; www.sport-kaefmueller.at; Ischlerstrasse 121; 山地自行车/电动自行车租赁 每天€16/20; ⏲周一至周五 8:30~12:30和15:00~18:00, 周六 8:30~12:30）除此之外还出租电动自行车。

Gmunden 格蒙登

Gmunden 格蒙登

重要景点
- 1 K-Hof C1
- 2 奥尔特水上宫殿 A3

景点
- 3 教区教堂 B1

活动、课程和团队游
- 4 Grünberg Seilbahn D3
- 5 Kajak & Kanu Salzkammergut D2

住宿
- 6 Keramikhotel Goldener Brunnen C1
- 7 Seehotel Schwan C1

就餐
- 8 Konditorei Grellinger B1

饮品和夜生活
- 9 Brot & Wein C1

购物
- 10 Der Kleine Laden C1
- 11 Wolfgang Leimer C1

那里有一个观景点和无数条徒步与山地自行车小路，其中有一条特别漂亮，下坡通向**Laudachsee**。

Kajak & Kanu Salzkammergut 划独木舟

（☎07612-624 96；www.kajak-kanu.at；Traunsteinstrasse 13；皮划艇和独木舟租赁 每天€40~50，立式桨板 €30；⊙旺季 周二至周五9:30~13:00和15:00~16:30，周六 9:30~13:00，淡季周二至周四 15:00~18:30，周五 9:00~13:00和15:00~18:30，周六 9:30~13:00，10月至次年4月歇业）可以在这里租到皮划艇、加拿大式独木舟和立式桨板（SUP）沿着东岸划船。在11月至次年4月间你可以提前打电话安排租赁。

食宿

★ Seehotel Schwan 酒店 $$

（☎07612-63 39 10；www.seehotel-schwan.at；Rathausplatz 8；标单 €85~100，双 €130~170；P 📶）这里是格蒙登最豪华的酒店，有的客房相对更加传统，但所有的房间都氛围轻松，颇具现代感。尽管这里地处中心，风景却仍旧梦幻；如果住的房间有蒸汽淋浴房，你还可以在室内做锻炼。餐厅十分漂亮，特色菜不

出所料，就是鲜鱼料理。

★ **Landhotel Grünberg am See** 客栈 $$

（☎07612-777 00；www.gruenberg.at；Traunsteinstrasse 109；标单 €85~105，双 €130~180；P ⊖ @ 📶）这家由家族经营的可爱酒店就坐落在湖畔，距离城中心10分钟车程，提供明亮宽敞的客房（不过装饰无甚新意）。对于那些想要湖景和阳台的人，这里绝对值得。餐厅里供应湖鱼，也能看到风景，摆满了书的早餐室则十分舒适。提供半膳。

Hotel Magerl 酒店 $$

（☎07612-636 75；www.pension-magerl.at；Ackerweg 18；标单 €59~68，双 €104~119；P @ 📶）这家杂乱的旅馆分布在缆车站附近的3座建筑里。主楼从外边看非常乏味，但客房干净且风格现代。推荐要一间地板房——除了有地板以外，房间的装修也比较好。

Keramikhotel Goldener Brunnen 酒店 $$

（☎07612-64 43 10；www.goldenerbrunnen.at；Traungasse 10；标单€110，双€125~160；P 📶）这家袖珍的酒店地处中心位置，客房是崭新、舒适的企业风格。公共空间更有氛围，有陶瓷装饰，还有个口碑很好的奥地利爽心美食餐厅（主菜€9~15）。

Konditorei Grellinger 面包房 $

（www.konditorei-grellinger.at；Franz-Josef-Platz 6；蛋糕和油酥点心 €1.50~5；⊙周四至周二 9:00~18:30）尽管湖边挤满了游客，这家历史悠久的面包房（Konditorei）显然吸引了更多的当地人。漂亮的内饰富有年代感，其布置在现代人眼中颇具美感，光是这些就值得你过来喝杯（非常不错的）咖啡了，而且这里的油酥点心也值得赞扬，有简单的干果或罂粟籽馅可颂面包（Kipferl），也有精致的水果蛋糕。

饮品和夜生活

★ **Brot & Wein** 葡萄酒吧

（☎07612-703 56；www.brot-und-wein.at；Marktplatz 20；⊙周二 10:00~14:00和17:00~22:00，周三至周五 17:00~22:00，周六 12:30~22:00）老板惊人的现代艺术海报收藏可以追溯到20年前，它们组成了这家优秀的地下室葡萄酒吧的壁纸。在工作日的傍晚过来享用优质的葡萄酒和冷切拼盘。或者，如果你周六在城里的话，和当地人与商人们一起享用精心烹制的热乎乎的午餐（€16~22）。

购物

Wolfgang Leimer 二手店、陶瓷

（Kirchengasse 5；⊙周一和周四 11:00~12:30，周二和周五 11:00~18:00，周六 11:00~17:00，周三和周日歇业）这家二手专门店货品繁多却不拥挤。各种家居用品、过时的小玩意儿、家具和衣服分散在几个房间里，被陈设在沿街的玻璃窗里。这里可以淘到本地标志性的白底绿纹釉面陶瓷器。

Der Kleine Laden 服装

（☎0664 456 83 81；www.ingridthallinger.at；⊙周五 10:00~12:30和14:30~18:00，周六 10:00~13:00）这家时尚的小店出售英格丽德·塔林格（Ingrid Thallinger）漂亮的纺织品，包括用环保材料手工制作的帽子、围巾和平织的上装和下装。作为长时间生活在这里的本地人，塔林格还展示出其他格蒙登制作者的作品，而在周末营业的时候，街道上的氛围本身也相当欢快。

实用信息

Gästezentrum der Ferienregion Traunsee（☎07612-643 05；www.traunsee.at；Toscanapark 1；⊙旺季 周一至周五 8:00~20:00，周六和周日 10:00~19:00，5月、6月和9月至10月中旬 周一至周五 8:00~18:00，周六和周日 10:00~16:00，10月中旬至次年4月 周一至周五 9:00~17:00，周六 9:00~13:00）湖泊一带的区域性旅游局，可以预订住宿，有Movelo电动自行车站。在11月至次年4月也处理城区的旅游服务。

旅游局（☎07612-65 75 20；www.traun see.at/gmunden；Rathausplatz 1；⊙5月至10月 周一至周五 9:00~17:00）有城区和湖泊的信息和地图，还有季节性的城区步行游览。帮助预订住宿。在11月至次年4月期间，区域性旅游局Gästezentrum der Ferienregion Traunsee会接手全部职责。

到达和离开

船

Traunsee Schiffahrt（见238页）运营的船在5月中

旬至10月上旬期间从格蒙登开往埃本塞，可沿途观赏景致。格蒙登与埃本塞之间的单程旅途（成人/儿童€11/8）时长70分钟。桨轮蒸汽船Gisela在7月和8月的周日会开船（额外收取€3）。

火车

格蒙登的Hauptbahnhof是城里的主要火车站；这里位于从Attnang-Puchheim到Stainach-Irdning的萨尔茨卡默古特铁路线上。火车定时开往巴特伊施尔（€17.70，45分钟，每1小时到1小时30分1班），不过前往萨尔茨堡需要多次换乘（€17.70，2小时）。靠近游艇码头的Seebahnhof公司经营慢速的私人铁路，始发站是Vorchdorf-Eggenburg。

主火车站位于城中心西北方2公里处，从那里你可以搭乘全奥地利最短（也是运营时间最久）的电车服务。在每班火车抵达之后都有G线电车（€2.10）开往Franz-Josef-Platz。

特劳恩基兴（Traunkirchen）

☎07617/人口：1643

迷人的小村庄特劳恩基兴位于特劳恩湖西岸中间的一小片土地上。这里以教区教堂里的木质**渔夫布道台**（Fischerkanzel; Fisherman's Pulpit; Klosterplatz 1; ⊙8:00~17:00）而闻名。它雕刻于1753年，描绘了捕鱼的奇迹，宗徒们站在一艘盆状的船里，拉起装满了鱼的渔网。其构图、色彩（以金银色为主）和细节（即便是眼球突出的扭动的鱼）创造出鲜活的效果。

活动

Schifffahrt Loidl 划船

（☎0664-371 56 46; www.schifffahrt-traunsee.at; Ortsplatz; 脚踏船/电动船租赁 每小时€10/15; ⊙5月至9月 8:00~17:00）这里出租脚踏船和电动船，最适合自己探索特劳恩湖。

食宿

Hotel Post 酒店 $$

（☎07617-230 70; www.hotel-post-traunkirchen.at; Ortsplatz 5; 标单/双 €103/166起; Ⓟ📶）这家度假小屋风格的酒店的55间宽敞现代且超级舒适的客房全部带有阳台，窗口花坛在夏季开满了天竺葵。前边的客房能够以最佳的角度欣赏到被群山环绕的湖景。室内设施包括了迷你吧台；楼下的餐厅（主菜€11.80~23）供应丰盛的传统奥地利菜。

Restaurant Bootshaus 奥地利菜 $$$

（☎07617-22 16; www.dastraunsee.at; Klosterplatz 4; 主菜 €31~37, 4/5/6道菜套餐€65/75/85; ⊙周四、周五和周一 18:00~21:00，周六和周日 正午至14:00和18:00~21:00）这家巧妙改造的船屋（Bootshaus）位于湖畔，湖光山色尽收眼底，大厨卢卡斯·纳格尔（Lukas Nagl）采用本地食材制作美食：特劳恩湖螃蟹汤；嫩煎牛肝菌（porcini；采自周围的森林）配牛油果酱；鹿肉配樱桃酱；以及湖中打捞的鲤鱼配芦笋和辣根。还有配套的优质葡萄酒。

实用信息

旅游局（☎07617-22 34; www.traunsee.at; Ortsplatz 1; ⊙周一至周五 8:00~12:00和13:00~17:00）旅游局是新开的文化中心的一部分，提供住宿和咨询帮助。

到达和离开

从格蒙登开往特劳恩基兴的火车每小时1班（€2.40，15分钟）。

埃本塞（Ebensee）

☎06133/人口：7706

埃本塞位于碧绿的特劳恩湖的南岸，是一座迷人而低调的集镇。这里被壮观的山峰环绕，从这里能前往低调的Feuerkogel滑雪。

埃本塞有一座"二战"时期的集中营，后者是毛特豪森（Mauthausen）集中营群落的一部分。这里被认为是纳粹最恶劣的强制劳动营之一，但这里没有什么对于这段恐怖历史的纪念。

活动

一辆**缆车**（往返成人/儿童 €21.50/10.70; ⊙每小时1班）向上开往**Feuerkogel**（1592米），然后你能找到通往一片平坦台地的步径。步行不到1小时就到了**Alberfeld-kogel**（1708米），后者是一片受欢迎的自然保护区，夏季适合徒步，冬季有越野滑雪；这里能够看到2座Langbath湖泊的绝佳美景。Feuerkogel也提供冬季滑雪（www.feuerkogel.net；1日通票成人/儿童 €34/14.40；），有初级至终极雪道。

节日和活动

Glöcklerlauf 文化节

（1月5日）在每年的主显节（Epiphany）前夜，埃本塞的男人们会戴上用薄绉纸做成的巨大发光头饰，这一仪式受到异教的影响，但如今已经基督教化了。这些"Glöckler"（大约有300个）在天黑后游曳于街道上，希望能够驱赶恶灵并赢得仁者的青睐。

实用信息

旅游局（06133-80 16；www.ebensee.com；Hauptstrasse 34；周一至周五 9:00至正午和13:00~17:00）有关于住宿特别是徒步和骑山地自行车（租车信息和路线）等的实用细节。位于Landungsplatz火车站旁边。

到达和离开

从萨尔茨堡开往Ebensee-Landungsplatz（而不是更大的埃本塞站）的火车每小时或每半小时1班。

阿特湖（Attersee）

07666/人口：1590

这里是萨尔茨卡默古特最大的湖泊，湖边的山丘往南渐渐变成高山。这里也被称作卡默湖（Kammersee），得名于其主要市镇的湖边居民区，阿特湖在萨尔茨卡默古特的湖泊中景色不出众，游人也很少。不过，这里的清风和清冽的湖水吸引着本地的水手，以及在盛夏前来游泳的人们。湖里还有很多鱼类，在这边的餐厅里可以品尝到。

景点

古斯塔夫·克里姆特中心 博物馆

（Gustav Klimt Zentrum；www.klimt-am-attersee.a；Hauptstrasse 30,Kammer；成人/儿童 €6/3；7月和8月 9:00~16:00，4月至6月、9月和10月 周三至周日 10:00~15:00）高科技多媒体展览概括介绍了象征派画家古斯塔夫·克里姆特（Gustav Klimt）的生平和他关于阿特湖的作品，对于克里姆特迷们来说可以媲美克劳德·莫奈（Claude Monet）笔下的吉维尼（Giverny）。这里还有个电影院放映介绍性的影片，影片配有英文字幕。这里常展出一件借来的原作。你可以租一个湖边古斯塔夫·克里姆特艺术家小径（Gustav Klimt-Themenweg）的语音导览（€3）。

古斯塔夫·克里姆特艺术家小径 公共艺术

（Gustav Klimt-Themenweg；Gustav Klimt Artist Trail；Kammer）免费 这条2公里长的湖边步道有印着古斯塔夫·克里姆特作品的信息板。这位维也纳分离主义画家在20世纪伊始定期来阿特湖畔待一段时间，在这里画下了许多知名的风景画；小径经过他的夏季寓所。

活动

SUP Attersee 水上运动

（www.sup-attersee.at；Strandbad Badgasse,Unterach am Attersee；装备租赁每小时/天 €12/50；7月和8月 11:00~19:00，4月至6月和9月周六和周日 正午至18:00）SUP Attersee出租立式桨板，你可以借此到水温26℃的湖中游弋。

Attersee-Schifffahrt 划船

（www.atterseeschifffahrt.at；5月至9月中旬）5月上旬至9月下旬，这里会组织在南湖区（€18/9，2小时15分钟）和北湖区（成人/儿童 €12/6，1小时15分钟）的巡游，在7月和8月则会巡游整个湖区（€21/10.50，3小时45分钟）。

实用信息

旅游局（07666-77 19；www.attersee.at；Nussdorferstrasse 15；周一至周五 9:00至正午和14:00~17:00，周六和周日 9:00至正午，9月至次年6月 周末关闭）可以帮助预订酒店，还有水上装备租赁的地址。

到达和离开

湖边市镇阿特湖和舍夫灵（Schörfling）都通过一条林茨—萨尔茨堡主线的支线与铁路

网相连（只有区域性火车站）；要想去Kammer-Schörfling，在Vöcklabruck转车，要想去阿特湖则在Vöcklamarkt转车。

沃尔夫冈湖（Wolfgangsee）

这座湖得名于一个本地的圣徒，有两个非常受欢迎的度假胜地，圣沃尔夫冈和圣吉尔根（其中圣沃尔夫冈最迷人）。湖边的第三座市镇施特罗布尔，相对不起眼一些，但十分宜人，位于一条通往Postalm（1400米）的观光收费公路（每车每人€3）的起点。

沃尔夫冈湖的北岸是1783米高的沙夫山（Schafberg）。峰顶有奥地利最古老的高山旅馆和一家餐厅，还能欣赏到蒙德湖、阿特湖当然还有沃尔夫冈湖的全景风光。一辆可爱的颇有历史感的蒸汽火车在夏季会开上峰顶，穿过繁茂的田野和阴暗的森林。

到达和离开

通往圣沃尔夫冈的唯一公路从东边的施特罗布尔蜿蜒前行。有一辆**邮政巴士**（见232页）往返圣沃尔夫冈和圣吉尔根（€5.70，50分钟），中途在施特罗布尔换乘。要乘大巴去萨尔茨堡（€9.10，1小时45分钟），你需要在圣吉尔根或施特罗布尔坐车（€2.40，12分钟）。

当地交通

在3月末至10月期间有**渡轮服务**（www.wolfgangseeschifffahrt.at；⏲5月至10月），从施特罗布尔开往圣吉尔根（成人/儿童 €9.80/4.90，75分钟），中途停靠多站。在6月下旬至9月上旬期间班次最为频繁。从圣沃尔夫冈开往圣吉尔根的船只（€7.40/3.70，35分钟）在6月下旬至9月上旬的旺季白天每30分钟一班，在春季和秋季则减少到四五班。

圣吉尔根（St Gilgen）

☎06227/人口：3675

圣吉尔根距离萨尔茨堡29公里，非常容易抵达，因而深受一日游游客的欢迎，近年来当地也因为优美的风景而越来越人气高涨。这里与更加安静的施特罗布尔一起非常适合作为湖边水上运动的大本营，并且也没有圣沃尔夫冈那么拥挤。

景点

莫扎特故居 博物馆

（Mozarthaus；☎06227-202 42；www.mozarthaus.info；Ischlerstrasse 15；成人/儿童€4/2.50；⏲5月至10月 周六和周日 10:00至正午）全世界共有5个莫扎特故居，但这里关于莫扎特家族的讲解最有趣，其中对于他姐姐“南妮儿”［Nannerl；玛利亚·安娜（Maria Anna）］的介绍尤其有趣，她自己本身就是一名才华横溢的作曲家和音乐家。多语影片讲述了他们的故事，而且还有个小展览。

民族乐器博物馆 博物馆

（Muzikinstumente-Museum der Völker；Folk Music Instrument Museum；www.hoerant.at；Aberseestrasse 11；成人/儿童 €4/2.50；⏲6月至10月中旬 周二至周日 9:00~11:00和15:00~19:00，11月至次年5月 周一至周四 9:00~11:00和15:00~18:00，周五 9:00~11:00，周日15:00~18:00）这家令人舒适的小博物馆有着1500件来自世界各地的乐器，它们全部是一位音乐老师收藏来的。这家人的儿子阿斯科尔德·楚姆埃克会弹奏所有这些乐器，并且很乐意演示上好几个小时。有时也允许游客弹奏。

地方历史博物馆 博物馆

（Heimatkundliches Museum；www.heimatkundliches-museum-sankt-gilgen.at；Pichlerplatz 6；成人/儿童€4/2.50；⏲6月至9月 周二至周日 10:00至正午和15:00~18:00）这座市镇博物馆兼收并蓄地收藏了各种展品，从刺绣作品（最初在这座建筑中绣成）到宗教物品乃至动物标本。

活动

风帆、滑水和帆船等水上运动在圣吉尔根十分受欢迎。在游艇码头的另一头有个市镇游泳池和一块小沙滩（免费），附带一片草地区。

从这片度假区上拔地而起的高山是1520米的Zwölferhorn（www.12erhorn.at；缆车成人/儿童往返€24.50/15），从山上能看到不错的风景，还有通回圣吉尔根的徒步路线（2小时至2小时30分钟）。冬季还可以滑雪下坡。

圣吉尔根拥有湖畔最大的游乐场之一，位于靠近渡口的岸边。除了秋千以外，这里还有精巧的吊索（flying fox）和滑梯，以及可以攀爬或玩耍的东西。部分区域有遮篷。

食宿

★Jugendgästehaus Schafbergblick
青年旅舍 $

(☎06227-23 65; www.jugendherbergsverband.at; Mondseer Strasse 7; 铺/标单/双 €30/37/60; ⌚前台周一至周五 8:00~13:00和17:00~19:00, 周六和周日 17:00~19:00; P@🛜)这家漂亮的青年旅舍有整洁明亮的客房、草地以及位于湖畔的绝佳位置。不过,这里在学期中有许多学校团体。

★Gasthof Zur Post
客栈 $$

(☎06227-21 57; www.gasthofzurpost.at; Mozartplatz 8; 标单 €115~150, 双 €152~190, 家庭 €225; P@🛜)这家老旅馆的客房设计精美——有些是这片地区最时尚的。有的房间在简单现代的基调中结合了古董物件,而有些则拥有舒适的现代质朴风格,配有亮色毛毡和白色木材。餐厅(主菜 €15~20)供应地方特色,可以在拥有低矮的天花板和白色的粉刷墙壁的餐室内或优雅的露台上用餐。

Pension Falkensteiner
家庭旅馆 $$

(☎06227-23 95; www.pension-falkensteiner.at; Salzburgerstrasse 13; 标单/双 €59/118; P🚭@)这里不加修饰但一尘不染,管理者乐于助人。所有的房间都很大,有的带阳台。

★M.
牛排、比萨餐馆 $$

(www.mwolfgangsee.at; Ischlerstrasse 18; 牛排 €13.90~23.90, 意面 €9.20~14.40, 比萨 €7.20~11.20; ⌚周一至周五 17:00~22:00, 周六和周日 11:00~22:30)这家气氛轻松的"地中海"餐厅位于湖边,拥有现代的餐室和花园露天餐位。你可以外带比萨(味道正宗),菜单上还有几种精心制作(虽然有点无甚新意)的意面、烩饭和沙拉。

Fischer-Wirt Restaurant
奥地利菜、海鲜 $$

(www.fischer-wirt.at; Ischlerstrasse 21; 主菜 €9.50~18.50; ⌚8:00~14:00和18:00~21:00)这家海鲜餐厅人气很高,位于湖畔,用三种方式烹制湖鱼:炸鱼配欧芹土豆、三文鱼排配意大利烩饭,或者同时包含了这两种以及青口和明虾的海鲜晚餐拼盘。

饮品和夜生活

Zwolfer Alm Bar
酒吧

(www.12eralm.at; ⌚周四至周日 18:00至次日1:00)Zwolfer Alm Bar是一家典型的度假村酒吧,是一个吵闹缤纷的地下派对区,在晚上过了9点之后就从饮酒场所变成了蹦迪场所。活动和派对见网站。

实用信息

旅游局(☎06227-23 48; www.wolfgangsee.at; Mondsee Bundesstrasse 1a; ⌚周一至周五 9:00~19:00, 周六 至17:00, 周日 10:00~17:00; 🛜)帮助寻找住处且有Wi-Fi热点。Mozartplatz上的市政厅(Rathaus)里还有手册。

到达和离开

从萨尔茨堡搭乘邮政巴士(见232页)到圣吉尔根要50分钟,大巴傍晚之前每小时发车1班(€6.70);之后大巴开往施特罗布尔和巴特伊施尔(€5.70, 40分钟)。大巴站靠近缆车基站。

5月至9月上旬大约每小时有1班船(见244页)开往圣沃尔夫冈(成人/儿童€7.40/3.70, 45分钟),在平季(5月、9月和10月)会减少到每天几班。

Hwy 154公路往北有一段观光路线通往蒙德塞。

圣沃尔夫冈 (St Wolfgang)

☎06138/人口: 2820

圣沃尔夫冈是一座迷人的市镇,位于沃尔夫冈湖陡峭的湖岸上。尽管这里的街道在白天挤满了游客,傍晚通常就会平静下来了,这时是安静地沿着树木丛生的湖畔漫步的最佳时间,沿途会经过吱吱作响的木头船屋。

村子的主要名声来源于其朝圣地的身份,如今游客们仍旧过来看那座建于14世纪的教堂,教堂里摆满了艺术珍宝。

景点

朝圣教堂
教堂

(Wallfahrtskirche; Pilgrimage Church; www.pfarre-sankt-wolfgang.at; Markt; €1; ⌚5月至9月 8:00~18:00, 10月至次年4月 至16:00)圣沃尔夫冈令人印象深刻的朝圣教堂是一座壮观的宗教艺廊,其藏品有华丽的祭坛(从哥特式到巴洛克式都有)、一个奢华的布道台、一架精美的管风琴和无数件雕像与画作。其中最令人印象深刻的作品是三翼高祭坛，由著名的宗教艺术家米夏埃尔·帕赫（Michael Pacher）制作于1471至1481年间——它是德国哥特风格的完美典范，用意大利文艺复兴时期的技艺增添了艺术效果。

活动

许多酒店设有小码头，便于游泳。一本旅游局的手册里详细介绍了这里提供的许多水上运动。你可以步行或骑行去6公里外的施特罗布尔（大约1小时30分钟步程）度过一个可爱的下午，用游泳结束行程。

沙夫山铁路　铁路

（Schafbergbahn；www.wolfgangseeschifffahrt.at；Schafbergbahnstrasse；成人/儿童 单程€24/12，往返 €34/17；5月至10月）如果你不想从圣沃尔夫冈步行4个小时前往沙夫山1783米的峰顶，搭乘这辆历史悠久的蒸汽火车吧，这是奥地利坡度最陡的齿轨铁路。火车曾经作为重要角色在《音乐之声》（*The Sound of Music*）中出现，是当地的可爱地标，沿途也会经过一些美丽的高山风光。

火车大约在上午9点15分至下午3点之间每小时发车1班（下坡的末班车发车时间为晚5点15分）。不过旅途十分受欢迎，以至于你有可能连下一班火车都上不去。请早排队，购买一张特定时间的车票，然后沿着湖边或者在圣沃尔夫冈四处闲逛到发车时间。除了夏季以外，火车在将临节期间（Advent）也会运行，在11月中旬至12月中旬的周末上下山。

住宿

★Hotel Cortisen am See　精品酒店 $$

（06138-237 60；www.cortisen.at；Pilgerstrasse 15；双 €125~195）酒店老板罗兰·巴尔纳（Roland Ballner）不遗余力地使住客在这家湖边的安静住处感到宾至如归，这里从外边看来似乎完全是奥地利的传统风格，但里边却是色彩缤纷且风格独特。除了迷人的内部空间外，这里还有美丽的湖边休息区和一个漂亮的餐厅。注意：这是一家孩童不得入住的酒店。

Hotel Peter　酒店 $$

（06138-230 40；www.hotelpeter.at；Markt 54；标单/双 €100/150；套 €185；P@）这家四星级酒店的宽敞客房带有俯瞰湖面的阳台，还有大卫生间和老派（尽管有些旧）的装饰。餐厅（主菜 €15~21）有个俯瞰湖面的露台，供应意面和不错的鱼类拼盘，拼盘里摆满了水煮、油炸和烧烤的本地鱼肉。这里还有Wi-Fi。

Seehof Pension Apartments　公寓 $$

（06138-23 08；www.pension-seehof.com；Markt 68；双/家庭/四至六人公寓 €200/185/235；P）这些明亮的公寓非常舒适，全部带有湖景露台；如果你与人同住的话，较大的公寓性价比很高。现代化的厨房一尘不染，有些配有洗碗机和微波炉，而其他的设备就没这么齐全了。全部公寓都方便轮椅通行（有直梯）。

★Im Weissen Rössl　豪华酒店 $$$

（06138-23 06；www.weissesroessl.at；Markt 74；标单 €165~195，双 €240~410；P@）这里是圣沃尔夫冈最有名的酒店，拉尔夫·贝纳茨基（Ralph Benatzky）的轻歌剧《白马酒店》（*The White Horse*）的故事场景就发生在这里。客房别具一格，但有些陈旧，较贵的房间里有阳台且能看到湖景。不管怎样，所有人都是奔着这里的健康区和完美的高级欧式服务来的。

就餐

See Eck　奥地利菜 $$

（0699 109 164 81；www.see-eck.at；Markt 92；主菜 €8~15；周二至周日 15:30至午夜）这家光鲜友好的葡萄酒吧最适合圣沃尔夫冈年纪较大且经济较宽裕的游客，每天晚上都有菜式较少但十分美味的晚餐。带有意大利风味的菜式，如鱼排配金枪鱼鱼籽意面（fregola；一种撒丁岛意面）或藏红花茴香鞑靼牛肉配番茄，与常见的奥地利菜相比美味而清淡。

Im Weissen Rössl　奥地利菜 $$$

（www.weissesroessl.at；Markt 74；主菜 €12.50~33.50）这家高口碑且极其传统的酒店有两家餐厅和一个可爱的葡萄酒窖。Seerestaurant（主菜 €12.50~19）全天开放，提供更为随意的地方和各国菜式，而Romantik则拥有正式的6道菜套餐，收费€65，也可以照单点菜（仅限晚餐；主菜€29至33.50）。

实用信息

旅游局（☎06138-80 03；www.wolfgangsee.at；Au 140；⏰周一至周五 9:00~19:00，周六 至18:00，周日 10:00~17:00；📶）这个旅游局有贴心的工作人员，位于东部隧道的入口，有Wi-Fi热点。

旅游局（Michael-Pacher-Haus；www.wolfgangsee.at；Pilgerstrasse；⏰6月至9月 9:00至正午和14:00~17:00）城里有两个旅游局，这是第二个，规模较小且靠近公路隧道的西北端。

到达和离开

通往圣沃尔夫冈的唯一公路与西边的施特罗布尔相通。

在5月至9月上旬大约每半小时有1班船（见244页）开往圣吉尔根（成人/儿童 €7.40/3.70，45分钟），平季（5月、9月和10月）减少至每2小时1班。此外还有脚踏船和老式船（额外收费1€）。沃尔夫冈湖的渡轮在村中心（Markt站）和沙夫山铁路（见246页）停靠。

往返圣沃尔夫冈和圣吉尔根的邮政巴士（见232页；€5.70，50分钟）在施特罗布尔换乘。要坐大巴前往萨尔茨堡（€9.10，1小时45分钟），你需要去圣吉尔根或施特罗布尔（€2.40，12分钟）。

当地交通

Pro Travel（☎06138-25 25；www.protravel.at；Markt 152；每天山地自行车租赁 €25，电动自行车/电动山地自行车租赁 €20/37；⏰9:00~18:30）有各种自行车出租，其中包括电动自行车。他们很乐于提供步行和骑行路线的建议；你可以在前一晚预订他们的**Schwarzensee**（见本页）摆渡服务。

施特罗布尔（Strobl）

☎06137/人口：2750

圣沃尔夫冈和圣吉尔根等高调的沃尔夫冈市镇当然吸引了众多的游客，然而位于湖东端的名气更小也更低调的施特罗布尔也很值得一来，这里氛围友善而低调，有不错的徒步和骑行路线。

活动

Schwarzensee　山地自行车、徒步

Schwarzensee距离施特罗布尔9公里，海拔715米，非常适合一日游——无论是徒步还是常规项目或是骑电动自行车，后者可以在**Sport Girbl**（☎06137-74 84；www.sport-girbl.at；Bahnstrasse 300；自行车租赁 每天 €10~28；⏰8:00至正午和14:30~18:00）租到。这里风景优美且僻静，可以游泳，有几家小餐厅，其中的Alm-Stadl Schwarzensee供应美味的烟熏湖鳟（还有个Movelo电动自行车电池交换站）。

食宿

★Hotel Stroblerhof　酒店 $$

（☎06137-73 08；www.stroblerhof.at；Ischlerstrasse 16；标单/双 €80/160；P ⊖ @ 📶）这家时尚的酒店是施特罗布尔最好的食宿场所。这里将舒适的度假小屋风格与简洁的现代线条相结合，有个非常放松的泳池区，是这片地区的一个惊喜。

Alm-Stadl Schwarzensee　奥地利菜、海鲜 $

（☎0664 266 44 98；Schwarzensee；主菜 €9~15.50；⏰4月至11月上旬 10:00至午夜）Alm-Stadl Schwarzensee是位于偏僻而优美的Schwarzensee湖边的几家餐厅之一，供应美味的烟熏湖鳟。这里还有个Movelo电动自行车的电池交换站。

到达和离开

邮政巴士（见232页）的150路开往圣吉尔根和圣沃尔夫冈，你可以在这两地转车前往萨尔茨堡。

蒙德塞（Mondsee）

☎06232/人口：3305

蒙德塞城沿新月形湖泊的北端蔓延，蒙德湖以温暖的湖水著称。外加这里靠近萨尔茨堡（30公里外），萨尔茨堡人在周末非常喜欢来这里的湖边度假，也不缺城市的舒适。

景点

圣米迦勒小教堂　教堂

（Basilica Minor St Michael；www.pfarre-mondsee.com；Kirchengasse 1；乐捐；⏰9:00~19:00）如果不喜欢电影《音乐之声》，那就早点出城去吧。即便是这座15世纪的教区教堂的柠檬黄色巴洛克风格立面（顺便说一句，是在1740年加上的），也因为成为电影中冯特拉普（von Trapp）的婚礼背景而备受追捧。

蒙德塞地区博物馆和高脚屋博物馆 博物馆

(Museum Mondseeland und Pfahlbaumuseum; www.mondseeland.org/museen.html; Marschal-Wrede-Platz; 成人/儿童 €3/1.50; ⌚7月和8月 周二至周日 10:00~18:00, 5月、6月和9月 周二至周日 至17:00, 10月 周六和周日 10:00~17:00)这座博物馆位于教区教堂的隔壁, 展示了石器时代的出土文物以及这片地区的隐修历史(因为蒙德塞是一个非常老的隐修院遗址)。

活动

Segelschule Mondsee 水上运动

(☎06232-354 82 00; www.segelschule-mondsee.at; Robert Baum Promenade 3; 风帆/皮划艇/立式桨板租赁每半天 €35, 帆船租赁每小时/天 €18/60起; ⌚5月至9月 9:00~18:00)这家店很大, 提供帆船、皮划艇、风帆和立式桨板(SUP)课程, 以及装备租赁。

住宿

Jugendgästehaus 青年旅舍 $

(☎06232-24 18; www.jugendherbergsverband.at; Krankenhausstrasse 9; 铺/标单/双 €27/37/60; P 📶)这家现代的青年旅舍是国际青年旅舍联盟的会员, 距离坡下的市镇中心只有几分钟的步程。这里的普通房型简单舒适。

Hotel Krone 酒店 $$

(☎06232-22 36; www.hotelkrone.org; Rainerstrasse 1; 标单 €75, 双 €104~144; P 📶)这家三星级酒店迷人、舒适且地理位置优越, 拥有整洁(尽管略显平庸)的客房, 有的带阳台。这里有中间有门相通的双人房, 对于家庭来说很实用。**餐厅**(主菜 €11.50~16.20)在周三至周一午餐和晚餐时间开放。

★**Seegasthof-Hotel Lackner** 酒店 $$$

(☎06232-23 59; www.seehotel-lackner.at; Mondseestrasse 1; 房 €230~260, 标套 €290~320; P 🚭)Lackner位于蒙德湖畔, 提供优雅现代的客房, 房内带有阳台和可爱的湖景。在芦苇间有一块私人沙滩, 而出色的露台**餐厅**(周二歇业; 主菜 €17~28, 6道菜套餐 €75)供应鹿肉和羊肉以及鱼类菜肴, 还有个葡萄酒吧(Vinothek)。

Iris Porsche Hotel & Restaurant 酒店 $$$

(☎06232-22 37; www.irisporsche.at; Marktplatz 1; 标单 €160~190, 双 €200~260; P ❄ 📶)这家商务酒店现代高档, 客房有可爱的木地板, 部分房间还带有小型屋顶露台。水疗馆有直梯、健康区、浴缸和蒸汽淋浴。**餐厅**(午餐主菜 €10~16, 晚餐主菜 €18~28)供应精心烹制的鱼类和奥地利菜肴。淡季折扣很大。

就餐

★**Holzingerbauer** 奥地利菜 $

(☎06232-38 41; www.holzingerbauer.at; Oberburgau 12; 菜 €6~15; ⌚周一、周二、周四和周五 15:00~23:00)这家农场餐厅距离蒙德塞只有一小段车程, 供应小食拼盘(Jause), 环境如田园牧歌般令人惬意。面包上涂抹的酱料种类丰富, 而且都是自制的, 而对于奥地利度假者们来说这里的魅力就来源于Holzingerbauer自产的本地苹果酒Most。

★**Schlossbräu Mondsee** 奥地利菜 $$

(☎06232-50 01; www.schlossbraeu-mondsee.at; Schlosshof 1a; 主菜 €15~22; ⌚周二至周五 10:30至午夜, 周六和周日 9:00~16:00)这家杂乱的小酒馆设法成功超出了一般酒店餐厅的水准。这里俯瞰主广场和圣米迦勒小教堂, 户外有个夏季露台, 室内的拱顶下方有成堆的木餐桌。来一份德国香肠或是烤鲜湖鱼; 年轻的店员友善且乐于为你倒杯啤酒。

实用信息

旅游局(☎06232-22 70; www.mond see.at; Dr Franz Müller Strasse 3; ⌚周一至周五 8:00~19:00, 周六和周日 9:00~19:00, 10月至次年5月 周六和周日关闭)可以帮你搞定住宿和徒步地图。

到达和离开

来往蒙德塞和萨尔茨堡的**邮政大巴**(见232页)服务(€10.15, 45分钟)每小时1班; 工作日有5班直达圣吉尔根的大巴(€4.60, 20分钟)。

打车(☎0664 220 00 22)去圣吉尔根最多需要€30。

萨尔茨堡和萨尔茨堡州

包括 ➡

最佳就餐

- ➡ Magazin（见268页）
- ➡ Esszimmer（见268页）
- ➡ Obauer（见278页）
- ➡ Steinerwirt（见283页）
- ➡ Ginger & Gin（见289页）

最佳住宿

- ➡ Haus Ballwein（见262页）
- ➡ Villa Trapp（见265页）
- ➡ Bio-Hotel Hammerhof（见279页）
- ➡ Pension Hubertus（见283页）
- ➡ Alpenblick（见289页）

为何去

萨尔茨堡州是奥地利面积最小的州之一，却声名斐然。这片小小的土地孕育了莫扎特、玛利亚·冯特拉普等名人，采邑总主教（prince-archbishop）的历史在这里延续了600年。在电影《音乐之声》中，朱莉·安德鲁斯（Julie Andrews）兴高采烈地沿山坡蹦跳而下，口中高呼“来奥地利吧！”的场景令人难忘，这片土地由此也吸引了世界的关注。萨尔茨堡州能唤醒你童年对奥地利的畅想，也是酥脆的苹果卷、跳舞的提线木偶以及高踞山顶的城堡的家乡。

萨尔茨堡完全符合人们对宏伟的定义：巴洛克风格的杰作、古典音乐的传奇以及奥地利的宗教腹地。但这些绝美的人文景观与当地的自然风光相比，也要甘拜下风。深邃的沟壑、闪光的冰洞、喀斯特高原和神话中的高山勾勒出萨尔茨堡城郊的美景，这种高山的绚丽是任何精心编排的交响乐或唱着约德尔调的修女都无法展现出来的。

何时去

➡ 冬季旅游高峰期从12月持续到次年4月，届时阿尔卑斯度假村价格会涨到最高。萨尔茨堡的圣诞集市闪烁着灯光。1月时交响乐团会开始在莫扎特周（Mozartwoche）开办音乐会，热气球会升上菲尔茨莫斯（Filzmoos）的顶峰。

➡ 在夏季，萨尔茨堡的房价飞涨，而阿尔卑斯度假村的价格则在6月至9月期间急剧下降。要参加萨尔茨堡音乐节在7月下旬至8月举行的大型的歌剧、古典音乐和戏剧盛宴，请提前几个月预订。去石灰岩构成的的滕嫩山脉和达赫施泰因山脉以及冰川覆盖的上陶恩山国家公园，或是位于湖畔的凉爽的滨湖采尔进行高海拔徒步。

➡ 在平季的4月、5月、10月和11月，游人更少房价更低。萨尔茨堡会举办复活节古典音乐节。

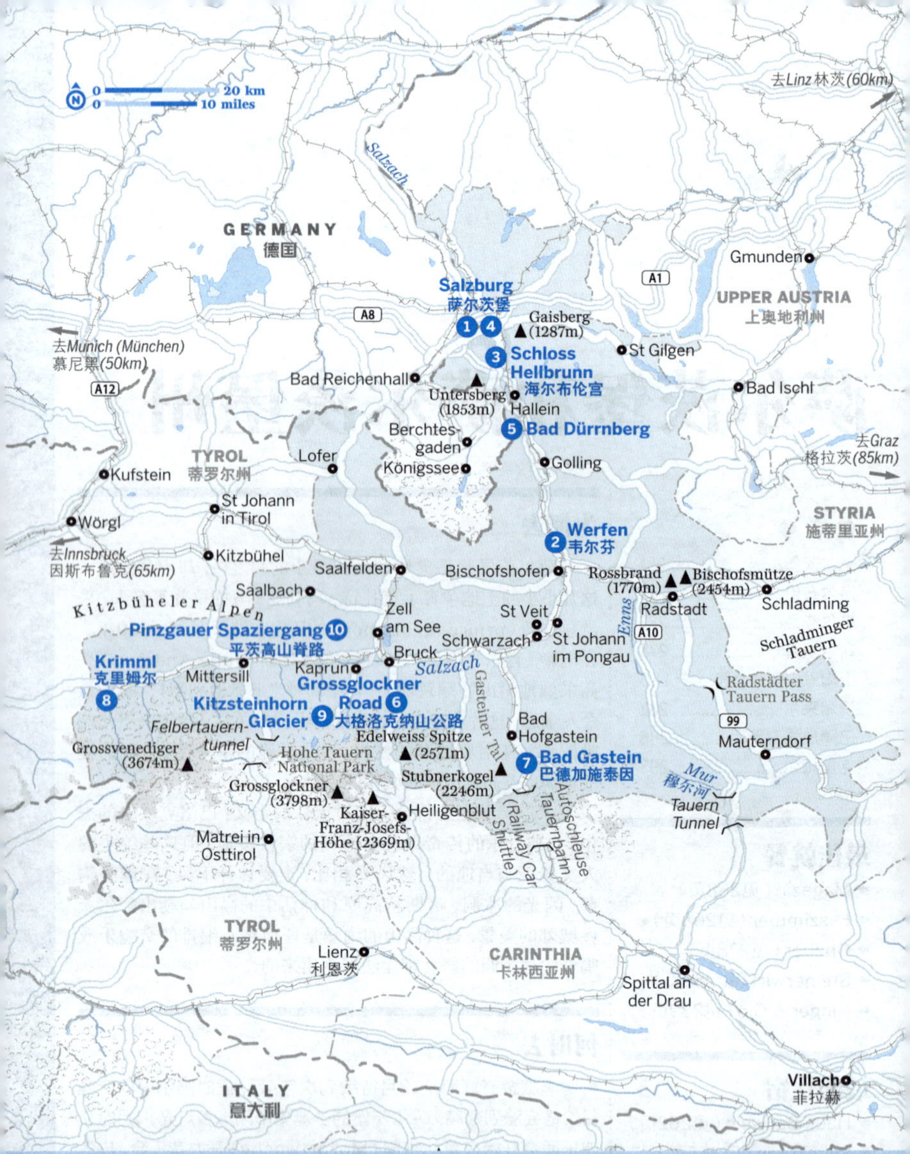

萨尔茨堡和萨尔茨堡州亮点

❶ **萨尔茨堡要塞**（见251页）欣赏萨尔茨堡的全景。

❷ **埃斯瑞森韦尔特冰洞**（见277页）进入韦尔芬的世界最大冰洞。

❸ **海尔布伦宫**（见275页）在这座奢华的宫殿被喷泉淋湿。

❹ **米拉贝尔宫**（见253页）在这里精美的花园中唱《哆来咪》。

❺ **盐矿**（见275页）深入Bad Dürrnberg的盐矿内部。

❻ **大格洛克纳山公路**（见291页）在这条高海拔公路上驾车。

❼ **加施泰因岩石温泉**（见287页）在具有疗效的泉水里泡澡。

❽ **克里姆尔瀑布**（见293页）倾听欧洲最高瀑布的轰鸣。

❾ **Kitzsteinhorn Glacier**（见282页）在这座3029米高的冰川上徒步和打雪仗。

❿ **平茨高山脊路**（见288页）来面对奥地利阿尔卑斯的巨兽。

历史

萨尔茨堡的历史可追溯到15世纪，当时占据这片土地的是古罗马城市攸瓦文（Iuvavum）。这座古罗马要塞成为好战的凯尔特部落的攻击对象，最终因为城内肆虐的疾病而惨遭毁灭或遗弃。

圣鲁珀特（St Rupert）建立了第一个基督教王国，并在公元700年左右建造了圣彼得教堂和修道院。几百年过去了，萨尔茨堡的继任总主教们的权力越来越大，最终获得了崇高的"神圣罗马帝国诸侯"（Princes of the Holy Roman Empire）头衔。

沃尔夫·迪特里希·冯莱特瑙（Wolf Dietrich von Raitenau）是1587至1612年间萨尔茨堡最具影响力的采邑总主教，他带头对城市进行了彻底的巴洛克式改造，造就了许多当地最精美的教堂、宫殿和花园。在与巴伐利亚强大统治者进行了一场激烈的盐业纷争后，他被迫下台，死在了监狱里。

这座城市的另一位总主教帕里斯·罗特隆（Paris Lodron；1619至1653年）则让采邑总主教区避开了席卷欧洲的"三十年战争"（Thirty Years' War）。萨尔茨堡在一个世纪后的奥地利王位继承战争（War of the Austrian Succession）期间保持中立，但日渐式微，萨尔茨堡最终在拿破仑战争（Napoleonic Wars）期间落入法国和巴伐利亚的掌控中。在1816年萨尔茨堡成为奥地利帝国的领土，并走上了平缓的经济复苏之路。

20世纪初期这里的人口有所增长，声名赫赫的萨尔茨堡音乐节在1920年开始举办。奥地利在1938年归属于纳粹德国，这座城市约40%的建筑在"二战"期间毁于同盟国的轰炸。它们后来得以重建，恢复了往日的荣光，在1997年，萨尔茨堡历史悠久的老城区（Altstadt）被联合国教科文组织列入世界遗产名录。

到达和当地交通

飞机

从欧洲和美国起飞的定期航班和平价航班都在**萨尔茨堡机场**（Salzburg airport；☎0662-85800；www.salzburg-airport.com；Innsbrucker Bundesstrasse 95；📶）降落，从市区坐大巴20分钟就能到机场。

公共汽车

萨尔茨堡的巴士网络十分高效，由**Salzburger Verkehrsverbund**（SVV；www.salzburg-verkehr.at）运营，坐车去州内较小的村庄十分方便。

火车

萨尔茨堡与奥地利其他地区之间互通非常发达的公共交通，与上陶恩山国家公园和旁边的萨尔茨卡默古特之间有发达的铁路网连接。萨尔茨堡的火车总站（Hauptbahnhof）有便捷的铁路通往德国、意大利和捷克。

萨尔茨堡（SALZBURG）

☎0662 / 人口：146,631

"如果它是巴洛克风格的，就不要去矫正它。"这句玩笑话对于萨尔茨堡来说是完美的准则：盘踞在陡峭山坡下的老城区如梦如幻，保持了250年前莫扎特时期的原貌。站在奔流的萨尔察赫河（Salzach River）边，目光随着优雅的穹顶和尖顶、令人生畏的崖顶要塞和远处的高山逐渐攀升。这绝美的景致令高贵的采邑总主教们和玛利亚骄傲。

除了萨尔茨堡的两大摇钱树（莫扎特和《音乐之声》）以外，这座城市还蕴含着绝美的艺术、可口的食物、精致的公园和安静的小路，路上敞开的窗子里传出古典乐，而音乐厅则全年乐声不断。无论你走在何处，风景、天际线、音乐和历史都让你的思绪飞扬得比朱莉·安德鲁斯跳跃八度的声线还要高。

景点

萨尔茨堡的著名景点都聚集在只可步行的**老城区**。老城区虽横跨萨尔察赫河两岸，但左岸是中心区。这里错综复杂的小巷子适合随意地闲逛，它们通往隐蔽的庭院和中世纪的广场，广场周边则是民宅和巴洛克风格的喷泉。

许多地方在冬季都会略早一些关门，而在萨尔茨堡音乐节期间则会稍微延长开放时间（通常为一两个小时）。

★萨尔茨堡要塞 堡垒

（Festung Hohensalzburg；www.salzburg-burgen.at；Mönchsberg 34；成人/儿童/家庭 €12/

6.80/26.20，含缆索铁路 €15.20/8.70/33.70；⊙9:00~19:00）这座雄伟的崖顶要塞拥有900年的历史，是萨尔茨堡最显眼的标志，也是欧洲最大且保存最完好的要塞之一。在这里可以轻轻松松地消耗掉半天的时间，徜徉于城墙之间欣赏远处城市尖顶、萨尔察赫河与高山的风光。从市中心骑上15分钟的一小段陡坡或是搭乘Festungsbahn快速的玻璃缆索铁路（见259页）就能到达要塞。

要塞最初是一处低调的城堡，由格布哈特·冯黑尔芬施泰因（Gebhard von Helffenstein）建于1077年，当时的神圣罗马帝国与教宗的权力正处于不和。如今要塞的宏伟结构则由萨尔茨堡1495至1519年间的采邑总主教莱昂哈德·冯科伊查赫（Leonard von Keutschach）所奠定，他也是这座城市的最后一位封建统治者。

这里的游览亮点包括**金色大厅**（Golden Hall）——这里曾举办过奢华的宴会，这里的天花板用黄金点缀，模仿夜晚的星空。凭门票还可以进入**木偶博物馆**（Marionette Museum），总主教沃尔夫·迪特里希在木偶表演中大出风头，还可以进入**要塞博物馆**（Fortress Museum），这里展有一个萨尔茨堡1612年的模型，以及中世纪的乐器、铠甲和几款相当恐怖的刑具。

金色大厅全年都有**要塞音乐会**（Festungskonzerte），通常以莫扎特的作品为主。演出时间和票价见www.mozartfestival.at。

★萨尔茨堡博物馆　博物馆

（Salzburg Museum；www.salzburgmuseum.at；Mozartplatz 1；成人/儿童 €8.50/3；⊙周二至周日 9:00~17:00，周四 至20:00；👪）这座旗舰博物馆位于巴洛克风格的新宫殿（Neue Residenz）中，妙趣横生地带你了解萨尔茨堡的前世今生。华美的展厅中的展品包括古罗马出土文物和皇室画像等。每周四下午5点有免费的**导览游**。

参观先从庭院下方显眼醒目的**艺术馆**（Kunsthalle）开始，那里有巡回艺术展。楼上，采邑总主教们在**萨尔茨堡神话馆**（Mythos Salzburg）的墙上向下凝视，这里歌颂了作为艺术和诗歌灵感的萨尔茨堡。其中最精彩的有卡尔·施皮茨韦格（Carl Spitzweg）的知名画作《周日漫步》（*Sonntagsspaziergang*；1841年），摆满了画像的**采邑总主教厅**（prince-archbishop's room）和**元首厅**（Ständesaal），华丽的彩色灰泥画卷曲地环绕着根据蒂托·李维（Titus Livius）的著作所描绘的罗马历史的湿壁画。其他引人注意的还有16世纪初的万花纹（Millefiori）挂毯、总主教沃尔夫·迪特里希的金线绣鞋，以及佛兰德挂毯。

全景走廊（Panorama Passage）也深入介绍了萨尔茨堡的过去，这里有古罗马墙壁和陶瓷窑以及这座城市不同时期的模型。

萨尔茨堡著名的35音**钟琴**（glockenspiel）每天在早上4点、中午11点和晚上6点敲响，位于新宫殿的西侧。

★主教宫　宫殿

（Residenz；www.domquartier.at；Residenzplatz 1；大教堂区票成人/儿童 €12/5；⊙周三至周一 10:00~17:00）主教宫是萨尔茨堡新的大教堂区（DomQuartier）的至高荣耀，在19世纪萨尔茨堡归属哈布斯堡帝国（Habsburg Empire）之前，这里都是采邑总主教们会见朝臣的地方。在几个豪华的**大厅**（Allegory on Emperor Charles V）和伦勃朗（Rembrandt）的明暗对比作品《祈祷的老妪》（*Old Woman Praying*）。

★现代博物馆　画廊

（Museum der Moderne；www.museumdermoderne.at；Mönchsberg 32；成人/儿童 €8/6；⊙周二至周日 10:00~18:00，周三 至20:00）这座现代的长方形画廊由大理石和玻璃建成，盘踞在Mönchsberg的悬崖上，与要塞形成鲜明的对比。这里会举办一流的20与21世纪艺术临时展览。之前被展览过的有阿尔伯托·贾科梅蒂（Alberto Giacometti）、迪特尔·罗思（Dieter Roth）、埃米尔·诺尔德（Emil Nolde）和约翰·凯奇（John Cage）的作品。画廊每周三下午6点20分有一场免费的**导览游**。Mönchsberg Lift全年升往画廊。

大教堂　主教座堂

（Dom；Cathedral；www.salzburger-dom.at；Domplatz；⊙5月至9月 周一至周六 8:00~19:00，周日 13:00~19:00，其余月份时间缩短）**免费** 大

教堂的顶部是一个优雅的球状黄铜穹顶和一对尖塔，是巴洛克艺术的经典杰作。通往主教座堂的青铜大门象征了信仰、希望和仁爱。在内殿里，错综复杂的拉毛灰泥和天花板上阿塞尼奥·马斯卡尼（Arsenio Mascagni）描绘了耶稣受难的湿壁画都将人们的目光引导至彩色的穹顶。

主教宫广场 广场

（Residenzplatz）这座威严的巴洛克式广场有马车、宫殿和街头艺人，是萨尔茨堡在明信片中的亮丽缩影。巨大的大理石喷泉**Residenzbrunnen**非常吸睛。广场由16世纪末采邑总主教沃尔夫·迪特里希·冯莱特瑙所建，他受到罗马的启发，招募了意大利建筑师温琴佐·斯卡莫齐（Vincenzo Scamozzi）来设计了这座广场。

莫扎特出生地 博物馆

（Mozarts Geburtshaus; Mozart's Birthplace; www.mozarteum.at; Getreidegasse 9; 成人/儿童 €10/3.50; ⏲7月和8月 8:30~19:00, 9月至次年6月 9:00~17:30）沃尔夫冈·阿玛多伊斯·莫扎特（Wolfgang Amadeus Mozart）是萨尔茨堡最著名的居民，他于1756年出生在这座亮黄色的排屋里，并在这里度过了人生最初的17年。如今这座博物馆里收藏着乐器、文件和画像。其中的亮点有他幼儿时期玩过的袖珍小提琴，外加他的一绺头发和他的夹克衫的纽扣。在一间展室里，莫扎特以圣婴的形象出现，头上有氖蓝色的光环，令人遐想联翩。

莫扎特故居 博物馆

（Mozart-Wohnhaus; Mozart's Residence; www.mozarteum.at; Makartplatz 8; 成人/儿童 €10/3.50; ⏲7月和8月 8:30~19:00, 9月至次年6月 9:00~17:30）莫扎特一家厌倦了Getreidegasse逼仄的环境，在1773年搬到了这个更为宽敞的住所，高产的沃尔夫冈在这里创作出《牧人王》（*Shepherd King*; *K208*）和《伊多梅纽斯》（*Idomeneo*; *K366*）等作品。莫扎特的密友兼《魔笛》（*The Magic Flute*）的剧作者伊曼纽尔·席卡内德（Emanuel Schikaneder）是这里的常客。参观时有语音导览，为你播放歌剧选段。除了家庭画像与文件之外，这里还有莫扎特以前的古钢琴。

> **ⓘ 萨尔茨堡州卡**
>
> 萨尔茨堡州卡（Salzburgerland Card; www.salzburgerlandcard.com）可以在网上或州内旅游局购买，提供州内190个景点的优惠。一张6日卡的费用为成人/儿童€62/31。

温特斯山 山、观景点

（Untersberg; www.untersbergbahn.at; 缆车上/下/往返 €15/13.50/23.50, 持萨尔茨堡卡免费; ⏲7月至9月 8:30~17:30, 其余月份时间缩短, 11月至12月中旬 关闭）1853米的温特斯山高耸于萨尔茨堡顶峰，横跨奥德边境。站在峰顶，城市、Rositten Valley和蒂罗尔（Tyrol）、萨尔茨堡与巴伐利亚高山的壮丽风光尽收眼底。温斯特山在冬季吸引着本地的滑雪客，在夏季吸引着徒步、登山和滑翔伞爱好者。从缆车的山顶站有便捷的小短路通往附近**Geiereck**（1805米）和**Salzburg Hochthron**的观景点，而其他的小径则带你深入阿尔卑斯山脉。

农贝格修道院 女修道院

（Stift Nonnberg; Nonnberg Convent; Nonnberggasse 2; ⏲7:00至黄昏）**免费** 从Kaigasse爬一段Nonnbergstiege的楼梯，或是沿着Festungsgasse徒步前行，很快就会到达这座有1300年历史的本笃会的修女院，它在电影《音乐之声》中曾大放异彩。你可以参观美丽的肋式拱顶**教堂**，但修女院的其他区域禁止进入。花上€0.50点亮灯光观赏美丽的**罗马式湿壁画**。

米拉贝尔宫 宫殿

（Schloss Mirabell; Mirabellplatz 4; ⏲大理石厅 周一、周三和周四 8:00~16:00, 周二和周五 13:00~16:00, 花园 6:00至黄昏）**免费** 采邑总主教沃尔夫·迪特里希在1606年建造了这座华丽的宫殿，以博取他的情人萨洛梅·阿尔特（Salome Alt）的芳心。这一举动效果非凡，阿尔特之后为总主教诞下大约15个孩子（有说法反对这一确切数字——可怜的沃尔夫大概被宗教事务分走了太多精力所以数不清自己有几个孩子）。因美景宫（Schloss Belvedere）而闻名的约翰·卢卡斯·冯希尔德

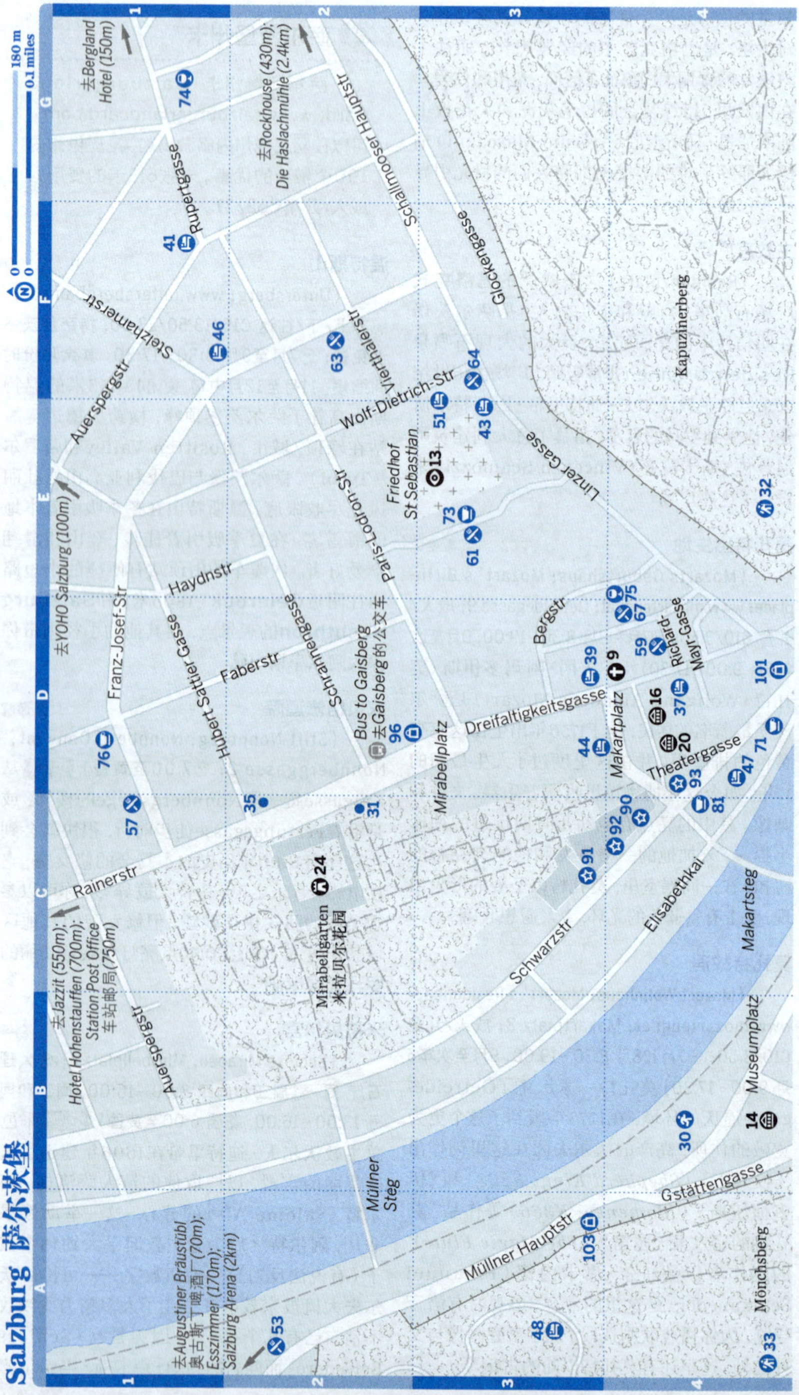
Salzburg 萨尔茨堡
0 180 m
0 0.1 miles
去Augustiner Bräustübl 奥古斯丁啤酒厂(70m); Esszimmer (170m); Salzburg Arena (2km)
去Jazzit (550m); Hotel Hohenstauffen (700m); Station Post Office 车站邮局(750m)
去YOHO Salzburg (100m)
去Bergland Hotel (150m)
去Rockhouse (430m); Die Haslachmühle (2.4km)
Rainerstr
Auerspergstr
Franz-Josef-Str
Hubert Sattler Gasse
Haydnstr
Faberstr
Schrannengasse
Stelzhamerstr
Rupertgasse
Paris-Lodron-Str
Vierthalerstr
Wolf-Dietrich-Str
Schallmooser Hauptstr
Glockengasse
Linzer Gasse
Kapuzinerberg
Friedhof St Sebastian
Bus to Gaisberg 去Gaisberg的公交车
Mirabellgarten 米拉贝尔花园
Mirabellplatz
Dreifaltigkeitsgasse
Bergstr
Makartplatz
Richard-Mayr-Gasse
Theatergasse
Schwarzstr
Elisabethkai
Makartsteg
Museumplatz
Müllner Steg
Müllner Hauptstr
Gstättengasse
Mönchsberg

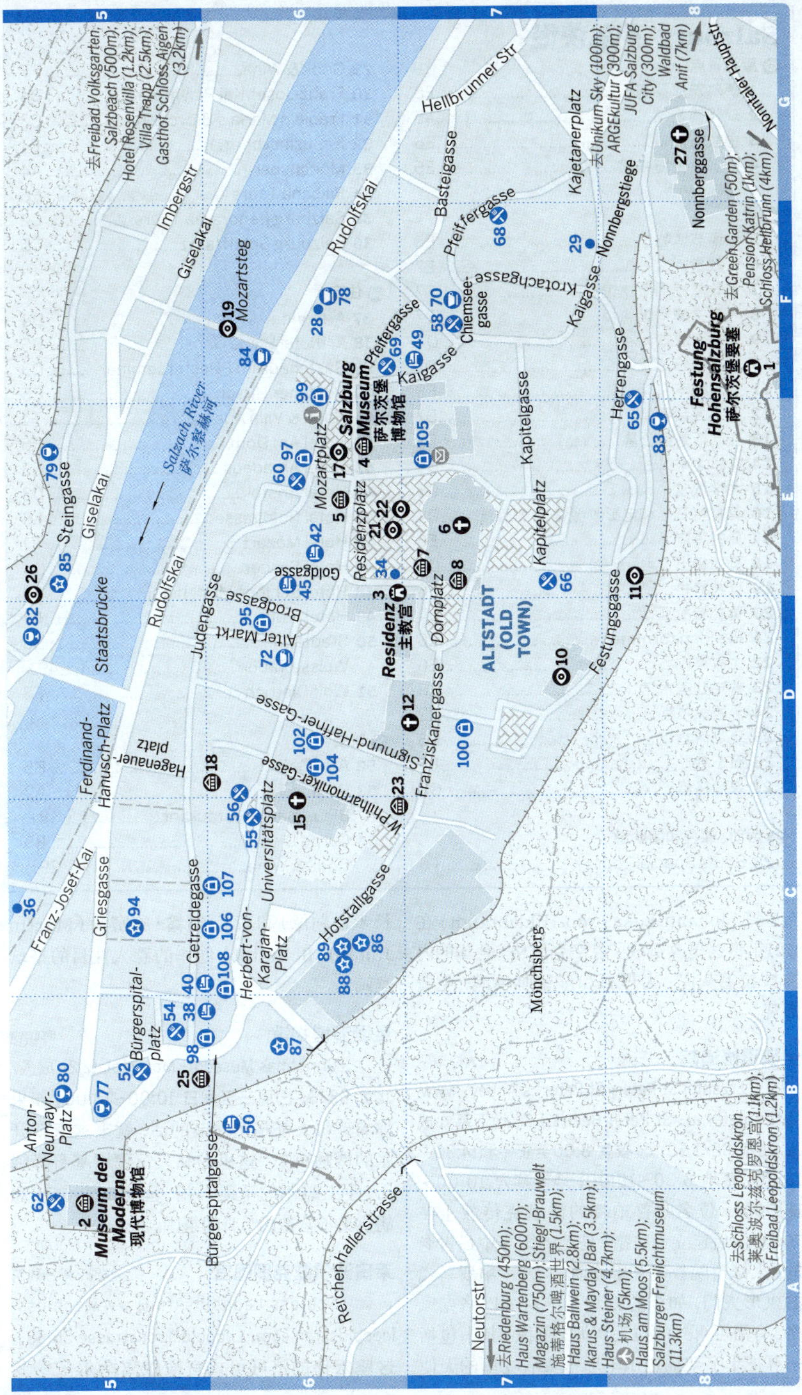
去Freibad Volksgarten; Salzbeach (500m); Hotel Rosenvilla (1.2km); Villa Trapp (2.5km); Gasthof Schloss Aigen (3.2km)
Imbergstr
Giselakai
Mozartsteg
Rudolfskai
Hellbrunner Str
Basteigasse
Pfeifergasse
Kajetanerplatz
去Unikum Sky (100m); ARGEkultur (300m); JUFA Salzburg City (300m); Waldbad Anif (7km)
Nonntaler Hauptstr
Nonnberggasse
Nonnbergstiege
Kaigasse
Krotachgasse
Chiemseegasse
去Green Garden (50m); Pension Katrin (1km); Schloss Hellbrunn (4km)
Festung Hohensalzburg
萨尔茨堡要塞
Herrengasse
Kapitelgasse
Kapitelplatz
Salzburg Museum
萨尔茨堡博物馆
Mozartplatz
Residenzplatz
Salzach River
萨尔茨赫河
Steingasse
Staatsbrücke
Goldgasse
Brodgasse
Alter Markt
Judengasse
Residenz
主教宫
Domplatz
ALTSTADT (OLD TOWN)
Festungsgasse
Ferdinand-Hanusch-Platz
Hagenauerplatz
Sigmund-Haffner-Gasse
Franziskanergasse
Wr Philharmoniker-Gasse
Universitätsplatz
Griesgasse
Franz-Josef-Kai
Getreidegasse
Herbert-von-Karajan-Platz
Hofstallgasse
Mönchsberg
Bürgerspitalplatz
Anton-Neumayr-Platz
Museum der Moderne
现代博物馆
Bürgerspitalgasse
Reichenhallerstrasse
Neutorstr
去Riedenburg (450m); Haus Wartenberg (600m); Magazin (750m); Stiegl-Brauwelt 施蒂格尔啤酒世界 (1.5km); Haus Ballwein (2.8km); Ikarus & Mayday Bar (3.5km); Haus Steiner (4.7km); 机场 (5km); Haus am Moos (5.5km); Salzburger Freilichtmuseum (11.3km)
去Schloss Leopoldskron 莱奥波尔兹克罗恩宫 (1.1km); Freibad Leopoldskron (1.2km)

Salzburg 萨尔茨堡

重要景点

1 萨尔茨堡要塞 F8
2 现代博物馆 A5
3 主教宫 E6
4 萨尔茨堡博物馆 E6

景点

5 圣诞节博物馆 E6
6 大教堂 E7
7 大教堂挖掘博物馆 E7
8 大教堂博物馆 E7
9 圣三一教堂 D4
10 圣彼得修道院 D7
11 登山缆车 E8
12 方济各会教堂 D7
13 圣巴斯弟盎公墓 E3
14 自然之家 B4
15 大学教堂 C6
16 莫扎特音乐和电影收藏馆 D4
17 莫扎特广场 E6
18 莫扎特出生地 D6
19 莫扎特桥 F6
20 莫扎特故居 D4
21 Residenzbrunnen E6
22 主教宫广场 E6
23 鲁珀廷美术馆 C6
24 米拉贝尔宫 C2
25 玩具博物馆 B5
26 石子巷 E5
27 农贝格修道院 G8

活动、课程和团队游

28 Bob's Special Tours F6
29 Cook & Wine F7
30 Franz-Josef-Kai Playground B4
31 Fräulein Maria's Bicycle Tours C2
32 Kapuzinerberg E4
33 Mönchsberg A4
34 Rikscha Tours E6
35 Salzburg Panorama Tours C2
36 Salzburg Schifffahrt C5

住宿

37 Arte Vida D4
38 Arthotel Blaue Gans B5
39 Gästehaus im Priesterseminar D3
40 Goldener Hirsch C5
41 Hotel & Villa Auersperg F1
42 Hotel Am Dom E6
43 Hotel Amadeus E3
44 Hotel Bristol D3
45 Hotel Goldgasse E6
46 Hotel Mozart F1
47 Hotel Sacher D4
48 Hotel Schloss Mönchstein A3
49 Hotel Wolf F7
50 Stadtalm B6
Weisse Taube （见49）
51 Wolf Dietrich F3

就餐

52 Afro Café B5
53 Bärenwirt A2
Blaue Gans Restaurant （见38）
54 Carpe Diem B5
Cook & Wine （见29）

布兰特（Johann Lukas von Hildebrandt）在1721年将这里改造成了巴洛克风格。奢华的内饰被拉毛灰泥、大理石和湿壁画填满，免费参观。

圣彼得修道院　大修道院

（Erzabtei St Peter; St Peter's Abbey; www.stift-stpeter.at; St Peter Bezirk 1-2; 地下墓穴成人/儿童 €2/1.50; ⌚教堂 8:00至正午和14:30~18:30，墓地 6:30~19:00，地下墓穴 10:00~18:00）一位名叫鲁珀特的法兰克传教士在700年前后建立了这座（是德语国家中最古老的）大修道院教堂和隐修院。除了一扇罗马式的拱形大门，如今的教堂是绝对的巴洛克风格，有洛可可式的拉毛灰泥、雕像（其中包括一尊把十字架插进山羊形恶魔喉咙里的天使长米迦勒像）和马丁·约翰·施密特（Martin Johann Schmidt）创作的惹人注目的祭坛绘画。

圣诞节博物馆　博物馆

（Christmas Museum; Mozartplatz 2; 成人/儿童 €6/3; ⌚周三至周日 10:00~18:00）如果你希望每天都是圣诞节的话，就来这家新开张的博物馆吧。这里的私人馆藏用基督降临历、手工雕刻的圣诞马槽、圣诞树装饰球和胡桃夹子营造出节日的氛围。

莱奥波尔兹克罗恩宫　宫殿、知名建筑

（Schloss Leopoldskron; www.schloss-leopoldskron.com; Leopoldskronstrasse 56-58）这座宏伟的洛可可式宫殿距离萨尔茨堡要

塞15分钟步程，《音乐之声》中的湖景就是在这里拍摄的。电影里孩子们与特拉普告别的豪华舞厅就是以这里的威尼斯室（Venetian Room）为原型的。这里如今是一个豪华的酒店，你可以站在外面欣赏它的魅力。

莫扎特广场

广场

（Mozartplatz；Mozartplatz）莫扎特的名字和精神在这座壮观的巴洛克式广场长存，接受着人们的膜拜。广场上充斥着街头艺人和马车的声音。萨尔茨堡博物馆（见252页）位于广场的旁边。

大教堂博物馆

博物馆

（Dommuseum；www.domquartier.at；Kapitelplatz 6；大教堂区票成人/儿童€12/5；周三至周一 10:00~17:00）大教堂博物馆是宗教艺术的宝库。这里摆放着一个盛满文艺复兴时期珍品的陈列柜，上面摆满了水晶、珊瑚以及穿山甲与河豚标本这种古怪的玩意儿，还有展厅陈列镶嵌宝石的圣体匣、彩色玻璃和祭坛装饰。进入**长画廊**（Long Gallery），那里装饰着17和18世纪的画作，其中包括保罗·特罗格尔（Paul Troger）的明暗对比画《基督和尼哥底母》（*Christ and Nicodemus*；1739年）。

大教堂挖掘博物馆

博物馆

（Domgrabungsmuseum；Cathedral Excavations Museum；0662-62 08 08 131；www.salzburgmuseum.at；Residenzplatz；成人/儿童€3/1；7月和8月 9:00~17:00，9月至次年6月按需开馆）在大教堂（见252页）旁边这座半地下的考古博物馆里，根据这些石头的故事来勾

勒这座城市的过去。比较有趣的包括古罗马的马赛克碎片、一块温特斯山大理石雕凿出来的里程碑，以及之前罗马式主教座堂里的砌砖。

圣三一教堂 教堂

（Dreifältigkeitskirche；Church of the Holy Trinity；Dreifaltigkeitsgasse 14；⌚6:30~18:30）巴洛克大师约翰·伯恩哈德·费舍·冯埃拉赫（Johann Bernhard Fischer von Erlach）设计了萨尔茨堡右岸这座优雅的教堂。这里因为约翰·米夏埃尔·洛特迈尔的穹顶**圣三一湿壁画**而闻名。

石子巷 古迹

（Steingasse）这条狭窄的石子巷位于萨尔察赫河的右岸，令人难以置信的是，它在中世纪时是通往意大利的主要商路。找一下13世纪的**石门**（Steintor）和《平安夜》（*Silent Night*）这首永恒的圣诞颂歌的词作人**约瑟夫·莫尔**（Joseph Mohr）的故居。这条街道在午前最上镜，这时太阳照在粉彩色的排屋上。

圣巴斯弟盎公墓 墓地

（Friedhof St Sebastian；Linzer Gasse 41；⌚9:00~18:30）这座平静的公墓及其回廊瑟缩在巴洛克风格的圣巴斯弟盎堂（Sebastian-skirche）后边，由安德烈亚·贝尔泰莱托（Andrea Berteleto）在1600年按照意大利风格设计。莫扎特家族的成员和著名的16世纪医生帕拉塞尔苏斯（Paracelsus）就埋葬在这里，但最气派的还是采邑总主教沃尔夫·迪特里希·冯赖特瑙嵌有马赛克的陵墓，这是他为自己精心修建的纪念碑。

> **ℹ 萨尔茨堡卡**
>
> 如果你计划去很多景点，购买**萨尔茨堡卡**（Salzburg Card；1/2/3日卡 €27/36/42）可以为你省钱。凭卡可以进入所有的主要景点，以及无限次使用公共交通（其中包括缆车），并且享受无数团队游和活动优惠。卡费儿童半价，并且在淡季便宜€3。

玩具博物馆 博物馆

（Spielzeugmuseum；Toy Museum；www.spielzeugmuseum.at；Bürgerspitalgasse 2；成人/儿童/家庭 €4.50/2/9；⌚周二至周日 9:00~17:00；👪）玩具博物馆位于拱廊式的Bürgerspitalplatz，收藏有娃娃屋和史泰福（Steiff）牌的泰迪熊等令人怀旧的玩具。这里还有穿衣游戏、弹球游戏以及小小建筑工梦寐以求的博世（Bosch）工坊。家长们可以在“成年人停放区”和免费的茶吧优哉游哉，让小家伙们释放过旺的精力。

自然之家 博物馆

（Haus der Natur；www.hausdernatur.at；Museumsplatz 5；成人/儿童/家庭 €8/5.50/20；⌚9:00~17:00；👪）孩子们可以在这里的自然历史展室钻研关于恐龙和高山水晶的知识，在爬行动物馆看蛇和鳄鱼，并在水族馆观察食人鱼和珊瑚礁；眨眼间你就可能会错过在“宝宝通道”（Kinderstube）畅游的小丑鱼的幼鱼。喂鲨鱼的时间是周一和周四上午10点15分。这里还有个科学馆，未来科学家们可以在那里赛船、参加关于人体的生理知识游，并且可以站到一个巨大的小提琴箱里切实感受莫扎特的音乐。

露天博物馆 博物馆

（Freilichtmuseum；www.freilichtmuseum.com；Hasenweg 1,Grossgmain；成人/儿童/家庭 €11/5.50/22；⌚3月中旬至10月 周二至周日 9:00~18:00；👪）露天博物馆位于萨尔茨堡郊外，靠近温特斯山，有大约100座典型的奥地利式农舍，追忆往昔的工艺和贸易。在这里可以爬上拖拉机、喂山羊，还有一块蝴蝶观察区和一大片冒险游乐场。从萨尔茨堡沿A1公路往西南方21公里就是这里。180路大巴在这里停靠，每2小时从萨尔茨堡的火车总站发车一班（€3.50，31分钟）。

鲁珀廷美术馆 画廊

（Rupertinum；www.museumdermoderne.at；Wiener-Philharmoniker-Gasse 9；成人/儿童/家庭 €6/4/8；⌚周二和周四至周日 10:00~18:00，周三至20:00）鲁珀廷美术馆位于老城中心，是现代博物馆的姐妹画廊，专门举办巡回现代艺术展。这里着重强调图形作品和摄影作品。

方济各会教堂 教堂

（Franziskanerkirche；Franziskanergasse 5；⏲6:30~19:30）萨尔茨堡的方济各会教堂是真正的建筑大杂烩，拥有罗马式的中殿、带肋式拱顶的哥特式唱诗席，以及巴洛克式的大理石祭坛（费舍·冯埃拉赫的作品之一）。

缆索铁路 缆车

（Festungsbahn Funicular；Festungsgasse 4；单程/往返成人 €6.80/8.40，儿童 €3.70/4.60；⏲9:00~20:00，冬季时间缩短）缆索铁路是通往要塞的快线，带你几分钟登上山顶要塞（见251页），为你省下艰难登上通往山顶的坡道的精力。

莫扎特音乐和电影收藏馆 博物馆

（Mozart Ton-und Filmsammlung；www.mozarteum.at；Makartplatz 8；⏲周一、周二至周五 9:00~11:00，周三和周四 13:00~17:00）免费 莫扎特音乐和电影收藏馆与莫扎特故居同处一个屋檐之下（但入口不同），这座电影和音乐档案馆对于莫扎特的狂热爱好者们来说非常有意思，拥有大约25,000个影音文件。

活动

540米的**Mönchsberg**和640米的**Kapuzinerberg**是萨尔茨堡的两座高山——见惯了雄伟山峦的朱莉·安德鲁斯和当地人管它们叫"山丘"。两座山都长满了树木，有交错纵横的**步行小径**，分别能看到老城右岸和左岸的优美风光。

这里还有分布广泛的**骑行路线**网，其中既有沿萨尔察赫河前往海尔布伦的20分钟悠闲小路，也有风景绝美的**Mozart Radweg**，后者全长450公里，穿过萨尔茨堡州和巴伐利亚。

Mönchsberg 徒步

Mönchsberg陡峭崎岖地高高耸立在这座城市之上，一边能够欣赏到老城区穹顶和尖顶的优美风光，另一边能够欣赏到高踞在山上的要塞。小径四散延伸。

4公里长的全景步道无疑是其中风景最好的一条，从农贝格修道院（见253页）通往奥古斯丁啤酒厂（Augustiner Bräustübl；见269页），中途经过萨尔茨堡要塞（见251页）和现代博物馆（见252页），能够看到奥地利和巴伐利亚阿尔卑斯山脉的深处风光。

要想登顶，就搭乘**Mönchsberg Lift**（Gstättengasse 13；单程/往返 €2.30/3.60，含画廊门票 €9.10/6.50；⏲周一 8:00~19:00，周二至周日 至21:00）。

Gaisberg 徒步

（www.gaisberg.at）一条蜿蜒的公路通往1287米高的Gaisberg，远方有萨尔茨卡默古特湖区、石灰岩构成的的滕嫩山脉和隔壁巴伐利亚的绝佳美景等着你。欣赏所有美景的最佳方式是走5公里的环山小路。萨尔茨堡人也来这里进行骑山地自行车和越野滑雪等户外活动。

151路大巴（€4.20，40分钟）在夏季至少每2小时1班从米拉贝尔广场（Mirabellplatz）开往Gaisberg。在11月至次年3月间，大巴只到Zistelalpe，那里距离山顶还有1.5公里的距离。

Rikscha Tours 团队游

（☎0662-634 02 40；www.rikschatours.at；Residenzplatz；⏲5月至9月）搭乘人力车游览萨尔茨堡是时下最新潮的事——知识丰富的导游一边蹬着车轮一边为你介绍逸闻趣事。游览有40分钟的历史中心游（€36），也有75分钟的"音乐巡游"（Round of Music），后者游览哪部电影的场景……你猜对了。

Stiegl-Brauwelt 自酿酒吧

（www.brauwelt.at；Bräuhausstrasse 9；成人/儿童€11.50/6.50；⏲10:00~17:00）这里是奥地利最大的私营自酿酒吧，自1492年起便开始酿酒和装瓶。团队游会带游客参观酿酒的不同阶段和世界上最高的售酒桩。门票包含一杯Stiegl的啤酒和小礼物。自酿酒吧位于老城区西南方1.5公里处；搭乘1路或10路大巴到Bräuhausstrasse。

Fräulein Maria's Bicycle Tours 骑车

（www.mariasbicycletours.com；Mirabellplatz 4；成人/儿童 €30/18；⏲4月至10月 9:30，外加6月至8月 16:30）在参与3小时30分钟的自行车游时，一边蹬车一边高唱《音乐之声》里的金曲，游览电影里的场景，如米拉贝尔花园（Mirabellgarten）、农贝格修道院、莱奥波尔兹克罗恩宫和海尔布伦。不用预约直接去米拉贝尔广场的碰头地就行。

Cook & Wine 烹饪

(☎0662-23 16 06; www.cookandwine.at; Kaigasse 43)意大利餐厅Cook & Wine(见267页)是个学习烹饪、掌握新技能的有趣之地。这里的烹饪课程按主题分类:有五道菜美食套餐,也有专注制作自制意面、鱼类和素食的。关于时间和价格详见网站。

Salzburg Schifffahrt 游轮

(Makartsteg; 成人/儿童 €15/7.50; ⏲3月中旬至10月)沿萨尔察赫河乘船可以悠闲地游览萨尔茨堡的景点。旅途耗时1小时,从Makartsteg桥发船,其中有的船会继续突突地开往海尔布伦宫(Schloss Hellbrunn; 成人/儿童 €18/10,不含宫殿门票)。

Kapuzinerberg 步行游览

640米高的Kapuzinerberg林木秀丽,静谧非常,高踞在城市之上。多条步道通往**观景点**,从那里可以看到河对面顶端坐着一座城堡的老城区。请在抄小道上山的时候留意途中的6座巴洛克风格的十字苦路(Way of the Cross)礼拜堂。

Freibad Leopoldskron 游泳

(Leopoldskronstrasse 50; 成人/儿童 €4.80/2.70; ⏲5月至9月中旬 9:00~19:00; 👪)萨尔茨堡最大的露天游泳池,有泳道、儿童戏水池、跳水板、水滑梯、乒乓球、迷你高尔夫和排球。22路大巴的Wartbergweg站就在附近。

Bob's Special Tours 巴士游

(☎0662-84 95 11; www.bobstours.com; Rudolfskai 38; ⏲办公室 周一至周五 8:30~17:00,周六和周日 13:00~14:00)参观《音乐之声》场景(€48)、巴伐利亚阿尔卑斯(€48)和大格洛克纳山(Grossglockner; €96)的小巴游。上午9点出门的游览费用包含了一次免费酒店上门接客。预约很重要。

Salzburg Panorama Tours 巴士游

(☎0662-883 21 10; www.panoramatours.com; Mirabellplatz; ⏲办公室 8:00~18:00)这里有"正宗《音乐之声》游"(€42)以及种类丰富的其他游览,其中包括老城区步行游览(€18)、莫扎特游(€51)和巴伐利亚阿尔卑斯远足(€42)。

在萨尔茨堡,如果你有……

两天

早些起床趁人还不太多的时候去看**莫扎特出生地**(见253页)和精品店林立的**Getreidegasse**。去看看**主教宫广场**(见253页)华丽的巴洛克风格以及威严的**主教宫**(见252页)。颓废的**Café Tomaselli**(见270页)有咖啡和糕点为你补充能量,在下午继续去交互式的**萨尔茨堡博物馆**(见252页)或是**圣彼得修道院**(见256页)学习历史。在**奥古斯丁啤酒厂**(见269页)的啤酒园用自酿啤酒纪念第一天的行程。

第二天从**萨尔茨堡要塞**(见251页)城墙上如明信片一般的风光开始,或者在**现代博物馆**(见252页)接受先锋艺术的熏陶。在**M32**(见268页)吃午饭或是去**Grünmarkt**(见266页)买好东西在**米拉贝尔宫**(见253页)的花园里野餐。最后在其宏伟的**大理石厅**欣赏室内乐或是在**萨尔茨堡提线木偶剧院**(见271页)欣赏迷人的木偶剧完美收官。

四天

在第3天,你可以参加一场莫扎特或是《音乐之声》主题的**团队游**。租一辆自行车沿着萨尔察赫河点缀着别墅的河岸骑车到夏宫**海尔布伦宫**(见275页)。在古朴的奥地利式**Bärenwirt**(见267页)享用晚餐,然后体验**右岸夜生活**。

哈莱因的盐矿十分有趣,还有庞大的冰洞,位于韦尔芬的**埃斯瑞森韦尔特冰洞**(见277页),这两者都是适合第4天的一日游目的地。还可以带上适合步行的鞋子或者滑雪板去萨尔茨堡的双子峰:**温特斯山**(见253页)和**Gaisberg**(见259页)。

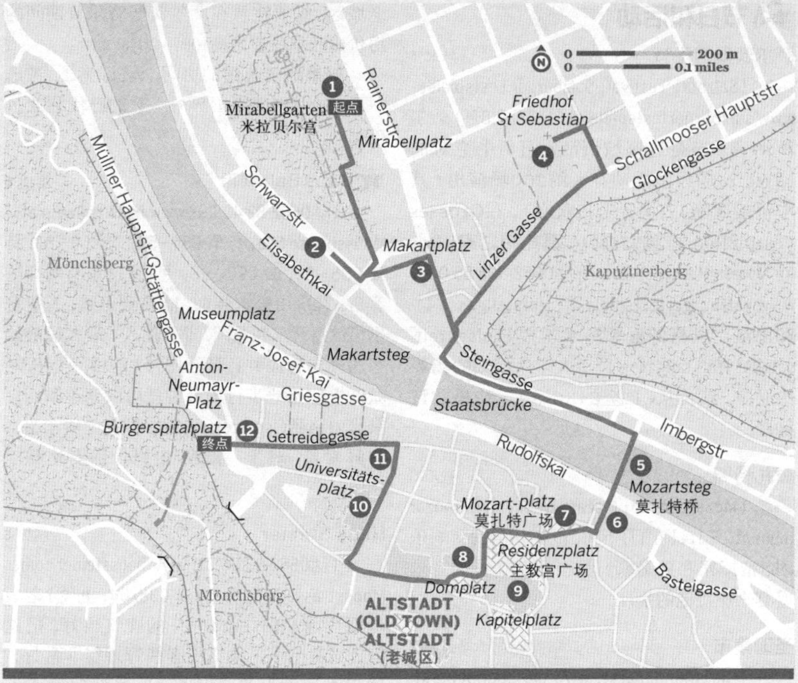

步行游览
追随莫扎特的脚步

起点: 米拉贝尔宫
终点: Fürst
距离: 3公里
需时: 1小时30分钟

莫扎特是难得一见的音乐奇才: 他在2岁的时候就能分辨出一只猪叫声的音调是升G, 5岁时开始作曲, 6岁时首次为玛丽亚·特蕾莎(Empress Maria Theresia)表演。在这场古典乐步行游览中追随他的脚步吧。

从巴洛克风格的❶**米拉贝尔宫**(见253页)开始, 这里辉煌的大理石厅经常举办莫扎特作品室内音乐会。往南漫步穿过喷泉点缀的花园, 经过❷**Mozarteum**(见272页), 这里是为了纪念莫扎特的生平与作品而建立, 举办著名的莫扎特周。在Makartplatz拐角上的是17世纪的❸**莫扎特故居**(见253页), 你可以在那里了解莫扎特一家的生活, 并欣赏莫扎特交响曲的珍贵录音。沿着Linzer Gasse往北漫步至❹**圣巴斯弟盎公墓**(见258页), 沃尔夫冈的父亲列奥波尔得(Leopold)和妻子康斯坦茨(Constanze)就葬在这里。现在折回萨尔察赫河方向, 左转到中世纪的Steingasse, 然后从新艺术风格的❺**莫扎特桥**上过去。顺路找一下8号的❻**纪念牌**, 莫扎特心爱的妻子康斯坦茨就是在这座房子里去世的。然后去❼**莫扎特广场**(见257页), 那里有这位伟人的雕像。马路对面的❽**主教宫**(见252页)就是莫扎特6岁时首次在宫中举办音乐会的地方。旁边的巴洛克风格❾**大教堂**(见252页)是莫扎特父母在1747年结婚的地方, 小沃尔夫冈在1756年也是在这里受洗的; 莫扎特后来在这里创作了圣乐作品, 并且担任主教座堂的管风琴手。沿着Franziskanergasse走到大学广场(Universitätsplatz)上的❿**大学教堂**, 莫扎特的《D小调, 小弥撒, K65》1769年于这里首演。在Getreidegasse, 停下来凝视一下天才的诞生地⓫**莫扎特出生地**(见253页), 然后在⓬**Fürst**(见273页)买些著名的巧克力莫扎特球。

节日和活动

萨尔茨堡音乐节 艺术节

（Salzburg Festival; Salzburger Festspiele; www.salzburgerfestspiele.at; ⊙7月和8月）萨尔茨堡音乐节是这座城市活动日历中绝对的亮点。这场大型活动有大约200场演出（其中包括戏剧、古典音乐和歌剧），在Grosses Festpielhaus（见271页）、**莫扎特之家**（Haus für Mozart; House for Mozart; ☎0662-804 55 00; www.salzburgerfestspiele.at; Hofstallgasse 1）和巴洛克风格的**夏季马术学校**（Felsenreitschule; Hofstallgasse 1）令人印象深刻的场景中上演。票价从€11至€430不等；请提前订好票。

莫扎特周 音乐节

（Mozartwoche; Mozart Week; www.mozarteum.at; ⊙1月）在1月下旬，世界知名的交响乐团、指挥家和独奏家们都会用莫扎特的音乐盛宴来庆祝他的生日。

圣诞集市 圣诞市场

（Christkindlmarkt; www.christkindlmarkt.co.at; ⊙11月至12月26日）将临节（Advent）期间的萨尔茨堡充斥着童话风情，这时的圣诞集市为大教堂广场（Domplatz）和主教宫广场带来了节日的欢声笑语和唱诗班的歌声，集市从11月下旬开始。

复活节音乐节 音乐节

（Osterfestspiele; Easter Festival; www.osterfestspiele-salzburg.at; ⊙3月至4月）这一春季盛会在克里斯蒂安·蒂勒曼（Christian Thielemann）欢快的指挥棒下在Festpielhaus上演精彩的交响乐。

夏季舞台艺术节 文化节

（SommerSzene; www.sommerszene.net; ⊙6月至7月）这一活动在6月下旬至7月上旬举办，主要关注跨界表演艺术。

住宿

萨尔茨堡物价很高，但若不计较位置，还是能找到便宜的住所的。向旅游局要一份私人客房和家庭旅馆的清单。中世纪客栈、前卫的设计酒店和轻松的青年旅舍全部聚集在老城区。需要注意在萨尔茨堡音乐节期间的房价比旺季还要再高10%~20%。

如果萨尔茨堡的房间全被订满了，考虑一下去哈莱因或者国界另一边的巴伐利亚过夜吧。

★Haus Ballwein 客栈 $

（☎0662-82 40 29; www.haus-ballwein.at; Moosstrasse 69a; 标单 €55~59，双 €69~83，标三 €85~90，四 €90~98; P 📶）这里有明亮的客房，客房用松木装饰，能看到山景，有免费出借的自行车和花园，非常迷人。最大最静的客房朝向背面并且带有阳台和小厨房。从老城区慢悠悠地步行10分钟就可以到达酒店；乘坐21路到Gsengerweg站。早餐健康丰富，有鲜素卷、鸡蛋、水果、牛奶什锦麦片和冷切肉。

Haus Steiner 客栈 $

（☎0662-83 00 31; www.haussteiner.com; Moosstrasse 156; 标单/双 €38/64; P 📶）老板罗斯玛丽（Rosemarie）的脾气很好，把这处日光黄色小屋风格的客栈管理得非常好，这里在夏季开满了鲜花。这些精致的小客房以原木装饰，配有冰箱、阳台和令人放松的山景；家庭公寓配有小厨房。早餐丰盛。从老城区搭乘21路大巴过来只要15分钟（在Hammerauerstrasse下车）。

Haus am Moos 客栈 $

（☎0662-82 49 21; www.ammoos.at; Moosstrasse 186a; 标单/双 €30/60; P 📶 🏊）这处高山风格的小木屋趣味盎然，颇具田园氛围，静谧从容。从城区搭乘21路大巴过来只要15分钟。许多客房都有能够欣赏到美丽山景的阳台，有的配有四柱床。早餐有牛奶什锦麦片、冷切肉、鸡蛋和新鲜的面包，令你准备好迎接一天的活动。这里还有个露天游泳池可以在午后游泳。

YOHO Salzburg 青年旅舍 $

（☎0662-87 96 49; www.yoho.at; Paracelsusstrasse 9; 铺 €19~23，双 €72~93; @ 📶）免费Wi-Fi、安全储物柜、舒适的上下铺、廉价分量足的啤酒和味道鲜美的炸肉排——背包客还想要什么呀？可能还有每天（是的，每一天）跟着晚上7点放映的《音乐之声》愉快地一同歌唱吧。友善的工作人员可以安排团队游以及漂流和独木舟等冒险运动，还有出租自行车。

Stadtalm 青年旅舍 **$**

（☎0662-84 17 29；www.stadtalm.at；Mönchsberg 19c；铺 €20）这家带塔楼的青年旅舍位于Mönchsberg的山顶，整个萨尔茨堡的风光都能尽收眼底，从城里的尖顶和要塞到Kapuzinerberg一个不落。住处很简单，但你在别处可找不到更便宜的了。这里还有个物美价廉的餐厅。

★ Gästehaus im Priesterseminar 客栈 **$$**

（☎0662-877 495 10；www.gaestehaus-priesterseminar-salzburg.at；Dreifaltigkeitsgasse 14；标单 €65~85，双 €116~130）这里曾经是座神学院，位于圣三一教堂后边，如仙境般宁静。这里的客房明亮，铺着镶木地板，最近才经历了彻底的翻新，但多亏了大理石楼梯、古董家具和带喷泉的庭院，这里仍旧古色古香。不过这里还是没有太多人知道，所以请悄悄地讨论……

Die Haslachmühle 客栈 **$$**

（☎0664 179 90 60；www.haslachmuehle.at；Mühlstrasse 18,Gnigl；双 €119~179；P 📶）这家富有魅力的民宿位于Gaisberg的山脚下，周围环绕着迷人的花园和庭院，位于一座历史悠久的16世纪磨坊内。这家人费尽心思取悦住客，客房宽敞得令人难以置信，而且阳光明媚，并且铺有木地板，还有陶瓷烤炉、山景与雀巢胶囊咖啡机等细节为其增色。从火车总站搭乘155路大巴过来只要15分钟（Salzburg Kühberg站）。

Hotel Am Dom 精品酒店 **$$**

（☎0662-84 27 65；www.hotelamdom.at；Goldgasse 17；标单 €109~219，双 €119~349；

《音乐之声》自助游

在进行《音乐之声》取景地自助导览游的时候一边漫步一边假装自己是朱莉那样唱歌。让我们开始吧：

➡ **山丘有着生命** 停！那可是高山。开场的镜头是在色彩如宝石一般的萨尔茨卡默古特群湖一带拍摄的。玛利亚旋转着在国界线另一边的巴伐利亚高山牧场上出场。

➡ **像玛利亚这样的麻烦** 修女们在前往本笃会的**农贝格修道院**（见253页）进行弥撒的途中跳华尔兹是虚构的，但真实的玛利亚·冯·特拉普在坠入爱河之前打算在这里出家是真实的。

➡ **有信心主教宫广场**（见253页）就是玛利亚高歌《我有信心》（*I Have Confidence*）并调皮地往Residenzbrunnen喷泉中的马身上泼水的地方。

➡ **晚安，再见** 辉煌的洛可可宫殿**莱奥波尔兹克罗恩宫**（见256页）距离萨尔茨堡15分钟步程，湖景就是在这里拍摄的。电影里孩子们与特拉普告别的豪华舞厅就是以这里的威尼斯室为原型的。

➡ **哆来咪** Pegasus喷泉、能看到要塞的台阶、地精……**米拉贝尔宫**（见253页）的米拉贝尔花园或许会启发人们唱起《哆来咪》——特别是当金色的阳光落下的时候。

➡ **即将十七岁** 充满爱恋的世纪凉亭藏在**海尔布伦公园**（Hellbrunn Park；见275页）里，你可以在这里表演"哦，丽莎"/"哦，罗夫"的场景。

➡ **雪绒花和再会夏季马术学校**（见262页）在电影中是萨尔茨堡音乐节富有戏剧性的背景，特拉普家的歌手们用《雪绒花》（*Edelweiss*）赢得了观众的心，一首《晚安，再见》（*So Long, Farewell*）摆脱了纳粹的魔爪。

➡ **攀越群山** 也就是去瑞士。或者从**温特斯山**（见253页）自娱自乐地欣赏高山风景，在这家人逃亡的时候这座山的形象在电影的末尾略过。

❄📶）在老城区这家酒店里，古董遇上了精品，这座拥有800年历史的老建筑里最初的拱顶和横梁与尖锐的设计形成鲜明对比。客房里装饰着灵感来自萨尔茨堡音乐节的音乐传奇的艺术品，房间以焦糖香槟色调装饰，灯光时髦，还有天鹅绒被罩以及超级华丽的卫生间。

Hotel Rosenvilla 客栈 $$

（☎0662-62 17 65；www.rosenvilla.com；Höfelgasse 4；标单 €70~120，双 €120~180，套 €170~260；P📶）这家客栈格外用心，有尖锐现代的客房、完美的服务和令人难以置信的早餐（€13），早餐有面包酱、面包、麦片、鸡蛋和水果，为你接下来的一天开了一个好头。搭乘7路大巴到Finanzamt或是沿着河边的树荫往市中心走15分钟。

Pension Katrin 家庭旅馆 $$

（☎0662-83 08 60；www.pensionkatrin.at；Nonntaler Hauptstrasse 49b；标单 €66~69，双 €115~122，标三 €159~165，四 €179~186；P📶）这处家庭旅馆是萨尔茨堡最温馨的地方之一，有开满鲜花的花园、明亮而怡人的客房以及出色的早餐。和蔼的特勒（Terler）一家把一切都打理得一尘不染，对待客人有求必应。他们甚至会帮你把行李搬上楼。从火车总站搭乘5路大巴到Wäschergasse。

Arte Vida 客栈 $$

（☎0662-87 31 85；www.artevida.at；Dreifaltigkeitsgasse 9；标单 €69~129，双 €89~145，公寓€160~220；📶）Arte Vida拥有马拉喀什（Marrakech）传统庭院（riad）的波希米亚风时尚感，有用灯笼照明的客厅、公共厨房和宁静的花园。这里设计各异的客房从亚洲和非洲汲取灵感，采用丰富的色彩和布料装饰。和蔼的房东赫伯特（Herbert）和卡罗利妮（Karoline）乐于提供关于萨尔茨堡及其周边的建议，并且可以安排按摩和瑜伽私教课。

Haus Wartenberg 客栈 $$

（☎0662-84 84 00；www.hauswartenberg.com；Riedenburgerstrasse 2；双 €89~121，家 €198~250；P@📶）从老城区往西北方漫步15分钟就能到达这家热情好客的家庭旅馆。这里位于一座布满藤蔓的花园中一座漂亮的17世纪小屋中，屋子到处是吱嘎作响的地板和传家宝。乡村风格的客房内敦实的松木和花纹与这里的基调一致。搭乘1路、4路或5路大巴到Moosstrasse。

Weisse Taube 历史酒店 $$

（☎0662-84 24 04；www.weissetaube.at；

节日时间

1920年，梦幻三人组胡戈·冯·霍夫曼史塔（Hugo von Hofmannsthal）、马克思·赖因哈特（Max Reinhardt）和里夏德·施特劳斯（Richard Strauss）把创造力结合在了一起，创造了**萨尔茨堡音乐节**（见262页）。多年以来，节日的一大亮点都是在大教堂广场上演霍夫曼史塔的寓意剧《每个人》（*Jedermann*）。最顶级的歌剧、戏剧和古典音乐会三部曲自此令这一为时5周的夏季节日变得国际知名，吸引世界最优秀的指挥家、导演、交响乐团和歌唱家前来表演。

在节日期间过来，此时的萨尔茨堡令人兴奋，因为有25万名游客前往这座城市欣赏大约200部作品。戏剧首秀、先锋作品，还有夏季驻守在这里的**维也纳爱乐乐团**（Vienna Philharmonic）会表演莫扎特的作品，这些都混合在一起。节日区（Festival District）位于Hofstallgasse，背景十分壮丽，有Mönchsberg的悬崖衬托。大部分表演的举行地点都在洞穴一般的**Grosses Festpielhaus**（见271页），这里可以容纳2179名观众；位于之前的皇家马厩中的**莫扎特之家**（见262页）；以及巴洛克风格的**夏季马术学校**（见262页）。

如果你计划在节日期间过来，别把一切都交给运气——机票、酒店和演出门票都要提前好几个月订好。**售票处**（见272页）有时候会在最后一刻有余票，但这些票非常抢手。票价为€11~430。

Kaigasse 9；标单/双/标三/四 €143/155/281/324；🛜）"白鸽"酒店位于老城区安静街角处一座被列入名录的14世纪建筑中，是个可靠的住处。这里的工作人员竭尽所能提供帮助，客房色调温暖且保持得当（有的能看到要塞）。早餐丰盛。

Hotel Mozart 历史酒店 $$

（☎0662-87 22 74；www.hotel-mozart.at；FranzJosef-Strasse 27；标单 €80~110，双 €120~190，标三 €150~220；P🛜）一尘不染的客房比摆满古董的大厅还要吸引人，房内有舒适的床铺和宽敞的卫生间。早餐额外收费€12，但种类丰富，有新鲜的水果、水煮蛋、冷切肉和油酥糕点。

Hotel Amadeus 历史酒店 $$

（☎0662-87 14 01；www.hotelamadeus.at；Linzer Gasse 43-45；标单 €76~137，双 €135~231，四 €192~391；🛜）这家酒店拥有500年的历史，位于右岸的中心地段，非常有格调，色彩鲜艳的客房内有枝形吊灯和四柱床等定制物品。访客在下午可以免费享用茶水或咖啡。

★ Villa Trapp 酒店 $$$

（☎0662-63 08 60；www.villa-trapp.com；Traunstrasse 34；标单 €65~130，双 €114~280，套 €290~580；P🛜）玛丽安娜（Marianne）和克里斯托弗（Christopher）把冯·特拉普故居改造成了漂亮的客栈（提醒一下，只有房客才可以住在这里）。这座19世纪的别墅十分优雅，尽管不如电影里那般富丽堂皇，客房内有雅致的木地板和一个可以像施瑞德男爵夫人那样滑着下来的栏杆。

★ Hotel Schloss Mönchstein 历史酒店 $$$

（☎0662-848 55 50；www.monchstein.at；Mönchsberg Park 26；双 €350~650，套 €695~1900；P❄🛜）这座16世纪的城堡如童话中一般高踞在Mönchsberg的山顶，周围是好几公顷的林地，适合小两口们去度蜜月（或者重温新婚的美好）。波斯毛毯、油画和加尔各答大理石把客房装饰得十分漂亮。在水疗馆里按个摩，在塔顶伴着萨尔茨堡的美景享用二人烛光晚餐，或是搭乘直升飞机——只要说一句就好。

Hotel Sacher 历史酒店 $$$

（☎0662-88 97 70；www.sacher.com；Schwarzstrasse 5-7；标单 €226~336，双 €267~651，套 €502~3898；P❄@🛜）汤姆·汉克斯（Tom Hanks）和朱莉·安德鲁斯都曾下榻于这家萨尔察赫河岸边的19世纪酒店。客房里装饰着油画和古董，拥有锃亮的大理石卫生间，能看到要塞或河上的风景。这些都足以弥补沉溺于巧克力萨赫蛋糕（Sacher Torte）的不健康了。

Goldener Hirsch 豪华酒店 $$$

（☎0662-808 40；www.goldenerhirschsalzburg.com；Getreidegasse 37；房 €195~813；P❄@🛜）一扇天窗照亮了老城区这家600年老酒店的拱廊室内庭院，在这里下榻过的名人包括了伊丽莎白二世女王（Queen Elizabeth Ⅱ）和帕瓦罗蒂（Pavarotti）。哈丽雅特·瓦尔德道夫伯爵夫人（Countess Harriet Walderdorff）富有品味地用艺术品和手工印花的布料装饰华丽的客房。楼下有两间餐厅：拥有木梁的Herzl和拱顶的Restaurant Goldener Hirsch。

Hotel Bristol 豪华酒店 $$$

（☎0662-87 35 57；www.bristol-salzburg.at；Makartplatz 4；标单 €185~275，双 €260~300，套€390~560；P❄🛜）Bristol把你带回了一个更加奢靡的年代。枝形吊灯照亮的客厅、早餐的香槟酒、工艺精美的家具，这里的服务就像这里的大理石一样优雅——这里是绝对的上流体验。甚至皇帝弗朗茨·约瑟夫和西格蒙德·弗洛伊德（Sigmund Freud）在这里都感觉宾至如归。

Arthotel Blaue Gans 精品酒店 $$$

（☎0662-84 24 91；www.hotel-blaue-gans-salzburg.at；Getreidegasse 41-43；标单 €189~219，双 €229~335，套 €449~519；❄🛜）在这家拥有660年历史的酒店，现代的设计与最初的拱顶和横梁和谐地融合到一起。客房纯净简单，线条干净，有很多白色和流线型的家具。餐厅值得一去。

Hotel Goldgasse 历史酒店 $$$

（☎0662-84 56 22；www.hotelgoldgasse.at；Goldgasse 10；标单 €130~180，双 €220~260，

套€350~480，四€450~80；❄@📶）这座拥有700年历史的排屋位于老城区的正中心，非常迷人，有的客房配有四柱床，而其他的客房则挂有皇帝弗朗茨·约瑟夫的画像。阳光明媚的露台俯瞰老城的屋顶。

Hotel & Villa Auersperg 精品酒店 $$$

（☎0662-88 94 40；www.auersperg.at；Auerspergstrasse 61；标单 €129~180，双 €155~295，套 €235~335；P@📶）🍃这座迷人的别墅兼酒店将其19世纪末的特质与现代化的设计融为一体。房客可以在长满藤蔓的花园内的水仙池旁放松，或是在屋顶的健康区享受那里的桑拿、茶吧和山景。免费出借的自行车是个加分项。早餐采用本地有机食材。

Wolf Dietrich 历史酒店 $$$

（☎0662-87 12 75；www.salzburg-hotel.at；Wolf-Dietrich-Strasse 7；标单 €90~148，双 €140~262，套 €200~348；P📶🏊）Wolf Dietrich地理位置中心，散发着老式的优雅，客房内装饰着抛光木家具和花纹布料。这里甚至有一间客房是按照莫扎特的《魔笛》布置的，天花板上点缀着星星，还有独立式浴缸。相比之下，水疗馆和户内游泳池则超级现代。早餐供应有机食品。

Hotel Wolf 历史酒店 $$$

（☎0662-843 45 30；www.hotelwolf.com；Kaigasse 7；标单 €108~138，双 €198~238，套 €218~258；📶）Hotel Wolf位于老城区一处安静街角的一座精心改造过的15世纪建筑中。不平整的石阶和古董家具是对其历史的致敬，而铺有浅色镶木地板的客房风格不一，或现代或质朴。

就餐

萨尔茨堡的餐饮界兼收并蓄，既有传统佳肴也有风尚美味，还有完全面向游客的用餐场所。在这座城市里，拱顶的小旅馆里供应的炸肉排蕴含着历史的味道；你可以在华丽的米其林星级餐厅用餐，也可以伴着模仿玛利亚的人们的婉转歌声用餐。大部分场所供应的午市定价套餐（Tagesmenü）可以帮你省下不少钱。

Ludwig 汉堡 $

（☎0662-87 25 00；www.ludwig-burger.at；Linzer Gasse 39；汉堡 €6.90~10.80；⏲11:00~22:00；✍）风味汉堡店如今在奥地利非常流行，而这家时尚的新店正好满足要求，这里的汉堡采用有机地方食材制作，与手工薯条和自制柠檬水及奶昔都很相配。这里还快速制作超级营养沙拉与素食的坚果蘑菇野菜汉堡。这家店时髦的黑白色室内最显眼的就是开放式的厨房。

Heart of Joy 咖啡馆 $

（☎0662-89 07 73；www.heartofjoy.at；Franz-Josef-Strasse 3；午餐 €9.40~11.80，小吃和简餐 €4.90~9.90；⏲8:00~19:00；📶✍）这家咖啡馆受到阿育吠陀（Ayurveda）启发，菜品均为素食，部分为严格素食，主要采用有机食材。这里有很棒的百吉圈、沙拉、自制糕点（其中包括无麸糕点）以及果汁和创意早餐，外加每日特餐，如自制南瓜烩饭配帕尔玛干酪和藜麦茄盒配腰果香菜蘸料。

Stiftsbäckerei St Peter 面包房 $

（Kapitelplatz 8；⏲周一至周二和周四至周五 7:00~17:00，周六 至13:00）这家面包房拥有700年的历史，位于水磨转动的修道院隔壁，在柴火炉里烘焙萨尔茨堡最棒的酸面包。

Grünmarkt 市场 $

（Green Market；Universitätsplatz；⏲周一至周五 7:00~19:00，周六 至15:00）这里位于萨尔茨堡最大的广场之一，是个一站式的野餐商店，有地方奶酪、火腿、水果、面包和巨大的椒盐卷饼（pretzel）。

Organic Pizza Salzburg 比萨 $

（☎0664 597 44 70；Franz-Josef-Strasse 24a；比萨 €8.50~13.20；⏲周二至周四 17:00~22:00，周五和周六 14:00~22:00）这里的工作人员性格很好，音乐时髦，比萨饼采用超级新鲜的有机食材，因而这里是个不错的选择。这里很小，所以在繁忙时间请做好排队的准备——但是很值。

Spicy Spices 印度菜 $

（☎0662-87 07 12；Wolf-Dietrich-Strasse 1；每日特餐 €8，含汤 €9.50；⏲正午至21:00；✍）这家全有机纯素食的餐厅以“健康的心，可爱的灵魂”为宗旨。服务有点慢但是很热情。物美

价廉的塔哩（thali；开胃菜）和咖喱配印度抛饼（paratha）值得花上一些时间等待。

IceZeit 冰激凌 $

（Chiemseegasse 1；1勺 €1.40；⏲11:00~20:00）来萨尔茨堡最棒的冰激凌店吃一筒冰激凌，这里有鲜花生和焦糖以及百香果等口味。

Bärenwirt 奥地利菜 $$

（☎0662-42 24 04；www.baerenwirt-salzburg.at；Müllner Hauptstrasse 8；主菜 €9~19；⏲11:00~23:00）Bärenwirt自从1663年便开门营业了，出售纯正的奥地利风味美食。推荐丰盛的啤酒烤肉（Bierbraten）配丸子，本地捕捞的鳟鱼或有机野猪肉香肠。店里用木头装饰成猎人小屋的风格，冬季有砖炉取暖，而面朝河边的露台在夏季吸引着大量的客人。餐厅位于Museumplatz以北500米处。

Johanneskeller im Priesterhaus 奥地利菜 $$

（☎0662-26 55 36；www.johanneskeller.at；Richard-Mayr-Gasse 1；主菜 €10~20；⏲周二至周六 17:00至午夜）这家砖砌的穹顶酒窖舒适宜人，需要走一段很陡的台阶才能到达。菜品不多，但都很经典，主菜有经典奥地利菜（比如施蒂里亚烤猪肉配丸子和酸菜）和希腊旋转烤肉（gyro）配酸奶黄瓜酱（tzatziki）之类的地中海名菜等等。这里的一切都很对味。

Cook & Wine 意大利菜 $$

（☎0662-23 16 06；www.cookandwine.at；Kaigasse 43；主菜 €15~26.50；⏲周二至周六 11:30~23:00）颇受好评的大厨兼美食与葡萄酒鉴赏家京特·格拉哈默（Günther Grahammer）是这家时髦新店的主管。这里结合了葡萄酒吧、烹饪学校与光鲜的法式小馆风格餐厅，供应意大利式的菜肴，如开胃菜、入口即化的犊牛颊肉，以及热石上烹制的三道地方鱼类菜肴。

Zum Zirkelwirt 奥地利菜 $$

（☎0662-84 27 96；www.zumzirkelwirt.at；Pfeifergasse 14；⏲11:00至午夜）这家欢乐的旅馆供应不错的老式奥地利食物，在一个隐蔽的广场上有个出色的啤酒园，镶嵌着木板的室内适合在冬季用餐。推荐奶酪疙瘩汤和白啤烤猪肉配孜然酱等经典菜式。

K+K 奥地利菜 $$

（☎0662-84 21 56；Waagplatz 2；主菜 €17~35；⏲11:00~14:00和18:00至午夜；👪）这家热闹的餐厅位于广场上，混杂着拱顶与木板镶嵌的餐室，此外有个十分适合观看人潮的可爱露台。无论是阿尔卑斯三文鱼垫菠菜、羊肚菌酱鹿脊肉，还是不错的老式德国香肠配大量的土豆和卷心菜，这里的食物都正中要害。

Green Garden 素食 $$

（☎0662-84 12 01；www.thegreengarden.at；Nonntaler Hauptstrasse 16；主菜 €9.50~15；⏲周二至周六 正午至14:00和17:30~21:00；✎）🌿Green Garden是素食主义和严格素食主义者们的美食胜地。这里是明亮而现代的农舍风格，本地土特产是这里的卖点，环境非常放松，有野菜沙拉、柠檬山羊奶酪意大利馄饨（tortellini）配芦笋和严格素食汉堡配有机葡萄酒等菜肴搭配。

Zwettler's 奥地利菜 $$

（☎0662-84 41 99；www.zwettlers.com；Kaigasse 3；主菜 €9.50~21；⏲周二至周六 11:30至次日1:00，周日 至午夜）这家美食酒馆的铺砖露台十分热闹。本地人喜欢吃炸肉排配香芹土豆和蔬菜鹿肉等，再来一杯冰爽多泡的Kaiser Karl白啤。两道菜午餐物美价廉，只要€7.90。

Afro Café 各国风味 $$

（www.afrocafe.at；Bürgerspitalplatz 5；午餐 €8.70，主菜 €12~17；⏲周一至周六 9:00至午夜）桃红色的墙壁、蝴蝶椅和沙滩上垃圾做成的艺术品……这家非洲式的时尚咖啡馆非常吸引人。工作人员们令这里维持着良好的氛围，并不断地送上美食——有早餐（€14.60）也有鸵鸟肉汉堡、咖喱角和热腾腾的新鲜牛排。这里的咖啡、博士茶、果汁和蛋糕也很棒。

Hagenauerstuben 奥地利菜 $$

（☎0662-84 26 57；www.hagenauerstuben.at；Universitätsplatz 14；2道菜午餐 €7.90，主菜 €9~21；⏲周一至周三 11:00~20:00，周四至周五至23:00，周六 9:00~23:00）这家餐厅设在莫扎

特故居之后，人们自然地会将其当作欺骗游客的噱头。实则不然。Hagenauerstuben融合了巴洛克与现代化的风格，室内拥有拱顶，被改造得十分时尚，还有个露台可以俯瞰大学教堂（Kollegienkirche）。找个位子坐下享用美味的老派奥地利家常菜——菠菜土豆丸子（Knödel）、乳猪配野蘑菇、匈牙利红烩牛肉（goulash）等。

Gasthof Schloss Aigen 奥地利菜 $$

（☎0662-62 12 84; www.schloss-aigen.at; Schwarzenbergpromenade 37; 主菜 €18~25，4道菜套餐€56; ⊙周四和周五 11:30~14:00和17:30~21:30，周六和周日 11:30~21:30）这座乡村庄园拥有优雅质朴的内饰和种有栗子树的庭院，擅长烹制奥地利家常菜。弗斯特纳（Forstner）一家的特色菜是“Wiener Melange”，不同凡响的平茨高尔（Pinzgauer）牛肉块柔软得入口即化，搭配苹果辣根、香葱酱和烤土豆，搭配强劲的奥地利葡萄酒食用最佳。7路大巴的Bahnhof Aigen站距离这里10分钟的步程。

M32 创意菜 $$

（☎0662-84 10 00; www.m32.at; Mönchsberg 32; 2道菜午餐 €16，主菜 €23~40; ⊙周二至周日 9:00至次日1:00; ✎👪）在现代博物馆这家超级时髦的餐厅里，大胆的色彩与牡鹿角构成的丛林显示出建筑师马泰奥·图恩（Matteo Thun）的风格。这里的食物随季节变换，特色菜包括本地有机牛肉配嫩煎牛肝菌和青柠辣椒烩饭配烤章鱼。餐厅的玻璃墙和露台能够欣赏到萨尔茨堡以高山作为依托的整个天际线。

St Paul's Stub'n 各国风味 $$

（☎0662-433 32 03; Herrengasse 16; 主菜 €11~22; ⊙周一至周六 17:00~23:00）沿着铺有石子的Herrengasse上去就是这家带着旧时辉煌的小酒馆，用黑木装饰的室内堆满了古玩，吸引着本地的常客。在夏季，客人们坐在外边的啤酒园里享用正宗的经典菜式，比如白啤酱烤猪肉。

Triangel 奥地利菜 $$

（☎0662-84 22 29; Wiener-Philharmoniker-Gasse 7; 主菜 €12~34; ⊙周二至周六 11:30至午夜）这家法式小馆富有艺术气息，食材新鲜，墙上挂满了致敬萨尔茨堡音乐节名人的图片。这里制作风味沙拉、分量很小的匈牙利红烩牛肉（采用有机牛肉），以及美味的自制冰激凌。

Zum Fidelen Affen 奥地利菜 $$

（☎0662-87 73 61; www.fideleraffe.at; Priesterhausgasse 8; 主菜 €11~19.50; ⊙周一至周六 17:00至午夜）“快乐的猴子”名副其实，氛围十分友善。提前订了位的食客能有幸坐在拱顶下或是露台上尽兴地享用精心烹制的奥地利经典菜式，如红烩牛肉、萨尔茨堡黑啤炖鸡肉（Salzburger Bierhendl）以及鲜凝乳疙瘩汤。

★ Esszimmer 法国菜 $$$

（☎0662-87 08 99; www.esszimmer.com; Müllner Hauptstrasse 33; 3道菜午餐 €42，试吃套餐 €65~118; ⊙周二至周六 正午至14:00和18:30~21:30）在这家米其林星级餐厅，安德烈亚斯·凯布林格（Andreas Kaiblinger）在使用应季食材烹制的法国菜中加入了个人的创意。引人注目的艺术品、有趣的背景光以及能够看到Almkanal溪流的玻璃地板令食客们着迷，而美食也毫不逊色，比如北极鲑配小牛头和芦笋。7路、21路和28路大巴的Landeskrankenhaus站就在附近。

★ Magazin 新派欧洲菜 $$$

（☎0662-841 584 20; www.magazin.co.at; Augustinergasse 13a; 2道菜午餐 €16，主菜 €27~41，试吃套餐 €71~85; ⊙周二至周六 11:30~14:00和18:00~22:00）Magazin位于Mönchsberg陡峭岩壁下方的一处庭院内，有个熟食店、葡萄酒店、烹饪学校和餐厅。大厨里夏德·布鲁瑙尔（Richard Brunnauer）的菜肴全都是时鲜风味：腌制红点鲑配牛油果和野菜沙拉以及鹿脊肉配牛肝菌等菜肴搭配拥有850瓶酒的酒窖里的葡萄酒，可以在户外或工业时尚风的洞穴式内室享用。

Carpe Diem 创意菜 $$$

（☎0662-84 88 00; www.carpediemfinestfingerfood.com; Getreidegasse 50; 3道菜午餐 €21.50，主菜€27.50~36.50; ⊙8:30至午夜）这家先锋的米其林星级休闲酒吧兼餐厅在

Getreidegasse有着举足轻重的地位。热爱美食与文学的人们聚集在这里享用鸡尾酒和成堆的手抓零食、小份的当季佳肴（采用的馅料有黑鳕鱼、接骨木花、罗勒和甜椒）以及牛肝菌意式宽面配蓝莓和西芹等。主菜有布列塔尼龙虾配香菜和桃子以及鹌鹑配小豆蔻和装馅节瓜花等。

Ikarus 新派欧洲菜 $$$

（☎0662-21 97 77；www.hangar-7.com；WilhelmSpazier-Strasse 7A, Salzburg Airport；试吃套餐 €160~185；⏰正午至14:00和19:00~22:00）这家华丽的米其林星级餐厅位于机场太空风的7号停机坪（Hangar-7）建筑群中，是环球美食体验的典范。每个月，埃卡特·维齐希曼（Eckart Witzigmann）和马丁·克莱因（Martin Klein）都会邀请一个世界知名的大厨为狂热的美食爱好者们拼出一组8至12道菜的套餐。

Blaue Gans Restaurant 奥地利菜 $$$

（☎0662-842 491 50；www.blauegans.at；Getreidegasse 43；主菜 €19~27；⏰正午至午夜）这家餐厅位于Arthotel Blaue Gans拥有650年历史的地窖内，环境优雅，烹制当地菜肴，比如白梭吻鲈配茴香蜜饯、炖小羊腿和杏肉丸子（Marillenknödel），佐以醇厚的葡萄酒。种有橄榄树的露台在夏季十分受欢迎。

Riedenburg 新派欧洲菜 $$$

（☎0662-83 08 15；www.riedenburg.at；Neutorstrasse 31；主菜 €20~28，3/4/5道菜套餐 €45/56/67；⏰周二至周六 正午至14:00和18:00~22:00）这家美食餐厅有个浪漫的花园凉亭，由赫尔穆特·申沃尔特（Helmut Schinwald）掌厨。其菜肴的口味根据季节变化，比如自制牛肝菌意大利方饺配百里香奶油和鹌鹑胸肉配石榴意大利肉汁烩饭，并专业地搭配顶级葡萄酒。2道菜午餐（€15）十分划算。

饮品和夜生活

★ Kaffee Alchemie 咖啡馆

（www.kaffee-alchemie.at；Rudolfskai 38；⏰周一至周五 7:30~18:00，周六和周日 10:00~18:00）这家复古的酷炫咖啡馆位于河边，其制作咖啡的流程十分复杂，采用优质的公平贸易单品咖啡豆。咖啡师水平高超，制作原汁原味的意式特浓（如果你好奇的话，咖啡机是Marzocco GB5）、卡布奇诺和特调咖啡，并有精选的糕点和布朗尼搭配。不喜欢咖啡？试试超级顺滑的咖啡叶茶吧。

★ Enoteca Settemila 葡萄酒吧

（Bergstrasse 9；⏰周二至周六 17:00~23:00）这家别致的葡萄酒商店兼葡萄酒吧洋溢着拉斐尔·派尔（Rafael Peil）和尼娜·科尔蒂（Nina Corti）的热情。来品尝一下他们精心挑选的葡萄酒，其中有奥地利的、有机的和活机的，还有意大利小制造商提供的奶酪和腌肉片（salumi；萨拉米香肠、火腿、熏火腿等）组成的共享拼盘（taglieri）下酒。

★ 奥古斯丁啤酒厂 自酿酒吧

（Augustiner Bräustübl；www.augustinerbier.at；Augustinergasse 4-6；⏰周一至周五 15:00~23:00，周六和周日 14:30起）是谁说的修士不能享乐？自从1621年起，这家由隐修院经营的欢乐的自酿酒吧就在拱顶的大厅里与拥有1000个座位的啤酒园里的栗子树下供应扎啤了。在前厅的龙头那里把酒杯接满，然后去小吃柜台那里挑选丰盛的下酒菜，如蹄髈、猪腩肉以及巨大的椒盐卷饼。

Sacher 咖啡馆

（www.sacher.com；Schwarzstrasse 5-7；⏰7:30至午夜）没有哪里比传奇的萨赫蛋糕诞生地的巧克力更醇厚、杏子酱更香浓、奶油更绵密了。这家咖啡馆古典而华美，墙上挂着图画，还有宝石红的长软座。坐在萨尔察赫河旁边的露台上可以欣赏到要塞的风光。

We Love Coffee 咖啡

（www.we-love-coffee.at；Mozartsteg；⏰周一至周五 7:30~18:00，周六和周日 9:00~18:00）要想临时来一点咖啡因，哪里也比不上这家可爱的咖啡馆。这里位于一辆改造后的三轮摩托车内，就停在莫扎特桥（Mozartsteg）旁边，制作小份的意式特浓、印度奶茶和馥芮白。

StieglKeller 啤酒馆

（Festungsgasse 10；⏰11:00~23:00）要想全年体验德国啤酒节，就来试试这家洞穴

一般的慕尼黑式啤酒馆吧，这里与慕尼黑的皇家宫廷啤酒屋（Hofbräuhaus）是由同一个建筑师设计的。这里在城市的屋顶上方有个巨大的花园，菜单上有很多肉类的主菜（€11~18），如肥猪手和炸肉排。外边自助龙头里的啤酒是最便宜的。

Die Weisse
小酒馆

（www.dieweisse.at; Rupertgasse 10; ⏲小酒馆周一至周六 10:00至午夜，酒吧 周一至周六17:00至次日2:00）这里是Salzburger Weissbierbrauerei洞穴一般的自酿小酒馆，在铺着木地板的室内或是后边阴凉的露天啤酒园可以狂饮口感软糯的白啤。Sudwerk酒吧里有DJ打碟，特别是在一年一度的Almrausch时，本地人会身穿清凉的少女装（Dirndl）和背带皮短裤（Lederhosen）狂欢。

220 Grad
咖啡馆

（www.220grad.com; Chiemseegasse 5; ⏲周二至周五 9:00~19:00，周六 至18:00）这家复古时髦的咖啡店以新鲜烘焙的咖啡而闻名，供应的意式特浓大概是城里最好的，而且还有超赞的早餐。

Café Bazar
咖啡馆

（www.cafe-bazar.at; Schwarzstrasse 3; ⏲周一至周六 7:30~19:30，周日 9:00~18:00）这家咖啡馆全部采用枝形吊灯和抛光木材，如今的当地人和1936年的马莱内·迪特里希（Marlene Dietrich）一样，一边享用早餐和糕点，一边高谈阔论，并欣赏着同样的河景。

Mayday Bar
鸡尾酒吧

（www.hangar-7.com; Wilhelm-Spazier-Strasse 7A,Salzburg Airport; ⏲周日至周四 正午至午夜，周六和周日 至次日1:00）在这家晶莹剔透的酒吧里透过玻璃墙壁俯瞰飞牛（Flying Bulls）飞机，这里也位于机场未来主义的7号停机坪建筑中。这里在夜晚灯光迷人，是个享用新鲜水果鸡尾酒或装在伯顿（Bodum）玻璃烧杯里的开胃小吃的独特地方。

Café Tomaselli
咖啡馆

（www.tomaselli.at; Alter Markt 9; ⏲周一至周六 7:00~19:00，周日 8:00起）这家用大理石和镶嵌木板装饰的咖啡馆自1705年起便门庭若市，莫扎特以前经常来这里。这里因萨尔茨堡最酥脆的苹果卷、最棒的维也纳咖啡（Einspänner）和服务态度最恶劣的服务生而闻名。

Coffee House
咖啡馆

（Linzer Gasse 39; ⏲周一至周六 8:30~21:00; 📶）这家咖啡馆隐藏在圣巴斯弟盎公墓后边的一个庭院内，是河这边一家潮流的新店，内饰复古又酷炫，背景音乐是节奏蓝调，还有网速很快的免费Wi-Fi。这里的咖啡还不错，尽管牌子上写着“自助服务”（self-service），如果他们不忙的话也是会帮你端一下。

Republic
酒吧

（www.republic-cafe.at; Anton-Neumayr-Platz 2; ⏲周日至周四 8:30至午夜，周五和周六 至次日4:00）这家采用背光照明的休闲酒吧是萨尔茨堡最时髦的所在之一，朝向广场上一处人气很高的露台开放。到了晚上，DJ会对着一群20岁上下喝着鸡尾酒的年轻人打碟。免费活动见网站——有早餐时间的爵士乐、拉丁乐和摇摆乐，也有每周一次的萨尔萨之夜（周二21:30）。

Unikum Sky
咖啡馆

（Unipark Nonntal; ⏲周一至周五 10:00~19:00，周六 8:00~19:00）要想欣赏到最棒的要塞风景以及最完整的萨尔茨堡全景风光，就来萨尔茨堡校园广场（Unipark Nonntal）上方这处沐浴在阳光下的露台吧。这里位于老城区Schanzlgasse以南300米处，是个适合享用饮料与便宜小吃放松的地方。

Köchelverzeichnis
葡萄酒吧

（Steingasse 27; ⏲周一至周六 17:00~23:00）这是一家很实在的街坊酒吧，有非常爵士的音乐、开胃菜以及精选的优质葡萄酒。尝尝柑橘味的Grüner Veltliners和来自这家人位于瓦豪的葡萄园的雷司令葡萄酒。

Steinterrasse
鸡尾酒吧

（Giselakai 3; ⏲周日至周四 7:00至午夜，周五和周六 至次日1:00）Hotel Stein俗艳的8楼（7th floor）露台吸引着萨尔茨堡喝着酩悦香槟酒（Moët）的社交名流以及任何喜欢美景的人呢。价格不菲，但是可以欣赏到要塞映衬下灯火通明的老城区。

Fingerlos 咖啡馆

（Franz-Josef-Strasse 9；⌚周二至周日7:30~19:30）这家天花板很高的咖啡馆供应精致的糖霜小蛋糕（petits four）、酥脆的油酥糕点和滑腻的蛋糕，让当地人欲罢不能。与衣着讲究的人们一起来吃早饭或是在慵懒的午后喝咖啡看报纸吧。

Humboldt Stub'n 酒吧

（www.humboldtstubn.at；Gstättengasse 4-6；⌚11:00至次日2:00；📶）这家质朴又酷炫的酒吧最近才翻新过，曾经是人们首选的聚会场所，有个铺砖露台可以享用口感绵软的冰啤酒。

☆娱乐

★萨尔茨堡提线木偶剧院 木偶剧院

（Salzburger Marionettentheater；☎0662-87 24 06；www.marionetten.at；Schwarzstrasse 24；门票 €20~37；👪）这家提线木偶剧院创建于1913年，红色的幕布在迷你的舞台上缓缓升起，这里有奢华的拉毛灰泥、智天使和枝形吊灯装饰。《音乐之声》是这里著名的保留剧目，有个真人大小的修女院长，谢幕的时候舞台上挤满了提线木偶。其他音乐名作还有莫扎特的《魔笛》和柴可夫斯基（Tchaikovsky）的《胡桃夹子》（*The Nutcracker*）。全部剧目都有多语种字幕。

Landestheater 剧院、歌剧

（☎0662-87 15 12；www.salzburger-landestheater.at；Schwarzstrasse 22；门票 €11~70；⌚售票处 周一至周五 9:00~17:00，周六 至13:00；👪）歌剧、轻歌剧、芭蕾舞、音乐剧主宰着这座优雅的18世纪剧院的舞台。莫扎特的音乐是这里的精髓，萨尔茨堡莫扎特管弦乐团（Mozarteum Salzburg Orchestra）经常在这里演出。这里有专门面向儿童的演出，《音乐之声》则受到全年龄段的欢迎。

Grosses Festpielhaus 剧院

（☎0662-804 50；Hofstallgasse 1）这里如洞穴一般，由建筑师克莱门斯·霍尔茨迈斯特（Clemens Holzmeister）设计于1956年，建在Mönchsberg陡峭的山里，是萨尔茨堡音乐节（见262页）的主要表演场所，可以容纳2179名观众。

孩子们的萨尔茨堡

萨尔茨堡有舞动的提线木偶、大量的巧克力以及一座宏伟的童话要塞，是孩子们的天堂。如果无法忍受蹒跚学步的小家伙们，就带他们去这里的冒险**游乐场**（有80个可选）；**Franz-Josef-Kai**的那个地理位置位于中心。

萨尔茨堡的景点通常儿童半价，而且大多数对6岁以下的儿童免费。许多画廊、博物馆和剧院也有专门为儿童和家庭准备的项目，其中包括**现代博物馆**（见252页），那里有为儿童和少年准备的工坊，迷人的**萨尔茨堡提线木偶剧院**也有午后表演。**萨尔茨堡博物馆**（见252页）有许多互动展览，既有弹竖琴也有老派的用羽毛笔写字。在入口处拿一份“老狼”·迪特里希的卡通导览。

萨尔茨堡其他可靠的娱乐儿童的场所有这些：

➡ 儿童会在**自然之家**（见258页）了解很多自然历史，那里有关于高山水晶、科学和人体的有趣事实。水族馆是亮点，里边有小丑鱼和鲨鱼。

➡ 萨尔茨堡自己的玩具总动员，**玩具博物馆**（见258页）就是一个摆满了新旧玩具的杂乱阁楼。这里甚至有“成人停放区”，小家伙们玩的时候大人们可以在那里打发时间。

➡ 在大型的**露天博物馆**（见258页）快速了解奥地利古往今来的务农生活，这里有动物可以摸，有手工艺品可以探索，还有一个很大的冒险游乐场可以嬉戏。想要更多以动物为主题的乐子，就去海尔布伦宫附近的**萨尔茨堡动物园**（见275页）吧。

ARGEkultur
现场音乐、表演艺术

(www.argekultur.at; ; Ulrike-Gschwandtner-Strasse 5)这一另类的文化场所起源于20世纪80年代对于阿尔茨堡音乐节的抗议活动。如今这里是家酒吧兼演出场地。在这里可以欣赏到各种艺术活动,活动包括了音乐会、卡巴莱歌舞、DJ之夜、舞蹈、诗歌朗诵赛和世界音乐。这里位于萨尔茨堡校园广场,从老城区往东步行5分钟就到了。

Rockhouse
现场音乐

(www.rockhouse.at; Schallmooser Hauptstrasse 46)Rockhouse是萨尔茨堡最热门的现场音乐演出场所,有一流的摇滚、流行、爵士、民谣、金属和雷鬼音乐会——详情见网站。这里还有个管道形的酒吧给DJ(通常免费)和乐队表演。Rockhouse位于老城区东北方1公里处;搭乘4路大巴到Canavalstrasse。

Schlosskonzerte
古典音乐

(www.schlosskonzerte-salzburg.at; ⊙音乐会 20:00)米拉贝尔宫巴洛克风格的大理石厅(Marmorsaal)是个用缤纷的大理石、拉毛灰泥和湿壁画装饰出的幻想作品,是室内音乐会的精美演出场地。国际著名的独奏音乐家和乐团在这里演奏莫扎特、海顿(Haydn)和肖邦(Chopin)等著名作曲家的作品。门票费用为€31~37,可以在网上或**售票处**(☎0662-84 85 86; Theatergasse 2; ⊙周一至周五 10:00~15:00,周六 至13:00)购买。

Festspiele售票处
售票处

(Festspiele Ticket Office; ☎0662-804 55 00; info@salzburgfestival.at; Herbert-von-Karajan-Platz 11; ⊙9月至7月中旬 周一至周五 10:00~12:30和13:00~16:30,7月中旬至8月 每天 10:00~18:00)这里出售萨尔茨堡音乐节的门票,票价€11~430。门票十分抢手——所以要么提前订好票(至少提前几周),要么在演出前最后一刻试试运气。

Mozarteum
古典音乐、歌剧

(☎0662-87 31 54; www.mozarteum.at; Schwarzstrasse 26)这里于1880年开始营业,因为超级棒的传声效果而备受推崇,通过室内音乐(10月至次年6月)、音乐会和歌剧来突出强调莫扎特的生平和作品。1月份的**莫扎特周**是这里一年一度的亮点。

萨尔茨堡体育场
演出场所

(Salzburg Arena; ☎0662-240 40; www.salzburgarena.at; Am Messezentrum 1)这里有个木质穹顶,是萨尔茨堡重要的体育赛事、音乐剧和大牌演唱会[桑塔纳(Santana)和鲍勃·迪伦(Bob Dylan)都在这里表演过]举办场所。体育场位于城北3公里处;搭乘1路大巴到Messe。

Jazzit
爵士乐

(☎0662-88 32 64; www.jazzit.at; Elisabethstrasse 11; ⊙周二至周六 18:00至午夜)这里定期举办包括探戈和电子乐在内的各种音乐会,还有工作坊和俱乐部之夜。别错过隔壁Jazzit:Bar周二晚免费的即兴演出。从米拉贝尔花园沿Elisabethstrasse往北走600米就是。

Das Kino
电影院

(www.daskino.at; Giselakai 11)这里以原声放映来自奥地利海内外的独立与艺术电影,在11月会举办以山为主题的**高山电影节**(Bergfilmfestival)。

Sound of Salzburg Show
表演

(☎0662-231 058 00; www.soundofsalzburgshow.com; Griessgasse 23,Sternbräu; 门票含/无晚餐 €54/34; ⊙晚餐 18:30,表演 5~10月 20:30)Sternbräu啤酒园的传统服饰歌唱表演对于莫扎特、《音乐之声》和轻歌剧爱好者们来说都非常适合。虽然没什么格调,但是却很有趣味性。

购物

Ploom
服装

(www.ploom.at; Ursulinenplatz 5; ⊙周四和周五 11:00~18:00,周六 至17:00)Ploom迎合了民族服饰(Tracht)的潮流,设计师普夫劳姆(Pflaum)成功地改良了少女装,并为其添加了更为生动活泼的元素;这家精品店是充满女性柔美风情的仙境:天蓝色的紧身胸衣、轻薄精巧的棉衬衫、青绿色的围裙(Schürze)或是真丝晚礼服,让人目不暇接。

Genussmanufaktur
食品、烈酒

(Mozartplatz 4; ⊙周一至周五 10:00~19:00,周六 至18:00)这家拥有拱顶的新专卖

店位于莫扎特广场上，就在旅游局的隔壁，是购买各式奥地利产品的好地方，有自制香蒜酱、沙拉酱、醋汁、黄芥末和甜酸酱，也有森林蜂蜜、巧克力、南瓜或蓝莓、葡萄酒和香料等。

Zotter 巧克力

(Herbert-von-Karajan-Platz 4; ⏲周一至周五 10:00~18:00, 周六 9:30~18:00) Zotter的有机公平贸易巧克力产自奥地利，其中包括施蒂里亚南瓜、生姜胡萝卜和山地奶酪核桃等罕见的口味，好吃极了。去巧克力喷泉那里蘸一勺，并试吃一下传送带上的样品。

Fürst 巧克力、食品

(www.original-mozartkugel.com; Getreidegasse 47; ⏲周一至周六 10:00~18:30, 周日 11:00~17:00) 梦幻的开心果、牛轧糖和黑巧克力，这里的莫扎特糖球（Mozartkugeln）仍旧按照保罗·菲尔斯特（Paul Fürst）1890年的原始配方手工制作，一颗售价€1.20。其他的特产还有致敬另一位伟大作曲家的巴赫糖块（Bach Würfel）——咖啡、坚果和杏仁糖松露。

Spirituosen Sporer 葡萄酒、烈酒

(Getreidegasse 39; ⏲周一至周五 9:30~19:00, 周六 8:30~17:00) 这家店位于Getreidegasse最狭窄的房子里，由家庭经营，自1903年起，当地人便沉醉于本店酿造的奥地利葡萄酒、草药酒以及著名的花楸果（Vogelbeer）酒了。

Musikhaus Katholnigg 音乐

(Sigmund-Haffner-Gasse 16; ⏲周一至周五 9:30~12:30和13:30~18:00, 周六 9:30~17:00) 这家唱片店位于一座16世纪的排屋里，自从1847年就开始营业了，这里能买到萨尔茨堡音乐节的高品质录音，还有丰富的精选古典乐、爵士乐、香颂以及民谣CD与DVD。

Stassny 服装

(www.stassny.at; Getreidegasse 30; ⏲周一至周五 9:30~18:00, 周六 至17:00) 高档的Stassny将民族服饰制作技巧与优质的布料和古典的花纹（牡鹿图案、波点与格纹等）结合在了一起。

Wenger 服装

(www.wenger.at; Getreidegasse 29; ⏲周一至周五 10:00~18:00, 周六 至17:00) Wenger有给女士们穿的紧身背带皮短裤和少女装，有过膝的海蒂（Heidi）裙装，也有用蝴蝶结和蕾丝装饰的高叉女神裙装。

Forstenlechner 服装

(www.salzburg-trachtenmode.at; Mozartplatz 4; ⏲周一至周五 9:30~18:00, 周六 至17:00) 要想挑选一件色彩丰富、融合了现代与传统的日耳曼民族服饰，就试试中档的Forstenlechner吧。

Salzburger Heimatwerk 服装、礼品和纪念品

(www.salzburgerheimatwerk.at; Residenzplatz 9; ⏲周一至周五 9:00~18:00, 周六 至17:00) Salzburger Heimatwerk不仅用优质的布料制作少女装和漂亮的民族服饰，也出产不错的本地手工艺品、烈酒、腌菜和蜂蜜。

Salzburg Salz 礼品和纪念品

(Wiener-Philharmoniker-Gasse 6; ⏲周一至周五 10:00~18:00, 周六 至16:00) 这里的高钠产品有来自萨尔茨堡州和喜马拉雅山的纯盐、草本盐，以及岩盐茶烛。

Lanz Trachten 服装、帽子

(www.lanztrachten.at; Schwarzstrasse 4; ⏲周一至周五 9:00~18:00, 周六 至17:00) 如果你想买紧身的少女装或是时髦的帽子，来这里就对了。

Alte Hofapotheke 药房

(Alter Markt 6; ⏲周一至周五 8:00~18:00, 周六 至正午) 想来点怀旧的感觉以及一小盒润喉糖的话，就来这家镶嵌着木板的老药房吧。这里是萨尔茨堡最老的药房，成立于1591年。

Klosterladen St Peter 礼品和纪念品、烈酒

(St Peter Bezirk 1; ⏲周一至周五 10:00~18:00, 周六 至17:00) 这家隐修院商店位于圣彼得修道院教堂（Stiftskirche St Peter）附近，里边的商品包罗万千，有手工雕刻的天使和念珠，也有龙胆草糖浆和隐修院酿造的啤酒、葡萄酒与烈酒。

Bottle Shop 食品和饮品

(www.beerbottle.eu; Mirabellplatz 7; ⏲周一至至周五 10:00~18:00，周六 至13:00）这家隐蔽的商店对于精酿啤酒和苹果酒爱好者们来说是个好地方，富有创意地酿造艾尔、波特和世涛啤酒与苹果酒，全部都在富有氛围的拱顶下方进行。

实用信息

医院（☎0662-44 82; Müllner Hauptstrasse 48）就在Mönchsberg北边。

邮政总局（Residenzplatz 9; ⏲周一至周五 8:00~18:00）

警察总局（☎0662-63 83; Alpenstrasse 90）

Salzburgerland Tourismus（☎0662-668 80; www.salzburgerland.com; Wiener Bundesstrasse 23,Hallwang bei Salzburg; ⏲周一至周四 8:00~17:30，周五 至17:00）有关于萨尔茨堡以外的州内其他地区的信息。

车站邮局（Südtiroler Platz 1; ⏲周一至周五 8:00~20:30，周六 至14:00）

旅游局（☎0662-88 98 70; www.salzburg.info; Mozartplatz 5; ⏲周一至周六 9:00~19:00，周日 10:00~18:00）十分有帮助的旅游局，楼里有订票服务（www.salzburgticket.com）。

到达和离开

飞机

萨尔茨堡机场（见251页），从市中心坐大巴过来要20分钟，定期有航班飞往奥地利和欧洲各处。从英国出发的廉价航班由**瑞安航空**（Ryanair; www.ryanair.com）和**易捷航空**（EasyJet; www.easyjet.com）提供。其他使用该机场的航空公司有**英国航空**（British Airways; www.britishairways.com）和**捷特第二航空**（Jet2; www.jet2.com）。

长途汽车

Salzburger Verkehrsverbund（☎24小时热线0662-63 29 00; www.svv-info.at）令前往州内小村庄成为一件很容易的事情。大巴在Südtiroler Platz上的火车总站发车，那里列有时刻表。主厅的问讯处提供关于大巴的咨询和售票服务。

关于抵离萨尔茨堡的大巴的更多信息以及网上时刻表见www.postbus.at。

前往萨尔茨卡默古特的大巴每小时发车1班：

巴特伊施尔 €10.60，1小时30分钟

蒙德塞 €6.70，53分钟

圣沃尔夫冈 €9.70，1小时45分钟

火车

萨尔茨堡新翻修的**火车总站**便捷地将其与奥地利其他地区相连。

前往维也纳（€51.90，2小时30分至3小时）和林茨（€26，1小时15分钟）的火车班次频繁。每小时有2班特快列车开往克拉根福（Klagenfurt; €39.50，3小时）。

前往因斯布鲁克最快的方式是搭乘穿过德国国土的“通廊”（corridor）列车；火车至少每2小时1班（€45.50，2小时）并经停库夫施泰因（Kufstein）。直达慕尼黑的火车至少每小时1班（€30.70，1小时30分钟至2小时）；部分列车会继续开往卡尔斯鲁厄（Karlsruhe），途经斯图加特（Stuttgart）。

每天还有几班火车开往柏林（€175.70，8小时30分钟）、布达佩斯（€90.80，5小时45分钟）、布拉格（€98.90~125.60，7小时30分钟）和威尼斯（€59，6~9小时）。

时刻表见www.svv-info.at。

当地交通

自行车

萨尔茨堡是奥地利最适合骑自行车的城市之一。这里广阔的观光骑道四通八达，布满了萨尔察赫河的两岸。出租电动自行车的场所清单见www.movelo.com。

A Velo（Mozartplatz; 自行车租赁半天/全天/周€12/18/55，电动自行车 €18/25/120; ⏲4月中旬至10月 9:00~18:00）就在旅游局的马路对面。

公共汽车

大巴司机出售单程票（€2.40）、24小时通票（€5.30）和一周通票（€14）。提前从售票机上购买单程票会略便宜些。如果你准备坐好几趟车，烟草（Tabak）店卖的票甚至更便宜（每张€1.60），但只按5张一组出售。6岁以下儿童乘车免费，而其他年龄的儿童一律半价。

大巴站和部分城市地图上有公交路线标注；1路和4路大巴在火车总站发车，环绕仅限步行的老城区运行。

信息和时刻表见www.salzburg-verkehr.at。

小汽车和摩托车

停车地点有限，而老城区的许多地方都仅限步行，所以把车停在城市西边、北边和南边的三处转乘停车场之一会比较方便。市中心最大的停车场是Mönchsberg下的Altstadt Garage（€18/天）；市中心有些餐厅会在你的票上盖章以减免停车费。有自动停车机的街道上（蓝色区域）停车费低一些；工作日早9点至晚7点最多停留3个小时（€3.90，或28分钟€0.60）。

想租车的话，试试**Avis**（www.avis.com；Ferdinand-Porsche-Strasse 7）、**Europcar**（www.europcar.com；Gniglerstrasse 12）或**Hertz**（www.hertz.com；Ferdinand-Porsche-Strasse 7）。

萨尔茨堡周边

海尔布伦（Hellbrunn）

海尔布伦的精华是其卓越的巴洛克式宫殿——海尔布伦宫，它是采邑总主教马库斯·西蒂库斯（Prince-Archbishop Markus Sittikus）的出色设计，位于修剪整齐的花园之中。请至少留出半天的时间参观这里。萨尔茨堡动物园（Salzburg Zoo）也是一个十分适合阖家前往的景点。

景点

★海尔布伦宫 宫殿

（Schloss Hellbrunn；www.hellbrunn.at；Fürstenweg 37；成人/儿童/家庭 €12.50/5.50/26.50，花园 免费；4月至10月 9:00~17:30，7月和8月 至21:00；）马库斯·西蒂库斯是一位玩世不恭的采邑总主教，在17世纪初期，他修建了海尔布伦宫作为自己的夏宫，借此逃离主教宫的繁重国事。这座意大利式的别墅成为统治者们钟情的隐居之所，他们凑在这里吃喝玩乐。异域的动物在此嬉戏，柑橘树和景观喷泉交相辉映。这些喷泉能让神职人员在心情愉悦的同时保持清醒。

慕尼黑的桂冠诗人多梅尼科·吉斯贝蒂（Domenico Gisberti）曾经大肆赞美这里："我在这些水中看到了威尼斯的缩影，与之相比，罗马都不过是一片幻影。"

除了宫殿精妙异常的内部——特别是东方风格的中国室（Chinese Room）和绘有湿壁画的庆典厅（Festsaal）——值得一看，古怪的**戏水喷泉**（Wasserspiele）在夏季也十分吸引人。在仿罗马剧场、海神洞窟（Neptune Grotto）以及啾鸣的鸟窟（Bird Grotto）中可能会被水淋湿。这里的雕塑别有深意，其中包括具有象征性的伸着舌头的Germaul面具（西蒂库斯对于批评者们的回应）。游览最后在18世纪的使用水能的**机械剧院**（Mechanical Theatre）结束，那里有200个菩提木小雕像描绘出一座巴洛克城市的生活场景。游览每30分钟一场。

宫殿花园里点缀着池塘、雕像和林荫大道，免费游览，全年开放到黄昏。你在这里能够找到《音乐之声》中《即将十七岁》（*Sixteen Going on Seventeen*）里著名的凉亭。

萨尔茨堡动物园 动物园

（Salzburg Zoo；www.salzburg-zoo.at；Hellbrunnerstrasse 60，Anif；成人/儿童/家庭 €10.50/4.50/24.50；6月至8月 9:00~18:30，9月至次年5月 时间缩短；）孩子们可以来这里与狮子、火烈鸟和阿尔卑斯山羊（alpine ibex）近距离接触。动物园靠近海尔布伦宫，位于海尔布伦悬崖下方，拥有来自全球各地的140只动物。

到达和离开

海尔布伦位于萨尔茨堡以南4.5公里处，骑行20分钟，观赏沿途美景（主要沿萨尔察赫河）或搭乘25路大巴坐12分钟（€2，每20分钟一班）就能到，从老城区的Mozartsteg/Rudolfskai出发。

哈莱因（Hallein）和周边

06245/人口：20,380

匆忙北赴巴伐利亚或南行至萨尔茨堡的人很少会来哈莱因，但那些来了的人会收获惊喜。过了工业化的城郊之后有个清新的中世纪末期的城区，那里的窄巷旁点缀着庭院、艺廊和波希米亚风的咖啡馆。哈莱因最适合家庭参观的景点是盐矿（Salzwelten），其位于城西南方6公里处的Bad Dürrnberg。

景点

★盐矿 矿井

（Salzwelten；www.salzwelten.at；Ramsaustrasse 3，Bad Dürrnberg；成人/儿童/家庭 €21/

10.50/53.50；⏲9:00~17:00；👪）在被总主教统治的辉煌时期，萨尔茨堡靠贩盐填满了金库。在奥地利最大的展示矿井，你可以穿上连体工装下到地底深处。游客搭乘摇晃的列车经过错综复杂的幽闭通道，越过国境到达德国并滑下27米的滑梯——别减速，抬起腿，让导游给滑梯打打蜡然后再加速！

凯尔特博物馆 博物馆

（Keltenmuseum；Celtic Museum；www.keltenmuseum.at；Pflegerplatz 5；成人/儿童€6/2.50；⏲9:00~17:00；👪）正面是玻璃墙的凯尔特博物馆俯瞰萨尔察赫河，在一系列漂亮的拱顶展厅中按照年代介绍这片地区的历史。展示从凯尔特文物开始，其中包括阿斯泰利克斯（Asterix）式的头盔、一辆复原双轮战车和精选的青铜饰针、挂件和搭扣。

平安夜博物馆 博物馆

（Stille Nacht Museum；www.stillenachthallein.at；Gruberplatz 1；成人/儿童 €2/0.70，持凯尔特博物馆门票免费；⏲7月和8月 15:00~18:00，9月至次年6月 周五至周日 15:00~18:00）哈莱因是圣诞颂歌《平安夜》作曲人弗朗茨·克萨维尔·格鲁贝尔（Franz Xaver Gruber；1787~1863年）的家乡，因而成了圣诞圣地。约瑟夫·莫尔在1816年写下了这首诗，而当时身为学校教师的格鲁贝尔用吉他写出了旋律。这把传说中的吉他在格鲁贝尔位于哈莱因教区教堂隔壁的故居（即如今的平安夜博物馆）内占据着最重要的位置。博物馆通过文件和私人物品介绍了这首颂歌的故事。

活动

Keltenblitz 探险运动

（Bad Dürrnberg；成人/儿童 €9.60/6.60；⏲5月至10月中旬 10:00~18:00；👪）在夏季，家庭游客在盐矿附近的滑雪道上驰骋。登山吊椅把人送上Zinken山顶，他们在那里坐上带轮子的连橇滑下2.2公里长的弯道。眨眼间人就滑了下来，并且能欣赏到飞闪而过的萨尔察赫河谷风光。

> **盐矿快速通道**
>
> 这片地区所有的火车站都出售可以省钱的**哈莱因盐矿**（Salzwelten Hallein）票（成人/儿童 €25.80/12.90），票内包含了一张去Bad Dürrnberg的大巴票，外加盐矿、凯尔特博物馆和平安夜博物馆的门票。

住宿

Pension Sommerauer 客栈 $

（☎06245-800 30；www.pension-hallein.at；Tschusistrasse 71；标单 €47~61，双 €75~98，标三€98~126，四 €125~160；Ⓟ🏊）这家客栈位于一座拥有300年历史的农舍中，质朴的客房十分划算。这里有个温水泳池和温室，还有游乐场、沙坑和秋千这种适合小朋友的东西。

Pension Hochdürrnberg 客栈 $

（☎06245-751 83；Rumpelgasse 14,Bad Dürrnberg；标单/双/标三/四 €45/60/70/100；Ⓟ）这座农舍位于Bad Dürrnberg，草地环绕，拥有乡村风格的客房，房里摆着温暖的松木家具和柔软的床品。毛茸茸的住客们（兔子、绵羊和母牛）会让孩子开心的。

Hotel Auwirt 酒店 $$

（☎06245-804 17；www.auwirt.com；Salzburgerstrasse 42；营地每个成人/儿童/帐篷€10/7/6，标单€60~95，双 €90~165，四 €149~255；Ⓟ📶）Auwirt的客房光线充足，铺有木地板，能看到阿尔卑斯的风光，宽敞而舒适；几间比较高级的客房带有阳台。酒店很适合全家入住，有绿树成荫的花园和游乐场。你还可以在这里扎个帐篷。

就餐

Koi 亚洲菜 $

（☎06245-731 13；Schanzplatz 2；午餐€8.90，晚餐 主菜 €9~16；⏲周一至周六 8:00至次日2:00；✍）这家现代而欢快的咖啡馆有个架高的露台，上边有凉爽的微风。菜单十分吸引人，有新鲜出锅的面条、春卷和爽脆的豆芽沙拉，还可以用有机果汁或意利（Illy）咖啡佐餐。物美价廉的午市特餐有泰式鸡肉也有蘑菇咖喱肉丸和西葫芦面等。

Esswerk 各国风味 $$

（☎06245-705 09；www.esswerkhallein.at；

Salzachtalstrasse 29；主菜€10~18）Esswerk位于一家胡椒厂的旧厂址内，现代而轻松，有奥地利海内外美食，也可以单纯在吧台那边喝一杯。这里制作比萨饼、汉堡包、意面类菜肴和沙拉，以及分量更大的主菜，比如白梭吻鲈去骨鱼片配百里香和青柠意式宽面。午市特餐费用为€5.90至7.90。

Toro Toro 西班牙菜、西班牙小吃 $$$

（☎06245-842 23；www.toro-toro.at；Schloss Altendorffstrasse 2；8/12道菜双人套餐€108/128；⏲周二至周六 18:00至次日1:00）Toro Toro位于城边一座古堡的地窖里，是奥地利阿尔卑斯山脉中的一小片西班牙。这里的塔帕斯（tapas）和菜肴——有雪莉酒炖蛤蜊也有西班牙大锅饭（paella）等，专业地搭配以西班牙葡萄酒。在温暖的夏季傍晚，被绿树围绕的露台非常可爱。这里位于城东北方3公里处。

饮品和夜生活

Kurkurma 咖啡馆

（www.cafe-kurkuma.at；Metzgergasse 9；⏲周日至周五 8:30~18:00，周六 至15:00）如果你想在哈莱因来一杯咖啡提神，你应该来这里：这里的豆子来自口碑很好的烘焙公司220°。明亮的极简主义内饰搭配拱顶，室内氛围轻松，早餐、糕点、松饼和自制柠檬水也很棒。

实用信息

旅游局（☎06245-853 94；www.hallein.com；Mauttorpromenade 6；⏲周一至周五 8:30~17:00）哈莱因的旅游局是初来乍到咨询城内和周边信息的好地方。

到达和离开

哈莱因靠近德国边境，从萨尔茨堡沿B150往南和沿A10/E55往Graz/Villach方向开18公里即可到达。从萨尔茨堡坐火车过来只要25分钟，火车大约每30分钟一班（€4.60，20分钟）。

韦尔芬（Werfen）

☎06468/人口：2965

韦尔芬拥有世界最大的可参观冰洞、滕嫩山脉高耸的石灰岩山峰，以及威严的中世纪要塞。如此震撼的自然美景可没逃过好莱坞制作人们的眼睛——韦尔芬在“二战”主题的动作电影《血染雪山堡》（*Where Eagles Dare*；1968年）中担纲主角，还在《音乐之声》的野餐场景中露了一脸。

从萨尔茨堡过来可以在一天里游览完要塞和冰洞；早点出门，先游览冰洞，然后去要塞欣赏最后一场鹰猎表演。

景点

★埃斯瑞森韦尔特冰洞 洞穴

（Eisriesenwelt；www.eisriesenwelt.at；成人/儿童 €12/9，含缆车 €24/14；⏲7月和8月 8:00~16:00，5月、6月、9月和10月 至15:00）埃斯瑞森韦尔特冰洞的宣传语上说，这里是世上可参观的最大冰洞，这里是一片晶莹的冰雪帝国，面积有30,000平方米，拥有42公里的狭窄通道深入群山的中心。游览这些如纳尼亚一般的蓝色冰窟是个独特的体验。当你攀上木头台阶并走下漆黑的通道时，电石灯发着光，超凡脱俗的北极熊和大象冰雕、冰柱与湖泊从阴影里浮现。

洞穴一般的冰宫（Eispalast）是一大亮点，当镁光照明灯靠近时，晶莹的冰霜闪烁着。子宫一般的隧道通向一段700级的台阶，走下台阶就回到了入口。即便外面很炎热，在任何季节进入洞穴都极为严寒——请带上保暖衣物和结实的鞋子。

在夏季，小巴（往返成人/儿童 €7/5）于上午8点18分、10点18分、中午12点18分和下午2点18分从韦尔芬火车站开往埃斯瑞森韦尔特冰洞停车场，从停车场步行20分钟就能到达缆车底站。末班返程巴士在下午4点32分发车。为返程预留出大约3小时的时间（含游览）。你可以全程步行，但上坡需要4个小时，十分具有挑战性，要从村子往上走1100米。

列支敦士登峡谷 峡谷

（Liechtensteinklamm；Liechtenstein Gorge；www.liechtensteinklamm.at；成人/儿童 €6/4；⏲5月至9月 8:00~18:00，10月 9:00~16:00；👪）列支敦士登峡谷是阿尔卑斯山脉最深最长的峡谷之一，这里人迹罕至但值得绕路过来。这条令人惊奇的沟壑形成于末次冰期；它得名于列支敦士登亲王约翰二世（Johann Ⅱ，Prince of Liechtenstein），他在19世纪投入了大笔金钱使峡谷与外界相通。步道沿着湍急的水流（水流两侧是垂直300米高的悬崖）延伸，越过桥梁并穿过峭壁里凿出的隧道，峭壁上露出白色花岗岩的纹路。

霍亨维尔芬城堡 城堡

（Burg Hohenwerfen; Hohenwerfen Fortress; www.salzburg-burgen.at; 成人/儿童/家庭 €12/10.50/28.50，含吊椅 €15.50/13.50/36.50；⊙1月至4月和10月至12月 9:30~17:00，5月至9月 9:00~19:00；👪）霍亨维尔芬城堡高悬在树木丛生的崖顶，瑟缩在滕嫩山脉雄伟的山峰下，远远地就能看见它。这座要塞900年来一直守卫着萨尔察赫河谷；其如今的外表可以追溯至1570年。这里最吸引人的是从16世纪的钟楼远眺的韦尔芬风景，不过**地牢**（展示有铁处女和拇指夹这种常见的恶心刑具）也值得一看。

食宿

Mariannenschlössl 家庭旅馆 $

（☎06468-420 93 80; wimmer.werfen@sbg.at; Poststrasse 10; 双 €60~64）风景多好啊！这家由家庭经营的客栈距离村中心只有快步5分钟的上坡路，能看到要塞的迷人风景与滕嫩山脉雄伟的岩石山峰——从花园和可爱干净的客房内都能看到两者。装饰着狩猎战利品的餐厅供应丰盛的早餐。

Weisses Rössl 家庭旅馆 $

（☎06468-52 68; hofer.r@sbg.at; Markt 39; 标单/双/标三/四 €38/67/84/96; P📶）这家性价比很高的家庭旅馆位于村中心，从屋顶露台上可以看到要塞和滕嫩山脉的绝赞风景。客房带着强烈的20世纪70年代的气息，房间大而舒适，配有沙发和有线电视。

Camping Vierthaler 露营地 $

（☎06468-565 70; www.camping-vierthaler.at; Reitsam 8; 营地每个成人/儿童/帐篷€6/3/6.50，平房双/标三/四 €29/38/47; ⊙4月中旬至9月）这片可爱的露营地位于萨尔察赫河畔，拥有美妙的自然氛围。设施包括一个小食吧和游乐场。还提供有小厨房、中庭和烧烤区的平房。

Oedlhaus 奥地利菜 $$

（www.oedlhaus.at; Eishöhlenstrasse 30; 小吃 €3.50~8，主菜 €8~12.50; ⊙5月、6月、9月和10月 9:00~15:45，7月和8月 至16:45）这座林间小屋位于埃斯瑞森韦尔特冰洞缆车顶站旁边，坐落在海拔1574米的高处，用山地美食为步行者们补充体力，比如Gröstl（煎土豆、猪肉和洋葱，上边再加个煎鸡蛋）。露台上的风景令人着迷：你能看到萨尔察赫河谷对面Hochkönig山脉轮廓鲜明的石灰岩山峰。

★Obauer 新派欧洲菜 $$$

（☎06468-52 12; www.obauer.com; Markt 46; 3道菜午餐 €38，晚市套餐 €40~125; ⊙周三至周日 正午至14:00和19:00~21:00; 👪）这家餐厅口碑很高，专注食材，由烹饪梦幻二人组卡尔（Karl）和Rudi Obauer经营。质朴时尚的室内和露天的花园中都有餐位，餐厅的大部分水果和野菜都是花园里种的。招牌菜有入口即化的韦尔芬羔羊肉和酥脆的鲑鱼苹果卷，搭配以顶级的奥地利葡萄酒。

实用信息

旅游局（☎06468-53 88; www.werfen.at; Markt 24; ⊙周一至周五 9:00至正午和13:00~18:00）友善的旅游局提供咨询和地图。

到达和离开

韦尔芬位于萨尔茨堡沿A10/E55高速公路往南45公里处。开往萨尔茨堡的火车班次频繁（€8.70，40分钟）。

萨尔茨堡州南部（SOUTHERN SALZBURG PROVINCE）

菲尔茨莫斯（Filzmoos）

☎06453/人口：1460

菲尔茨莫斯戏剧性地坐落在达赫施泰因群山崎岖的石灰岩山尖、起伏的牧场以及名副其实的Bischofsmütze（主教冠）群峰之间，是个高山中的桃源。尽管这座度假村有很棒的徒步和滑雪地点，但其偏远的地理位置仍阻止了大量人群的到来，村子也因此保持着其乡村的迷人气质与适合家庭出游的氛围。

活动

达赫施泰因环线

徒步

（Dachstein Circuit）达赫施泰因环线上坡2995米，耗时8天，长126公里，让游客更好地认识了这条崎岖的石灰岩山脉。这里能够见到阿尔卑斯山脉的全部地形：冰川和高山、森林、喀斯特地貌、湍急的河流与鲜花点缀的草甸。

戈绍卡姆环线

徒步

（Gosaukamm Circuit）这条壮丽的环线耗时2天，长23公里，让人近距离亲密接触崎岖的戈绍卡姆山脉。戈绍卡姆山脉有时被称作"萨尔茨堡的多洛米蒂山脉"，因为二者的大小和规模类似。2012米的**Steigl Pass**是绝对的亮点，这段没有遮蔽的固定保护绳路线有需要攀登的部分。拿上Freytag & Berndt的地图WK 281：Dachstein（1：50,000）。

Ski Amadé

滑雪

（☎06452-20 20 20；www.skiamade.com；全区6日通票 €232）萨尔茨堡州的Ski Amadé是奥地利最大的滑雪区，分为5个积雪后覆盖的区域，共有25个度假村，雪道共长达760公里。其中包括低调的拉德施塔特和适合家庭的菲尔茨莫斯。这片区域如此之大，也就意味着各种水平的人群都能被真正照顾到：有温和平稳的林间雪道，也有越野环路。

达赫施泰因环路

骑车

（Dachsteinrunde；Dachstein Tour；http://dachstein.salzkammergut.at）对于热爱骑行的人们来说，富有挑战性的达赫施泰因环路（182至269公里）不可不来，这条路线经过萨尔茨堡州、上奥地利州和施蒂里亚州，以及部分典型的阿尔卑斯地形。地图可以在网上以€7的价格购买。

节日和活动

多亏了高山间的中心位置和猛烈的大风，菲尔茨莫斯已经成了热气球圣地。在非常适合拍照的**汉内绍夫热气球大奖赛**（Hanneshof Hot Air Balloon Trophy；www.ballonfahren-filzmoos.com；⏲1月）期间，热气球照亮了1月冬季的天空。

食宿

Pension Wieser

家庭旅馆 $

（☎06453-83 56；www.wieser-filzmoos.at；Neuberg 123；双 €92~100，含全膳 €106~118）这家可爱质朴的家庭旅馆是很便捷的登山地点，就在Filzmoos-Neuberg登山吊椅的对面。楼下在冬季有壁炉燃烧，客房一尘不染，有朝向高山的阳台。额外付钱享受全膳十分值得，包含了早餐、丰盛的午餐、全天候软饮和美味的3道菜晚餐。这里还有乒乓球和给儿童准备的游戏室。

★ Bio-Hotel Hammerhof

酒店 $$

（☎06453-82 45；www.hammerhof.at；Filzmoos 6；双 €134~170；P 📶）🌿这家环保酒店位于一座改造得非常漂亮的400年老农舍里，非常值得光顾。客房光线柔和，用原木和乡村元素装饰；部分带有阳台和砖炉。餐厅采用自家种植的有机食材。泡个草药浴放松一下或是骑马去山里。老板马蒂亚斯（Matthias）会安排骑马游。

Haus Obermoos

客栈 $$

（☎0664 1261 403；www.hausobermoos.com；Neuberg 190；标单/双 €90/100，公寓 €150~260；P 📶）莉莉（Lily）和史蒂芬（Stephen）在Haus Obermoos用最诚挚的热情招待客人。他们对这间客栈的热爱体现在明亮整洁的客房和公寓中，它们用木头、大理石和大地色调装饰得十分雅致。有暖气的滑雪屋和水疗区令人愉悦。Haus Obermoos靠近滑雪吊椅，距离村中心只有10分钟的步程。

Fiakerwirt

奥地利菜 $

（☎06453-82 09；www.fiakerwirt.co.at；Filzmoos 23；主菜 €6~13；⏲周二至周日 10:00~23:00；👪）在凌乱的农舍和啤酒园里供应肉很多的菜肴，比如炸肉排、红烩牛肉和烤猪肉。孩子们会喜欢这里的宠物山羊、鸭子和小马驹。冬天有马拉雪橇从这里出发（€20/人）。它们穿过村庄和大雪覆盖的森林前往附近的高山草甸（Almen）。

实用信息

旅游局（☎06453-82 35；www.filzmoos.at；Filzmoos 50；⏲周一至周五 8:30~12:30和

14:00~18:00，周六 8:30~12:30和15:00~18:00，周日 10:00至正午）旅游局地理位置位于中心，提供很多关于这片地区的活动信息并且乐于帮助预订住宿。

到达和离开

从A10/E55 Tauern-Autobahn高速公路上绕10公里就能到达菲尔茨莫斯。在萨尔茨堡和菲尔茨莫斯之间每天有好几班火车和大巴往来（€14.40，1小时45分钟至3小时）；其中大部分需要在比绍夫斯霍芬（Bischofshofen）换乘。

拉德施塔特（Radstadt）

☎06452/人口：4800

低调的拉德施塔特有个迷人的城中心，城中心被城墙围起来，有圆形的塔楼和一个教区教堂（Stadtpfarrkirche），教堂包含了哥特和罗马风格的元素。高耸在城区上方的阿尔卑斯山对于各种户外活动来说是个巨大的游乐场。

大部分游客都是为了这里丰富多样的单板和双板滑雪而来的。该度假村是巨大的Ski Amadé滑雪区的一部分，一张滑雪通票在整个滑雪区通用，并且滑雪区的内部有超级现代的吊椅和免费滑雪巴士互通。

同样的高山在夏季也吸引着热爱运动的人群，这里有1000多公里的步道，还可以划独木舟、登山、激浪漂流和骑山地自行车。

Salzburger Sportwelt Tourist Office（☎06452-74 72；www.salzburgersportwelt.com；Stadtplatz 17；⏲周一至周五 9:00至正午和14:00~18:00，周六 9:00至正午）有关于这片地区的信息和地图。

往返因斯布鲁克（€41~60，3小时15分钟至4小时）和格拉茨（€40，3小时）的大巴与火车中途经过拉德施塔特。滨湖采尔（€13.40，1小时30分钟）和穆尔河畔布鲁克（€33.20，3小时）也在这条线上。

从拉德施塔特出来，B99攀上险峻的拉德施塔特陶恩山口（Radstädter Tauern Pass；1739米），过去之后到达卡林西亚州（Carinthia）。西边就是A10/E55，这条路线会穿过6公里长的隧道，因而避免了登高。

毛特恩多夫（Mauterndorf）

☎06472/人口：1780

在静谧狭小的毛特恩多夫，高踞在山上的城堡带有塔楼，和睡前童话故事所描述的一样。这里的街道上点缀着有山墙的房屋和喷泉，让人心情愉悦，而周边高处的狂野和裸露的峭壁适合徒步与滑雪。因为这里在Lungau地区十分偏僻，所以十分安静。

中世纪的**毛特恩多夫城堡**（Burg Mauterndorf；成人/儿童 €9.50/5.50；⏲5月至10月 10:00~18:00）高踞在一片裸露的岩石上，拥有坚实的塔楼，每一处看起来都如在童话中一般，是这座村子的骄傲与乐趣之源。城堡由萨尔茨堡的总主教们建造于13世纪，位于一座古罗马要塞的遗址上。城堡里如今有个地方**博物馆**，并且是各种文化活动的举办场地。

到达和离开

毛特恩多夫位于Hwy 99上。780路大巴从拉德施塔特开往毛特恩多夫邮局（€8.70，48分钟，每天3班）。

上陶恩山国家公园（HOHE TAUERN NATIONAL PARK）

如果你以为阿尔卑斯山是大自然在奥地利的登峰之作，请三思：上陶恩山国家公园才是它的杰作。欢迎来到奥地利的户外乐园以及欧洲最大的自然保护区之一（1786平方公里），这里跨越了蒂罗尔州、卡林西亚州和萨尔茨堡州，并且使3798米高的奥地利第一高峰大格洛克纳山（Grossglockner）黯然失色。

这里白雪覆盖的高山、晶莹的冰川、碧绿得令人难以置信的湖水和奔流的瀑布精美绝伦，言语难以形容。你自己去看吧。

景点

国家公园世界 博物馆、国家公园

（National Park Worlds；Gerlosstrasse 18，Mittersill；博物馆 成人/儿童 €10/5；⏲9:00~18:00；👪）要想深入了解上陶恩山国家公园的一切，就来这个超级棒的游客中心看看吧。这里作为**博物馆**简单地介绍了公园，有关于冰川、雪崩、自然水域、务农生活、山林、高山动植物的展览。一个可以攀爬进出的土拨鼠洞对于孩子们来说是个亮点。**商店**里有种类丰富的书籍和地图。

活动

Ranger Walks　步行

(www.nationalparkerlebnis.at; ⊙7月至9月周一至周五)要想充分体验上陶恩山国家公园，考虑报名参加一场知识丰富的管理员带队的**导览步行游**吧。在7月至9月的工作日，他们提供30条徒步路线(其中有几个持宾客卡免费)，内容包罗万千，有野菜发现之路，也有高海拔徒步、环冰川游、峡谷攀登以及野生动物观测。

项目和价格见网站。

Bergführer Kals　登山

(☎0664 416 12 89; www.bergfuehrer-kals.at; Ködnitz 18,Kals am Grossglockner; 大格洛克纳山普通路线 €195起，大韦内迪格山 €100起; ⊙办公室 6月至10月 15:00~21:00)如果你真的想攀登奥地利最高峰**大格洛克纳山**(3798米)或**大韦内迪格山**(Grossvenediger; 3666米)的话，这个登山导游团队能提供专业的帮助。你必须得有丰富的登山经验。这里还安排其他的高山攀登活动(比如Lienzer Dolomites)以及冬季的滑雪巡游、免费搭车、攀登冰坡和雪地靴远足等(不过请提前致电)。网站上有详情。

住宿

Erzherzog-Johann-Hütte　木屋 $

(☎04876-85 00; www.erzherzog-johann-huette.at; 铺/房 €33/42，含半膳 €52/61; ⊙6月中旬至9月)这里像鹰巢一样盘踞在3454米的高度，是奥地利最高的高山木屋，从这里再爬2个小时就能到达雄伟的大格洛克纳山的峰顶。在这个令人晕眩的高度，正如你所预想的一样，木头宿舍十分简陋，而且没有盥洗室。厨房里烹制丰盛的美食，比如红烩牛肉、炸肉排和柴炉苹果卷。

Hotel Tauernstern　度假屋 $$

(☎04822-248; www.tauernstern.at; Winklern 24,Winklern im Mölltal; 双/套 €116/128; P 📶)在这片山中明珠的木阳台上能把山谷中的景色尽收眼底。用松木和石头做成的四柱床、室内冰箱、用本地木头和石板做成的桑拿房和水疗馆，以及一间使用本地农场所供食材的卓越的美食餐厅，这些都使得Tauernstern非常适合担任踏上大格洛克纳山公路之前的体力加油站。

Matreier Tauernhaus　客栈 $$

(☎04875-88 11; www.matreier-tauernhaus.at; Tauer 22,Matrei in Osttirol; 标单/双/标三/四 €55/90/105/120; 📶)这座山中度假屋位于几座奥地利最高峰的阴影下，富有当地特色，客房简单，待客热情，还有个儿童游乐场。这里已经由布鲁格(Brugger)家族经营了5代，这里建于1207年，最初是建给萨尔茨堡总主教的。这里非常适合担任攀登大韦内迪格山的大本营。

到达和离开

小汽车和摩托车

园区内车流量很少，许多公路有收费路段，部分公路在冬季封道。南北向主要路线有全年通行的Felber-Tauern-Strasse(B108; Mittersill和利恩茨之间)和风景壮丽的大格洛克纳山公路(Grossglockner Road; 5月至10月开放)。

5.5公里长的Felbertauerntunnel位于东蒂罗尔与萨尔茨堡州的边境上; 过路费为轿车€11，摩托车€10。利恩茨—基茨比厄尔线的大巴沿这条公路运营。

火车

主要的火车枢纽是滨湖采尔(见282页)[萨尔茨堡和经蓬高地区圣约翰(St Johann im Pongau)往北的方向]和利恩茨(见315页)，后者的火车开往东边和西边的蒂罗尔州和卡林西亚州方向。

当地交通

公共汽车

火车与大巴相结合可以从滨湖采尔前往东蒂罗尔地区马特赖，每天4班(€14.10，2小时)，中间要在Mittersill换乘一次。

还有定时发车的大巴开往海利根布卢特(Heiligenblut; 见291页)，那里是探索公园的最中心基地之一。

滨湖采尔（Zell am See）

☎06542/人口：9575

滨湖采尔的美丽让人晕眩，这里有比天空还碧蓝的湖水（采尔湖；Zeller See），袖珍的市中心点缀着颜色艳丽的小木屋，上陶恩山的山峰被白雪覆盖，这如仙境般的美景在明信片里常能看到。你可以潜入湖里，可以在绿树成荫的岸边骑车，也可以在山中徒步和滑雪，以及开车去高高的大格洛克纳山公路。每一年都有上百万的游客（有一起出游的家人也有开着加大马力福特野马的花花公子）从世界各地来到这里这样做，就是为了找寻奥地利梦。

活动

★Kitzsteinhorn Glacier 滑雪、徒步

（www.kitzsteinhorn.at；1日通票 成人/儿童€46/23，持宾客卡免费）无论冬夏，3029米高的Kitzsteinhorn Glacier都是滨湖采尔不可错过的景点，这里在一年中有10个月都有足够的雪用来进行单板或双板滑雪。缆车（成人/儿童€40/20）升到顶站Gipfelwelt 3000，那里有2个观景平台可以欣赏到上陶恩山国家公园深处的全景风光——找一下轮廓醒目的大格洛克纳山。在5月中旬至9月中旬间，每天上午10点30分和下午1点有免费的导览游。

夏季你可以在冰川小径上徒步，去看看Ice Arena摆满了躺椅的雪滩，然后在国家公园画廊（Nationalpark Gallery）了解当地的地质，画廊里展览有几块相当令人印象深刻的上陶恩山晶石。要骑山地自行车下山的话，有一条12公里的路线通向谷底。凭免费的滨湖采尔－卡普伦卡（Zell am See-Kaprun Card；见285页）可以进入冰川范围并免费搭乘缆车返程。

要在冬季挨冻，去一下Ice Camp，那里有灯光壮丽的冰屋酒吧、休息室和日光浴平台——最适合在山坡上艰难度过一天之后伴着柔和的节拍喝鸡尾酒。

Adventure Service 探险运动

（☎06542-735 25；www.adventureservice.at；Steinergasse 5-7）这里是一站式的冒险商店，提供种类丰富的刺激活动，包括双人滑翔伞（€120）、激浪漂流（€50）、独木舟（€59～95）、登山（€50～105）和导览半日山地自行车游（€27）。还有90分钟赛格威（Segway）游（€40）这种体力消耗较小的活动，可以欣赏湖泊和高山的风景。自行车租金为半天/全天€13/23。

在上陶恩山国家公园徒步和登山

上陶恩山幽深的河谷、高耸的山峰和台地是徒步者和登山者们的圣地。保护区内有适合各类登山者的路线，既有温和的一日步行路线，也有前往没有山路的山峰和山脊的极限远足。Freytag & Berndt（www.freytagberndt.com）制作详细的1：50,000步行地图，范围覆盖了国家公园和周边地区。在网上、国家公园世界（见280页）或较大市镇内的书店可以购买。在规划主要旅程时，最好提前订好夜间的住宿，因为你走得越高住处越少；当地旅游局可以提供建议。

受欢迎的徒步路线包括攀登大韦内迪格山（3666米），那里终年被冰雪覆盖，两侧是冰川。公路能抵达的最近地方是1512米高的Matreier Tauernhaus（见281页），位于Felbertauerntunnel的南边入口。你可以在这里停车，步行不到1个小时就能收获美丽的山景。

任何有登山经验并且身体不算弱的人都可以走“普通”路线攀登雄伟的大格洛克纳山（3798米），不过建议你带个导游。主要路线的起点位于Erzherzog-Johann-Hütte（见281页），距离海利根布卢特有4至5小时的步程。从这里开始，沿这条大约需时2小时的路线越过冰雪和岩石，沿着一条钢缆走过一条狭窄的雪地山脊，到达峰顶的路口。关键是要带对装备（地图、绳索、带钉鞋底等）并在出发之前查好天气。至于导游，联系海利根布卢特的旅游局或者看看Bergführer Kals（见281页）有什么选项。

Windsurfcenter Zell Am See 风帆

(☎0664 644 36 95; http://windsurfcenter.members.cablelink.at; Seespitzstrasse 13; 2小时入门课程 €38; ⏰5月至9月 黎明至黄昏)猛烈的山风为采尔湖上的风帆和立式桨板活动创造了理想的条件。这家风帆中心口碑很好，位于城南2公里处；请打电话咨询这里种类丰富的课程。这里还出租风帆/潜水衣/冲浪板，租金为€12/18/25。

Rundfahrt Schmittenhöhe 游轮

(成人/儿童€13.50/6.60; ⏰6月至9月 10:00~17:00, 5月和10月 11:00~16:00)要想在湖上转一圈观光——(在晴朗无云的时候)那里能看到上陶恩山出色的美景——就来参加这里45分钟的全景乘船游。

节日和活动

在7月中旬和8月上旬，这里会举办两场**湖泊节**，滨湖采尔便伴着现场音乐、烟花和体育活动进入了夏季。

采尔夏夜 音乐节、艺术节

(Zell Summer Night; ⏰7月和8月 周三)免费的采尔夏夜节在7月和8月的每个周三夜晚吸引了乐队、街头艺人和即兴戏剧来到街头和广场表演。

住宿

Haus Haffner 客栈 $

(☎06542-72 39 60; www.haffner.at; Schmittenstrasse 29; 标单 €25~34, 双 €48~68, 公寓 €96~133; 📶)这家欢快的客栈藏在滑雪吊椅附近的一条安静后巷里，拥有宽敞的客房和家庭公寓，里边配有碎呢地毯、水壶和结实的木家具(老板是个细木工)。

Junges Hotel Zell am See 青年旅舍 $

(☎06542-571 85; www.hostel-zell.at; Seespitzstrasse 13; 标单/双/标三/四 €42/71/99/133; P📶)这些适合家庭入住的房子就在湖边和沙滩上，从城区往南走15分钟就是，非常划算。客房简单但保持整齐，能看到梦幻的山景，并且总是有许多活动，其中包括排球赛和每周一次的烧烤。

Seecamp Zell Am See 露营地 $

(☎06542-721 15; www.seecamp.at; Thumersbacherstrasse 34; 营地每个成人/儿童/帐篷 €9.90/6.40/7.60; P📶)如果一睁眼就能看到白雪覆盖的Kitzsteinhorn山景这件事很诱人的话，就在湖畔这片绿树成荫的营地上露营吧。设施包括一个商店、餐厅和儿童俱乐部。提供导览山地自行车游和徒步游。

★ Pension Hubertus 家庭旅馆 $$

(☎06542-724 27; www.hubertus-pension.at; Gartenstrasse 4; 标单 €52~69, 双 €104~138; P)🍃贝亚特(Beate)和贝恩德(Bernd)在他们的环保度假屋热情待客。这家家庭旅馆位于滑雪吊椅对面，使用100%的可再生能源(太阳能和风能)，早餐采用有机食材和公平贸易咖啡。客房明亮通风，被装修成了乡村风格，大量使用松木、花纹帘子和毛绒绒的床品。

Steinerwirt 精品酒店 $$

(☎06542-725 02; www.steinerwirt.com; Dreifaltigkeitsgasse 2; 标单 €79, 双 €158~208; @📶)这座500年的度假屋摇身一变成了精品酒店，Steinerwirt的客房光线充足、色调柔和，并使用未经处理的松木装饰，配有平面电视机和DVD播放器。屋顶的漩涡游泳池、山景桑拿房、图书馆和画廊让人放松。从屋顶露台可以看到Kitzsteinhorn冰川和Schmittenhöhe令人难以置信的风光。

Haus Wilhelmina 家庭旅馆 $$

(☎06542-726 07; www.haus-wilhelmina.at; Schmittenstrasse 14; 双 €89, 公寓 €89~180; P📶)这家热情的家庭旅馆距离滑雪吊椅和中心地段只有令人愉悦的一小段路，客房简单温馨，大量使用松木和花纹，而且还有阳台。这里还有适合全家入住的公寓，以及让小朋友们开心的游乐场。

Hotel Seehof 酒店 $$

(☎06542-726 66; www.seehof.at; Salzmannstrasse 3; 标单 €79, 双 €138~150, 五 €185; P📶)这座度假屋的正面是柠檬黄色，距离湖边只有几步远。松木装饰的客房舒适不过有点小，床很舒适。睡眠轻的人或许能

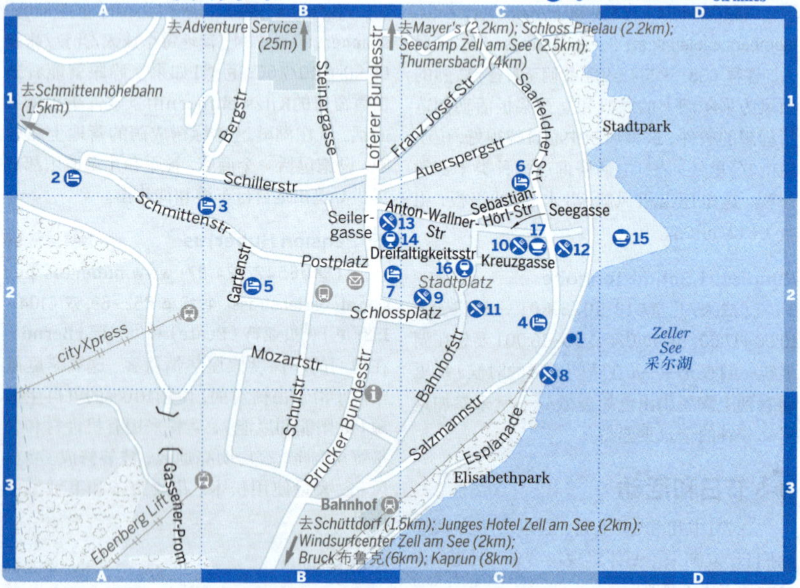

Zell am See 滨湖采尔

活动、课程和团队游

1 Rundfahrt Schmittenhöhe……C2

住宿

2 Haus Haffner……A1
3 Haus Wilhelmina……B2
4 Hotel Seehof……C2
5 Pension Hubertus……B2
6 Romantik Hotel Zell am See……C1
7 Steinerwirt……B2

就餐

8 Bio Burger Factory……C2
9 Deins & Meins……C2
10 Feinkost Lumpi……C2
11 Heimatgold……C2
Steinerwirt……（见7）
12 Villa Crazy Daisy……C2
13 Zum Hirschen……B2

饮品和夜生活

14 Ginhouse……B2
15 Grand Café……D2
16 Insider……C2
17 Seegasse……C2

听到火车声；后边的房间更安静一些，不过就看不到漂亮的湖景了。这家人提供丰盛的早餐。

Schloss Prielau 历史酒店 $$$

（☎06542-72 91 10；www.schloss-prielau.at；Hofmannsthalstrasse 10；标单 €145，双 €150~260；P@令）这是一家梦幻如童话般的酒店，这座16世纪的城堡曾经是巴伐利亚的采邑主教们流连的场所。木板和古董为质朴时尚的客房增添了一丝浪漫；许多客房能看到湖景和山景。这里有私人沙滩、迷你水疗馆和米其林星级餐厅，从头奢华到脚。从市中心沿湖滨栈道往东北方走2.5公里就是。

Romantik Hotel Zell am See 酒店 $$$

（☎06542-725 20；www.romantik-hotel.at；Sebastian-Hörl-Strasse 11；标单 €103~119，双 €166~214；P@令≋）这座黑木度假屋在夏季盛开着天竺葵，拥有500年的历史。舒适的客房内有古董木家具，太阳能加热的泳池可以看到山景，还有个小水疗馆提供巧克力浴等骄奢淫逸的护理，这些都营造出周到而奢侈的氛围。

就餐

Heimatgold 咖啡馆 $

（Bahnhofstrasse 1；小吃 €5.50~12；周一至周五 9:00~18:00）这家熟食店兼咖啡馆超级棒，适合来购买本地食品——过来的时候在露台上试吃一下。除了健康早餐之外，这里还有萨尔茨堡州腌火腿、奶酪以及施蒂里亚果汁搭配的试吃拼盘。

Feinkost Lumpi 熟食 $

（Seegasse 6；周一至周五 8:30~18:30，周六 至17:00）这家熟食店最适合野餐。这里可以购买密实的黑麦面包、平茨高尔火腿和奶酪、自制丸子（Knödel）和本地蜂蜜、野菜和烈酒。时蔬冰激凌也超级棒。

Bio Burger Factory 汉堡 $

（06542-470 15；www.bioburgerfactory.at；Salzmannstrasse 2；汉堡 €9~13；正午至23:00；）这家汉堡店不像你以为的那样。这里时尚现代，有流线型装饰、美丽的河景以及美味的有机汉堡和素食汉堡。这里的食物从薯条到番茄酱乃至蛋黄酱都是自家制作的。有机葡萄酒和啤酒是完美的佐餐饮品。

★Steinerwirt 奥地利菜 $$

（06542-725 02；www.steinerwirt.com；Dreifaltigkeitsgasse 2；午餐 €12，主菜 €10~31.50；7:00至午夜）无论在现代化的法式小馆里还是在用木板装饰氛围古雅的Salzburger Stube里，你得到的食物和服务都与Steinerwirt的水平相当。这里的奥地利菜以本地出产的肉类和新鲜湖鱼为主，佐餐葡萄酒来自600多年的老酒窖。

Deins & Meins 创意菜 $$

（06542-472 44；www.deins-meins.at；Schlossplatz 5；主菜 €13~34；周一至周六 17:00至次日2:00；）落地玻璃窗、红丝绒座椅和循环展览的现代艺术品定义了这家柔美的休闲餐厅。本地大厨兼甜品师达维德·菲施别克（David Fischböck）赋予这里的慢餐菜肴鲜明的个人特色：带有地中海风格的草本主菜和完美的牛排，之后还有可口的自制甜点。

Zum Hirschen 奥地利菜 $$

（06542-77 40；www.hotel-zum-hirschen.at；Dreifaltigkeitsstrasse 1；午市特餐 €10.90，主菜 €11.50~29；11:00~23:00）温暖的松木板、闪烁的烛光以及热情又得体的服务为这家光鲜的餐厅营造出亲密的氛围。大厨充分利用本地食材，因此菜单上会有清炖有机平茨高尔牛肉、本地鳟鱼配小茴香土豆和蒂罗尔山地羔羊肉等菜肴。

Villa Crazy Daisy 各国风味 $$

（06542-725 26；www.villa-crazydaisy.at；Salzmannstrasse 8；2道菜午餐 €8.50，主菜 €9~28；10:00至深夜；）这里位于Grand Hotel对面一座不规则的别墅里，在冬季举办热烈的滑雪后派对，并且拥有城里夏季人气最高的露台。餐厅供应比萨饼、大虾辣椒酱以及超大份的沙拉（服务有点散漫）。楼上有现场音乐、DJ打碟和真正的派对氛围。有儿童菜单。

Mayer's 美食店 $$$

（06542-72 91 10；www.mayers-restaurant.at；Hofmannsthalstrasse 10；试吃套餐 €85~175；周三至周日 18:30至午夜）安德烈亚斯·迈尔（Andreas Mayer）在Schloss Prielau这家高雅的餐厅掌厨，拥有两颗米其林评星。这里的关键就是新鲜，采用自家种植的蔬菜和有机食材制作优质的法式招牌菜，如鹅肝配香草、大黄、草莓和法式牛油面包（brioche），以及本地猪肉配牛肝菌、扇贝和法式鱼羹（bouillabaisse），都美味而富有创意。

饮品和夜生活

Ginhouse 酒吧

（www.ginhouse.at；Dreifaltigkeitsgasse

滨湖采尔-卡普伦卡

如果你夏季前来此地，可向住所讨要一张免费的**滨湖采尔-卡普伦卡**。持卡可以在该地区的所有主要景点和活动免费参观，其中包括湖附近的游泳池、**费莱滕野生动物园**（见291页）和**克里姆尔瀑布**（Krimml Falls；见293页）。还可以去湖上乘船游览一次，以及每天免费搭乘一次升到Schmittenhöhe和Kitzsteinhorn的缆车。

1; ⌚16:00至次日2:00）这里提供滑雪后的放松——欧式流行乐和小杯烈酒。这家现代的高山小酒馆里有500多种花样的杜松子酒、精心调制的鸡尾酒以及适合滑雪之后的温和音乐。

Grand Café

咖啡馆

（Esplanade 4; ⌚正午至18:00）你不用非得住在高雅的美好年代风格的Grand Hotel Zell am See才能从这里绿树遮阴的咖啡馆露台欣赏梦幻的湖光山色。一边享受咖啡、自制蛋糕和现场弹奏的钢琴乐声，一边欣赏鸭子和船只从水面划过。

Seegasse

咖啡馆

（Seegasse 10; ⌚周一至周六 8:00~20:00，周日 9:00~20:00; 📶）这家时髦的咖啡馆有个铺砖露台，是个放松的地点，有不错的意式冰激凌、意式特浓和自制胡萝卜蛋糕。

Insider

酒吧

（Kreuzgasse 1; ⌚10:00至次日3:00）来这家欢快且有背景灯照明的休闲酒吧与大家一起来一杯代基里酒（daiquiri）或是自由古巴吧，这里偶尔还有现场音乐演出和DJ之夜。

ℹ 实用信息

邮局（Postplatz 4; ⌚周一至周五 8:00~18:00）

旅游局（☎06542-770; www.zellamsee-kaprun.com; Brucker Bundesstrasse 1a; ⌚周一至周五 8:00~18:00，周六 9:00~18:00，周日 9:00~13:00）这里的工作人员很乐于帮你找房住；前厅还有个住宿信息板以及一部24小时免费的电话。

ℹ 到达和离开

长途汽车

大巴从火车总站以及邮局后边的**客运站**（Postplatz）发车，开往卡普伦（€3.50，20分钟，每小时2班）和克里姆尔（Krimml; €10.60，1小时30分钟，每2小时1班）。

火车

火车每小时1班从滨湖采尔发车开往萨尔茨堡（€15.70，1小时30分钟至2小时）、基茨比厄尔（Kitzbühel; €12.90，55分钟）和因斯布鲁克（€31，2小时30分钟）等地。

ℹ 当地交通

自行车

你可以在城中任何一家体育用品店租到自行车在湖泊附近骑行，比如**Adventure Service**（见282页）和**Carve In**（Postplatz 4; 城市/山地/电动/儿童自行车 租金 每天€15/25/25/10）。

巴德加施泰因（Bad Gastein）

☎06434/人口：4225

美好年代风格的别墅雄踞在密林覆盖的悬崖上，轰鸣的瀑布飞泻而下，巴德加施泰因还能看到加施泰因谷（Gastein Valley）深处的风景，非常迷人。这座市镇既热又冷，有顶级的滑雪、优质的徒步和疗效神奇令人称颂的温泉。尽管有些地区湿气很重，但这个乱七八糟的度假村保留了其19世纪黄金时代的部分辉煌，当时伊丽莎白皇后（茜茜公主）来这里泡澡并写过诗。

👁 景点

★ 加施泰因瀑布

瀑布

（Gasteiner Wasserfall）这座341米高的瀑布是巴德加施泰因的著名景点，从悬崖的表面奔流而过，穿过茂密的森林，最后倾泻到3汪碧绿的水池中。瀑布纤细缥缈的美吸引了克里姆特（Klimt）、马克思·利伯曼（Max Liebermann）、舒伯特和伊丽莎白皇后的神思。石造的**瀑布桥**（Wasserfallbrücke）是欣赏瀑布的最佳地点，而**瀑布小道**（Wasserfallweg）的起点靠近壮丽的瀑布，非常适合拍照。

加施泰因博物馆

博物馆

（Gasteiner Museum; www.gasteinermuseum.com; Kaiser-Franz-Josef-Strasse 14,Grand Hotel de l' Europe; 成人/儿童 €5/免费; ⌚周三至周日 14:30~18:30）在这座博物馆里了解巴德加施泰因的起源，这里清晰地介绍了市镇的历史和温泉水的神奇，展览既包括了热爱泡澡的古罗马人，也有受到这里瀑布启发的浪漫派画家。馆藏包罗万千，既有坎普斯（Krampus）的服装也有古董旅游海报，还有19世纪关于巴德加施泰因的油画。提供英语语音导览。

活动

Ski Amadé　滑雪

(www.skiamade.com; 1日通票 成人/儿童 €50.50/25.50) Gasteinertal的雪坡和水疗馆在冬季真是绝配。208公里的各式雪道挑战自信的初级和中级滑雪者，其中有迷人的林间雪道，还有地方超级适合立刃转弯(carving)。不过山上交通不太发达，而且如果你不自己开车的话，去隔壁度假村的雪坡比较费时间。

度假村属于范围广阔的Ski Amadé滑雪场的一部分，后者一共有760公里的雪坡，单双板滑雪聚集在**Stubnerkogel**(2246米)和**Graukogel**(2492米)。**越野滑雪**也是巴德加施泰因的热门活动，这里有90公里铺设良好的路线(Loipe)，其中包括**Böckstein**(巴德加施泰因以南3公里处)一条用泛光灯照明的路线。

★加施泰因岩石温泉　水疗馆

(Felsentherme Gastein; ☎06434-222 30; Bahnhofplatz 5; 3小时/1日通票 成人€23/27.50，儿童 €13.50/17.50; ⏲9:00~21:00)一架观光电梯从街道的高度升到加施泰因岩石温泉，传说这里的泉水能使人返老还童。水疗馆里有洞穴、一个儿童泳池和一个露天温泉浴场，后者有水流十分强劲的按摩池和绝妙的山景。对于那些准备好脱光光的人，这里有全景桑拿房和盐蒸浴可以试试。

Alpentherme　水疗馆

(☎06432-829 30; www.alpentherme.com; Senator-Wilhelm-Wilfling-Platz 1, Bad Hofgastein; 4小时通票成人/儿童 €25.50/15.50; ⏲周日至周三9:00~21:00，周四至周六 至22:00)这家水疗馆在建筑上很创新，分成4个不同的"世界"，可以在富含氡气的温泉里放松，也可以从刺激的水滑道上飞速滑下。桑拿村包括了盐水洞、阁楼桑拿、炙热的芬兰桑拿以及冰冷的冷水池。要想骄奢淫逸一下，就去美容中心，那里有山羊奶护肤和丝滑的热巧克力按摩。

Stubnerkogel & Graukogel　步行游览

Stubnerkogel和Graukogel非常适合夏季徒步，高海拔的路线穿越高山牧场和陡峭的山峰。Stubnerkogel还有一座令人印象深刻的140米吊桥，能近距离欣赏上陶恩山脉的风景。**Stubnerkogelbahn缆车**分为两段，靠近巴德加施泰因的火车站以及位于城中心东北方300米处**的Graukogelbahn缆车**；二者往返的费用均为€24。

加施泰因康复馆　水疗馆

(Gasteiner Heilstollen; Gastein Healing Gallery; ☎06434-375 30; www.gasteiner-heilstollen.com; Heilstollenstrasse 19, Böckstein; 体验 €30.90; ⏲周一至周五 8:00~17:00，周六至正午)Böckstein中世纪的金矿被改造成了一个著名的健康中心。游客可以简单做个健康检查然后坐上一辆小火车，前行2公里，进入Radhausberg山中气温达38℃的潮湿深处，你在那里可以吸收带有疗效的氡气，据说可以治疗风湿病和纤维肌痛。

Flying Waters　探险运动

(☎0664 202 97 93; Villa Solitude, Kaiser-Franz-Josef-Strasse 16; 成人/儿童 €19.50/15; ⏲5月中旬至11月上旬 10:00至正午和13:30~18:00)在这个刺激的索道上看瀑布都很模糊，它摇摇晃晃地在加施泰因谷上空穿越300米，从Villa Solitude到达下方的开阔地。

Kaiser-Wilhem-Promenade　步行

想欣赏巴德加施泰因的风景无须太耗费体力，沿着这条位于Kaiserhofstrasse沿线的小径欣赏加施泰因谷深处丛林覆盖、高山镶边、别墅点缀的风景即可。这段路非常好走，需时45分钟，在**威廉皇帝像**(statue of Kaiser Wilhelm)可以拍到非常好看的照片，这位皇帝在19世纪末来过这里20次，使得这里具有疗效的温泉水获得了皇家的认证。

Thermalkurhaus　水疗馆

(☎06434-271 10; www.thermalgastein.com; Bahnhofplatz 7; 氡气浴 €20.50; ⏲周一至周五 8:00至正午和14:00~17:00，周六 8:00至正午)Thermalkurhaus提供护理按摩、氡气浴、矿泥浴、针灸和电疗。

住宿

Euro Youth Hotel Krone　青年旅舍 $

(☎06434-23 30; www.euro-youth-hotel.at; Bahnhofsplatz 8; 铺 €30~46，标单 €38~55，双

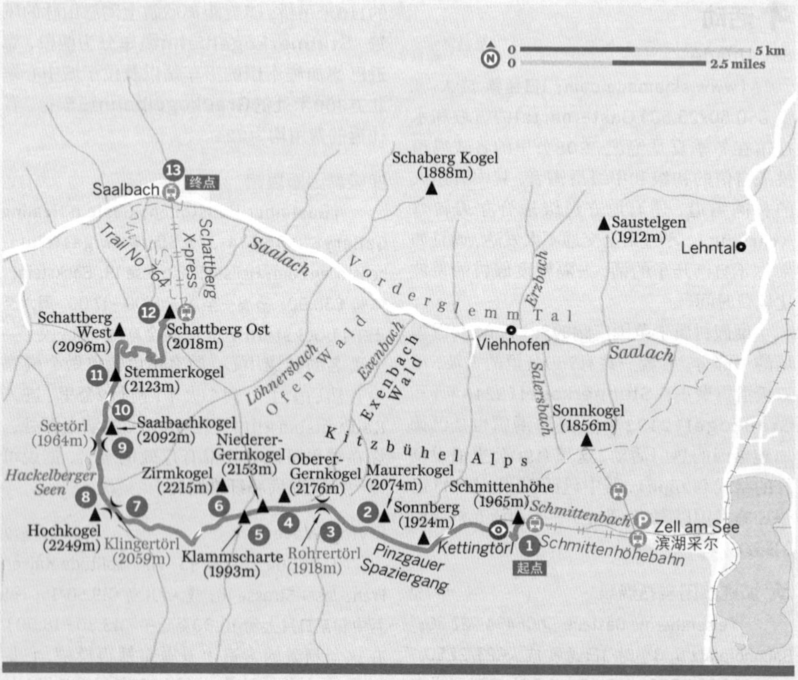

户外徒步
平茨高山脊路

起点： 滨湖采尔
终点： SAALBACH
距离： 19公里
需时： 5至6小时

这条一日徒步路线难度适中，能看到基茨比厄尔阿尔卑斯和上陶恩山脉的壮丽景色。带好补给并考虑买一份康帕斯（Kompass）的1:35,000地图，30号的《滨湖采尔一卡普伦》（*Zell am See–Kaprun*）。

在❶**Schmittenhöhebahn**顶站，从Saalbach/平茨高山脊路慢慢下坡，欣赏采尔湖以及上陶恩山脉的风景。小路越来越窄，上坡之后穿过有小湖点缀的森林，你的目光偶尔会被南边的大格洛克纳山和Kitzsteinhorn Glacier吸引。

随着你穿过野花盛开的草甸，地形很快变得开阔，大约再过1个小时，环绕❷**Maurerkogel**圆形的封顶。短暂而轻松地爬到❸**Rohrertörl**的山脊，这里与北边石灰岩构成的Kaisergebirge和南边上陶恩山冰雪覆盖的山峰形成鲜明的对比。

经过两个路口，沿着一条阳台小路环绕❹**ObererGernkogel**的底部并和缓地登上❺**Niederer-Gernkogel**。很快你就到达了❻**Zirmkogel**的山脚，凭借意志和技巧，可以在1个小时多一点的时间里登上这座山。

这条岩石遍布的路线穿过高山草甸和斑驳的高山，经过溪边的一座小木屋。从起点出发约4个小时后，这条路有点陡地向上通往❼**Klingertörl**的山脊，那里有一块路标指示Saalbach的方向。穿过从❽**Hochkogel**陡峭地下来的悬崖底部，然后下一小段坡到达❾**Seetörl**青草遍布的山口。

从这里往北走或是攀过❿**Saalbach-kogel**，又或者绕过它的西坡。对待⓫**Stem-merkogel**也是同理。走下山岭然后继续朝Schattberg前进，最后下坡到达⓬**Schatt-berg X-press**缆车，然后往下坐到⓭**Saal-bach**。

€66~102，半膳 每人 €11；PW）这座庄园有一百年的历史，客房整齐且拥有很高的天花板，这里比一般的青旅更迷人。背包客们赞美这里的设施，其中包括一间餐厅、电视休息室和烧烤区。工作人员可以安排探险活动，比如漂流、独木舟、滑翔伞、骑山地自行车以及雪鞋徒步。

Kur-Camping Erlengrund 露营地 $

（☎06434-302 05；www.kurcamping-gastein.at；Erlengrundstrasse 6；营地每个成人/儿童/帐篷 €8.45/5.10/12.65；PW）这片露营地靠近一座天然湖，场地被树荫覆盖，在夏季还有温水游泳池。从巴德加施泰因北边的瀑布往Kötschachdorf方向走一个小时就到了；从火车站发车的555路大巴也到这里（€2.10，15分钟）。

★Alpenblick 酒店 $$

（☎06434-20 62；www.alpenblick-gastein.at；Kötschachtaler Strasse 17；标单 €70~82，双 €140~164，公寓 €210~255；PW）这里的名字就说明了一切：Graukogel滑雪坡底部这家酒店视野开阔，能看到阿尔卑斯山和加施泰因谷深处绝佳的风景。客房铺有拼木地板，传统漂亮；设施超赞，有水疗区、露天游泳池和花园，外加儿童游戏室和游乐场。含半膳。

Hotel Miramonte 设计酒店 $$

（☎06434-25 77；www.hotelmiramonte.com；Reitlpromenade 3；标单 €105~200，双 €140~220；PW）这座山顶酒店有复古时尚的设计和绝美的山景作背景，会令《名利场》（*Vanity Fair*）对应的人群印象深刻。这里有个露台俯瞰树木丛生的山峰、一个温泉水疗馆提供舒适的艾凡达（Aveda）护理，还有瑜伽课程，这些吸引了讲究时尚的人来这里。开间风格的客房全部都是迷人的简洁风，有裸木地板、牛皮地毯和iPod底座。早餐慵懒地一直供应到中午11点。

Villa Solitude 历史酒店 $$$

（☎06434-51 01；www.villasolitude.com；Kaiser-Franz-Josef-Strasse 16；双 €130~260，半膳 每人€20；PW）这座美好年代风格的别墅是一位奥地利女伯爵的故居，6间套房里摆满了油画和古董。楼下的钢琴室氛围亲密，你可以在那里扮演庄园的主人。隔壁的Lutter & Wegner餐厅有创意菜和超级棒的露台。

就餐

Silver Bullet Bar 各国风味 $

（☎06434-22 53 60；www.silverbulletbar.com；Grillparzerstrasse 1；主菜 €9~15；⊙冬季15:30至次日2:00，其余季节 周一、周三、周四和周日 15:30~22:00，周五和周六 15:30至午夜；）马车车轮、一个水牛头标本和带有母牛图案的长椅令这家畜棚风格的餐厅兼酒吧拥有仿美国西部的外观。这里有100%奥地利牛肉汉堡等令人回味的小吃、派对氛围以及定期举办的现场音乐演出。在夏季，家人们聚集在这里享受阳光明媚的露台以及攀岩墙、迷你高尔夫和地掷球等。

★Ginger & Gin 亚洲菜 $$

（☎06434-304 51；www.gingerandgin.at；Kaiser-Franz-Joseph-Strasse 14；主菜 €16~26；⊙周三至周六 18:00至次日2:00，周日 至午夜；）这家巴德加施泰因餐饮界的新星为Grand Hotel de l' Europe华丽的巴洛克风格加上了一丝时髦的现代风格。这里十分成功，有枝形吊灯和巧妙的背光，偶尔有现场音乐演出，还有亚洲创意菜，比如烤金枪鱼配青芥末和辣青口与寿司。这里有大约99种用杜松子酒调制的创意鸡尾酒。

Jägerhäusl 奥地利菜 $$

（☎06434-202 54；www.gastro-gastein.at；Kaiser-Franz-Josef-Strasse 9；主菜 €10~25；⊙11:00~23:00）除了柴烤比萨饼以外，这座拥有长廊的别墅还制作奥地利名菜，比如炸肉排和红烩鹿肉配丸子。天气晴朗的时候可以坐在有枫树遮阴的露台上。这里在夏季傍晚常有现场表演的蒂罗尔音乐（详见网站）。

Lutter & Wegner 奥地利菜 $$

（☎06434-51 01；www.villasolitude.com；Kaiser-Franz-Josef-Strasse 16；主菜 €16~25，3道菜套餐€23；⊙18:00~21:30）这家光鲜的餐厅位于Villa Solitude，氛围很棒，有个如童话一般的塔楼背景，还有获奖的创意菜肴，一个露台可以看到Gasteinertal和瀑布的绝佳美景。优质葡萄酒（有150瓶可供挑选）与时鲜菜肴

Bad Gastein 巴德加施泰因

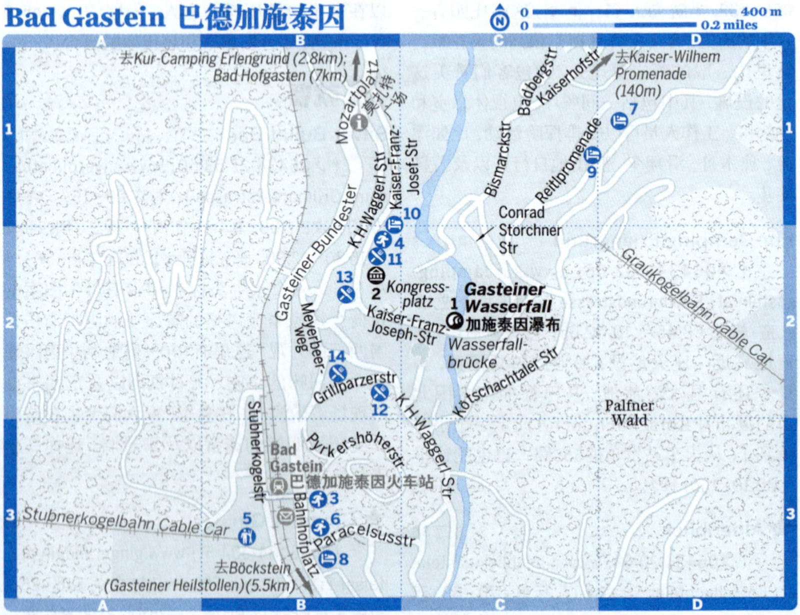

Bad Gastein 巴德加施泰因

重要景点

1 加施泰因瀑布 C2

景点

2 加施泰因博物馆 B2

活动、课程和团队游

3 Felsentherme Gastein B3
4 Flying Waters B2
5 Ski Amadé B3
6 Thermalkurhaus B3

住宿

7 Alpenblick D1
8 Euro Youth Hotel Krone B3
9 Hotel Miramonte C1
10 Villa Solitude B1

就餐

11 Ginger & Gin B2
12 Hofkeller B2
13 Jägerhäusl B2
Lutter & Wegner .... （见10）
14 Silver Bullet Bar B2

是绝配，菜肴包括菠菜丸子和紫甘蓝以及鳟鱼配山葵。

Hofkeller 奥地利菜 $$

（☎06434-203 72 45; Grillparzerstrasse 1; 主菜 €19~28; ⏰周日至周五 18:00~23:00; 👪）在冬季，没有哪里能够像Salzburger Hof酒店这个石头地窖一样，可以吃着奶酪火锅、奶酪板烧大餐或是热石特别料理暖身子。这里还有儿童套餐。

实用信息

邮局（Bahnhofplatz 9; ⏰周一至周五 8:00至正午和14:00~17:30）位于火车站旁边。

旅游局（☎06434-339 35 60; www.gastein.com; Kaiser-Franz-Josef-Strasse 27; ⏰周一至周五 8:00~18:00）从火车站出来左转然后下坡就能到这里。工作人员会免费帮你找住处。前厅有关于国家公园的信息。

到达和离开

火车

火车每2个小时经过巴德加施泰因站一次，与南北方向的目的地相连，其中包括Spittal-

Millstättersee（€11.60，35分钟）、萨尔茨堡（€15.70，1小时30分钟）和因斯布鲁克（€56，3小时30分钟）。

从巴德加施泰因到Bad Hofgastein的火车右侧座位风景最好。

大格洛克纳山公路（Grossglockner Road）

大格洛克纳山公路美丽非凡，能提供奥地利绝无仅有的公路之旅——在天气足够好的情况下，你能在转弯时欣赏到冰川覆盖的山峰、瀑布以及湖泊的风景。这条路是20世纪30年代的设计奇迹，令人完全沉浸在奥地利阿尔卑斯山制高点的美景之中。

景点

费莱滕野生动物园 野生动物保护区

（Wildpark Ferleiten；www.wildpark-ferleiten.at；成人/儿童 €7.50/3.50；5月至10月 8:00至黄昏；）费莱滕野生动物园是个占地15公顷的保护区，这里生活着200只高山动物，如岩羚羊、土拨鼠和熊等。孩子们可以在游乐场或是迷你过山车上发泄精力。

到达和离开

你可以乘大巴游览大格洛克纳山公路，但不如自驾走得快。5002路大巴在工作日与利恩茨和海利根布卢特之间往来频繁（€8.70，1小时）；周末发车会减少。在6月下旬至9月下旬，海利根布卢特与Kaiser-Franz-Josefs-Höhe之间有4班大巴在周一至周五运行，周末有3班（€5.90，32分钟）。

海利根布卢特（Heiligenblut）

04824/人口：1185

大格洛克纳山公路沿途最美的景致之一当属海利根布卢特。大格洛克纳山冰雪覆盖的峰顶衬托着朝圣教堂直冲云霄的尖顶。村子标志性的风景和容易攀登的高山吸引着滑雪者、徒步者和热爱拍照的游客。袖珍的村中心挤满了小木屋，尽管放着约德尔调的刻奇纪念品店有点多，但这里还是保留了一些传统的魅力。

在夏季，认真的登山者们前来这里征服上陶恩山国家公园（见280页）的高峰。请去旅游局咨询关于公园内山地自行车路线的详情。

景点

圣文岑茨朝圣教堂 教堂

（Wallfahrtskirche St Vinzenz；Hof 2；黎明至黄昏）这座15世纪的朝圣教堂宛如被天空托起，然后安置在了雄伟的阿尔卑斯山上。人们在仰视这一奇景的同时，精神也为之一振。教堂的圣所里据说保存着一小瓶基督的血液，村子也因此而得名（“Heiligenblut”意为“圣血”）。据说这瓶血液是由一位叫波里休斯（Briccius）的圣徒发现的，一千多年前他在此死于雪崩。

活动

Schareck 滑雪

（www.gross-glockner.at；Kaiser-Franz-Josefs-Höhe；1日通票 €40，缆车成人/儿童 单程€13.50/7，往返€20/10；）在海利根布卢特，大格洛克纳山的阴影笼罩着55公里的纯净雪坡。这里最适合初级和散漫的中级水平滑雪者，而家庭通常是因为雪地儿童俱乐部（Snowland Kids' Club）和温和的坡道而选择这里。这里大部分的滑雪场都设在Schareck（2604米）峰。

住宿

Jugendherberge 青年旅舍 $

（04824-22 59；www.oejhv.or.at；Hof 36；铺/标单/双 €22.50/30.50/52；）这家度假

> **加施泰因卡**
>
> 在你的住处拿一张免费的**加施泰因卡**（Gastein Card）享受一些免费的美好体验，其中包括导览徒步游和自行车游、水疗音乐会和历史步行游；**旅游局**有全部详情。持卡还可以享受缆车、大巴、水疗以及其他活动的大额折扣。冬季卡除了同样的优惠以外还可以免费使用所有的大巴、溜冰场、平底雪橇以及参与免费的导览滑雪游猎。

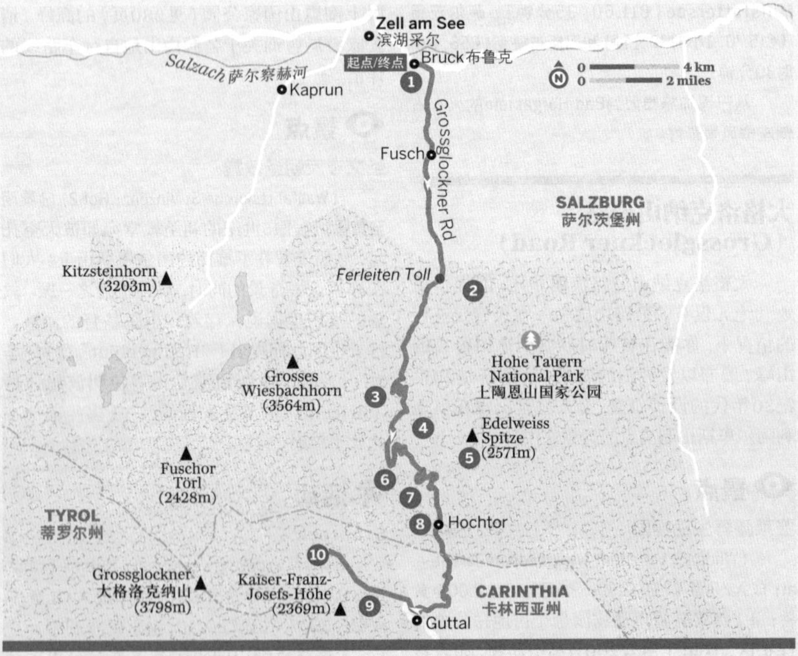

自驾游 大格洛克纳山公路

起点: 布鲁克

终点: 布鲁克

距离: 96公里

需时: 4至6小时

去体验欧洲最棒的高山自驾游之一吧。大格洛克纳山公路长48公里，令人晕头转向，但可以一路观赏冰川，并为高山的风光惊叹。

离开❶**布鲁克**，进入荒芜多山的富舍谷，经过Fusch和❷**费莱滕野生动物园**（见291页）。一旦过了收费口，这条路就陡峭地上了坡，通往❸**Hochmais**（1850米），那里的地平线上堆满了冰雪覆盖的山峰，其中包括Grosses Wiesbachhorn（3564米）。这条路迂回向上通往❹**Haus Alpine Naturschau**（2260米），那里着重介绍本地动植物群。再往前一点，有一条2公里长的支路（长途大巴禁行）螺旋上升至❺**Edelweiss Spitze**（2571米），后者是这条路上海拔最高的观景点。爬到塔上全方位地欣赏30多座3000米的高峰令人难以置信的风景。在小木屋的露台上用咖啡和苹果卷给自己补充一下能量。

为❻**Fuscher Törl**（2428米）准备好相机，山脊两边都有超级漂亮的风景，附近的❼**富舍湖**（2262米）也十分美丽。这里有一个小型展览记录了公路的修建历史，这条路由3000多人在大萧条时期的5年多时间里建成。

这条路蜿蜒穿过高山草甸前往❽**Hochtor**（2504米），也就是顶峰，然后稳步下坡到达❾**Schöneck**。向西转弯开上9公里长的Gletscherstrasse，经过瀑布和写着Achtung Murmeltiere（小心土拨鼠）的警告牌——你还可能会看到一只打洞的啮齿动物呢。

在前往旗帜飘扬的❿**Kaiser-Franz-Josefs-Höhe**（2369米）途中，大格洛克纳群山若隐若现，钟形的大格洛克纳山（3798米）和快速后退的Pasterze Glacier令人难忘。8公里长的螺旋形裂冰从短而轻松的Gamsgrubenweg和Gletscherweg小道上欣赏最佳。在开回布鲁克之前预留一些时间去参观游客中心的冰川主题展，以及威廉-施华洛世奇的水晶天文台。

村风格的青旅是国际青年旅舍联盟的会员，位于教堂附近，拥有宽敞的宿舍和便捷的附加设施，其中包括滑雪装备储藏室和一个公共休息室。这里的隔壁还有公共游泳池、桑拿浴室和攀岩墙。

★ Chalet-Hotel Senger 酒店 $$

（☎04824-22 15；www.romantic.at；Hof 23；标单 €50~97，双 €116~148；P 🛜）彩色的经幡在这座农舍飘动，这是为了致敬曾经在这里住过的藏族僧人。这里有舒适的角落、温暖的木材以及开放式壁炉，适合在山中休眠一下以及探索心灵。温暖的客房大多有阳台；24号房没有阳台但是能看见大格洛克纳山。

实用信息

旅游局（☎04824-27 00；www.heiligen blut.at；Hof 4；⏲周一至周五 9:00~18:00，周六和周日 14:00~18:00）位于主街上，靠近Hotel Post大巴站。可以预约山地导游。

到达和离开

在6月下旬至9月有大巴来往Kaiser-Franz-Josefs-Höhe（€5.90，32分钟，每天3班），此外还有全年大巴往来利恩茨（€8.70，1小时，每天8班）。

克里姆尔（Krimml）

☎06564/人口 840

克里姆尔瀑布（Krimmler Wasserfälle）非常壮观，高380米，分为3层，是欧洲最高的瀑布，也是这座小村子轰鸣的重心。除了瀑布以外，克里姆尔甚至还有其他迷人之处——美丽的高山风景、优质的山地步行和农庄住宿都超级适合想要回归几天自然的人们。

景点

★ 克里姆尔瀑布 瀑布

（Krimmler Wasserfälle；Krimml Falls；☎06564-72 12；www.wasserfaellekrimml.at；成人/儿童 €9.20/4.60含 WasserWelten Krimml；⏲5月至10月 9:00~17:00）遮蔽在水雾里、上方是一道彩虹或是冻得结实——无论在什么季节，这座瀑布看起来总是非比寻常。瀑布小道（Wasserfallweg）从售票处开始，和缓的山坡穿过混生林，有无数观景点可以给瀑布拍到漂亮的特写。

活动

Tauernradweg 骑车、徒步

（www.tauernradweg.at）标注清晰的骑行与徒步路线从克里姆尔出发，呈扇形延伸向周边的阿尔卑斯山。Tauernradweg是一条310公里长的骑行路线，穿过动人心弦的上陶恩山国家公园风光进入萨尔茨堡然后到达帕绍（Passau）；这条路线包含部分高海拔路段，并且需要强健的身体。克里姆尔瀑布小道（Krimmler Wasserfälle Wasserfallweg）这条步行路线的起点位于Tauernradweg的起点附近。

Zillertal Arena 滑雪

（www.zillertalarena.at；1/3/6日通票 €50.50/139.50/242；👪）克里姆尔属于Zillertal Arena，后者包含了143公里的雪道，其中主要为中级雪道。冬季的克里姆尔也吸引着家庭和不滑雪的人们，这里有平底雪橇、雪鞋健行和马拉雪橇等低调的活动。

住宿

Hölzlahneralm 青年旅舍 $

（☎0664 402 68 78；www.hoelzlahner.at；Oberkrimml 66；铺 €20，无早餐 €14；⏲5~10月）🍃这座木瓦农舍超级划算。你得走一段路——从克里姆尔经克里姆尔瀑布徒步过来要2个小时——但这里的奶酪疙瘩汤（用软而黏的平茨高尔奶酪做成）也因而更令人愉悦了。这座环保度假屋自己发电，使用天然泉水并且楼上还为疲惫的步行者准备了舒适的铺位。

Burgeck Panorama Hotel 客栈 $$

（☎06564-72 49；www.burgeck.com；Oberkrimml 79；双 €90~99；P 🛜）这家客栈漂亮地高踞在村庄上方，旁边是森林，由和善的巴赫迈尔（Bachmaier）一家经营，能看到瀑布的美景。最近翻新过的客房十分现代，而其他的则装饰以质朴的高山风格。这里有个非常适合孩子的游乐场，门前在冬季还有一条有照明灯的雪橇坡道。

Hotel Klockerhaus 酒店 $$

（☎06564-72 08；www.klockerhaus.com；Oberkrimml 10；标单/双含半膳 €73/136；P 🛜 🏊）无论是能看见瀑布的客房还是有壁炉的休息室里，都有大量的松木让人舒适。这里有个小水疗馆，里边有桑拿房、盐蒸浴和藏式按摩等护理，还有个无防护露天游泳池。

ℹ 实用信息

旅游局（☎06564-72 39；www.krimml.at；Oberkrimml 37；⏲周一至周五 8:00~18:00，周六 20:30~23:30）旅游局位于白色教堂旁边的村中心内。

ℹ 到达和离开

村子位于克里姆尔瀑布以北约500米处，B165的一条支线上。在通往瀑布的小路附近有停车区，小路在到达Mayrhofen方向的Gerlos Alpine Rd收费口之前有岔路右转。

全年有大巴从克里姆尔开往滨湖采尔（€10.60，1小时30分钟，每2小时1班）。

卡林西亚州

包括 ➡

最佳就餐

- Princs（见301页）
- Dolce Vita（见301页）
- Weinphilo（见318页）
- Stand No. 17（见301页）
- Dolomitenhütte（见318页）

最佳住宿

- Camping Klagenfurt am Wörthersee（见300页）
- Hotel Mosser（见305页）
- Hotel Schloss Leonstain（见310页）
- Villa Verdin（见312页）

为何去

卡林西亚州蜿蜒崎岖，美不胜收，这样的景色在欧洲难得一见。高峰层叠，峡谷悠然，湖光闪烁，这片土地常常美得让人出乎意料。首府克拉根福（Klagenfurt）极尽奢华，当地的1270座山间湖泊则被度假村包围。这些湖泊中最出名的大湖有沃尔特湖（Wörthersee）等，地热让这里的水温适宜游泳戏水。

卡林西亚州悠久的中世纪历史也是一大吸引力——比如弗里萨赫（Friesach）和格明德（Gmünd）等被城墙围起来的美丽村庄，以及山顶要塞霍恩斯特维茨（Hochosterwitz）等令人印象深刻的城堡。许多坐落在卡林西亚州起伏山坡中的市镇和村庄会举办一年一度的夏日节，届时会有来自邻国意大利和斯洛文尼亚的表演者与本地人一起进行巡回演出。

何时去

- 仲夏是充分游览卡林西亚州湖泊的最佳时节，还有绝佳的山地徒步。由于这里的日照比奥地利其他地区更多，湖水温度也会更高。
- 该州在冬季会变成奥地利最适合滑雪的地区之一，但因为温度更高，这里的滑雪季比其他地方的更短。
- 平季相对没那么有趣，但适合山谷徒步或骑行——最适合游览这里的时节是冬季或夏季的户外活动季。

卡林西亚州亮点

❶ **魏森湖**（见314页）在林间小径骑车和徒步。

❷ **键盘乐器博物馆**（见297页）参观这座克拉根福的博物馆，并演奏前数码时代的古董键盘乐器——这里的馆藏规模是欧洲最大的。

❸ **克拉根福沙滩**（见298页）在沃尔特湖畔的欧洲最大湖滨浴场游泳。

❹ **Bar Leon**（见310页）在天鹅划过珀查赫水面的时候喝酒消磨下午的时光。

❺ **海因里希·哈勒博物馆**（见308页）在许滕贝格把自己穿越到西藏。

❻ **霍恩斯特维茨城堡**（见309页）从壮观的中世纪城堡顶部欣赏风景。

❼ **千禧特快缆车**（见307页）从这条6公里长的缆车线顶站出发在Nassfeld滑雪。

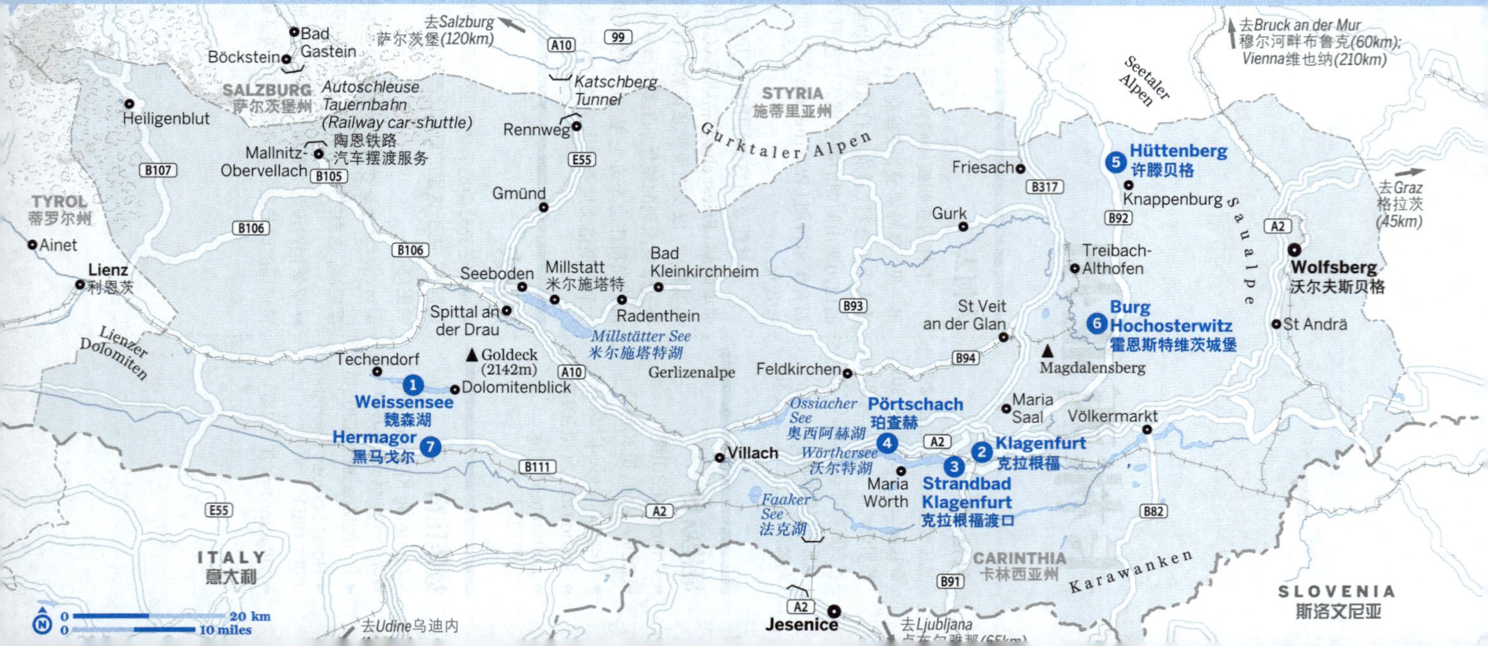

到达和离开

克拉根福机场有廉价航班往来英国（瑞安航空；www.ryanair.com）和德国（柏林航空；Air Berlin；www.airberlin.com）。克拉根福和菲拉赫是往来欧洲其他地区（特别是意大利）的主要铁路枢纽。

当地交通

卡林西亚州的公共交通被分为几块区域，可以购买单程票或1日及以上的通票。买票时询问一下最便宜的选择，或者联系克拉根福的Kärntner Linien。许多湖在夏季通船。

持**卡林西亚州卡**（Kärnten Card；www.kaerntencard.at；1/2周通卡 €37/48）去州内主要景点的时候可以免费或享受优惠，外加大巴和火车票价五折。卡片在4月中旬至10月下旬于酒店和旅游局出售。

克拉根福（KLAGENFURT）

☎0463/人□ 95,450

克拉根福的都市生活无法与维也纳或者格拉茨相比，但这座城市趣味盎然，阳光明媚，城里有个袖珍的内城区（Inner Stadt），从这里去美丽的沃尔特湖和周边的湖滨村落也十分方便。在城市的西端是宽阔的绿地欧洲公园（Europapark）以及奥地利最大的浴场。这里生机勃勃，夏季露天泳池旁挤满了开派对的人们，其他季节则是座青春洋溢的大学城。

景点

卡林西亚州现代艺术博物馆 画廊

（MMKK；Museum für Moderne Kunst Kärnten；见299页地图；www.mmkk.at；Burggasse 8；成人/儿童€5/免费；⏲周二至周日 10:00~18:00，周四 至20:00）这所现当代艺术画廊根据自己的馆藏，在一年里会举办3到4个出色的临时展览，藏品以卡林西亚州内外的奥地利艺术家的作品为主，其中包括阿努尔夫·赖纳（Arnulf Rainer）和汉斯·施陶达赫尔（Hans Staudacher）等人的作品。

龙喷泉 纪念碑

（Dragon Fountain；见299页地图）Neuer Platz是克拉根福的中心广场，那里最显眼的是一座16世纪的龙喷泉，是这座城市的标志。这座扭曲的雕像眼部空白，以传说中的林德虫（Lindwurm）为原型，据说这只林德虫在很久以前栖息在这里的一片沼泽里，吞噬城堡和处女。

克恩滕植物园 花园

（Kärntner Botanikzentrum；www.landesmuseum.ktn.gv.at；Prof-Dr-Kahler-Platz 1；⏲5月至9月 每天 9:00~18:00，10月至次年4月周一至周四 至16:00）**免费** 这座小植物园人气很旺，小悬崖上布满高山植物等，令人身临其境，另一个区域还有瀑布和池塘。隔壁的**Kreuzberglkirche**位于小山丘上，通往门口的小道上有漂亮的马赛克拼出苦路十四处（Stations of the Cross）的图案。从Heiligengeistplatz坐60或61路大巴到Kreuzbergl。

州议会大楼 历史建筑

（Landhaus；见299页地图；www.landesmuseum.ktn.gv.at；Landhaushof 1；成人/儿童€4/2；⏲4月至10月 周一至周五 9:00~16:00，周六 至14:00，11月至次年3月 周一关闭）文艺复兴风格的州议会（Landhaus）大楼可以追溯至16世纪末，如今仍旧是这里的政府所在地。右边的台阶（朝向柱廊方向）通往**纹章大厅**（Grosser Wappensaal），里边有卡林西亚艺术家约瑟夫·费迪南德·弗罗米勒（Josef Ferdinand Fromiller；1693至1760年）绘制的视觉陷阱长廊。

城市美术馆 画廊

（Stadtgalerie；见299页地图；www.stadtgalerie.net；Theatergasse 4；成人/儿童 €6/1；⏲周二至周日 10:00~18:00）这座州立美术馆布展很棒，展示奥地利海内外现当代艺术家的作品，主要展览场所在Theaterstrasse，其次是附近的市政厅阿尔卑斯阿德里亚画廊（Alpen-Adria-Galerie im Stadthaus；见298页）。

键盘乐器博物馆 博物馆

（Eboard Museum；☎0699 1914 4180；www.eboardmuseum.com；Florian Gröger Strasse 20；成人/家庭 €10/20；⏲周日至周五 14:00~19:00，周六请提前致电）这座古怪的博物馆有欧洲规

模最大的键盘类乐器馆藏（1300多件），能为游客提供真实的"上手"体验：你可以弹奏大部分的管风琴，其中包括产自1934年的珍贵Model A Hammond。在周五晚上8点（7月和8月除外）会有现场乐队演出（€5～10）。

欧洲公园 公园

（Europapark；见300页地图；🚸）这片绿地和沃尔特湖畔的沙滩（Strandbad）共同构成了水上活动的中心，尤其适合儿童。公园最吸引人的是微缩世界（Minimundus），里边有世界140个标志性建筑的复制品，以1∶25的比例微缩。从Heiligengeistplatz搭乘10路、11路、12路或22路大巴就可以到达这里。

微缩世界 游乐园

（Minimundus；见300页地图；www.minimundus.at；Villacher Strasse 241；成人/儿童 €18/10；⏲3月和4月 9:00～19:00，5月至9月 至20:00；🚸）微缩世界位于欧洲公园内沃尔特湖附近，有约140个世界标志性建筑的复制品，以1∶25的比例微缩。拿着相机躺在地上，照下泰姬陵、埃菲尔铁塔或凯旋门的漂亮照片，为下次排队提供谈资。提供英语导览（€4）。

大教堂 主教座堂

（Dom；见299页地图；Domplatz 1；⏲黎明至黄昏）克拉根福的主教座堂是一座巨大的石头建筑，里边有精美的大理石布道台和糖果般粉嫩雪白的拉毛灰泥天花板。由保罗·特罗格尔绘制的祭坛画是个亮点，在一个小礼拜堂内。

圣埃吉德城市教区教堂 教堂

（Stadthauptpfarrkirche St Egid；见299页地图；http://st-egid-klagenfurt.at；Pfarrplatz；教堂免费，塔楼成人/儿童€1/0.50；⏲塔楼 复活节至9月中旬 周一至周五 10:00～17:30，周六 至23:30）爬上这座巴洛克式教堂45米高塔楼的225级台阶，鸟瞰城区和周边山地的风景。

市政厅阿尔卑斯阿德里亚画廊 画廊

（Alpen-Adria-Galerie im Stadthaus；见299页地图；www.stadtgalerie.net；Theaterplatz 3；成人/儿童 €2.50/0.50；⏲周二至周日 10:00～18:00）**免费** 市政厅阿尔卑斯阿德里亚画廊举办出色的巡回艺术展，通常以本地当代艺术家的作品为主。

鲁道夫音乐厅州立博物馆 博物馆

（Landesmuseum Rudolfinum；见299页地图；www.landesmuseum.ktn.gv.at；Museumgasse 2；⏲周一至周五 10:00～20:00，周六和周日 至17:00）卡林西亚州的旗舰博物馆里有大量关于自然和文化历史的展览。在遭遇水灾后经过闭馆翻新，已在2018年重新开放。

Happ's Reptilienzoo 动物园

（见300页地图；☎0463-234 25；www.reptilienzoo.at；Villacher Strasse 237；成人/儿童 €14/8；⏲5月至9月 8:00～18:00，其余月份 至17:00，11月 闭园；🅿🚸）这里有鳄鱼以及各种爬行动物给儿童和大人欣赏。部分信息牌是英文的。位于欧洲公园内。

活动

★克拉根福沙滩 游泳

（Strandbad Klagenfurt；见300页地图；www.stw.at；Metnitzstrand 2；成人/儿童 €4.50/1.80；⏲6月至8月 8:00～20:00，5月和9月 至19:00，10月至次年4月 关闭；🚸）克拉根福美妙的湖边沙滩规模宏大，堪为欧洲之最，上面设有小木屋、餐厅以及小码头，可以让游客如同海豹一般晒太阳。沙滩上能容纳双肩包的储物柜（Kästchen）收费€2，外加€20的押金。在水中浮标以南，气氛闲散的Maria Loretto沙滩之外，有一片水域非常适合游泳。你还可以乘脚踏船或电动船寻欢作乐。下午3点以后门票会降到€3.20。

节日和活动

Vollmond Schwimmen 体育节

（www.vollmondschwimmen.at；⏲7月或8月）一个简单美妙的夏季庆典，在满月升起的时候，游泳和立式桨板选手会跃入Strandbad Loretto与Strandbad Maiernigg之间的温暖湖水，还有DJ打碟和其他的泳后娱乐活动。

沃尔特湖古典音乐节 音乐节

（Wörthersee Classics Festival；www.woertherseeclassics.com；门票 €40～85；⏲6月中旬）古斯塔夫·马勒（Gustav Mahler）、来自维也纳的阿尔班·贝尔格（Alban Berg）和安东·冯·韦伯恩（Anton von Webern）、

Klagenfurt 克拉根福

Klagenfurt 克拉根福

景点

1 市政厅阿尔卑斯阿德里亚画廊................A1
2 大教堂..C3
3 龙喷泉..B3
4 鲁道夫音乐厅州立博物馆........................D4
5 州议会大楼..B2
6 卡林西亚州现代艺术博物馆....................C3
7 城市美术馆..B1
8 圣埃吉德城市教区教堂..........................B2

住宿

9 Hotel Geyer D2
10 Hotel Palais Porcia B3
11 Lemon 7 ....B3

就餐

12 Bierhaus zum Augustin B2
13 Dolce Vita B1
14 Kochwerkstatt B3
15 Princs B2
16 Stand No.17 ....B3

饮品和夜生活

17 Cafe Ingeborg Bachmann A1
18 Kamot C2
19 Lendhafencafe A3
20 Park Haus Cafe B1

购物

21 蔬果市场 B3

移居维也纳的汉堡人约翰内斯·勃拉姆斯（Johannes Brahms），以及胡戈·沃尔夫（Hugo Wolf）是5位世界知名的作曲家，他们都活跃于奥地利帝国的晚期，并且曾经在沃尔特湖畔生活和工作过。这场一年一度的古典音乐节是为他们而办的。

Europapark Vicinity 欧洲公园周边

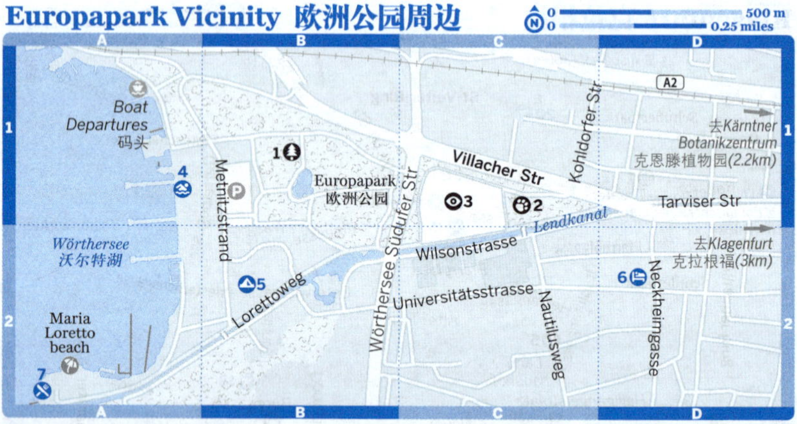

Europapark Vicinity 欧洲公园周边

景点

1 欧洲公园 B1
2 Happ's Reptilienzoo C1
3 微缩世界 C1

活动、课程和团队游

4 克拉根福沙滩 A1

住宿

5 Camping Klagenfurt am Wörthersee B2
6 Jugendgästehaus Klagenfurt D2

就餐

7 Restaurant Maria Loretto A2

Klagenfurter Stadtfest 音乐节、戏剧节

（www.altstadtzauber.at；8月）这场音乐和戏剧节一年举办一次，为期2天。

住宿

Lemon 7 酒店 $

（见299页地图；0463-577 93；10 Oktober Strasse 11；铺/标单/双 €28/49/75；）这家经济型小酒店位于一座400年的老建筑中，客房环绕一个种满植物的拱顶中庭。客房刚翻新过不久，简单而现代，而其近乎教会风格的木家具为这里增添了温暖和个性。这里是个不错的经济型住处。

Camping Klagenfurt am Wörthersee 露营地 $

（见本页地图；0463-28 78 10；www.camping-woerthersee.at；Metnitzstrand 5；营地每个成人/儿童/帐篷 €7.50/6.90/9.90；5月至9月；）这片营地迷人、阴凉而且经营有方，有免费的沙滩使用（非常划算），并且出租自行车。在7月和8月会贵几欧元。

Jugendgästehaus Klagenfurt 青年旅舍 $

（见本页地图；0463-23 00 20；www.oejhv.or.at；Neckheimgasse 6；铺/标单/双 €22.50/30.50/53；）这家现代的青年旅舍是国际青年旅舍联盟的会员，靠近欧洲公园，在夏季是个很棒的地方。从市中心过来的话，在火车站搭81路大巴或是在Heiligengeistplatz搭10路大巴，然后在Jugendgästehaus或（具体取决于大巴路线）Neckheimgasse下车。

★ **Das Domizil** 公寓 $$

（0664 843 30 50；www.das-domizil.at；Bahnhofstrasse 51；公寓 €98；）这间公寓大而明亮，装饰可爱，位于一座宏伟的19世纪建筑中，就在历史中心外围区域。这里设施超级齐全，有全套的厨房和洗衣设施，空间宽敞。房东英戈·迪特里希（Ingo Dietrich）是个友善而时尚的本地年轻人，十分乐于分享地道的建议和时间给客人。庭院停车每天额外收取€12。

Hotel Palais Porcia 酒店 $$

（见299页地图；0463-511 59 00；www.

palais-porcia.at; Neuer Platz 13; 标单/双 €125/150; P ⊖ ❄ @ 🛜) 这家酒店华丽老派得荒唐，涂金、镜子和红丝绒长沙发出人意料，而卫生间里的粉色大理石和金色水龙头则更加夸张。这里还有一片给住客使用的私人沙滩，靠近他们位于Pörtschach的另一家酒店。

Hotel Geyer 酒店 $$

（见299页地图；☎0463-578 86; www.hotelgeyer.com; Priesterhausgasse 5; 标单/双 €85/115; P 🛜）这里的客房整洁明亮又现代，此外酒店还有桑拿和蒸气浴等健康加分项，住客还可以免费使用街角的健身中心。

就餐

★Stand No. 17 意大利菜、奥地利菜 $

（见299页地图；☎0677 617 129 65; Benediktiner Platz; €8~14; ⏲周二至周六 8:00~16:00）尼尼·劳登（Nini Loudon）的厨房在中午11点30分至下午2点之间忙个不停。精简新鲜的菜单里有备受欢迎的本地特色菜，但更多的是国界线另一头的当季意式佳肴（如果运气好的话你能吃到白松露烩饭），偶尔还会供应古斯米（couscous）和塔吉锅（tagine）这样的远方美食。

Kochwerkstatt 各国风味 $

（见299页地图；☎0664 217 88 77; www.kochwerkstattam-markt.at; Benediktiner Platz 15; 主菜 €11.50~12.50; ⏲周二至周六 9:00~16:00）克里斯蒂安·卡巴利耶（Christian Cabalier）的每日特餐通常（尽管不是一直）有亚洲蔬菜、野菜和香料。菜肴富有风味，且代表了这座城市最新鲜最现代的用餐风尚。就像这里所有的餐厅一样，你还可以在上午或午后过来喝点酒吃点小吃。

★Princs 各国风味 $$

（见299页地图；☎0676 470 06 76; www.princs.com; Heuplatz 1; 主菜 €12.80~24.80，比萨 €7.20~10.20; ⏲周一至周三 8:30至午夜，周四至周六 至次日1:00）这里的厨房没完没了地往外送出比萨、意面以及种类丰富的"街头食品"。这里的酒吧也是克拉根福人气最高的一家，周末有DJ打碟。外带比萨或意面€5.50起。

Bierhaus zum Augustin 酒馆食物 $$

（见299页地图；www.gut-essen-trinken.at; Pfarrhofgasse 2; 主菜 €9.50~18; ⏲周一至周六 11:00至午夜）法式小酒馆Bierhaus zum Augustin是克拉根福最热闹的饮酒场所之一，传统酒馆的氛围温和宜人。后边的石子庭院里有露天餐位。菜单极具当地特色，酒吧小吃有涂着辣肉酱的黑麦面包、宜人的"啤酒三明治"或者牛肉、猪头肉与肉冻的组合。

Restaurant Maria Loretto 奥地利菜 $$

（见300页地图；☎0463-244 65; Lorettoweg 54; 主菜 €18~28; ⏲周三至周一 10:00至午夜）这家餐厅位于沃尔特湖上的一处岬角上，从沙滩步行过来非常轻松，并且十分具有湖畔特色。这里有美味的鳟鱼和烤鱼，不过别指望这里有地中海式的清淡口味，因为这里是标准的奥地利油腻口味。请提前订好露天餐位。

★Dolce Vita 意大利菜 $$$

（见299页地图；☎0664 554 99; Heuplatz 2; 午餐菜肴 €14~28，主菜 €21~28，4至6道菜套餐 €59~79; ⏲周一至周五）在这片饮食受到意大利强烈影响的地区，这家餐厅堪称本地的旗舰餐厅了。这里提供正宗的时鲜菜肴，轮流采用新鲜的本地农产品和猎物；夏季有清淡的海鲜特色菜，如威尼斯腌沙丁鱼（Sarde in saor），也供应鱼羹（brodetto）。

Wispelhof 奥地利菜 $$$

（☎0463-553 98; www.wispelhof.at; Feldkirchnerstrasse 29; 主菜 €16~34）这里简洁质朴的餐厅时尚漂亮，与这里供应的菜肴十分相衬，这里有卡林西亚人的最爱——油封鹿肉、炸肝以及烤小牛头，还有奥地利标准菜式以及部分美味的意大利菜肴。食材通常由本地农民提供。这里有城里最棒的鞑靼牛肉。

饮品和夜生活

★Lendhafencafe 酒吧

（见299页地图；www.Villacher Strasse 18; ⏲周二至周六 9:00~13:00和18:00至午夜）这家乱得很美妙的酒吧兼咖啡馆能看到Lend Canal的可爱风景，还有个长满了藤蔓的怡人内庭。这里偶尔还有音乐会，楼下的凉亭里有

到达欧洲公园

宽阔的绿地欧洲公园以及沃尔特湖畔的沙滩是水上活动的中心，尤其适合儿童。划船和游泳通常在5月至9月期间进行。要到达这里，从Heiligengeistplatz搭乘10路大巴，经微缩世界到达沙滩（见298页）。要想骑自行车去沃尔特湖，避开Villacher Strasse，走Lendl Canal北边沿线的自行车道。你可以从Villacher Ring和Villacher Strasse的路口走小巷子过去。

各种前卫的文化活动和派对。

Cafe Ingeborg Bachmann 酒吧

（见299页地图；☎0463-50 10 70；www.kaffeehausingeborg-bachmann.at；Radetzkystrasse 3，Sterneckstrasse路口；⏲周一至周五7:30~22:00，周六8:00~14:00）克劳斯·基希豪尔（Klaus Kirchhauer），对于克拉根福的派对咖们来说还是DJ Barry Bahia，是这家克拉根福首家咖啡屋（Kaffeehaus）的老板。这里是明亮而漂亮的银白色，吸引着城里的文化人，非常适合在这里读着书打发下午的时光。这里提供小吃，不过只有帕尼尼和糕点。

Park Haus Cafe 酒吧

（见299页地图；www.park-haus.at；St-Veiter-Ring 10；⏲周一至周四7:30至午夜，周五至次日2:00，周六18:00至次日2:00）这里是克拉根福年轻好玩的人群全天候的消遣场所，里边有成排的沙发，外边有个阳光充足的露台俯瞰公园。尽管这里白天的氛围十分放松，到了晚上可就是派对时刻了。

Kamot 酒吧

（见299页地图；www.kamot.at；Bahnhofstrasse 9；⏲20:00至次日2:00）这家爵士乐演出现场会举办一些全国顶级音乐人的酒吧巡演，而且任何时间都是一个暖心的饮酒场所。

购物

蔬果市场 市场

（Benediktinermarkt；Fruit & Vegetable Market；见299页地图；Benediktinerplatz）这个周四和周六上午开放的广场市集十分漂亮，摆满了农产品和鲜花摊位。在其他的日子里，这里有非常棒的餐厅摊位可以购买午餐或是咖啡和葡萄酒。

实用信息

邮政总局（见299页地图；Dr-Herrmann-Gasse 4；⏲周一至周五7:00~18:00，周六8:00至正午）

旅游局（见299页地图；☎0463-537 22 23；www.visitklagenfurt.at；Neuer Platz 1，Rathaus；⏲周一至周五8:00~18:00，周六10:00~17:00，周日至15:00）出售卡林西亚州卡并提供预订住宿的服务。

到达和离开

飞机

克拉根福的**机场**（www.klagenfurt-airport.com；Flughafenstrasse 60-66）位于城北3公里处。瑞安航空有航班往来克拉根福和伦敦斯坦斯特德机场（London Stansted）；德国之翼航空公司（Germanwings）有航班飞往德国科隆波恩机场（Cologne-Bonn）。

船

湖上游船的**起点**（见300页地图）位于沙滩以北几百米处。

长途汽车

邮政巴士在火车总站外发车，外边有个发车时刻板。奥地利联邦铁路（Österreiche Bundesbahn；Austrian Federal Railways；ÖBB）有连接克拉根福和格拉茨的直达巴士（€27.50，2小时）。每天至少有4班大巴经菲拉赫开往威尼斯（€28，4小时15分钟）。

火车

每小时有2班IC/EC（InterCity/EuroCity）的直达火车从克拉根福开往维也纳（€52.60，3小时45分钟）和萨尔茨堡（€41.25，3小时）。开往格拉茨的火车每两三个小时1班（€41.25，2小时45分钟），中间在莱奥本或穆尔河畔布鲁克停靠。开往奥地利西部、意大利、斯洛文尼亚和德国的火车取道菲拉赫（€7.10，25至40分钟，每小时2至4班）。

当地交通

抵离机场

克拉根福机场距离火车站Klagenfurt

Annabichl有10分钟的步程，火车站通IC和S-Bahn的列车（€2.80，5分钟）。从火车总站坐40或42路大巴去机场更好，大巴每30分钟至1小时1班（周日每2小时1班；€2.10，30分钟）。从市中心打车费用约为€12。

自行车

旅游局在夏季运营一家自行车租赁公司。

Bicycles（www.impulse.co.at；3小时/24小时/1周租金 €7/12/45）在湖附近也有多个取车和停车点。旅游局有写出具体地点的手册。

公共汽车

单程车票（可以向司机购买）的价格为2或3站€1.40，或者1小时€2.10。司机也以€4.80的价格出售24小时通票。你还可以在火车站和部分酒店买票。在上车后激活你提前买的票。

卡林西亚州中部（CENTRAL CARINTHIA）

卡林西亚州的中部区域位于东边的Saualpe和西北边的Nock Mountains之间。历史悠久的小村庄点缀着湖地和高山的坡地：除了相对热闹的菲拉赫市以外，这里大多数地方都很闭塞保守。过来感受一下远离人群的奥地利风光：这里地形多样，你可以上午在冰雪覆盖的高山徒步，下午就去玩立式桨板。

菲拉赫（Villach）

☎04242/人口 58,970

菲拉赫自古以来就是阿尔卑斯山与奥地利南部之间的重要枢纽，而且是一个富有活力的宜居城市，虽然本市没什么景点，景致也算不上一流。像近邻克拉根福一样，这里受到意大利非常强烈的影响。可以考虑把这里作为参加活动以及探索该片地区的大本营。

景点

圣雅各布城市教区教堂 教堂

（Stadtpfarrkirche St Jakob；Oberer Kirchenplatz 8；⏲黎明至黄昏）圣雅各布城市教区教堂俯瞰着老城区，拥有湿壁画、拉毛灰泥天花板和一个装饰着金箔与鲜花的巨大的洛可可式祭坛。墙壁上点缀着精美的纪念牌，纪念这片地区的贵族家族。每个夏天都有两只隼在Stadtpfarrturm（见304页）筑巢。

菲拉赫城市博物馆 博物馆

（Museum der Stadt Villach；☎04242-205 3500；www.villach.at/museum；Widmanngasse 38；成人/儿童 €4/免费；⏲周二至周日 10:00~16:30）这座博物馆介绍了本地的历史、考古和中世纪艺术；偶尔还举办有意思的特展。

卡林西亚州浮雕博物馆 博物馆

（Relief Von Kärnten；Peraustrasse 14；成人/儿童 €2.50/免费；⏲周一至周六 10:00~16:30，11

Central Carinthia 卡林西亚州中部

Villach 菲拉赫

月至次年4月 闭馆）卡林西亚州浮雕博物馆位于老城区南边的Schillerpark，是一个巨大的卡林西亚州浮雕模型。其面积有182平方米，以1∶10,000（为了突出高山，垂直比例为1∶5000）的比例描绘了该州的形态。

猛禽飞翔表演 城堡

（Adler Flugschau; Falconry Show; ☎04242-428 88; www.adlerflugschau.com; Schlossberg-weg, Burgruine Landskron; 成人/儿童 €10/5; ⏲5月至10月 11:00~14:30，11月至次年4月 关闭）Burg Landskron的城堡遗址位于菲拉赫与奥西阿赫湖（Ossiacher See）之间，有时长40分钟的壮观的猛兽飞翔表演。猴子保护区Affenberg也在这里。每天有5至11班大巴从菲拉赫位于St Andrä的火车站发车（€2，9分钟），就在城堡下边。

Stadtpfarrturm 塔

（成人/儿童和学生 €2.50/1.50; ⏲7月和8月10:00~18:00，5月、6月、9月和10月 至16:30，11月至次年4月 关闭）夏季有两只隼在Stadtpfarrturm筑巢；你甚至可以通过街对面咖啡馆里的闭路电视追踪它们的日常生活。

Villach 菲拉赫

菲拉赫汽车博物馆 博物馆

（Villacher Fahrzeugmuseum；www.oldtimer museum.at；Ferdinand-Wedenig-Strasse 9；成人/儿童 €7/5；⏲10:00~18:00）菲拉赫汽车博物馆位于城外3公里处，展品以日常出行的常用车型居多，比如菲亚特米老鼠（Fiat Topolino）和宝马依赛塔（BMW Isetta）等大约250款车型。从火车站搭乘5179路大巴到Zauchen（Bundestrasse站）。

住宿

Jugendherberge 青年旅舍 $

（☎04242-563 68；www.hiyou.at；Dinzlweg 34；铺/标单/双 €34/46/80；P @）这里位于市中心以西1公里处，紧邻Sankt-Martiner-Weg，有桑拿设施和一个儿童游乐场。

★ **Hotel Mosser** 酒店 $$

（☎04242-241 15；www.hotelmosser.at；Bahnhofstrasse 9；标单 €69~99，双 €104~165，套 €190~220，公寓 €120~175；P @ 🛜）这家高效而热情的酒店历史悠久，部分客房在床头上方有斜镜子；其余的则有浪漫的涡流浴缸。较便宜的单人间与之形成鲜明的对比，平凡而实用。显然不适合失恋人群。

Romantik Hotel Post 酒店 $$

（☎04242-261 01-0；www.hotel-villach.com；Hauptplatz 26；标单 €85~150，双 €105~180，标三€134~199，套 €205~270；P @ 🛜）这家光鲜酒店的走廊让人提前感受这里的魅力，配有枝形吊灯和东方地毯。木家具给人的感觉明亮清新，直梯和部分有门相通的双人间使得这里十分适合家庭。

Kramer Hotel-Gasthof 酒店 $$

（☎04242-249 53；www.hotel-kramer.com；Italiener Strasse 14；标单 €49~69，双 €94~106，标三 €130；P @ 🛜）从圣雅各布城市教区教堂上坡就到了这家酒店，这里家具现代，性价比很高。客房宽敞，按照房间的大小以及具体的要求收费。

就餐

★ **Trastavere** 意大利菜 $$

（☎04242-21 56 65；www.trastevere.at；Widmanngasse 30；意面 €8.90~12.80，比萨 €7.80~11.80，主菜 €12.80~26；⏲周一至周六 11:00至午夜）这家意式小馆位于一座可爱的庭院中，请在夏季周末的傍晚提前订一个院内的餐位。这里有种类丰富的海鲜菜肴、美味的比萨以及精选的阿根廷牛排。

★ **Stern** 各国风味、牛排 $$

（☎04242-247 55；www.stern-villach.com；Kaiser Josef Platz 5；主菜 €7.90~23.90，牛排 €18.30~22.30，午市套餐 €4.90~6.90；⏲周一至周四 7:00至午夜，周五 至次日2:00，周六 9:00至次日2:00；🛜）这家休闲酒吧兼具餐厅功能，室内或广场上的露天餐位非常适合喝酒消遣。这里的特色菜是牛排，菜单是自己填写式的。

Romantik Restaurant Post 奥地利菜 $$

（www.stadtrestaurant.at；Hauptplatz 26；主菜 €14.50~23.50；⏲正午至14:30和18:00~22:00；✎）Romantik Hotel Post的餐厅供应精心烹制的本地特色菜，氛围舒适。午间套餐物美价廉；这里还有精选的健康沙拉。

ℹ 实用信息

Tourismusinformation Villach-Stadt（☎04242-205 29 00；www.villach.at；Bahnhofstrasse 3；⏲周一至周五 9:00~19:00，周六 10:00~16:00）市旅游局，帮助寻找住处；有免费的城市地图和出色的市郊地图，还有一个免费使用的网络终端。

到达和离开

长途汽车

拨打☎44410-15 10或☎0810 222 33 39咨询关于邮政巴士的信息。**客运站**位于火车总站对面。每天至少有4班InterCity（IC）的大巴开往威尼斯（€25，3小时30分钟）。

火车

菲拉赫位于3条奥地利的IC/EC（InterCity/EuroCity）铁路线上，分别与萨尔茨堡（€31，2小时30分钟，每2小时1班）、利恩茨（€20，1小时45分钟，每小时1班）和克拉根福（€7.20，30至40分钟，每小时2至4班）相连。直达列车四通八达：德国的慕尼黑（€70，4小时30分钟，每天4班）；斯洛文尼亚的卢布尔雅那（Ljubljana；€23，1小时45分钟，每天4班）；克罗地亚的萨格勒布（Zagreb；€45，4小时，每天4班）；塞尔维亚的贝尔格莱德（Belgrade；€82，11小时，每天1班）。

法克湖和奥西阿赫湖（Faaker See & Ossiacher See）

菲拉赫是座幸运的城市，附近有两大湖泊坐落于此，被低调的夏季度假村环绕。菲拉赫东边6公里处的法克湖靠近Karawanken Range，东北边4公里处的是奥西阿赫湖，二地都可以露营、划船和游泳。**Gerlitzen**（1909米）是个受欢迎的滑雪区，位于Annenheim上方，衬托着奥西阿赫湖。这里的滑雪通票售价约€40。

实用信息

地方旅游局（☎04242-420 00；www.region-villach.at；Töbringer Strasse 1,Villach；⏲周一至周四 8:00~17:00，周五 至16:00）

到达和离开

工作日有火车和邮政巴士定时从菲拉赫的客运站和火车站出发沿奥西阿赫湖北岸运行，中途经过Annenheim（€2，12分钟）和Bodensdorf（€3.40，20分钟）。有火车定时开往滨湖法克（Faak am See；€3.40，30分钟），有大巴定时开往Drobollach（€2，20分钟），两者都在法克湖边。

当地交通

自行车

你可以通过**Das Radl**（☎0664 226 95 40，04242-269 54；www.das-radl.at；Italiener Strasse 25；每天€11；⏲周一至周五 8:00~18:00，周六 9:00至正午，10月至次年4月不出租自行车）租车，骑行探索这片地区。如果你提前打电话的话可以在菲拉赫租到车，也可以在Bodensdorf（奥西阿赫湖）和法克（法克湖）的火车站租车；这片地区的酒店和露营地也出租自行车。

船

在奥西阿赫湖，Drau Fluss Schifffahrt运营的**船只**（☎0699 15 077 077；www.ossiachersee-schifffahrtat；1日通票成人/儿童 €13.50/6.80，半日乘船巡湖游 €9/4.50；⏲4月至10月 每天最多8班）在St Andrä和Steindorf之间进行交叉巡游（成人/儿童 €12.80/6.40，2小时30分钟，5月至10月约每小时1班）。这家公司还有船从菲拉赫的会议中心（Congress-Center）沿德劳河（Drau River）开往Wernberg Bad（单程成人/儿童€7.50/3.75，45分钟），中途经过St Niklas an der Drau（位于法克湖东北方约2公里处），在5月至10月中旬期间每天最多4班。

德赖兰德雷克（Dreiländereck）

☎04255

徒步和山地自行车爱好者们在**多布拉奇山**（Dobratsch；2166米）可以玩得尽兴，这里位于菲拉赫以西约12公里处的菲拉赫阿尔卑斯山（Villacher Alpen）内。南边有徒步小径从小城Arnoldstein通往德赖兰德雷克，即奥地利、意大利和斯洛文尼亚的交界处。在1500米的高处有个**阿尔卑斯花园**（Alpine Garden；☎0664 914 29 53；www.alpengarten-villach.at；成人/儿童 €3/1；⏲6月至8月 每天 9:00~18:00），里边种着产自阿尔卑斯南部的植物。从城区沿菲拉赫阿尔卑斯山之路（Villacher Alpenstrasse）就能到达花园。这是条收费公路（每辆轿车€16.50），在11月中旬至次年4月中旬之间免费，夏季持**卡林西亚州卡**（1/2周通卡€37/48；www.kaerntencard.at）免费。多布拉奇山十分受越野滑雪者的欢迎。天气原因导致的封路情况可在阿尔卑斯之路的网站（www.villacher-alpenstrasse.at）查询。

偏远的**布拉奇山自然公园**（Naturpark Dobratsch；www.naturparkdobratsch.info）有各种地形。有会英文的徒步导游。夏季和冬季项目见网站。

多布拉奇山自然公园内有大巴开往Villacher Alpe Rosstratte，中途经过阿尔卑斯之路和阿尔卑斯花园。往来菲拉赫与Arnoldstein的火车（€4.90，25分钟）发车频繁。

黑马戈尔（Hermagor）

☎04282/人口：7070

黑马戈尔位于菲拉赫以西约50公里处，作为前往Nassfeld雪坡的大本营十分受欢迎，雪坡有大约110公里的雪道（1日通票€43至46），还有越野滑雪路线以及单板雪道可以探索；这里在夏季是个低调的徒步和山地自行车目的地。从黑马戈尔出发还可以去壮观的**Garnitzenklamm**徒步，这条狭窄的峡谷位于城西大约2.5公里处。可以向旅游局咨询具体建议。

这里十分低调，冬季可以滑雪（速降和越野），夏季可以骑车和徒步。

千禧特快缆车（Millennium-Express Cable Car；成人/儿童 往返€20/12）上升6公里到达Nassfeld，为奥地利最长缆车。谷底站位于Tröpolach，从城区先后沿B111和B90往西8公里处；这里也通火车。

Villa Blumegg（☎04282-20 92；www.villa-blumegg.at；Neupriessenegg 2；标单 €52~59，双€84~104，公寓 €168~196；Ⓟ）位于一片可爱的庄园里，沿Radnigger Strasse往城北走10分钟左右就能到达，舒适的客房定价合理，有些房间配有阳台。这里还有假日公寓，可以住1至7人。

旅游局（☎04282-2043；www.hermagor.info；Göseringlände 7；⊙周一至周五 8:00~18:00，周六 9:00~14:00，周日 10:00起）位于火车站沿B111往西约400米处。这里的工作人员非常了解这片地区的滑雪、导览与自助徒步、高山小屋与山地自行车骑行等信息。

每1至2小时有1班火车从菲拉赫开往黑马戈尔（€10，70分钟），部分火车会继续开往Tröpolach（€2.20，10分钟），也有大巴从黑马戈尔开往Tröpolach。

卡林西亚州东部（EASTERN CARINTHIA）

弗里萨赫（Friesach）

☎04268/人口：5180

弗里萨赫曾经是维也纳—威尼斯商路上的一个重要的补给站，也是卡林西亚州最古老的市镇。两边的山坡上都是防御工事的遗址，而城中心则被护城河（这里也是奥地利唯一一个如今仍旧拥有护城河的市镇）与壮观的灰色石墙环绕。弗里萨赫的城门每年都会关闭一次，城里的每个人都身着中世纪的服饰重现这里的历史。

景点

弗里萨赫有4座中世纪要塞位于西边耸立在Hauptplatz上的山丘旁边，全部都能看到美丽的风景（而且全部免费）。最北端的是**Burg Geyersberg**；最南边的是**Virgilienberg**的遗址。中间的两座（**Rotturm**和**Petersberg**）最容易从城中心抵达。圣彼得堂（Peterskirche）能看到可爱的风景，从哥特风格的城市教区教堂（Stadtpfarrkirche）前边的小路上坡就能到，城市教区教堂里的罗马风格元素可以追溯至公元927年。

全部的要塞都由Burgwanderweg连接起来，这里穿过田原，能看到城中的风景。

节日和活动

Spectaculum 文化节

（⊙7月）在7月的最后一个星期六，人们会关闭电灯和城门，点起火炬和照明弹，打扮成弄臣、公主和身穿甲胄的骑士，四处表演杂技、吞火、马上枪术比赛和决斗。弗里萨赫会重新使用过去令这里闻名的货币，人们用弗里萨赫的钱币在街头摊贩那里购买中世纪餐肴。

Petersberg Fortress 戏剧节

（门票 €15~25）这里在夏季有露天戏剧

表演，表演的作品既有莎士比亚的也有布莱希特的。旅游局有详细信息和门票。

食宿

Metnitztalerhof 酒店 $$

（☎04268-251 00；www.metnitztalerhof.at；Hauptplatz 11；标单 €57，双 €96~108；P@🛜）这座淡粉色的建筑位于市政广场的尽头，是弗里萨赫唯一的四星级酒店；客房现代舒适且全部带有小阳台。酒店有桑拿房、按摩浴缸和蒸汽浴室，外加一间供应奥地利菜和卡林西亚菜的**餐厅**（主菜 €16~23.50；周五至周三营业）。

Cafe Konditorei Craigher 咖啡馆 $

（www.craigher.at；Hauptplatz 3；⏲周一至周五 7:00~20:00，周六和周日 8:00~19:00）巧克力鉴赏家们会非常喜欢来这里——所有的巧克力都是在这里制作的。或者在拥有100年历史的咖啡屋里喝咖啡吃糕点。

实用信息

旅游局（☎04268-22 13 40；www.friesach.at；Fürstenhofplatz 1；⏲周一至周五 8:00~16:00，周六和周日 10:00~15:00，10月至次年5月周末关闭）从Hauptplatz往北步行几分钟就到了。

到达和离开

弗里萨赫与维也纳的迈德灵（€42.50，3小时15分钟，每天3班）、菲拉赫（€15.30，1小时30分钟，每小时1班）、穆尔河畔布鲁克（€23.10，1小时45分钟，每天4班）、圣法伊特（€7.20，30分钟，每小时1班）和克拉根福（€10.60，60分钟，每小时1班）之间有车直达。

古尔克（Gurk）

☎04266/人口：1290

这座小城（斯洛文尼亚语拼写为“Krka”），位于弗里萨赫—克拉根福公路以西约18公里处，因历史悠久的大教堂而闻名。这座教堂如今仍在使用。主教小堂（Bischofskapelle）里的湿壁画可以追溯至大约1200年，其对原色的搭配非常优美。

大教堂（Dom；☎04266-82 36；Domplatz 11；团队游 €2.90~9，地下室门票 €1.50；⏲9:00~19:00，周日礼拜 10:00~10:45，大教堂、地下室和主教小堂70分钟组合游 10:30、13:30和15:00）建于1140年至1200年间，是奥地利最著名的罗马风格时期教堂，地下室的支柱布置得十分协调。里边还有哥特式的网状拱顶，而教堂内的装饰为巴洛克或洛可可风格。高大的祭坛为早期巴洛克风格，拥有72座雕像和82个天使的头部。

主教小堂（Episcopal Chapel；成人/儿童 €3.70/1.80；⏲导览游 11:20、14:20和15:50）是大教堂的一部分，里边有保存完好的晚期罗马风格画作，可以追溯至1263年，颇为罕见。一边纪念了玛利亚包括圣母领报在内的生平，另一边则纪念了耶稣的诞生。你还能在这里拱形和圆形的窗子处见到奥地利现存最古老的彩色玻璃。

如果搭乘公共交通工具的话，请在工作日过来——早上8:04有一班火车从克拉根福开往Treibach-Althofen，之后可以换乘一班大巴过来（€12.70，1小时45分钟）。从古尔克返程的末班大巴在下午6:06发车。如果自己开车的话，走Hwy 93。

许滕贝格（Hüttenberg）

☎04263/人口：1800

在采矿小村许滕贝格下车的话，你可能会以为自己到了西藏，因为你能看到山崖上方飘动的经幡。

在**海因里希·哈勒博物馆**（Heinrich Harrer Museum；☎04263-81 08 20；www.harrermuseum.at；Bahnhofstrasse 12；成人/儿童 €14/8；⏲5月至10月 10:00~17:00）外，你可以喝一碗酥油茶，并倾听木质转经筒发出的潺潺水声，然后进到这座漂亮的木石结构建筑中看看海因里希·哈勒从海外旅行中带回来的众多藏品和照片。价格高昂的门票中包含了位置蹩脚的**玩偶博物馆**（Puppenmuseum；Doll Museum）和位于3公里外的Knappenberg的**采矿博物馆**（Mineralienschaubergwerk；Mineral Mining Museum）。

Lingkor位于博物馆对面，这段金属通道沿着崖壁建成，帮助人们祈祷和冥想。这里在2013年因为岩崩而关闭，至今尚未开放。

到达和离开

工作日有一班大巴从格兰河畔圣法伊特(St Veit an der Glan)直达许滕贝格(€9.70,1小时),还有一班火车和大巴接驳服务从格兰河畔圣法伊特发车,中途经过Treibach-Althofen(€17.30,75分钟)。从克拉根特有大巴频繁发车,中间在Görtschitztal Vierlinden或Mösel Ort(€12.10,1小时至1小时30分钟)换乘。大巴之后开往Knappenberg。

格兰河畔圣法伊特(St Veit an der Glan)

☎04212/人口: 12,600

圣法伊特是历史重镇,这里在1170年至1518年间是卡林西亚公国的都城。这里如今是个有趣而温和的中等大小市镇,有个可爱的巴洛克风格广场。

15世纪哥特风格的**市政厅**(Rathaus)是市镇广场上的亮点,其华丽的庭院里有五彩拉毛粉饰(这种壁画或装饰技法通过把顶层刮掉来露出底下的材质)。圣法伊特的另一个主要景点是Kunsthotel Fuchspalast。这一超现实主义结构物由神秘主义艺术家埃内斯特·富克斯(Ernst Fuchs)设计,其蓝色和红色的玻璃砖按照异想天开的占星图案排列——这一主题贯穿了圣法伊特的最佳住处。

蓝色和红色的玻璃砖以迷人的超现实图案装饰着**Kunsthotel Fuchspalast**(☎04212-466 00; www.hotel-fuchspalast.at; Prof-Ernst-Fuchs-Platz 1; 房 €56/人; P@令)的外墙。里边,超现实让步于表面有凹槽的石柱和珠宝一般的马赛克,而客房则有着装饰艺术风格的简洁。这里有个桑拿房,前台还兼任旅游局。

La Torre(☎04212-392 50; www.latorre.at; Grabenstrasse 39; 主菜 €15.50~28, 6道菜套餐€69; ⊙周二至周六 正午至14:30和18:00~22:00)是一家非常棒的意大利餐厅,位于14世纪城墙的一个塔楼内。室内光线浪漫,室外还有漂亮的带围墙花园以及露台,意大利老板快乐友好。

实用信息

旅游局(☎04212-466 00; www.stveit.com; Hauptplatz 23; ⊙10:00~16:00)旅游局位于Kunsthotel Fuchspalast内,有个很棒的市镇及周边地图并出租电动自行车(€20/天; 取车 8:00,还车19:00)和电动汽车(6小时€35, 8:30~18:30)。市政厅内还有个联网信息屏。

到达和离开

圣法伊特位于弗里萨赫以南33公里处和克拉根福以北20公里处。有耗时2小时的特快列车开往菲拉赫(€14, 37分钟),中间经停克拉根福(€4.70, 12分钟)。车站没有行李寄存柜。

霍恩斯特维茨城堡(Burg Hochosterwitz)

霍恩斯特维茨城堡(www.burg-hochosterwitz.com; Hochosterwitz 1; 团队游 成人/儿童 €12/8; ⊙5月至9月 9:00~18:00, 4月和10月 10:00~17:00)如同童话中的场景,据说是《睡美人》中城堡的灵感来源。城堡依山而建,14个门楼蜿蜒向前,通往尽头处的堡垒。乔治·克芬许勒(Georg Khevenhüller)于1570年至1586年间建造了这座城堡,用来抵御入侵的土耳其人。

一本霍恩斯特维茨信息手册(英文; €4)概述了进攻不同城门所遇到的各种伤害——有的嵌有尖刺,会直接掉下来刺穿从下边经过的不够警觉的入侵者。城堡还有个博物馆展览了一位布尔克豪普特曼·申克(Burghauptmann Schenk)的盔甲,他在16岁的时候就长到了2.25米高。

城堡顶上还有一家小咖啡馆供应香肠、汤、卷类食品和咖啡。圣法伊特—弗里萨赫铁路线在Launsdorf Hochosterwitz有一站,从停车场和第一道门步行到车站有3公里的距离,第一道门那里有个吊椅(€6)升上城堡。

沃尔特湖(Wörthersee)

沃尔特湖由西向东,横贯在费尔登(Velden)和克拉根福之间,轻松骑车50公里就能环湖一周。南岸风景最美,但北岸公交最便捷而且也最热闹。

环湖游览会经过幽静的度假村Pörtschach、费尔登夜生活的中心以及小城Maria Wörth。从费尔登往南5公里是罗塞格（Rosegg），那里有**城堡**（Schloss; ☎04274-30 09; www.rosegg.at; Schloss Rosegg 1, Rosegg; 成人/儿童 €7/4.50; ⊙5月至9月 每天 10:00~18:00, 10月至次年4月 周一 关闭）。Maria Wörth西南方8公里处的则是**Pyramidenkogel**（☎04273-24 43; www.pyramidenkogel.info; Linden 62, Keutschach am See; 成人/儿童 €11/5.50, 滑梯/通票 €4/20; ⊙6月至8月 9:00~21:00, 5月和9月 9:00~20:00, 4月和10月 10:00~19:00, 3月 10:00~18:00），这座山的顶上有一座71米高的钢塔，塔的外侧有螺旋状上升的木梁。这座令人晕眩的高塔有3个观景台。不怕累的人可以爬上400级左右的台阶；其他的人则可以搭乘观光电梯。St Anna-Weg路线相对比较容易走（单程90分钟），从Maria Wörth穿过森林通往这里。

Strand Club（☎04274-511 01; www.strandclub.com; Seepromenade 15,Velden; ⊙活动 4月至10月 黎明至黄昏，酒吧 4月至10月 7:00至午夜）提供滑翔伞、滑水、尾流滑水（wakeboarding）和电动船租赁；价格包含了潜水服的租金。活动过后，在酒吧和隔壁的咖啡馆放松吧。

Hotel Schloss Leonstain（☎04272-28 16; www.leonstain.at; Leonstainerstrasse 1, Pörtschach; 标单 €79~89, 双 €180~245）提供奥地利式的湖畔生活，客房极其怡人且富有氛围，融合了质朴的古董和现代化的舒适设施。这里非常传统，但充斥着轻松的假日感。酒店的餐厅使用本地有机食材，而马路对面梦幻的**Bar Leon**（Leon Beach; ☎04272-28 16; www.leonstain.at; Kärntnerstrasse和Hauptstrasse交叉路口,Pörtschach; 主菜 €15~26; ⊙4月至9月）全天候允许人们前往湖边，并且拥有更多的就餐选择。这里对非住客开放，并且难得地让人一瞥奥地利小康阶层们文雅的夏日乐趣。来这里的花园吃早餐或午餐，在楼上点着灯笼的凉亭吃晚餐，或是在湖边平台上一边喝利莱酒（Lillet）一边看天鹅在水面上滑过。

实用信息

Tourism Maria Wörth（☎04273-224 00; www.maria-woerth.at; Seepromenade 5; ⊙周一至周五 8:00~17:00, 周六和周日 10:00~12:30和13:00~15:30）这里是Visit Wöthersee的办公室之一，有住宿预订服务并可以咨询活动信息，其中包括瑜伽课程和静修活动。

Tourism Pörtschach（☎04272-23 54; www.poertschach.at; Werzerpromenade 1; ⊙7月和8月 周一至周五 9:00~18:00, 周六 10:00~18:00, 周日 10:00~16:00, 其余月份时间缩短）帮助订酒店和安排活动。

Wörthersee Tourismus（☎04274-382 88; www.woerthersee.com; Villacher Strasse 19; ⊙周一至周六 8:00~18:00, 周日 9:00~17:00, 10月下旬至4月中旬周日关闭）Wörthersee Tourismus可以提供湖区自行车站点的清单，此外还有地区信息咨询，并且提供关于费尔登住宿的建议。

到达和离开

克拉根福发达的巴士交通网通往沃尔特湖的度假区。克拉根福或湖泊周边的旅游局可以提供时刻表。

卡林西亚州西部（WESTERN CARINTHIA）

格明德（Gmünd）

☎04732/人口: 2630

格明德是一座迷人的11世纪村庄，怡人的村中心被城墙围起，还有一座13世纪的山顶城堡Alte Burg。从1480年开始，匈牙利人对这里展开了七年围城，突破了城墙并毁坏了城堡的一部分。如今这里会举办戏剧和音乐活动，还有两座不寻常的博物馆。

景点

赫尔穆特·普法伊弗霍费尔保时捷博物馆 博物馆

（Porsche Museum Helmut Pfeifhofer; www.auto-museum.at; Riesertratte 4a; 成人/儿童 €8/3.50; ⊙5月中旬至10月中旬 9:00~18:00, 10月中旬至次年5月中旬 10:00~16:00）赫尔穆特·普法伊弗霍费尔保时捷博物馆是格明德一个出人意料的景点。这里在1944年至1950年曾有一个保时捷工厂，第一辆名为保时捷的汽车（一辆356）就是在这里手工生产的。这个型号的展品只有一辆（这个型号只生产了52辆），此外还展出15个其他型号的汽车以及两个造车过程中所使用的木框。一段15分钟的影片（德语和英语）介绍了波尔舍博士（Dr Porsche）的生平和作品。

潘克拉蒂博物馆 博物馆

（Pankratium；☎04732-311 44；www.pankratium.at；Hintere Gasse 60；1小时团队游成人/儿童 €9.50/5.90；⏲5月至10月 10:00~17:00）潘克拉蒂博物馆是格明德最奇妙的景点，这个卓越的空间把水、光和声音（即震动）融合在专门为感官而设计的交互作品中。你可以激活声音装置，让各种乐器奏乐，游览的高潮是在院子里吹泡泡。

住宿

Gasthof Kohlmayr 客栈 $

（☎04732-214 90；www.gasthof-kohlmayr.at；Hauptplatz 7；标单/双/四 €46/76/128；P）Gasthof Kohlmayr位于格明德中心一座拥有400年历史的建筑中，客房舒适又划算，有个餐厅（主菜€8.90至17.90）供应美味的本地菜肴。

实用信息

旅游局（☎04732-22 22；www.familien tal.com；Hauptplatz 20；⏲7月和8月 周一至周五 8:00~17:00，周六 9:00~15:00，9月至次年6月 周六关闭）

到达和离开

周一至周五每1至2小时有一班大巴往来格明德和德劳河畔施皮塔尔（€5.10，30分钟）。这里不在铁路线上。

米尔施塔特（Millstatt）

☎04766/人口：3410

幽静的湖畔村庄米尔施塔特位于德劳河畔斯皮塔尔以东10公里处，在米尔施塔特湖的北岸上。米尔施塔特湖有12公里长，但是只有1.5公里宽，是卡林西亚州仅次于沃尔特湖的第二大湖。湖泊形成于大约30,000年前的冰期，温和的水温（夏季约22℃至26℃）适合玩帆船、皮划艇和游泳。米尔施塔特据说得名于一位叫多米提安（Domitian）的大公，他很早就改信了基督教，之后在这里把1000个异教雕像（mille statuae）扔进了湖里。

景点

米尔施塔特修道院 大修道院

（Stift Millstatt；www.stiftsmuseum.at；Stiftsgasse 1；成人/儿童 €3.90/2.50；⏲5月至10月 10:00~16:00）除了米尔施塔特湖本身，这座市镇的主要景点就是这座建造于1070年的罗马风格本笃会大隐修院了。这组漂亮的建筑群包含了一个一般有趣的修道院博物馆（Stiftsmuseum）、迷人的11世纪大隐修院**教堂**、一片**墓地**，以及位于教堂南边的拥有可爱院落和拱廊的**大隐修院建筑**。如果你从教堂沿着Stiftsgasse下坡，你会看见左边一棵**千年菩提树**。大隐修院的场地和华丽的拱廊与回廊可以免费游览。

修道院博物馆 博物馆

（Stiftsmuseum；Abbey Museum；☎0676 360 06 92；Stiftsgasse 1；门票 成人/儿童 €3.90/2.50，团队游€6；⏲5月至10月 10:00~16:00）修道院博物馆位于米尔施塔特修道院内，藏品包罗万千，既有市镇历史文档也有圣髑盒，还有地质学馆藏。

活动

Surf und Segelschule Millstatt 水上运动

（☎0676 751 19 39；www.surf-segelschule millstatt.at；Seestrasse，Villa Verdin旁；租金 每小时 帆板和索具 €17~23，皮划艇 €10，帆船 €10，电动船 €14；⏲7月至8月 周一至周五 10:00~17:00，周六至周日 12:00~17:00）这家可靠的商店出租装备并举办单人和团体风帆冲浪、帆船和皮划艇课程。

Wassersport Strobl 水上运动

（☎04766-22 63；Seemühlgasse 56a；每小时电动船 €15）Wassersport Strobl有两个码头出租船只和独木舟。

住宿

Früstuckspension Strobl 家庭旅馆 $

（☎04766-31 42；pension-hansstrobl@aon.

at; Kaiser-Franz-Josef-Strasse 59; 标单 €38，双 €76;) 这家经济酒店远离湖畔，但大部分客房都有阳台。这里位于一座拥有400年历史的哥特式建筑中，该建筑曾经隶属修道院。

★ Hotel See-Villa 酒店 $$

(04766 2102; www.see-villa-tacoli.com; Seestrasse 68; 标单 €76~90，双 €170~200，套每人€89~106; P @) 这家成立于20世纪初的酒店非常舒适，拥有名副其实的历史魅力，就开在湖畔（开着窗睡觉最完美），有个露台大餐厅，还有私人桑拿房和游泳码头。餐厅（主菜 €14.50~20起）每天午餐和晚餐时间营业。

★ Villa Verdin 酒店 $$

(06990 1218 1093; www.villaverdin.at; Seestrasse 69; 标单 €45，每人€80; P @) 这家酒店由一座19世纪的别墅改造而成，混合了现代的设计风格与古董和有意思的废品，营造出舒适、随意却时尚的氛围。这里对同性恋人群友好，而且有个复古的沙滩咖啡馆。公共区域有Wi-Fi。

就餐

★ Fisch-Häusl Stark 海鲜 $$$

(Kaiser-Franz-Josef-Strasse 134; 主菜 €17~22，烟熏鳟鱼 约€8; 6月至9月 11:00~18:00起) 这家小餐厅供应来自米尔施塔特湖和魏森湖（Weissensee）的美味鱼类，其中包括老板会自己带去野餐的烟熏鳟鱼。从街对面的面包房里买个面包卷。

饮品和夜生活

★ Kap 4613 酒吧

(www.kap4613.at; Kaiser-Franz-Josef-Strasse 330; 6月至8月 9:00~22:00，其余月份时间缩短，1月和2月歇业) 这家湖畔酒吧结合了一个有平台区的中庭和一个延伸到水面上的沙滩酒吧，适合在夏季过来饮酒，无疑是米尔施塔特最佳的饮酒场所。

实用信息

Infocenter Millstätter See (04766-370 00; www.millstaettersee.at; Thomas Morgenstern Platz 1; 周一至周五 9:00~17:00) 这个信息办公室位于Seeboden一栋新楼里，有个新奇的水帘，在你进门的时候会分开。它寓意着“触摸湖水”（尽管水帘是自来水），这个主题是为了让游客参与水上活动。Infocenter也兼任呼叫中心，有说英语和意大利语的工作人员。楼里和附近还有一家超市、咖啡馆和自动柜员机，以及厕所。

Bad Kleinkirchheim旅游局 (04240-82 12; www.badkleinkirchheim.at; Dorfstrasse 30; 周一至周五 9:00~12:00和15:00~17:00) 有非常实用的滑雪信息。

米尔施塔特旅游局 (04766-20 23 31; www.millstaettersee.com; Marktplatz 8; 周一至周五 9:00~18:00，周六和周日 10:00至正午和16:00~18:00) 位于米尔施塔特市政厅内，有实用的市镇信息。

到达和离开

开往米尔施塔特的邮政巴士在施皮塔尔火车站外发车（€3.90，20分钟，每小时2班），部分会继续开往Bad Kleinkirchheim（从施皮塔尔出发 €7.60，1小时）。

德劳河畔施皮塔尔（Spittal an der Drau）

04762/人口: 15,900

施皮塔尔是上卡林西亚重要的经济和政治中心。这里得名于12世纪一家为疲惫的旅行者提供帮助的医院兼庇护所。如今这座市镇的中心拥有一座令人印象深刻的意大利风格宫殿，以及一个小却迷人的公园，园内有戏水喷泉和明亮的花坛。

景点

Goldeck 山

（缆车单程/往返 €13/18，收费公路轿车和摩托车 €13，吊椅通票成人/儿童 €36/18）在夏季，可以通过缆车或是Goldeckstrasse收费公路（持卡林西亚州卡免费）上山（2142米）。公路的尽头距离峰顶还有260米。在冬季，Goldeck是个热门滑雪地。缆车在4月中旬至6月中旬或9月中旬至12月中旬期间不运行。

波西亚宫和民俗文化博物馆 宫殿

（Schloss Porcia & Museum für Volkskultur; Local Heritage Museum; 04762-28 90; www.

museum-spittal.com；Burgplatz 1；成人/儿童€8/4；⏲4月中旬至10月中旬 9:00~18:00，10月中旬至4月中旬 周一至周四 13:00~16:00；👪）波西亚宫拥有一座引人注目的文艺复兴风格建筑，由大名鼎鼎的格拉夫·冯·萨拉曼卡-奥滕贝格（Graf von Salamanca-Ortenburg）于1533年至1597年间建造。博物馆内，意大利风格的拱廊环绕一个用来举办夏季戏剧表演的中央庭院。顶层有个宏大的本地历史博物馆，有很多关于卡林西亚州的展览和立体影像，比如一个上陶恩山国家公园的虚拟游览。

住宿

Draufluss Camping 露营地 $

（☎04762-24 66；www.drauwirt.com；Schwaig 10；营地每个成人/儿童/帐篷/轿车 €5/3/4/4，标单/双 含早餐 €36/72；⏲6月至9月）施皮塔尔的露营地距离城中心大约3.5公里，位于德劳河的南岸。旅馆（Gasthof）有6间简单的客房。

★ **Hotel Erlebnis Post** 酒店 $$

（☎04762-22 17；www.erlebnis-post.at；Hauptplatz 13；标单 €69~79，双 €116~122，标三 €166，套 €188；🅿📶）这家不寻常的酒店里的客房可以说是广告房了，因为它们由本地公司赞助（室内通常有冠名）。一间没有赞助的客房的床和门来自本地的少管所。滑雪储物间和开往雪道的车是加分项。

Hotel Ertl 酒店 $$

（☎04762-204 80；www.hotel-ertl.at；Bahnhofstrasse 26；标单/双/标三/四 €70/130/139/160；🅿@📶🏊）这家舒适的酒店位于火车站的马路正对面，楼下的得州墨西哥餐厅内部以赭石色系装饰。露天游泳池大约有25米长。

就餐

★ **Restaurant Zellot** 奥地利菜 $$

（☎04762-21 13；Hauptplatz 12；主菜 €11~19；⏲周一至周四 11:00~23:00，周五和周六至次日4:00）这间古怪的餐厅烹制不错的牛排和奥地利热门菜。在傍晚这里会变成一家夜店和现场演出场所，这里有一部分装饰得像个车库——等你喝完第二杯你会觉得这里看起来更有意思。

> **陶恩铁路汽车摆渡服务**
>
> 如果你从德劳河畔斯皮塔尔开车去巴德加施泰因，你需要**陶恩铁路汽车摆渡服务**（Autoschleuse Tauernbahn；Railway Car Shuttle Service；www.gasteinertal.com/autoschleuse）帮你过Mallnitz到Böckstein的隧道。汽车的摆渡费用为单程€17或往返€30（2个月内有效）。摩托车的摆渡价格为€16/28。请拨打☎05 717电话咨询。摆渡火车每60分钟发车一次，末班车的发车时间为往南方向晚11点20分，往北方向晚10点50分。全程11分钟。

Mettnitzer 奥地利菜 $$

（☎04762-358 99；Neuerplatz 17；主菜€16.90~26.90；⏲周三至周日 正午至14:00和18:00~22:00）这家一流的餐厅供应种类很少的经典菜式、本地菜以及时鲜菜肴，环境正式。

实用信息

邮局（Egarterplatz 2；⏲周一至周五 8:00~18:00，周六 9:00至正午）

旅游局（☎04762-565 00；www.spittal-drau.at；Burgplatz 5；⏲周一至周五 8:30至正午）位于波西亚宫的一侧，有地图和许多实用信息。

到达和离开

长途汽车

邮政巴士周一至周六每小时1至2班，从火车站、Spittal-Drau Zentrum和Neuer Platz外发车开往格明德（€5.10，30分钟），但是周日没有车。拨打☎0180 222 333询问发车时刻。开往米尔施塔特的邮政巴士在施皮塔尔火车站外发车（€3.90，20分钟，每小时2班），部分大巴会继续开往Bad Kleinkirchheim（从施皮塔尔出发 €7.40，1小时）。

火车

Spittal-Millstättersee是一个重要的铁路枢纽：IC/EC的火车每小时2班往北开往巴德加施泰因（€12.20，40分钟）；区域性火车每小时至少1班开往西边的利恩茨（€12.80，1小时）和东南方37公里处的菲拉赫（€7.90，35分钟）。往北的铁路线经停Mallnitz-Obervellach，壮观地贴着谷壁前进。

魏森湖（Weissensee）

魏森湖嵌在盖尔塔尔阿尔卑斯山脉（Gaital Alps）的一道冰川裂缝中，北岸和南岸夹在山脊之间，这里是奥地利海拔最高的可游泳冰川湖、卡林西亚州大型湖中开发最少的湖，以及一片壮丽又平静的自然保护区。这天荧蓝色的冰带蜿蜒近12公里，大部分都在1公里左右的宽度。因为这里有着930米的海拔，湖水会比沃尔特湖的更凉，但大部分区域的湖水在7月和8月还是可以达到20℃以上的。

活动

Bergbahn Weissensee 登山吊椅

（☎04713-22 69；Techendorf；单程 成人/儿童 €9.20/5.80；⊙9:00~17:00，5月、6月和9月周一关闭，3月上旬至5月中旬和10月上旬至11月关闭）根据你的恐高程度，你要么会喜欢搭乘这段12分钟的开放式吊椅，要么只是把它当作到达Naggler Alm（见本页；距离峰顶10分钟的步程）的一段近路，以及Techendorf上方几条不错的步行路线的起点。在冬季这里还为滑雪场服务。一条徒步（1.5小时）和山地自行车路线也从Techendorf通往山顶。

Yachtdiver 潜水

（☎0664 460 40 80；www.yachtdiver.at；Techendorf 55；潜水 €14起，装备租赁 €30起，课程 €38起；⊙9:00~18:00）你通常不会把阿尔卑斯山和水肺潜水联系到一起，但这里清澈的湖水提供了清晰得令人难以置信的水下视野，可以看到湖里的22种鱼类。Yachtdiver为资深潜水者安排旅程，并为初学者安排课程，冬季还有冰潜远足。

食宿

Hermagorer Bodenalm 农庄寄宿 $

（☎0650 400 24 88；www.hermagorer-bodenalm.at；Bodenalm；每人半膳 €38，冷盘加啤酒 €17，主菜 €12；⊙5月至9月）这座小木屋位于魏森湖南岸的高山草甸上，拥有舒适简单的客房，共用卫生间——请带上保暖的睡衣：这里的暖气来自一层（groundfloor）的一个烤炉。这里自己制作奶酪，和腌肉一起供应，为徒步者和山地自行车骑手们提供能量。

Kohlröslhütte 农庄寄宿 $

（☎0664 8850 1860；www.kohlroesl.at；盖尔塔尔阿尔卑斯山脉内Techendorf上方；每人全膳€38，小吃 €5~12；⊙5月中旬至10月中旬；🅿）几乎没有哪座高山草甸小木屋的风景能与此地媲美：从1534米的高度欣赏Gitsch Valley深处至Sankt Lorenz以及3个国家的阿尔卑斯山。这里只有步行（从山上的吊椅站走过来要2小时）或骑山地自行车能到达。客房质朴舒适，共用卫生间。

Naggler Alm 奥地利菜 $

（☎0699 1036 1000；www.nagglerAlmut.at；Naggler Alm；主菜 €9~15，冷盘 €12；⊙5月至10月 周二至周日 9:00~17:00）这家旅馆距离山顶的吊椅站（见本页）有10分钟的步程，位于一片优美的草甸之中，提供精选的有机素食菜肴、精心烹制的主菜、美味的自制柠檬水以及冷盘（Brettljause），让人们可以为徒步或骑行储存体力。周四晚上6点起有鱼类拼盘（请提前订位），天黑后下山回Techendorf有火炬照明。

实用信息

旅游局（☎04713-222 00；www.weissensee.com；Techendorf-Süd；⊙周一至周五 8:30~12:30和13:30~17:00，周六 9:00至正午和16:00~18:00，周日 10:00至正午和16:00~18:00，9月中旬至次年6月中旬 周六和周日关闭）有出色的活动手册（带地图），帮助预订住宿并以约€10的价格出售几种详细的徒步和山地自行车骑行地图。

到达和离开

最近的火车站是Greifenburg-Weissensee，位于菲拉赫—德劳河畔斯皮塔尔铁路线上，距离湖边11公里。**Mobil Büro Hermagor**（☎预约 0800 500 1905；www.mobilbuero.com；单程€7.50；⊙5月中旬至9月下旬和12月中旬至次年2月）运营的大巴可以接送你往来车站与你在魏森湖的住处。仅限在这里过夜的游客。提前一天在下午4点之前打电话或网上预约。一日游客可以购买1日通票（€7.50），但只去与Techendorf相距4公里的Hotel

Kreuzwirt。你可以从那里搭乘免费但车次通常很少的自然公园大巴。

要想开车去河边，从Greifenburg或黑马戈尔走Bundestrasse 87。有一条路（L32）从德劳河畔斯皮塔尔出来通往湖的东端，不过那里就是路的尽头了。

当地交通

船运服务（www.schifffahrt-mueller.at；1至8站€2~7.50，1日通票€12；⌚5月中旬至10月中旬最多10班）Weissensee Schifffahrt运营的船只每天3至11班前往Techendorf与Dolomitenblick之间的所有站点，7月和8月的班次最多。

利恩茨（Lienz）

☎04852/人口：11,900

多洛米蒂山（Dolomites）像一个圆形竞技场一般环绕着利恩茨升起，利恩茨则横跨伊塞尔河（Isel River）与德劳河，位于意大利以北近40公里处。这些迷人的山河也迎接过古罗马人，他们在大约2000年前定居这里，在中世纪的城堡布鲁克城堡（Schloss Bruck）与考古遗址Aguntum中可以探索他们留下的遗产。在日落时抬头望向染上红晕的多洛米蒂山，就很容易明白他们为何对这片蒂罗尔的飞地如此着迷了。

景点

布鲁克城堡 城堡

（Schloss Bruck；www.museum-schlossbruck.at；Schlossberg 1；成人/儿童 €8.50/2.50；⌚7月和8月 10:00~18:00，9月和10月 周二至周日 至16:00，11月至次年6月 周二至周日 至18:00）利恩茨著名的中世纪要塞有个博物馆按照年代介绍了这片地区的历史，还有古罗马文物、哥特式三翼祭坛以及本地服饰展出。**城堡塔楼**有交替展览；**埃格-利恩茨画廊**（Egger-Lienz-Galerie）专门展出阿尔宾·埃格-利恩茨（Albin Egger-Lienz）富有感染力的作品，对于艺术爱好者们来说是个亮点。

Aguntum 博物馆、遗迹

（www.aguntum.info；Stribach 97；成人/儿童 €7/4，与布鲁克城堡的套票 €11.50/9.50；⌚6月至9月 9:30~16:00，5月和10月 周日关闭）位于Dölsac附近的Aguntum考古遗址的挖掘工作仍在进行，以拼凑出这座拥有2000年历史的古罗马自治市的原貌，这里在克劳狄一世（Emperor Claudius）统治时期是一个繁荣的贸易和金融中心。在开采现场周围转一转，然后参观玻璃墙壁的博物馆，去探索利恩茨的古罗马根源。

圣安德拉城市教区教堂 教堂

（Stadtpfarrkirche St Andrä；Pfarrgasse 4；⌚黎明至黄昏）这座市镇的主要教堂有个迷人的哥特风格肋式拱顶、令人惊奇的巴洛克式祭坛、14世纪的湿壁画以及两块用红色的萨尔茨堡大理石雕刻而成的罕见墓碑。此外还有庄重的**战争纪念小堂**（Kriegergedächtniskapelle），里边有阿尔宾·埃格-利恩茨绘制的富有争议的湿壁画，其中一幅描绘了复活后憔悴的耶稣，这幅作品在1925年惹恼了梵蒂冈，以致随后宗教活动在这里被禁止了差不多60年。在Pfarrgasse路13号（在桥对面的Kirchenwirt餐厅后面）门口拿起挂着的钥匙。

活动

Drau Radweg 骑车

（www.drauradweg.com）利恩茨有众多标示清晰的山地自行车路线呈放射状散开，能够欣赏到多洛米蒂山震撼的风光。366公里的Drau Radweg穿过利恩茨通往斯洛

> **缆车和夏季价格**
>
> 通往**泽特斯菲尔德**和**霍赫施泰因**的缆车在11月至12月8日期间停运，并且在复活节后会再度短暂停运。霍赫施泰因的缆车在5月至6月中旬的周四至周日会开始运营到第一站Hochstein 1（往返成人/儿童€10.50/7.50），之后所有的夏季缆车都完全恢复运营。Hochstein 2站仅在冬季开放。泽特斯菲尔德的往返票价为每个成人/儿童€11.50/6（或者包含去2214米高度的吊椅，费用为€19/9.50）。如果你计划了好几次的行程，买一张东蒂罗尔卡（Osttirol Card；成人/儿童€46/22）比较划算。

文尼亚的马里博尔（Maribor）。在旅游局索要免费的地图Rad und Mountainbike Karte Osttirol，里边详细标注了骑行路线。**Probike Lienz**（☎04852-735 36；www.probike-lienz.at；Amlacherstrasse 1a；每天山地自行车 €20，城市自行车 €18，电动自行车 €28；⏲周一至周五 9:00至正午和14:00~18:00，周六9:00至正午）是地理位置最中心的自行车租赁场所。

La Ola
探险运动

（☎04852-611 99；www.laola.at；Mühlgasse 15）托马斯·齐默曼（Thomas Zimmermann）在La Ola组织各种活动，包括夏季的独木舟、皮划艇和登山以及冬季的滑雪游、雪鞋健行和攀冰。请致电询问时间和价格。

多洛米蒂山路线
步行

（Dolomites Trails）旅游局（见318页）出售步行（€4）和铁道攀岩（€1）地图，并且可以针对穿越多洛米蒂山脉坚硬山峰的高海拔路线提供建议。

Osttirol Adventures
探险运动

（☎04853-200 30、0664 356 04 50；www.ota.at；Ainet 108b）Osttirol Adventures在利恩茨以西8公里处的小城Ainet有个野外营地，是这片地区最大的户外运动店。

Bergstatt
登山

（☎0516-58 35；www.bergstatt.at；Kranewitweg 5；攀岩游 成人/儿童 €80/60起）如果你想上山，Bergstatt有导游可以带你进行半日、1日和多日的攀岩、铁道攀岩或登顶之旅。

霍赫施泰因
滑雪

（Hochstein；☎04242-570 47-0；www.topskipass.at；1天半滑雪通票 €85，东蒂罗尔全部吊椅的多日通票 €225起）霍赫施泰因（2057米）滑雪区位于利恩茨西边一点，因为精心打理的雪道和有泛光灯照明的2.5公里雪橇滑坡而受到欢迎；夏季和冬季旺季有免费大巴往来火车站和缆车谷底站。

泽特斯菲尔德
滑雪

（Zettersfeld；www.topskipass.at；1日滑雪通票 €41，东蒂罗尔全部吊椅的多日通票 €83起）利恩茨40公里的雪道对于初级和中级水平的滑雪者来说应该够用了，这里还能看到崎岖的多洛米蒂山的诱人风光。大部分的活动都在利恩茨西边一点的泽特斯菲尔德周围。一辆缆车和6个吊椅把滑雪者们送上1660米至2278米间的雪坡。有免费大巴往来利恩茨火车站和缆车谷底站。

Galitzenklamm
探险运动

（www.galitzenklamm.info；成人/儿童 €4.50/3.50；⏲6月至9月 10:00~17:00）这条步道令人晕眩，贴在峡谷的峭壁上，下边是奔腾的德劳河。搭乘4421路大巴到利恩茨3公里外的Leisach就可以。

节日和活动

Dolomiten Mann
体育节

（www.dolomitenmann.com；⏲9月中旬）利恩茨在9月会举办男性荷尔蒙爆棚的Dolomiten Mann，赛事由红牛赞助，据宣传是全世界最艰难的团体挑战赛。其中的重头戏是越野接力赛，届时跑步、滑翔伞、皮划艇和山地自行车队都会来一决高下。同时还有热闹的露天音乐会和派对举行。

住宿

Camping Falken
露营地 $

（☎0664 410 79 73；www.camping-falken.com；Eichholz 7；营地 成人/儿童/帐篷 €7/5/11；⏲12月中旬至次年10月中旬；Ⓟ📶）住在这片绿树遮阴的营地一睁眼就能看到多洛米蒂山的风景，从市中心往南走20分钟就能到达这里。这里有个小市场、餐厅和游乐场，住客还能免费使用利恩茨的游泳池。

Goldener Stern
家庭旅馆 $

（☎04852-621 92；www.goldener-stern-lienz.at；Schweizergasse 40；标单/双 €45/84起；Ⓟ）这家拥有600年历史的家庭旅馆被整洁的花园环绕，客房宽敞老派。夏季早餐在小院内供应。

Gasthof Schlossberghof
酒店 $$

（☎04852-632 33；schlossberghof.at；Iseltalerstrasse 21；标单/双 €65/100）这家简单的酒店最近才翻新过，地理位置给人的第一感觉或许不太讨喜，但如果你自己开车

Lienz 利恩茨

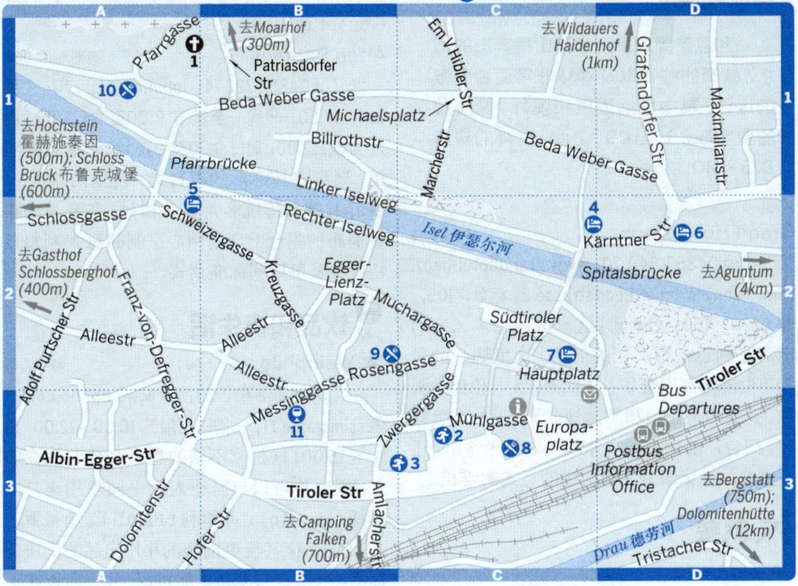

Lienz 利恩茨

景点

1 圣安德拉城市教区教堂 A1

活动、课程和团队游

2 La Ola C3
3 Probike Lienz C3

住宿

4 Goldener Fisch C2
5 Goldener Stern A2
6 Grand Hotel Lienz D2
7 Romantik Hotel Traube C2

就餐

8 Da Leonardo C3
9 Gösser Bräu im Alten Rathaus B2
10 Kirchenwirt A1

饮品和夜生活

11 Weinphilo B3

的话（免费停车并且有隐蔽的自行车停车场），漫步去市中心的10分钟路程还能经过被多洛米蒂山俯瞰着的蒂罗尔风格的19世纪别墅。

Wildauers Haidenhof 酒店 $$

（☎04852-624 40；www.wildauers.tirol；Grafendorferstrasse 12；标单 €75~90，双 €145~170；P 📶）Haidenhof被梨园和梅园所环绕，质朴的农舍在这里遇上了蒂罗尔的时尚。客房采光充分，用松木装饰，而且这里还有个桑拿房和屋顶露台可以看到多洛米蒂山的风光。餐厅（主菜€9.50~19.50）里基本所有的东西都是自己种的。冬季有个烛光地下室；夏季有朝向多洛米蒂山的明媚露台。

Goldener Fisch 酒店 $$

（☎04852-621 32；www.goldener-fisch.at；Kärntner Strasse 9；标单/双 €65/115；P 📶）这家酒店适合家庭，栗子树遮阴的啤酒园是这里的一大吸引力。客房明亮现代（尽管不奢华），你还可以享受桑拿浴和草药蒸汽浴。

Romantik Hotel Traube 酒店 $$

（☎04852-644 44；www.hoteltraube.at；Hauptplatz 14；标单 €75，双 €145~210；P @ 📶 🏊）Traube就在主广场上，其高高的天花板和古雅的客房令人回想起毕德麦雅（Biedermeier）时期。10米深的游泳池和健身区能看到利恩茨到多洛米蒂山的可爱风光。

漂流和溪降

利恩茨周边多洛米蒂山里奔流的河水、狭窄的峡谷以及森林非常适合刺激的运动，其中包括漂流和溪降。漂流游的费用在€35与€90之间，溪降的费用€75~180。

Grand Hotel Lienz 酒店 $$$

（☎04852-640 70；www.grandhotel-lienz.com；Fanny-Wibmer-Peditstrasse 2；标单 €105，套 €220~460；P 🛜 🏊）这家仿世纪末风格的酒店是利恩茨最高档的酒店。这里缺少的酷和历史韵味都用豪华补了回来：无与伦比的服务、一流的水疗馆和游泳池、露台上的高级料理，露台还能俯瞰伊赛尔河与多洛米蒂山，还有每晚的铺床服务和客房内的意式咖啡机。

就餐

Da Leonardo 比萨 $

（☎04852-699 44；www.daleonardo.at；Tiroler Strasse 30；比萨 €7.80~15；⏲11:00~23:00）世界第一的比萨师傅莱奥纳多·格拉纳塔（Leonardo Granata）醒面的时间有24至48小时，制作正宗的比萨，并经营一家100%的纯意式餐厅，且这里的员工友善而热心。如果你怀念意大利的话这里可真是太好了。

★ **Dolomitenhütte** 奥地利菜 $$

（☎0664 225 37 82；www.dolomitenhuette.at；Amlach 39；主菜 €9.80~23.50）这里像鹰巢一般悬在1600米高的崖顶，被崎岖的山峰所俯视，简直棒极了。这里有多洛米蒂山和落叶松林作迷人的背景，就像是童话中的场景。在夏季，步行者和骑行者们会从利恩茨往南走12公里来欣赏这边露台上的风景并品尝这里的家常菜。

Kirchenwirt 奥地利菜 $$

（☎04852-625 00；www.kirchenwirt-lienz.at；Pfarrgasse 7；主菜 €9.50~31；⏲周日至周四 9:00~23:30，周五和周六 至次日1:30）这家富有氛围的餐厅位于圣安德拉城市教区教堂对面的一座山丘上，烹制精选的本地菜肴，可以在室内的拱顶下或是溪边的露台上用餐。

Gösser Bräu im Alten Rathaus 奥地利菜 $$$

（☎04852-721 74；Johannesplatz 10；主菜 €14~17.50；⏲周一至周五 9:00至次日1:00，周六 至次日2:00，周日 9:30至午夜）来这家自酿酒馆，聚集在马蹄形的吧台边，这里的Gösser Brau扎啤与传统名菜非常相衬。在夏季去藤蔓遍布的露台上享用精心烹制的意大利每日特餐以及奥地利标准菜式。

饮品和夜生活

★ **Weinphilo** 葡萄酒吧

（☎04852-612 53；www.weinphilo.com；Messinggasse 11；⏲周一至周五 10:00~22:00，周六 至15:00）这是家不错的意大利葡萄酒商店兼酒吧，你可以与当地人们一同享用来自威尼托（Veneto）、弗留利（Friuli）、南蒂罗尔（Südtirol）甚至更南边的小厂出品的优质葡萄酒。这里有肉类和奶酪拼盘，你还可以在上午过来喝一杯用托斯卡纳Cafe Baratto的豆子专业制作的咖啡。

实用信息

邮局（Bozener Platz 1；⏲周一至周五 8:00~18:00，周六 9:00至正午）

旅游局（Lienzer Dolimiten；☎050 212 400；www.osttirol.com；Europaplatz 1；⏲6月中旬至9月末 周一至周五 8:00~18:00，周六 9:00至正午和16:00~18:00，周日 21:30至午夜，10月至次年5月 周六下午和周日关闭）这里的工作人员会免费帮你找住处（甚至是私人房间）。这里还有徒步地图和关于所有探险运动组织方的手册。

到达和离开

蒂罗尔地区的区域性交通由**Verkehrsverbund Tirol**（VVT；www.vvt.at）运营。

长途汽车

长途汽车停在火车站前，你在那里能找到**邮政巴士信息办公室**（Postbus information office；☎04852-9300 0187；Hauptbahnhof；⏲周一至周五 8:00~12:30和13:00~14:30）。这里还有大巴往来区域内的滑雪度假村和北边的上陶恩山国家公园。开往基茨比厄尔（Kitzbühel；€15.80，1小时45分钟）的大巴比火车更快且停车更少，但车次较少。

火车

大部分开往奥地利其他地方的火车，包括开往萨尔茨堡的（€37，3小时30分钟，每小时1班），都经Spittal-Millstättersee东行，你通常需要在施皮塔尔换乘。前往因斯布鲁克最快最便捷的路线（€23.50，4小时30分钟）是经锡利安（Sillian）和意大利往西，中间在San Candido/Innichen换乘，然后再在Fortezza/Franzensfeste换乘。

蒂罗尔州和福拉尔贝格州

包括 ➡

最佳餐饮

- Die Wilderin（见329页）
- Schulhaus（见337页）
- Museum Restaurant（见360页）
- Restaurant Zur Tenne（见345页）
- Breakfast Club（见328页）

最佳住宿

- Villa Licht（见343页）
- Hotel Weisses Kreuz（见327页）
- Hotel Garni Glockenstuhl（见340页）
- Hotel Helga（见348页）
- Gasthof Hirschen（见372页）

为何去

奥地利没有哪里像蒂罗尔州这样，会给人一种“哇，我在奥地利”的感觉。这里有激动人心的高山滑雪、滑雪后热情洋溢的社交活动、像巧克力盒般可爱的木头小屋和丰盛的食物。无论你是在基茨比厄尔（Kitzbühel）的传奇斜坡上直线滑降，在齐勒河谷（Zillertal）骑行，还是在阿尔卑斯山徒步，头顶都是湛蓝的天空。这里的风景让你很高兴活在当下。蒂罗尔的滑雪者会在古老的小酒馆昏黄的灯光下吹嘘他们令人惊叹的高山速降；在这里，紧身连衣裙、皮短裤，以及在俱乐部里滚动播放的Volksmusik（民间音乐）都广受欢迎。

令人愉悦且低调的福拉尔贝格（Vorarlberg）绵延起伏的奶牛场让阿尔贝格阿尔卑斯山（Arlberg Alps）都为之逊色。这个国家的西部向西延伸到闪闪发光的Bodensee（博登湖、康斯坦茨湖），它在设计先进的生态友好型建筑和奶牛比人多的传统小村庄之间不断地切换着风格。

何时去

- 在冬季（12月至次年4月初），滑雪者涌向蒂罗尔阿尔卑斯山享受滑雪和滑雪后的乐趣，由于这个季节价格会飙升，因此预订是至关重要的。圣诞市场为城镇带来节日的气氛。
- 在夏季（6月至9月），山上度假村的房价较低，这是高海拔和村落间远足、湖泊游泳和漂流、滑翔伞和山地自行车等探险运动的最佳时间。齐勒河谷里回响着夏季的民间音乐；7月中旬的布雷根茨音乐节（Bregenz Festival）吸引着歌剧迷到康斯坦茨湖。
- 在4月/5月和10月/11月的平季，人群很少，而且房价很低，尽管很多山上的度假村都关闭了。春季的野花和秋季的树叶给这里染上了季节性的代表色彩。

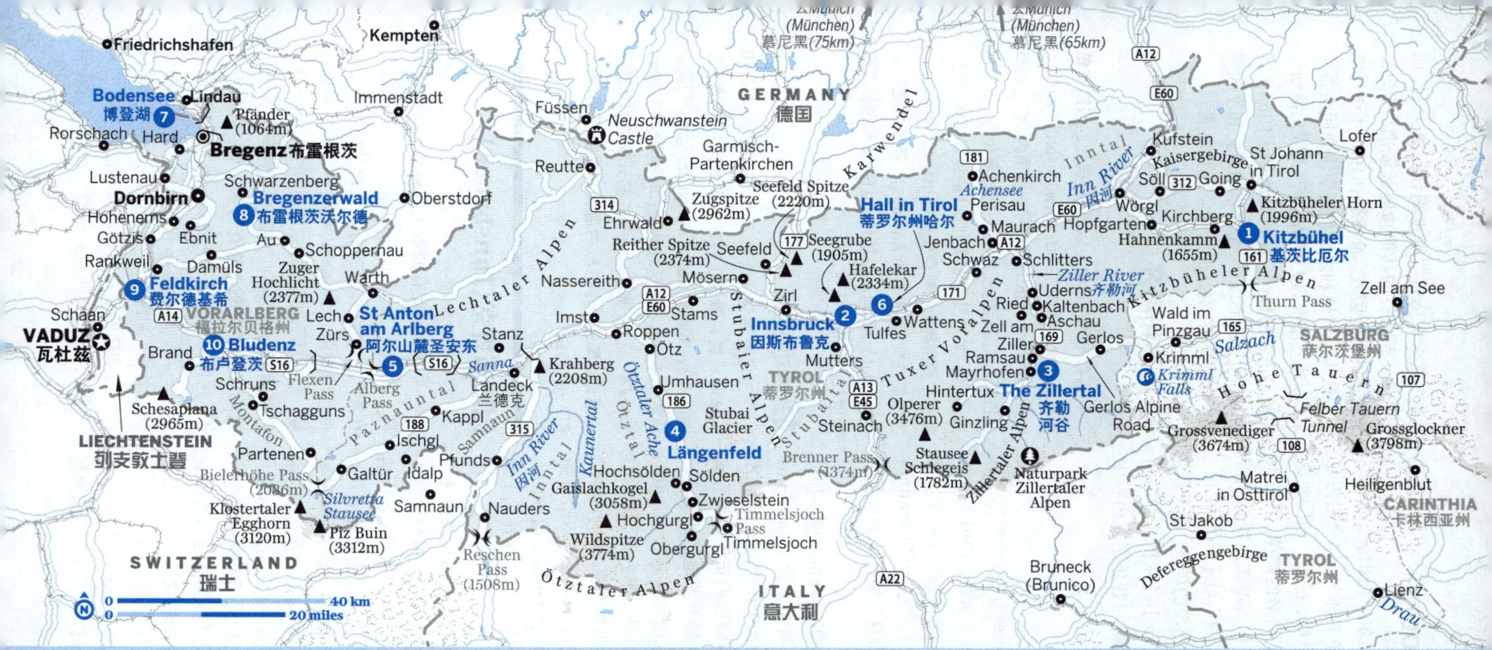

蒂罗尔州和福拉尔贝格州亮点

❶ **基茨比厄尔**（见342页）为基茨比厄尔的雪坡滑行积攒力气。

❷ **黄金屋顶博物馆**（见324页）欣赏因斯布鲁克晚期哥特式宫殿的奇迹。

❸ **齐勒河谷**（见335页）在蒂罗尔州的阿尔卑斯山脉中心骑行。

❹ **Aqua Dome**（见350页）在Längenfeld的水疗中心沐浴。

❺ **阿尔山麓圣安东**（见357页）在喧嚣的酒吧参加社交活动。

❻ **蒂罗尔州哈尔**（见333页）在这个中世纪老城让时光倒流。

❼ **博登湖**（见365页）在欧洲第三大湖戏水和骑行。

❽ **布雷根茨林山**（见370页）在这个不为人知的地区享受纯净的山间空气。

❾ **费尔德基希**（见372页）在河边的费尔德基希（Feldkirch）徒步穿越回中世纪时期。

❿ **布卢登茨**（见375页）在布卢登茨狼吞虎咽妙卡（MILKA）巧克力。

蒂罗尔州(TYROL)

上帝给了奥地利阿尔卑斯山脉，而蒂罗尔州得到了其中最纯净的部分。你会很想在山里用约德尔调大声歌唱，拼图一般的牧草地和牛铃的声音组成了和谐的韵律。在冬天第一场像样的雪之后，积雪覆盖的森林和滑雪者从一些欧洲最美丽的山坡上倾泻而下，仿佛是圣诞卡片里才会出现的场景。夏天，这里则变得更加低调：徒步小径从群峰和山间的小屋穿过，而美妙的民间音乐则在山谷中蜿蜒流淌。

历史

尽管阿尔卑斯山地形复杂，蒂罗尔州自新石器时代以来已经有人居住。1991年在奥茨塔尔阿尔卑斯山脉发现了一具5400年历史的冰人遗体。1374米的勃伦纳山口(Brenner Pass)穿过意大利，使得这个地区成为一条南北贸易路线。

蒂罗尔州于1363年并入哈布斯堡王朝，但直到皇帝马克西米利安一世(Emperor Maximilian I，1490~1519年)统治该省时才真正迅猛发展。他通过将因斯布鲁克改造成行政首都和文化中心来提升该地区的地位。1511年时皇帝制定了兰迪贝尔立法(Landibell legislation)，允许蒂罗尔人保卫自己的边界，从而组建了今天仍然存在的Schützen(神枪手民兵)。当最后一个蒂罗尔哈布斯堡的大公西格蒙德弗兰兹(Sigmund Franz)于1665年去世时，蒂罗尔公爵直接统治了维也纳。

在1703年，巴伐利亚人试图在西班牙王位继承战争中占领蒂罗尔州。他们与法国人的联盟在被Schützen击败之前到达了勃伦纳山口。1805年时，蒂罗尔州在拿破仑统治下进入了巴伐利亚人的手中，那段统治的时间很短暂而且十分棘手。1809年时，南蒂罗尔的旅店老板安德烈亚斯霍费尔(Andreas Hofer)领导了一场成功的独立斗争，在贝尔吉塞尔一战成名。哈布斯堡独裁者不支持他的英雄立场，蒂罗尔州在那年晚些时候被送回了巴伐利亚。

圣日耳曼条约(The Treaty of St Germain，1919年)进一步打击了蒂罗尔州的国家认同：繁荣的南蒂罗尔被割让给意大利，而东蒂罗尔与该省的其他地区被隔离。作为墨索里尼的坚定盟友，希特勒在1938年通过他的军队入侵奥地利之后没有要求夺回南蒂罗尔。在第二次世界大战结束后，蒂罗尔被划分为盟军占领的地区，直到奥地利于1955年宣布其中立。从那以后，蒂罗尔州享受和平和繁荣，旅游业，特别是滑雪产业蓬勃发展。

ℹ 到达和离开

飞机

因斯布鲁克市中心以西4公里处的**因斯布鲁克机场**(INN；☎22 52 50；www.innsbruck-airport.com；Fürstenweg180)承担了一些国内(维也纳和格拉茨)和国际航班(伦敦、阿姆斯特丹、法兰克福、汉堡、帕尔马和安塔利亚)的运载工作。这些航班主要由奥地利航空公司(Austrian Airlines)、英国航空公司(British Airways)、英国易捷航空(easyJet)、奥地利尼基航空(Niki)和德国汉莎航空(Lufhansa)执飞。

ℹ 当地交通

当地交通包括公共汽车、有轨电车和ÖBB(奥地利联邦铁路)列车在内的区域交通，由Verkehrsverbund Tirol(www.vvt.at)运营。门票价格取决于你旅行的区域数量；单程票价€2，一日票价€4。此外，蒂罗尔由一些部分重叠的交通网络组成。覆盖一个区域的通行证收费每周/每月€10.20/35.90。

因斯布鲁克(Innsbruck)

☎0512 / 人口 124,580

蒂罗尔州首府的景色值得流连。北链山群(Nordkette range)的锯齿状岩石尖顶近在咫尺，几分钟之内，你就可以从城市的心脏抵达海拔超过2000米、牛铃声作响的高山牧场。无论夏季和冬季，这里的活动比比皆是，可以理解为什么有些游客在前往阿尔卑斯山之前仅仅对因斯布鲁克匆匆一瞥。但不得不说，这样的玩法是一种遗憾，因为因斯布鲁克在很多方面都是奥地利的缩影：它中世纪晚期的老城(Altstadt)像图画书一样美丽，包括一座宏伟的哈布斯堡宫殿和巴洛克式的大教堂，而去奥林匹克跳台滑雪可以饱览壮丽的山景，这不啻为一次城市生活与户外活动之间的壮观穿越。

历史

因斯布鲁克的历史可以追溯到1180年，当时因河（Inn River）北岸的市镇通过新修建的同名桥梁——Ynsprugg一直延展到了南岸。

在1420年，因斯布鲁克成为蒂罗尔哈布斯堡王朝的公爵领地，但是在马克西米利安一世（1490年至1519年）的统治时期，这座城市的权力和威望达到了顶峰；许多皇帝的纪念碑，包括闪闪发光的黄金屋顶（Goldenes Dachl）今天仍然可见。当然，马克西米利安并不是唯一一位决定这座城市天际线的哈布斯堡王室成员：大公费迪南二世（Archduke Ferdinand Ⅱ）重建了阿姆布拉斯宫（Schloss Ambras），还有玛丽亚·特蕾莎（Empress Maria Theresia）重建了霍夫堡皇宫（Hofburg）。

除了两次世界大战之外，因斯布鲁克几个世纪以来一直有着相当平静的生活。之后，该市先后举办了1964年和1976年的冬季奥运会，以及2012年的冬季青年奥运会。

景点

★宫廷教堂 教堂

（Hofkirche；见328页地图；www.tiroler-landesmuseum.at；Universitätstrasse 2；成人/儿童 €7/免费；周一至周六 9:00~17:00，周日 12:30~17:00）因斯布鲁克最令人骄傲的成就便是哥特式的宫廷教堂，这是欧洲最好的皇家宫廷教堂之一。它于1553年由费迪南德一世委托建造，费迪南德一世邀请了这个时代的顶级艺术家，包括阿尔布雷希特·丢勒（Albrecht Dürer）、亚历山大·科林（Alexander Colins）和长老彼得·维谢尔（Peter Vischer the Elder）。最顶级的艺术品是皇帝马克西米利安一世（Emperor Maximilian I，1459~1519年）的空石棺，这是德国文艺复兴时期雕塑的杰作，由黑色大理石精心雕刻而成。

坟墓上刻有亚历山大·科林的白色大理石浮雕，根据丢勒的作品Ehrenpforte（凯旋门）木刻雕刻而成，描绘了马克西米利安生活中的胜利场景，如围攻库夫施泰因（Siege of Kufstein，1504年）。保护石棺的两排28个巨型青铜人物包括丢勒的传奇作品亚瑟王，他显然是马克西米利安皇帝的最大的崇拜物。你现在已经不能触摸雕像了，因为许多好奇的手已经磨光了不锐利的青铜部分，甚至包括凯撒鲁道夫（Kaiser Rudolf）的遮羞布。

安德烈亚斯·霍弗（Andreas Hofer，1767~1810年）是反抗拿破仑军队的蒂罗尔爱国人士，他被埋葬在教堂里。在银色礼拜堂（Silberkapelle）里，一个耀眼的银色麦当娜一直注视着大公费迪南德二世和他的第一任妻子菲利宾妮（Philippine Welser）的大理石墓。

★阿姆布拉斯宫 宫殿

（Schloss Ambras；www.schlossambras-innsbruck.at；Schlosstrasse 20；宫殿成人/儿童 €10/免费，花园免费；宫殿 10:00~17:00，花园 6:00~20:00；）这座文艺复兴时期的宫殿雄伟地坐落在一座小山里，被美丽的花园环绕。1564年，当时的蒂罗尔统治者大公费迪南德二世得到了它，将其从堡垒变为宫殿。不要错过中心的Spanische Saal（西班牙大厅），令人眼花缭乱的盔甲收藏（Armor Collection）以及画廊的委拉斯开兹（Velázquez）和凡·戴克（Van Dyck）的原创作品。

西班牙大厅是一个43米长的宴会厅，有木镶嵌的天花板和挂在墙上的蒂罗尔贵族画像。还要注意庭院周围的grisaille（灰色浮雕）和费迪南德心爱的妻子菲利宾妮曾经沐浴过的下沉式浴缸。

费迪南德促成了宏伟的安布拉斯系列（Ambras Collection），包括三个元素。Rüstkammer（盔甲收藏）的亮点包括大公的婚礼盔甲——特别适合他鼓囊囊的腹部，以及为巨型BartlmäBon制作的2.6米套装。Kunst und Wunderkammer（珍宝室）堆满了奇异的物品，包括石化鲨鱼、挑战地心引力的高跷鞋和Fangstuhl——一把用于在费迪南德的喧闹派对中给醉酒客人预备的椅子。

Portraitgalerie酒店的客房位于哈布斯堡（Habsburg）的肖像画室内，收藏有提香（Titian）、委拉斯开兹和凡·戴克的画作。Maria Anna of Spain（126号，22号房间）

Innsbruck 因斯布鲁克

0 400 m
0 0.2 miles

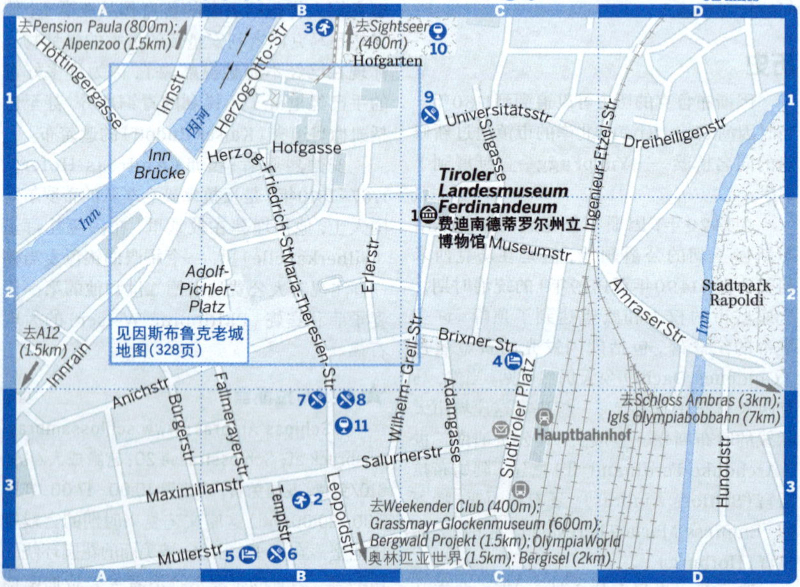

Innsbruck 因斯布鲁克

重要景点
- 1 费迪南德蒂罗尔州立博物馆 C2

活动、课程和团队游
- 2 Inntour B3
- 3 北链山缆车 B1

住宿
- 4 Grand Hotel Europa C2
- 5 Nala B3

就餐
- 6 Bistro Gourmand B3
- 7 Breakfast Club B3
- 8 Chez Nico B3
- 9 Himal C1

饮品和夜生活
- 10 Hofgarten C1
- 11 Theresienbräu B3

最可笑的发型值得给个奖杯。当哈布斯堡肖像开始变得有些无聊时，你可以在广阔的**花园**中漫步或野餐，这里是昂首阔步的孔雀的家园。

阿姆布拉斯宫位于市中心东南4.5公里处。**Sightseer bus**（www.sightseer.at；成人/儿童 日票价 €14/9）每隔半小时在城堡和中央车站之间行驶，包括火车总站（Hauptbahnhof）和霍夫堡皇宫（Hofburg）。

★黄金屋顶博物馆 博物馆

（Golden Roof Museum；见328页地图；Herzog-Friedrich-Strasse 15；成人/儿童 €4.80/2.40；⏲5月至9月 10:00~17:00，10月至次年4月周一闭馆）因斯布鲁克的金色奇观和最具特色的地标是这座哥特式的穹顶，为神圣罗马皇帝马克西米利安一世（1459~1519年）修建，极其华丽地装饰着壁画和闪闪发光的2657个镏金铜瓦。它的外表最令人印象深刻，但博物馆也值得一看——特别是如果你有因斯布鲁克卡——你可以和音频向导一起回顾历史。记得留意怪诞的锦标赛头盔，它的设计旨在模仿他们的对头——奥斯曼帝国的土耳其人。

★霍夫堡皇宫 皇宫

（Imperial Palace；见328页地图；www.hofburg-innsbruck.at；Rennweg 1；成人/儿童 €9/免费；⏲9:00~17:00）以珍珠白色的立面和

圆屋顶而引人注目的霍夫堡由大公西格蒙德（Archduke Sigmund the Rich）建于15世纪，由皇帝马克西米利安一世（Emperor Maximilian I）于16世纪扩建，并在18世纪由皇后玛丽亚·特蕾莎进行巴洛克式的改造。奢华的洛可可式公寓中引人注目的中心是一个31米长的**Riesensaal**（巨人大厅）。

费迪南德蒂罗尔州立博物馆

博物馆

（Tiroler Landesmuseum Ferdinandeum；见324页地图；☎0512-594 89；www.tiroler-landesmuseum.at；Museumstrasse 15；成人/儿童€11/免费；⏲周二至周日 9:00~17:00）这个蒂罗尔历史和艺术的宝库收藏了从青铜器时代的人工制品到用于设计黄金屋顶的原始浮雕。除了令人沉迷的伦勃朗（Rembrandt）及其他荷兰画家的杰作之外，画廊还展出了令人惊叹的奥地利艺术收藏品，包括哥特式的祭坛装饰、少量克里姆特（Klimt）和科柯施卡（Kokoschka）的画作，以及一些令人惊叹的维也纳行动主义者的作品。

民间艺术博物馆

博物馆

（Tiroler Landesmuseum Ferdinandeum；Folk Art Museum；见328页地图；www.tiroler-landesmuseum.at；Universitätstrasse 2；成人/儿童€11/免费；⏲9:00~17:00）民间艺术博物馆展示了蒂罗尔民间艺术的迷人之处，从手工雕刻的雪橇和圣诞特色的婴儿床到狂欢节面具和牛铃。二楼（1st floor）是经过精心修复的哥特式Stube（客厅），配有低天花板、木镶板和仿古瓷砖烤箱。

伯吉瑟尔

观察点

（Bergisel；www.bergisel.info；成人/儿童€9.50/4.50；⏲6月至10月 9:00~18:00，11月至次年5月 10:00~17:00）这个玻璃钢滑雪跳台由备受称赞的伊拉克建筑师扎哈·哈迪德（Zaha Hadid）设计，这个像天空楼梯一样的跳台在因斯布鲁克上空盘旋。它由一个455级台阶或者可以乘坐两分钟的缆车通往50米高处的**观景台**（viewing platform），在那里你能看到令人惊叹的北链山群、因河谷和因斯布鲁克的全景。从因斯布鲁克市中心搭乘1号电车即可到达。

圣雅各布大教堂

教堂

（Dom St Jakob，St James' Cathedral；见328页地图；Domplatz；⏲周一至周六 10:15~18:30，周日 12:30~18:30）免费 因斯布鲁克的18世纪大教堂是一个顶级巴洛克风格的盛宴。来自慕尼黑的阿萨姆（Asam）兄弟完成了大部分华丽的艺术和灰泥作品，尽管高坛上方的圣母玛利亚是由德国画家老卢卡斯·克拉纳赫（Lukas Cranach the Elder）完成的。你必须支付€1才能获得摄影许可。

阿尔卑斯山动物园

动物园

（Alpenzoo；www.alpenzoo.at；Weiherburggasse 37；成人/儿童 €10/5；⏲4月至10月 9:00~18:00，11月至次年3月 至17:00）作为一个以生态保护为主旨的动物园，你可以在这里与高山野生动物亲密接触，例如金雕、羚羊和北山羊。从Innstrasse步行10分钟即可到达，或者你可以从集市广场（Marktplatz）或洪格堡火车站（Hungerburgbahn）乘坐Bus W前往阿尔卑斯山动物园站。

格拉斯迈尔时钟博物馆

博物馆

（Grassmayr Glockenmuseum；www.grassmayr.at；Leopoldstrasse 53；成人/儿童 €8/5；⏲周一至周五 9:00~17:00，5月至9月 周六 9:00~17:00也开放）展示了格拉斯迈尔（Grassmayr）家族400年制作铃铛的历史传统。除了一些令人生畏的罗马式和哥特式铃铛的展品外，你还可以观看铸造过程并且试着敲响铃铛以便听到不同的音符。

城市塔楼

塔楼

（Stadtturm；见328页地图；Herzog-Friedrich-Strasse 21；成人/儿童 €3.50/1.50；⏲6月至9月 10:00~20:00，10月至次年5月 10:00~17:00）卫兵曾经在这座洋葱圆顶的塔楼上注视着这座城市。这座塔楼于1450年完工，可以通过148级台阶欣赏因斯布鲁克的屋顶、尖塔和周围群山的360度全景。

活动

北链山缆车

索道缆车

（Nordkettenbahnen；见324页地图；www.nordkette.com；单程/往返至Hungerburg €4.80/8，至Seegrube €17.30/28.80，至Hafelekar €19.20/

32; ⊙Hungerburg 周一至周五 7:00~19:15，周六和周日 8:00~19:15，Seegrube 每天8:30~17:30，Hafelekar 每天9:00~17:00）扎哈·哈迪德（Zaha Hadid）设计的太空时代索道缆车每15分钟运行一班，很快就能从会议中心将你送到山坡上。步行道从**Hungerburg**和**Seegrube**出发，有四通八达的路线。如果你希望更多的挑战，山地自行车手可以选择在一条下坡路上骑行，而登山者则可以选择两条有固定绳索的路线（Klettersteige）。

Olympiabobbahn 探险运动

（☎0512-338 382 22; www.olympiaworld.at; Heilwasserweg, Igls; 夏季/冬季 €25/30; ⊙12月至次年3月 每天17:00~20:00，7月和8月 周三至周五 16:00~18:00）对于想体验奥林匹克雪橇赛车手生活的人来说，为1976年冬季奥运会建造的Olympiabobbahn是最好的选择。你可以在10条雪道上以高达100公里/小时的速度快速滑下，在这条800米的雪爬犁滑道上体验纯粹和惊心动魄的感官冲击。你可以在冬季或夏季和专业的雪橇司机一起进行这项活动；提前打电话以确定好确切的时间。要到达这里，请从州立博物馆（Landesmuseum）乘坐Bus J到Igls Olympiaexpress。

奥林匹亚世界 滑雪

（OlympiaWorld; 3/6天滑雪卡 €132/222）因斯布鲁克是通往这家规模庞大的滑雪运动场的主要途径，Olympia SkiWorld Innsbruck所覆盖的周边的九个度假胜地和300公里的斜坡适合所有水平的滑雪者。奥林匹亚世界（OlympiaWorld）的滑雪通行证覆盖所有区域；拥有因斯布鲁克卡的任何人都可以免费乘坐滑雪巴士。

Inntour 探险运动

（见324页地图; www.inntour.com; Leopoldstrasse 4; ⊙周一至周六 9:00~18:00）Inntour总部设在DieBörse，拥有各种刺激的项目，包括溪降（€80）、双人滑翔伞（€105）、白水漂流（€45）和192米欧洲之桥（Europabrücke，€140）的蹦极。

北岭公园 滑雪

（Nordpark）最适合滑雪的地方在北岭公园。Nitro Skylinepark主要是为单板滑雪者而设计的，有四分之一管（quarter-pipe）、跳台和BOX（铁箱），而大胆的滑雪者则会挑战**Hafelekar-Rinne**，这是欧洲最陡峭的雪道之一，坡度为70%。

Nitro Skylinepark 雪上运动

（www.skylinepark.at; ⊙9:00~16:00）滑雪者可以在Nitro Skylinepark的四分之一管、跳台和BOX上尽情享受速度与激情。

Nordkette Singletrail 山地自行车

（http://nordkette-singletrail.at; ⊙5月下旬至11月上旬）这条非常陡峭、技术要求很高的赛道以Seegrube下方200米处作为起点，它对山地自行车手的狂热爱好者有着磁铁般的吸引力。你可以在缆车上自由运送自行车，但要确保车是干净的。如果你想多次乘坐，可以购买特价半/一日票，费用为€21/28。

Innsbrucker Klettersteig 铁索栈道

（www.nordkette.com; 成人/儿童包括缆车 €29.30/16.10; ⊙6月至9月）哈弗莱卡峰（Hafelekar）缆车顶站（2256米）是因斯布鲁克7小时目眩神迷的铁索栈道（固定绳索路线）的起点。这条小径不适合胆小的人——它横穿过七座山峰，可以看到史度拜（Stubaier）、齐勒河谷（Zillertaler）和Ötztaler阿尔卑斯山的壮丽景色。你可以在Seegrube的体育用品商店里租用设备。

节日和活动

Christkindlmarkt 圣诞市场

（www.christkindlmarkt.cc; ⊙11月中旬至次年1月6日; 👪）从11月中旬到主显节，因斯布鲁克在老城（Altstadt）、集市广场（Marktplatz）和Maria-Theresien-Strasse的圣诞市场上欢快地闪烁着光芒。孩子们喜欢以童话为主题的Kiebachgasse和Köhleplatzl。

Vierschanzentournee 滑雪

（Four Hills Tournament; http://vierschanzentourn ee.com; ⊙12月至次年1月）因斯布鲁克在新年期间在伯吉瑟尔举办的四场世界杯滑雪跳跃活动中的一场。

Promenadenkonzerte 音乐会

（www.promenadenkonzerte.at; ⊙7月）每年

7月，因斯布鲁克都会举办一系列免费的古典音乐会，与霍夫堡宫内庭院的壮丽背景相映成趣。完整名单可在网上获得。

Festwochen der Alten Musik 音乐会

（Festival of Early Music；www.altemusik.at；⊙8月）这个节日为阿姆布拉斯宫（Schloss Ambras）、Landestheater、黄金屋顶和霍夫堡皇宫等场所带来了巴洛克式的音乐会。

Tanzsommer 舞蹈

（www.tanzsommer.at；⊙6月下旬至7月中旬）从古典芭蕾舞到克服地心引力的杂技，舞蹈在这个节日中风头无二。

住宿

Nepomuk's 青年旅舍 $

（见328页地图；☎0512-584 118；www.nepomuks.at；Kiebachgasse 16；铺/双 €24/58起；📶）这里是背包客的天堂吗？它在老城的位置、储藏丰富的厨房和高天花板的宿舍，与带给你像家一样的感觉的CD播放器等物件，会让你感觉Nepomuk's已经十分接近天堂了。旅舍附设的Cafe Munding咖啡厅的美味早餐包括自制糕点、果酱和新鲜烘焙的咖啡，让你新的一天有个美好的开始。

Pension Paula 客栈 $

（☎0512-292 262；www.pensionpaula.at；Weiherburggasse 15；标单 €36~48，双 €62~72；P）这家家庭旅馆位于高山小屋内，拥有非常干净和温馨的客房（大部分带阳台）。从它的位置上山可以通往动物园，在整个城市都能看到很棒的景观。

★ Hotel Weisses Kreuz 历史酒店 $$

（见328页地图；☎0512-594 79；www.weisseskreuz.at；Herzog-Friedrich-Strasse 31；标单/双 €77/119起，公用浴室普单/普双 €41/75起；P @ 📶）这家有情调的老城酒店位于商场下方，从500年前就开始招待顾客，其中包括13岁的莫扎特。酒店拥有木镶板的客厅、古董和盘旋的楼梯，每一个吱吱作响的横梁都散发着历史的气息。客房非常舒适，员工也很迷人，而早餐则很奢华。

Goldener Adler 历史酒店 $$

（见328页地图；☎0512-571 111；www.goldeneradler.com；Herzog-Friedrich-Strasse 6；标单 €147，双 €167~220；P ❄ 📶）自1390年开业以来，豪华的Goldener Adler酒店已经招待了国王、女王和萨尔茨堡（Salzburg）两位最重要的文化瑰宝：莫扎特和冯特拉普夫人（Mrs Von Trapp）。典雅的客房配有金色窗帘和干净整洁的大理石浴室。楼下有一家老式的传统餐厅隐藏在拱廊下面，门前铺着鹅卵石小路。

Mondschein 酒店 $$

（见328页地图；☎0512-227 84；www.mondschein.at；Mariahilfstrasse 6；标单 €87~110，双 €122~188；P ❄ @ 📶）当你进入这家河畔酒店时，月光会向下照射在你身上。这座酒店位于一个15世纪的渔民家中，粉刷成蓝色的客房和黄色的阳光像夜空一样闪闪发光，使得施华洛世奇水晶镶嵌的浴室都黯淡失色。

Weisses Rössl 客栈 $$

（见328页地图；☎0512-583 057；www.roessl.at；Kiebachgasse 8；标单 €70~110，双 €100~160；@ 📶）这家16世纪客栈用古老的摇摆木马迎接你的到来。拱形入口通向宽敞的客房，刚刚使用了金色木材、清新色调和洁白的床单进行装修。店主是个厉害的美食猎人，餐厅（主食€13~28）有丰盛的菜单。

Weinhaus Happ 客栈 $$

（见328页地图；☎0512-582 980；www.weinhaus-happ.at；Herzog-Friedrich-Strasse 14；标单/双 €75/110）Happ散发着古雅的气息。房间已经很久没装饰了，但加分项很多：面向黄金屋顶的景观、一个巨大的酒窖和一家提供浓郁可口主菜（€9~17）的木屋餐厅。

Basic Hotel 酒店 $$

（见328页地图；☎0512-586 385；www.basic-hotel.at；Innrain 16；标单 €70~100，双 €100~130；📶）如果有人希望找到市中心简洁的住处，Basic Hotel是最好的选择。它拥有简单的中央设施、明亮的开放式客房，以及有着流线型和超现代的外观的小酒馆，还提供24小时自助办理入住服务。酒店内的Stefan面包店供应早餐。

Grand Hotel Europa 豪华酒店 $$$

（见324页地图；☎0512-59 31；www.

Innsbruck Altstadt
因斯布鲁克老城

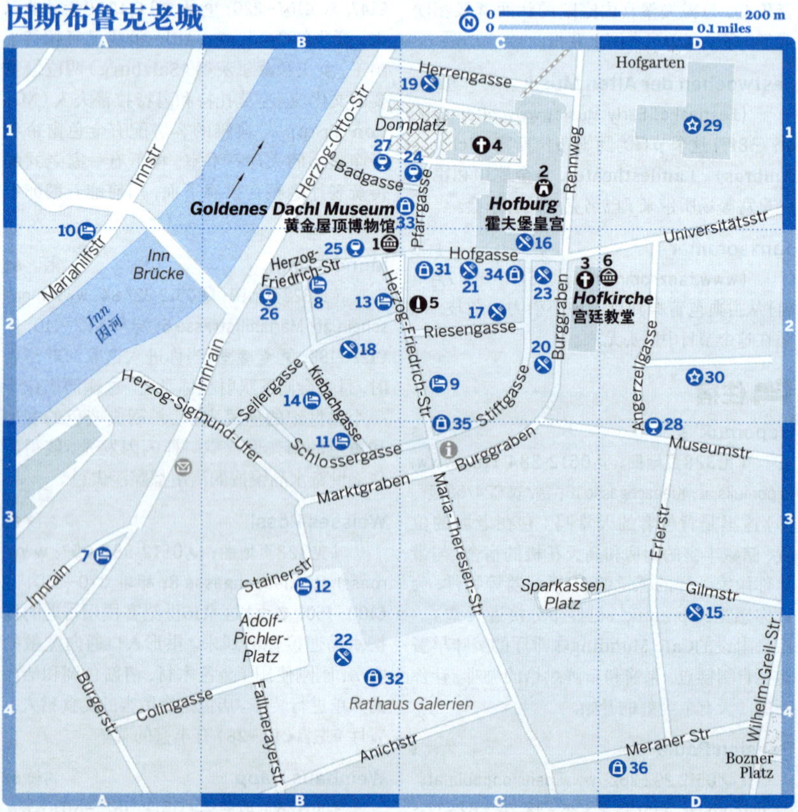

grandhoteleuropa.at; Südtiroler Platz 2; 标单€114~154，双 €129~219; P ❄ @ 📶)这个高大豪华的建筑物就在车站对面，刚刚进行了整修。简约时尚是客房的代名词，尽管古雅豪华的装修风格在巴洛克式大厅和木屋餐厅里比比皆是。这里曾接待过米克·贾格尔（Mick Jagger）和伊丽莎白二世（Queen Elizabeth Ⅱ）等著名客人。

Penz Hotel

酒店 $$$

（见本页地图；☎0512-575 657; www.the-penz.com; Adolf-Pichler-Platz 3; 标单 €145~265，双 €185~295; P ❄ 📶）这座现代设计酒店在一扇透明玻璃墙背后，它毗邻Rathaus Galerien酒店。简约的客房有柔和的色调，配有平面电视和闪亮的镀铬配件。早餐时，整张桌子都堆满了来自异国他乡的水果。

Nala

设计酒店 $$$

（见324页地图；☎0512-584 444; www.nala-hotel.at; Müllerstrasse 15; 双 €98~150，套 €200）这是个有着流畅设计风格的新成员，其中展现出的个人主义胜过一致性。部分客房还不够精巧，但它们都显示出对于细节的敏锐关注。这些房间拥有木地板、意式浓缩咖啡机、镶嵌工艺品，以及从"东方"风格（带有装饰性瓷砖）到鼎盛自然主义（例如"夜莺"）的不同主题。更宽敞的公寓和套房设有露台或阳台，并享有令人振奋的山景。

就餐

★ Breakfast Club

早餐 $

（见324页地图；www.breakfast-club.at; Maria-Theresien-Strasse 49; 早餐 €5~13;

Innsbruck Altstadt 因斯布鲁克老城

⏲7:30~16:00；📶✍）既新潮又营养加上美妙的搭配，Breakfast Club很好地兑现了它名字带来的承诺：全天早餐和早午餐。你会很爱吃这里的散养鸡蛋、蒂罗尔山奶酪、有机面包、自制的涂抹酱、蔓越莓和奶油肉桂的华夫饼、法式吐司以及希腊煎蛋——一切随你挑。这里还提供鲜榨果汁和独特的意大利咖啡。

Himal 亚洲菜 $

（见324页地图；☎0512-588 588；Universitätsstrasse 13；主菜 €9.50~14.50；⏲周一至周六 11:30~14:30和18:00~22:30，周日 18:00~22:00；✍）友好且有私人情调的Himal餐厅提供充满活力且品种丰富的尼泊尔风味。恰到好处的咖喱（有一些素食）蘸上印度烤饼，就着印度芒果酸奶相当美味。两道菜的午餐只要€8.10，这个价钱很划算。

Cafe Katzung 咖啡厅 $

（见328页地图；www.cafe-katzung.at；Herzog-Friedrich-Strasse 16；小吃 €5-8；⏲周一至周六 8:00~12:00，周日 9:00~12:00）Katzung以其悠闲的氛围、面向黄金屋顶的露台以及自制蛋糕和冰激凌吸引了忠实的当地追随者。最受欢迎的菜品包括全天早餐、烤三明治和营养丰富的汤。

Cafe Munding 咖啡厅 $

（见328页地图；www.munding.at；Kiebachgasse 16；蛋糕 €2-4；⏲8:00~20:00）这家拥有200年历史的咖啡厅供应美味的蛋糕，尝尝松软的巧克力覆盆子Haustorte或巧克力小杏仁饼Mozarttorte，以及新鲜烘焙的咖啡。

Die Wilderin 奥地利菜 $$

（见328页地图；☎0512-562 728；www.diewilderin.at；Seilergasse 5；主菜 €9.50~20；⏲周二至周六 17:00至次日2:00，周日 至午夜）🍃你可以来这个聚集了美食猎人的当代餐厅体验一下热烈的美食气氛，厨师以使用当地顶级农场刚采集到的最新鲜的食材为傲。菜单上充满了时令菜，无论是芦笋、野味、草莓还是冬季蔬菜。气氛温文尔雅，轻松自在。

Chez Nico
素食 $$

（见324页地图；☎0650 4510624；www.chez-nico.at；Maria-Theresien-Strasse 49；2道菜午餐 €14.50，7道菜套餐 €60；⊙周一和周六18:30-22:00，周二至周五 12:00~14:00和18:30~22:00；✎）瞧，当你想选择一家小酒馆和一位对调味料充满热情的巴黎厨师时，你就找到了Chez Nico。Nicolas Curtil（Nico）将选用西红柿、摩洛哥坚果油清汤和西瓜，以及带松子和帕尔马干酪的鸡油菌薄片烹饪时令的全素美食。我们保证你不会怀念肉食的。

Dengg
各国风味 $$

（见328页地图；☎0512-582 347；www.dengg.co.at；Riesengasse 11；主菜 €13~23；⊙周一至周六 8:30至午夜）这家小餐馆更接近一家绝妙的古玩店，拥有雪白的极简主义内饰，与贴在墙上的老式厨房用具形成鲜明对比。尽管Dengg位于老城，但它仍然不为人熟知。厨师善于烹调富有本地特色的地中海风味，如红酒酱和茴香酱浸鲈鱼，以及夏季的提拉米苏配浓咖啡冰糕。

Cafe Sacher
咖啡厅 $$

（见328页地图；www.sacher.com；Rennweg 1；主菜 €15.50~21.50；⊙8:30至午夜）这座拥有巨大吊灯的咖啡厅就在霍夫堡皇宫旁边，是品尝巧克力萨赫蛋糕（Sacher Torte）、沙拉或午餐的好地方。夏季时庭院内有免费的古典音乐会。这里的迷你蛋糕（€14.90）特别适合做伴手礼。

Fischerhäusl
奥地利菜 $$

（见328页地图；☎0512-583 535；www.fischerhaeusl.com；Herrengasse 8；主菜 €9~23；⊙周一至周六 10:00至次日1:00，周日 17:00至午夜）自1758年以来，Fischerhäusl餐厅柠檬色的门脸就已经出现在大教堂广场（Domplatz）和霍夫堡之间不起眼的角落了。菜单上有不少蒂罗尔特色的食物，例如Kaspressknödelsuppe、放入肉汤的奶酪饺子，以及Gröstl，一种由土豆、培根和洋葱煎炸而成的菜品。天气暖和的时候，露台很快就挤满了人。

Cafe Central
咖啡店 $$

（见328页地图；www.central.co.at；Gilmstrasse 5；主菜 €8-16；⊙7:00~22:00；✎）这个维也纳风格的古雅咖啡馆自从1877年开业以来，几乎什么都没变。你可以享用炸肉排或炖牛肉的午餐，或者就着蛋糕看每天的报纸。冬天的周日晚上有现场钢琴音乐表演。

Stiftskeller
奥地利菜 $$

（见328页地图；www.stiftskeller.eu；Hofgasse 6；主菜 €10-20.50；⊙10:00至午夜）这家拱形餐厅有一个大型的啤酒花园，提供Augustiner Bräu啤酒和丰盛的美食，如烤猪肉配啤酒酱、饺子和酸菜。

Il Convento
意大利菜 $$

（见328页地图；☎0512-581 354；www.ilconvento.at；Burggraben 29；主菜 €13.50-25，两道菜的午餐 €17.50-18.50；⊙周一至周六 11:00~15:00和17:00至午夜）这家崭新的意大利餐厅在老城墙的角落里，店主是酷爱美食的Peppino和Angelika。餐厅运作得很成功，有精致的外观（白色桌布、木梁和露台上的方济会修道院景色）和菜单。厨师将蛤蜊扁面条、红烧小牛肉和盐腌鳕鱼等菜肴做得恰到好处，并佐以储藏丰富的酒窖中的葡萄酒。

Lichtblick
各国风味 $$$

（见328页地图；☎0512-566 550；www.restaurant-licht blick.at；Maria-Theresien-Strasse 18，Rathaus Galerien；午餐 €9.90-13，套餐 €40-50；⊙周一至周六 10:00至次日1:00）这家别致的玻璃墙餐厅位于Rathaus Galerien酒店的8楼（7thfloor），享有从因斯布鲁克到阿尔卑斯山脉一览无余的美景。背景光和简约设计为地中海风味的美食营造出时尚的氛围，主菜包括小龙虾西班牙凉菜汤和带有鸡油菌、芝麻菜和帕尔马干酪的香菇玉米粥。

Bistro Gourmand
法国菜 $$$

（见324页地图；☎0512-580 356；www.bistro-gourmand.at；Templstrasse 4；主菜 €16-32.50；⊙周二至周六 18:00~22:00，周五11:00~14:30也营业）主厨蒂埃里·阿拉戈纳（Thierry Aragona）将这家贴切地名为Bistro Gourmand的法国地中海餐厅带到了因斯布鲁克。柠檬墙和深色木质镶板为精美烹饪的菜肴提供了很好的就餐环境，主菜有勃艮第蜗牛配榛果蒜香黄油、法式鲈鱼海鲜汤，以及在洋

葱和葡萄酒中慢炖到软烂的安格斯牛肉。

饮品和夜生活

Tribaun 精酿啤酒

（见324页地图；www.tribaun.com；Museum-strasse 5；⏲周一至周六 18:00至次日2:00）这种新的酒吧融合了精酿啤酒的文化并提供各种啤酒——从烈性黑啤酒和波特啤酒到IPA、酸艾尔、琥珀艾尔、蜂蜜艾尔和红艾尔。轻松的氛围和充满乐趣的工作人员增添了这家酒吧的吸引力。如你需要更深了解，请参加90分钟的七种啤酒的品鉴活动（€19）。

360° 酒吧

（见328页地图；Rathaus Galerien；⏲周一至周六 10:00至次日1:00）你可以拿个垫子坐下来喝一杯，然后从这个球形玻璃幕墙酒吧的阳台上360度欣赏城市和阿尔卑斯山的景色。在这里喝杯咖啡或者看看日落都很惬意。

Moustache 酒吧

（见328页地图；www.cafe-moustache.at；Herzog-Otto-Strasse 8；⏲周二至周日 11:00至次日2:00；📶）玩Spot-the-Moustache（找胡子，就像爱因斯坦、查理·卓别林那样）是这家复古风格避风港首选的休闲活动，有桌上足球和俯瞰漂亮的大教堂广场的露台。他们调制的皮斯科酸酒可是相当地道。

In Vinum 葡萄酒吧

（见328页地图；www.invinum.com；Innrain 1；⏲周一至周六 11:00至午夜，周日 16:00~21:00）老城这家舒适的葡萄酒吧是品尝奥地利最好葡萄酒的轻松选择，起价为每杯€2.80；有关常规品尝的详细信息，请访问网站。如果你有点饿了，可以尝尝当地的奶酪和火腿。

Elferhaus 小酒吧

（见328页地图；Herzog-Friedrich-Strasse 11；⏲10:00至次日2:00）11这个数字对Elferhaus来说很神奇，你可以在酒吧旁边的哥特式滴水嘴旁边喝一杯啤酒，或者在教堂长椅般的座位上听摇滚乐队的现场表演。这是个消磨时光的好去处，吸引了活跃的人群涌入Herzog-Friedrich-Strasse。

Theresienbräu 小酒吧

（见324页地图；Maria-Theresien-Strasse 53；⏲周一至周三 10:00至次日1:00，周四至周六 至次日2:00，周日 12:00~21:00）在这个充满活力的精酿酒吧里，铜桶闪烁着光芒，这里可以看到一个可容纳120个啤酒和椒盐卷饼爱好者的花园。天花板上镶嵌着10,000朵干玫瑰。

Hofgarten 酒吧

（见324页地图；www.tagnacht.at；Rennweg 6a；⏲周二至周六 18:00至次日4:00）这家时尚的咖啡厅兼酒吧位于宫廷花园（Hofgarten）的绿地中，有DJ打碟和绿树成荫的啤酒花园。

Weekender Club 夜店

（www.weekenderclub.net；Tschamlerstrasse 3；⏲周一 21:00至次日3:00，周五和周六 22:00至次日3:00）位于库房中的热闹夜店，有顶级DJ和演出。沿Leopoldstrasse向南，距离Maria-Theresien-Strasse大概有10分钟路程。

Dom Cafe-Bar 酒吧

（见328页地图；www.domcafe.at；Pfarrgasse 3；⏲5月至10月周一至周六 11:00至次日1:00，周日 15:00至次日1:00，11月至次年4月 每天17:00至次日1:00）枝形吊灯、拱形天花板和HMV留声机在这个欢快的哥特式风格酒吧中占据了一席之地。

因斯布鲁克卡

实惠的因斯布鲁克卡（Innsbruck Card）可让你一次游览因斯布鲁克（Innsbruck）的大小景点，包括乘坐缆车或索道往返、5小时的自行车租赁服务以及无限次使用的公共交通工具，还包括Sightseer和Kristallwelten穿梭巴士。该卡还可以为旅游和活动提供多种折扣。它可以在旅游局购买，每24小时/48小时/72小时收费€38/48/55（儿童半价）。

在因斯布鲁克过夜，你将收到一张宾客卡，可享受交通和活动的折扣，还可以进入多个游泳池和露天游泳池，而且可以允许你在夏季加入旅游办事处的免费有向导的徒步旅行。

✩ 娱乐

如你需要关于娱乐的建议，你可以在市区的咖啡馆中找到一份Innsider，或访问www.innsider.at。阿姆布拉斯宫（Schloss Ambras）在夏季举办一系列古典音乐会。

OlympiaWorld 音乐会

这个时髦的场地举办大型音乐会、音乐剧和从足球到冰球比赛的体育赛事。乘坐Bus J从Landestheater到Landessportcenter即可到达。

Treibhaus 艺术中心

（见328页地图；www.treibhaus.at；Angerzellgasse 8；⏲10:00至次日1:00）这个文化综合体以大型露台、常驻DJ和现场音乐吸引了大量喜爱Boho风格（波希米亚和嬉皮士风格相结合）的客人。8月会组织露天电影院的活动。

Tiroler Landestheater 剧院

（见328页地图；☎0512-520 744；www.landestheater.at；Rennweg 2；⏲售票处周一至周五 10:00~19:00，周六 10:00~18:30）因斯布鲁克壮观的新古典主义剧场全年演出歌剧、舞蹈、戏剧和喜剧。门票价格€4~70。

购物

Acqua Alpes 香水

（见328页地图；Hofgasse 2；⏲10:00~18:00）如果你曾经希望将阿尔卑斯山的纯净清新的味道装瓶，那么有人已经做到了——这些草甸香气的香水、清新的空气和野花都被封装在了拱形的蓝白色香水瓶中。四种香水中的每一种都对应于附近一座山峰的高度。

Swarovski Crystal Gallery 礼物和纪念品

（见328页地图；Herzog-Friedrich-Strasse 39；⏲8:00~19:30）因斯布鲁克的施华洛世奇旗舰店是这家画廊风格的精品店，摆满了闪闪发光的水晶饰品、装饰物和珠宝。

Tiroler Heimatwerk 艺术品

（见328页地图；Meraner Strasse 2；⏲周一至周五 9:00~18:00，周六 9:00至正午）这个地方出售从紧身连衣裙（Dirndls）到手工雕刻的耶稣降生小雕像、彩色玻璃和蒂罗尔木偶的各种物件，非常适合作为传统礼品。

Spezialitäten aus der Stiftsgasse 食品

（见328页地图；Stiftsgasse 2；⏲周一至周六 9:30~18:30）如同阿拉丁的手作美食洞穴，这家覆盖着藤蔓的商店仿佛储存了全奥地利的蜂蜜、油、蜜饯、葡萄酒和烈酒，从龙胆酒到干草杜松子酒一应俱全。

s' Culinarium 食品和饮品

（见328页地图；http://culinarium-signor.at；Pfarrgasse 1；⏲周一至周三 11:00~19:00，周四至周六 10:00~23:00）迷人的Herby Signor将帮你在他的商店兼酒吧挑选一瓶优质的奥地利葡萄酒。s' Culinarium还藏有从蜂蜜到杜松子酒的其他蒂罗尔特产。

Rathaus Galerien 购物中心

（见328页地图；www.rathausgalerien.at；Maria-Theresien-Strasse 18；⏲周一至周五 8:30~19:00，周六 8:30~18:00；📶）这个时尚的玻璃屋购物中心设有商业大街、精品店和咖啡馆，你可以在360°（见331页）享用饮品，为这次购物过程画上一个句号。

ℹ 实用信息

Bergwald Projekt（☎0512-595 47 47；www.bergwaldprojekt.at；Olympiastrasse 37）优秀的志愿者工作项目，旨在保护并维护奥地利、德国和瑞士的山地森林。一般来说，奥地利的项目持续一周。

因斯布鲁克旅游总办事处（Innsbruck Information；见328页地图；☎0512-59 850，0512-53 56-0；www.innsbruck.info；Burggraben 3；⏲9:00~18:00）旅游总办事处提供大量有关城市和周边地区的信息，包括滑雪和步行。

Landeskrankenhaus（☎50 40；Anichstrasse 35）该市主要医院的Universitätklinik（大学诊所）提供紧急服务。

主要邮局（见328页地图；Innrain 15；⏲周一至周五 8:00~18:30，周六 9:00~13:00）因斯布鲁克的中央主要邮局。

邮局（见324页地图；Südtiroler Platz 10；⏲周一至周五 8:00~18:00）方便前往火车总站。

ℹ 到达和离开

巴士

巴士站（见324页地图）位于火车总站的南端；它的售票处位于车站内。

火车

快速列车每两小时一班到达布雷根茨(Bregenz, €37.50, 2小时45分钟)和萨尔茨堡(Salzburg, €45.50, 2小时)。从因斯布鲁克到阿尔贝格，最佳景观位于火车的右侧。两小时的特快列车前往慕尼黑(Munich, €41.20, 1小时45分钟)和维罗纳(Verona, €40.20, 3.5小时)。基茨比厄尔的直达车每两小时一班(€15.80, 14小时)。利恩茨的列车(Lienz)大概每小时一班(€23.50, 3~5小时)；有些列车经过意大利，而其他列车则绕一大圈经过萨尔茨堡州(Salzburgerland)。

当地交通

公共交通

巴士和有轨电车的单程票价为€2，如果提前购买，则仅支付€1.80。如果你打算经常使用城市的公共交通工具，最好购买24小时车票(€4.40)。车站还提供周票和月票(分别为€13.90和€45.20)。提前购买的车票，包括在售票机、Tabak(烟草商)商店和因斯布鲁克的旅游信息中心购买的车票，都必须在旅程开始时在机器上注册。

蒂罗尔州哈尔(Hall in Tirol)

☎05223/人口13,590

哈尔坐落在阿尔卑斯山下，距离因斯布鲁克以东仅9公里，是一座美丽的中世纪小镇。哈尔在13世纪的盐矿贸易中变得富饶，柔和蜡笔画般的房子和天黑后点亮的灯笼照耀着蜿蜒的小巷，最适合漫无目的地散步。

景点

Burg Hasegg 城堡

(www.muenz-hall.at; Burg Hasegg 6; 塔楼成人/儿童 €5.50/4.50, 铸币 €8/5.50, 组合票 €11.50/8; ⏲周二至周日 10:00~17:00; 👪)向中世纪的城中心南部走，你会找到Burg Hasegg，这里有一个通向六楼(5thfloor)的螺旋楼梯，可以远眺哈尔。这座城堡拥有300年的历史，是曾经的银色Thalers(硬币，现代词“美元”的来源)的铸造地，你可以在Münze Hall参观这一历史陈列。这里还展示了水力驱动和锤击的技术。音频导览包含在门票价格中，孩子们可以自己制作硬币。

圣尼古拉斯教区教堂 教堂

(Pfarrkirche St Nikolaus, St Nicholas Parish Church; ⏲破晓至黄昏)这座优雅的13世纪教堂以它的Waldauf-kapelle而闻名。Waldauf-kapelle是弗洛里安·沃尔道夫(Florian Waldauf)可怕的45个头骨和12块骨头的家园，这些头骨是从未成年圣徒的遗体中挑选出来的，每个都靠在绣花衬垫上，上面覆盖着面纱和精致的头饰，让人想起有尖刺的光环；整个效果既令人厌恶又令人着迷。

节日和活动

Haller Weinherbst 食品和饮品

(⏲9月上旬)如果你在9月的第一个周末参加Weinherbst音乐节，请注意看Wilden Mannes喷泉中的水奇迹般地变成了葡萄酒。

食宿

Gasthof Badl 客栈 $

(☎05223-567 84; www.badl.at; Innbrücke 4; 标单 €59~69, 双 €84~150; P 📶)这家客栈中的翘楚穿过因河(Inn River)，它拥有完美的房间(大部分都是河景)和一个可以烹调美味果馅卷的小酒馆。孩子们会喜欢游乐场和温顺的圣伯纳犬马克斯。可以在这里租一辆自行车沿着岸边骑到因斯布鲁克。

Parkhotel 酒店 $$

(☎05223-537 69; www.parkhotel-hall.com; Thunfeldgasse 1; 标单 €105~115, 双 €172~198; P 📶)在如此小巧的哈尔能找到设计如此前卫的圆柱型酒店，是一件令人惊讶的事。山脉距离房间弯曲的玻璃墙如此之近，似乎可以触摸到山岩。这些房间带有简约的风格和朴实的色调。过于复杂的照明系统和窗帘调整起来可能很费劲。

Goldener Löwe 奥地利菜 $$

(☎05223-415 50; www.goldenerloewe-hall.at; Obere Stadtplatz; 主菜 €8~20; ⏲周二至周六 11:00~14:30和17:30至午夜)主广场上这座历史悠久的小酒馆氛围非常舒适。在昏暗的木镶板房间里加入当地人的聚会，享受舒适的奥地利食物吧，比如Tafelspitz(辣根煮牛肉)和甜饺子，搭配当地的葡萄酒。

Rathaus Cafe 咖啡厅 $$

哈尔拱形市政厅的一部分已经被改造成了这个现代化的咖啡馆。这里还有一个供人吃早餐、长棍面包或喝杯饮料时放空的露台。

实用信息

旅游办事处（☎05223-455 44；www.region hall.at；Wallpachgasse 5；⊙周一至周五 8:30~18:00，周六 9:00~13:00）工作人员可为你指明镇上景点的正确方向。他们还组织导览游。

到达和离开

B171公车几乎横穿市中心，不像位于南边因河上的A12 / E45。火车站位于市中心西南约1公里处，它处于Innsbruck-Wörgl的主要铁路线上。火车频繁往返因斯布鲁克（€3.60，8分钟）。

瓦滕斯（Wattens）

☎05224/人口7660

瓦滕斯古朴的村庄有一个与众不同之处：它是施华洛世奇水晶帝国闪闪发光的心脏。你可以认为它们或俗气或高雅，但毫无疑问，这些水晶的力量凝聚在梦幻的**施华洛世奇水晶世界**（Swarovski Kristallwelten，Swarovski Crystal Worlds；http://kristallwelten.swarovski.com；Kristallweltenstrasse 1；成人/儿童 €19/7.50；⊙9:00~19:30）里，这是奥地利最受欢迎的景点之一。一个向池塘喷水的巨人头在公园迎接你，公园里还能找到引人注目的水晶云（Crystal Cloud）。水晶云装饰着80万颗水晶，它飘过一个镜子般的游泳池和水晶主题的游乐场、塔楼和迷宫。其他杰出的项目于2015年被重新设计并扩展，并展示在五个新的Chambers of Wonder中。

火车大约每半小时从因斯布鲁克到Fritzens-Wattens（€4.50，16分钟），位于施华洛世奇Kristallwelten以北3公里处，在河的对面。

施瓦茨（Schwaz）

☎05242/人口13,190

不管你信不信，奥地利继维也纳之后的第二大城市如今是一个沉睡的小城镇，尽管它曾经拥有蜡笔画般的房屋和蜿蜒的街道。施瓦茨的银矿在中世纪发挥了它的影响力，你可以通过进入银矿的地下重温过去的荣耀。

景点

★施瓦茨银矿 矿场

（Silberbergwerk Schwaz，Silver Mine；www.silberbergwerk.at；Alte Landstrasse 3a；成人/儿童/家庭 €17/10/40；⊙9:00~17:00）当你登上一辆迷你火车并深入银矿的内部时，你会很想突然演绎施瓦茨银矿的“Heigh-Ho”演出。90分钟的列车隆隆驶过施瓦茨辉煌的过去。该矿位于市中心以东约1.5公里处。

老城 历史遗址

（Altstadt）施瓦茨隐藏着一座保存完好的老城，耸立在曾经富饶的银矿上方。哥特式的教区教堂位于Franz-Josef-Strasse步行街的显要地带，十分引人注目，带有14,000块铜瓦的阶梯式屋顶。不远处是哥特式巴洛克风格的**方济各会教堂**（Franziskanerkirche，Gilmstrasse；⊙破晓至黄昏）。

教区教堂 教堂

（Pfarrkirche，Parish Church；⊙破晓至黄昏）在哥特式的教区教堂，你的眼睛会立即被它带有14,000块铜瓦的陡峭屋顶所吸引。网状拱形的内部据称拥有蒂罗尔最大的交响乐器，在7月和8月的星期一晚8点举办的夏季风琴节上派得上很好的用场。

Museum der Völker 博物馆

（www.hausdervoelker.com；St Martin；成人/儿童 €9.50/5；⊙周二至周日 10:00~17:00）当地摄影师Gert Chesi设立了这个博物馆，它展示了丰富的非洲和亚洲祭祀艺术。滚动的展览聚焦于一些特定的主题，例如坦桑尼亚灵歌或非洲纺织艺术。

食宿

Gasthof Einhorn Schaller 客栈 $

（☎05242-740 47；www.gasthof-schaller.at；Innsbruckerstrasse 31；标单 €50~60，双 €82~112；P📶）这家位于中心位置的Gasthof（旅馆）非常适合家庭入住。这里有现代化的

客房，房间采用浅色松木和鲜艳的色彩装饰，并设有传统餐厅，提供地方美食（主菜€11至€20），如Tiroler Käsespätzle以及配上奶酪和洋葱的鸡蛋面。

Villa Masianco 各国风味 $$

（☎05242-629 27; Münchner Strasse 20; 午餐 €5.50~6.50，比萨 €6~10，主菜 €11~22; ⊙周一至周五 10:00至午夜，周六11:00至午夜，周日至23:00; ♿）在同一份菜单上提供了比萨、意大利面、牛排、得州墨西哥菜、泰国咖喱和奥地利经典菜肴的餐厅，可能会让美食家产生怀疑和不满。然而，这位雄心勃勃的环球烹饪旅行家始终如一地提供优质服务，并赢得了忠实的当地追随者。这个现代小酒馆氛围轻松，夏季设有露台座位，还设有儿童游乐区。

实用信息

乐于助人的**旅游办事处**（☎05242-632 40; www.silberregionkarwendel.at; Münchnerstrasse 11; ⊙周一至周五 9:00~17:30，周六 9:00~12:00）提供施瓦茨的景点和住宿信息。

到达和离开

施瓦茨地处因斯布鲁克以东30公里处，位于齐勒河谷以西10公里的A12 Inntal-Autobahn。因斯布鲁克和施瓦兹之间有频繁的火车（€6.40，26分钟）往来。

齐勒河谷（The Zillertal）

Zillertal（齐勒河谷）夹在Tuxer Voralpen和Kitzbüheler Alpen之间，它是童话版的蒂罗尔。蒸汽火车穿过宽阔的山谷，经过肥沃的农田和树木繁茂的山脉，你可以看到雪峰和快速流淌的齐勒河。

活动

高山滑雪

虽然迈尔霍芬（Mayrhofen）是专业滑雪的主要场地，但还有很多下坡和适合越野滑雪的区域。Zillertaler Superskipass（2/4/6天 €99.50/174/242）覆盖了山谷中总计508公里的斜坡，包括Hintertuxer Glacier冰川滑雪道。有滑雪巴士连接度假村。

夏季活动

在夏季，高山峡谷变成了极好的步行区域，适合在Tuxer Voralpen进行高海拔徒步，从Ried、Kaltenbach、Aschau、Zell am Ziller和Ramsau等度假胜地发散出无数的小径。海拔1800米左右的山间小屋可以接待亟须休息的徒步旅行者。有关山谷小屋的详细信息，请访问www.alpenverein.at。Kompass Zillertaler Alpen-Tuxer Alpen是一份覆盖整个地区的详细步行地图（比例1:50,000）。

齐勒河谷骑行

齐勒河谷是个骑行天堂，特别是对于专业的山地自行车手。他们中的许多人在6月底/7月上旬参加艰苦的为期三天的**齐勒河谷自行车挑战赛**（Zillertal Bike Challenge; www.zillertal-bikechallenge.com; 6月底/7月上旬），比赛之前他们会在这里热身。宽阔、阳光充足的山谷和周围3000米的山峰上有800公里标记清晰的路线，从这条线路沿着谷底经过两个小时短途骑行即可到达可以观赏周边全景的山口，例如从Fügen到Kellerjoch的56公里的艰难路径，这条路很考验耐心。

你可以使用山谷中的缆车进入许多高海拔和下坡路线，当地火车将免费运送你的自行车。齐勒河谷的主要车站可租用自行车，包括齐勒河谷采尔（Zell am Ziller）和迈尔霍芬（Mayrhofen），每半/全天€9/13.50；电动自行车的价格分别为 €15/22。有关免费地图、详细路线描述和可下载的GPS辅助骑行工具，请访问www.zillertal.at或www.best-of-zillertal.at。

节日和活动

Almabtriebe 文化遗产

（⊙9月下旬至10月上旬）齐勒河谷人会在这个节日里庆祝奶牛们归栏，这些奶牛装饰着精美的花卉头饰和铃铛。这是一个全河谷的聚会。在下一个严酷的冬天到来之前，这里会有盛会、Volksmusik（民间音乐）和杜松子酒。

实用信息

实际上每个度假村都有自己的旅游办事处，

但能覆盖整个山谷的主要**旅游办事处**（☎05288-871 87; www.zillertal.at; Bundesstrasse 27d, Schlitters; ⏲周一至周四 8:30~12:00, 13:00~17:30, 周五 8:30~12:00）设在Schlitters, 距离Jenbach有6公里。它提供了大量有关户外活动的信息，以及Zillertaler Gästezeitung（部分是英文版）杂志。

到达和离开

齐勒河谷由私人火车线Zillertalbahn（www.zillertalbahn.at）运营，从Jenbach到Mayrhofen行驶32公里。怀旧的旅行者可以沿着山谷乘坐Dampfzug（蒸汽火车）。它从上午9点47分开始从Jenbach出发到Mayrhofen，下午12点07分从Mayrhofen到Jenbach。1小时45分钟车程的单程/往返票价为€13.60 /19.80。如果你只想从A到B，最好乘坐每小时2班的普通列车（€7.40, 54分钟）。

齐勒河谷采尔（Zell am Ziller）

☎05282/人口 1768

齐勒河谷采尔位于风景秀丽的Reichen-spitze（海拔3303米）山脚下，以前是一个采矿中心。现在，这里的乡村和传统村庄不如以前热闹了，但去滑雪的人更多了。这里拥有上等的雪场和惊险的7.5公里泛光灯雪橇滑道。在夏季，好动的旅行者可以在山上徒步，或者沿着盖洛斯高山公路（Gerlos Alpine Rd）骑行上陶恩山国家公园（Hohe Tauern National Park）的克里姆尔（Krimml）。

活动

盖洛斯高山公路　观光自驾

（Gerlos Alpine Road; www.gerlosstrasse.at; 通行费每车/摩托车 €9/6）风景秀丽的盖洛斯高山公路（Gerlos Alpine Rd）全年开放，将蒂罗尔州的齐勒河谷（Zillertal）与萨尔茨堡的克里姆尔（Krimml）连接起来。这条公路穿过高沼地和云杉林，蜿蜒12公里，最高海拔达1630米。绿松石Stausee（水库）上方的瞭望台是一个很棒的野餐点，拥有阿尔卑斯山的壮丽景色。当你接近Schönmoosalm附近的克里姆尔时，可以鸟瞰克里姆尔瀑布。

> **齐勒河谷卡**
>
> 如果您计划在5月下旬至10月中旬在山谷中度过一周或更长时间，那么物有所值的齐勒河谷卡（Zillertal Activecard, 6/9/12天 €61.50/ 84/105.50）涵盖公共交通，每天可乘坐任意一趟齐勒河谷缆车，还可进入游泳池。

Jodel Wanderweg　步行

（Yodel Hiking Trail; www.jodelweg.at; Wald-Königsleiten）当你在点缀着野花的草地上蹦跳时，你可能会突然产生一种像朱莉·安德鲁斯（Julie Andrews）那样引吭高歌的冲动，你会爱上Jodel Wanderweg的。它位于齐勒河谷采尔和克里姆尔之间的盖洛斯高山公路。你可以在小屋中用巨型牛铃、高山牛角和单曲循环来练习你的高音。

Aktivzentrum Zillertal　探险运动

（☎0664 5059594; www.aktivzentrum-zillertal.at; Freizeitpark Zell; 👪）你渴望一点冒险吗？这家探险运动专业户可以带你玩滑翔伞（€55~130）、齐勒河谷漂流（€35）、溪降（€35到€65）、铁索攀爬（€45~85）和一个适合孩子的项目——夏季羊驼徒步（€20）。冬季活动包括雪鞋远足（€35）和滑雪团队游（€90）。

Arena Coaster　探险运动

（www.zillertalarena.com; Zillertal Arena; 成人/儿童 只滑冰 €4.90/3, 包含缆车 €21.90/10.90; ⏲6月下旬至9月上旬 9:30~18:00, 其余月份营业时间缩短; 👪）在Zell's 1.5公里的过山车上做环绕式的循环穿越，你会感觉你的胃在翻江倒海。这个项目是孩子们的最爱。

Freizeitpark Zell　游泳

（www.freizeitparkzell.at; Schwimmbadweg 7; 成人/儿童 溜冰场 €6/3, 游泳池 €7.50/4.50; ⏲9:00~19:00; 👪）这里的河畔体育中心提供滑冰、网球、足球、保龄球和一个可供孩子们玩耍的有趣的游泳池。

Goldschaubergwerk　矿场

（www.goldschaubergwerk.com; Hainzenberg 73; 成人/儿童 €13/6; ⏲9:00~18:00）Goldschaubergwerk是一个2小时的金矿之

旅，位于盖洛斯路上的泽尔以东2公里处。入门价格包括了奶制品展中的奶酪品尝以及参观被关在动物围栏里的鹿、鸸鹋和羊驼。

节日和活动

Gauderfest 啤酒

（www.gauderfest.at; hearly May）在灌满高度的Gauderbier（据说酒精度超过10%）之后最好不要参加过于剧烈的活动，这款酒专门为这个热闹盛会酿造。除了吃、跳舞和酩酊大醉以外，还有历史性的游行和高山摔跤。

食宿

Enzianhof 农场 $

（☎05282-22 37; www.enzianhof.eu; Gerlosberg 23; 标单/双 €35/58，每人半膳额外支付 €11; P 📶）这座乡村风格的农舍位于海拔1272米的山顶，非常适合远足和滑雪，并设有温暖宽敞的客房。农夫主人会自制龙胆杜松子酒和烟熏火腿。你可以用齐勒河谷特产填饱自己，比如在木屋餐厅里享用Pressknödelsuppe（蒂罗尔饺子汤）和炖牛肉。

Gästehaus Brindlinger 家庭旅馆 $

（☎05282-26 71; Gaudergasse 4; 双/公寓 €50/99; P 📶）这间小木屋坐落在一条安静的小路上，拥有明亮的客房，配有充足的松木、碎呢地毯和有山景的阳台。客人可以在小型桑拿浴室放松身心。可以从Brindlinger夫人处免费借用自行车。

Hotel Englhof 精品酒店 $$

（☎05282-31 34; www.englhof.at; Zellbergeben 28; 标单/双 €62/114; 📶）美丽的金色木镶板、白色亚麻布客房（许多带阳台）和免费的DVD使Englhof成为一个绝佳的住宿点。但真正值回房价的是餐厅的美味佳肴和世界级的鸡尾酒吧，这里藏有奥地利第二多的烈酒（超过1400种），调制的鸡尾酒令人难以置信，如血腥玛丽配冷冻樱桃西红柿和烧烤黑胡椒调味料。

Gasthof Schulhaus 客栈 $$

（☎05282-33 76; www.schulhaus.tirol; Zellberg 162; 双 €60~90，早餐额外收费 €12; P）曾经是校舍的Gasthof Schulhaus现在是酒店的上上之选。你将受到Geissler家族在Zellberg山顶送上的热烈欢迎，你可以享有激动人心的山谷景致以及一家提供出色慢食的餐厅。宽敞的客房和公寓均采用蒂罗尔风格，早餐时提供当地农场的新鲜食品。

★ **Schulhaus** 奥地利菜 $$

（☎05282-33 76; www.schulhaus.tirol; Zellberg 162; 主菜 €18~25; ⊙周四至周日 8:00~22:00）在齐勒河谷采尔上方享有全景的高地上，这座古老的校舍变成了蒂罗尔餐厅。落叶松木屋内部充满了甜美的光线，在露台可以欣赏到山谷深处和远处山脉的景色，而简洁的菜单告诉你这里是个崇尚本地食材和新鲜菜肴的小家庭。

实用信息

旅游办事处（☎05282-22 81; www.zell.at; Dorfplatz 3a; ⊙周一至周五 8:00~12:00和13:00~18:00，周六 8:30~11:30）靠近铁路，可以提供很多该地区徒步、滑雪和探险活动的信息。

到达和离开

前往迈尔霍芬（€2.90，11分钟）和Jenbach（€6.40，40分钟）的普通列车比蒸汽火车便宜。往返因斯布鲁克的火车（€12.10，1.5小时）一小时2班，需要在Jenbach换乘。齐勒河谷采尔是**盖洛斯高山公路**（见336页）的起点。在齐勒河谷采尔和克里姆尔之间开车时，你可以在克里姆尔以北6公里的Wald im Pinzgau沿着（容易错过的）标志避开盖洛斯高山公路。

迈尔霍芬（Mayrhofen）

☎0528 /人口 3858

迈尔霍芬拥有非常传统的夏日生活，它有阿尔卑斯奶牛场、山势高耸的小径以及和每个Gasthof酒店酒杯晃动声一起奏响的Volksmusik（民谣）。不过在冬天，它会以截然不同的曲调起舞。Ahorn和Penken的滑雪场都位列奥地利最受欢迎的滑雪场名单之中，在冰封的齐勒河谷山脉的映衬之下，可以看到两种不同的滑雪者：匀速前进着的游客们和俯冲式速降的冒险者，这里滑雪后的社交活动是整个蒂罗尔阿尔卑斯山脉的热门地点。

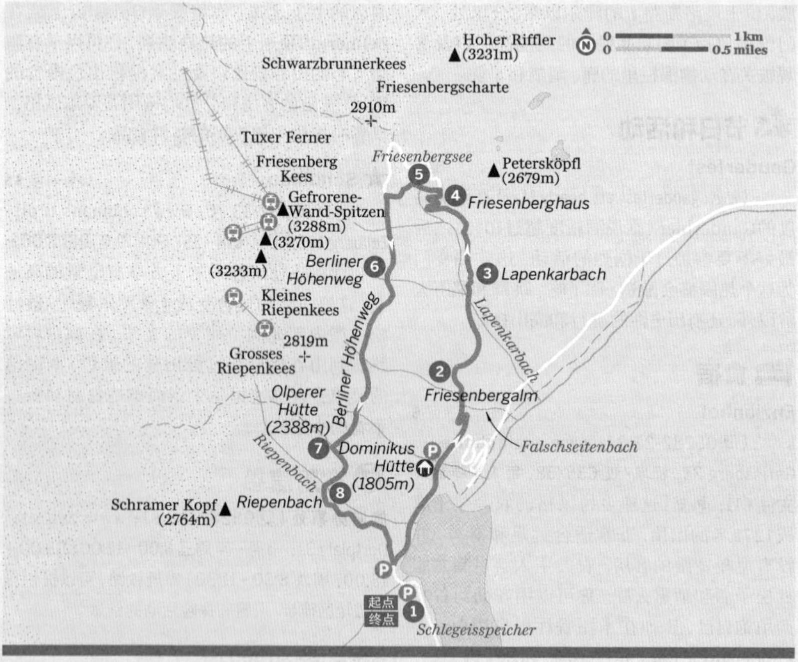

户外徒步
齐勒河谷环线徒步

起点: SCHLEGEISSPEICHER
终点: SCHLEGEISSPEICHER
距离: 11公里; **需时:** 5至6小时

在这条高阶的环线上，你可以欣赏到绿松石般令人惊叹的❶**Schlegeisspeicher**，和白雪皑皑的齐勒河谷绝佳的山景。虽然要跋涉850米的斜坡，但路径设施良好，大多是缓坡，但在恶劣天气下一定要小心。康帕斯1:50,000的地图No 37 Zillertaler Alpen-Tuxer Alpen详细介绍了步行路线。从Schlegeisspeicher开始，环绕着崎岖的3000米高峰。从停车场的东北端沿着朝向DominikusHütte的路标行驶，到达Friesenberghaus alpine hut小屋。这条路在约45分钟后出现在❷**Friesenbergalm**的高山牧场附近的林线上，并平坦地穿过散布着冰斗湖的牧场。在山肩周围悄悄地进入一个被Hoher Riffler遮挡的山谷。

穿过巨石遍布的草地之后，你会看到碎石片土地和❸**Lapenkarbach**溪流。这条小路经过漫长的弯道后是紧凑的转弯，在距离Friesenbergalm约1.5小时的山谷顶端的❹**Friesenberghaus**上风口是一个可供休息的观景点。

沿着Olperer Hütte和Berliner Höhenweg的标志向后50米。小径略微向下倾斜，穿过❺**Friesenbergsee**出口的溪流，然后在另一侧的岩石斜坡上进行短暂而陡峭的上升。到达交叉路口时向左转，并在前方的山坡上沿着等高线行走。接下来的1个半小时里，你可以沿着一条轻松的阳台步道行走，这是多日徒步线路❻**BerlinerHöhenweg**路线的一部分。它在Gefrorene-Wand-Spitzen冰川覆盖的山峰下面延伸出来。

从Friesenberghaus出发之后大约两小时，穿过溪流到达❼**OlpererHütte**，这是个喝酒的好地方。然后一个稳步的下坡后就到达了水库，你会在草地小丘上蜿蜒曲折地行走，然后在❽**Riepenbach**溪流旁边之字形前行（距离OlpererHütte1.5小时）。左转并直行1公里到达停车场。

景点

Penken 山脉

（www.mayrhofner-bergbahnen.com；活动日门票 成人/儿童 €27.30/13.70）作为迈尔霍芬（Mayrhofen）的"活跃之山"，Penken在冬季和夏季都配得上这个名字。这款灵活的缆车于2015年开业，可上升至1790米欣赏到全景。对于下坡山地自行车手来说，这里就是天堂，他们可以在21条从轻松到颇具挑战的路线中随意选择。网站www.mayrhofen.at有一个虚拟骑行地图。它也对徒步旅行者、滑翔伞爱好者、登山者、冬季滑雪者和搭便车者有同样的吸引力。地图包括Harakiri和Vans Penken公园。

活动

Harakiri 滑雪

（Penken）Harakiri拥有78%的坡度，是奥地利最陡峭的滑雪道。这里有惊心动魄的速降，一半是俯冲，一半是走之字形，速度快到即使是技术精湛的滑雪者也会在他们的滑雪靴里瑟瑟发抖。只有那些身体强健、经验丰富而且具有超强身体控制力的滑雪者（试想詹姆斯·邦德）才会考虑挑战这条魔鬼雪道。

齐勒河谷竞技场 雪上运动

（Zillertal Arena；www.zillertalarena.at；Tyrol；2天/6天 Zillertal Superskipass €99.50/242）迈尔霍芬是齐勒河谷竞技场的典范，它在风景秀丽的齐勒河谷（Zillertal）覆盖了143公里的斜坡，配备有53个升降缆车（有些相当高科技），包括Hintertuxer Glacier中一定会有雪覆盖的（"snow-sure"）滑雪道。滑雪巴士连接着度假村。除了作为中等程度滑雪者的极乐之地，迈尔霍芬拥有奥地利最陡峭的黑道、像神风特攻队一样俯冲的Harakiri，并且因其超棒的山地公园而吸引着自由式滑雪者。即使山谷中的雪很薄，附近的Hintertuxer Gletcsher也可以保证有足够的雪量。

Skischule Habeler 滑雪

（☎05285-628 29；http://skimayrhofen.com；Hauptstrasse 458；⊙周日至周五 8:00～12:00，15:30～18:00，周六 9:00～12:00，13:00～19:00）著名登山家彼得·哈贝勒（Peter Habeler）的儿子克里斯·哈贝勒（Chris Habeler）热情地运作着这个充满个性的小型滑雪学校。它提供团体和私人课程；价格可在网站上找到。

Hintertuxer Gletscher 滑雪

（Hintertux Glacier；www.hintertuxergletscher.at；日滑雪通票夏季/冬季 €42.50/51）每年为客人前往Hintertuxer Gletsche的滑雪活动提供便利。缆车本身就是一个景点，从陡峭的悬崖面、锯齿状的山峰一直乘坐到冰蓝色的冰川顶端。3250米的日光浴平台可以欣赏到Tuxer Alps的壮观景色，在晴朗的日子里，也能看到大格洛克纳山（Grossglockner）、多洛米蒂山（Dolomites）和楚格峰（Zugspitze）。从圣诞节到5月初，一辆免费巴士将迈尔霍芬的滑雪者送往冰川（费用包括在滑雪卡中）。

Action Club Zillertal 探险运动

（☎05285-629 77，0664 4413074；www.actionclub-zillertal.at；Hauptstrasse 458；⊙9:00～18:00）Action Club Zillertal是进行冒险运动的好地方，包括在肆虐的齐勒河上漂流（€30）、溪降（€35～85）、汽车轮胎漂流（€40）、爬山（€60～120）、有向导的山地自行车（€45～80）和双人滑翔伞（€65～160）。

Stocky Air 滑翔伞

（☎0664 3407976；www.stockyair.com；Hauptstrasse 456；⊙9:00～13:00和15:00～18:00）这家滑翔伞专业户将帮助你在齐勒河阿尔卑斯山周围展开翅膀，双人飞机的费用€80～150。还可以€15的价格出租铁索设备。

Vans Penken Park 单板滑雪

（www.vans-penken-park.com）这个滑雪场有六个区域面向自由式的单板滑雪者，共有11个跳台、34个BOX，还有铁轨以及位于Penken地区的Vans Penken公园的半管。Vans Penken公园是欧洲最好的山地公园之一。

节日和活动

Snowbombing 滑雪

（www.snowbombing.com；⊙4月上旬）

Snowbombing自称最伟大的雪上节目，这个节日在4月初举办，是迈尔霍芬最大的盛会。一些世界顶级的单板滑雪者在这些雪坡上竞速，但大多数人只是在这里参加派对——整整六天的喝酒和跳舞，再配上优秀的乐队和DJ的豪华阵容，还有从冰屋狂欢到化装街头派对的乐趣。

住宿

★Hotel Garni Glockenstuhl 酒店 $$

（☎05285-631 28；www.glockenstuhl.com；Einfahrt Mitte 431；标单 €55~58，双 €98~112；P 📶）优秀的传统奥地利式热情招待、梦幻般的高山美景、免费自行车租赁和令人放松的温泉浴场，这间小木屋超过了城镇中大部分地方。如果你可以把自己拽下舒舒服服的床，你会在桌子上找到可口的早餐和新鲜的鸡蛋。

Alpenhotel Kramerwirt 酒店 $$

（☎05285-67 00；www.kramerwirt.at；Am Marienbrunnen 346；半膳标单/双 €99/174；P ♿）夏天这里充满天竺葵的芬芳，这个小木屋跨越了500年的历史，走廊里到处都是这个家族的传家宝，有宽敞的客房和室外的漩涡浴缸。在餐厅（主菜€8~21）你可以要求美味的Zillertaler Bauernschmaus（用肉、饺子和酸菜做成的农夫拼盘）。

Hotel Rose 酒店 $$

（☎05285-622 29；www.hotel-rose.at；Brandbergstrasse 353；标单 €52~58，双 €91~103；P 📶）在Kröll家族第四代干练的打理下，这个地方拥有宽敞的客房，配有厚实的松木家具和阳台。酒店设有一个小型桑拿浴室和漩涡浴缸供滑雪后的客人放松身心。在夏季，花园里每天都有现场Volksmusik音乐。

Alpin Hotel Garni Eder 酒店 $$

（☎05285-506 03 69；Zillergrundweg 572；双/标三 €116/165）这家高山小屋坐落在宁静的小镇上，靠近滑雪缆车。它的位置无与伦比，让人感觉宾至如归：松木装饰的房间宽敞且保存完好，店主会想尽办法帮忙，而且这里的早餐也很丰富。

就餐

Cafe-Konditorei Kostner 咖啡店 $

（Hauptstrasse 414；小吃和主菜 €4~12；⏰6:30~18:00）🌿这是一栋棉花糖般的粉色别墅，有阳光的时候，这里的露台很受欢迎。它的面包店推出了很棒的特种小麦和黑麦面包，而咖啡馆则提供美味的早餐、冰淇淋、特色咖啡和自制蛋糕，以及沙拉、烤面包和炖牛肉等温暖的菜肴。

Metzgerei Kröll 熟食 $

（Scheulingstrasse 382；小吃 €3~8；⏰周一至周五 7:30~13:00和14:30~18:00，周六 7:00~12:00）这家家族经营的屠宰场以其独特的Schlegeis-Speck火腿而闻名，在海拔1800米的小屋中腌制三个月以保证它有浓郁的香气。你可以在这里品尝到这道特色菜和美味的自制香肠。

Gasser 汉堡 $

（Hauptstrasse 475；小吃 €3-7；⏰周一至周五 7:00~18:00，周六 至17:00）这家屡获殊荣的肉食者聚集地是在滑雪道上享用小吃的理想场所。它的细香肠做得非常不错，还有汉堡、三明治和烟熏火腿。它还提供素食选择。

Gasthof Perauer 奥地利菜 $$

（☎05285-625 66；www.perauer.at；Ahornstrasse 854；主菜 €15~26；⏰11:00~22:00；👪）这间酒店有瓷砖烤箱和全木内饰，就像蒂罗尔的酒店一样华丽。这里的环境和家庭烹饪都会让人感到兴奋。丰盛的菜单上有几道十拿九稳的拿手菜，包括炸肉排、Zwiebelrostbraten（洋葱炒牛肉），以及优质的牛排。你一定要为当地奶酪拼盘留点胃口。

Wirtshaus Zum Griena 奥地利菜 $$

（☎05285-62 778；www.wirtshaus-griena.at；Dorfhaus 678；主菜 €8~16；⏰11:00至午夜 周三至周一；👪）这座拥有400年历史的木屋坐落在高高的牧场上。你会很希望暴风雪的来临，这样你就可以蜷缩在火炉旁狼吞虎咽地吃Schlutzkropf'n（满是奶酪的新鲜意大利面）了。

饮品和夜生活

迈尔霍芬滑雪后的社交活动真的很棒。

从12月中旬到4月上旬，大多数酒吧都会和雪一起开放。夏日的一切活动都与Volksmusik（民间音乐）有关，所以如果你想要融入气氛的话，带上一条紧身连衣裙或一条时髦的皮短裤。

White Lounge 酒吧

（www.white-lounge.at；Ahorn；⏲10:00~16:30）你可以在这个2000米长的冰酒吧里开始你的滑雪旅程，并且还能享用鸡尾酒。这里还有一个阳光明媚的露台供人享受日光浴。在星期二的圆顶冰屋派对（晚上8点开始），DJ和滑夜雪的活动会让这里更热闹。

Ice Bar 酒吧

（Hauptstrasse 470，Hotel Strass；⏲15:00~21:00）这个吵闹、随意和鱼龙混杂的酒吧是一个滑雪者们在滑雪后时常出没的地方。这里充满了靴子蹬得山响的醉汉们和欧洲流行音乐的节拍，偶尔还有装扮成北极熊的舞娘（我们不骗你！）。夜总会的场地也在同一个屋檐下。

Scotland Yard 酒吧

（www.scotlandyard.at；Scheulingstrasse 372；⏲周二至周六 18:00至次日3:00）Scotland Yard是一家英国酒吧，配有如下设施：健力士黑啤、飞镖和红色的电话亭。外国游客可以在灌下几品脱的酒之后打电话给家里说一些心里话。

Mo' s 酒吧

（Hauptstrasse 417；⏲周日至周五 10:00至次日1:00，周六9:00至次日1:00）一家拥有欢快氛围的美式主题酒吧。美味的鸡尾酒、手指饼干和汉堡以及定期的现场音乐表演。DJ们在周三和周五晚上上班。

☆ 娱乐

Brück' n Stadl 现场音乐

（Ahornstrasse 850，Gasthof Brücke；⏲12月至次年4月 15:00至次日4:00）如果你想要整整一年的斯帕斯（快乐），没有比这个富有活力的谷仓和大帐篷组合更好的了。穿着皮短裤的草根明星在夏天摇晃着啤酒杯，而丰富的杜松子酒和DJ Mütze在冬季为滑雪后的社交派对提供能量。

ℹ 实用信息

旅游办事处（☎05285-67 60；www.mayrhofen.at；Dursterstrasse 225；⏲周一至周六 9:00~18:00，周日 至13:00；📶）超现代的旅游办事处储存了大量的信息和地图。可以找找详尽的Info vonA-Z；它是免费的，并且是用英文编写的。酒店提供周围阿尔卑斯山有用的地形模型、24小时食宿和免费无线网络连接。

ℹ 到达和离开

乘坐每小时2班的普通列车，往Jenbach（52分钟）的单程车费为€7.40。对于齐勒河谷环线来说，公交车往返于迈尔霍芬和Schlegeisspeicher水库之间（单程€6.40；1小时；每日7班）。

金茨灵（Ginzling）

☎05286/人口 400

想要了解奥地利阿尔卑斯山在旅游业兴起之前的样子，可以前往位于迈尔霍芬以南8公里的可爱小村庄金茨灵。

金茨灵对于徒步旅行者的主要吸引力是**齐勒河谷阿尔卑斯山自然公园**（Naturpark Zillertaler Alpen）（www.naturpark-zillertal.at），一个379平方公里的自然公园和原始的高山荒野、深谷和冰川。从5月到10月，这里有200条精彩的主题导览徒步，大部分费用在€5到€7之间。项目丰富多彩，包括从羊驼徒步到日出拍摄的短途旅行以及采草药和高山徒步旅行等各种活动。

最迷人的住宿地点是**Gasthaus Alt-Ginzling**（☎05286-202 96；www.ferienwohnungen-ginzling.at；Ginzling 240；双 €80~96，公寓 €85~145；🅿📶）。它曾经是走私者去往意大利前的路边小旅馆。这座18世纪农舍每个吱吱作响的横梁上都写满了历史，而天花板低矮的松木板客房非常舒适。餐厅供应当地虹鳟鱼。

在冬季时，免费滑雪巴士频繁开往迈尔霍芬；其余时间则是每小时一班（€3.60,21分钟）。一条公路（汽车通行费/摩托车€12/8）从金茨灵上山，到Schlegeisspeicher水库，那里是令人惊叹的齐勒河谷环线起点。

阿亨湖（Achensee）

峡湾般的阿亨湖（Achensee）是蒂罗尔最大，也是最美丽的湖泊之一，湖畔有茂密的森林。你可以乘船游湖或准备去埃尔福特（Erfurter）的短途游，那里开辟了一个高山游乐场，有远足、滑翔伞、高空滑索和铁索攀岩等项目。

活动

Rofanseilbahn 缆车

（www.rofanseilbahn.at；成人/儿童 往返€20/12，包括 Airrofan Skyglider €28/17.50；⏲4月至10月8:30～17:30）从埃尔福特（1831米）可以欣赏到阿亨湖和周围山峰一览无余的景色，从毛拉赫乘坐罗凡缆车（Rofanseilbahn）可轻松抵达。为了增加刺激，试试Airrofan Skyglider吧，这是一种巨型多人滑索。其他的探险运动包括滑翔伞以及攀登有五座山峰和时长6～8小时的铁索攀岩。

Achensee Boat Tours 坐船

（www.tirol-schiffahrt.at；成人/儿童 €20/10；⏲5月至10月）在峡湾般的阿亨湖上兜风两小时是一种欣赏风景的舒缓方式。

到达和离开

Achenseebahn（www.achenseebahn.at；单程/往返 €23/29.50）私人蒸汽齿轮火车在5月至10月期间从Jenbach驶向湖泊。普通列车也定期在Jenbach和Maurach / Achensee Seespitz之间运行（€4.50，26分钟）。

基茨比厄尔（Kitzbühel）

☎05356/人口8135

让一个奥地利人不假思索地说出这个国家的顶级滑雪胜地，基茨比厄尔一定会脱颖而出。自从1893年Franz Reisch滑雪并沿着基茨比厄尔霍恩（Kitzbüheler Horn）山坡滑行，成就了奥地利阿尔卑斯山的“处子滑”后，基茨比厄尔就成为欧洲最重要的滑雪胜地之一。这些滑雪道上诞生了不少传奇的选手，尤其是三届奥运会奖牌获得者托尼·塞勒（Toni Sailer）。

> **基茨比厄尔地区滑雪通票**
>
> 在冬日旺季，1/3/6天通票费用为€53/147/256，其他时间则为€47.50/132.50/230.50。通票覆盖升降缆车、缆车和滑雪巴士，南至Thurn Pass。如果你计划覆盖很多地带，**Kitzbüheler Alpen AllStarCard**（www.allstarcard.at；1/3/6天通票 €55/155/265）是你最好的选择；它横跨整个地区，包括基茨比厄尔，Wilder Kaiser-Brixental，Saalbach-Hinterglemm和Zell am See-Kaprun（约1088公里的滑雪道）。

基茨比厄尔于16世纪成为一个开采银矿和铜矿的城镇，今天仍然保留了吸引人的中世纪小镇中心，尽管在其他时间，这里是一个时尚和繁荣的冬季度假胜地。它以1月份令人血脉偾张的Hahnenkamm-Rennen高山速降比赛和超棒的雪坡而闻名。

景点

Alpine Flower Garden 花园

（⏲5月至9月 8.30～17:00）**免费** 山金车、雪绒花和紫色风铃草是基茨比厄尔霍恩山顶上安静的花园中盛放的400种高山花卉中的几种。这里可以开展单程4小时（14公里）的徒步，或者也可以坐快速缆车上去。一条风景优美的公路也会蜿蜒上山（每辆车/摩托车收费€10/5，每人另加€3）。

基茨比厄尔博物馆 博物馆

（Museum Kitzbühel；www.museum-kitzbuehel.at；Hinterstadt 32；成人/儿童 €6.50/免费；⏲4月至9月下旬周五至周三 10:00～17:00，周四到20:00，9月下旬至次年3月营业时间缩短）这个博物馆可以从基茨比厄尔铜器时代的采矿时期追溯到现在。冬季运动是这里的重点。永久的收藏品在向本土的传奇人物们致敬，包括滑雪赛冠军托尼·塞勒（Toni Sailer）和冬季风景画家Alfons Walde。

活动

Streiff 滑雪

Streiff的高山速降路线以其难以置信的

陡峭和令人窒息的速度吸引了滑雪发烧友前往基茨比厄尔——甚至专业级的滑雪者在坡度高达85%的Mausefalle雪道上也会感到心跳加快。这段雪道的跳跃落差高达80米，时速接近140公里——他们简直是疯了。这是最可怕的世界杯雪道之一，充满了传奇色彩。如果你足够勇敢的话，在这里至少要体验一次吧。

哈嫩卡姆缆车 缆车

（Hahnenkammbahn; Hahnenkamm Cable Car; 成人/儿童 往返 €23.50/13）这辆缆车将带你前往海拔1712米的哈嫩卡姆（Hahnenkamm）的顶峰，这里对于夏季徒步旅行者、下坡骑行者以及冬季的铁杆滑雪者有着像磁铁一样的吸引力——后者中的许多人都在尝试传奇般的Streiff比赛。

Element 3 探险运动

（☎05356-723 01; www.element3.at; Klostergasse 8; ⏰周一至周五 9:00至正午）在冬季这是一个滑雪学校，而在夏季，这是体验探险运动的一站式商店，包括溪降（€60~110）、滑翔伞（€125）和铁索攀岩（€110）。山地和电动自行车骑行之旅的费用是€45至€60。

Ski Safari 滑雪

想要挑战一下中级滑雪的自信玩家可以试试这个风景秀丽的35公里滑雪场，这个雪场将哈嫩卡姆和Resterhöhe/Pass Thurn连在了一起。高山之旅以大象标志为记号，它也是整个滑雪场的入门级雪道。

基茨比厄尔霍恩缆车 缆车

（Kitzbüheler Hornbahn, Kitzbüheler Horn Cable Car; 成人/儿童 往返 €23.50/13）搭乘这架缆车即可抵达高山花园（Alpine Flower Garden）。徒步旅行和山地自行车道从山顶平铺开来。想要看到山地全景的话就走2.4公里的Karstweg环线，可以一睹周围令人印象深刻的溶洞景观。在冬季，基茨比厄尔霍恩对于初学者有着磁石一样的吸引力，他们可以在阳光明媚的山坡上慢慢地滑下来。

Snowpark Hanglalm 滑雪

（www.snowpark-kitzbuehel.at）对于单板滑雪者和自由滑雪者来说，Snowpark Hanglalm是一个拥有滑雪轨道、跳台、BOX、管子和35个障碍的天堂。滑雪者可以从Mittersill起点站乘坐缆车前往这个雪地公园。

节日和活动

Hahnenkamm-Rennen 运动

（www.hahnenkamm.com; ⏰1月）Hahnenkamm-Rennen也许是所有FIS高山世界杯赛中最令人着迷的一个，这里是所有高山速降比赛的发源地。

Snow Polo World Cup 运动

（www.kitzbuehelpolo.com; ⏰1月中旬）来自各国的马球队在冰上对抗，这为冬季活动带来了喷涌的魅力。

住宿

Snowbunny's Hostel 青年旅舍 $

（☎067 67940233; www.snowbunnys.co.uk; Bichlstrasse 30; 铺 €22~25, 双 €66; @📶）这家友好而悠闲的旅馆距离滑雪场有一小段路程。宿舍很好，不过有一点暗；早餐可以在厨房里DIY。这里有电视休息室，还有雪具寄存室，而且可以撸猫。

Villa Licht 酒店 $$

（☎05356-622 93; www.villa-licht.at; Franz-Reisch-Strasse 8; 公寓 €120~210; P@📶🏊）漂亮的花园、带松木装饰的现代公寓、带小厨房的起居室、山景阳台，当然，这个迷人的蒂罗尔小木屋还有足够的宁静，主人Renate不遗

当地折扣卡

入住基茨比厄尔，你将自动获得红卡（宾客卡），你可以免费享受由旅游局安排的半日导游徒步旅行。Engelbert和Madeleine是远足向导，他们在周一至周五上午8点45分（夏季）和上午9点45分（冬季）开始行程。

夏季，你可以通过买张Kitzbüheler Alpen 夏季卡（有/无公共汽车的3天通行证€55.80/48）来省钱，其中包括31部升降缆车和缆车。儿童半价。

Kitzbühel 基茨比厄尔

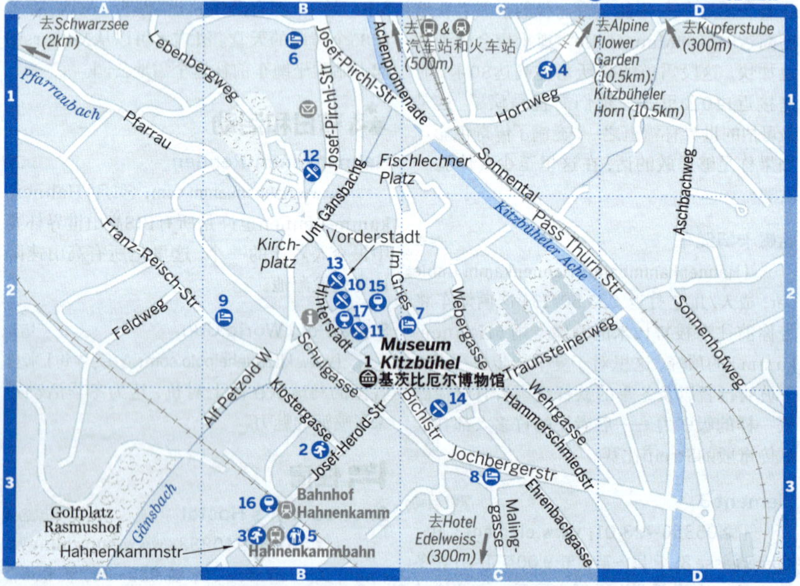

Kitzbühel 基茨比厄尔

重要景点

1 基茨比厄尔博物馆 B2

活动、课程和团队游

2 Element 3 .... B3
3 哈嫩卡姆缆车 B3
4 基茨比厄尔霍恩缆车 C1
5 Streif B3

住宿

6 Hotel Erika B1
7 Pension Kometer C2
8 Snowbunny's Hostel C3
9 Villa Licht B2

就餐

10 Centro B2
11 Huberbräu Stüberl B2
12 Lois Stern B1
13 Restaurant Zur Tenne B2
14 s' Kitz C3

饮品和夜生活

15 Bergsinn B2
16 Hahnenkamm Pavillon B3
17 Leo Hillinger B2

余力地让客人开心。孩子们在夏天会爱上室外游泳池的。

Hotel Edelweiss 酒店 $$

(☎05356-752 52; www.edelweiss-kitzbuehel.at; Marchfeldgasse 2; 双 含半膳€120~150; P 📶) Edelweiss酒店靠近哈嫩卡姆缆车，被绿意环绕的高山美景、桑拿浴室和舒适的内饰都散发着蒂罗尔的魅力。亲切的主人Klaus和Veronika让你可以打包一部分自助早餐作为午餐，餐厅还提供可口的五道菜晚餐。

Pension Kometer 家庭旅馆 $$

(☎05356-622 89; www.pension-kometer.com; Gerbergasse 7; 标单/双 €65/114; P 📶) 这家家庭旅馆拥有明亮、干净和整洁的客房，让你有宾至如归的感觉。酒店设有带游戏和DVD的休闲休息室。早餐包括新鲜面包、水果和鸡蛋。

Hotel Erika 历史酒店 $$$

(☎05356-648 85; www.erika-kitz.at; Josef-Pirchl-Strasse 21; 双 含半膳 €182~212; P 📶 ♨)

这座塔楼式新艺术风格的别墅拥有豪华的高天花板客房和优质的服务。玫瑰花园位于藤蔓覆盖的宝塔和池塘中，夜晚灯火通明。你可以在提供海水浴疗法和水疗中心的干草浴室放松身心。

就餐

★Restaurant Zur Tenne 奥地利菜 $$

（☎05356-644 44-0；www.hotelzurtenne.com；Vorderstadt 8-10；主菜 €18~43；⊙11:30~13:30，18:30~21:30）Hotel Tenne酒店备受推崇的餐厅提供乡村风格的横梁内饰和开放式壁炉，以及盛满温馨夏意的温室。酒店提供优质的服务，菜单包括时令蒂罗尔菜肴，如鲶鱼配野蒜意大利面和朝鲜蓟。

Huberbräu Stüberl 奥地利菜 $$

（☎05356-656 77；Vorderstadt 18；主菜 €9~18；⊙周一至周六 8:00至午夜，周日 9:00起）这家蒂罗尔人常去的古雅酒馆配有拱顶和松木长凳，它擅长烹制奥地利大部分经典菜式，如炸肉排、炖牛肉和饺子，厨艺精湛，近乎完美。

Lois Stern 创意菜 $$

（☎05356-748 82；www.loisstern.com；Josef-Pirchl-Strasse 3；主菜 €25~33；⊙周二至周日 18:00至午夜）Lois在这家小酒馆的开放式厨房里工作，这家酒馆拥有低调别致的木地板和焦糖色调的长椅装饰。在亚洲菜-地中海菜的混合菜单上有不少让人眼前一亮的风味，如野生河虾的天妇罗以及泰式酸橘汁腌鱼和辣椒沙拉酱。

s' Kitz 奥地利菜 $$

（☎05356-753 26；www.skitz.at；Bichlstrasse 7；主菜 €9~23；⊙周一至周六 9:30至午夜）s' Kitz是真正的当地人常去的地方。它的啤酒花园露台和悠闲的氛围吸引了一群喜欢热闹的人。本分的奥地利家庭烹饪的食物：炖牛肉、炖扁豆、Schlutzkrapfen（奶酪和菠菜馅的蒂罗尔式馄饨）和更清淡的选择，例如烤牛肉沙拉配施蒂里亚南瓜油。午餐特选的价格为€8.70。

Centro 意大利菜 $$

（☎05356-658 62；www.centro-kitzbuehel.at；Vorderstadt 12；两道菜午餐 €7.80，比萨 €6~14.50，主菜 €15.50~25.50；⊙周一至周六 9:00至午夜，周日 14:00~23:30；👪）在一个快活的夜晚，整个基茨比厄尔的人似乎都聚集在Centro临街的露台上，一边吃着意大利沙拉、烤比萨、意大利面和烤鱼，一边闲聊和观看行人。有光滑拱顶的餐厅内部在冬季引人入胜。这家餐厅很受欢迎，所以最好预订。

Kupferstube 美食店 $$$

（☎05356-631 81；www.tennerhof.com；主菜 €22~39，4道菜/7道菜 €90/125；⊙周三至周日 19:00~21:00）如果你在Kitzbühel享用珍馐，没有一家比五星级酒店Hotel Tennerhof的餐厅Kupferstube更好。屡获殊荣的厨师斯特凡·伦兹（Stefan Lenz）将自己丰富的想象力都投入精心采购的当地食材上，这些食材可能是应时当令的，这意味着你可以吃到用Wachauer杏和榛子，或基茨比厄尔霍恩凝乳酪和蓝莓精心烹制的有机鸽子。当然，你还会有华丽和精致的用餐环境。

饮品和夜生活

Hahnenkamm Pavillon 酒吧

（www.pavillon-kitz.at；Hahnenkammstrasse 2；⊙冬季 14:00~22:30）这个位于哈嫩卡姆缆车对面斜坡边的酒吧是人们冬天滑雪后常去的地方，DJ、歌声、杜松子酒和滑雪者在他们的滑雪靴里跳动着奥地利的节拍。

Leo Hillinger 葡萄酒吧

（☎05356-202 51；Rathausplatz 5；⊙周一至周五 12:00至午夜，周六11:00至午夜）这家超时尚的葡萄酒吧和商店设有一个露台，非常适合一边品尝美酒和小吃，一边观看路人。

Bergsinn 酒吧

（www.bergsinn.at；Vorderstadt 21；⊙周一至周四 8:00至午夜，周五和周六 至次日1:00，周日 10:00至午夜；📶）这间有点狭小的背光酒廊酒吧在周日提供欢乐时光价格（下午6点至午夜），鸡尾酒为€5。这里有一个喧闹的露台、DJ之夜和免费Wi-Fi。

实用信息

邮局（Josef-Pirchl-Strasse 11；⊙周一至周五 8:00~18:00）位于火车站和旅游局之间。

旅游办事处（☎666 60；www.kitzbuehel.com；Hinterstadt 18；⏰周一至周五 8:30~18:00，周六 9:00~18:00，周日 10:00~12:00和16:00~18:00）中心旅游办事处提供大量英文信息和24小时的住宿信息板。

到达和离开

基茨比厄尔位于Wörgl以东30公里的B170和A12 / E45高速公路上。

火车总站位于Vorderstadt中心以北1公里处。火车频繁地从基茨比厄尔到因斯布鲁克（€15.80,1.25小时）和萨尔茨堡（€30.30，2.5小时）。如果你去库夫施泰因（€10.20，1小时）的话，在Wörgl换车。

库夫施泰因（Kufstein）

☎05372/人口 18,215/海拔高度 499米

在20世纪70年代，卡尔·甘泽尔（Karl Ganzer）在他热门的约瑟夫单曲'Perle Tirols'（蒂罗尔之珠）中大赞库夫施泰因，事实也确实如此。库夫施泰因坐落在巨大的石灰岩山体Kaisergebirge脚下，一座堡垒雄踞高处，拥有如画的美景。蒂罗尔和巴伐利亚长期以来一直对该镇的控制权进行了激烈的争夺，直到1814年，它最终成为奥地利的领土。

景点

Festung Kufstein 要塞

（www.festung.kufstein.at；Oberer Stadtplatz 6；成人/儿童 €11.50/7；⏰9:00~18:00）高耸在岩石峭壁之上的库夫施泰因塔楼式的城堡就如被供奉给周围的高山一样，人们通过它可以洞察小镇动荡的过去。这个堡垒的历史可以追溯到1205年（库夫施泰因是巴伐利亚的一部分），并且在斗争期间作为巴伐利亚和蒂罗尔的关键防线。圆形的Kaiserturm（皇帝塔）在1522年后才被建好。

Römerhofgasse 古迹

一次漫无目的的闲逛，会因为姜黄色的Römerhofgasse而令人难忘。这是一条经过重建的中世纪小巷，这里悬垂的拱门、提灯和刻有壁画的外墙，看起来像是为迪士尼电影打造的布景。甚至这里拥挤的游人和俗气的纪念品——土拨鼠牌软膏、紧身连衣裙、结实的皮裤，还有你叫得出叫不出名字的东西——都没有丝毫减弱它的吸引力。

活动

★Kaisergebirge 徒步、滑雪

Kaisergebirge山脉像东边的石灰岩一样耸立，可达2300米，一直延伸到蒂罗尔的圣约翰，吸引了徒步、登山和滑雪爱好者。Kaisergebirge实际上是两座山脉，由Kaisertal山谷分开东西两侧。北部的山脉叫**Zahmer Kaiser**（平淡君主），而南部的则被称作**Wilder Kaiser**（狂野君主）——猜猜哪座山更平坦。从旅游办事处可以拿到免费的Wanderkarte（步行地图）。

Hechtsee 游泳

（www.hechtsee.at；成人/儿童 €4/1.60；⏰5月下旬至9月上旬 9:00~19:00）这座水晶蓝色的山峦湖位于库夫施泰因西北3公里处。除了在湖边游泳外，还有划艇、乒乓球和排球等其他活动。在夏季天气晴朗的日子里，客人可以乘坐免费的城市巴士前往Hechtsee（在旅游办事处询问）。

Stimmersee 游泳

（成人/儿童 €4/1.60；⏰5月下旬至9月上旬）位于库夫施泰因西南2.5公里处的Stimmersee因奥地利一些最干净的湖水而受到欢迎。森林环绕着参差不齐的山峰，山间溪流涌入玻璃般纯净的绿色湖泊。这里有日光浴草坪、咖啡馆、徒步小径、沙滩排球场和儿童游乐场。

住宿

Camping Maier 露营地 $

（☎05372-583 52；www.camping-maier.com；Egerbach 54，Schwoich；营地 每成人/儿童/帐篷 €5/3.50/7；👪）这个友好的露营地毗邻林地，位于库夫施泰因以南5公里处，拥有树荫下的球场、游乐场和室外游泳池。

★Auracher Löchl 历史酒店 $$

（☎05372-621 38；www.auracher-loechl.at；Römerhofgasse 2-5；标单 €79~134，双 €145~297；@📶）这家酒店位于Römerhofgasse和因河之间，将中世纪的魅力与21世纪的舒

适融为一体。河流或堡垒景观房会更昂贵一些。穿过人行天桥到低拱梁的餐厅（主菜€13~25），安德烈亚斯·霍费尔的画像、吱吱作响的地板和正在磨牙的獾给人一种质朴的感觉。像Schweinshaxe（基本上是半头猪）等奥地利经典菜肴的分量会把你的胃撑爆。

Hotel Kufsteinerhof 酒店 $$

（☎05372-714 12；www.kufsteinerhof.at；Franz-Josef-Platz 1；标单 €54~64，双 €108~118；🅿📶）Kufsteinerhof酒店宽敞的镶木地板客房拥有干净、现代的风格和丰盛的早餐，这里是库夫施泰因中心区最好的选择之一。这里距离堡垒仅有3分钟的步行路程。

就餐

Egger Bräustüberl 奥地利菜 $$

（☎05372-610 90；www.braeustueberl-kufstein.at；Oberer Stadtplatz 5a；每日特餐 €8，主菜 €8.50~14；⏰周一至周五 10:00~14:30和16:30至午夜，周六10:00至午夜；）这家出售自制啤酒的酒馆+餐厅拥有令人满意的蒂罗尔和巴伐利亚食物，从靴子大小的炸肉排到炖牛肉和带有酸菜条的小香肠——所有这些都适合搭配新鲜的啤酒。氛围悠闲，露台享有城堡美景。还提供无麸质、素食和儿童选择。

Purlepaus 创意菜 $$

（☎05372-636 33；www.purlepaus.at；Unterer Stadtplatz 18；午餐 €6.90~8.20，主菜 €11~18；11:00~22:00；）这是一个永远受欢迎的选择，拥有时尚的拱形内堂和一棵大栗子树荫下的露台。冗长的菜单从意大利面食和阿尔萨斯烤饼，到泰国咖喱和蒂罗尔食物，应有尽有。还提供素食选择。

饮品和夜生活

Fritz Wein Cafe 葡萄酒吧

（www.fritz-wein-cafe.com；Unterer Stadtplatz 18；⏰周二至周五 16:00至午夜，周六 11:00至午夜）在库夫施泰因的夜生活中添加了一丝都市化的灵巧，这个由地球灯照亮的木地板酒吧拥有各种各样的奥地利葡萄酒，与当天的特色菜、西班牙小吃和奶酪拼盘搭配得非常好。

实用信息

在**旅游办事处**（☎05372-622 07；www.kufstein.com；Unterer Stadtplatz 8；⏰周一至周五 9:00~18:00，周六 9:00~13:00），工作人员将设法帮你寻找住宿，且无须收取佣金。如果你在这里过夜，可以要求Gästekarte，它在夏季和冬季提供不同的优惠。

到达和离开

频繁开往基茨比厄尔的列车（€10.20，1小时）需要在Wörgl换乘。最便捷的路线也会通过Wörgl。库夫施泰因位于因斯布鲁克—萨尔茨堡的铁路干线上。前往萨尔茨堡的直达列车（€31，1.25小时）至少每两小时一班；到因斯布鲁克（€14，40分钟）的直达列车半小时一班。巴士从火车站外出发。

瑟尔（Söll）

☎05333/人口 3535/海拔高度 703米

瑟尔是库夫施泰因以南10公里处的知名滑雪胜地。在20世纪80年代，该度假村曾经是醉醺醺的喧闹游客的最爱。现在它已成功被改造为一个面向家庭的户外活动场所。

俯瞰度假村的最高滑雪场是Hohe Salve，海拔1828米。

活动

Hohe Salve 徒步

（www.hohe-salve.com；缆车 单程/往返 €13/17.50；⏰9:00~17:00；）徒步客和滑翔伞爱好者在夏天被吸引到Hohe Salve的高地上。缆车爬升的第一阶段是**Hexenwasser**，在这条步道上可以开展有趣的家庭活动。沿途有水体障碍物、日晷、游乐场、磨坊、面包店和养蜂场。整个夏天，你都可以看到（和品尝）以传统方式制作的面包、杜松子酒和奶酪。同一条雪坡在冬天会嗖嗖地响起滑雪板的声音。

Skiwelt 滑雪

（www.skiwelt.at）跨越Wilder Kaiser Brixental崎岖的碎石灰岩山脉，Skiwelt包括284公里的滑雪道，其中大部分是轻松或中等难度的。旺季的通行证为€42.50/天。越野滑

雪是一种受欢迎的冬季消遣活动，其中的小径一直延伸到蒂罗尔的圣约翰。

食宿

Eggerwirt 历史酒店 $$

（☎05333-52 36；www.eggerwirt.cc；Dorf 14；标单 €49~62，双 €82~92；）这家家庭经营的小木屋风格的酒店欢迎你的到来，享有美丽的山景，冬季则设有开放式壁炉。温馨的客房配有松木装饰。在夏季，室外游泳池和阳光露台非常有吸引力，而桑拿区则非常适合冬季的滑雪后蒸汽浴。可应要求提供自行车租赁服务。

Auf da Mühle 奥地利菜 $$

（☎05333-205 90；www.aufdamuehle.at；Dorf 89；主菜 €9.50~30；⊙周一和周三至周五 10:00~14:00和16:30至午夜，周六和周日 10:00至午夜；）活跃的工作人员在位于瑟尔中心的Auf daMühle餐厅为你带来滋滋作响的顶级牛排、沙拉、锅菜和比萨。外观时尚、新潮的轮廓和光滑的木质镶板，以及一张长长的鸡尾酒单为喧嚣的氛围注入活力。每日特餐的价格是€7.50（素食）至€8.50（含鱼或肉）。

实用信息

旅游办事处（☎050-509 210；www.wilder kaiser.info；Dorf 84；⊙周一至周五 8:00~12:00和13:00~18:00，周六 15:00~18:00，周日 9:00~12:00）在村中心，提供活动信息，并将帮助你找到住宿。

到达和离开

瑟尔位于Wörgl和蒂罗尔的圣约翰之间的B178。它不在火车线上，但与库夫施泰因之间有很多巴士（€4.50，27分钟）。

塞费尔德（Seefeld）

☎05212/人口 3370/海拔高度 1180米

塞费尔德高高地坐落在南向的高原上，周围环绕着Wetterstein和Karwendel Alps令人生畏的石灰岩山峰。虽然大多数蒂罗尔度假村热衷于高山速降，但塞费尔德人最大的爱好是Langlauf（越野滑雪），每当冬季来临，越野滑雪的粉丝都会聚集在这里，沿着长达279公里的雪道滑行。

塞费尔德曾经骄傲地成为1964年和1976年冬季奥运会以及2012年冬季青年奥运会的联合举办方。它目前准备举办2019年的FIS北欧世界滑雪锦标赛。

景点

Pfarrkirche St Oswald 教堂

（Dorfplatz；⊙8:00~19:00）塞费尔德的桂冠景点是这个晚期哥特式的教区教堂，它是一个圣迹的发生地。故事发生在1384年，奥斯瓦尔德·米尔瑟在这里的复活节圣餐会上吞下了一块留给牧师的圣饼。在他几乎被大地吞没时，这个贪婪的门外汉忏悔了。但圣饼上留下了斑斑血迹——不是来自愚蠢的奥斯瓦尔德，自然是来自耶稣。你可以爬上楼去看看**Blutskapelle**（圣血礼拜堂），它保存着原始的圣饼。

活动

塞费尔德存在的理由便是越野滑雪。精心修饰的Loipen（小径）纵横交错，穿过阳光明媚的高原，通往5公里外的Mösern，那里可欣赏到因河和远处山峰的美景。

长达48公里的高山滑雪道最适合初学者和中级滑雪者。前往滑雪场的门票是多日Happy Ski Card（成人/儿童三日通行证 €120.50/72.50），涵盖塞费尔德的所有升降缆车。两个主要区域是Gschwandtkopf（1500米）和Rosshütte（1800米）；后者连接到Karwendel山群的更高升降缆车和斜坡。

对于一些具有挑战性的步道，缆车在附近的Seefeld Spitze（2220米）和Reither Spitze（2374米）提供服务；在咨询旅游办事处了解更多信息或参加其定期组织的有向导的徒步。

食宿

★Hotel Helga 酒店 $

（☎05121-23 26；www.hotel-helga.at；Haspingerstrasse 156；标单 含半膳 €75~110，双 €120~150；）Helga和Franz在这间温馨的小木屋中竭尽全力取悦顾客，酒店客房甜美简约，有着传统的蒂罗尔风格。周围有树丛和鲜花环绕。住在这里可以欣赏到山景、一流的四道菜晚餐、亲切的氛围以及享受夜晚安眠所需的宁静气氛。桑拿浴室让人在冬季都不会感到寒冷。

Central 酒店 $$

(☎05212-26 88; www.central-seefeld.at; Münchnerstrasse 41; 标单/双 €92/144, 半膳 €16; P 📶) 友好的服务、迷人的水疗中心和儿童游乐区使Central成为一个不错的选择。光线充足的客房设有阳台，拥有现代的蒂罗尔风格，并配有浅色的桦木，色调朴实。食物都选自当地产品，早餐则提供有机食品。

Waldgasthaus Triendlsäge 奥地利菜 $$

(☎05121-25 80; www.triendlsaege.at; Triendlsäge 259; 主菜 €10~22; ⏰周四至周二 11:30~22:00)这家隐藏在森林中的木屋餐厅以锯木厂命名，有着浪漫的蒂罗尔乡村风格、距离城镇北部有20分钟步行路程，或者也可以在冬季越野滑雪或乘马车到达。你可以在开放式壁炉旁或露台上享用当地菜肴，品尝时令的农场新鲜食材，包括鳟鱼、野味和野生蘑菇。

实用信息

中心的**旅游办事处**(☎05-088 050; www.seefeld.com; Klosterstrasse 43; ⏰周一至周六 8:30~18:30, 周日 10:00~12:30和15:00~17:00)有大量关于住宿和户外活动的信息。

到达和离开

塞费尔德位于因斯布鲁克西北25公里处，在靠近德国的B177公路。这条公路在离开因斯布鲁克后不久就开始爬升，你可以一览整个山谷的壮观景色。火车往返于因斯布鲁克(€5.40, 36分钟), Mittenwald(€5.20, 20分钟)和德国的Garmisch-Partenkirchen(€9.10, 42分钟)之间。

施塔姆斯(Stams)

☎05263/人口1380/海拔高度672米

让小小的施塔姆斯引以为傲的是它引人注目的Cistercian修道院。**Stift Stams**(www.stiftstams.at; Stiftshof 3; 旅行团 成人/儿童 €5.50/3; ⏰每小时导览游 6月至9月 周一至周六 9:00~11:00和13:00~17:00, 周日 13:00~17:00, 10月至次年5月 周四至16:00)是蒂罗尔真正的建筑杰作之一。赭石和白色的Zisterzienstift由康拉丁的母亲巴伐利亚人伊丽莎白——Hohenstaufens的最后一位家族成员于1273年修建。它建于干净平整的土地上，巨大的外立面有80米长，通过一堆银色的圆顶，你很容易辨认它，当修道院在17世纪以巴洛克风格进行改造时，这是最后的一道装饰。

修道院是最大的吸引力，但如果你想在Inn Valley酒店宁静的角落逗留，那么有一些令人愉快的步道可以通往周围的山丘和橡树林。

凭借着有气氛的石头拱顶和舒适的壁龛，建在修道院建筑群内的**Orangerie Stams**(☎05263-202 08; www.orangeriestams.at; Stiftshof 7; 午餐 €7.90, 主菜 €8.50~15; 周一至周六 10:00~22:00, 周日 至18:00; 👪)魅力十足。菜单主打高品质的当地产品。赶紧找一张桌子开吃吧，如南蒂罗尔鞑靼牛肉、施蒂利亚鸡肉沙拉配南瓜油或Stamser Pfandl、烤猪肉配大蒜黄油、根茎类蔬菜和烤土豆。餐厅还提供素食选择。

施塔姆斯位于因斯布鲁克和兰德克之间的火车轨道上(两边出发均为€8.40, 40分钟)。A12和B171都通过修道院附近。

厄茨河谷(The Ötztal)

人口12,000

几千年来，厄茨河谷逐渐形成了粗犷之美。无论你是来皑皑的山峰滑雪，还是玩白水漂流或徒步到山顶，都可以享受这个山谷的荒野气息。守卫意大利边境的蒂罗尔最高峰Wildspitze(3774米)占据了显要的位置，这是从Ötztaler Alpen向北延伸至因河的三个河谷之一。

景点

Ötzi Dorf 博物馆

(www.oetzi-dorf.at; Umhausen; 成人/儿童 €7.50/3.70; ⏰5月至10月 9:30~17:30; 👪)这个小型的露天博物馆为Ötzi冰人提供了新石器时代的场景还原。你可以参观传统的茅草屋、药草园、工艺品展示区以及野猪和牛漫步的围场。这里提供多语种语音导览。

值得一游

施图拜冰川

施图拜冰川（Stubai Glacier）是奥地利最大的冰川滑雪区之一，位于因斯布鲁克以南40公里处。由于它顶部的高度在海拔3300米左右，所以全年都有一些双板和单板滑雪者。其他活动包括徒步、滑翔伞、平底雪橇和越野滑雪。村庄点缀在下面铺开的山谷上。

宾馆、度假公寓和小木屋酒店沿Stubaital线路排列，是Neustift最集中的地方，如果你想在早晨的人流到达之前开始前往冰川，那么这是一个很好的根据地。访问www.stubai.at了解名单。

从因斯布鲁克出发的公共汽车每小时两次前往冰川脚下的Neustift im Stubaital Mutterbergalm（€9.30，1.5小时）。

施图本瀑布

瀑布

（Stuibenfall）从Ötzi Dorf出发，步行20分钟即可抵达蒂罗尔最长的瀑布，飘逸的施图本瀑布在板岩悬崖和苔藓覆盖的巨石上倾泻而下，水练高达159米。你可以再花40分钟继续前往顶部观景平台和吊桥。令人兴奋的450米Klettersteig（铁索攀岩）会带你直接穿过瀑布；记得带上你自己的登山弹簧扣和头盔。

活动

Aqua Dome

水疗中心

（☎05243-6400；www.aqua-dome.at；Oberlängenfeld 140，Längenfeld；3小时卡 周一至周五 成人/儿童 €20/10.50，周六和周日 €23/13.50，桑拿 €14；⏲9:00~23:00，桑拿10:00~23:00）在厄茨阿尔卑斯山脉的映衬下，这个水晶般的水疗中心在夜幕降临后，三个飞碟形状的游泳池被醒目地照亮，看起来是那么超凡脱俗。当然，当你漂浮在盐水浴中或是在慵懒的河流里玩水枪的时候，仰望山峰和星空，也会有一种梦幻的感觉。

Area 47

探险运动

（☎05266-876 76；www.area47.at；Ötztaler Achstrasse 1，Ötztal Bahnhof；水上乐园 成人/儿童/家庭 €22/13/54；⏲5月至9月 10:00~19:00；👪）这个巨大的体育和探险乐园是终极的户外游乐场，也是Ötztal的旗舰景点。它位于阿尔卑斯山脚下，在一条河边。夏天，这个地方到处都是欢乐的家庭和爱玩的少年。

蒂默尔山口

观光自驾

（Timmelsjoch Pass；www.timmelsjoch.com；车/摩托车 €16/14，有Ötztal Card免费；⏲6月至10月 7:00~20:00）通常被称为"向南的秘密通道"，这个很少有车经过但仍然美丽得惊人的通道在意大利南蒂罗尔的Ötztal和Passeier山谷中起伏。自石器时代开始，这条路线便吸引了中世纪的贸易商和走私者。成功驶过30个发夹弯后，你会看到它的最高点2509米，在那里有一家小酒馆在等着你。

索尔登

滑雪

（Sölden；www.soelden.com；1/6天通票€52/269）作为高山滑雪世界杯场地的索尔登是一个滑雪胜地，它拥有高速缆车网和充满乐趣的滑雪后的社交活动。度假村145公里的斜坡吸引了自信的中级选手。在Rettenbach和Tiefenbach进行的冰川滑雪也是很好的补充。对于许多人来说，最重要的是50公里的**Big 3拉力赛**，这是一场4小时的下坡马拉松比赛，从Giggijoch缆车开始，需要滑过3个海拔3000米的山峰。

Obergurgl & Hochgurgl

滑雪

（www.obergurgl.com；日滑雪票 €50；👪）索尔登以南约14公里处是对家庭友好的Obergurgl（1930米），它是奥地利最高的教区。滑雪主要针对初学者和中级选手。Obergurgl实际上位于山谷的顶端，但是翻过这座山头走过两倍的路程时，你会来到Hochgurgl（2150米），那里的滑雪道更加陡峭，景色同样令人印象深刻。

住宿

★Hotel Rita

水疗酒店 $$

（☎05253-53 07；www.hotel-rita.com；Oberlängenfeld 44a，Längenfeld；标单含全餐€94~104，双 €168~208，套房 €192~226；P📶🏊）Lengler家族在这家漂亮的小木屋酒店里会对你致以衷心的欢迎，它距离Aqua Dome只有5分钟的步行路程。Hotel Rita酒店

坐落在山景花园中，提供宽敞的现代化客房以及带有室内游泳池、漩涡浴缸、香草桑拿浴室和土耳其浴室的绝佳Spa区。从精心准备的六道菜晚餐到免费的徒步导览游和自行车、地图和登山拐杖租赁，都非常注重细节。

Nature Resort Ötztal 度假村 $$

（☎05252-603 50；www.nature-resort.at；Piburgerstrasse 6, Ötz；标单含全餐 €112~132，双 €184~224；P@≋）这家河畔度假酒店拥有生态而时尚的小木屋，以环保的松木作装饰。它十分适合家庭入住，提供免费活动，如山地徒步导览游和骑行游览，以及漂流和溪降，如果你情愿离开桑拿浴室和水疗中心的篝火的话。

Hotel Garni Granat 酒店 $$

（☎05254-20 62；www.hotel-granat.at；Gemeindestrasse 2, Sölden；双 €98~126，标三 €180；P@≋）这家友好的旅馆位于Sölden，靠近冬季的滑雪缆车，夏季提供免费的徒步导览游。许多明亮的传统客房设有漩涡浴缸。儿童游乐场和沙坑可供孩子们玩耍。客人可以免费使用附近休闲中心的游泳池、桑拿浴室和网球场。

实用信息

虽然在Ötz和Längenfeld等村庄还有其他的旅游办事处，但山谷的主要**旅游办事处**

厄茨河谷卡

在夏季，你可以通过买张**厄茨河谷卡**（www.oetztalcard.oetztal.com；3/7/10天 €52/73/93）省钱。儿童半价。从6月中旬到9月，通行证包括山谷中的公共交通和缆车以及Ötzi Dorf等景点，活动包括从室外游泳池到自行车租赁，还有免费进入Aqua Dome和47区的一次性门票。

（☎057200；www.oetztal.com；Gemeindestrasse 4, Sölden；⊙周一至周六 8:00~18:00，周日 9:00~12:00和15:00~18:00）在索尔登。这些办事处均可安排所有客人的住宿，客人们还可以拿走该地区的活动宣传册。

到达和离开

从Ötztal Bahnhof出发，巴士大约每小时向南行驶至目的地，包括Umhausen（€4.50，30分钟）和Sölden（€8.40，1小时）。

如果你是自驾的话，全年都应该至少能到达Hochgurgl，但是通过2509米的**蒂默尔山口**（Timmelsjoch Pass，见350页）进入意大利的道路经常在冬天被大雪阻挡。

班次频繁的火车从因斯布鲁克（€10.20，22~49分钟）、伊姆斯特-Pitztal（€3.60，9分钟）和兰德克（€6.40，26分钟）抵达山谷顶峰的Ötztal Bahnhof。

冰人

在1991年，德国徒步旅行者赫尔穆特·西蒙（Helmut Simon）在ÖtztalerAlpen意大利境内约90米处的Similaun冰川内发现了一名男子的躯体。警方和法医科学家被叫到现场。碳定年显示了这名绰号为“Ötzi”的冰人已将近5400年。他的躯体被放置于石器时代晚期，使他成为世界上最古老、保存最完好的木乃伊。

Ötzi成为重大的新闻，更是因为他的保存状态非常出色；甚至皮肤上的毛孔都历历在目。此外，和Ötzi一起被发现的还有70件手工艺品，包括铜斧、弓箭、木炭和衣服。在生理上，他被发现与现代人类没有什么不同。而X射线显示他患有关节炎、冻伤和肋骨骨折。

然而，并非所有人都担心这些细节。一些奥地利和意大利妇女在冰人被发现后不久就联系了因斯布鲁克大学，并要求用Ötzi的冷冻精子受精，但他身体这个最重要的部分却不见了。

• Ötzi于1998年被运送到意大利，成为博尔扎诺博物馆的核心展品。2010年9月，已故赫尔穆特·西蒙的家族因其开创性的发现获得了175,000欧元的奖励。2016年，Ötzi再次出现在新闻中，因为研究人员研究了一种特殊的胃细菌菌株，以揭示人类从北非迁徙的历史。

伊姆斯特（Imst）

☎05412/人口9550

伊姆斯特位于广阔的Gurgltal（Gurgl山谷）。它位于绵延而葱翠的山脉中，以其众多的小溪而闻名。虽然小镇本身不会让你待太久，但它周围的草地、崎岖的山峰和峡谷可能会让你驻足更长时间。伊姆斯特是你在附近的Ötztal徒步旅行和滑雪的理想基地。

景点

★Rosengartenschlucht 峡谷

（Rose Garden Ravine；👪）200米高的Rosengartenschlucht环路是一条和缓的家庭徒步路线，长5公里，约需3小时。在那里可以登上缓缓上升的人行道，并可以欣赏到瀑布的美景。在顶部步行穿过森林，沿着俯瞰Lechtaler阿尔卑斯山的小径继续向前。不要错过Blaue Grotte，这是一个蓝得令人吃惊的洞穴水池。

Starkenberger Biermythos 啤酒厂

（☎05412-662 01；www.starkenberger.at；Griesegg 1, Tarrenz；游览 成人/儿童 €7/免费；⏲5月至10月 每天10:00~17:00，11月至次年4月 周一至周五 10:00至正午和13:00~16:00）这座拥有200年历史的啤酒厂坐落在一座中世纪城堡内，位于Tarrenz的伊姆斯特以北3公里处。导览游能让你快速浏览啤酒的酿造过程，还包括啤酒品鉴。如果你怎么也喝不够的话，甚至可以洗啤酒澡，不过要提前打电话预约——显然，这对于你的皮肤会有好处的。

Haus der Fasnacht 博物馆

（www.fasnacht.at；Streleweg 6；成人/儿童 €4/1；⏲周五16:00~19:00）每四年伊姆斯特都会举办一场忏悔节，即被列入联合国教科文组织名单的Schemenlaufen（鬼舞）；下一场比赛将于2020年2月9日举行。重点是充满活力的人物游行，从驼背Hexen（女巫）到向观众喷水的Spritzer。这座博物馆以这个具有百年历史的传统为基础，展出了许多手工雕刻的鬼面具。

活动

Alpine Coaster 探险运动

（Hoch-Imst；成人/儿童 €7.10/4.90；⏲10:00~17:00；👪）Alpine Coaster被称为世界上最长的阿尔卑斯山地过山车，提供让人惊心动魄的下山体验。缆车将乘客送达到坡上的起点，在那里他们将登上自行控制的升降缆车，向下滑降3.5公里，穿越无数个嶙峋的山丘和发夹弯。

住宿

Romedihof 青年旅舍 $

（☎05412-222 12 10；www.romedihof.at；Brennbichl 41；宿舍 €21~24，双 €52；@📶）Romedihof青旅坐落在一座16世纪的农舍内，是远足、骑行和滑雪的理想大本营。内饰经过精心修复，横梁、壁炉和灰泥增添了历史的色彩。房价包括当地面包店新鲜出炉的面包，还供客人在共用厨房准备自己的早餐。乘火车到Imst-Pitztal，然后步行10分钟可到这里。你可以到网站查看详细地图。

Hotel Hirschen 酒店 $$

（☎05412-69 01；www.hirschen-imst.com；Thomas-Walch-Strasse 3；标单 €70~82，双 €108~140；P@📶🏊）这家位于市中心的宾馆设有舒适的客房、室内游泳池和现代化的水疗区（可以找找在休闲室的水床，享受一下徒步旅行后的小憩）。在木屋餐厅（主菜€10~18）里，你可以在墙上挂着雄鹿头的餐桌前点一盘炖鹿肉。

实用信息

在**旅游办事处**（☎69 10-0；www.imst.at；Johannesplatz 4；⏲周一 8:00~18:00，周二至周五 9:00~18:00，周六 10:00~13:00；📶）可了解伊姆斯特及周边地区的住宿和活动；还有免费的Wi-Fi。

到达和离开

镇子位于东西向主路（A12和B171）的北部，有频繁驶过的公共汽车和火车（从因斯布鲁克出发€12.10，40分钟）。

当地交通

成年人可能会感觉登上Imster Bummelbär

（成人/儿童 €3/2，每天3班）的旅游列车有点傻，但它可以方便地到达附近的景点，包括Starkenberger Biermythos。

旅游办事处有一个不同自行车和电动自行车全套出租的清单。

埃尔瓦尔德（Ehrwald）

☎05673/人口2665

这个别致新颖的小镇靠近德国边境，在巨大的山峰（包括Wetterstein山脉崎岖的石灰岩山峰和德国最高山峰2962米的Zugspitze）下显得十分袖珍。在夏季，它的徒步小径一直通往悬挂着瀑布的高山，在冬季则为初学者和中级滑雪者提供干净利落的滑雪道。

景点

Zugspitze 观景点

（www.zugspitze.at；缆车 单程/往返 €28.50/42）埃尔瓦尔德的荣耀来自德国最高峰——海拔2962米，跨越奥德边界的Zugspitze。从山顶可以看到大部分蒂罗尔山脉以及巴伐利亚阿尔卑斯山和瑞士的Mt Säntis山脉的壮丽全景。Zugspitze北部是德国最受欢迎的滑雪胜地Garmisch-Partenkirchen。

实用信息

有关住宿和活动的信息，请联系小镇中心的**旅游办事处**（☎20 000 208；www.ehrwald.com；Kirchplatz 1；⏲周一至周五 8:30~18:00，周六9:00~17:00，周日 9:00~12:00）。工作人员将免费帮助客人找到客房。

到达和离开

从因斯布鲁克（€14，1.75小时）到埃尔瓦尔德的火车经过德国；你必须在Garmisch-Partenkirchen换车。奥地利火车票在整个旅程都适用。

兰德克（Landeck）

☎05442/人口7780

兰德克是一个普普通通的小镇，但拥有一个非凡的背景：它的四周环绕着森林覆盖的山峰，一座中世纪城堡成为这里的地标。小镇毗邻川流不息的因河和Sanna Rivers，是户外活动的理想基地，而且你还可以探索附近的Inntal和Patznauntal山谷。

景点

兰德克城堡 城堡

（Schloss Landeck；www.schlosslandeck.at；Schlossweg 2；成人/儿童 €7.70/2；⏲4月中旬至10月下旬 10:00~17:00，12月中旬至次年1月上旬 13:00~17:00；👪）这座13世纪的山顶城堡像哨兵一样注视着兰德克，从很远的地方就能看到。二楼（1st floor）的**博物馆**展示了从凯尔特人的小雕像到手工雕刻的Krampus面具，以及将“耶稣降临”有些机械地本地化的场景。你可以爬上令人眼花缭乱的楼梯到达塔楼，欣赏兰德克和Lechtaler阿尔卑斯山的美景。

Stanz 村庄

（www.brennereidorf.at）如果兰德克的新鲜空气和活动让你有点渴，可以到3公里外的Stanz。这个村庄坐落在阳光明媚的高原上，有散布着苹果树和李子树的牧场，拥有150间房屋和60个杜松子酒酿酒厂。这里有许多乡村小屋，你可以来这里品尝当地的烈酒，然后再回到山谷。

Zammer Lochputz 峡谷

（www.zammer-lochputz.at；成人/儿童 €4/3；⏲5月至9月 9:30~17:30，10月 周六至周一 10:00~17:00）在兰德克外面的Zammer Lochputz峡谷，瀑布冲刷着石灰岩悬崖。穿过松树林之后，一条小径通过观景点和一些有趣的岩层——可以找找看像公牛头和仙女一样的岩层。

活动

兰德克将一些滑雪散客吸引到22公里长的滑雪道（大部分为中级难度，一天滑雪通行证需要€32），但它更以远足小径而闻名。现象级的**Adlerweg**（鹰径）就途经兰德克，280公里之后到达蒂罗尔。可以通过**Venet**（www.venet.at；成人/儿童单程 €14.40/8.20，往返 €16.50/9.80；⏲8:00~17:00）乘坐缆车前往Krahberg（2208米）到达许多条步道。

Sport Camp Tirol 探险运动

(05442-626 11; www.sportcamptirol.at; Mühlkanal 1;)这是个一站式运动商店，活动包括滑翔伞(€110)、溪降(€79~95)、白水漂流(€36~62)和攀岩(€59)。你还可以在这里租用山地自行车(半天/全天 €18/€22)，前往旅游局设计好的免费GPS之旅或者可以尝试挑战一路下坡的Inn Trail。

住宿

Gasthof Greif 客栈 $

(05442-622 68; www.gasthof-greif.at; Marktplatz 6; 标单 €47~52, 双 €70~80; P)Greif坐落在主街上方一个安静的广场上，就在城堡下面。其20世纪70年代风格的客房宽敞整洁，餐厅(主餐€9~16)供应蒂罗尔美食。

Hotel Mozart 酒店 $$

(05442-642 22; www.mozarthotels.at; Adamhofgasse 7; 标单/双/家 含半膳 €82/144/215; P)莫扎特在奥地利的影响力令人惊叹。这间特别的莫扎特酒店设有阳光明媚的大型客房，可通往阳台，并享有广阔的山景。华丽的花园和带小型水疗区的室内游泳池可供客人放松身心，这里还设有充足的自行车存放处。

Tramserhof 酒店 $$

(05442-622 46; www.tramserhof.at; Tramserweg 51; 标单/双 半膳 €65/130; P)这是一个宁静的度假胜地，坐落在树林中，距离兰德克中心有20分钟的步行路程。客房都是乡村风格，拥有充足的自然光线和温暖的松木装饰。水疗中心设有漩涡浴缸和桑拿浴室。早餐时提供有机农产品。

就餐

Cafe Haag 咖啡馆 $

(Maisengasse 19; 小吃 €3.50~6; 周一至周五 7:30~18:30, 周六 8:00~12:30)当地的李子、坚果和蜂蜜混合在这家咖啡馆神圣的巧克力中，巧克力用蒂罗尔灰牛的牛奶制成，蛋糕只是补充上山跋涉到城堡所需能量的小甜点。

> **冰河公园卡**
>
> 伊姆斯特旅游局出售价值优惠的冰河公园卡(3天/5天 €59/79)，从6月中旬到10月中旬，包括所有公共交通、缆车和该地区的大多数景点。

Schrofenstein 奥地利菜 $$

(05442-623 95; Malserstrasse 31; 主菜 €15~30; 11:00~23:00;)Schrofenstein优雅的乡村风格餐厅秉承奥地利人的热情和地中海的轻盈氛围，随着季节而变化：从春天的芦笋到夏季的浆果和蘑菇，以及秋季捕获的动物，应有尽有。菜肴包括本地羊奶制成的奶油布丁配橄榄饼和罗勒香蒜酱，小牛腿配松露玉米粥和李子。

实用信息

旅游办事处友好的工作人员(05442-656 00; www.tirolwest.at; Malserstrasse 10; 周一至周五 8:30~12:00和14:00~18:00, 周六 9:00~12:00;)可以帮助预订住宿并提供当地家庭旅馆清单。

到达和离开

到达因斯布鲁克的火车(€14, 46分钟)大约每小时一班，至少每两小时一班到达布雷根茨(€25.40, 1小时)。巴士从火车站外和/或镇中心的巴士站出发。火车站在东边1.5公里处；进入城镇离开车站左转，就在河的同一侧。

进入福拉尔贝格的A12公路经过兰德克，在接近城镇时钻入隧道。B171穿过市中心。

当地交通

Venet(见353页)在夏季，Venet缆车可以升至Krahberg(2208米)，那里有标记清晰的徒步路网。

因河谷(Inntal)

人口11,250

因河谷隐藏着绿松石般的河水，在因河中湍急地流淌，这里几乎没有什么景点，但景色优美，特别是Pfunds周围有犬牙交错的山峰和茂密的山坡森林。许多用华丽壁画装饰的房屋设计风格与瑞士格劳宾登州的恩加丁(Engadine)相似，就在因河谷的上方。

在Pfunds南部，你有不同的路线可以选择。如果你沿着因河继续前行，最终会到达瑞士（但长途汽车不太频繁）。或者你也可以向南到达用城堡点缀的Nauders，你可以从全年开放的Reschen Pass很快抵达南蒂罗尔（意大利）。

到达和离开

公交车大约每小时从兰德克开往Pfunds（€7.40，42分钟）和Nauders（€9.30，1小时），在那里可以找到换乘前往意大利梅拉诺（Merano）的公共交通，但至少需要换乘三次。

伊施格尔（Ischgl）

05444/人口1560/海拔高度1377米

伊施格尔在冬季成为典型的粉雪之城，拥有积雪覆盖的斜坡和喧闹的滑雪后社交活动。这个度假村如同乡村杀马特，脱衣舞酒吧、民间音乐和铁克诺音乐能愉快地共存。换句话说，这里的夏天就是tote Hose（死气沉沉），你可能更倾向于去邻近的一个更加地道的村子。

活动

Silvretta Arena 滑雪

（www.silvretta.at；全区 1/6天通票 €52/281.50）伊施格尔是辽阔的Silvretta Arena的中心，这里有238公里经过修整的斜坡、超现代的升降缆车（有加热座椅）以及很少排队等候的人。除了绝对的菜鸟外，这里适合所有其他爱好者，度假村在Idalp周围有很好的中级雪道、在Greitspitz和Paznauer Taya有困难的黑道，以及对高手充满挑战的大量野雪。

Skyfly 探险活动

（成人/儿童 €35/21；12:30~16:30）这项于2016年夏季在伊施格尔开放的高空运动让山脉都变得模糊不清了。这条50米高、2公里长的高空滑降道在山谷上方蜿蜒而行，速度非常快——高达84公里/小时。只有8岁以上，身高1.2米以上的儿童才能参加，10岁以下的儿童需要成年人陪同。

锡尔夫雷塔山地自行车竞技场 山地自行车

（Silvretta Mountain Bike Arena）很少有奥地利度假村可以在伊施格尔开展山地自行车运动。庞大的锡尔夫雷塔山地自行车竞技场拥有1000公里的骑行区域，从下坡轨道到圆形小径都有。在旅游局可领取免费地图。

如需自行车租赁服务，可以试试Intersport Bründl（www.bruendl.at；Dorfstrasse 64；周一至周六 8:30~18:00，周日 8:30~12:30）或Silvretta Bike Academy（www.silvretta-bikeacademy.at；Paznaunweg 15；9:00~18:00）。

Toboggan Track 雪上运动

（成人/儿童 €13/7.50）这条7公里的雪橇滑道在Idalp到Ischgl的雪地上提供了一个有许多小坡的下行路线，在周一和周四19:00~20:30有灯光照明时尤其明显。可以在高山上的站点租用雪橇，成人/儿童 €8.50/4。

Klettersteige 徒步

从伊施格尔出发的高山徒步游，2872米Greitspitz和2929米Flimspitze的Klettersteig（固定绳索路线）是更加费力的攀登路线。

节日和活动

Top of the Mountain 音乐

（11月下旬和4月下旬）这个冬季的开幕和闭幕音乐会近年来迎来了众多的明星，包括英国摇滚乐队Muse。

Ironbike 运动

（8月）超级强健的山地自行车手们在这个79公里长的障碍赛场中比拼，其中包括陡峭的爬坡和激动人心的下坡。

住宿

Hotel Alpenstern 酒店 $

（05444-512 01；www.alpenstern.at；Versahlweg 5；双 €68；P）这里有惊喜：这是伊施格尔便宜的酒店中最好的一个。友好的Walser家庭使现代阿尔卑斯风格的客房一尘不染，这里还供应丰盛的早餐。冬季时，水疗中心非常适合滑雪后的休息时间。

AlpVita Piz Tasna 酒店 $$

（05444-52 77；www.piztasna.at；Stöckwaldweg 5；标单 €76，双 €132~146，半膳 €15；P@）Piz Tasna风景如画地坐落在雪坡

西蒂罗尔卡

如果你在夏季过夜，记得拿上Tirol-West Card（www.tirolwest.at）进入主要景点、室外游泳池和巴士网络。夏季时，兰德克旅游办事处安排从草药漫步到山地徒步旅行的有向导步行（Tirol West Card持有人免费），并可提供从有羊驼陪伴的徒步到铁索攀岩的活动建议。

上，你在这里会受到诚挚的欢迎，还能享受拥有美丽山景的宽敞舒适的客房，以及将重点放在当地有机食材上（值得额外花钱购买半膳）的一流食物。水疗中心设有室内游泳池、桑拿浴室、草药蒸汽浴室以及有干草和水床的休闲区。

Hotel Verwall 酒店 $$

（☎05444-52 74；www.verwall.at；Dorfstrasse 125；含半膳 标单 €68，双 €102~116；Ⓟ📶）这间美丽的小木屋位于伊施格尔市中心，拥有宽敞的暖色调客房，并配有松木装饰——其中包括带阳台的装饰。这里有一个水疗中心，适合徒步旅行之后放松身心，厨房提供的餐食采用当地特色食材烹制而成。早餐原材料包括源自家庭农场的乳制品。

就餐

Kitzloch 各国风味 $$

（☎05444-56 18；http://kitzloch.at；Galfeisweg 3；主菜 €18~27；⏰12月至次年4月 20:00~23:00）这家燃着炉火的温暖餐厅充满乡村风情，由Kitzloch的DJ Boris参加的雪后狂欢会（化装舞会）会让你对晚餐胃口大开。可以点一份著名的黏排骨（sticky spare ribs）或一盆冒泡的芝士火锅。菜量非常大方。

Paznaunerstube 美食店 $$$

（☎05444-600；www.trofana-royal.at；Hotel Troyana Royal，Dorfstrasse 95；主菜 €60~120；⏰周一至周六 12:00~22:00）备受赞誉的厨师Martin Sieberer将每餐都变成了这家酒店餐厅的美食大会。在精致的木板客厅里，你可以享用牛奶喂养的Galtür羊肉等当地创新的特色菜肴，这里还有华丽的格调和顶级葡萄酒。

饮品和夜生活

滑雪季带来的热度，在任何地方都不会比伊斯格尔更火爆，因为这里的滑雪后社交活动在欧洲都很有名。演奏铜管乐器的谷仓、不修边幅的情色酒吧和故作时髦的夜店会震撼整个度假村。这里大多数地方都覆盖着积雪，只在冬季开放。

Trofana Alm 酒吧

（www.trofana-alm.at；Dorfstrasse 91；⏰15:00~20:00）一个巨大的木质谷仓里面有奥地利的现场乐队和烈性的苹果杜松子酒。这家酒吧让人群陷入歌唱、跳舞和醉酒的疯狂感觉。

Schatzi Bar 酒吧

（Fimbabahnweg 4，Hotel Elizabeth；⏰16:00~20:00）这个专为滑雪后社交活动设置的酒吧颇具活力，还装满了Schatzis（小的惊喜）。穿着紧身连衣裙的舞女会为客人们表演，她们的裙子看起来像是洗的时候缩了水——太疯狂了。

Kuhstall 酒吧

（www.kuhstall.at；Ischgl 80；⏰15:00至午夜）在伊施格尔，这里非常适合在雪坡边上和人群度过一个漫长的夜晚。

Madlein VIP Club 俱乐部

（www.madlein-vipclub.com；Madleinweg 2，Hotel Madlein；⏰12月至次年4月 22:00至次年6:00）明星和未来的明星经常出现在这个超级迷人而且满是俊男靓女的俱乐部里。

实用信息

旅游办事处（☎050-990 100；www.ischgl.com；Dorfstrasse 43；周一至周五 8:00~18:00，周六 至17:00，周日 至13:00）提供大量有关该地区远足、骑自行车和滑雪的资料，以及有关住宿的小册子。

到达和离开

4240路公共汽车往返于伊斯格尔和兰德克之间（€7.40，每小时一班，44分钟）。

阿尔贝格地区（Arlberg Region）

福拉尔贝格和蒂罗尔共有的阿尔贝格地

区狂野而又美丽，由几座相连的度假村组成，这里有一些奥地利最好的滑雪场。阿尔山麓圣安东（St Anton am Arlberg）被誉为高山滑雪的摇篮，无疑是最知名和最受欢迎的度假胜地。

阿尔山麓圣安东 (St Anton am Arlberg)

☎05446/人口 2425/海拔高度 1304米

曾几何时，圣安东只是一个沉睡的村庄，由下雪、融雪和牲畜们的来来往往而定义它的存在。直到有一天，当地人在他们的家门口看到了无人涉足的粉雪，于是他们找到了永远幸福的诀窍……1901年，度假村在阿尔卑斯山建立了第一个滑雪俱乐部，高山速降诞生了，所以如果有一个地方会让你患上滑雪瘾，那么一定是这里。阿尔山麓圣安东坐落在2811米的Valluga山脚下，沿着Rosanna River北岸蜿蜒而下，它既是一个滑雪迷的天堂，也是一个快进模式的伊维萨岛（西班牙以夜生活闻名的岛屿）——这里的地势险要，夜生活也很疯狂。

景点

圣安东博物馆 博物馆

（www.museum-stanton.com; Rudi-Matt-Weg 10; 成人/儿童 €4/2; ⏲周二至周日 12:00～18:00）这座怀旧的博物馆坐落在圣安东上方迷人的花园中，位于一栋建于1912年的美丽别墅内，将圣安东的历史追溯到美好的过去。在当时，滑雪板不过是一块简易的木板。

活动

冬季活动

圣安东是奥地利高山滑雪的巅峰，全新的先进缆车连接起山上的莱希（Lech）和曲尔斯（Zürs），并且进一步改善了设施条件。这里地形辽阔，覆盖了高差达305米的雪坡。在这里滑雪非常具有挑战性，它们提供绝佳的野地滑雪机会，还有令人兴奋的下坡，包括加尔齐格的**Kandahar**道。

缆车上升到**Valluga**（2811米）时，专业的滑雪者可以从那里一路前往莱希（必须带上一名滑雪向导）。对于新手来说，**Gampen**（1850米）和**Kapall**（2330米）都设有新手道。**Rendl**是单板者的天堂，这里有跳台、铁轨和半管。从圣安东东部步行10分钟，会到达**Nasserein**，新手可以在那里测试初级道。向东走远一点是**St Jakob**较安静的斜坡，可以通过Nasserein缆车轻松抵达。

单个滑雪通行证（1/3/6天通行证 €52/148/262）覆盖整个阿尔贝格地区，适用于所有的87个滑雪缆车。

值得一游

帕茨瑙恩谷

在因河谷西边并紧靠瑞士的帕茨瑙恩谷是一个绝妙的景观，被锡尔夫雷塔山脉的珍珠白色山峰所掩盖。这些村庄在夏天都在沉睡，当滑雪者来到像伊施格尔这样的派对狂欢的度假村时，这种宁静在冬天会被打破。

活动

尽管（也许因为）相对孤立，帕茨瑙恩谷无疑是奥地利最好的滑雪场之一。锡尔夫雷塔滑雪通票（成人/儿童两天通行费 €103/58）包括瑞士的免税区伊施格尔、Galtür、Kappl和Samnaun。它在夏季的时候相当于锡尔夫雷塔卡，当你在山谷过夜时可免费使用，包括缆车、升降缆车、通过比勒赫厄山口到福拉尔贝格州的公共交通以及伊施格尔和Galtür的众多游泳池。

到达和离开

只有一条辅助公路（B188）沿着山谷延伸，穿过比勒赫厄山口的福拉尔贝格州（车费/摩托车 €14/11），这里的景色非常引人注目。这个通道冬天会关闭，重新会入布卢登茨附近的主要高速公路。定期公交汽车从兰德克出发前往Galtür（€8.40，1小时）。

St Anton am Arlberg 阿尔山麓圣安东

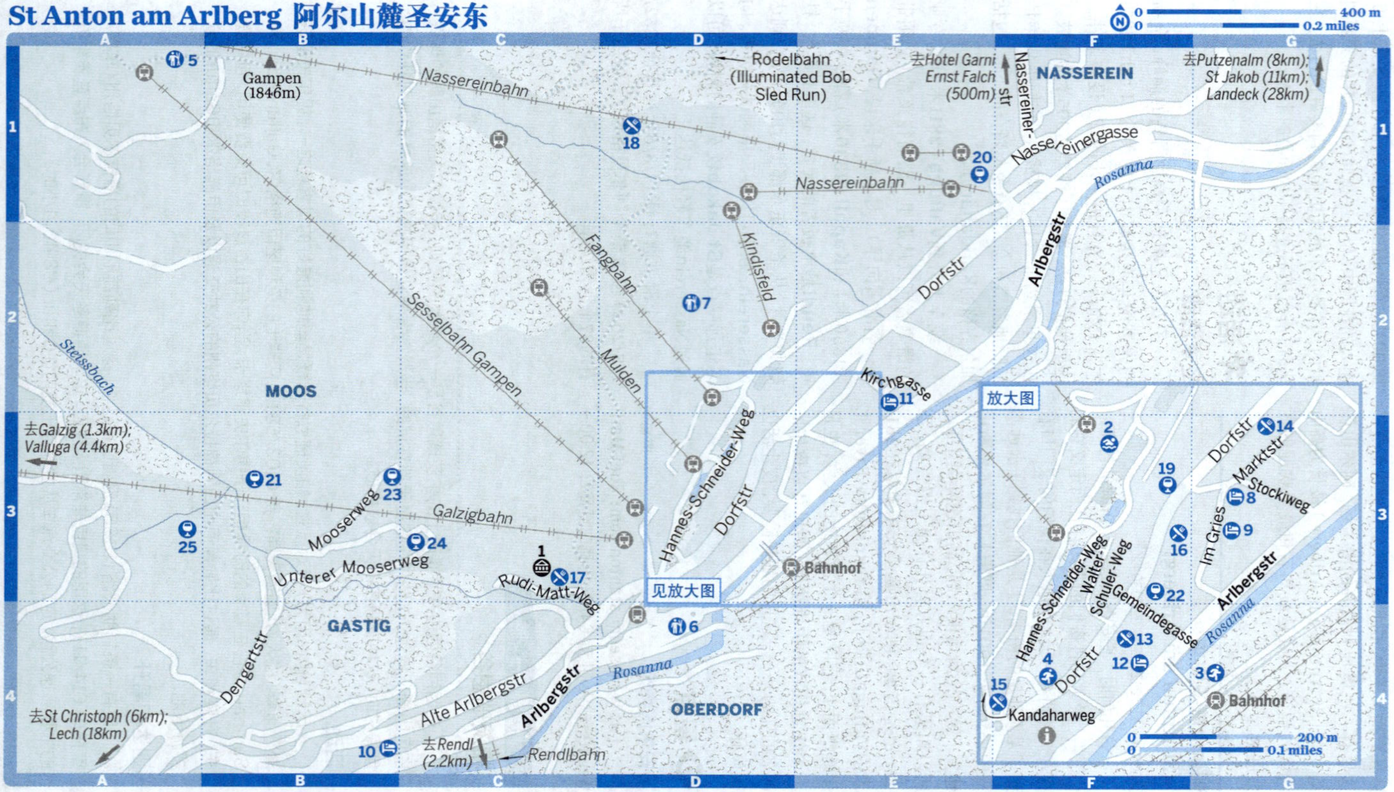

St Anton am Arlberg 阿尔山麓圣安东

夏季活动

在山上散步是最受欢迎的夏季活动，布满野花和牧牛的草地是纯粹的海蒂范儿。少数缆车和升降缆车将升至主峰。如果你打算去远足的话，请从旅游办事处里获取详细的小册子和地图。

旅游办事处还制作了一本小册子，介绍了该区域内许多值得推荐的**自行车**道。

★H20 Adventure　探险活动

(☎05472-66 99; www.h2o-adventure.at; Bahnhofstrasse 1, Arlrock; 漂流 €47~90，溪降 €63~140，山地自行车 €39~59; ⊙5月至10月中旬) H20 Adventure是一站式的探险体验店。一队专业人员将带你在因河的湍急水域里漂流、在峡谷深处溪降、轮胎漂流和骑山地自行车。它有专门针对家庭的线路，包括高绳探险课程。自行车的租赁费用为半天/全天€15/25。

Ski Arlberg　雪上运动

(www.skiarlberg.at; 1/3/6天通票 €52/148/262) Ski Arlberg是奥地利最著名的滑雪区之一，并且当之无愧。它的核心地带是圣安东阿尔贝格(Sankt Anton am Arlberg)，这里是专业双板和单板滑雪者的圣地，拥有良好的降雪记录、颇具挑战性的地形和一流的野雪道；就算不是整个欧洲，这里也有奥地利最时尚的滑雪后社交活动。位于山谷之上的邻居是福拉尔贝格州莱希和曲尔斯的度假胜地。

Run of Fame　滑雪

如果有一条史诗般的滑雪道，那么它就是圣安东的Run of Fame，这条马拉松雪道长达65公里，累计相对高差为18,000米，范围覆盖了整个阿尔贝格滑雪区，至少要花去一天中的大部分时间。振作起来，好好自虐一番。

Rodelbahn　雪上运动

(成人/儿童 €11.50/6，雪橇租赁 €9) 想要在暮色下穿过雪地来一次冲刺？冬季的每周二和周四晚上，从Gampen到Nasserein4公里长的Rodelbahn雪橇滑行都是泛光灯照明的。只需抓住你的雪橇就可以出发了！ 雪橇可以在Talstation总站租用。

Arlrock　探险运动

(www.arlrock.at; Bahnhofstrasse 1; 成人/儿童 攀登练习墙 €9/5，抱石墙 €6.50/5; ⊙9:00~20:00) 这个引人注目的休闲中心位于火车站旁，设有攀岩和巨石墙、儿童游乐区、保龄球馆和网球场。它也是H20探险的大本营，提供让肾上腺素飙升的活动，从在Sanna河漂流到溪降、高空滑索和山地自行车速降。

节日和活动

山地瑜伽节　运动

(Mountain Yoga Festival; ⊙9月上旬) 你能

分辨树式和下犬式吗？如果答案是肯定的，请前往迈尔霍芬的山地瑜伽节，这个为期四天的节日于2016年首次在阿尔贝格阿尔卑斯山的壮丽背景下举行，节日吸引了来自世界各地的瑜伽教练。

住宿

Hotel Garni Ernst Falch 客栈 $

（☎05446-28 53；www.hotelfalch.at；Ing-Gomperz-Weg 26；房 €78；📶）Rainer和他亲切的母亲是这家美妙的B&B（含早餐旅馆）的灵魂所在。旅馆位于圣安东上方，距离Nassereinbahn有5分钟的步行路程。温馨的客房明亮且完好如新，被松林环绕，还有可欣赏高山美景的阳台。对于这个家庭来说，没有什么算得上是麻烦他们的事情，所以无论你是需要接站，还是要进行有登山杖的徒步旅行，尽管提吧。

Altes Thönihaus 客栈 $

（☎05446-28 10；www.altes-thoenihaus.at；Im Gries 1；标单/双 €36/64；P📶）这栋受保护的木头小屋历史可追溯至1465年，每一根横梁都散发着阿尔卑斯山的魅力。羊毛地毯和松木为客人提供舒适的氛围，这里还设有朝向山脉的阳台。楼下有一个极好的小水疗中心，还有修复好的Stube（客厅）。

★ Himmlhof 客栈 $$

（☎05446-232 20；www2.himmlhof.com；Im Gries 9；双 €108~130，套房 €128~228；P@📶）这间天堂般的蒂罗尔小木屋拥有木质装饰的客房，富有原生的本地特色（比如瓷砖烤炉和四柱床）。经过一天的滑雪后，你可以享用下午茶和洞穴式游泳池里的舒适水疗。

Rundeck 酒店 $$

（☎05446-31 33；www.hotelrundeck.at；Arlbergstrasse 59；双 €110~120，套房 €120~140；@📶）简洁的线条、朴实的色调和胡桃木板定义了Rundeck以设计为卖点的流线型客房。酒店设有时尚的水疗中心和带开放式壁炉的低调酒吧，可供客人放松身心。还设有儿童游戏室。

Lux Alpinae 设计酒店 $$$

（☎05446-301 08；www.luxalpinae.at；Arlbergstrasse 41；双 含半膳€170~440；P🏊）这家设计酒店将你带入21世纪，玻璃墙客房将山脉带入室内，工业时尚的室内设计融合了混凝土、木材和钢材。个性化服务（包括带你前往滑雪场的司机）、一流的餐厅和水疗中心增添了魅力。Lux Alpinae仅在冬季开放。

Piltriquitron Shelter 客栈 $$

（☎0676 7400908；www.piltriquitron.com；Kirchgasse 10；标单/双 €41/84）这家北欧风格的客栈位于中心地带，适合认真的户外爱好者入住。丹麦老板雅各布是一位了不起的主人，他的阿尔卑斯山和巴塔哥尼亚美不胜收的摄影作品装扮着公共休息室，那里还提供免费的茶和咖啡。作为一名热衷于登山和探险的发烧友，他可以提供建议并帮助安排远足、越野跑、攀岩、飞钓和皮划艇等活动。

就餐

Putzenalm 奥地利菜 $

（Putzen Alpe；小吃 €1.50~9；⏲8:00~20:00 6月中旬至9月中旬）这座山间小屋位于宁静的阿尔卑斯山草甸，距离圣安东有8公里美丽的徒步路径。如果你仔细观察，可以经常看到土拨鼠。这里有很棒的Brettljause（品尝拼盘），包括产自这里50头奶牛的奶酪，顺便说一句，你可以看到这些奶牛下午5点左右从牧场下来，它们的叮当响铃会在山谷中产生共鸣。

★ Museum Restaurant 奥地利菜 $$

（☎05446-24 75；www.museum-restaurant.at；Rudi-Matt-Weg 10；主菜 €23.50~32.50；⏲周二至周日 12:00~21:00）这里有美味的阿尔贝格干草汤配烟熏野猪肉和装在面包碗里的薰衣草，有最美味的蒂罗尔牛肉，也有从池塘里打捞的新鲜鳟鱼被端上你的餐桌。这个温馨的木屋餐厅坐落在圣安东博物馆如画般美丽的小木屋里。

Galzig Bistro 小酒馆 $$

（☎05446-425 41；http://galzigbistrobar.at；Kandaharweg 2；主菜 €14~25；⏲周四至周二 10:00~13:00，周三 9:00~13:00）Galzig餐厅提供小酒馆风格的菜肴，其中包括美味的沙拉（例如野生药草和浆果），以及含有大虾、刺山柑和莴苣的意大利面，还有在架上的烤乳猪，都很美味。美观、现代的室内装饰和露台在天黑后吸引了一群注重品味的鸡尾酒鉴赏家。

Fuhrmann Stube 奥地利菜 $$

（☎05446-29 21；Dorfstrasse 74；主菜€10~16；⏲10:00~22:00）当雪像毯子一样覆盖屋顶时，你可以舒舒服服地依偎在这里吃Knödel（饺子）、全肉的Tiroler Bauernplatte（蒂罗尔乡村拼盘）或分量十足的馅饼。

Bodega 西班牙小吃 $$

（☎05446-427 88；Dorfstrasse 40；西班牙小吃 €4.50~12.50；⏲15:00至次日1:00）优秀的西班牙小吃、葡萄酒和现场音乐在这群热闹的西班牙人中穿梭。这里不能预订，所以要做好等位的准备。

Hazienda 各国风味 $$

（☎05446-29 68；www.m3hotel.at；Dorfstrasse 56；主菜 €16~33；⏲咖啡店 整年8:00至午夜，饭店 冬季18:00至次日1:00）这个整齐的餐厅-咖啡馆混合体有一个观看路人的露台。泰式阿根廷牛柳、自制意大利面配绵羊奶酪和意大利浓咖啡，让这里的一切都达到了完美的平衡。

Rodelalm 奥地利菜 $$

（☎0676 886486000；www.rodelalm.com；Nassereinerstrasse 106；主菜 €14.50~21.50；⏲10:00~23:00，周三关门；👪）冻得发红的面孔和冰冷的手指，都在等待着用这里的杜松子酒和一大盘Schweinshaxe（猪蹄）、Gröstl（蒂罗尔土豆、鸡蛋、培根和洋葱一起煎炸）或芝士火锅来温暖。许多从Rodelbahn滑下的雪橇都停靠在这间位于半路上的小屋。明亮的木屋里，开放式的壁炉可以让所有人保持温暖。

🍷 饮品和夜生活

圣安东是奥地利无与伦比的滑雪后活动之王。在桌子上跳舞之后，跟着Schlager唱歌，一瓶Jägermeister酒后，再来一瓶——这只是圣安东的一个寻常的夜晚，人们在这里狂欢，跟滑雪一样来劲儿。你要调整好自己的节奏，不要劳累过度。

Mooserwirt 酒吧

（www.mooserwirt.at；Unterer Mooserweg 2；⏲15:30~20:00）两个字：疯狂。下午茶时间，你可以在Mooserwirt与滑雪者一起喝啤酒（这个地方每天销售约5000升啤酒），伴着DJ Gerhard "欧洲败类" 系列的混音一起跳舞，并且和他们一样在滑雪背带裤中出点汗。你的第一个挑战是找到你的滑雪板，第二个是将它们完好无损地带回到圣安东。

Sennhütte 酒吧

（Dengerstrasse 503；⏲15:00~18:00）阳光明媚的露台、充满活力的杜松子酒、当地人在桌子上晃来晃去和现场乐队——你还奢求更多的雪后活动吗？ 在夏季这里有一个美妙的药草园、树屋和以奶牛为主题的儿童步道。

Heustadl 酒吧

（www.heustadl.com；Dengerstrasse 625；⏲9:30至次日6:30）在Sennhütte以北，这个小屋总是能装得下醉醺醺的人群。每天下午3点到6点有现场音乐表演。是的，酒吧的凳子有腿；是的，你还没彻底醉倒。

Krazy Kanguruh 酒吧

（www.krazykanguruh.com；Mooserweg 19；⏲10:00~20:00）由圣安东滑雪传奇人物和两次激流回旋世界冠军马里奥·马特（Mario Matt）拥有，这个雪坡边上的热闹区域在下午5点后变得吵闹、拥挤且有趣。喝下太多的龙舌兰酒一定会让你（在滑雪板上）蹦蹦跳跳地回到山谷。

Taps 酒吧

（Mooserweg 15；⏲11:00~20:00）Taps是一个充满吸引力的滑雪后场所，山上的DJ和便宜的啤酒让聚会达到了高潮。这里有一个巨大的向阳露台，还可以免费品尝自制杜松子酒（真是提神醒脑的东西）。

Fanghouse 酒吧

（www.fanghouse.com；Nassereinerstrasse 6；⏲10:00~23:59）在Nasserein的斜坡底部，这个悠闲的聚会场所有一个阳光明媚的大露台、有趣的工作人员（包括疯狂的瑞典老板Hasse）和难以抗拒的冷藏到-17℃的Jägermeister酒。酒吧偶尔会举办现场音乐和猜谜之夜等活动。

Horny Bull 俱乐部

（www.hornybull.com；Dorfstrasse 50；

⌚22:00至次日4:00）是的，我们知道这个名字（发情的公牛）不太好……但是不要让它阻止你进入这个俱乐部——当滑雪后的活动结束时，它会继续让你在国际级DJ的混音节拍中继续兴高采烈地玩下去。

Bar Cuba 酒吧

（Dorfstrasse 33；⌚16:00至次日2:00）现场音乐，周三晚上的化装舞会，活泼的酒吧工作人员，还有Cuban Cocaine和Love Juice鸡尾酒——不需要再说其他了。

实用信息

你可以在大多数滑雪商店免费查看电子邮件。位于市中心的**旅游办事处**（☎05446-226 90；www.stantonamarlberg.com；Dorfstrasse 8；⌚周一至周五 8:00~18:00，周六 9:00~18:00，周日 9:00~12:00和14:00~17:00）提供有关户外活动和地点的信息，包括住宿、地图和免费Wi-Fi。这里有个住宿信息板和免费电话。

到达和离开

这个超现代化的火车站位于布雷根茨（€12.80，1小时15分钟）和因斯布鲁克（€16.80，1小时15分钟）之间的路线上，每隔一两个小时就有快速列车。圣安东和St Christoph靠近阿尔贝格隧道的东部入口（汽车和小巴€8.50），这条收费公路连接着Vorarlberg和蒂罗尔。你可以通过乘坐B197来避免收费，但在这条蜿蜒的道路上不允许带拖车的车辆。

公共汽车 从旅游局西南方的站点出发。

当地交通

自行车可以从**Intersport Arlberg**（www.intersport-arlberg.com；Dorfstrasse 1；山地自行车/电动自行车/滑雪租赁每天€23/29/35；⌚8:30~19:00）租用（半/全天 €16/23）。

免费观光

7月至9月期间，旅游办事处每周一和周四组织免费的主题徒步，如日出徒步和植物漫步。你还可以单独前往250公里长的登山步道，包括高山徒步游、休闲的湖泊步道，以及专用的跑步和越野小径。

免费当地巴士前往度假胜地的外围部分（如St Jakob）。在福拉尔贝格乘坐公共汽车前往莱希（€4.70，27分钟）和曲尔斯（€3.80，23分钟）；在冬季它们是每小时一班（直到下午6点左右），夏季提前到每天4点。

一辆小巴出租车最多可容纳8人乘坐；从圣安东到莱希的旅行费用为每日/晚€37/ €55。当地**出租车**（☎0664 2302618）也可以到达。

莱希和曲尔斯 (Lech & Zürs)

☎05583

山脉蜿蜒在崎岖的阿尔贝格地区雪坡上，这里是奥地利的顶级滑雪胜地之一。最知名的村庄便是明信片般的莱希（1450米）和南面6公里较小的双子峰曲尔斯（1716米）。它们相对孤立，绝妙的滑雪体验和五星级酒店，以及度假村对王室（戴安娜王妃曾经在此滑雪）的到访，这里对名流和假装来自上流社会的人有着磁石般的吸引力。

活动

还记得布里奇特·琼斯在《理性边缘》里面滑雪板向后冲下山吗？这张照片拍摄于莱希风景秀丽的林线上。地形最适合初学者和中级滑雪者，也适合越野滑雪，著名的21公里Weisse Ring（白环）吸引更多高级滑雪者。

在2016/2017年冬季，西阿尔贝格的度假村终于与圣安东山相连，开辟了奥地利最大的综合滑雪场，拥有长度达305公里的雪道——从最容易的到最难的黑道——以及87个滑雪缆车。1/3/6天的通行证的价格是€52/148/262。

住宿

★ Hotel Gotthard 酒店 $$

（☎05583-35 60；www.gotthard.at；Omesberg 119, Lech；标单 €75~86，双 €144~170，套房 €206~228；P📶🏊）这家小木屋酒店不经意的细节会使你对它的感觉全不同，例如早餐的烤面包（店主Clemens是面包师）和适合入定的瑜伽室。现代松木房间散发着紫红色和森林绿的爵士乐气氛，大部分都配有阳台、DVD播放机和iPod基座。这里有水疗中心、室内游泳池和儿童游戏室。

Theodul 酒店 $$

(☎05583-23 08; www.theodul.at; Omesberg 332; 标单 €85, 双 €144~176, 套房 €156~182; P📶) Walch一家会让你在这家小木屋酒店享受轻松的住宿体验,酒店就坐落在滑雪场,非常方便。客房采用经典的阿尔卑斯风格装饰,配有白色寝具和松木家具,享有山景。你可以穿上浴袍享受滑雪或徒步后的蒸汽浴,还可以在水疗中心放松身心。有机农产品和特色茶从早餐起让你拥有健康的一天。

Hotel Garni Lavendel 家庭旅馆 $$

(☎05583-26 57; www.lavendel.at; Dorf 447, Lech; 标单 €50~65, 双 €90~120, 公寓 €90~210; P📶) 和蔼可亲的Mascher家庭让你有宾至如归的感觉,这家舒适的酒店毗邻滑雪缆车。许多宽敞、完美无瑕的客房和公寓都设有阳台,还有一个小型水疗中心,可供徒步旅行或滑雪后放松身心。

就餐

Hûs Nr 8 奥地利菜 $$

(☎05583-332 20; www.hus8.at; Lech 8; 主菜 €9~20; ⏰11:00至次日1:00) 奶酪板烧、火锅和脆皮烤鸡是这个乡村小屋的菜单中的明星菜品,自1760年以来一直很热门。在冬季时,你可以在全木质内饰的房间里蜷缩着,或者在太阳出来时坐在露台上。

Fux 创意菜 $$$

(☎05583-29 92; www.fux-mi.net; Omesberg 587, Lech; 主菜 €29~46.50; ⏰16:00至次日3:00; 🖉) 亚洲艺术给牛排餐厅杂货店Fux带来了颓废之美。无论你想吃多汁的,涂上香草黄油的木炭烤牛排,还是像黄鳍金枪鱼配炒蔬菜这样的亚洲特色菜,这里都是一流水准。屡获殊荣的葡萄酒单有2700瓶之多。

实用信息

中央**旅游办事处** (☎05583-216 10; www.lech-zuers.at; Dorf 2, Lech; ⏰周一至周六 8:00~18:00, 周日 8:00~12:00和15:00~17:00) 提供有关滑雪和步行的信息,还设有住宿公告栏。

到达和离开

公交车往返于莱希和曲尔斯之间(€1.40, 7分钟);这两个度假村都与阿尔山麓圣安东连接(€4.70, 30分钟)。

曲尔斯以南1公里处是Flexen Pass(1773米),冬季偶尔被雪覆盖,之后道路分叉:西部的岔路通往Stuben(1407米),东部通往蒂罗尔的阿尔山麓圣安东。在夏季,莱希也可以从北方通过Warth(1494米)的转弯到达。

圣安东夏季和高级卡

在圣安东带着梦幻般的Summer Card进入夏季吧,当你在酒店和宾馆入住时,可以免费获得。它带来了一些极好的福利,包括一天的缆车使用、一次进入**Arlberg Well.com**(http://wellness.arlberg-well.com; Hannes-Schneider-Weg 11; 成人/儿童 €7.50/4,含桑拿€15; 上午9点至晚上9点)、一次徒步导览游、一次果岭费、**博物馆门票**(见357页),以及任选的另一项活动(包括瑜伽到电动自行车之旅)、儿童活动,还有兰德克和圣克里斯托弗之间的免费公共汽车。

升级至高级卡(3/5/7天 €55/66/77,儿童支付半价),你可以在Arlberg Well.com每天使用游泳池、缆车以及住宿期间的所有活动。活动可以在旅游办事处预订,也可以在www.sommerkarte.at在线预订。

福拉尔贝格州(VORARLBERG)

在奥地利的西部,福拉尔贝格与德国、瑞士和列支敦士登都很接近。这里的部分区域仍然鲜为人知,狭窄的山谷分割出庞大的山峰和森林。锡尔夫雷塔-蒙塔丰的白雪皑皑的高地让位于布雷根茨林山(Bregenzerwald)的波浪山丘和茂密的乳制品乡村,而这些村子则都逊色于博登湖(康斯坦茨湖)。虽然因其创新的建筑而闻名于奥地利,但这里依旧是奥地利十分安静和传统的角落。

历史

福拉尔贝格自石器时代早期就一直有人居住,但直到公元前400年凯尔特人到达,其后是公元前15年左右的罗马人，才开始有了持久的定居点。Brgenantium是布雷根茨的先驱，直到5世纪和6世纪左右，当时袭击日耳曼人的Alemanni部落扩大了他们的影响，并有效地接管了这个地方。

这个省一直都保持着和平，直到15世纪初，与瑞士联邦之间展开的阿彭策尔战争期间，福拉尔贝格遭受了重大破坏。但它们与邻国的关系后来得到了改善，以至于1918年福拉尔贝格宣布从奥地利独立并寻求与瑞士结盟。在战后的欧洲重组中，盟军的力量阻止了此举；人们担心的是规模变得更小的奥地利更容易被一个正在复苏的德国所吞并。今天，福拉尔贝格仍然首先依靠着西边的邻居，然后才是东边600公里的维也纳。

到达和当地交通

飞机

腓特烈港机场（☎2840；www.fly-away.de）位于德国，是前往欧洲其他目的地最近的主要机场。

公共交通

福拉尔贝格分为几个Domino（独立区域）。Maximo通票价格为€12.80/39.10，涵盖整个省份。单一的Domino门票价格为€1.40，一日票价为€2.70——这些门票涵盖了布雷根茨、多恩比恩、格茨、费尔德基希、布卢登茨、莱希和施伦斯、查贡斯的城市交通。信息和时间表可从Verkehrsverbund Vorarlberg（www.vmobil.at）获得。

布雷根茨（Bregenz）

☎0557/人口 28,410/海拔高度 427米

多么美妙的风景！是的，当地人会很自豪地同意你，布雷根茨的景色是令人愉悦的：在你面前像液体镜子一样展开的，是欧洲第三大湖的博登湖；在你身后，Pfänder（1064米）一直爬升到阿尔卑斯山脉；在右手边，你会看到德国，往左是瑞士的模糊轮廓。只需要震惊就好了。

无论是考虑新港口的前卫艺术和建筑、在夏天的傍晚沿着海滨长廊漫步，还是在备受赞誉的Festspiele（节日）的星空下观看歌剧，你都会情不自禁地想到——虽然听起来很陈词滥调——福拉尔贝格（Vorarlberg）真的是麻雀虽小，五脏俱全。

景点

★福拉尔贝格博物馆 博物馆

（Vorarlberg Museum；www.vorarlbergmuseum.at；Kornmarktplatz 1；成人/儿童 €9/免费；⏲周二10:00~18:00，周三和周五至周日，周四 至20:00）经过3年3400万欧元的改造后，福拉尔贝格博物馆于2013年6月重新开放，并备受好评。它引人注目的新家是一个白色长方体，上面印有16,656朵花（实际上是PET的瓶底印在混凝土上）。这个画廊以福拉尔贝格的历史、艺术和建筑为其永久性的展览，包括罗马考古时发现的Brigantium。它还举办可以轮流的展览，例如最近的展览会聚焦于Bregenzer Festspiele和东阿尔卑斯山的采矿。

★Pfänder Cable Car 缆车

（www.pfaenderbahn.at；Steinbruchgasse 4；成人/儿童 单程 €7.30/3.70，往返 €12.50/6.30；⏲8:00~19:00）一辆缆车蜿蜒爬升到Pfänder海拔1064米的顶峰，这是一座树木繁茂的山脉，位于布雷根茨上方，为你提供壮观的博登湖全景和不远处阿尔卑斯山白雪皑皑的山峰景观。顶部是Alpine Game Park Pfänder。

★Kunsthaus 画廊

（www.kunsthaus-bregenz.at；Karl-Tizian-Platz；成人/儿童 €9/免费；⏲周二、周三和周五10:00~18:00，周四 至20:00；👪）这座巨大的玻璃和钢质立方体由瑞士建筑师Peter Zumthor设计，据说类似于一盏灯，反射着天空和湖泊不断变化的光线。鲜明的开放式室内空间非常适合旋转式的当代艺术展览——芝加哥的装置艺术家Theaster Gates和埃及艺术家Wael Shawky的神话灵感木偶的作品最近出现作为特色。查看网站，并了解从导游到儿童工作坊的所有细节。

Rheindelta 自然保护区

（www.rheindelta.org；Hard）这家自然保护区位于布雷根茨以南5公里处，你可以步行或骑自行车轻松探索，在这里莱茵河流入博登湖。苔藓沼泽、芦苇和混合林地吸引了300多种鸟类，包括麻鹬、灰鹭和罕见的黑尾鹬。

Alpine Game Park Pfänder 自然保护区

（www.pfaender.at；Pfänder；⏲日出至日落）免费 在Pfänder的顶部，一条30分钟的

圆形小道让你在全年开放的Alpine Game Park Pfänder酒店附近可以看到鹿、野猪、野山羊和尖叫的土拨鼠。

Festspielhaus 地标

（☎05574-41 30；www.festspielhausbregenz.at；Platz der Wiener Symphoniker 1）即使你不买Bregenzer Festspiele的门票，这个节日的大厅也是必看的。所有大厅使用的有色玻璃、光滑的混凝土和锐角都是布雷根茨最明显的标志之一。许多节日表演都在半圆形湖面上的Seebühne舞台上举行。

Oberstadt 历史遗址

布雷根茨的小镇Oberstadt耸立在湖面上，这里有蜿蜒的街道、糖果色的房屋和华丽的花园。如今，它仍然被防御墙和坚固的**Martinstor**（圣马丁门）所包围。

Martinsturm 塔

（St Martin' s Tower；www.martinsturm.at；Martinsgasse；成人/儿童 €3.50/1；⏲周二、周三和周五至周日 10:00~16:00，周四 至21:00）距离Martinstor不远的是这座巴洛克式的塔楼，顶部是欧洲中部最大的洋葱圆顶。在登上小型军事博物馆欣赏布雷根茨的屋顶美景之前，这座14世纪的小教堂壁画值得一看。

活动

抵达布雷根茨的每个人都会被欧洲第三大湖泊博登湖（Bodensee）迷住，它横跨奥地利、瑞士和德国。在夏天，湖泊成为身穿莱卡骑行服的Radfahrer（骑行者）的高速公路；而平季时就安静得多。湖上的其他活动包括洛豪的**帆船**和**潜水**以及**游泳**。对于那些喜欢放松并欣赏风景的人来说，有许多游船公司从4月到10月中旬将乘客送过湖面。

其他湖畔活动包括在城镇以北约6公里处的Lochau上体验帆船和潜水，以及在**Pipeline**游泳。

Bodensee Cycle Path 骑自行车

（www.bodensee-radweg.com）当太阳出来时，没有什么比在自行车座上探索博登湖更好的方法了。标记清晰的博登湖自行车道（Bodensee Cycle Path）是一条长273公里的环路，包括葡萄园、草地、果园、湿地和历史悠久的城镇。这里有许多小沙滩，你可以在这里停下来享受清凉的湖泊。访问网站了解行程和地图。

Vorarlberg Lines 划船

（www.vorarlberg-lines.at；Seestrasse；⏲4月上旬至10月中旬）这是从4月到10月中旬将你带到湖上的众多公司之一。有两小时的博登湖全景游轮（成人/儿童 €18.40/9.10），一小时的布雷根茨之旅（€11.50/5.50）以及前往湖泊目的地的定期船只接送服务，包括林道、迈瑙、腓特烈港和康斯坦茨。

Strandbad Hard 游泳

（www.hard-sport-freizeit.at；Hard；成人/儿童 €4.40/2.20；⏲5月上旬至9月上旬 9:00~20:00）这个露天游泳池在湖滨地带是最佳之一，它位于城镇以南5公里处，设有室外游泳池、烧烤区、迷你高尔夫球场以及僻静的FKK（天体）沙滩，适合裸泳者。

Strandbad Bregenz 游泳

（Strandweg；成人/儿童 €4.90/2.40；⏲5月上旬至9月上旬 9:00~20:00；👪）在夏季，这个中央湖滨浴场挤满了晒得古铜色的人群、过于兴奋的孩子们和嬉闹的青少年，它拥有湖畔沙滩、几个带水滑梯的室外游泳池以及排球和乒乓球等活动。

节日和活动

Bregenzer Festspiele 节日

（Bregenz Festival；☎05574-40 76；www.bregenzerfestspiele.com；⏲7月中旬至8月下旬）Bregenzer Festspiele是该市首屈一指的文化节。世界级的歌剧、管弦乐作品和其他富有想象力的作品在露天的Seebühne、湖上的漂浮舞台、Festspielhaus和Vorarlberger Landestheater上演。大约在距节日9个月以前就可以获得实用信息和门票（€30~130）。

住宿

JUFA Gästehaus Bregenz 青年旅舍 $

（☎05708-35 40；www.jufa.eu；Mehrerauerstrasse 5；铺 €28，标单/双 €68/108；P📶）这家国际青年旅舍坐落在湖附近，之前是一家制针厂，而现在为背包客提供优质的设施，包括

Bregenz 布雷根茨
0 200 m
0 0.1 miles
去Pipeline (600m); Lochau (6km); Lindau (8km)
去Alpine Game Park Pfänder (200m)
Steinbruchgasse
Pfänder Cable Car 普凡德缆车
Am Steinenbach
Schillerstr
Reichsstr
Bergstr
Eichholzstr
Weissenreuteweg
Am Brand
Brandgasse
Anton-Schneider-Str
Kornmarktstr
Bergmannstr
Belruptstr
OBERSTADT
Eponastr
Kunsthaus 美术馆
Vorarlberg Museum 福拉尔贝格博物馆
Rathausstr
Leutbühel
Kirchstr
Thalbachg
Kaiserstr
Seestr
Sparkassenplatz
Montfortstr
Römerstr
Wolfeggstr
去Nashia Kulinarisches (200m); Schwärzler (1.1km)
Bahnhofstr
St Anna Str
Seepromenade
Bodensee (Lake Constance) 康斯坦茨湖
Klostergasse
Augasse
Stadionstr
Quellenstr
Strandweg
去Rheindelta/Strandbad Hard (8.5km)
去Camping Mexico (1.5km)
Mehrerauerstr

Bregenz 布雷根茨

公共休息室和餐厅。它也欢迎家庭入住，设有游戏室、游乐场和自行车出租服务。

Camping Mexico 露营地 $

（☎05574-732 60；www.camping-mexico.at；Hechtweg 4；每个营地成人/儿童/帐篷€8.50/4.50/6；⏲5月至9月；📶）这家位于湖边的有生态标志的营地使用太阳能、回收废物，并在其餐厅供应有机食品。绿树成荫的球场提供充足的阴凉处。

Schwärzler 酒店 $$

（☎05574-49 90；http://schwaerzler.s-hotels.com；Landstrasse 9；标单 €98~116，双€160~214；P📶🏊）这个塔楼式的，被常春藤覆盖的地方与一般的商务酒店有着天壤之别。当代风格的客房采用朴实的色调和金色木材装饰，配有浴袍、平面电视和迷你吧等舒适设施。自助早餐选材于当地有机农场的产品。这里还有400平方米的游泳池和桑拿区。

Hotel Weisses Kreuz 酒店 $$

（☎05574-498 80；www.hotelweisseskreuz.at；Römerstrasse 5；标单 €109~119，双 €126~186；P📶）这个中心处的精华酒店服务非常周到，设有一间鸡尾酒吧和一间餐厅（见368页），供应时令奥地利美食。智能客房配有樱桃木家具、平面电视和有机床品。

Hotel Bodensee 酒店 $$

（☎05574-423 00；www.hotel-bodensee.at；Kornmarktstrasse 22；标单/双 €70/129；P📶）这家酒店最好的客房宽敞且装饰高雅，搭配着柔和的色调和消遣用的平面电视。早餐是健康的新鲜水果、牛奶什锦早餐和当地特产。

就餐

Buongustiao 熟食、意大利菜 $

（☎05574-581 29；www.buongustaio.at；Anton-Schneider-Strasse 10；包括葡萄酒的午餐 €13.40；⏲周二至周五 9:00~19:00，周六至14:00；👪）如果想品尝正宗的意大利午餐或野餐，可以去这家熟食店。错层式的开放式室内空间适合享受这里的自制意大利面或一杯带开胃菜的咖啡套餐。周六传奇式的早餐€24.90，配有木头烤箱烤的面包、意大利烟熏肉、奶酪和dolci（糖果）。

Cafesito 咖啡馆 $

（www.cafesito.at；Maurachgasse 6；百吉饼 €2.50~4.50；⏲周一至周五 7:45~18:30，周六 9:00~16:00；✎）Tiny Cafesito供应镇上最好的百吉饼、布朗尼和冰沙。明亮的色彩、艺术涂抹的墙壁营造出波希米亚风的凉爽背景，供应清淡的午餐或一杯价格公道的咖啡。

Nashia Kulinarisches 素食 $

（☎0699 11787125；Gallusstrasse 12；⏲周一至周四 10:30~14:00和16:30~19:00，周五 10.30~14:00；✎）Nashia在这个甜美的咖啡馆

里用香料和纯素食材料创造奇迹。她擅长制作从充满活力的香蕉咖喱到dhals咖喱、印度比尔亚尼菜和南非炖菜。这一切都很健康、营养且可口。

Kornmesser 奥地利菜 $$

(☎05574-548 54; www.kornmesser.at; Kornmarktstrasse 5; 2道菜午餐 €8.90, 主菜 €14~30; ⏰周二至周日 9:30至午夜)这家18世纪巴洛克风格的Gasthaus酒店位于拱形内部或栗色遮阳的啤酒花园内，供应当地美食。这些美食包括猪肘配面包饺子和土豆沙拉、烤鳟鱼配香菜土豆、煮熟的牛肉配辣根、意大利面配当天采摘的鸡油菌，还有“皇帝煎饼”（搭配炖李子）。

Wirtshaus am See 奥地利菜 $$

(☎05574-422 10; www.wirtshausamsee.at; Seepromenade 2; 主菜 €13~31; ⏰9:00至午夜; 📶)这间模拟半木结构别墅的湖畔露台上摆放着一张桌子，摆放着当地的特色菜，如黄油博登湖白鲑和炖鹿肉。素食选择丰富。它也是一个轻松畅饮冰爽啤酒的地方。服务可能时好时坏。

Goldener Hirschen 奥地利菜 $$

(☎05574-428 15; www.hotelweisseskreuz.at; Kirchstrasse 8; 午餐 €7.60, 主菜 €8.50~21; ⏰周三至周一 11:00~22:00)这家位于Weisses Kreuz的餐厅拥有古老的魅力、高高的横梁天花板和当地善良快乐的人群。厨房推出精心准备的经典菜肴，如卡林西亚奶酪面条、辣根煮牛肉、酸菜自制饺子和孜然啤酒酱烤猪肉。酒店设有一个花园庭院，供客人享受美好的用餐体验。

饮品和夜生活

Beach Bar Bregenz 酒吧

(www.beachbar-bregenz.com; Seepromenade 2; ⏰4月下旬至9月上旬 周一至周五 16:00至午夜，周六从14:00，周日从11:00)凉爽的鸡尾酒、棕榈树和动感的DJ节拍——每年夏天这个湖畔海滩酒吧都变身为Costa del Bodensee。你可以在Strandkörbe（柳条椅）中放松身心。它还会偶尔举办活动，例如放映无声的露天电影。

Cuba 酒吧

(www.cuba-club.at; Bahnhofstrasse 9; ⏰周一至周五 11:00至次日4:00，周日 从14:00开始)这间画廊风格的酒吧配有吊灯和宽阔的楼梯，吸引了时尚的拉丁和灵魂乐手以及顶级DJ。招牌鸡尾酒包括Cubata（哈瓦那俱乐部、可乐和酸橙）和Lilly（利莱酒、玫瑰滋补品和干玫瑰花瓣）。

Wunderbar 酒吧

(Bahnhofstrasse 4; ⏰周一至周四 11:00至午夜，周五和周六 至次日4:00，周日 14:00至午夜; 📶)古老的妓院风格与新巴洛克风格相结合，在这里蜡烛照亮了血红色的墙壁、小天使和天鹅绒沙发。你可以看看报纸、在露台上摆一个秋千，或者在优雅的放克音乐中品尝鸡尾酒。

ℹ 实用信息

Bodensee-Vorarlberg Tourism (☎05574-434 43; www.bodensee-vorarlberg.com)免费的本地住宿预订服务。

Landeskrankenhaus (☎05574-40 10; Carl-Pedenz-Strasse 2)省医院设有急诊室。

中央邮局 (Seestrasse 5; 周一至周五 8:00~18:00，周六 9:00~12:00)还有一个Bankomat。

旅游办事处 (☎05574-49 59; www.bregenz.travel; Rathausstrasse 35a; ⏰周一至周五 9:00~18:00，周六 至12:00)提供有关城市及周边地区的信息，并提供住宿帮助。

ℹ 到达和离开

自行车

Fahrradverleih Bregenz (www.integra.or.at/fahrradverleih-bregenz; Seepromenade; 城市自行车每天€15,电动自行车 €27; ⏰4月至10月 周一至周五 9:00~12:00和16:00~19:00，周六和周日 9:00~19:00)提供优质自行车租赁和免费的博登湖骑行地图。

火车

每天有四趟直达慕尼黑（€49.20，3小时），途经林道（Lindau，€2.90,12分钟），而抵达康斯坦茨的火车（€26.60，2小时）途经瑞士的湖岸，可能经常有车，但需要最多四次换乘。经常有班车（€39，2小时）前往苏黎世，所有这些都从St

Gallen（€15.40，47分钟）出发。到因斯布鲁克大约每小时一趟列车（€37.50，2.5小时），途经多恩比恩（€2.90，9分钟）、Feldkirch（€6.50，46分钟）和布卢登茨（€10.10，1小时）。

多恩比恩（Dornbirn）

☎05572/人口 46,885/海拔高度 437米

树木茂密、犬牙交错的石灰岩尖塔是福拉尔贝格州最大城市多恩比恩引人注目的背景。它虽然没有布雷根茨那么吸引人，但也值得一游，这里因游人稀少而显得耳目一新，且博物馆众多。

霍恩埃姆斯位于多恩比恩以南6公里处，在17世纪成为一个大型犹太社区。他们的人数在19世纪60年代逐渐减少，当时的犹太人有资格住在哈布斯堡统治下的任何地方。

景点

Inatura 博物馆

（www.inatura.at；Jahngasse 9，Dornbirn；成人/儿童/家庭 €11/5.50/25.30；⏲10:00～18:00；👪）多恩比恩最大的吸引力是这个可以实际动手操作的博物馆。对于那些喜欢（填充）狐狸玩具和用手拿（真的）蜘蛛、卷起龙卷风、热衷小实验并且经常与科学、自然和科技互动的孩子来说，这里是仙境。这里还有一个攀岩墙和3D电影院。

老城区 历史遗址

（Altstadt，Dornbirn）多恩比恩紧凑的老城区位于Marktplatz上，你的目光被蜿蜒的17世纪**Rotes Haus**所吸引，其强烈的红色色调归功于牛血和胆汁无与伦比的混合。隔壁的新古典主义的柱子和独立的**Pfarrkirche St Martin**哥特式钟楼引人注目。

劳斯莱斯博物馆 博物馆

（Rolls-Royce Museum；www.rolls-royce-museum.at；Gütle 11a；成人/儿童 €9/4.50；⏲7月和8月 每天10:00～18:00，2月至6月和9月至11月 周二至周日）这座博物馆位于Rappenlochschlucht的底部，坐落在一座19世纪的棉纺厂内，拥有世界上最大的劳斯莱斯系列展览。亮点包括在曼彻斯特重建的Royce's Cooke St工厂，以及展示曾经属于伊丽莎白女王、佛朗哥和乔治五世的复古劳斯莱斯的名人堂。记得在英国的红木茶室里品茶。

Jüdisches Museum Hohenems 博物馆

（www.jm-hohenems.at；Schweizer Strasse 5，Hohenems；成人/儿童 €8/免费；⏲周二至周日10:00～17:00）这座博物馆位于多恩比恩以南6公里处的霍恩埃姆斯（Hohenems）的罗森塔尔（Rosenthal）别墅内，展示着霍恩埃姆斯（Hohenems）已经消失许久的犹太社区，里面有照片、文件和宗教文物。罗森塔尔在该镇建立了一个相当大的纺织企业，他们的部分财富（特别是华丽的时代家具）也在展出。

活动

Rappenlochschlucht 徒步

（Rappenloch Gorge；www.rappenlochschlucht.at）距离多恩比恩以南仅4公里的是狭长的Rappenlochschlucht，被雷鸣般的Dornbirner Ache溪水穿凿而出。步行10分钟便可抵达美丽的观景点，它距离Staufensee有30分钟的步行路程，**Staufensee**是一片环绕着森林的绿松石湖。

食宿

Hotel Hirschen 酒店 $$

（☎05572-263 63；Haselstauderstrasse 31；标单 €85，双 €126～135；Ⓟ📶）Hirschen酒店的现代简约风格客房已经传到了家族第三代，这里拥有迷人的个人风格，包括星空天花板、燃木炉灶，以及由当地创意人士和DVD播放器制作的风铃。甚至还有枕头的菜单（羊毛、松树等）和热水瓶，都能确保一夜安眠。城市/电动自行车租赁费用为每天€5/10。

Vienna House Martinspark 设计酒店 $$

（☎05572-37 60；www.viennahouse.com；Mozartstrasse 2；标单 €103～115，双 €130～145；Ⓟ❄📶）🍃Winging Dornbirn的未来，这家建筑创新、环保的酒店在多恩比恩市中心相当完美地展现了它的设计。精致的镶木地板客房拥有现代风格，餐厅供应当地特产。

Pasta Fresca da Giovanni 意大利菜 $$

（☎05572-20 21 97；www.pastafresca.co.at；Riedgasse 11；意大利面 €11～16，主菜 €19～30；

⊙周一至周六 11:00~14:00和17:30~23:00；🚼）来自意大利南部的Giovanni在这个灵巧的意大利餐厅中主导着厨房的工作。顾名思义，最好的菜是精湛的自制意大利面——从馄饨和大虾、樱桃番茄、香草，然后急速升级到penne alla Norcina（碎肉、巴马干酪和松露油）。对于烤鱼或颇富风味的主菜（如炖小牛肉）来说，这是一个很好的前奏。

实用信息

旅游办事处（☎05572-221 88；Rathausplatz 1a；⊙周一至周五 9:00~18:00，周日 至中午）

到达和离开

多恩比恩在布雷根茨—因斯布鲁克铁路线上，有频繁的车次抵达布雷根茨（€2.90，9分钟）和霍恩埃姆斯（€2，7分钟）。公共汽车47路从多恩比恩火车站出发，经过Rappenlochschlucht（€2，21分钟，每天9班）。

布雷根茨林山（Bregenzerwald）

布雷根茨林山树木繁茂的石灰岩山峰、奶牛喜爱的牧场和田园诗般的村庄渐次展现在布雷根茨南部。无论是在高山奶牛场品尝奶酪、在温泉酒店尝试干草和草药治疗，还是蜷缩在舒适的农舍壁炉旁，这个乡村地区都非常适合回归几天自然。为了呼吸良好的清新空气，踩进你的靴子、滑入你的滑雪板或骑上自行车去户外吧。

景点

Angelika Kauffmann Museum 博物馆

（www.angelika-kauffmann.com；Brand 34，Schwarzenberg；成人/儿童 €7.50/2；⊙5月至10月下旬 周二至周日 10:00~17:00）这个超现代的博物馆收藏了冬季的永久收藏品以及瑞士-奥地利新古典主义画家Angelika Kauffmann的作品在夏季轮流循环的展览。这位艺术家与她父亲出生的村庄有很强的关联。门票包括邻近的Heimat博物馆（遗产博物馆）的门票和一个原始的高山小屋。传统彩绘家具、非凡的头饰、狩猎用具和花丝铁十字架的展览着重于展现19世纪的农村生活。

Käsekeller Lingenau 乳制品展示

（www.kaesekeller.at；Zeihenbühel 423，Lingenau；⊙周一至周五 10:00~18:00，周六 9:00~17:00，冬季营业时间缩短）走进这个现代化的酿造奶酪的酒窖门厅，你会通过玻璃墙瞥见机器人摆弄马车轮大小的奶酪。它以其浓郁的Bergkäse（山地奶酪）而闻名。就着葡萄酒和面包品尝奶酪的花费从€6.80到€10.90不等。

Käse-Molke Metzler 乳制品展示

（☎05512-30 44；www.naturhautnah.at；Bruggan 1025，Egg；⊙周一至周五 8:00~12:00和13:30~18:00，周六 8:00~12:00）这个具有建筑创意的奶制品厂生产新鲜的Wälderkäsle（"森林奶酪"）、安排农场游和品尝（€16.50）游，并开设四小时的奶酪制作工场（€69）。查看网站了解确切的日期和时间，千万别忘了预订。

活动

在夏季时，山丘上有徒步旅行者、登山者和骑自行车者。当地旅游局还安排**主题步行游览**，包括一些面向家庭的路线。**滑翔伞**可以在Andelsbuch、Bezau和Au-Schoppernau的山上出发；双人滑翔伞的费用约为100欧元。

高山速降滑雪

虽然比其他奥地利滑雪区鲜为人知，但布雷根茨林山在268公里的斜坡上有很棒的高山速降滑雪，非常适合初学者、中级选手和滑雪旅行者（3个谷 3/6日通行证 成人€131/221，儿童 €66/111）。免费滑雪巴士在度假村之间穿梭。不滑雪的人可以在越野或雪鞋小径上穿越白雪皑皑的森林，冬季徒步旅行或在Au和Damüls的雪橇滑道上下坡。

节日和活动

Schubertiade 音乐

（☎05576-720 91；www.schubertiade.at）备受好评的Schubertiade音乐节将伟大的奥地利浪漫主义作曲家弗朗兹·舒伯特（Franz Schubert）的歌曲和室内音乐带到施瓦岑贝格（6月中旬至9月初）的有情调的场地和霍恩埃姆斯（5月，7月，8月，9月和10月的日期）。门票

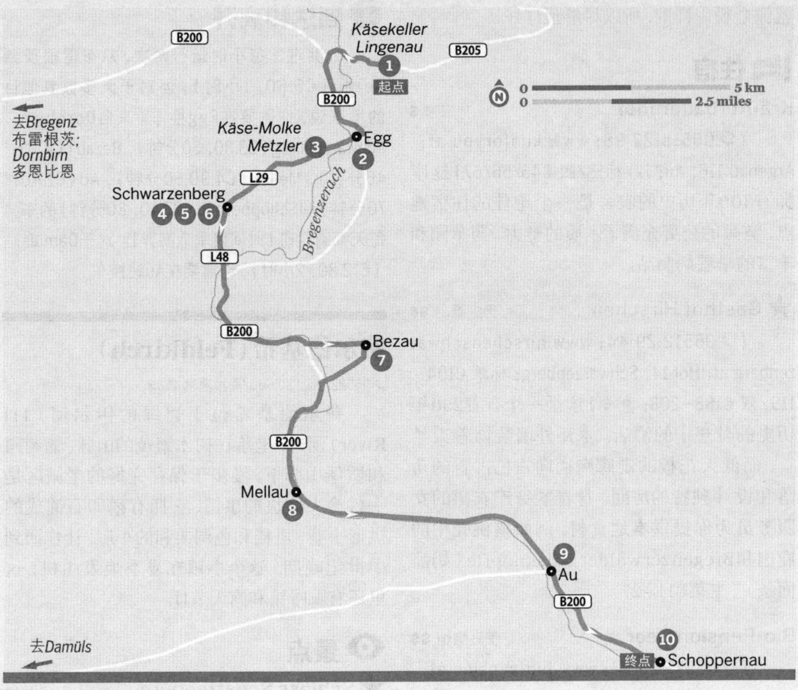

自驾游
布雷根茨林山自驾游

起点: KÄSEKELLER LINGENAU

终点: SCHOPPERNAU

距离: 35公里; **需时:** 4小时

想去布雷根茨林山的起伏的奶牛场，最好在Käsestrasse（奶酪路）上进行探索。这次旅程（直达车程约需40分钟）穿过古色古香的村庄，在当地的Sennereien（奶牛场）停下来，前去品尝鲜豆奶和奶酪。春天到秋天是参观的最佳时间。详细信息请访问www.kaesestrasse.at。

在超现代的❶**Käsekeller Lingenau**（见370页）的巨大地窖内看看奶酪是如何成熟的，并品尝一杯当地葡萄酒和美味的Bergkäse（"山奶酪"）。然后去漂亮的、有教堂装点的❷**Egg**村看看，Bregenzerach河在这里快速流过。向西2.5公里，❸**Käse-Molke Metzler**（见370页）是一个前卫的乳品农舍。在这里，你可以品尝由牛奶和山羊奶制成的奶油Wälderkäsle（"森林奶酪"），或者提前打电话加入奶酪制作工坊。

向西南方向到❹**施瓦岑贝格村**，在那里，古老的农舍上铺着木瓦，猩红色的天竺葵点缀着狭窄的街道。在❺**Angelika Kauffmann Museum**（见370页）中欣赏艺术品，然后去❻**Gasthof Hirschen**（见372页）木质的客厅或花园，以奶酪丰富的Kässpätzle（鸡蛋面）结束午餐。狭窄的乡间小路现在轻轻地向东南7公里处的❼**Bezau**延伸，Bregenzerach河迅速流过森林覆盖的山坡，上升到凹凸不平的石灰岩峭壁。村里有几家奶制品店，你可以在那里买到奶酪、蜂蜜、草药和杜松子酒。继续向东南方向前往Arlberg和多山的❽**Mellau**，旅游办事处在那里组织夏季的奶酪之旅。

向东南方向行驶，你会来到宁静的❾**Au**，可以看到U形山谷的深邃景色，尤其是在金色的秋日。在❿**Bergkäserei Schoppernau**，你可以尝尝著名的Bergkäse，沉浸在完满的奶酪海洋之旅中。

就像金粉一样贵，所以尽量预订好。

住宿

Kräuterbauernhof 农舍 $

（☎05515-22 98; www.kuhforyou.at; Argenau 116, Au; 双/标三/四 €45/56/67）这座拥有300年历史的农舍是一个绝佳的住宿地点，宽敞的公寓充满了木质的魅力、药草园和丰富的早餐奶制品。

★ **Gasthof Hirschen** 历史酒店 $$

（☎05512-29 44; www.hirschenschwarzenberg.at; Hof 14, Schwarzenberg; 标单 €104~119, 双 €188~208; P 📶）这是一个有着250年历史的梦想中的酒店。木瓦外墙装饰着天竺葵，而低天花板的走廊则通向古色古香的角落和设计独特的房间。身着紧身连衣裙的女服务员为你提供本地食材，例如核桃壳中的鹿肉和Bregenzerwälder Käsknöpfle（奶酪面条）。主菜€14~27。

Bio-Pension Beer 家庭旅馆 $$

（☎05515-23 98; www.bio-pension.at; Gräsalp 357, Schoppernau; 双 €66~74; 📶）🍃这家旅馆明亮而宜人的客房采用Beer家庭森林的环保木材建造而成。在这个生态友好的乡村度假胜地，你将会有宾至如归的感觉，早餐包括纯净的泉水、鸡肉和有机农产品。

Hotel Gasthof Gams 精品酒店 $$$

（☎05514-22 20; www.hotel-gams.at; Platz 44, Bezau; 双 €206~246, 套房 €310~350; P 📶 🏊）Gams（chamois）是一家真正魅力十足的酒店，每一个跳动着金色烛光的角落都会让人耳目一新。梦幻般的达·芬奇水疗中心拥有开放式壁炉、星空天花板、山景漩涡浴池、美食餐厅（七道菜€115）和可以走进的葡萄酒塔——这里作为蜜月旅行地再好不过了。

实用信息

布雷根茨林山旅游办事处（☎05512-23 65; www.bregenzerwald.at; Impulszentrum 1135, Egg; ⏰周一至周五 9:00~17:00, 周六8:00~13:00）应该是你了解该地区的景点、活动和住所的第一站。货架上摆满了地图和小册子。

到达和离开

公共汽车每小时运行两次，从布雷根茨到Bezau（€5.60, 1小时），但对于大多数其他目的地来说，你需要在Egg换车。来自Dornbirn, Schwarzenberg（€3.80, 30分钟），Bezau（€4.70, 46分钟），Mellau（€4.90,50分钟），Au（€7.40, 70分钟）和Schoppernau（€7.40, 80分钟）的车，每天都有几班（时间因季节而异）。对于Damüls站（€12.80, 2小时），你需要在Au站换车。

费尔德基希（Feldkirch）

☎05522/人口 30,660/海拔高度 458米

费尔德基希位于碧绿的伊尔河（Ill River）河畔，坐落在树木繁茂的山脉、葡萄园和城堡山脚下。漫步于保存完好的老城区是一件令人愉快的事情，它拥有鹅卵石铺成的拱形小巷、塔楼和色调柔和的小屋，让你回到中世纪晚期。这个小镇在夏季焕发生机，这里还有咖啡馆和露天节日。

景点

★ **Schloss Schattenburg** 城堡

（www.schattenburg.at; Burggasse 1; 成人/儿童 €7/3.50; ⏰4月至10月 周一至周五 9:00~12:00和13:30~17:00, 周六和周日 10:00~17:00, 剩余月份营业时间缩短）这座13世纪的山顶城堡如同一本画着红色塔楼和匍匐藤蔓的儿童故事书。这里有陡峭的城墙，可以看到Feldkirch屋顶的远景。这座城堡曾经是蒙特福特伯爵的封地，现在有一座展示宗教艺术、服装和武器的小**博物馆**。

★ **Domkirche St Nikolaus** 教堂

（Domplatz; ⏰8:00~18:00）费尔德基希的大教堂看上去像一根细长的尖塔，拥有宽敞、令人生畏的内部装饰，并配以晚期哥特式特色和耀眼的彩色玻璃。旁边的画作是当地的小伙子Wolf Huber（1480~1539年）绘成的，他是多瑙河画派的主要成员。

Wildpark 自然保护区

（Ardetzenweg 20; ⏰破晓至黄昏; 👪）免费 面向这个城镇的城堡Ardetzenberg（631米）是一个森林茂密的山丘。在它的北端是这个野生动物园，有林地小径、冒险乐

Feldkirch 费尔德基希

园、烧烤区和对动物友好的围栏，这里是土拨鼠、北山羊和野猪的家。

活动

Dreiländerweg 骑自行车

（Three Country Trail）费尔德基希地区自行车道交错，包括30公里的Dreiländerweg，可以在奥地利、瑞士和列支敦士登欣赏美丽的风景。可以从旅游局拿取免费的Feldkircher Radwegkarte地图。

节日和活动

Poolbar Festival 文化节

（http://poolbar.at; ⌚8月上旬）如果你在Poolbar Festival节期间在城里，请务必查看大部分免费活动的顶级阵容，快速地从音乐会、舞蹈和诗歌批评，一路溜到杂耍表演和DJ之夜吧。

Gauklerfestival 节日

（⌚7月下旬）在这个巨大的街头派对上，玩杂耍的人、吞火者和小丑们热情款待大家。

Montfortspektakel 节日

（⌚6月上旬）费尔德基希重温了中世纪

Feldkirch 费尔德基希

重要景点

1 圣尼古拉斯大教堂 C1
2 沙滕堡城堡 D2

活动、课程和团队游

3 Dreiländerweg A2

住宿

4 Gutwinski Hotel B2

就餐

5 April C2
6 Dogana C2
7 Gutwinski C2
8 Papa Chadha's Kitchen B3
9 Rauch Cafe B2
10 Wirtschaft Zum Schützenhaus D2

饮品和夜生活

11 Poolbar A3

的吟游诗人、骑士和不间断的宴会。

住宿

Junges Hotel Feldkirch 青年旅舍 $

（☎05522-731 81; www.oejhw.at; Reichsstrasse 111；铺/双 €15.50/45；P 📶）这家拥有700年历史的医务室已被改建成国际青年旅舍，其蜿蜒的横梁、拱形休息室和常春藤覆盖的庭院散发着迷人的魅力。螺旋形楼梯盘旋通向洒满阳光的宿舍与松木铺位。59、60和68号公共汽车在这里停靠。

Gutwinski Hotel 精品酒店 $$

（☎05522-721 75；www.gutwinski.cc；Rosengasse 4-6；标单/双 €102/172，套房 €392；@📶）这座16世纪商人的住宅坐落在一个安静的老城后街，拥有一丝古老的浪漫气息，它设有石灰色的花园和Biedermeier沙龙。客房融合了现代和经典风格，拥有多种抛光木材、柔和的色调和平面电视。套房里设有漩涡浴缸，为你带来奢华体验。在餐厅菜单上还可以点奏经过改编的奥地利古典音乐选段。

Montfort 酒店 $$

（☎05522-721 89；www.montfort-dashotel.at；Galuragasse 7；标单/双 €109/159；P 📶）Montfort酒店由友好的Oberhöller家族经营，是一家个性化的商务酒店。酒店坐落在迷人的花园中，其明亮的现代化客房配有平面电视和单色浴室。早餐包括新鲜出炉的羊角面包、鸡蛋和培根、鲑鱼和开胃菜。Montfort距离市中心东北部有10分钟的步行路程。

就餐

★April 咖啡店 $

（www.aprilcafe.at；Neustadt 39；早餐 €4.10~13.70，午餐 €10.50；周四至周一 9:00~18:00）明亮的花盆和颠倒的喷壶带领你来到这个健康时尚的休闲咖啡馆。窝在其中一张沙发或口袋大小的露台上，你可以点一杯装饰着花朵或蝴蝶的拿铁咖啡（Ingo是"咖啡艺术家"）。全有机菜单包括丰盛的早餐、开放式三明治、印度dhal咖喱、蘸酱和素食蛋糕。

Papa Chadha' s Kitchen 奥地利菜 $$

（☎05522-390 07；www.papachadhaskitchen.com；Mühletorplatz 2；主菜 €15~30；⏲周二至周六 10:30~14:30和17:30~22:30）Papa Chadha酒店位于伊尔河（Ill River）畔，这间露台在温暖的夜晚非常吸引人，它将重点放在优质的当地食材上。你可以通过精彩的家庭烹饪——无论是Spinatknödel（菠菜饺子）、Schlutzkrapfen（蒂罗尔新月形面食），还是带有牛肝菌和葡萄酒蔓越莓酱的鹿肉饼（medallion）——体会到它的闪光之处。

Rauch Cafe 咖啡馆 $$

（☎05522-763 55；www.rauchgastronomie.at；Marktgasse 12-14；两道菜午餐 €9.40，主菜 €14~32；⏲周三至周六和周一 9:00至次日1:00，周日 10:00至次日1:00）这间拱形咖啡厅-餐厅通往一个喧闹的露台。早餐包括黑面包、新鲜果汁、当地奶酪和火腿。菜单是奥地利主食、自制意大利面和时令菜肴，如鹿肉配鸡油菌和青葱。天黑后，DJ们让这间房子high起来。

Wirtschaft Zum Schützenhaus 奥地利菜 $$

（☎05522-852 90；www.schuetzenhaus.at；Göfiser Strasse 2；主菜 €11.50~17.50；⏲周一、周四和周五 17:00至午夜，周六 11:30~21:30，周日 11:30~20:30；👪）Schiessen und Geniessen（拍摄和享受！）是这个半木结构的酒馆的座右铭，穿着皮短裤的工作人员带着巨大的炸肉排走入餐席。树荫下的啤酒花园享有城堡的美景，还设有饲养着毛茸茸啮齿动物的宠物角，这会让孩子们玩得很开心。

Dogana 各国风味 $$

（☎05522-751 26；www.dogana.com；Neustadt 20；2道菜午餐 €9.40，主菜 €9~27；⏲周二至周六 8:30至次日1:00）这间紧凑的休息室-酒吧-餐厅设有一个受欢迎的露台，可供客人在户外用餐和饮酒。菜单包括地中海风味，配有开胃菜、夏日沙拉（尝试咖喱鸡肉kikeriki）、意大利面、牛排和鱼类菜肴。

★Gutwinski 奥地利菜 $$$

（☎05522-721 75；www.gutwinski.cc；Rosengasse 4-6；主菜 €20~34，4道菜 €57；⏲周二至周六 12:00~14:00和18:00~22:00）天气晴朗时，你可以前往Gutwinski令人愉快的树荫露台，然后品尝经典菜肴，如维也纳炸肉排配土豆和蔓越莓蜜饯，或更明亮、更具创意的菜肴，如芒果罗勒汤、鸡肉、桃子、鼠尾草和鸡油菌，以及薰衣草意大利布丁。在寒冷的时候，烛光般的内饰是理想的休憩之所。

饮品和夜生活

Poolbar 酒吧

（www.poolbar.at; Reichenfeldgasse 9）费尔德基希在Reichenfeld区的旧公共游泳池再次成为了夏季泳池酒吧节的超时尚泳池酒吧。

实用信息

乐于助人的**旅游办事处**（☎05522-734 67; http://www.feldkirch.travel; Montfortplatz 1; ⊙周一至周五 9:00~18:00，周六 9:00~12:00）可以提供大量信息和免费城镇地图。

到达和离开

火车向北驶向布雷根茨（€6.50，46分钟）和多恩比恩（€4.70，28分钟），向东南可到布卢登茨（€4.70，20分钟）。

布卢登茨（Bludenz）

☎05552/人口13,745/海拔高度 588米

阿尔卑斯山为布卢登茨提供了壮观的背景，布卢登茨是奥地利唯一（也许是世界上唯一）可以宣称拥有紫色奶牛的城镇；妙卡（Milka）巧克力从苏查德工厂里源源不断地生产出来。除了巧克力之外，布卢登茨的商业老城还将带你回到从1418年到1806年其作为哈布斯堡州府所在地的鼎盛时期。布卢登茨也是探索周围山谷的理想基地。

景点

St Laurentiuskirche 教堂

（Mutterstrasse; ⊙9:00~17:00）爬上有顶的楼梯可以到达这个哥特式的教区教堂，主教堂有一个八角形的洋葱圆尖顶。从这里可以欣赏到城镇屋顶到阿尔卑斯山的壮丽景色。

活动

要探索布卢登茨的景点，请参加由旅游办事处组织的免费城市之旅，于5月中旬至10月的周五10:15出发。

30公里范围内有15个滑雪区，滑雪通行证的价格有时还包括往返布卢登茨的滑雪巴士。步行和骑自行车是其他热门活动；旅游局有厚厚的小册子，介绍了夏季和冬季户外活动。

Muttersberg 徒步

（www.muttersberg.eu; Hinterplärsch; 缆车成人/儿童 单程€8.40/5.40，往返€13.50/8.50; ⊙缆车9:00~17:00）缆车位于市中心以北约1公里处，缆车高达1401米，是众多远足、越野行走和自行车道的起点。如果你不想步行，请从火车站前面乘坐Bus 1到缆车站。

Kletterhalle 爬山

（Untersteinstrasse 5; 成人/儿童 €5/3; ⊙庄园 6:00~22:00，售票处 周一至周五 8:00~12:00和13:00~17:00）你可以在奥地利高山俱乐部（Austrian Alpine Club）经营的这个极好的大庄园里练习爬上巨石，然后在阿尔卑斯山上接受真实的挑战。售票处位于二楼（1st floor）。

节日和活动

Milka Chocolate Festival 饮食

（www.milkaschokofest.at）布卢登茨最甜蜜的活动是7月的Milka巧克力节，届时1000公斤的Schokolade将作为奖品。还有音乐和游戏，以及很多肚子里吃满糖果的孩子。

住宿

Schlosshotel Dörflinger 历史酒店 $$

（☎05552-630 16; www.schlosshotel.cc; Schloss-Gayenhof-Platz 5; 标单 €79~105，双 €130; P @）这家时尚的酒店紧邻布卢登茨上方的悬崖，提供现代化的客房，许多客房设有阳台。酒店设有一个面向山的露台，供客人享受温暖的夜晚，为客人提供免费的山地自行车租赁服务以及一间提供奥地利美食的精致餐厅（€10~25）。

Gasthof Hotel Löwen 酒店 $$

（☎05552-322 70; www.loewen-bludenz.at; Mutterstrasse 7; 标单 €69~73，双 €95~99; P 📶）这个桃红色门脸的酒店坐落在市中心。客房铺有镶木地板并配有洁白的寝具和步入式淋浴间。新鲜的时令食材作为早餐可以随便取用。

Val Blu 水疗酒店 $$

（☎05552-631 06; www.valblu.at; Haldenweg 2a; 标单/双 €75/126; P 📶 🏊）玻璃墙和光

滑的轮廓定义了这家超现代的温泉酒店，沿着Untersteinstrasse步行10分钟即可到达。风格实用而简约的客房配有无线网络连接和平面电视。

就餐

Remise 咖啡店 $

（www.cafe-remise.at; Am Raiffeisenplatz 1; 午餐 €7~8，小吃 €4~8; 周一至周六 10:00至午夜，周日 13:00~20:00; ）这家现代咖啡馆吸引了各种艺术风格，供应从吐司到创意沙拉的各式小吃。隔壁的文化中心定期举办展览、电影放映和音乐会。外面有一个儿童游乐场。

Wirtshaus Kohldampf 奥地利菜 $$

（05552-653 85; www.fohren-center.at; Werdenbergerstrasse 53; 主菜 €8~16; 11:00~20:00）这个巨大的酿酒吧兼啤酒花园位于市中心以西5分钟路程处。炸肉排、烤猪肉和炖牛肉等肉食可以用对面的啤酒厂的Fohrenburger啤酒来搭配。

购物

Milka Shop 巧克力店

（Fohrenburgstrasse 1; 周一和周六 9:00~12:00，周二至周五 至16:30）你可以在Milka的旗舰店购买由紫色奶牛的牛奶制作的巧克力——并了解它是如何制作的。

实用信息

位于历史中心的核心地带，**旅游办公室**（05552-302 27; www.vorarlbergalpenregion.at; Rathausgasse 12; 周一至周五 8:00~17:30）提供有关布雷根茨及周边地区的信息。

到达和离开

布卢登茨位于通往因斯布鲁克（€27.90，1.75小时，每两小时一班）和布雷根茨（€10.10，每小时一班）的东西方城际快速铁路的路上。

A14高速公路就在伊尔河以南和市中心。公共汽车在布卢登茨周围的五个山谷中运行。

蒙塔丰（Montafon）

人口 16,545

当欧内斯特·海明威于1925年和1926年的冬天来到这里时，蒙塔丰的原始荒野和高度的杜松子酒让他兴奋不已，在幸福的孤独中他滑雪并写下了《太阳照常升起》（*The Sun Also Rises*）。由冰川覆盖的锡尔夫雷塔山脉和Piz Buin的3312米山尖构成轮廓的山谷仍然是奥地利阿尔卑斯山脉中最宁静和未受破坏的仙境之一。

Partenen标志着23公里蛇形路Silvretta Hochalpenstrasse的起点，它在海拔2500米以上的山峰下蜿蜒前行，然后通过一系列紧凑的转弯攀升至2036米的比勒赫厄（Bielerhöhe）山口。

景点

锡尔夫雷塔水库 湖泊

（Silvretta Stausee）这个令人惊讶的海蓝宝石水库在海拔2030米处闪闪发光，在明亮的早晨照亮了3312米如钻石般的Piz Buin。湖泊是传奇般但极具挑战性的Radsattel赛道的起点和终点，穿过这条15公里的赛道需要5~6小时，它穿越Radsattel，高度为2652米，从一个山谷穿越到另一个山谷。

Silvretta Hochalpenstrasse 景区

（www.silvretta-bielerhoehe.at; 车/摩托车 €15/12; 6月上旬至10月下旬）这条23公里长的Silvretta High Alpine Rd在高峰其间蜿蜒曲折，直至超过2500米，并通过34个令人精神紧张的转弯，攀升至2036米的比勒赫厄山口。在通道顶部是锡尔夫雷塔水库。

活动

一段段极好的高山步道，包括**Radsattel环线**，在夏季吸引着徒步旅行者。使用蒙塔丰-锡尔夫雷塔卡（3/7天 €41/55）可乘坐缆车和升降梯。

在冬季，蒙塔丰那长达246公里却不拥挤的雪道会吸引很多家庭前来越野滑雪、雪鞋行走、滑雪旅行和滑雪橇。滑雪票-蒙塔丰（3/7天通票 €120/€237）涵盖公共交通和山谷中的61部升降梯。

住宿

Posthotel Rössle 历史酒店 $$

（05558-833 30; www.posthotel-

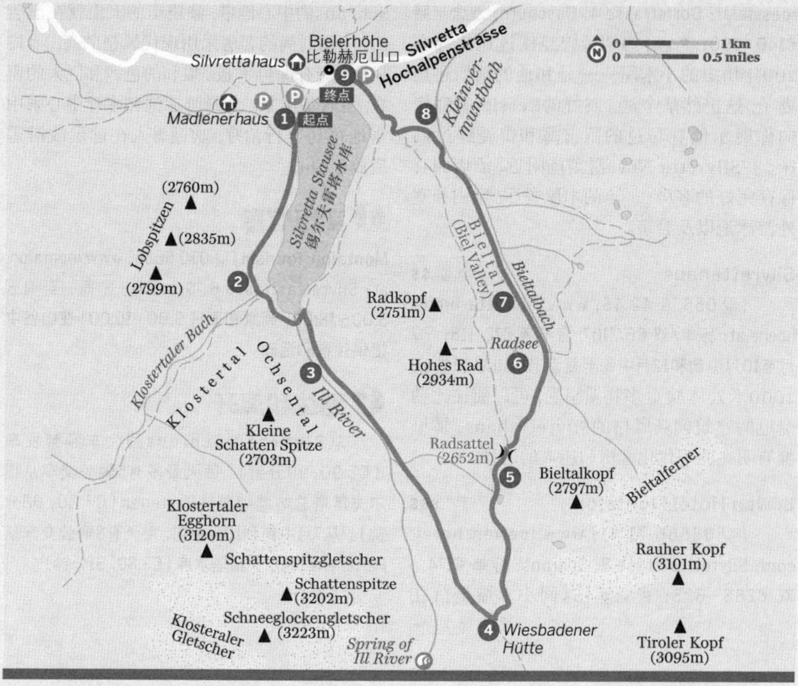

户外徒步
拉德山口环线徒步

起点: 锡尔夫雷塔水库
终点: 比勒赫厄山口
距离: 15公里; **需时:** 5~6小时

这是福拉尔贝格最壮观的徒步线路之一，探索通过一条小路连接的两个山谷，带你进入海拔3000米的山脉和冰川的领地。7月或8月是这条路线最好的季节，但你需要不错的体能。Alpenvereinskarte 1:25,000地图No 26 Silvrettagruppe详细介绍了这条小径。

从❶**锡尔夫雷塔水库**停车场出发，走过大坝，就能在绿松石般的水库西岸找到无数人走过的小径。坚持在南端的湖岸线行进，穿过❷**Klostertaler Bach**上的一座桥，然后穿过快速流淌的❸**Ill River**。在交叉路口，右转上行到达Wiesbadener Hütte。

当你逐渐提升高度时，会出现一个深邃的、闪着蓝光的冰川裂缝。继续你的稳步上行，2小时至2小时15分钟以后，在❹**Wiesbadener Hütte**的阳光露台上停下来享用茶点。在小屋后面，朝着**Radsattel**的方向转向一条红白相间的小路，这条小路变得越来越窄，脚下越来越崎岖不平。这条小路陡峭地向上倾斜，越过一条小溪流。一直向右走，并在一个大型石冢处上坡。在最后一次陡峭爬升之前穿过一个浅水池出口到2652米的❺**Radsattel**，其中一个标志是划分了福拉尔贝格和蒂罗尔的界线，距离小屋有1个半小时。

沿着巨石散落的东侧通道陡峭下降，注意这里可能会见到北山羊。当你沿着小路走到❻**Bieltal**（Biel河谷）的偏远草地时，你会经过几个小湖泊，包括宝石般的❼**Radsee谷**。沿着潺潺的❽**Bieltalbach**溪流西岸前行，继续向西行至锡尔夫雷塔水库，沿着水库向右转。回到主干道，左转并步行300米返回❾**比勒赫厄山口**（距离Radsattel, 1.5~2小时）。

roessle.at; Dorfstrasse 4, Gaschurn; 双含半膳€140~190; P ✉)海明威曾经住过这栋拥有200年历史的小木屋——是和他的情妇还是妻子，这仍然是个谜。友好的Kessler家庭将向你展示他签写过的留言簿和曾经睡过的床。在Silvretta Nova滑雪场附近，酒店拥有保存完好的客房、一流的木屋餐厅、室内和室外游泳池以及温泉。

Silvrettahaus 小木屋 **$$**

(☎05558-42 46; www.silvretta-bielerhoehe.at; 标单/双 €67/107, 含半膳 €72/118; ⏲7月至10月中旬和12月中旬至复活节)如果想要在2000米处体验更多物质享受，可以前往比勒赫厄的建筑创新风格的Silvrettahaus，那里拥有明亮的现代化客房和迷人的山景。

Löwen Hotel Montafon 酒店 **$$$**

(☎05556-71 41; www.loewen-hotel.com; Silvrettastrasse 8, Schruns; 标单 €174, 双 €288~328; P 📶 ✉)这间小木屋坐落在Schruns的中心地带，蒙塔丰的大山就在酒店门口。超时尚的客房采用现代风格的高山乡村风格，配有深色木板、柔和的色调和巨大的窗户，可欣赏美景。全景游泳池和水疗中心采用当地草药进行治疗，欢迎客人在远足或滑雪后放松身心。

实用信息

Montafon Tourism (☎050 6686; www.montafon.at; Silvrettastrasse 6, Schruns; ⏲周一至周五8:00~18:00，周六和周日 9:00~16:00)在山谷中提供住宿和活动。

到达和离开

从Bludenz到Schruns的火车频繁发车(€2.90, 19分钟)，每天最多有5辆公交车从锡尔夫雷塔总站继续前往Partenen(€3.80, 38分钟)。从7月中旬到10月中旬，每天有8辆公交车从Partenen到锡尔夫雷塔水库(€3.80, 31分钟)。

了解奥地利

今日奥地利

极右翼政治势力抬头，失业率持续上升，2016年总统选举中发生的选票违规行为让奥地利人两次返回投票站，这个国家正处于动荡之中。但并非一片黯淡：旅游业蓬勃发展，而维也纳再度被封为全球最宜居城市，更不用说具有前瞻性思维的总理和外交部部长——这都预示着奥地利终将迎来度过风暴的希望之光。

最佳电影

《第三人》(*The Third Man*, 1949)经典黑色电影，在维也纳摄制完成。

《钢琴教师》(*The Piano Teacher*, 2001)迈克尔·哈内克(Michael Hanecke)的代表作，关于一位虐恋狂钢琴老师的故事。

《大都会》(*Metropolis*, 1927)弗里茨·朗(Fritz Lange)执导，彰显工业感与超前于那个时代的未来主义颓废风。

《爱》(*Amour*, 2012)迈克尔·哈内克编剧并执导，讲述一对老夫妇饱经风霜的爱。

《沉梦与爱》(*The Dreamed Ones*, 2016)露特·贝克尔曼(Ruth Beckermann)执导的文学电影，通过热忱的书信往来表达出对于诗歌的爱。

最佳书籍

《拉德茨基进行曲》(*Radetzky March*, 1932)，约瑟夫·罗特(Joseph Roth)著，奥匈帝国衰落的编年史。

《昨日的世界》(*The World of Yesterday*, 1942)，斯蒂芬·茨威格(Stefan Zweig)著，茨威格在自杀前一天把这部作品寄交出版社，这是他作为流亡的犹太人对法西斯崛起时代的动人回忆录。

移民政策变局

和所有欧洲国家一样，当下的热门话题要数移民危机及其所带来的社会和经济后果。从过往记录来看，奥地利对难民和政治避难者大体报以接纳的态度，以1995年为例，数以千计的南斯拉夫内战难民从巴尔干半岛逃离至此。2015年，当难民潮迫近边境的时候，奥地利最初坚决持有正面态度，表示会协助难民从匈牙利入境。在维也纳的火车总站(Hauptbahnhof)专设有一辆“希望列车”，由志愿者为难民提供帮助。和邻国德国采取的开放政策相一致，奥地利在2015年通过了90,000份庇护申请，是人均接收难民数最高的欧洲国家之一。不过到了2015年8月，在奥地利东部的一辆卡车里发现了71具已严重腐烂的移民尸体，这起可怕的案件导致了民众态度的转变。

2016年，局势发生了变化。汹涌的移民潮让国家不堪重负，文化融入的成效不容乐观，失业率上升背景下的就业安置工作更是困难重重，奥地利政府设置了37,500份避难申请的上限。在2016年4月的第一轮总统选举之后，一项备受争议的议案浮出水面，这项法案规定，政府有权要求宣布进入“紧急状态”，在此状态下，如果难民的数量大幅上升，那么在边境上的大部分难民申请会被驳回。斯洛文尼亚边境竖起了4公里长的围栏，管控匈牙利和意大利(布伦纳山口)边境的围栏也在考虑之中。联合国和政治避难专家都谴责了此类藐视人权法的行为。

总统大选：分裂的国家

另一个热门话题便是总统大选(不过奥地利总统在很大程度上扮演着仪式性的角色)。2016年5月，走中间路线的执政两党双双落败，都没能进入第二轮选举的角逐，这还是“二战”以来的第一遭。而摇摆不定的票数在两匹黑马之间不相上下：亚历山大·范德贝伦是绿党力挺的独立候选人，诺伯特·霍费尔代表极右翼民粹主义自由党（FPÖ）参选。范德贝伦在第二轮选举中险胜，但投票结果却由于选票违规问题被宪法法院裁定无效，在国内激起了又一番波澜，范德贝伦在当年12月的重新投票中占有了较大优势。

右派和左派

2016年的总统大选透露出民粹主义在奥地利的崛起，个中原因十分复杂，但移民危机的应对措施、对主流执政党的幻想破灭以及对国家前景的担忧（目前失业率处于8.6%）都是关键性因素。

在动荡不安的局势下，霍费尔的民众支持数量不断壮大，尽管反对者也不少，但这位48岁的居家好男人已经用“奥地利优先”的口号打动了一众百姓。

不幸之中的万幸

奥地利上空也许有些阴霾，但政界仍有望为国家带来光明。奥地利联邦铁路局前首席执行官、社会民主党（简称SPÖ）成员克里斯蒂安·克恩，于2016年5月当选总理（奥地利真正的政府首脑）。在他的监督之下，难民大规模地沿铁路线流入，随着英国脱离欧盟的行动，他在大选之后要求欧盟进行大改组。

另一个举国关注的人物是年仅32岁的塞巴斯蒂安·库尔茨，奥地利人民党（Austrian People' s Party，简称ÖVP）的成员，也是全世界最年轻的外交部部长。他认为这次总统大选能够促进变革，并且已经趁势提出加强欧盟边境管控的要求。他用大胆的想法和直白的语言表达出了他对移民的看法——他相信要提供移民所需才能帮助他们顺利融入本地社会。2017年10月15日，库尔茨在政党大选中获胜，出任奥地利总理，携人民党与奥地利自由党组成右翼联合政府，其在难民问题上的观点有诸多向波兰民粹政党靠拢的趋势。

噢！维也纳！

把上升的失业率和政治纠葛暂且放开，维也纳无论如何都是值得赞美的。新近完工的火车总站给这座首都添上了一抹亮色，2015年在此主办的欧洲歌唱大赛（Eurovison）更是让整片欧洲大陆都把注意力投向了这座城市，蓬勃发展的旅游业已经席卷全国，在维也纳尤为声势浩大，新开通的大量直达航班功不可没。

在英国经济学人智库发布的2018年“最宜居城市”排行榜中，维也纳也击败了连续七年排名第一的墨尔本，拔得头筹。

人口：870万

面积：83,879平方公里

人均国内生产总值：$48,098

失业率：8.6%

月均工资：€2555

每100个奥地利人中

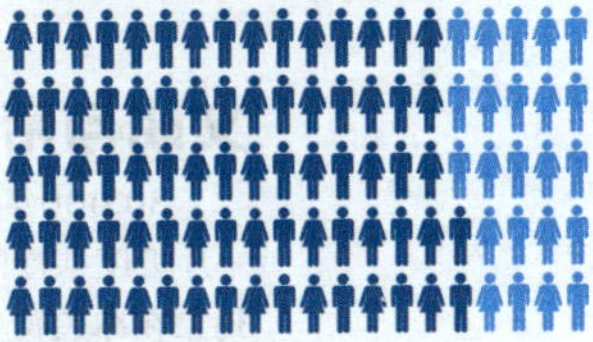

77个是奥地利人
23个是外国公民

信仰体系

（占人口百分比）

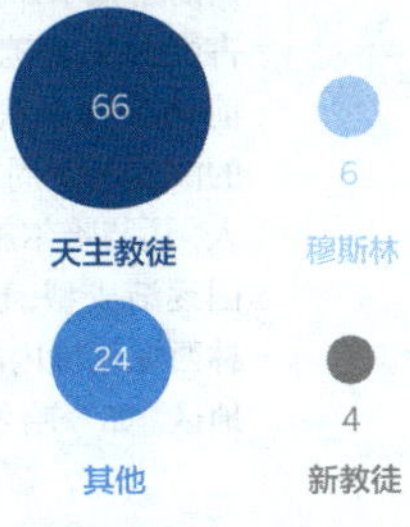

每平方公里人口数

历史

奥地利的腹地面积一直不大，但其帝国领土曾经横跨欧陆，并一度拥有在政治和上流文化中的话语权。奥地利的历史讲述了帝国的合并与强权君主，战争与革命，文艺的复兴，奥地利法西斯主义，外国势力的占领，以及稳定的民主政治。

文明与帝国

30,000年前的地球处于最后一个冰川时期，那时奥地利的高山区是一片极度寒冷的不毛之地，也的确没有留下任何人类和动物的痕迹。当猛犸象在冰雪覆盖的大地上艰难跋涉之时，更为宜居的下奥地利平原和多瑙河谷自然发展出了早期的人类文明。最早的考古发现便能追溯到这一时期，包括现藏于维也纳自然史博物馆的一组维纳斯小人像，其中最耀眼的一件便是维伦多夫的维纳斯（Venus of Willendorf），1908年出土于多瑙河谷瓦豪一段。这件袖珍而丰满的小雕像高11厘米，由石灰岩制成，约有25,000年的历史。

约在公元前800年，原始凯尔特文明在此区域落地生根——人称哈尔施塔特（Hallstatt）文明，因为是在萨尔茨卡默古特（Salzkammergut）境内的小镇哈尔施塔特出土的这一片墓葬遗址。原始凯尔特人在萨尔茨卡默古特开采盐矿，并与地中海地区保持着贸易往来。在后铁器时代（约公元前450年）从高卢迁移来的另一批凯尔特人也选择了多瑙河谷和盐矿丰富的萨尔茨堡周边地区，在此不光遇到了从巴尔干地区游荡至此的伊利里亚人，还与哈尔施塔特的原始凯尔特人产生了交集。一座伊利里亚-凯尔特王国逐渐成型，也就是诺里库姆，国土覆盖今蒂罗尔州东部至多瑙河、今卡林西亚州境内的阿尔卑斯山东沿，再延伸至巴伐利亚和斯洛文尼亚的部分地区。如今哈尔施塔姆和哈莱因两地的展览陈列和盐田都讲述着哈尔施塔

大事年表

公元前30,000年至前25,000年

30,000岁的加根堡的维纳斯（人称舞动的范妮——奥地利一位芭蕾舞者名叫范妮）和25,000岁的丰腴美人维伦多夫的维纳斯创作完成，两件宝贝都藏于维也纳的自然史博物馆。

公元前 3300 年

新石器时代的奥兹（Ötzi）去世，在厄茨河谷的冰川中变成了一具木乃伊。在1991年被发现之后，许多奥地利和意大利女子表示希望能与奥兹的冷冻精子结合产子。

公元前800年至前400年

铁器时代，萨尔茨卡默古特南部出现了哈尔施塔特文明，当地的盐矿为定居者提供了生计。公元前450年左右，凯尔特人来到此地，并在现存文化的基础上继续发展。

特文明以及凯尔特人的文明史。

罗马帝国

公元前15世纪，罗马军队声势浩大地穿越阿尔卑斯山，驻扎在多瑙河南岸，将今奥地利区域划归自己的行省，并建造起了界墙（Limes）以及诸多城镇，包括卡农图姆、文多博纳（也就是维也纳这座城市的前身）、布里甘提姆（今布雷根茨）、朱瓦乌姆（萨尔茨堡）、弗拉维亚索尔瓦（今施蒂里亚州的莱布尼茨县）、阿贡图姆和维鲁努姆（今克拉根福北部）。公元5世纪，西罗马帝国覆灭，空出的这片土地很快被迁移至此的部族据为己有，日耳曼部族阿勒曼尼人驻扎于今福拉尔贝格，斯拉夫人进驻今卡林西亚和施蒂里亚，巴伐利亚人在多瑙河南岸落脚，占据今上奥地利州、下奥地利州、蒂罗尔州和萨尔茨堡周边地区。巴伐利亚人在其中最为风光，公元7世纪，他们已经成功占有了今奥地利的大部分地域，建立了广阔的德语区。

加洛林帝国

罗马帝国在公元5世纪覆灭后，就很难有名副其实的帝国与之相提并论了，但加洛林帝国在6世纪的兴起到底改变了奥地利乃至欧洲的局势——成为当时全欧洲最强盛的帝国。加洛林帝国起源在法国和比利时西部，查理大帝以罗马帝国为样本，将其统治下的帝国发展壮大。查理大帝在多瑙河谷设下缓冲区，支撑起帝国领土的东部边区,后被称作“东方马克”（Ostmark，即东部边境Eastern March）。公元800年，查理大帝被罗马教宗加冕为罗马皇帝。

早期哈布斯堡君主国

哈布斯堡家族的统治最初并不稳固，在鲁道夫一世当选之前经历了一段空位期，其间神圣罗马帝国难以选出一位让众人信服的合格君主。1291年鲁道夫一世去世之后，王位从哈布斯堡家族中流落他人之手，直到这位外族继承人被匈牙利人所杀，鲁道夫的长子阿尔布雷希特一世才于1298年被选为帝国首领。

奥地利的守护圣人——巴本堡王朝的利奥波德三世（1096~1135年）。

哈布斯堡家族最初经受了一些并不太光彩的挫折。在鲁道夫一世死后，瑞士人结盟成政治邦联以维护区域和平，并多次向哈布斯堡开战。邦联的形成为更强的自治权打下了基础，也正是在此前提之上，瑞士在多年后摆脱了哈布斯堡的统治，最终赢得了独立。

公元前15年至公元600年

罗马人与凯尔特人和北欧部族建立起联系。罗马人将雷蒂亚、诺里库姆和潘诺尼亚划为行省。斯拉夫、日耳曼和其他部族后来开始在这些地区分布开来。

公元8年

文多博纳，即维也纳内城区的前身，成为罗马行省潘诺尼亚的一部分。

795年

查理大帝在多瑙河谷设立缓冲区，之后此片区域被纳粹称为东方马克，支撑起帝国的东部边区。

976年和996年

976年巴本堡家族被封为藩侯，管理东方马克；996年这片土地首次以Ostarrîchi见于文字记录（Ostarrîchi在古德语中是“东方边疆领地”之意）。

在奥地利境内，哈布斯堡家族尝试着稳固自身的地位：卡林西亚（以及斯洛文尼亚的克拉尼斯卡）丧失自主权并于1335年被吞并，不久之后，1363年蒂罗尔伯国被吞并。这让奥地利公爵鲁道夫四世（Rudolf Ⅳ，1339~1365年）有了稳步前进、开疆拓土的底气：他在1365年兴建维也纳大学，并于1359年下令修筑哥特风格的斯蒂芬大教堂，至今仍是维也纳最夺目的地标性建筑，也理所应当地让他获得了“创始人”的称号。

前进！哈布斯堡

哈布斯堡的领土扩张不是通过武力而是通过婚姻。匈牙利国王马提亚一世（Matthias Corvinus，1443~1490年）曾经借鉴奥维德的诗句写下：“让别人发起战争，而你，幸运的奥地利，联姻吧！他人的帝国是由战神赋予的，而爱神却将权势赋予了你。”

联姻的时代自马克西米利安一世（Maximilian I，1459~1519年）起正式开始。这位帝王被称为“最后的骑士”，因为他对中世纪骑士比武大会情有独钟。他的其他爱好还包括文艺复兴艺术、他自己的棺木（生前就已委托修建）以及阿尔布雷希特·丢勒（Albrecht Dürer，1471~1528年），他委托丢勒完成那座他最终躺进的棺材，这座棺木如今保存在因斯布鲁克的宫廷教堂中。

不过话说回来，还是马克西米利安一世对勃艮第的玛丽（Maria of Burgundy，1457~1482年）的爱慕对哈布斯堡的命运产生了最大影响。二人成婚之后，玛丽在1482年骑马摔下并死于流产，但勃艮第、洛林和低地诸国（比利时、荷兰和卢森堡）都落入了哈布斯堡的统治——这些地区在文化、经济和艺术领域都已达到当时的最高水平。然而，此次联姻也导致了与法国之间的紧张关系，这困扰了哈布斯堡几个世纪。

1496年的“西班牙婚礼”是另一例皇室联姻的杰作，马克西米利安的儿子美男子腓力（Philipp der Schöne）和疯女胡安娜（Juana la Loca，1479~1555年）成婚，这次归为哈布斯堡所有的不仅是西班牙本土，还有中、南美洲物产丰富的海外殖民地。两人的儿子斐迪南一世（Ferdinand I，1503~1564年）和匈牙利兼波希米亚郡主安娜（1503~1547年）成婚，落实了祖父马克西米利安和国王弗拉迪斯拉夫二世（Vladislav Ⅱ）商议多年的大事，波希米亚终于投入了哈布斯堡的怀抱。哈布斯堡的玛丽亚（Maria von Habsburg，1505~1558年）嫁入统治着波兰和立陶宛的雅盖洛王朝，其国王在当时还兼管波兰、波希米亚和匈牙利。1526年，玛丽亚的丈夫路

1137年	1156年	1192年	1246~1278年
“维也纳”其名首次在巴本堡家族和帕绍的教区主教签署的《马特恩条约》中有所记载。	作为对丧失巴伐利亚统治权的补偿，奥地利的地位升为公国（即“小特权”），巴本堡的统治者海因利希·雅索米尔戈特成为奥地利的第一位公爵，居所定于维也纳。	施蒂里亚被封给巴本堡王朝的利奥波德五世（1157~1194年），条件为这片领土将永久属于奥地利。施蒂里亚后来包括斯洛文尼亚的部分领土、下奥地利和上奥地利。	巴本堡王朝的最后一位公爵于1246年去世。哈布斯堡王朝的鲁道夫一世在1273年当选为神圣罗马帝国的国王；他在1278年的杜恩克鲁特战役中打败了波希米亚国王奥托卡二世。

德维格二世（Ludwig Ⅱ，1506~1526年）在对战土耳其的摩哈赤战争中溺死于多瑙河的一条支流中，而此时的西里西亚（Silesia，今波兰境内）、波希米亚（今捷克境内）和匈牙利已经全部划为哈布斯堡的领土。

在查理五世（Karl Ⅴ，1500~1558年）的统治下，无所不在的君主时代来临，哈布斯堡还占有了那不勒斯王国（意大利南部，含西西里岛），以后不会再有这么好的时光了。

大下巴和厚嘴唇是早期哈布斯堡王朝的家族的特征，但在官方肖像画中被淡化了。

宗教改革和“三十年战争”

16世纪对奥地利来说是至关重要的时期，在此期间，马丁·路德（Martin Luther，1483~1546年）带来了宗教改革运动，而反宗教改革运动则尝试着恢复旧秩序，接下来灾难性的“三十年战争”见证了日耳曼地区的分崩离析以及哈布斯堡统治的式微。

奥地利和神圣罗马帝国

神圣罗马帝国是欧洲最奇特的一个“国家”。卡洛林国王丕平（Pippin）解救教皇于危难之中，并被赐予“罗马的保护者”（Patricius Romanorum）的头衔，被视为恺撒的后代，这一事件为罗马帝国的建成打好了基础。“罗马皇帝”这一称号起源于恺撒（Caesar）之名。丕平把他从意大利手中夺取的土地（其中包括如今的梵蒂冈）献予教皇。丕平的儿子查理大帝延续了保护者的传统（这意味着他也拥有“罗马皇帝”的头衔），962年，奥托大帝（912~973年）被加冕为神圣罗马帝国皇帝，就此神圣罗马帝国正式建成。

帝国国王往往是由少数几位选侯通过政治交易来选出，但一位国王若是想要进一步成为罗马皇帝（兼教皇的保护者），还需要得到教皇的加冕。教皇若是不太好惹，这个规矩就会招致麻烦。1338年，选侯们在忍无可忍之下终于抛弃教皇，决定亲自选出自己的皇帝。

奥托一世去世前的972年，帝国领土包括今天的奥地利、斯洛文尼亚、捷克、德国、荷兰、比利时和意大利半岛大部分地区。这些疆界在不同时期有缩有进。当鲁道夫一世于1273年登基之时，这些领土——或者说是还剩下的部分，全部归于哈布斯堡家族所有。

随着拿破仑大军席卷欧洲，神圣罗马帝国于1806年正式覆灭。1867年奥匈帝国（由奥地利和匈牙利组成的双重君主国）建立起了统治，它只不过是那个中世纪时期的神圣罗马帝国黯淡而遥远的影子。

1335年和1363年

巴伐利亚的路易四世于1335年将卡林西亚的统治权交由哈布斯堡家族，领土范围包括Ostarrîchi、施蒂里亚和卡林西亚。1363年玛格丽特女公爵去世后，蒂罗尔也归入哈布斯堡的疆域。

1420 ~ 1421年

奥地利大公阿尔布雷希特五世在维也纳首次发起了大规模迫害犹太人的行动（被称为“维也纳迫害”，Wiener Geserah）。

1496年

哈布斯堡王朝的美男子腓力和疯女胡安娜成婚，通过这场“西班牙婚礼”，西班牙及其物产丰富的中、南美洲海外领土都归由哈布斯堡家族所有。

1517年

神学教授马丁·路德的《九十五条论纲》质疑教会的腐败行为，这份文件的公之于世掀起了宗教改革，路德教派（新教）兴起于奥地利的大部分地区。

1517年，神学教授马丁·路德在德国小镇威登堡张贴出了他的《九十五条论纲》，质疑教皇售卖赎罪券的行为。在革除教籍的威胁下，路德拒绝撤回他的言论，对天主教会的违逆导致他被列入了罗马帝国的黑名单，在逃亡藏匿期间，他将《新约》翻译成德文。除蒂罗尔之外，大多奥地利百姓都纷纷转信新教。1555年，查理五世签署了《奥格斯堡和约》，和约承认天主教和新教享有平等地位，并允许各邦国的诸侯自行指定教派。世俗化程度较高的德国北部诸公国接受了路德所宣扬的教义，而在德国南部、西南部以及奥地利，保有神职传统的诸侯们依然信奉天主教或者取信天主教教义。这解释了为什么那些神圣罗马帝国的故土如今会交错分布着新教和天主教信仰，这种分化的局面也断送了哈布斯堡家族的一项愿景：查理五世穷其一生渴望建立所谓的"无所不在的天主教帝国"。清楚地看到墙上贴出的新教教义，他于1556年主动退位，隐退到西班牙的一座修道院中苟延残喘，并最终在那里去世。

历史宫殿

美泉宫，维也纳

下美泉宫，维也纳

埃根贝格宫，格拉茨

萨尔茨堡要塞，萨尔茨堡

新到手的土地被哈布斯堡家族瓜分。查理五世的弟弟斐迪南一世继承了奥地利、匈牙利和波希米亚，查理五世的唯一合法继承人腓力二世（1527~1598年）继承了西班牙、那不勒斯、西西里岛、低地诸国和海外殖民地。为加强天主教在奥地利的势力，斐迪南一世于1556年把耶稣会引入维也纳；与此相反，其继任者马克西米利安二世对新教和宗教改革持极度宽容的态度。狂热的天主教徒斐迪南二世在1619年加冕后便鼎力支持反宗教改革运动，波希米亚的新教贵族最终决定进行武装反抗，这场冲突迅速扩大升级到一场波及全欧洲的"三十年战争"；瑞典和法国在1635年就已被卷入。1645年，一支新教徒的瑞典军队来到维也纳附近，但并未进攻。

《威斯特伐利亚和约》（1648年）的缔结平息了局势，但曾经坐拥三百多个公国和上千块领地的哈布斯堡王朝现已名存实亡。瑞士和荷兰正式独立，而法国从哈布斯堡家族手中掠走了大片领土。

土耳其大军与维也纳之围

奥斯曼帝国把维也纳视为"金苹果之城"，但这次大围攻的目标却并不是维也纳苹果卷。第一次围城发生在1529年查理五世统治之下，苏莱曼大帝进军匈牙利并攻陷布达佩斯，进而开始了18天的围城，意欲占领维也纳。这是两国鼎盛时期的对决，然而奥斯曼军队却突然原因不明地撤回了匈牙利。这位土耳其苏丹在锡盖特堡战役中去世，为维持军队士气，死讯一直秘而不宣。保密的招数奏效了一段时间，信使会被带到这具防腐处理

1529年

土耳其军队在苏莱曼大帝的带领下第一次围攻维也纳，然而其力量不足以攻下这座城池。

1556年

查理五世放弃了以天主教一统天下的念头并主动退位，西班牙部分的领土由腓力二世继承，奥地利、波希米亚和土耳其人控制下的匈牙利交由斐迪南一世统治。

1618 ~ 1648年

反宗教改革者斐迪南二世极力禁止波希米亚的宗教自由，哈布斯堡的几位大臣被扔出窗外（即"布拉格掷出窗外事件"）成为"三十年战争"的导火索。

1670年

利奥波德一世将犹太人逐出维也纳的Unterer Werd，这片区域被重新命名为利奥波德城，沿用至今。

过的尸体跟前，然后向这位安坐在王座之上的死者传奏消息。

1683年土耳其大军的第二次围城由大维齐尔（宰相）卡拉·穆斯塔法统率，25,000顶军帐包围维也纳中城，其中安置了1500名妃妾，并由700名黑人宦官护卫。这片豪华的驻扎地另设有华丽的喷泉和浴池，虽说搭建得匆忙，但效果非凡。

尽管只有10,000士兵镇守维也纳，这场包围战也无济于事。穆斯塔法的过分自信是他的致命伤，他没有在著名的军事要塞卡伦山建设任何防御工事，导致奥斯曼大军遭受了敌军的突袭。穆斯塔法从战场上一路溃退，又在Gran再次兵败。在贝尔格雷德，他遇到了苏丹穆罕默德四世派来的密使，战败的代价是受死，而他顺服地接受了命运。1718年奥地利帝国军队攻占贝尔格莱德，并且挖出了宰相的首级，并将其带回了维也纳。

玛丽亚·特蕾莎

玛丽亚·特蕾莎（Maria Theresia，1717~1780年）大抵可以被称作一国之母了，如今维也纳城中玛丽亚·特蕾莎广场上高踞皇座的那尊丰满石像所描绘的就是她。父亲死后，家族中没有男性继承人，她突然成为万众瞩目的继任者，并开始了此后长达40年的统治。在此期间她还生下了16名子女，其中玛丽·安托瓦内特（Marie Antoinette）成为路易十六的妻子，第

哈布斯堡家族现状

哈布斯堡家族没有消失，家族后代约有500名，其中280人现居奥地利。现任家族大家长是卡尔·哈布斯堡-洛林（Karl Habsburg-Lothringen，1961年生人），在父亲奥托·冯·哈布斯堡（Otto von Habsburg，1912~2011年）过世后，他接管过欧洲最显赫的家族。以诙谐著称的奥托·冯·哈布斯堡在1961年宣布放弃一切哈布斯堡家族领土的归属权，这让他得以重返奥地利并步入欧洲政坛。

有人问他为何从未被卷入流言蜚语，这位年迈的“君主”回答道：“我从没参加过一次舞会，我晚上宁愿睡觉。而你如果从不去夜店，你就撞不上八卦记者。”他也是个体育爱好者，被人问到奥匈两国足球比赛谁会赢，据说奥托反问了一句：“我们是跟谁踢？”

最让人感伤的评论大概要是德国总统保罗·冯·兴登堡1933年（希特勒在德国得势的那一年）对奥托所说的一席话：“亲爱的陛下，这世上对哈布斯堡家族心怀敌意的只有一个人，而且他是个奥地利人。”

1683年	1740~1748年	1751年	1752年
土耳其大军围攻维也纳。基督教欧洲各国被动员起来，其威胁持续到1718年奥斯曼帝国式微。	玛丽亚·特蕾莎继承了哈布斯堡家族的统治权，普鲁士夺取西里西亚（今波兰），奥地利王位继承战争引发了普鲁士和哈布斯堡治下的奥地利-匈牙利之间的权力斗争。	美泉宫动物园（Tiergarten Schönbrunn）在维也纳建成，成为世界上最古老的动物园。	玛丽亚·特蕾莎成立了短命的反不道德行为委员会，对民宅进行突击搜查，试图抓获那些跟浪荡女人通奸的男性。

四个孩子约瑟夫二世（Joseph Ⅱ）出生时体重惊人，重达7公斤。

尽管玛丽亚·特蕾莎以其许多开明的改革措施而闻名，但对于一个通过联姻取得霸权的家族来说，她对男女关系的态度却格外谨慎。她在1752年成立了一个不太受欢迎因而也格外短命的组织——反不道德行为委员会。这个组织突击搜查民宅，试图抓获与浪荡女人通奸的男性。当卡萨诺瓦于1767年游访维也纳的时候，委员会甚至尝试对其进行逮捕并驱逐出城。

玛丽亚对男女私通（包括卡萨诺瓦玩弄女人以及在公共场合撒尿的劣习）的抵触态度无疑受到了其丈夫行为的影响，弗朗茨一世（Francis I）显然非常精通并热衷于寻花问柳。尽管丈夫风流倜傥，但玛丽亚仍然要求自己忠于伴侣，弗朗茨一世于1765年突然离世，而她用余生哀悼亡夫。她退居维也纳的美泉宫中，让约瑟夫二世作为摄政王，自己则低调地过着禁欲的生活。

启蒙时期始于玛丽亚治下，并持续到18世纪晚期约瑟夫二世共治时期。维也纳从哈布斯堡家族的自家领地变成了行政首府，首个有效运作的官僚体系设立，向君主负责。约瑟夫继承了母亲的雄心壮志，对宗教采取更加宽容的态度，并在1781年通过法令保障新教徒和天主教徒享有平等权利。这条法令应允犹太人宗教自由，并以此鼓励他们在贸易和教育上积极作为，然而与此同时他却又在推行同化犹太人的政策，禁止一切可能有碍于融入奥地利主流社会的犹太习俗。

拿破仑，革命与奥地利帝国

1789年法国大革命这场政治风暴开启了欧洲的共和主义新时代，也挑战着岌岌可危的封建主义江山，如神圣罗马帝国。拿破仑·波拿巴（Napoleon Bonaparte，1769~1821年）就此崛起，正是这位无名小卒推动了欧洲的现代化。他所颁布的《拿破仑法典》是现代法律的基石，也正因此而为特权阶级所深恶痛绝——哈布斯堡家族正是依恃地位和出身才得以长期掌权。

奥地利最伟大的军事英雄欧根亲王（Prince Eugene of Savoy）其实是个法国人。路易十四拒绝了欧根从军入伍的请求，于是欧根在战场上给了这位国王好看。

奥地利身体力行地参与了1803年至1815年间的每一场拿破仑战争，直到法军最终在滑铁卢战败。拿破仑二度占领维也纳（分别于1805年和1809年），在1809年4月奥地利被占领期间，割让予巴伐利亚的蒂罗尔地区爆发出不满情绪——小旅馆老板安德烈亚斯·霍费尔（Andreas Hofer）掀起了一场起义，要求独立。作为起事者，霍费尔由拿破仑下令接受审讯并被处

1764年	1789~1799年	1793年	1804~1805年
改革者罗马皇帝约瑟夫二世（1741~1790年）即位，始于玛丽亚统治期的启蒙时代得到了全面推进。教会权力受到了制约。	法国大革命为欧洲带来了共和主义的新时代，并极大地挑战了诸如神圣罗马帝国等封建制度。	玛丽亚的第十五个孩子玛丽·安托瓦内特与法国国王路易十六（1754~1793年）联姻，被法国人称作“那个奥地利人”，她在法国大革命中被送上了断头台。	拿破仑（1769~1821年）于1805年占领维也纳。神圣罗马帝国倒台，弗朗茨二世自称为奥地利皇帝弗朗茨一世。1809年，法国再次占领维也纳。

决，他的遗体葬在因斯布鲁克的宫廷教堂中。

虽说拿破仑最终战败，但正是他的勇敢尝试导致了神圣罗马帝国的覆灭。帝国统治者弗朗茨二世以“奥地利皇帝弗朗茨一世”的身份面世，他委任克莱门斯·梅特涅（Klemenz von Metternich）为后拿破仑时代的欧洲拟定蓝图，这位首相在1814~1815年主持了欧洲最大规模的外交盛会——维也纳会议，并试图重新整顿欧洲大陆的秩序。哈布斯堡王朝不仅挺过了这一段，还在前三月时期（Vormärz）组织了松散的德意志邦联，拼凑了数百小“邦国”入伙，这个文化相对繁荣、政治相对保守的时期就是所谓的毕德麦雅时期（Biedermeier）。

1848年革命

19世纪上半叶，执政者一直对民众施行严格管制，这自然而然地激发了他们对自由的向往。担任宫廷兼帝国首相的克莱门斯·梅特涅对君主专制深信不疑，他用严酷的措施应对自由主义者和民族主义者对自由的请愿。而当时民族主义是最能推动奥地利社会解放的思潮，也在慢慢侵蚀着哈布斯堡帝国精致而脆弱的边缘。在此之上，糟糕的工厂条件也加剧了不满情绪的蔓延。

1848年，巴黎“二月革命”激出的火花点燃了3月的维也纳。然而这场起义除了施蒂里亚之外没能控制其他任何区域，这充分反映了奥地利国内城乡环境的差异。相似的革命运动同样爆发在德意志——有些奥地利革命者希望奥地利能加入一个统一、自由的大德意志，这就是艰难的大德意志-小德意志之争，也就是德意志到底是包括还是不包括奥地利，这一争议体现了奥地利和其他德意志邦国紧张的关系。

起义者要求召开国民议会，奥皇斐迪南一世在5月和6月发布的召集国会的宣言终于在7月兑现，而他本人收拾行装，全家逃到因斯布鲁克，这本可能是哈布斯堡王朝的最后一幕，但并非如此。国会通过了一项增加农民土地的议案，而斐迪南机智地批准了此案，这让他在一夜之间得到了各地村人的拥护。同时，拉德茨基将军（General Radetzky，1766~1858年）在军事行动中成功收复伦巴第（今意大利境内）也为哈布斯堡王朝赢得了人气。

然而到了1848年10月，革命事态逐步升级，并在维也纳达到了巅峰。尽管皇室本可平息这场起义，但他们决定劝斐迪南一世退位，让位给侄子弗朗茨·约瑟夫一世，而这位新皇帝开启了他一人做主的君主立宪制，并在

1809年	1813年和1815年	1815~1848年	1818年
在拿破仑占领期间，已割让给巴伐利亚的蒂罗尔在小旅馆老板安德烈亚斯·霍费尔的带领下掀起了一场要求独立的起义。	1813年，拿破仑在莱比锡战役中战败，并最终于1815年兵败滑铁卢。	在保守的比德迈时期，致力于支撑奥地利、俄国和普鲁士君主制的梅特涅系统大行其道。	奥地利裁缝麦德斯伯格发明了世界上第一台缝纫机。

1849年初解散了国会。国会到1867年才正式恢复运作。

到了1849年9月，是时候权衡损失、清点死者了，最重要的是，看看获得的成果。奥地利并未实现民主制，因为皇帝保留了绝对的权力，他有权否决立法，并且能根据自己的意愿制定法令。尽管如此，革命扫清了最后的封建残余，通过议会制，让国家公民摆脱了皇室的统治。

奥匈帝国

1867年，奥匈双重君主国成立，哈布斯堡家族希望通过让出较大程度的自主权来赢得匈牙利国民对王室的支持。奥匈帝国最终覆盖了今奥地利的核心区域、匈牙利、捷克、斯洛伐克、斯洛文尼亚、克罗地亚、波斯尼亚和黑塞哥维那，以及塞尔维亚的伏伊伏丁那和意大利北部、罗马尼亚、波兰和乌克兰境内的小块区域。

奥地利人民党可以追溯到1887年；社会民主党的前身在次年组建。

人们通常所知的“KuK”（König und Kaiser）君主政体的意思就是奥地利的皇帝兼任匈牙利的国王，而实际上两国日渐分途，所谓“统一”仅仅体现在双重君主属性和战争或外交一类国家高层事务的决策上。这个所谓的“多瑙河君主制”或“奥匈帝国”也就是哈布斯堡王朝发展的最后阶段，直到1918年它才彻底崩溃。

世纪末的奥地利

19世纪末的奥地利和其他欧陆国家经历着类似的发展阶段：工业化如火如荼地展开，政党势力随着工人运动而日益壮大。历史最悠久的政党奥地利社会民主党（简称SPÖ）于1889年成立，当时取名为奥地利社会民主工人党，组织模式仿照德意志。20世纪之交的奥地利正当文化的蓬勃期，维也纳尤为兴盛。首都人口从1860年到1890年翻了一番，居民数量超过200万。

奥地利妇女于1919年获得了国家选举的投票权。

维也纳不光是疆域广阔的奥匈帝国的政治、文化中心，还从其他十五个国家吸引来了艺术家、建筑师、被迫害者和纯粹的逢迎者，纷纷来到帝国的首都碰运气。然而，奥地利人和匈牙利人比斯拉夫人享有着更高的社会地位，这在首都导致了剥削和紧张局势。

拔地而起的高楼和基础设施改变了维也纳的建筑风貌，在诸多大型城市规划项目中还包括地铁。分离派（The Secession）作为新艺术运动在奥地利的一支涌现了出来，拒绝接受艺术创作中的历史主义倾向。维也纳乃至全国范围内都建起了别墅。咖啡厅，尤其是维也纳的那些咖啡厅成

1848年

克莱门斯·梅特涅在革命中倒台，打扮成洗衣女工开始四处流亡。弗朗茨·约瑟夫废除了许多改良措施。奥地利的第一个国民议会成立。

1850年

维也纳将城市区域扩建，延伸到外城防御工事“线墙”边缘（Linienwall，即今Gürtel）。城中区域被编号，老城区是第一区，Vorstädte（近郊）包括第二区到第九区。

1857年

维也纳城墙拆除，以建成那些今日沿环城大道可见的纪念性建筑物。

1866年

奥地利和德意志同盟邦国在普奥战争中并肩作战，普鲁士最终获胜，为不包括奥地利的统一的德意志联邦打好了基础。

为文学和音乐的圣地。1913年，阿诺德·勋伯格（Arnold Schöneberg）开始探索“无调性”的作曲方式，并在维也纳金色大厅中指挥了那场著名的“夹耳朵音乐会”，对于那些早已习惯浪漫主义音乐经典色调的公众，这场音乐会无疑是一场十足的听觉攻击。

与此同时，西格蒙德·弗洛伊德（Sigmund Freud，1856~1939年）在维也纳的Bergstrasse开设了他的诊所，并挑战着上个世纪的性和心理-社会习俗。他使用“精神分析”这个术语，来解释性欲在人类生活的作用。这是一个高度“性感”的时期，亚瑟·史尼兹勒（Arthur Schnitzler）等作家和一众表现主义艺术家都把性作为作品的重要主题，如埃贡·席勒（Egon Schiele）、古斯塔夫·克里姆特（Gustav Klimt）和奥斯卡·柯克西卡（Oskar Kokoschka）。第一次世界大战的爆发结束了这一切。

第一次世界大战

1914年6月28日，奥皇弗朗茨·约瑟夫的侄子弗朗茨·斐迪南（Franz Ferdinand）大公于萨拉热窝被暗杀，这引发了欧洲在20世纪的两场灾难性战争中的第一场。几乎在一夜之间，奥地利世纪末燃起的文化热潮就被四处引爆的炸弹所取代。作为对暗杀的回应，奥地利在一个月之后向塞尔维亚宣战，其出发点仅为一场惩罚性的短期战。奥匈帝国草草备战，却不料这场战争迅速升级为一场波及整个欧洲的大事——德意志帝国、奥匈帝国和土耳其发现自己对垒的是由俄罗斯、英国、法国、意大利组成的欧洲势力联盟。大战正酣之际，弗朗茨·约瑟夫过世，卡尔一世（Karl I）接替了他的皇位。最终，在意大利发生军队叛乱的消息散播开来，整个军队无心应战，导致了最终的战败乃至帝国的崩溃。“一战”造成奥匈帝国140万人阵亡，另有350万人受伤。在欧洲的其他国家，它在破坏的规模和所带来的苦难方面都是史无前例的，其骇人听闻的程度引出了“以战止战”的说法。

卡尔·休斯克（Carl E Schorske）在其开创性作品《世纪末的维也纳》（*Fin-de-Siècle Vienna*）中用七篇文章巧妙地串联起了维也纳的思想史。

第一共和国

随着“一战”战败和卡尔一世的退位，奥地利于1918年11月12日宣告成为共和国，此时的奥地利已经缩减成650万人口的小国，德语使用者占大多数。蒂罗尔南部被割让出来，成为意大利的领土。当时人们普遍认为奥地利这般规模的国家是很难维系的，奥地利处于进退两难的境地——或是与德国合并，回归君主制体系；或是干脆与之决裂，转而与另一个国家联

1867年

被普鲁士打击过后，奥地利又在匈牙利的压力下妥协，建立了奥匈双重君主制帝国（奥匈折衷方案，Ausgleich）。奥地利成立了民主议会。

1874年

维也纳市民Jakob Zelzer是第一位入住维也纳中央公墓的已故居民，现在已有250万人“定居”于此。

1878年

为了防备俄国在1877~1878年俄土战争得胜后在巴尔干地区扩张势力，奥匈帝国占领了波斯尼亚和黑塞哥维那。

1897年

巨大的摩天轮在普拉特游乐场建成，原址在1766年之前一直是哈布斯堡家族的皇家猎场。

合，也就是福拉尔贝格州做出的选择（尝试与瑞士结盟）。领土流失导致了严重的经济问题，整个工业体系崩溃，失业率激增，由于退役军人回归故里和难民的拥入，再加上大量官僚在君主政体垮台之后丢掉了饭碗，情况变得更加糟糕。

新共和国面对的诸多严肃问题之一就是社会主义掌权的城市区域（“红色维也纳”风头最劲）和极端保守的农村地区之间的巨大差异，另一股保守力量是3万军队。与这支军队的疲软程度不相上下的就是警察队伍，他们完全无力阻挠左、右两派准军事部队的形成。

社会民主工人党创建了自己的“共和保卫同盟”（Schutzbund），与此同时，基督教社会党（Christlichsoziale Partei）也在行动，这支兴起于19世纪末并一直活跃到1934年的天主教民族主义政党和许多极端保守的准军事组织培养着密切的关系。

到了20世纪20年代中期，两政党的准军事部队都在维也纳和其他地区的大街上游荡，并引发了流血冲突。1927年，右翼准军事部队“前线战斗员”（Frontkämpfer）被指控在示威游行中杀害两名民众，这几名成员在维也纳某法庭中被宣判无罪，这激起了左翼部队的抗议，他们对维也纳正义宫（Justizpalast）展开了突袭。警力介入之后成功控制了这栋建筑，但90人在反抗中丧命，千余人受伤。动乱的时代到来了。

奥地利犹太史

步入20世纪30年代，奥地利犹太人面临着越发严峻的威胁，而它将会最终发展成文化和思想层面空前绝后的人间悲剧。

维也纳在1910年至1914年人口超过200万，达到了高峰。“一战”过后，维也纳的城市规模位列全球前五名之内。

奥地利的犹太民族有着漫长而丰富的历史。据记载，1194年犹太人首次在维也纳亮相，皇族雇用了一位名叫施洛姆（Schlom）的铸币工人——他在十字军远征的途中被狂热的士兵所杀，其他16名生于维也纳的犹太人也同时遇难。当今维也纳的犹太广场附近逐渐形成了一处贫民窟，13世纪曾有一座大型犹太教堂矗立其中。

从历史来看，犹太人只能活跃在某些职业，他们很少被获准加入工匠的同业公会，也没机会参与农业生产，正因如此，他们只能通过买卖货物、推销或者放贷来维生，这也就解释了那些流行至今的老套说辞是从何而来。中世纪的两则“诽谤”让犹太人吃尽了苦头，其一是“圣餐诽谤”，这则流言声称犹太人在圣餐礼中往圣饼里扎针，甚至扎出血泪，指责他们由此亵渎了基督（圣餐仪式中圣饼象征着基督的身体）。其二是“血祭诽

1900年

维也纳成为新艺术运动的中心，这里产生了以奥托·瓦格纳为代表的维也纳分离派。

1905年

奥地利作家兼和平主义活动家贝尔塔·冯·苏特纳成为第一位获得诺贝尔和平奖的女性。

1908年

命中注定般地，奥匈帝国占领并治理波斯尼亚和黑塞哥维那两地区，仿佛感觉到了未来两国将会合并。

1910年

维也纳的人口冲破了前所未有的200万大关。人口的增长主要源于高得惊人的移民数量，其中捷克移民占大多数。

谤”，指控犹太人用基督徒的血来祭神。1420年，这些流言引致了维也纳最恶劣的一次集体迫害，很多犹太人在此间集体自尽。犹太广场上的教堂被毁，教堂的石砖被用作大学老校区的建筑材料。

1624年之前，官方禁止犹太人定居维也纳，但规定经常有所松动。不过维也纳的犹太人到底还是吃了很多的苦头，1670年利奥波德一世（1640~1705年）将犹太人逐出Unterer Werd，这片区域被重新命名为利奥波德城（Leopoldstadt），并沿用至今。然而后来犹太人还是迁了回来，这一区域直至“二战”爆发之前都聚居着最多的犹太人口。

在1683年的土耳其帝国围城事件之后，财源紧张，这让犹太人以借贷人的身份定居了下来。值得注意的是，随着1718年财务危机逐渐消退，奥地利接收了一批迁自西班牙的赛法迪犹太人，并允许他们设立自己的宗教团体。罗马国王约瑟夫二世（1741~1790年）通过法令改善犹太人的生活条件，以奥皇自我标榜的弗朗茨一世准许犹太人成立自己的学校，甚至有些维也纳犹太人还活跃在中产阶级团体和文学圈子。

不过，1848年革命带来了最重大的变化。维也纳的犹太人站在起义的最前列，为自己争取来了宗教自由、出版自由和教育自由。这次革命间接促成了犹太宗教社区的组建，赛法迪犹太人在一个多世纪之前就已建成类似组织。

1878年奥地利的犹太群体再度经历重组，生于布达佩斯的西奥多·赫茨尔（Theodor Herzl, 1860~1904年）创建了政治锡安主义，其理念结合了工人运动和犹太复国思想。他的著作《犹太国》（*Der Judenstaat*, 1896年）在其后对以色列建国产生了重要影响。

阿道夫·费施霍夫（Adolf Fischhof, 1816~1893年）于1848年发表的关于出版自由的政治讲话促成了革命的开端，接下来，在赫茨尔和奥地利社会民主党创建者维克多·阿德勒（Viktor Adler, 1852~1918年）的带领下，犹太民众推动了奥地利的改革，并在20世纪20年代至30年代早期的“红色维也纳”时期扮演了重要角色。

海洛·皮克的*Guilty Victim: Austria from the Holocaust to Haider*对当代奥地利进行了出色的分析。

德奥合并与第二次世界大战

奥地利在第二次世界大战中的角色可谓其现代历史中最受争议的话题。希特勒在奥地利很受欢迎，政府向党卫队和德国军队提供的军官数量也是尤其众多。希特勒和纳粹分子无法通过高压政策达成的目标却在奥地利人的帮助下实现了，大众对纳粹主义和法西斯战争或主动或被动的拥

1914 年

奥地利大公弗朗茨·斐迪南在萨拉热窝被一个塞尔维亚民族主义者刺杀，这次事件引发了第一次世界大战，奥匈帝国与德国和奥斯曼帝国建立同盟。

1918 年

“一战”结束，卡尔一世在战败之耻中主动退位，第一共和国在维也纳宣告成立。哈布斯堡帝国的边疆大大缩进，奥地利控制着大部分德语地区。

1920 年代

奥地利社会民主党控制着奉行奥地利马克思主义的“红色维也纳”，而保守势力却掌控着其他区域。

1934 年

准军事组织导致了奥地利政治的两极化和瘫痪局面。1934年，国会陷入僵局，奥地利在内战中乱作一团，三天的斗争造成了伤亡数百，并以社会民主党的失败告终。

护态度起到了一定作用。

奥地利马克思主义与奥地利法西斯主义

1929年股市下跌导致的全球性经济大萧条加深了社会的不满情绪和分歧，25%的劳动人口丢掉了饭碗。奥地利马克思主义在城市区域得到了众多拥护者，它试图在苏联的列宁主义和在欧洲社会民主运动中冒头的修正主义之间摸索出一条新的道路。当时的领袖人物如今已被写入名人录，维也纳的众多街道都以他们的名字命名，如卡尔·伦纳（Karl Renner, 1870~1950年）、奥托·鲍尔（Otto Bauer, 1881~1938年）、弗里德里克·阿德勒（Friedrich Adler, 1879~1960年）、马克思·阿德勒（Max Adler, 1873~1937年）和鲁道夫·希尔弗丁（Rudolf Hilferding, 1877~1941年）。不同于追求暴力革命的马克思主义者，这些政治领袖追求的是“赢得头脑，而非粉碎头脑”，正如奥托·鲍尔所说。

奥地利共和国的第一届政府是左、右翼两党的联盟，在总理卡尔·伦纳的主持下执政，伊格纳茨·塞佩尔（Ignaz Seipl, 1876~1932年）是右翼党派的显赫人物，在20世纪20年代两度担任总理一职，以反对马克思主义者为己任。

1930年，右翼保守党强行通过了一项宪法修正案，强化总统权力并削弱议会职能。政治的激进化致使了亲右翼准军事组织的正式表态——决定支持土生土长的奥地利法西斯主义，恩格尔伯特·陶尔斐斯（Engelbert Dollfuss）于1932年任总理，奥地利在成为法西斯国家的道路上又迈进了一步。

历史委员会对纳粹时期的奥地利所展开的调查报告可参见www.historikerkommission.gv.at。

混乱局势下的工人罢工运动换来了政府强硬的表态，随后于1933年召开的议会中，陶尔斐斯无视议会意见进行决策，自此开始，社会主义者和社会民主党人逐渐被迫出局，而工人运动的大势已去。1933年，警察强行进入（左翼）准军事性质的共和保卫同盟的基地，引发林茨、维也纳和其他工业中心发动起义，并最终引发了内战。军队对起义民众进行镇压，社会民主党领袖被处决，其组织活动被宣布违法，在此势头之下，对抗法西斯的运动只好转到地下。

陶尔斐斯这位虔诚的教徒在当时已经得到了意大利独裁者贝尼托·墨索里尼的支持，他于1934年在由奥地利纳粹党上演的失败政变中被刺杀，当时纳粹党同样已被取缔。

1933年，希特勒在德国风生水起，并成功扫除了一切反对力量，而国

1938年	1938～1939年	1939～1945年	1948年
纳粹军队进军维也纳；希特勒探访故土林茨，并到维也纳英雄广场向200,000多名狂热的维也纳市民致辞。在一次被暗箱操作的公投之后，奥地利加入了希特勒的帝国。	在1938年11月的“水晶之夜”事件之中，奥地利全境的犹太商店和住宅遭到了劫掠与破坏。120,000名犹太人在接下来的六个月中逃离维也纳。	奥地利目击了战争和种族灭绝。维也纳180,000名犹太居民中的100,000人成功逃离，65,000人遇难。1945年苏联红军解放维也纳。奥地利和维也纳被同盟国瓜分占领。	格雷厄姆·格林飞抵维也纳，为电影《第三人》寻找灵感，此片由奥森·威尔斯出演，其中一个标志性场景摄于摩天轮。

界另一边的奥地利也是法西斯当政，政府解除了对民族社会主义德国工人党（简称NSDAP）地方分会的禁令，这也就是由希特勒领导的纳粹党——既不追求民主，也不支持工人，和社会主义也无关系。希特勒的强力施压促成了此事，他要奥地利纳粹党在故乡夺取权力。1938年3月12日，希特勒的部队越过国境线占领奥地利，所谓的"合并"其实就意味着奥地利成为大德意志帝国的一部分。就此一个充满矛盾的局面形成了——奥地利的领袖已经为独裁统治打好了基础，但并不乐意加入纳粹德国。几天之后，希特勒在维也纳的英雄广场面对着成千上万名欢呼的民众发表了那场著名的演说，宣布奥地利成为德国的一部分。

犹太人大屠杀

纳粹时代所展开的一系列行动是让流落各地的犹太人刻骨铭心的集体记忆，纽伦堡法、强行买卖、剥夺犹太人财产，以及"水晶之夜"，1938年11月9日、10日，纳粹焚毁犹太教堂和店铺，并当街攻击犹太民众。而在这些以后，大屠杀才是最终章。

1938年3月希特勒参访维也纳，尚未出逃的犹太人感到危险迫在眉睫。现代心理分析之父弗洛伊德长久以来一直不愿面对现状，然而在同年6月决定出逃英格兰。1933年，20世纪最有创造力的古典作曲家勋伯格在柏林丢掉了讲师的工作，迁至美国。许多显赫的奥地利犹太人和这两位一样，被迫流亡。

另一些犹太人就没有这么幸运了。希特勒试图通过大屠杀清洗全欧洲的犹太人，这是一项残酷而系统化的工程，约65,000名奥地利犹太人在欧洲境内的集中营殒命。这场暴行致使奥地利自中世纪早期以来的犹太历史完全断裂，乃至今日，在奥地利"恢复"犹太文化这一说法仍是无稽之谈。

由于纳粹对犹太人施加的暴行，如今犹太社群规模与从前相比小得可怜。奥地利居住着约8000名有宗教归属的犹太人，余下3000至5000名则不属于任何社群。20世纪90年代从苏联流亡而来的犹太人使得犹太人口有所回升，而反犹主义的增长势头也让越来越多的犹太人从匈牙利移居维也纳。

抵抗与解放

随着1938年的德奥合并，反对势力发展成了抵抗运动。然而希特勒的军队每到一个国家，来自其内部的反抗就会格外艰难。有意思的是，蒂罗

犹太在线图书馆（www.jewishvirtuallibrary.org/jsource/vjw/Austria.html）邀你探索奥地利从中世纪至今的犹太史。

1955年

《奥地利国家条约》生效。奥地利宣布主权独立以及中立国属性，终于结束了十年来的军事占领。"二战"后成立的国际机构纷纷来到维也纳，联合国在此设立办事处。

1955～1966年

主要政党组成的"大联合政府"遵从比例代表制进行执政，议席根据主要政党所占比例进行分配。这一制度形成了奥地利政治的特色。

1972～1978年

维也纳的多瑙岛建成，建设初衷是防范洪水危及城市。如今这里成为城中的游乐区域，有公园、河滩、步道和林区。

1979年

第三个联合国机构的总部在维也纳设立。这里是联合国国际原子能机构、毒品和犯罪问题办公室以及其他职能的办事中心。

尔的反抗领袖动员群众反抗纳粹的策略是重提旅店老板霍费尔1809年谋求独立的反抗行动。奥地利自由营队和南斯拉夫人民解放军并肩作战，施蒂里亚和卡林西亚的的游击队与南斯拉夫的游击队一直保持着跨境联系。值得注意的是，奥地利不同于其他国家，在此时期并未形成流亡政府。

抵抗运动随着希特勒的战事不利而升级。奥地利人罗伯特·贝尔纳迪斯（Robert Bernardis，1908~1944年）参与了1944年7月20日德国高级将领暗杀希特勒的计划，并最终被纳粹分子处决。另一涉案人员卡尔·索科尔（Carl Szokoll，1915~2004年）未被纳粹发现而幸存。最有名的是人称“05”的地下抵抗组织，1957年至1965年任奥地利总统的阿道夫·沙尔夫（Adolf Schärf，1890~1965年）为其组织成员。

2005年，时任州长阿诺德·施瓦辛格在加州下令处决一名死刑犯，奥地利人要求剥夺其奥地利国籍。1787年奥地利成为最早废除死刑的国家。

1945年苏联红军来到维也纳，抵抗组织“05”在卡尔·索科尔和其他军人的紧密配合下发起了拉德茨基行动，在“二战”即将结束之前解放维也纳。他们在苏联红军向该城进军之时与其建立了联系，然而，抵抗组织在紧要关头被出卖，数位成员在路灯上被吊死。解放维也纳的只能是苏联红军，而不是这些奥地利人。

1945年之后的奥地利

奥地利解放之后不久便宣告从德国独立，临时联邦政府在社会主义者卡尔·伦纳的领导下成立。不过奥地利实际上依然被同盟国美、苏、英、法占领，维也纳城被划分成四个区域，由四国分治，格雷厄姆·格林的已被改编成电影的著作《第三人》准确地再现了这一历史时期。

随着超级大国之间关系的紧张与持续恶化，四国占领奥地利的时期长达十年之久。1955年5月15日，《奥地利国家条约》生效，奥地利宣布成为永久中立国——承诺中立国属性是苏联1955年提出的结束军事占领的条件。到了最后关头，承认奥地利“二战”罪行的内容从国家条约中被删去。

同盟国撤军之后，奥地利于1955年12月加入联合国。奥地利经济在这一时期有所好转，一方面得益于马歇尔计划的资金援助；另一方面是因为不再有人破坏当地的工业设备。作为中立国首都的维也纳处在“冷战”时期的最前线，间谍和外交官从四方会集而来：肯尼迪和赫鲁晓夫于1961年在此会晤，卡特和勃列日涅夫于1979年在此会晤，1979年联合国办事处在维也纳建成。

1981年

上陶恩山国家公园建成，是奥地利七大国家公园的第一个。

1986年

总统候选人库尔特·瓦尔德海姆受到战争罪指控。瓦尔德海姆在大选中艰难取胜，却也玷污了名声。历史委员会的调查没有澄清瓦尔德海姆的历史，但也没有发现任何罪证。

1995年

奥地利于1995年加入欧盟，但1955年对苏联做出的中立属性承诺让奥地利不得不放弃加入北约。

1999年

奥地利开始使用欧元作为通用货币，废除奥地利先令的流通，这一举措有效地平衡了债务水平和通货膨胀率。

库尔特·瓦尔德海姆事件

1986年当选总统对库尔特·瓦尔德海姆(Kurt Waldheim)对奥地利的国际声誉造成了不良影响,因为这位总统曾经在德军服役,并在“二战”期间犯下战争罪。奥地利最初严肃否认这段纳粹历史。虽说并未找到证据支持瓦尔德海姆任德军中尉在巴尔干地区参与战犯罪行这一指控,但这位当选的奥地利总统拒绝亲口为自己辩白,也从未反省过自己在“二战”中所扮演的角色。

1993年,总理弗朗茨·弗朗尼斯基(Franz Vranitzky)终于承认了奥地利是“纳粹主义的仆人”。也正是由此开始,奥地利开始尝试弥补其对犹太人犯下的罪行。1998年,奥地利历史委员会成立,意在调查、报道纳粹时期政府对犹太人财产的征收;2001年,维也纳市长麦克·豪普尔(Michael Häupl)痛心地表示:奥地利多年来一直将自己视为纳粹主义的第一受害人,至今不得不承认自己曾积极参与纳粹政权的罪行。这标志着奥地利开始对纳粹时期的历史进行深入反思。

奥地利的“西化”

匈牙利政治历史学家安东·佩林卡(Anton Pelinka)表示,奥地利在第二共和国时期前期还在界定并维护本土的政治和社会道路,但自20世纪80年代中期起就开始走向“西化”。两个标志性事件就是1995年成为欧盟成员国以及1999年采用欧元作为通用货币。

社会民主党和人民党成为人们广泛认同的两个大党,这种支配地位导致了政治的两极倾向。1986年,绿党成立,与德国关心生态的一个类似党派有着密切联系。位于政治坐标另一端的是成立于1955年的自由党,较大比例席位由前纳粹分子所占,然而在1986年,极具人格魅力的约尔格·海德尔(Jörg Haider)将其领导的自由党重塑成为民粹主义右派政党,其所关注的移民问题、避难法和社会融合至今仍是自由党所强调的重点话题。

2000年,自由党首次和人民党组成联邦执政联盟,这引发了国内民众反对自由党参政的定期“星期四示威”,以及其他欧盟成员国对奥地利的制裁。近年来分裂的局势依旧持续,2012年施特纳赫党(Team Stronach)的成立就很能说明问题,这一政党由奥地利商业巨头弗兰克·施特纳赫创建,承载着民粹主义右派的诸多信条。

戈登·布鲁克-谢泼德(Gordon Brook-Shepard)的著作*The Austrians: A Thousand Year Odyssey*讲述了奥地利从巴本堡一直到加入欧盟这段历史的更多细节。

2003年

生于施蒂里亚的健美先生、演员兼导演阿诺德·施瓦辛格当选加利福尼亚州州长,他于1983年成为美国公民。

2007年

社会民主党和奥地利人民党在阿尔弗雷德·古森鲍尔的领导下组建大联合政府。

2008年

奥地利和瑞士共同主办欧洲杯。

2010年

社会民主党所青睐的大选独立候选人海因茨·菲舍尔再次以绝对优势当选;民粹主义右派候选人芭芭拉·罗森克劳斯遭到惨败。

建筑

热衷于大兴土木的哈布斯堡家族为奥地利留下了一大批高水准的建筑。最早的“建筑式”地标包括大克莱因城外的古老坟冢和铁器时代的哈尔施塔特文化，晚近些的便是在维也纳和卡农图姆发现的罗马遗迹。在此后的千百年来，罗马式、哥特式、文艺复兴以及最突出的巴洛克建筑都纷纷在这片土地上亮相。

不要错过……

- 维也纳：霍夫堡皇宫，博物馆区，卡尔教堂，美泉宫和艺术史博物馆
- 格拉茨：美术馆和埃根贝格宫
- 萨尔茨堡：萨尔茨堡要塞
- 梅尔克：梅尔克修道院
- 因斯布鲁克：霍夫堡皇宫和宫廷教堂

巴洛克闪耀时

在奥地利的每个角落你都能见证到这个国家所奉行的信条：不要翻修巴洛克建筑。巴洛克建筑在17世纪晚期到18世纪早期的奥地利发展到巅峰，等到奥斯曼土耳其大军于1683年从维也纳城门被击退之后，这一建筑风潮才全面盛行起来。巴洛克风格汲取了文艺复兴风格中优雅的柱式和对称关系，并融入了怪诞、诙谐和抒情的元素。

这一风格的杰出代表就是位于维也纳的卡尔教堂。你会看到卡尔广场上精美雕琢的高大立柱，雄壮穹顶上的壁画，以及教堂内部映满眼帘的太阳光柱和灰泥塑成的小天使。在1713年鼠疫结束之后，哈布斯堡家族的查理六世主持兴建这座教堂，献给在意大利救助鼠疫患者的圣查尔斯·博罗梅奥（Charles Borromeo），这座教堂是巴洛克建筑中最美丽的一件杰作。

约翰·伯恩哈德·菲舍尔·冯·埃拉赫

卡尔教堂的幕后创造者是约翰·伯恩哈德·菲舍尔·冯·埃拉赫（Bernhard Fischer von Erlach，1656~1723年），他是奥地利第一位巴洛克建筑师，大概也是最杰出的一位。菲舍尔出生于格拉茨，最初在父亲的工作坊里学习雕塑，1670年他到访罗马，接下来的十年间他都在意大利学习巴洛克手法。1686年他回到奥地利，并于1693年在维也纳完成了早期作品之一——壮丽的黑死病纪念柱（Pestsäule），这件金色螺旋状的高耸立柱纪念着鼠疫的结束。

菲舍尔早年最杰出的才华体现于他的室内装饰作品中，在故乡格拉茨，他完成了斐迪南二世陵墓的巴洛克风格内饰。1689年他成为帝国皇储约瑟夫一世（1678~1711年）的建筑教师，而后于1694年被任命为维也纳的宫廷建筑师。极高的声望与皇室的青睐却并未给他带来什么委托项目，所以他一直在德国、英国和荷兰工作、游历，直到1705年，他的爱徒约瑟夫一世将他提拔为哈布斯堡皇室建筑的总负责人。

虽说菲舍尔对美泉宫的最终设计图纸和他最初的设想不尽相同，但这座建于1700年的宫殿依然是他的代表作。美泉宫是世界范围内最精美的

巴洛克宫殿和景观园林之一，环抱宫殿建筑的是布局无可挑剔的园林、巴洛克式喷泉、古典时代的神话人物和今天的维也纳美泉宫动物园——这片土地曾经是皇家的猎场。

约翰·卢卡斯·冯·希尔德布兰特

除美泉宫之外，维也纳另一件巴洛克宫殿的杰作是美景宫，由奥地利当时第二大明星建筑师约翰·卢卡斯·冯·希尔德布兰特（Johann Lukas von Hildebrandt，1668~1745年）设计完成。

在当时，希尔德布兰特的光芒被耀眼的菲舍尔所遮蔽。和他著名的同侪一样，他也曾经总管哈布斯堡的皇家建筑办公室。虽说他曾经建造过几座教堂，但教堂或大型皇室寝宫都不是他最擅长的作品，他的才能在贵族宫殿的设计中得到了充分发挥。希尔德布兰特成为战场元帅兼政治家欧根亲王的指定建筑师，也正是欧根亲王委托他去设计建造自己在维也纳的夏宫。我们今日所看到的美景宫中壮美的宫殿园林就是这位建筑师所留下的最杰出的遗产。

巴洛克风遍及奥地利

维也纳的宫殿和教堂是巴洛克艺术的巅峰之作，但奥地利各处都涌动着同样的风潮。萨尔茨堡的一场大火将罗马式风格的主教座堂无情吞噬，完工于1628年的巴洛克杰作——萨尔茨堡大教堂随后取而代之。与此同时，雅各布·布兰道尔（Jakob Prandtauer，1660~1726年）与其学徒约瑟夫·蒙格纳斯特（Josef Munggenast，1660~1741年）在梅克尔施展了他们的鬼斧神工，梅尔克修道院（Stift Melk）在1702年至1738年建成于多瑙河畔。在格拉茨，意大利建筑师德波米斯（Giovanni Pietro de Pomis，1565~1633年）于1625年被委托修建埃根贝格宫（Schloss Eggenberg），为奥地利带来了另一座精美的巴洛克宫殿园林。

巴洛克建筑的改造

有人说巴洛克风格是所有风格的平衡，但考虑到华丽的巴洛克建筑是如何大张旗鼓地对权力和财富进行标榜，这个说法就有些令人哭笑不得了。巴洛克大行其道的时代，各地的教堂都讲究了起来，以求紧追潮流。

与其他地区一样，奥地利的巴洛克时代始于建筑，而后才逐渐扩展到纯艺术领域，保罗·特罗格尔（Paul Troger，1698~1762年）的壁画作品在巴洛克时代晚期占据重要位置。特罗格尔是奥地利巴洛克湿壁画的大师，他与蒙格纳斯特在建筑项目中多次合作，梅尔克修道院中图书馆和大理石大厅的壁画就是出自他手，巧妙地用

约公元前40年

罗马人在卡农图姆建城，并建立军事边区文多博纳，即今日的维也纳。

11世纪

古尔克的罗马式大教堂和本笃会修道院米尔施塔特修道院（Stift Millstatt）建成（都在卡林西亚）。

12世纪

维也纳斯蒂芬大教堂的早期版本建成。

12~15世纪

哥特式的维也纳斯蒂芬大教堂、因斯布鲁克的宫廷教堂和格拉茨大教堂建成。

16世纪

文艺复兴中建成了维也纳的霍恩斯特维茨城堡、卡林西亚州的兰茨克龙城堡、下奥地利州的沙拉堡、因斯布鲁克的阿姆布拉斯宫和维也纳霍夫堡中的瑞士门。

17世纪至18世纪中期

巴洛克时期在奥地利全境留下了数量惊人的杰作，其中包括维也纳的美景宫和美泉宫。

18世纪中期至19世纪中期

新古典主义落地生根，维也纳宫门和下奥地利州的格拉芬艾格宫建成。

1815~1848年

毕德麦雅风格在一定程度上摆脱了古典主义对精确性的追求，注重简单而优雅的建筑外观，崇尚明快的曲线型家具和内部装饰。

佛登斯列·汉德瓦萨（Friedensreich Hundertwasser）憎恶直线，他在《发霉宣言》中声称自己在一个刀片式建筑上数出了546条直线。汉德瓦萨把目光转向灵性生态，相信城市应当和自然环境保持协调，他的这一理念在"摇摇晃晃"的维也纳美术馆和百水公寓（Hundertwasserhaus）中得到了形象的体现。

光营造出了极强的空间感。

奥皇利奥波德一世（1640~1705年）、约瑟夫一世和查理六世（1685~1740年）都倾心于华丽的装潢和巴洛克早期的艺术品。17世纪晚期，外来艺术对奥地利本土艺术产生了巨大影响——这是巴洛克运动的一大特征，影响力主要来自意大利，包括大师索拉里（以萨尔茨堡大教堂知名的那位）和德波米斯（埃根贝格宫）。福拉尔贝格却是一个特例，由奥地利人、德国人和瑞士人担当着当地运动的主力。巴洛克在菲舍尔风头正劲的18世纪早期和玛丽亚·特蕾莎（1717~1780年）统治的18世纪中期达到鼎盛，这时的奥地利经历着有史以来最浩大的一场改建风潮，所有老楼纷纷向巴洛克风格看齐，然而这却完全没有带来任何有新意的建筑。正在这时，新古典主义运动在欧洲逐渐兴起，奥地利也不例外，人们逐渐将雕饰浮夸的风格抛到脑后，转而青睐一种线条明了的严谨格调。

回到未来——新古典主义和复古主义

在维也纳的环城大道漫步，你会看到从西南侧守卫着霍夫堡皇宫的宫门，建于19世纪早期，还有建于19世纪晚期的新堡，或者是特奥费尔·汉森（Dane Theophil von Hansen，1813~1891年）亲自设计的议会大楼，你可能会感觉自己穿越到了理想中的古希腊或古罗马。在因斯布鲁克，1765年的凯旋门会给你留下相同的印象，这就是奥地利新古典主义的早期作品。

在奥地利，古典主义或复古主义从19世纪中期开始全面风靡。环绕维也纳内城区的老城墙在这一时期被拆除，这一事件就地起到了催化作用，

奥托·瓦格纳——向现代主义进发的奥地利

没有一位建筑师能像生于维也纳的奥托·瓦格纳一样有资格为现代奥地利建筑界代言。曾多年主管宫廷建筑办公室（Hofbauamt）的瓦格纳在20世纪之交开启了一个强调功能主义的新方向。等到他大功告成，维也纳已经有了一套地铁运输系统，配以引人注目的新艺术风格车站，他给洪水多发的维也纳河扣上了"石棺"，在此前提之下周边地区才得以实现规划设计，纳旭市场（Naschmarkt）就建在老的河道之上。除此之外他还留给了我们邮政储蓄银行（Postsparkasse）的大楼和维也纳及其周边四处散布的有趣设计。

瓦格纳的设计风格大体与他的时代风格相一致。早年他受到了环形大道周边建筑以及复古主义风格（这意味着对古罗马和古希腊艺术的仿效）的极大影响，他所提交的未被选中的正义宫（Justizpalast）策划案就充盈着环形大道的复古风。然而，瓦格纳逐渐对复古主义开始产生怀疑，并毫不客气地对早期作品作出批评，他把复古运动形容为一场煞有介事的假面舞会。他的建筑作品中充斥着19世纪古典主义装潢，对玻璃、钢、铝和钢筋混凝土等现代材料的创新使用成为他独有的设计特色，邮政储蓄银行建筑外墙上的"铆钉"就是一例。他在1907年设计的斯泰因霍夫教堂（Kirche am Steinhof）是另一件不同寻常的杰作：这是一座建在精神病院内的教堂，带有功能性和新艺术运动特征的穹顶建筑。

维也纳的地铁系统（U-Bahn）是瓦格纳最实用的设计作品之一，在1892年至1901年开工建设，那时他在任主管维也纳建筑办公室，并负责总计35个车站的设计建造，U6线路上的Josefstädter Strasse站和U4线路上的Karlsplatz站都是范例。领略瓦格纳作品的最好方式就是坐上地铁，从Westbahnhof站沿U6一路向南坐，这就是瓦格纳的"整体艺术"（整体艺术通过多种艺术媒介进行创作并追求浑然一体的效果），在此例中，你可以实实在在地坐在上面。

是时候给维也纳城添置一批宏伟的新建筑了。

来自古希腊的灵感

新古典主义在18世纪下半叶开始落地生根，在接下来的100年间，受到古代文明启发的建筑会在奥地利乃至全欧洲兴建起来。到了19世纪中叶，复古主义的风行衍生了各式各样的风格：新哥特主义，新文艺复兴主义，甚至还有“新”新古典主义。

自从文艺复兴早期，建筑师就开始从古希腊汲取灵感。罗马的建筑也是在人们的视野之中的，但自从18世纪开始，君主们和他们的御用工匠都更青睐于一种更纯粹的希腊式古典主义，很多的建筑师还会特地探访希腊，求得亲身体验。于1740年在意大利南部的希腊-罗马驻地帕埃斯图姆（Paestum）城中发现了三座多立克式神庙，这激起了人们对希腊全方位的迷恋。

19世纪中期起

徘徊着的新古典主义演化成了其他类型的复古风格，给哥特、巴洛克、文艺复兴诸风格加上“新”这个前缀，并用此描述维也纳环城大道上的大楼乃至全国的其他建筑。

19世纪晚期至20世纪早期

守旧的历史主义被抛在一边，更为明快的现代风格当道，例如维也纳的分离派大楼。

20世纪

分离派的余温尚在，红色维也纳时期建设了大批工人住宅，之后后现代主义和当代建筑纷纷建成，如格拉茨美术馆。

环城大道

到了19世纪中期，维也纳的中世纪要塞已经显得不合时宜了，于是城墙上的空地被改造成了斜堤（包含运动场和公园）。这时奥皇弗朗茨·约瑟夫二世采取了行动，他希望用宏伟的公共建筑代替斜堤区域，以此来彰显哈布斯堡帝国的权力与财富——环形大道就此落成。此工程在1858年至1865年完成规划，接下来的十年建设落成了图纸中的大部分工程，也就是今天耸立于大道两侧的那些雄伟大厦。这些大楼的建成仿佛在按照购物清单进行采购，各式建筑一应俱全：国家歌剧院（Staatsoper，建于1861~1869年），应用艺术博物馆（Museum für Angewandte Kunst，简称MAK；1868~1871年），自然史博物馆（Naturhistorisches Museum；1872~1881年），市政厅（Rathaus；1872~1883年），艺术史博物馆（Kunsthistorisches Museum；1872~1891年），议会大楼（Parlament；1873~1883年），城堡剧院（Burgtheater；1874~1888年）和霍夫堡皇宫新堡前的英雄广场（1881~1908年）。

“人们爱一切满足自己舒适欲望的东西，厌恶那些尝试让他们走出自己舒适区的事物。所以人们喜欢房屋，厌恶艺术。”——阿道夫·路斯（Adolf Loos）

汉森设计的议会大楼前立有一尊高大的雅典娜雕像，整个建筑能很好地概括了当时的时代精神和对古典事物全方位的迷恋，此外，希腊被视为民主象征加以崇拜。艺术史博物馆可谓环形大道建筑群中最精美的一座建筑，它不光是新文艺复兴主义的力作，也透露出了新运动的端倪。这座博物馆专门用来存放哈布斯堡家族丰富的画作收藏，整个建筑饰以多彩的弦月窗，嵌入式的环形天花板让你在走进这栋建筑之初就能稍稍瞥见穹顶，还能远观克里姆特（1862~1918年）的画作。当第一次世界大战到来，帝国战败，约瑟夫对环形大道的宏伟计划没能完全变为现实。

不过到了那时，克里姆特和他的同代人已经在把奥地利推向新的方向。

分离派和新艺术运动

有人称之为“牛蛙的圣殿”或者无政府主义艺术运动的圣殿，分离派建筑还获得了其他几个不太客气的称号，比如“陵园”“火葬场”或者“卷

“散文是建筑，不是室内装饰，何况巴洛克时代已经过去了。”海明威不经意地流露出了自己对巴洛克建筑的看法，以及他为什么会描写斗牛而不写奥地利教堂。

心菜头”——由那个栖于顶部的金丝细工穹顶而得名。除此之外还有一些更符合当今时代的意象，比如温室大棚和工业高炉的结合体。

成员更乐于尝试多样的绘画风格。他们将柏林和慕尼黑的当代艺术视为楷模，倡导者们的目标是摆脱历史主义，也就是维也纳环形大道边的那些贯彻复古主义思潮的历史风格建筑。当时在艺术圈拥有绝对发言权的是维也纳艺术家协会，而分离派成员尝试与此组织保持距离，并希望组建自己的团体。分离派成员包括古斯塔夫·克里姆特、约瑟夫·霍夫曼、科洛·莫泽尔和约瑟夫·欧尔布里希。

欧尔布里希曾是奥托·瓦格纳的学生，他有幸为新成立的分离派设计了一座展览中心。“牛蛙的圣殿”在1898年完工，建筑结合了极为有限的功能和风格突出的装饰。

最初克里姆特、欧尔布里希和其他多位成员本想要在环形大道上建起自己的展馆，但市政府拒绝让他们的大胆设计冲击复兴主义风格的大道。不过他们允许分离派把建筑置于大道的附近，分离派用这栋临时的大楼办了10年的画展。

新艺术运动从根本上是一场城市运动，大事件都发生在首都或者大城市里，包括巴黎、布鲁塞尔、纽约、格拉斯哥、芝加哥和维也纳。与之前的文艺复兴和巴洛克运动一样，分离派打破了绘画和建筑之间的界限，但除此之外还对工业时代做出了回应（虽说用到了大量涉及自然的象征物），并且希望将传统工艺融入自己的理论，英国工匠是他们在这方面的榜样。1903年，霍夫曼和莫塞尔创立了维也纳工艺坊（Wiener Werkstätte），并与维也纳应用艺术学院和分离派运动展开合作，以更好地倡导自己的理念。

国际化是分离派的另一大特征。维也纳是哈布斯堡土地上的一块磁石，吸引来四方的艺术家。这场运动受到了奥托·瓦格纳的巨大影响，拿分离派大楼举例，虽说穹顶是个如花般的圆白菜，但其形式上依旧能看出瓦格纳线条使用的严谨风格。

阿道夫·路斯——每个城市都有它所应得的建筑师

1922年，《芝加哥论坛报》希望通过比赛来拿到一份“全世界最美观、最独特的办公大楼”的设计方案。建筑界的大师们纷纷跃跃欲试，生于捷克的阿道夫·路斯（1870~1933年）也在其中。仿佛命中注定，路斯的新哥特风格设计让他成功入围，这件作品酷似顶了一根多利克立柱的汽车厂房。

路斯在波希米亚和德累斯顿求学，之后闯荡到美国，干起了石匠的活计，也刷过盘子。他受到了瓦格纳的极大影响，但据说当石匠的那段日子也培养了他对材料的敏锐度（当刷碗工就没那么有帮助了）。他厌恶装饰，也正因此才与新艺术运动的成员产生了冲突，他们的花朵和雕饰（如分离派大楼的金色圆白菜穹顶）和他实用而利落的设计格调完全相悖而行。建造建筑所需的空间、材料乃至力气在他看来都需要尽可能地充分利用（“装饰是对力气的浪费，因而也是对身体的浪费”）。如今在维也纳，你可以挤进路斯袖珍的美国酒吧，不光能喝到一杯地道的鸡尾酒，镜子、闪光的玛瑙台面所营造的空间错觉也会让你领略到建筑的内涵。

当代标志

奥地利建筑不光包括历史杰作，一批新生代建筑师已经席卷全国，他们在近年来翻修、建设并起草着一系列出色的当代设计，类型包括码头博物馆、办公室和活动场地。其中很多作品都巧妙地嵌入那些宏伟的历史建筑之间，凸显出建筑风格上的鲜明对照。

多瑙河谷附近的格拉芬艾格宫（Schloss Grafenegg）位于下奥地利葱翠、起伏的山丘之间，为我们提供了后现代主义音乐会场馆的范例。湖岸上坐落着一幢新古典主义宫殿，长久以来都是古典音乐的演出场所，而建筑师在此基础之上添加了一个夺目的新元素：一座高15米的露天舞台，命名为云塔（Wolkenturm），由维也纳的建筑事务所nextENTERprise设计完成。这个耀眼的雕塑般的锯齿状舞台是个天然的露天剧场，它坐落在这片齐整草地的低凹处，和周边的绿地呈现出一致的色调。

位于朗根罗伊斯的洛伊西姆葡萄酒世界（Loisium Weinwelt）也属于后现代主义风格，建筑本身同样与周边环境相互掩映。酒庄包括一个现代化的酒店中心，以及可供游客参观的古老酒窖，这一切都和铝质立方体的建筑巧妙地融合在一起，此建筑群由纽约建筑师史蒂文·霍尔（Steven Holl）设计完成。再沿着多瑙河继续往前，我们就来到了上奥地利州的首府林茨，伦托斯艺术博物馆（Lentos Kunstmuseum）是一个后现代立方体结构，其玻璃立面像万花筒一样反射着周边的环境。

“装饰已经不再是我们文化中有机的组成部分了，因而它也无法再表现我们的文化。今日创造的装饰作品已经与我们无关，与人类无关，与世界秩序无关——装饰是没有未来的。”——阿道夫·路斯

不断变化

现代建筑反射或吸收环境色调的理念可以拿来和另一个奥地利当下流行的建筑理念对照来看：不断变化的建筑。也是在林茨，后现代主义的电子艺术中心（Ars Electronica Center）在原先的现代建筑旁边加建了一栋新楼。新添的LED立面不光包裹住了两栋大楼，还会在夜间亮起并变换颜色。另一个例子是格拉茨美术馆（Kunsthaus Graz），建成后立即成为施蒂里亚州首府的地标性建筑。这座位于穆尔河畔的鼻涕虫式建筑出自英国建筑师彼得·库克（Peter Cook）和科林·富尼耶（Colin Fournier）之手，其外部结构能够发光并变色。这座建筑试图以其现代性与河对岸悬崖上的历史老区展开一场“美学对话”，这场对话由穆尔岛作为联通的平台——这是一个螺旋形酷似蒲团的桥梁，位于穆尔河中心，设有咖啡馆、儿童游乐场和露天剧场。

博物馆区

维也纳近年来最有新意的建筑项目之一就是博物馆区的建设了。博物馆区保留了一组迷人的18世纪的建筑群，也就是曾经哈布斯堡家族的皇家马厩，在此基础上增设了咖啡馆和店铺，并添加了一批新建筑，包括用黑色玄武岩搭成的现代艺术博物馆（Museum Moderner Kunst，简称MUMOK）和利奥波德博物馆（Leopold Museum）。这两个博物馆中间是维也纳艺术馆和一个设计大胆的公共空间，后者已经变成了内城区最受欢迎的聚集处。

视觉艺术和音乐

对于一个规模如此之小的国家，奥地利在艺术领域的影响可谓不同凡响。哈布斯堡王朝为后世留下的遗产包括历史绘画、雕塑、音乐厅和维也纳爱乐乐团——全世界最出色的交响乐团之一。它既是神童莫扎特惊艳众人的地方，也是施特劳斯教全世界跳华尔兹的地方，还是金色奇迹克里姆特以及表现主义画家席勒的出生地。时至今日，艺术和音乐依然编织着奥地利人心中的锦缎。

视觉艺术

湿壁画巨匠

哈布斯堡家族是艺术的积极支持者，他们委托湿壁画画师为他们的建筑带来多彩的质地和新鲜的内容，并把音乐作为权力和威名的表达形式。

奥地利的湿壁画传统可以追溯到11世纪的罗马式风格中期，最初以宗教场景为基本题材，主要出现在教堂中。到了大约1200年，真正的罗马式湿壁画在卡林西亚东部的前格尔克大教堂中绘制完成，到了1270年，这些壁画被返工成了“曲折风”，写实的人像穿上了充满褶皱的飘逸长袍。你至今还能在格尔克大教堂中看到这些作品。

14世纪是哥特艺术的时代（例如维也纳的斯蒂芬大教堂），陡峭的拱顶和巨大的窗户限制了这一时期湿壁画的创作空间（不过鼓励了玻璃彩绘工艺）。正因如此，最杰出的湿壁画作品主要出现在17世纪和18世纪早期的巴洛克时代，这一时期的成就要归功于三个主要角色：约翰·麦克·罗特迈尔（Johann Michael Rottmayr，1654~1730年）、丹尼尔·格兰（Daniel Gran，1694~1757年）和保罗·特罗格尔（Paul Troger，1698~1762年）。这三位巨匠的作品在维也纳十分显要，在下奥地利地区尤其突出。

罗特迈尔和格兰都活跃在巴洛克全盛时期，从17世纪末持续到18世纪早期。而特罗格尔的创作主要完成于18世纪中期，此时已经进入了巴洛克晚期或称洛可可时期。特罗格尔在意大利学艺数年，在萨尔茨堡闯荡过一阵之后来到了维也纳，而罗特迈尔从1696年开始就在此地为湿壁画培育土壤。特罗格尔成为下奥地利州教堂和修道院首选的画师，他精美的画作可见于梅尔克修道院（Stift Melk）、茨维特尔修道院（Stift Zwettl）、阿尔滕堡修道院（Stift Altenburg）以及克拉根福大教堂——那里保存着他的一幅祭坛画。维也纳美泉宫也藏有特罗格尔的作品。

罗特迈尔是奥地利第一位巴洛克画家，也是最重要的一位。他早年在萨尔茨堡度过，是哈布斯堡家族的宫廷画师，之后于1696年移居维也纳并于此主宰画坛三十年。他是建筑师菲舍尔最青睐的湿壁画画师，人们经常将他与佛兰德斯画家鲁本斯（Peter Paul Rubens）相提并论。他的画作受到意大利和佛兰德斯画派的共同影响，以生动愉悦的人物和明亮的色彩形成了自己的风格。你可以在卡尔教堂领略罗特迈尔的作品，升到70米高的玻璃电梯让你在穹顶中央近距离欣赏这件杰作。他的作品装饰着下奥地利州的梅尔克修道院和克罗斯特新堡修道院（Klosterneuburg）。

巴洛克湿壁画三巨头之一的格兰同样曾在意大利学艺，但和另两位不同的是，他成功驾驭了浮夸之风，并让时人预先品尝到新古典主义的滋味。维也纳国家图书馆穹顶上的湿壁画是最好的例证。

新艺术与分离派

遍及全欧洲的新艺术运动（Jugendstil）在维也纳的一支就是所谓的“Jugendsti”（青春风格），这场运动起源于当地的美术学院（Akademie der bildenden Künste）。该学院是新古典主义的坚决支持者，对任何另辟蹊径的艺术家持消极态度，在这种氛围下，1897年一群反抗者要求退学，古斯塔夫·克里姆特（1862~1918年）是其中之一，几位建筑师紧随其后，包括奥托·瓦格纳，欧尔布里希（1867~1908年）和约瑟夫·霍夫曼（1870~1956年）。

20世纪20年代，瓦格纳及其他艺术家纷纷转向了一种维也纳独有的风格，称之为“分离主义”，他们舍弃了新艺术风格中强调装饰性的部分。欧尔布里希设计了分离派大楼——分离派的代表之作，这个空间用于展示运动之中创作出的其他平面艺术和设计作品。这栋大楼具象地呈现出了分离派运动的理念、功能性和现代性，虽说其本身保留了一些惊人的装饰性元素，比如顶上巨大的“金黄卷心菜头”。

威廉·莫里森（William Morris）所领导的英国工艺美术运动和格拉斯哥设计师查尔斯（Charles Rennie Mackintosh）惊人的新艺术运动作品都启发了霍夫曼，他在1901年完全摒弃了新艺术风格的流畅形式和明亮用色，成为分离派风格最早期的倡导者。他所设立的维也纳工坊给维也纳的艺术带来了重大影响，克里姆特和科罗曼（Kolo Moser，1868~1918年）都是工作室的成员，他们开始打破高级艺术和低级艺术之分，并将新艺术带进了中产阶级家庭。1932年，工坊宣布关闭，因为他们竞争不过那些实现低价量产的其他公司。

克里姆特（1862~1918年）非常崇尚新艺术和分离派所倡导的感官主义成分。这位维也纳最著名的艺术家曾在美术学院接受传统的艺术训练，不过1897年他决定退学，以寻求自己多彩、独特、带有复兴主义韵味的非自然风格。克里姆特对女性的爱慕贯穿着他的画作，这些作品在如今看来仍能让我们感到迷醉并遐想万千，当年他这些富于异域格调和情色韵味的画作也在世纪末的维也纳搅起了一阵流言。金箔和镶嵌式细节是克里姆特金色时期的典型特色，游访维也纳时他所看到的拜占庭画像

公元前20年 罗马风格

今下奥地利州，罗马人在卡农图姆的要塞建筑中运用了装饰性镶嵌画，其中的很多在卡农图姆的露天博物馆保存至今。

8世纪至12世纪 罗马式

萨尔茨堡成为湿壁画的中心，很多都受到了拜占庭风格的影响。

13世纪 哥特早期

从罗马式转向哥特式的过渡期，如今可以在格尔克的前主教座堂看到湿壁画的典范。

14世纪 哥特全盛期

棱式哥特内饰和高窗只给湿壁画提供了有限的空间，但为玻璃彩绘创造了崭新的机会。祭坛画在教堂中兴起。

16世纪 多瑙河画派

从哥特晚期向文艺复兴过渡的16世纪初，专注于风景画的多瑙河画派兴起，之后汇入文艺复兴之中。

1680~1740年 巴洛克全盛和巴洛克晚期

在罗特梅尔、特罗格尔和格兰的时代，湿壁画达到惊人的巅峰。

19世纪早期 毕德麦雅

在新古典主义和复古主义绘画的浪潮之中，毕德麦雅派画家费迪南德·乔治·瓦尔特米勒是当时奥地利最知名的画家。

1900年 新艺术运动

维也纳成为全世界新艺术运动的首都，汇集了克里姆特、汉

给了他启发。维也纳的美景宫保管着世界上最大的克里姆特收藏，足够让你沉浸其中。

席勒、柯克西卡和表现主义艺术家

被多瑙河滋养的宁静小镇图尔恩（Tulln）主要只有一个名声在外的原因：这里是奥地利最重要的表现主义画家埃贡·席勒（1890~1918年）的出生地，此地专门为他开设了一座博物馆，通过规模可观的油画和素描收藏讲述他的一生。席勒的作品还收藏于维也纳博物馆区的利奥波德博物馆，该馆专注于表现主义画派，除席勒之外，另有奥斯卡·柯克西卡、生于卡拉根福德的毕克尔（Herbert Boeckl）以及克里姆特。

埃贡·席勒

席勒是奥地利当时最受争议的艺术家之一。1906年他离开图尔恩，来到欧洲历史最悠久的学院之一维也纳美术学院——该学院竟是因为1907年拒收希特勒入学而闻名于今日。席勒是维也纳的“新艺术组织”（Neukunstgruppe）的组建者之一，同时期他的作品开始引起反响。尽管他深深地受到了分离派运动和奥地利新艺术运动的领军人物克里姆特的影响，其创作却比克里姆特的作品更近于表现主义。

维也纳著名心理学家弗洛伊德显然对席勒一派的表现主义艺术家毫无兴趣，他更欣赏古典艺术及其后世化身——新古典主义，但弗洛伊德和席勒在对情色的理解上却是同道中人。弗洛伊德将他的理论建立在情欲和潜意识的框架之上，而席勒则在画布上捕捉情色，死亡和欲望是最常见的主题。

他已经远离了保守而质朴的图尔恩乡间，有人认为他走得有点太远了。1912年席勒被监禁三周之后被判有罪，罪名是向未成年人展示色情图片而致其腐化堕落。他的被逮捕和监禁是一系列事件发生之后的结果，此前他与17岁恋人兼模特“威利”（笨蛋）诺伊齐从维也纳逃到波希米亚（捷克境内的克鲁姆洛夫），又被迫继续逃亡。为席勒建成的图尔恩博物馆如今原状重现了位于圣伯尔滕附近席勒曾经蹲过的那间监狱牢房。

奥斯卡·柯克西卡

第二位奥地利表现主义大师柯克西卡和席勒一样出生于多瑙河畔，柯克西卡的出生地在离梅尔克不远的珀希拉恩（Pochlarn）。和克里姆特一样，他也曾求学于维也纳的应用艺术学院。和席勒一样，他也受到了克

历史能否被改写？

维也纳美术学院曾被柯克西卡毫不客气地描述为“保守主义的温床，培养身着天鹅绒裙子和贝雷帽的艺术家”，但这并不是该学院知名的唯一原因。1907年，年轻的希特勒曾经抱负不凡地坐在学院里参加入学考试（考试的主题包括“逐出伊甸园”“狩猎”“春”“建筑工人”“死亡”，你可以大致想象）。同年申请入学者有128人，最终28人被录取，希特勒不在其中。他悲伤地回到林茨舔舐自己的伤口，靠孤儿的补贴金过活（他的母亲已经去世），而后二度报考美术学院，以再次落榜告终。幻想破灭的希特勒应征入伍，于“一战”中在西线作战。接下来的就是大家所知道的历史了。

里姆特的深刻影响，此外影响他创作的还有荷兰后印象主义画家文森特·凡·高。自1907年他加入了维也纳工坊。他的最早期作品具有分离派和新艺术运动的风格特征，而后期则转向了表现主义风格的创作。位于上美景宫的奥地利美术馆藏有十余幅柯克西卡的油画作品，其中的几幅肖像作品凸显了他高超的表达技巧——他无须运用阴冷色调就能对焦躁的情绪进行准确描摹。

柯克西卡的漫长一生中穿插着流亡和游历。1934年他为了逃离当时的极端右翼政治而移居布拉格；纳粹掌权之后的1937年，将他的画作定性为“堕落”艺术，并没收了德国境内博物馆所保管的400多幅作品，柯克西卡只好收拾行装逃往英国，并成为一名英国公民。

如果柯克西卡的“堕落”已经震动了纳粹，那么幸亏“千年帝国”的这群“棕衣”（指纳粹军服）男女没机会见证接下来的场面了——“维也纳行动派”（Viennese Actionism）这个群体甚至能让主流艺术圈都大惊失色。

行动派惊动共和国

艺术向来钟爱流言蜚语。表现主义艺术家席勒和建筑师路斯都曾被卷入真相不明的道德指控，并最终被部分定罪，柯克西卡和克里姆特探索的主题也包括情色、同性之爱和未成年人之爱。1968年的一天，艺术圈大赌了一把，一群艺术家闯进了维也纳大学拥挤的教室，开始了他们的行动，这后来被称作“大学淫秽事件”（Uni-Ferkelei）。据消息称，至少一名成员开始手淫、在身上涂抹粪便、鞭打并且呕吐。有点意思，但这算是艺术吗？一位成员似乎唱起了奥地利国歌，另一名成员开始滔滔不绝地发表自己对电脑的看法。他们接下来便被告上法庭，两位参与者被定罪，并判处数月监禁。这一切行动都是为了打破社会禁忌。

如果说20世纪60年代的艺术以戏剧艺术和即兴演出为主，如即兴表演的激浪派（Fluxus，从美国的类似运动发展而来），行动派则采取了更为极端的风格，也呈现出不同程度的奔放表达。有些涉及虐恋、自贬，甚至鲜血仪式，其中风格最疯狂的创作可能会是用各种人体分泌物进行泼墨的戏剧式狂欢，艺术家早已达到出神的狂喜状态。比较温和无害的团体也可能只是聚在一起喷喷颜料。

斯·马卡特（Hans Makart）和科罗曼等诸多大师。

1910~1920年 表现主义

表现主义艺术家席勒和柯克西卡在奥地利绘画的最前线探索一种新的艺术语言。

1918~1939年 新即物主义

后表现主义落地生根，国际性艺术运动也来到了奥地利，如超现实主义、未来主义和立体主义。而自1925年起，新即物主义（Neue Sachlichkeit）尝试脱离表现主义的“主观”手法。

20世纪60年代 维也纳行动派

纳粹时代过后（几乎没有留下什么成就），“二战”后的现实主义倾向于选择晦涩的主题；不久后，维也纳行动派带来了“即兴表演”：疼痛、死亡、性、自贬都在台前呈现。

21世纪 当代艺术

20世纪80年代的新表现主义——人称“新野兽主义”（Neue Wilde）运动为21世纪的探索让路，艺术家开始用数码图像来补充传统的绘画形式。

行动派难以在正规画廊的环境中展示，有些现场行为用视频记录了下来——抹满沙拉的身体、排尿的阴茎特写及其他类似作品，他们经常被展出于维也纳的现代艺术博物馆（MUMOK）。“大学淫秽事件”的记录只有少数照片和一个时长几分钟的影像片段。参与者之一冈特·布鲁斯（Günter Brus，生于1938年）被判处“诋毁奥地利国家象征”罪。他当年的同道中人奥斯瓦尔德·维纳（Oswald Wiener，生于1935年）如今已经成为一名作家兼学术权威，甚至获得了奥地利声望最高的文学奖。而在20世纪60年代早期组织戏剧活动的赫尔曼·尼特希（Hermann Nisch，极富创新精神的作曲家勋伯格（Arnold Schönberg, 1874~1951年）用自己的十二音列理论挑战调性音乐传统的极限。他最重要的学生是阿尔班·贝尔格（Alban Berg, 1885~1935年）和安东·韦伯恩（Anton von Webern, 1883~1945年），两位都生于维也纳并继续发展勋伯格的技法。

生于1938年）则成为奥地利最负盛名的当代维也纳行动派，他的创作在音乐和绘画的基础之上另对祭祀和宗教仪式情有独钟，其作品可见于维也纳当代艺术博物馆、林茨的伦托斯艺术博物馆和圣伯尔滕州立博物馆（Landesmuseum）。

音乐

哈布斯堡王朝的音乐传统

哈布斯堡家族自13世纪起就开始赞助宫廷音乐家，到了18世纪和19世纪，他们创立了在当时举世无双的音乐中心。很多哈布斯堡家族成员本身就很有音乐天赋：利奥波德一世作曲，查理六世演奏小提琴，其女玛丽亚·特蕾莎的低音提琴拉得相当不错，而特蕾莎的儿子约瑟夫二世精通拨弦键琴和大提琴。

维也纳古典主义

维也纳古典主义音乐可以追溯到18世纪中后期，大体形成了我们今天对古典音乐的理解。当时的音乐形式逐渐远离盛行于宫廷和教堂的精致的巴洛克音乐，并将歌剧和交响乐等古典音乐形式请进沙龙和剧院，介绍给维也纳乃至奥地利各地的中上阶层。

最早发迹的作曲大师是约瑟夫·海顿（Joseph Haydn, 1732~1809年），在漫长的职业生涯中他成为一位崭露头角的年轻德国作曲家的老师，也就是贝多芬（Ludwig van Beethoven, 1770~1827年）。同时代的知名人物还有舒伯特（Franz Schubert, 1797~1828年），而后便是19世纪涌现出的一批古典主义作曲家，如李斯特（Franz Liszt, 1811~1886年）、勃拉姆斯（Johannes Brahms, 1833~1897年）和布鲁克纳（Anton Bruckner, 1824~1896年）。

神童莫扎特

莫扎特（Wolfgang Amadeus Mozart, 1756~1791年）生于萨尔茨堡，这位顶级音乐神童在四岁的时候就弹响了第一支钢琴曲，毫无疑问地获得了奥地利神童的美誉。1762年，年仅六岁的他就在美泉宫为欣喜如狂的特蕾莎进行演奏。他的父亲利奥波德的叙述版本是："沃尔夫冈跃上了女王陛下的膝头，双臂环住她的脖子并在她脸上亲个不停。"

莫扎特在接下来的数年中风生水起，而哈布斯堡家族任命意大利作曲家萨列里（Salieri）在宫廷中主管意大利歌剧，这就为随后上演的竞争和阴谋做好了铺垫，依据传闻，故事以萨列里谋杀莫扎特作终。我们无从得知此事的真假（极不可能是真的），但是真是假也不是那么重要，有意思的是流言能激发出多少艺术创作：米洛斯·福尔曼（Miloš Formann, 生于1932年）执导的电影《莫扎特》（*Amadeus*, 1984年）就是当代的一部佳作，这部影片拿下了奥斯卡八项大奖，并认为是同类影片中最出色的作品。

莫扎特多产的一生让人瞠目：他写下了大约626部作品；其中最伟大的作品包括《费加罗的婚礼》（*The Marriage of Figaro*, 1786年）、《唐·乔万尼》（*Don Giovanni*, 1787年）、《女人心》（*Così fan tutte*, 1790年）和《魔笛》（*The Magic Flute*, 1791年）。据传是为自己的死而作的《安魂曲》（*Requiem Mass*）依旧是古典主义音乐中影响力最大的作品。

不妨听听第20和第21钢琴协奏曲，这两部作品集中呈现了莫扎特最动人的音乐元素：戏剧、喜剧、亲密和聪颖全都打包奉上。

在作曲之余，莫扎特的爱好包括打台球、豪饮以及教他的宠物八哥唱轻歌剧。有人推测说莫扎特患有图雷特氏综合症，这就能够解释他的突然暴怒和控制不住的秽语。但他的天才是无可争辩的。一个男孩曾向他请教如何写作交响乐，莫扎特建议他从写民谣开始。“但你十岁的时候就写出交响乐了。”男孩说。“但我不用问别人怎么写。”莫扎特反驳道。

前三月时期和革命思潮

维也纳古典主义音乐在19世纪的维也纳已经开始势头减弱，随着莫扎特、萨列里、海顿、贝多芬以及其他倡导者的去世或衰老，奥地利乃至全欧洲都整体经历着一段严酷的保守主义时期，最终引发了遍及整个大陆的1848年革命，谋求自由改革。革命前的这段时间就是所谓的“前三月时期”（Vormärz，革命始于1848年3月）；前三月时期敲响了维也纳古典主义音乐的丧钟，并开创了音乐领域的沉寂期。当革命的嘈杂逐渐平息，新一波作曲家涌现出来，并将古典主义音乐拾起，赋予它激动人心的新形式，代表人物包括李斯特、勃拉姆斯和布鲁克纳。

莫扎特之后

奥地利出现了一些杰出的音乐家和当代艺人。自从法尔克（Falco，真名为汉斯·赫策尔Hans Hölzel，1957~1998年）的那首《摇滚阿玛迪斯》（*Rock Me*,Amadeus）在1986年占据美国排行榜榜首，就没有人能在国际上如此出名，即便如此，还有一些人值得我们关注。

若想对当代音乐潮流（摇滚、爵士、流行、电子、世界音乐、古典乐及其他）有更多了解，参见Music Austria:www.musicaustria.at/en。

卡林西亚州的首府克拉根福出现了一些出色的音乐家。佩妮·麦克莱恩（Penny McLean，出生名为格特鲁德·维尔申格尔Gertrude Wirschinger）的Lady Bump成为20世纪70年代的标志性迪斯科曲目，除此之外还有情歌歌王乌多·尤尔根斯（Udo Jürgens），他长时间以来被视为Schlager歌手（具有民谣风格的轻柔流行歌曲的一个大类，常表现多愁善感），不过多位美国著名歌手的热门歌曲都是由他所作，如雪莉·贝西（Shirley Bassey）和弗兰克·西纳特拉（Frank Sinatra），他的曲风与后者尤为契合。

裸体午餐（Naked Lunch，www.nakedlunch.de）大概是知名度最高的奥地利独立音乐乐队。如果再深挖一步，就会发现二人组合Attwenger有着众多追随者，他们的音乐兼具民谣、说唱和出神电子乐（trance）的风味。按传统我们要列出三巨头的最后一位，格拉茨的Rainer Binder-Krieglstein早期的音乐是结合headz、说唱、旋（groove）和新爵士（nujazz）的复杂混合体，如今他们主要专注于民谣。

林茨的Texta（www.texta.at）是在艺术上最有成就的纯说唱歌手。下奥地利的人声旋乐（vocal groove）项目Bauchklang（www.bauchklang.com）以阿卡贝拉，即无乐器伴奏的纯人声合唱，以及雷鬼、民乐说唱和出神电子乐为招牌。其他值得关注的还有走放克流行风（funky pop）的二人组合Bilderbuch，鼓-贝斯二人组合Camo & Krooked，还有从巴尔干音乐转型成摇摆乐的国际范儿乐手法蒂玛·施帕尔（Fatima Spar）。

喜欢电子摇摆乐的人大概对帕罗夫·斯蒂勒（Parov Stelar）这位来自林茨的乐手、制作人兼DJ并不陌生。

咖啡厅——奥地利的客厅

当你推开一家维也纳咖啡厅的厚重木门，你会感觉时间停在了1910年。服务生还是那么不冷不热，菜单依然看不太懂，报纸的数量比手机多。门外的生活疾驰向前，咖啡厅却是一个自在的世界，与时间和潮流相隔绝。咖啡馆蜕变的故事要从土耳其围攻维也纳一直讲到今天，精彩可不只靠那些传说。

神奇的豆子

为了充分融入环境，你可以选择一个举办英语对话夜的咖啡厅，旅客能有机会在当地咖啡厅和当地人边吃晚餐边聊天。

和很多精彩的童话故事一样，维也纳咖啡厅的文化也要从几颗神奇的豆子说起。让我们回到1683年的维也纳，那时奥斯曼土耳其人第二次发起猛攻，想方设法地试图控制住“西方世界”，土耳其将军和大维齐尔（宰相）穆斯塔法携其宦官和妃妾以及25,000顶军帐在近郊地区（Vorstadt，大概为现今的Josefstadt和Alsergrund区域）落脚，围聚在严防死守的维也纳中城边缘。

根据传说，有个叫乔治·弗朗茨·科尔西茨基（Georg Franz Koltschit-zky）的人把自己打扮成土耳其人的模样溜过了土耳其的防线，在敌后替战场元帅洛林的查理五世通风报信，他因为立下功劳而被赏以搜刮来的战利品，其中就有几包咖啡豆。传说中还提到，尽管有些人以为这些豆子是骆驼的口粮或粪便而不予理会，聪明的科尔西茨基闻了闻，知道他们发现金子了。他把握时机，在维也纳开了第一家咖啡厅，据说还是第一个把牛奶和糖混进这种异域灵药的人。

咖啡厅礼仪？在比较高档的场合要等着服务生领座，在比较随意的咖啡厅自己择席入座。你可以端着一杯咖啡赖着不走，直到你开口要账单之前服务员都不会催你。

哈布斯堡家族为之疯狂。咖啡厅在维也纳迅速兴起，咖啡厅里会把咖啡和一杯水一起送上。17世纪的咖啡厅已经有了台球桌，但直到18世纪末才允许在里边玩牌。

慢慢地，报纸出现在咖啡厅中，18世纪末，音乐咖啡厅（Konzertcafe）风靡起来，也就是有音乐演奏的咖啡厅。这把低调的咖啡厅塑造成了一个新的空间，给了莫扎特、贝多芬和后来的（老）施特劳斯小试牛刀的场合，这就是当时的开放式舞台或“不插电”现场演出了。

1813年奥地利开始实施拿破仑对英国的贸易禁令，这意味着奥地利人失去了大部分的进口咖啡豆资源。尽管尝试了用菊苣根、黑麦、大麦等材料替代咖啡，但咖啡厅最终还是开始供应食物和红酒，这就是为什么你依旧还能在传统的咖啡厅吃到简餐、喝到酒。

文学咖啡厅

到了19世纪末，优雅的咖啡厅在维也纳环城大道沿线兴建起来，四处都冒出了“文学咖啡厅”，这为作家提供了一个温暖的工作场地。格林斯

咖啡之谜

咖啡在这里实在是门高深的学问，你需要从Mokka（黑咖啡）一直了解到Brauner（只加一点奶的黑咖啡）才能点到维也纳式咖啡。瞥一眼菜单你就会看到长长的一列选项，所以记住要事先温习以下这些品种。讲究的咖啡屋会端上一个银碟，上边放着咖啡、一杯水和一份小甜点。咖啡的选择包括以下这些：

- **Brauner（棕色咖啡）** 黑咖啡，会分开给一点牛奶；可选大杯（Gross）或小杯（Klein）
- **Einspänner** 加有淡奶油，盛在玻璃杯中
- **Fiaker（双驾马车）** 加有朗姆酒和淡奶油
- **Kapuziner** 加一点奶，可能会撒有巧克力屑
- **Maria Theresia** 加有橘味力娇酒和淡奶油
- **Masagran，Mazagran** 冰咖啡，加冰和马拉斯奇诺樱桃力娇酒
- **Melange** 维也纳经典款；加牛奶，也可能还会加淡奶油；类似卡布奇诺
- **Mocca，Mokka，Schwarzer** 黑咖啡
- **Pharisäer** 浓厚的黑咖啡加淡奶油，会另给一杯朗姆酒
- **Türkische** 装在铜壶里端上，会有咖啡末和糖
- **Verlängerter** 热水冲淡的Brauner棕色咖啡
- **Wiener Eiskaffee** 冰咖啡，加有香草冰激凌和淡奶油

坦咖啡厅（Café Griensteidl）是第一家，但最受作家欢迎的还是中央咖啡馆（Café Central），彼得·爱腾贝格（Peter Altenberg）、埃弗列·波尔加（Alfred Polgar）和建筑师路斯都曾在此进行创作。

作家斯蒂芬·茨威格（Stefan Zweig）将咖啡厅视为一个无法效仿的“民主俱乐部”——与现实世界大不相同，然而，普普通通的咖啡厅却有着清晰的权势等级。身在底层的是清理桌面并给客人添水的小伙计，他们抽空还要谄媚地和端庄的夫人们打情骂俏。收银员（在咖啡厅传统的理想情境中必须丰满、金发、耳朵上戴满珠宝）写账单，并留意着桌上的糖罐。

最上层阶级是服务生领班（Oberkellner，简称Herr Ober），直到1800年之前还往往扎着马尾辫、身着晚宴服、打白领带、系带鞋、穿条纹长袜，经常还戴有绿围裙。如今没有领班这么打扮了（还会有些旧风遗存至今，不过奇葩的元素都已不再），但深色着装的他们依然统治着餐桌和桌子之间的领地。

如今你会感受到一种蛋糕店的氛围，但咖啡厅依旧是维也纳的起居室。你可以在这里喝一杯咖啡或者红酒，吃一顿红烩牛肉或是简餐，读一份报纸或者只是享受懒洋洋的感觉。

> “在咖啡厅这个地方，人们必须要消磨时间，只有这样时间才不会消磨他们。”——作家埃弗列·波尔加（1873~1955年）

> “中央咖啡馆有一些有创造力却写不出东西的人，这种人在任何别的地方都不会这么多。”——埃弗列·波尔加

奥地利阿尔卑斯山

对很多人来说，奥地利就是阿尔卑斯，这毋庸置疑。毕竟这是《音乐之声》里朱莉·安德鲁斯舞步旋转的那片山地牧场；这是启发莫扎特交响乐创作的山脉；也是施耐德（Hannes Schneider）用独创的阿尔贝格技巧变革高山速降滑雪的那片山坡。几十年来，奥林匹克传奇、好莱坞大片和登山奇迹都在这里发生或者被创造。

说到XX之最……

欧洲最高的瀑布：380米的克里姆尔瀑布

世界最大的可进入洞穴：埃斯瑞森韦尔特冰洞（Eisriesenwelt），韦尔芬

阿尔卑斯山区最大的国家公园：上陶恩山国家公园（Hohe Tauern，1786平方公里）

奥地利最高峰：3798米高的大格洛克纳山（Grossglockner，字面义为“大钟”）

高山风光

阿尔卑斯山的覆盖面积为83,858平方公里，其中有三分之二的土地都属于奥地利。仿佛是有人拿粉笔在奥地利的国土正中间画了条线，然后让阿尔卑斯山集体向西挪，平原整体滑向东，这里高低地势的对比实在是太鲜明了。几千年来，自然的鬼斧神工塑造了这片高山风光，其间雕饰了令人惊艳的冰川和森林、高耸的山峰和深长的峡谷。

奥地利阿尔卑斯山清晰地划分为东西走向的三条主要山脉。北石灰岩阿尔卑斯山毗邻德国，这片仙境般的喀斯特山脉海拔高近3000米，向东一直延伸到维也纳林山（Wienerwald）。因河（Inn River）将其与花岗岩构成的中央阿尔卑斯山分隔开来，这一山链上有许多高峰值得称道，但全都在壮丽的大格洛克纳峰（Grossglockner）的映衬下黯然失色。南石灰岩阿尔卑斯山在意大利和斯洛文尼亚之间形成了一条自然边界，卡拉万克山脉（Karawanken Range）就在南部这片区域。

从冰雪融成的溪流到烟雾弥漫的瀑布，水是奥地利阿尔卑斯山中最重要的一景。矿物质丰富的河流如恩斯河（Enns）、萨尔察赫河（Salzach）和因河蜿蜒在开阔的山谷，为夏季漂流等项目营造出如画的背景。湖泊也有着不同的形状和大小，有冰冷刺骨的山地小湖，也有卡林西亚著名的温

四季的问候

春季 当冰雪消融，漫山遍野的缤纷野花让你的感官高度警觉起来。要留意钟状的紫色龙胆和粉盈盈的高山玫瑰。

夏季 在山间小屋中过夜，在一尘不染的高山湖泊中沐浴，带上运动鞋，在海拔2000米以上的小径上体验一把风景如画的徒步旅行。

秋季 晚秋时节落叶松变成金色，你没准还会遇到几只发情的雄鹿。不要错过9月末的牛下山节（Almabtrie），佩戴着野花和铃铛的牛群会从高山牧场下山过冬。

冬季 雪，雪，还有更多壮丽的雪。尽享顶级滑雪体验，呼吸清冽的高山空气，品尝含足量芝士的高山美食。你温暖舒适的小木屋在山边等着你。

五朵金花

- **高山火绒草** 生长在石崖和石缝间的星状白花。
- **龙胆** 阿尔卑斯山高处的铃状蓝花。
- **高山毛茛** 花期早，形似银莲花。
- **山金车花** 在高山草甸生长的明黄花朵，近似雏菊。
- **高山玫瑰** 艳粉色花朵，近似杜鹃花。

水湖（约28℃）沃尔特湖（Wörthersee）。

奥地利阿尔卑斯山的野生动植物

奥地利阿尔卑斯山里，自然为王。夏天的时候，当你离人类文明越远、攀得越高，就越容易发现稀有的动植物。除了一副好用的望远镜之外，你还要带上足够的耐心和冒险精神。

高山植物群

在林木线以下的奥地利阿尔卑斯山满眼葱翠，在低海拔地区你可以看到每年落叶的桦木和山毛榉林，而针叶树种如松树、柏树和落叶松主要分布在较高海拔区域。到了海拔2000米的高度，树木让位于高山牧场和偃松（dwarf pines），在3000米以上就只有苔藓和地衣紧贴着荒凉的悬崖。

野花是奥地利阿尔卑斯山的特色，5月到9月，它们会在高山牧场形成一片气味和色彩的海洋。这里的野花多是耐寒品种，长长的根部抵抗强风，鲜艳的色彩驱除昆虫，花瓣还能抵抗霜冻和脱水的处境。

春天是番红花、高山雪铃花和银莲花的天下；夏天有高山玫瑰和龙胆；秋天生长有蓟、飞燕草和蓝乌头。虽说采花的诱惑难以抵挡，但这些花还是在山坡上显得更可爱，何况大多数都是保护物种。

男子们曾经冒着生命危险爬到阿尔卑斯山上最高的悬崖为心爱的人采一朵高山火绒草。这种毛茸茸的花朵是奥地利的国花，象征着勇敢、爱和力量。

观赏野生动物

清晨和黄昏是发现野生动物的最佳时机，不过观赏野生动物主要凭运气。最值得一看的是北山羊——一种长着弯角的野山羊，此物种曾经处境堪忧，但目前已经能够成功培育。北山羊是攀岩大师，在7月会在奥地利阿尔卑斯山中迁徙到3000米乃至更高的地区。岩羚羊，一种比北山羊要更常见的一种小型羚羊，它们同样能在山崖边如履平地地蹦来蹦去，岩羚羊能够纵向跃起4米之高，蹄子有着橡胶状的掌和坚硬的边缘，这都是在松动石堆上保持极强抓地力的理想属性。

在海拔2000米左右的高处，记得眼耳并用地留意旱獭，这种毛茸茸的啮齿类动物是松鼠的近亲，也是阿尔卑斯山的土生物种。这种动物喜群居，多和二十多名成员聚居在洞巢里。和狐獴一样，旱獭们也会轮流放哨，后腿直立支撑身体，警觉地观察四周，见到空中的捕猎者（如鹰）叫一声，看到陆地上的捕猎者靠近（如狐狸）就叫两声，整个群落都会集体避到安全的地方，它们在地下筑起了纵横交错的地道网。

鸟类学家聚集到奥地利阿尔卑斯山，渴望着看到金雕、隼和兀鹫，包括胡兀鹫和欧亚兀鹫。

金雕是会与配偶厮守终生的鸟类爱情典范。在www.birdlife.at你可以了解这一难得一见的猛禽和其他奥地利鸟类。

濒危物种

奥地利最濒危的物种是巴伐利亚松田鼠，这是蒂罗尔的地方物种，只可在六个地点观测到。紧随其后的是白肩雕，曾经在奥地利灭绝，但幸运的是，该物种回迁本土，迎来了回归。翘鼻蝰蛇虽然是卡林西亚土生土长的毒蛇，但人类对它们生存处境的威胁要远远严重于它们咬伤我们的可能性。

奥地利阿尔卑斯山的棕熊数目已经非常稀少（大概少于10只），徘徊在灭绝边缘，不过从斯洛文尼亚和意大利引进的几个勤奋的家伙让棕熊数量增长了起来。它们只出没在卡拉万克山脉、卡尼施阿尔卑斯山脉和卡林西亚州的盖尔塔尔阿尔卑斯山脉，另外就是东蒂罗尔地区了。本地棕熊的生存和暂居棕熊的安全全靠保护组织的努力，包括奥地利的棕熊生命工程（Brown Bear Life Project）和世界野生动物基金会，他们已经投入了百万欧元，致力于把棕熊重新引入阿尔卑斯山，并培养人们的保护意识。

濒危物种的相关信息可参见《红名单》（*the Rote Liste*，www.umweltbundesamt.at，德语），由联邦环境署负责勘对。

奥地利阿尔卑斯山的国家公园

这片山林的自然风光如此动人心魄，不过让人吃惊的是，在奥地利阿尔卑斯山中只有三个国家公园（上陶恩山、卡尔卡尔彭和盖绍泽）和一个主要自然保护区（诺克伯格）。但是数字不能说明一切，尤其其中之一是壮美绝伦的上陶恩山——阿尔卑斯山第一大、全欧洲第二大的国家公园，这块宝地有着海拔3000米高的山峰、巨大的冰川和瀑布。

国家公园管理局尝试着平衡保护自然生物和当地经济发展这两个方

高山国家公园

公园名称（面积）	特色	动物	活动	最佳时间	网络资源
上陶恩山（1786平方公里）	典型高山景观，包括海拔3000米高的山脉、冰川、湖泊、高山牧场	北山羊、岩羚羊、旱獭、胡兀鹫、金雕	徒步、攀岩、登山、滑雪、峡谷漂流、滑翔伞	全年	www.hohetauern.at
盖绍泽（110平方公里）	河流、草甸、峡谷、密林、喀斯特山峰	猫头鹰、鹰、隼、鹿、蝙蝠、啄木鸟	徒步、漂流、山洞探险、山地自行车、攀岩	春、夏、秋	www.nationalpark.co.at
卡尔卡尔彭（210平方公里）	高沼地、混交林、崎岖的喀斯特山区	猞狸、棕熊、金雕、猫头鹰、啄木鸟、蝴蝶	徒步、骑车、攀岩、越野滑雪	全年	www.kalkalpen.at
诺克伯格（184平方公里）	平滑的山峰、高山牧场、疏林	旱獭、雪雕、高山蝾螈、蝴蝶	步行、攀岩、越野滑雪以及高山滑雪	全年	www.nationalparknock berge.at

摄影指南

奥地利阿尔卑斯山是摄影圣地，但捕捉到最佳的瞬间并不容易。以下建议能助你拍到最好的山景：

- 充分利用清晨和傍晚的漫射光，可以在山中小屋过夜以占得先机。
- 你需要增加曝光才能拍到真正的白雪。
- 用长焦镜头拍野生动物的特写，距离太近会惊扰动物。你要保持从容安静。
- 留意构图：将徒步者或骑行者作为前景会强化图像的景深并且凸显阿尔卑斯山的无边无际。
- 偏振镜能帮你捕捉到真正的蓝天。

面，后者包括种植、狩猎和旅游业。www.national parksaustria.at上列出了所有国家公园的链接，还有可下载的英语指南。

除了国家公园之外，还有保护区和自然保护区零星遍布奥地利阿尔卑斯山，位于蒂罗尔州的齐勒河谷阿尔卑斯山自然公园（Naturpark Zillertaler Alpen）让你领略迷人的山景，在萨尔茨卡默古特有美丽的湖泊。奥地利自然公园的相关信息参见www.naturparke.at。

www.umweltbundesamt.at/naturschutz提供给你关于奥地利风光与土生动植物的一站式信息服务。

奥地利的高山环境

由于奥地利阿尔卑斯山脆弱的生态环境，动植物保护、可再生能源和可持续旅游都成为当下的热点话题。面对着冰川退缩、融雪增多、动物数目逐渐减少以及水土流失，阿尔卑斯山当地人每天都直面着全球变暖和人类对自然环境的影响所造成的后果。

奥地利高山区域的保护措施已经实施了多年，然而由工业废气、尾气排放和农药使用所导致的空气污染和土壤污染还是造成了林区的退化。

好消息是，奥地利人大体来说是一群热爱绿色和大自然的家伙。近期，从圣安东顶级旅馆的旅馆老板到萨尔茨堡州的农民都在提倡资源回收、太阳能、清洁能源和公共交通，以此来强化自己的资质。

政府已经行动起来：将污染物降到最低，协助企业避免浪费，并支持风能、太阳能这一类可再生资源。有些公交车已经改用天然气燃料，很多城市都在推广环境友好型有轨电车。

最佳观察地点

- 旱獭：Kaiser-Franz-Josefs-Höhe，大格洛克纳山公路
- 金雕：上陶恩山国家公园
- 猞猁：卡尔卡尔彭国家公园
- 隼：盖绍泽国家公园
- 北山羊：北莱姆斯通阿尔卑斯山

全球变暖

全球变暖带来了一个悲哀的现状：对于位于奥地利阿尔卑斯山低海拔地区的度假村来说，“雪况稳定”已经成了奢望。雪线每年都会慢慢升高，造雪机不得不随时待命。

联合国环境署发布的气候变化报告提出警告，升温可能意味着75%的高山冰川会在接下来的45年内消失，十多个低山滑雪场如基茨比厄尔（Kitzbühel）会在2030年前彻底瘫痪。预测表明雪线位置在2100年以前会从海拔1200米上升到海拔1800米。除了对奥地利旅游业的影响之外，融雪自然还会产生其他的连锁反应，包括水土流失、洪水和雪崩风险的提高。

生态友好型滑雪

很多奥地利度假村都在采取生态友好措施进行绿色运营，以尝试抵消滑雪所带来的环境负担。

➡ 福拉尔贝的莱希（Lech）力拔头筹：他们在推广生物量区域供暖站、太阳能上行吊椅和严格的资源回收政策。

➡ 滨湖采尔（Zell am See）在基兹特恩霍因冰川（Kitzsteinhorn Glacier）引入了奥地利首个ISO认证的缆车，冬天提供免费的滑雪大巴，并且实施环保的植树种草方案。

➡ 基茨比厄尔（Kitzbühel）引入了绿色建筑和气候政策，并采取了减少交通流量以及不可再生能源使用的相关措施。

➡ 阿尔山麓圣安东（St Anton am Arlberg）为减少水土流失设定了保护区域并且引入无化学成分的人造雪，当地发达的火车运输系统能有效减少私家车的使用。

➡ 伊施格尔（Ischgl）使用可再生能源，所有旅馆、缆车和餐厅都进行资源回收，并且从晚11点到早6点实行夜间驾驶禁令。

➡ 迈尔霍芬（Mayrhofen）用水电能源运行缆车，进行垃圾回收并且提供免费滑雪公交以减少村中的交通流量。

滑雪

融冰是上陶恩山的热点话题。帕斯泰岑冰川的面积在过去150年间已经退缩了一半，预测显示100年内就会完全消失。

奥地利利润可观的滑雪产业对环境造成的影响也十分堪忧。气温升高对滑雪场自身生存的威胁让度假村不得不向更高的地方发展。多年来，滑雪胜地并没有给我们的地球带来什么好处：机械化开发、平整滑雪道的过程不光搅扰野生动物还会造成水土流失，人工造雪对土生动植物产生影响，运载天然雪进入雪场会增加尾气排放。

然而，很多奥地利滑雪场如今已经意识到了他们如履薄冰的处境，并逐渐在通过可再生的水电、生物废水处理和生态建筑来减轻滑雪场所造成的环境负担。

生存指南

出行指南

签证

奥地利是《申根公约》(*Schengen Agreement*)的成员国之一。欧盟成员国、欧洲经济区成员国、多数东欧国家、以色列、美国、加拿大、多数中美和南美国家、日本、韩国、马来西亚、新加坡、澳大利亚、新西兰、中国香港、中国澳门和中国台湾公民,逗留不超过3个月,通常无须申请签证。但包括中国大陆在内的旅行者需要申请申根签证。

在申请奥地利签证之前,申请人应确定好需要申请的签证类别,如旅游签证和过境签证。请阅读该签证类别的相关信息,包括该类别的签证费、VFS服务费、所需材料、照片规格、受理时间和签证申请表。申请人可以前往最近的奥地利签证申请中心领取签证申请表,或从VFS Global(http://www.austriavisa-china.com/chinese/)官网的申请与表格处下载申请表。VFS Global是通过奥地利大使馆/领事馆批准的签证受理机构,你可以登录网站了解从签证中心地址到签证所需材料的详细信息。

签证申请可在北京、上海、广州、西安、重庆、杭州、沈阳、武汉、长沙、成都、济南、深圳、福州、南京、昆明签证申请中心递交申请。在北京领区所属的签证申请中心所递交的申请,将由奥地利驻北京大使馆审理,在上海领区所属的签证申请中心所递交的申请,将由奥地利驻上海总领事馆审理。

签证申请所需材料主要包括:

- 签证申请表;
- 有效期6个月以上的护照;
- 两张护照照片;
- 行程单,需标注在奥地利及其他申根国家停留的日期、国家、城市、参观景点等具体内容;
- 银行活期存折或活期银行卡最近三到六个月的进出账单原件;
- 往返中国的机票预订单;
- 覆盖在申根区整个停留时间的酒店订单复印件;
- 医疗保险,不低于3万欧元,覆盖整个申根区国家,签证在有效期内有效;
- 在职证明、在读证明或退休证明;
- 中方公司的营业执照复印件;
- 申请人偿付能力证明;
- 户口本和身份证(原件和复印件);
- 支持签证申请的解释函(自愿递交,进一步向使馆解释说明)。

申请中心的工作人员会审核你递交的材料是否齐全。经过你的确认后,申请将会发往奥地利驻北京大使馆或奥地利驻上海总领事馆。注意:如果你的支持文件不齐全,你仍然可以递交申请,但不排除在申请递交后会被提出补充文件的要求,由此可能造成申请受理时间延长或增加拒签风险。

旅游签证费463元(60欧元),服务费181元(未来的价格可能出现上浮),快递服务须另交费。签证申请中心只接受现金支付签证费和服务费。

根据欧盟签证法规,申请处理的最长时间不得超过15个自然日,或特殊申请处理不得超过30或60个自然日。奥地利大使馆和领事馆通常会在5到11个工作日内处理申请。签证最早可在旅行前3个月提交申请,建议不能晚于旅行前

2周提交申请。使馆保留要求申请人在适当的时候到使馆面谈的权利。同时，在有必要的情况下，使馆也保留要求申请人补充除公布的所需材料清单之外的材料的权力。

对于需要签证的国家，旅行者不能在奥地利境内安排延期；你需要回国重新申请签证。

签证和护照要求可能会变更，所以出行前必须反复确认本国出境旅游或奥地利大使馆网站上的信息。

奥地利驻北京大使馆（☎86 10 6532 2061；https://www.bmeia.gv.at；北京市建国门外秀水南街5号；⏲领事馆周一至周五9:30~11:30）

奥地利驻上海总领事馆（☎86 21 6474 0268；SHANGHAI-GK@bmeia.gv.at；上海市淮海路1375号上海启华大厦3楼A座；⏲周一至周五 9:30~12:00）

保险

无论旅途长短，都需要确保旅游保险的承保范围足够大，或至少覆盖紧急医疗费用。如果你不是欧盟成员国公民，而你的国家也没有和奥地利签订治疗费用的相互安排协议，则出发前必须购买旅游健康保险（见427页）。中国、美国、加拿大、澳大利亚和新西兰都并未签订相互协议。

需要考虑的保险内容包括遣送回国进行医疗救治；埋葬及尸体运送回国；搜索和救援；因近亲疾病或死亡急需回国的费用；个人责任和法律费用；护照丢失；行李丢失或延误；以及因为各种理由需要取消行程的费用。

购买全球旅游保险。你可以随时在网上购买、延期和索偿——即便你已经出发上路。

安联、中国平安、美亚等保险公司是中国旅行者通常购买保险的选择。根据申根国家的法律规定，提交旅游医疗保险是签发申根签证的基本前提。申请申根各国的旅行签证所需的保险要求略有区别，大致上，均要满足以下要求：保险须在所有申根国家和整个旅游逗留期有效，保险时间必须大于等于旅行时间；旅游医疗保险必须包括由于生病可能送返回国的费用及急救和紧急住院的费用；旅游医疗保险的保险金额不得低于30,000欧元。

货币

自动柜员机

自动柜员机（Bankomaten）随处可见，而且可用时间直到午夜；部分自动柜员机则是全天候可用。绝大多数至少可以接受Maestro借记卡和Visa及万事达卡（Master Card）信用卡。自动柜员机有英文指引，信用卡和借记卡的每天取款限额是€400。出发前先查清楚你银行卡的旅游提现收费规定；在奥地利终端消费通常不需要缴纳手续费。带有银联标志的ATM均可提取欧元现金。

信用卡和借记卡

相比于美国运通公司（American Express，简称Amex）和大来国际（Diners Club）的信用卡，Visa及万事达卡（欧元卡）的使用率稍稍高一点，但令人吃惊的是，很多商店和餐厅都不接受信用卡付款。高端商店、酒店和高档餐厅则接受信用卡付款。火车票可以在主要车站使用信用卡购买。你可以在自动柜员机用信用卡提现，或到大多数银行柜台提取现金。

如果卡丢失或被窃：

美国运通公司 ☎0810 910 940

大来国际 ☎维也纳 01-501 35 14

万事达卡 ☎0800 218 235

Visa ☎0800 200 288转接800 892 8134

现金

和很多欧洲货币联盟成员国一样，奥地利的货币是欧元，1欧元为100分。硬币有1、2、5、10、20、50分以及€1和€2。纸币面值有€5、€10、€20、€50、€100、€200和€500。

小费

➡ **酒吧** 吧台大约5%，餐桌约为10%。

➡ 在高端酒店，要向行李搬运员支付每件行李1欧元或2欧元的小费，也需要向代客停车的服务员支付小费。

➡ **餐厅** 小费约为账单的10%（除非服务非常糟糕）。将账单四舍五入，交还账单时说出总金额，或离开之前将小费放在账单夹中。

➡ **出租车** 约10%。

优惠卡

奥地利有不同种类的优惠卡，很多都是全国或全州通用。部分优惠卡是免费的，附送一晚住宿，例如布尔根兰州的新锡德尔湖（Neusiedler See）卡和萨尔茨堡州的滨湖采尔（Zell am See）卡；有的优惠卡可能需要花一点钱买，例如萨尔茨卡默古特Erlebnis卡。其他优惠卡，例如卡林西亚州的克恩顿（Kärnten）卡和因斯布鲁克卡，是必须购买的，但包含的福利绝对超值，例如博物馆和景点的免费门票和公共交通优惠。

➡ **老年** 老年旅行者有时可以获得景点入门优惠，但通常需要出示当地的证明。奥地利老年卡的限制最低年龄是男性60或65岁，女性60岁。

➡ **学生证和青年证** 持有国际学生证（ISIC）和欧洲青年证（European Youth Card，小于26岁；见www.euro26.org了解优惠）可以享受多数博物馆、美术馆和剧院的入场优惠。门票价格通常比儿童票稍高。

电源

230伏/50赫兹。插头类型为欧洲型两脚圆形插头。

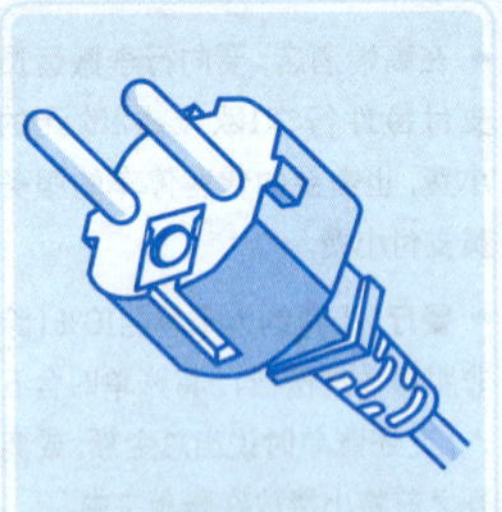

使领馆

中国驻奥地利大使馆（00431-710-3648；http://www.chinaembassy.at/chn/；Metternichgasse 4，1030 Wien，维也纳市中心3区梅特涅街4号）

中国驻奥地利大使馆领事部（领事保护紧急求助电话：0043-681 2019 2638，Neulinggasse 29，Stiege 1，3.Stock，1030 Wien）

海关条例

奥地利海关条例和其他欧盟国家一致。武器、毒品（无论是否合法）、肉类、种植材料和动物产品等物品都受到严格的海关管制。所有物品都必须用于个人用途。财政部网站（http://english.bmf.gv.at）上有条例摘要。

以下是针对来自欧盟或非欧盟国家的年满17岁人士的可进口物品关键指引。括号中的数字是指从欧盟外地区进口的物品数量；如果包装上没有以德语标识的健康警告，则括号内的数字还可以表示烟草产品的限制数量。

酒精 啤酒110升（16升）；或超过22%的烈酒10升（1升），气泡酒、利口酒20升（2升）；或葡萄酒90升（4升）。

气候

因斯布鲁克

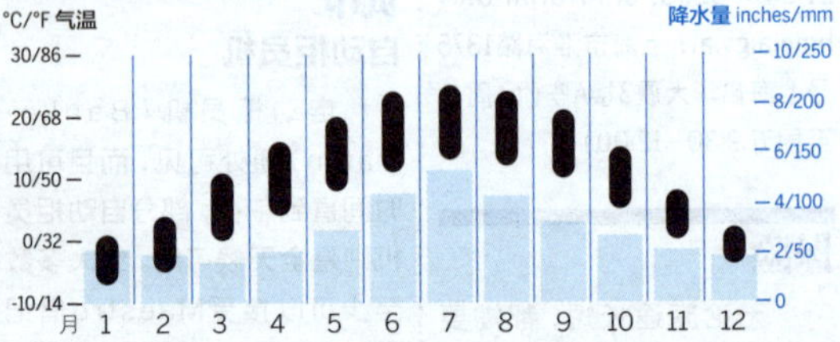

萨尔茨堡

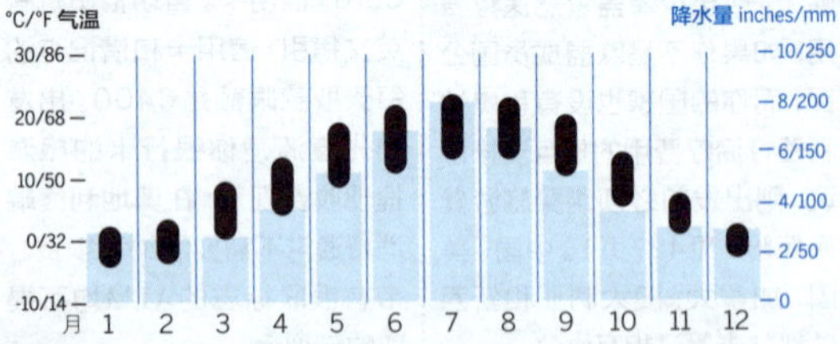

维也纳

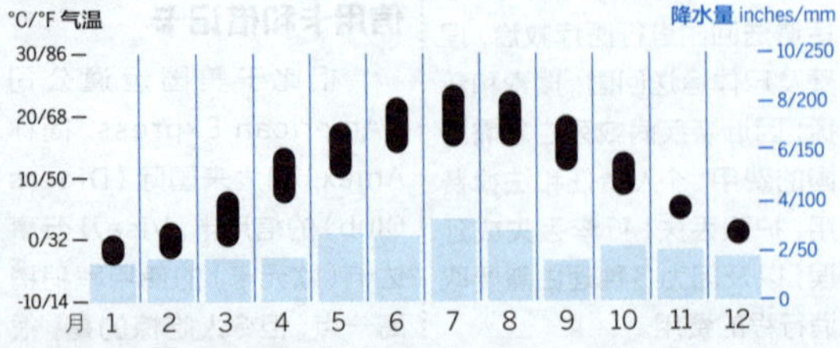

香烟 800根（200根）；或小雪茄烟400根（100根）；或雪茄200根（50根）；或烟草1千克（250克）。

货币 现金或旅行支票金额超过€10,000（或同等的外币现金）必须在出入欧盟时报关。在欧盟地区内则没有限制，但当局有权要求你提供携带货币金额的确切信息。

旅游信息

多数城镇和村庄都有一个位于中央地带的旅游办事处，至少有一名会讲英语的职员。旅游局的名字五花八门——Kurort、Fremdenverkehrsverband、Verkehrsamt、Kurverein、Tourismusbüro或Kurverwaltung，但通常都会以绿底白"i"作为标记。

工作人员可以答疑，从哪里可以买到素食到偏远地区的带Wi-Fi酒店等问题都可以回答。多数旅游局都提供免费或收费的住宿搜索服务。可提供地图，多数免费，其中还会包括一些详细的徒步或自行车骑行地图。

旅游办事处通常会在门外放置一个手册架，即便旅游办事处停止营业，还可以访问留言板。顶级酒店大堂通常提供有用的小册子。

Burgenland Tourismus（www.burgenland.info）

Kärnten Information（www.kaernten.at）

Niederösterreich Werbung（www.niederoesterreich.at）

Oberösterreich Tourismus（www.oberoesterreich.at）

Salzburgerland Tourismus（www.salzburgerland.com）

萨尔茨卡默古特（www.salzkammergut.at）

Steirische Tourismus（www.steiermark.com）

Tirol Info（www.tirol.at）

Tourist Info Wien（www.wien.info）

Vorarlberg Tourismus（www.vorarlberg-tourism.at）

实用信息

➡ **价格优惠** 很多博物馆和景点都有家庭及儿童（通常指16岁以下儿童）票价优惠。部分地方还会有学生和老年人门票优惠，价格一般比儿童票价稍高。12岁以下儿童与父母同房住宿通常会获得相当大的折扣，可在预订房间时查询。儿童还可以享受公共交通工具优惠。

➡ **季节性价格** 在山地度假村，旺季价格可能上升到淡季（5月和11月，冬夏季节交替的月份）价格的两倍。其他城镇的价格浮动大概为10%或以下。

➡ **吸烟** 除非另外设有单独房间，否则餐厅内不得吸烟，无论是上菜区还是最小的、只有一个房间大小的酒水区。但这都是从理论上来说的。实际上，由于监管比较宽松，奥地利是吸烟者的天堂。户外平台随处吸烟是合法的。大部分酒店都遵守禁烟规定。2018年开始实施全面禁烟。

➡ **度量衡** 奥地利采用公制系统。

营业时间

银行 周一至周五 8:00或9:00~15:00（周四 至17:30）。小分行在12:30~13:30暂停营业。

咖啡馆 营业时间相当不一致：7:00或8:00~23:00或午夜；部分传统咖啡馆在19:00或20:00就会停止营业。

办事处和政府部门 周一至周五 8:00~15:30、16:00或17:00。

邮局 周一至周五 8:00至正午，14:00~16:00；部分邮局在周六早上也会营业；很多在工作日全天营业。

小酒馆和酒吧 午夜到约凌晨4:00全部停止营业。

餐厅 通常在11:00~14:30或15:00，18:00~23:00或午夜。厨房可能在夜市结束前1小时停止接单。

商店 周一至周五 9:00~18:30（大城市的商店周四或周五会延长营业时间至21:00）；周六9:00~17:00。

季节性营业时间

旺季（4月至10月）和冬季的营业时间可能非常不同——从11月至次年3月，很多景点和旅游局都会缩短营业时间。我们提供的营业时间为旺季营业时间，提前查询年中其余时间段的营业时间将会对你非常有用处。

节假日

新年（**Neujahr**）1月1日

主显节（Heilige Drei Könige） 1月6日

复活节星期一（Ostermontag） 3月/4月

劳动节（Tag der Arbeit） 5月1日

圣灵降临节（Pfingstmontag） 复活节后第6个周一

耶稣升天节（Christi Himmelfahrt） 复活节后第6个周四

基督圣体节（Fronleichnam） 圣灵降临节后的第2个周四

圣母升天节（Maria Himmelfahrt） 8月15日

国庆节（Nationalfeiertag） 10月26日

诸圣节（Allerheiligen） 11月1日

圣母受胎节（Mariä Empfängnis） 12月8日

圣诞节（Christfest） 12月25日

圣斯德望日（Stephanitag） 12月26日

住宿

预订服务

当地城市和地区旅游局网站往往会有优秀的住宿预订功能。

Austrian Hotelreservation（www.austrian-hotelreservation.at）根据主题或目的地搜索奥地利全国酒店。

奥地利国家旅游局（www.austria.info）奥地利国家旅游局下设若干海外办事处，其网站上有完整列表。

Bergfex（www.bergfex.at）根据地区搜索酒店、客栈、青年旅舍、民宿、农场和木屋。

Best Alpine Wellness Hotels（www.wellnesshotel.com）挑选奥地利最高级的家族经营水疗酒店。

Camping in Österreich（https://www.camping.info/österreich）根据地点、设施或评论搜索露营地。

Lonely Planet（lonelyplanet.com/austria/hotels）酒店推荐和预订。

酒店和家庭旅馆

多数旅行者都会选择入住酒店、家庭旅馆或Gasthöf（旅馆或餐馆，通常配有住宿服务）。全部有一星至五星级评分。酒店会提供各式各样的服务，包括酒吧、餐厅和停车。家庭旅馆和Gasthöfe的规模通常比酒店要小，标准化设备和装修也相对少一些，但有时候也有大房间供应。

二星级

经济酒店或家庭旅馆通常配备功能齐全的房间，室内陈设简单朴素。大多数单人间/双人间的价格分别在€40/80以下，一般不包含早餐。淋浴间在房间里，但可能只是一个小隔间。

三星级

奥地利的多数住宿都是处于三星级这个中档区间。大部分单人间的花费在€60至€70，双人间€120至€130（维也纳的单人间/双人间房价约€70/140）。房间舒服干净，通常提供可口的自助早餐，有肉类、奶酪、鸡蛋和面包卷等冷盘。一般情况下都会有迷你酒吧，可能还会供应零食；通常有地方供静坐休憩或写作。配有互联网或Wi-Fi或有线局域网，通常可免费使用，或仅收取少量费用。部分三星级酒店承办研讨会议接待服务。房间配有淋浴和电视。

四星级和五星级

四星级酒店或家庭旅馆的房间通常都会比三星级酒店的房间要大，隔音效果更好，室内陈设也会更新、更高档。四星级酒店的康乐设施更加完善，五星级酒店的设施更为高级。

生态酒店

奥地利周围都有所谓生物酒店（Bio-hotel）或生态酒店（Öko-hotel），多数位于郊外，周围风景优美。少数酒店会配备康乐设施，例如桑拿和蒸汽浴。而鉴于这些酒店通常位于农村，所以也会提供滑雪和其他冬季活动。一般而言，你需要自驾前往，驾驶汽车或骑自行车都可以。旅游局可以提供列表，或其网站上会有住宿列表专栏。网站www.biohotels.info上列有简要信息。

住宿价格区间

以下价格区间指的是带1个浴室的双人间，包括早餐。

$ 少于€80

$$ €80~200

$$$ 高于€200

露营和假日公园

奥地利有大约500个露营地，用户可以使用各种设施，比如洗衣机、电源连接、实体商店等，偶尔还可以提供烹调设施。大多数露营地都可以使用露营煤气罐。露营场地通常都设置在偏远的河边或者湖边，景色优美，如果你正在游览郊区，露营是一个很好的选择，但对于参观城镇而言，选择露营可能会比较不方便。正是因为这个原因，也因为露营需要准备更多装备，如果能有自己的交通工具就更好不过。价格可低至每人或每顶小帐篷€5，最高不超过€12。

大多数露营场地在冬季都会停止营业。春秋两季，如果需求不大，部分露营场地也会关闭，即使相关资料显示场地会开放。因此建议提前电话咨询。

只要不引起交通堵塞，高速公路休息区域和其他道路旁可以允许露营车进行免费露营。但在这些区域搭帐篷露营是违法的。

在郊区时，可以到书店购买露营指南，或从奥地利露营俱乐部（Österreichischer Camping Club，www.campingclub.at）网站获取露营指南，或从国家旅游业机构Österreich Werbung（www.austria.info）索取有用的多语种露营手册地图。

农场住宿

如果有座驾，那么农场住宿是逃离城市喧嚣的一个很好的选择。在乡村地区，你会发现很多传统农舍。多数出租公寓要求最少入住3晚，但也有部分公寓提供1晚住宿。因地区和住宿类型不同，房价最低可至每人€35，带现代化家电的精装房间价格最高，可超过每晚€100。

山地区域有山林草地木屋（Almhütten），通常在农庄里。部分木屋可以通过乘坐缆车或公路前往，但部分较偏僻区域只能通过步行或骑山地自行车沿林间径道到达。多数木屋会在10月至4月或5月期间停止营业。木屋向徒步旅行者或山地自行车骑行者提供零食或餐饮，多数房间相对简朴（往往配备公用浴室）。不时提供全餐。

旅游局也可以提供当地山林草地木屋住宿信息。

青年旅舍

奥地利各地遍布青年旅舍和客栈。多数设施都非常好：青年旅舍的标配是4人至6人宿舍，配备淋浴和卫生间，而客栈多数提供双人间或家庭套房；互联网设施、免费Wi-Fi和餐厅或咖啡馆一应俱全。

国际青年旅舍联盟（www.hihostels.com）辖下有超过100家青年旅舍，另外还有零星私有青年旅舍。

除了少数私有青年旅舍外，入住青年旅舍通常要出示会员卡，但非会员也可以入住，只需额外加收每晚€3.50，欢迎卡（Welcome Card）上盖满6个印章即视为会员。多数青年旅舍接受电话或电子邮件预订，部分可以通过国际青年旅舍联盟的全球计算机预订系统进行预订。宿舍平均房价每晚€22左右。

国际青年旅舍联盟的青年旅舍由2个青年旅舍组织运营（都可以提供所有国际青年旅舍联盟辖下青年旅舍的资料）。JUFA是一个客栈组织，入会规定相对宽松。

Österreichischer Jugendherbergsverband（ÖJHV；见96页地图；☎01-533 53 53；www.oejhv.at；01, Zelinkagasse 12, Vienna；⏲4月至8月，周一至周五 11:00~17:00，9月至次年3月，周一至周四 11:00~17:00，周五 至15:00，🚋1, 31, ⓊSchottenring）

JUFA（☎预订 05 70 83 800；www.jufa.at；⏲周一至周五 8:00~20:00，周六 9:00~13:00）奥地利全国各地有40家JUFA客栈，可以通过当地电话、中央预订服务或网上，预订任何一家客栈。相比于青年旅舍，客栈的设施标准通常较高，专门提供单人间、双人间和家庭套房。带浴室和卫生间的单人间平均房价在€40至€60不等，双人间或家庭套房每人€35至€40。无须缴纳会员费。根据不同需求，价格也有高有低。

短租住宿

山地度假村常有自助假日公寓（Ferienwohnungen），但有时必须提早预订。可以联系当地旅游局索取列表和价目表，如果可以的话，也可以通过当地旅游局网站进行网上预约。

大学住宿

大学暑假（自7月上旬至约9月下旬）期间，大学宿舍对旅行者开放。部分房间有独立浴室，但通常不能使用公共厨房。维也纳的选择最多，但到

餐饮价格区间

以下价格区间参考两道主菜套餐，不包括饮料。

$ 低于€15

$$ €15~30

$$$ 高于€30

格拉茨、萨尔茨堡、多瑙河畔克雷姆斯和因斯布鲁克的旅游局也可以提供指引。房价从每人每晚€20至€75不等，有时包括早餐。

儿童

除了公园、游乐场和好玩的户外活动外，奥地利还有很多可以让小朋友尽情玩乐的设施。

- 地区旅游局通常会印刷专门给出游家庭的小册子。
- 暑假期间，博物馆、公园和剧院通常都会有针对儿童的项目，而当地政府也会不时推出特别儿童活动和节日。
- 很多湖泊都会有监视湖滩区，设有儿童戏水区、滑梯和幼童游戏项目。
- 有很多适合家庭徒步的小道，既有缓坡，也有陡坡，甚至在高山地区也有。
- 维也纳的很多博物馆对18或19岁以下人士免费开放。
- 了解更多有用的旅游建议，买一本Lonely Planet的《带孩子旅行》吧。

邮政

- 奥地利的邮政系统（www.post.at）可靠、价廉，而且递送速度也比较快。可以在邮局或授权商店和烟草店买到邮票。邮箱和邮政货车为明黄色。
- 寄信的花费按照重量计算——20克以下的奥地利国内信件为€0.68，欧盟境内€0.80，其余国家和地区€1.70。

电话

- 奥地利的国家代码是☎0043。
- 每个城镇和地区都有自己的电话区号，以"0"开头（例如维也纳的电话区号是"☎01"）。如果从奥地利国外拨打奥地利电话，不需要加电话区号；在奥地利国内拨打所有电话都需要加区号，除非你拨打的是当地电话或特殊的收费或免费号码。
- 奥地利的移动电话号码以☎0650开头，最多可以到☎0699（例如0664/加其余号码）。所以以☎0800号码开头的电话都是免费的；以☎0810和☎0820号码开头的电话（分别）收取每分钟€0.10和€0.20的费用；以☎0900号码开头的电话收费都非常高，最好避免拨打。部分大型组织的电话号码以"☎050"开头，这类号码无须加拨电话区号（当地拨号，但如果用手机拨号，收费会贵一点）。
- 公共电话以电话卡或者硬币付费。当地电话最低收费30分，实际收费视电话时长而定（如果是非当地电话，收费也视乎距离而定）。也有很多电话中心可供国内或国际通话，很多网咖支持Skype通话。
- 奥地利有一系列当地和国际电话卡（Telefonwertkarte），不仅节省金钱，也能帮助你避免找零的麻烦。邮局、奥地利电信（Telekom Austria）门店、电话中心和Tabak杂货摊均有出售。

手机

欧洲以外地区的旅行者需要一部三频或四频手机以作漫游之用。购买当地SIM卡（约€15）非常方便，可用于"非锁定"手机。

漫游

移动电话网络为GSM 1800，可以兼容GSM 900电话，但不兼容无法接受这两种频率的三频以下型号的美国手机系统。日本手机必须是四频（全球电话）。如果你的电信供应商位于欧盟以外的地区，资费可能非常昂贵。开通国际漫游的中国移动、中国联通和中国电信手机均可在奥地利使用，各运营商的漫游资费状况不同，请咨询你的运营商获取进一步的信息。在欧洲旅行时，一定要关掉你的无线数据服务，因为当地的无线数据漫游资费可能会非常高昂。

预付SIM卡

手机商店有售预付费的SIM卡，用来通话和提供智能手机的网络流量。通常你需支付约€15购买SIM卡，内含约€10的免费通话。只有非锁定特定运营商的手机才可以使用SIM卡。

Wi-Fi和数据

漫游时需确保关闭数据传输功能。奥地利有很多Wi-Fi热点，可以用于网上冲浪或使用有Wi-Fi功能的智能电话拨打互联网电话（比如Skype通话、微信语音通话）。

国际长途通话

直接拨打国外电话，首先输入海外接入码（00），然后输入适当的国家代码（中国的国家代码为86）以及相关的电话区号（如果电话区号前有"0"，则无须输入"0"），最后输入要拨打的电话号码。可以拨打☎0900 11 88 77获得国际电话簿帮助。

国际长途通话的收费价目根据地区而异。

时间

奥地利实行欧洲中部时间（格林尼治标准时间/世界协调时间加1小时，GMT/UTC+1），比北京时间晚7小时，3月最后一个周日至10月最后1个周日实行夏令时，比北京时间晚6小时。

请注意，德语里面的"半"（halb）是指钟点前半小时，所以德语里面的"8点半"（halb acht）实际上是指7点半。

时差

维也纳正午（12:00）时间（不考虑夏令时）：

柏林、斯德哥尔摩和巴黎	正午
伦敦	11:00
洛杉矶和温哥华	3:00
莫斯科	14:00
纽约	6:00
北京	19:00
悉尼	21:00

上网

Wi-Fi 多数酒店、部分咖啡馆和酒吧，以及越来越多的公共空间都可以提供免费Wi-Fi。很多旅游局也有无线局域网（WLAN，德语读作"vee-lan"）。我们的列表中带有Wi-Fi标志的代表场地提供免费或适当收费的Wi-Fi访问。

网络（局域网）线路 部分酒店的大堂都有Wi-Fi连接，房间提供有线连接，有时还会提供局域网访问（通过电源插口）。网线一般在房间里，或可以向服务台索取。

互联网终端 很多酒店都会有互联网终端，住客可以免费使用，或需支付小额费用。我们的列表中以标志显示。

公共上网 网吧价格在每小时€4至€8。小城镇通常不会有网咖，但当地图书馆可能会有终端。

智能手机上网 可以通过智能手机访问互联网，但漫游费用昂贵。全球定位系统和导航在多数地区都可以使用。如果不想使用当地热点，你也可以购买不同规格的预付用户身份识别卡。

热点网络资源 见www.freewave.at/en/hotspots了解维也纳的免费热点信息，可以通过www.freewlan.at了解全奥地利的热点信息。

厕所

➡ 各大车站和旅游景点都有公共卫生间，但最好随身带€0.50硬币（最好多准备€0.50硬币——金额不多不少）。

➡ 酒吧和咖啡馆不欢迎路人不消费就使用他们的设施，但如果你先礼貌地询问，他们可能会让你使用卫生间。

旅行安全

奥地利是一个非常安全的国家。游客在城市夜间出行一般也无须担心。

➡ 做好常识性防护即可：贵重物品随身携带（带在身上或者锁在停好的车里）。扒手偶尔会在公共交通枢纽或主要旅游景点下手。

➡ 自然灾害 每年都会有人死于阿尔卑斯山的泥石流和雪崩。出门前一定要检查天气情况；场外滑雪时，可以考虑聘请一名导游。进行难度较高的徒步前，要确保装备设备齐全。告知酒店/客栈的人你要去哪里，预计大概几点回来。

法律事宜

随身携带护照或护照副本，因为警察可能会不时进行检查。如果你被拘留，警察局必须使用你能够理解的语言告知你所拥有的权利。

在奥地利，犯罪行为分成两种：刑事犯罪和行政犯罪。如果你涉嫌刑事犯罪（例如强奸或偷窃），你可能会被拘留最多48小时，然后出庭受审。如果你因为罪名较轻的行政犯罪而被拘捕，例如醉酒滋事，一般24小时内就会获得释放。

即便造成事故，醉驾也只属于行政犯罪。但如果事故中造成人员受伤，则属于刑事犯罪。持有管制毒品通常是刑事犯罪。持有大量大麻或出售大麻（尤其是向儿童出售）可判处5年监禁。嫖娼是合法活动，但娼妓必须登记在册且持有许可证。

LGBTI旅行者

相比于奥地利国内的其他城市，维也纳对男同性恋和女同性恋的包容度相对较高。奥地利对待同性恋的态度和很多西欧国家一样。

网上信息可以在www.gayboy.at、www.rainbow.at和www.gaynet.at上获取。由Bruno Gmünder（柏林）出版的《斯巴达克斯国际同性恋指南》（*Spartacus International Gay Guide*）是一本很好的全球同性恋娱乐场所国际指南（多数针对男同性恋）。

残障旅行者

在奥地利，维也纳的环境对于残障旅行者相对友好，但在首都以外的地区则比较落后。很多建筑都有进出斜坡，但并不是所有建筑都有；多数地铁站台都有轮椅专用升降机，但公共汽车和有轨电车就经常会有间隙和阶梯。通过http://lptravel.to/AccessibleTravel下载孤独星球的免费的Accessible Travel Guide了解更多。

对于长途旅行，**奥地利联邦铁路**（Österreichische Bundesbahnen，简称ÖBB；奥地利联邦铁路；☎24小时热线05 1717；www.oebb.at）的网站上有一个残障旅行者专栏。转换到英语界面，点击菜单并选择"无障碍预订"（Accessible Booking）。拨打☎05 1717获得移动协助（电话预订车票时也可以要求移动协助）。站台员工会帮助你上下车。出行前至少24小时预订（如需获得国际服务则需48小时前预约）。无人站台不提供特殊服务。残障旅行者可以获得车票半价优惠。

可以在Tourist Info Wien（www.wien.info）获取德语或英语的《无障碍维也纳》（*Accessible Vienna*）详细小册子。也可以通过www.wien.info/en/travel-info/accessiblevienna下载维也纳可接待有特殊需要的游客的完整设施列表。至于其他城市，可直接联系旅游局了解更多信息。

部分高级酒店（通常是四星级或以上）会提供残障旅行者专用设施，价格较低廉的酒店则普遍不具备。

奥地利没有专门为残障人士设置的国家组织，但你可以联系地区旅游局或任何下列组织获取更多信息：

Behinderten Selbsthilfe Gruppe（☎03332-654 05；www.bsgh.at；Sparkassenplatz 4, Hartberg, Styria）在www.barrierefreierurlaub.at上有一个列明提供残障人士服务的酒店和餐厅的数据库。

Bizeps（☎01-523 89 21；www.bizeps.at；02, Schönngasse 15-17, Vienna；Ⓤ Messe-Prater）一个提供残障人士支持和自助服务的中心。位于维也纳梅斯-普拉特公园（Messe-Prater）地铁站以北两个街区。

WUK Faktor.i信息中心（见72页地图；☎01-401210；http://faktori.wuk.at；09, Währinger Strasse 59, Vienna）向年轻的残障人士提供信息。位于Pilgramgasse地铁站的正北方。

上奥地利州旅游局（☎0732-22 10 22；Freistaedter Strasse 119；www.barrierefreies-oberoesterreich.at）为在上奥地利州旅游的残障旅行者提供信息和列表。

志愿者服务

志愿者服务是一个广结良缘、融入当地生活的好方式，志愿者项目时长从1周到18个月或以上不等。奥地利常有徒步路径维护志愿者项目，但也有其他项目，包括社会问题执行小组和维也纳以外学校护栏维修等。在国内联系相关组织或直接联系奥地利国内组织（如果你会说德语的话）。

Bergwald Projekt（☎0512-595 47 47；www.bergwaldprojekt.at；Olympiastrasse 37）一个杰出的奥地利、德国和瑞士山林保护与维护志愿者工作项目。通常奥地利项目为期1周。

Freiwilligenweb（www.freiwilligenweb.at）奥地利志愿者工作的官方政府门户。

大英国际志愿者服务（International Voluntary Service Great Britain；www.ivsgb.org）与国际公民服务团连接的英国组织。

美国国际志愿者服务（International Voluntary Service USA；www.sci-ivs.org）与国际公民服务团连接的美国组织。

国际和平志愿者（International Volunteers for Peace；www.ivp.org.au）与国际公民服务团连接的澳大利亚组织。

国际公民服务团（Service Civil International，简称SCI；www.sciint.org）与世界各地网络相连接的全球组织。

健康

在奥地利旅行不会带来很多健康风险。自来水可以安全饮用，湖水和泉水的来源纯净，没有疾病感染的风险。

出发前

健康保险

如果你是欧盟成员国的公民，可以向健康保险供应商购买欧洲健康保险卡（Health Insurance Card，简称EHIC），保险范围覆盖大多数你在奥地利旅行可能发生的紧急医疗救护服务费用。

从与奥地利签订相互医疗救护协议的国家前往奥地利的旅行者也可以获得治疗费用赔偿；但并未签订相互协议的国家，包括中国、美国、加拿大、澳大利亚和新西兰的旅行者需要自行购买旅游健康保险。

确保保单的保险范围涵盖可能出现的最坏情况，例如可能需要紧急回国救治的意外。事先了解所购买的保险是直接向保险商付款，还是之后再赔偿海外医疗开支的类型，以及是否涵盖所有活动（例如滑雪或登山）。

疫苗接种

世界卫生组织建议，无论目的地在哪里，旅行者都应接种白喉、破伤风、麻疹、流行性腮腺炎、风疹、脊髓灰质炎以及乙型肝炎疫苗。也强烈建议接种蜱传脑炎病毒疫苗。

在奥地利

医疗服务和花费

欧洲健康保险卡可以涵盖医疗紧急事故服务的费用。否则，非急诊直接就诊需要支付€40至€75不等的费用。奥地利的医疗救护服务费用昂贵，比如说，滑雪受伤的治疗可能一下子就要花费几千欧元，所以，出发前要确保旅游健康保险的承保范围。

环境引发的疾病和不适

仲夏时节，郊外的黄蜂可能是个问题，但黄蜂只对过敏或喉咙被叮的人造成危险。饮用甜饮后出门前要记得擦拭干净。

湖边的蚊子比较多。

传染性疾病

蜱可能携带莱姆病和脑炎（蜱传脑炎）病毒，是欧洲很多地区的户外健康威胁。通常出没于海拔低于1200米、林边矮树丛或徒步小道附近。

要防止蜱叮咬，最好的办法是穿着长裤，将裤脚塞入靴子或袜子中，并使用待乙妥防虫剂。如果被蜱叮咬皮肤，用镊子夹住蜱的头部，捏住尽量靠近蜱头部的位置，向同一方向不停转动，不需要拉动，直到蜱断开。药房有售消灭蜱专用的塑料或金属镊子（强烈建议徒步爱好者购买）。避免拉动蜱的下身以免它的下颚留在伤口中造成感染，可以向蜱喷洒化学剂。

自来水

奥地利的自来水可以安全饮用，实际上，奥地利很多山地区域的水质非常好。但餐厅的水是要付费的，标准提供瓶装水（静水或气泡水）。

交通指南

到达和离开

奥地利和世界各地相互连接。维也纳和多个地区首府都设置了廉价航空公司线路（外加常规航空公司服务）。欧洲四通八达的长途汽车和火车网络覆盖奥地利，从德国和意大利也有大型高速公路连接。可以从匈牙利、斯洛伐克和德国乘搭船只进入奥地利。

可以在lonely planet.com/bookings网上预约航班、汽车和行程。

入境

文书 进入奥地利需要有效护照和申根签证。但《申根公约》成员国（除英国和爱尔兰以外的所有欧盟成员国以及瑞士）公民入境无须护照；只需要携带国家身份证即可。

过境程序 从其他欧盟成员国或瑞士入境的边检程序已经废止，但在边境或在奥地利境内可能需要接受现场审查。

飞机

维也纳是奥地利的主要交通枢纽，但格拉茨（Graz）、林茨（Linz）、克拉根福（Klagenfurt）、萨尔茨堡（Salzburg）和因斯布鲁克（Innsbruck）等城市都有国际航班抵达和出发。飞往这些城市的航班价格通常比飞往首都的航班价格低，例如斯洛伐克的Airport Letisko（布拉迪斯拉发机场，Bratislava Airport），位于维也纳以东仅60公里。布雷根茨（Bregenz）没有机场；但附近德国的弗里德里希斯哈芬有少量的航班，而瑞士苏黎世（Zürich）也有较好的交通连接。

具体至中国而言，中国国际航空公司和奥地利航空公司执飞从北京首都机场、上海浦东机场飞往维也纳的直航航班。从香港和台北出发也有直飞航班。另外，你也可以乘坐俄罗斯航空公司、阿联酋航空公司、中国南方航空公司等航司从莫斯科、迪拜、阿姆斯特丹等城市中转前往维也纳的航班。

机场和航空公司

奥地利航空（Austrian Airlines；www.austrian.com）是一家国有运营商，总部位于维也纳；是**星空联盟**（Star Alliance；www.staralliance.com）成员。

在众多低成本航空公司中，柏林航空（Air Berlin）和尼基航空（Niki）有飞往格拉茨的航班；柏林航空、泛航航空（Transavia）、易捷航空（easyJet）和尼基航空（Niki）有飞往因斯布鲁克的航班；欧洲之翼航空（Eurowings）和瑞安航空（Ryanair）有飞往克拉根福的航班；瑞安航空有飞往林茨的航班；柏林航空、泛航航空、易捷航空、欧洲之翼航空和瑞安航空有飞往萨尔茨堡的航班；瑞安航空有飞往布拉迪斯拉发的航班（从维也纳出发）；柏林航空、易捷航空、尼基航空和欧洲之翼航空有飞往维也纳机场的航班。

斯洛伐克布拉迪斯拉发机场（BTS；☎02-3303 3353；www.bts.aero；Ivanská cesta）位于市中心以北9公里。连接意大利、德国、西班牙、希腊、英国各大城市和其他更多国家和地区。

林茨蓝色多瑙河机场（Blue Danube Airport Linz，LNZ；☎07221-60 00；www.linz-airport.at；Flughafenstrasse 1, Hörsching）奥地利航空、汉莎航空（Lufthansa）、瑞安航空和柏林航空是服务于蓝色多瑙河机场的主

要航空公司。机场位于城市中心地区西南方13公里处。航线主要飞往维也纳、萨尔茨堡和格拉茨，也有飞往柏林、法兰克福、杜塞尔多夫、斯图加特和苏黎世的航班。瑞安航空有飞往伦敦斯坦斯特德机场（London Stansted）的航班。

格拉茨机场（Graz Airport, GRZ; ☎0316-290 20; www.flughafen-graz.at）位于城市中心地区南方10公里处，运营商包括柏林航空和尼基航空。

因斯布鲁克机场（Innsbruck Airport, INN; ☎22 52 50; www.innsbruck-airport.com; Fürstenweg 180）因斯布鲁克机场位于市中心西方4公里处，易捷航空和尼基航空均有航班前往。

克恩顿机场（Kärnten Airport, www.klagenfurt-airport.com; Flughafenstrasse 60-66）这个克拉根福的机场位于城镇北方3公里处，德国之翼航空（Germanwings）是主要运营商。

萨尔茨堡机场（Salzburg Airport; ☎0662-858 00; www.salzburg-airport.com; Innsbrucker Bundesstrasse 95）距离市中心20分钟车程，这个机场的航班飞往全奥地利和欧洲其他国家各大城市。

维也纳国际机场（Vienna International Airport, VIE; ☎01-700 722 233; www.viennaairport.com）航线连接覆盖全球，机场位于施威夏特（Schwechat），处于维也纳东南方18公里处。

陆路

穿越边境

从德国、捷克共和国、斯洛伐克、匈牙利、斯洛文尼亚、意大利和瑞士均可通过陆路入境。利希滕施泰因不大，所以只有一个靠近奥地利费尔德基希（Feldkirch）的过境点。因为有阿尔卑斯山脉，（对于瑞士和意大利而言）从南部经过蒂罗尔州入境受到限制。所有跨境点均24小时开放。

国际铁路连接

路线	价格(€)	行程(小时)
贝尔格拉德-菲拉赫	82	11
布达佩斯-格拉茨	76	6
多特蒙德-林茨	169	9（从维也纳出发，到维茨堡换乘前往德国北部）
卢布尔雅那-格拉茨	31	3（部分线路服务延伸到萨格勒布和贝尔格拉德）
卢布尔雅那-菲拉赫	16	1.75
慕尼黑-格拉茨	91	6（途经萨尔茨堡）
慕尼黑-因斯布鲁克	41	2
慕尼黑-萨尔茨堡	37	1.75
慕尼黑-菲拉赫	75	4.5
布拉格-林茨	49	5.5
维罗纳-因斯布鲁克	40	3.5
萨格勒布-菲拉赫	48	4
苏黎世-因斯布鲁克	70	3.5

长途汽车

从其他欧洲国家搭乘长途汽车前往奥地利是一个成本低廉但比较辛苦的方式。可以考虑搭乘Eurolines、Busabout和奥地利联邦铁路（Österreichische Bundesbahnen，简称ÖBB）城际长途汽车。

欧洲之线

欧洲之线（Eurolines; ☎0900 128 712; www.eurolines.at; 03, Erdbergstrasse 200; ⏲办公时间 8:00~18:00; XErdberg）长途汽车经过维也纳，途经格拉茨、林茨、萨尔茨堡、克拉根福和因斯布鲁克。路线也途经邻近意大利、德国、捷克共和国和匈牙利的若干城市。具体站点见www.eurolines.com。

伦敦 长途汽车连接伦敦（维多利亚长途汽车站（Victoria coach station）和维也纳Erdberg车站（单程/往返 €82/160，24小时）；未年满26周岁或年满60周岁人士可获得多数票价和通票9折优惠。

布拉格 长途汽车（单程/往返€24/46，4小时），每天2班。

布拉迪斯拉发 从维也纳出发，每天14班长途汽车（单程/往返€7.50/15，65至80分钟）。

欧洲之线通票根据季节定价：15天成人通票 €225~320；30天通票 €340~425（未年满26周岁或年满60周岁人士有价格优惠）。通票涵盖欧洲53个城市（包括维也纳）。

Busabout

总部位于伦敦的**Busabout**（☎+44 8450 267 576；www.busabout.com）从5月到10月下旬提供随上随下旅游通票，涵盖约50个欧洲国家。站点分布呈"环状"结构，你可以结合路线安排行程。北环包括维也纳和萨尔茨堡以及布拉格、阿姆斯特丹、巴黎和几个德国城市。其他内容见网站。

奥地利联邦铁路城际长途汽车

奥地利联邦铁路（Österreichische Bundesbahnen，简称ÖBB；奥地利联邦铁路；☎24小时热线05 1717；www.oebb.at）城际长途汽车连接克拉根福，途经菲拉赫（Villach）、乌迪内（Udine）和威尼斯（Venice，€26，4.5小时，每天3班）。

小汽车和摩托车

如果选择驾驶汽车进入奥地利，你需要提供所有权证明和第三方保险（见434页），以及一张贴于车辆尾部、清晰表明产地的标签。如果经由高速公路入境，你还需要缴纳高速公路税。

所有边境穿越点（见429页）均24小时全天候开放，附近通常都有加油站。

火车

奥地利处于欧洲中心位置，尽享铁路交通的便利，连接所有重要站点。乘客穿越边境时无须下车，但需要确保是否持有必要的签证（见418页）。

时刻表

欧洲铁路时刻表（www.europeanrailtimetable.eu）包含所有火车时间表、补充信息和预订信息。可以网上订购每月更新版本。也有电子版和应用程序。

奥地利联邦铁路（Österreichische Bundesbahnen，简称ÖBB；奥地利联邦铁路；☎24小时热线05 1717；www.oebb.at）

包含所有奥地利国内和国际连接站点信息，亦可网上预订国内火车班次。网站上亦有Postbus长途汽车的服务信息。

Deutsche Bahn（www.bahn.de）适用于搜索往返德国的特价车票或奥地利连接站点（但无价格信息和预订服务）。

票价

英国国际铁路（International Rail；☎+44 (0)871 231 0790；www.internationalrail.co.uk）可提供电话或网上预订服务，加收最少£10附加费；可通过网站预订各个国家的车票。最能节省成本的方法是先预订欧洲内一部分分支线路，再搜索最优惠价格。

Deutsche Bahn（www.bahn.com）也很有用，尤其是可以享受早鸟优惠。

服务

高速火车和国际火车可能要加收额外费用，旺季最好

> ## 维也纳新火车总站
>
> 维也纳的新火车总站顶部呈钻石形，以半透明玻璃钢铁为结构，是一件建筑界的瑰宝。新火车站于2015年12月启用，由著名的奥地利公司Strabag设计和建造。每天多达1000车次，运载客量高达145,000人次。车站内设有84家商店、酒吧和餐厅，停车场可容纳600辆车，有3个自行车停车场、电动自行车充电点，以及两个Citybike Wien共享单车租赁站。
>
> 火车总站位于斯蒂芬大教堂（Stephansdom）南边3公里处，处理所有国际火车和所有往来奥地利各个州首府与很多地区的火车。
>
> **轻轨** 轻轨线路S1、S2和S3连接火车总站和维也纳迈德灵（Wien-Meidling）、维也纳米德（Wien-Mitte）和Praterstern车站。
>
> **地铁** U1往来卡尔广场（Karlsplatz）和斯蒂芬广场（Stephansplatz）。
>
> **有轨电车** O路开往Praterstern，18路开往维也纳西站和Burggasse/施塔特哈勒车站。D路有轨电车连接维也纳火车总站（Hauptbahnhof-Ost）和环城大道（Ringstrasse）。
>
> **公共汽车** 13A路穿过维也纳内城区（Vorstädte）的马尔加雷滕（Margareten）、玛利亚希尔夫（Mariahilf）、诺伊鲍（Neubau）和约瑟夫城（Josefstadt），终点站为环城大道和Gürtel。

（有时候必须）预订座位和选定特定线路。根据路线和火车类别，我们提供的奥地利国内和国际线路的价格可能有所浮动。

➡ 特快火车带有EC（欧城列车，EuroCity，欧洲地区跨国线路）或IC（城际列车，InterCity，国内线路）标志。RailJet国内和国际火车比IC/EC列车价格相同，但速度更快，（很多火车）所有座位旁有电源和免费Wi-Fi。法国高铁（Train à Grande Vitesse，简称TGV）和德国城际快线（InterCityExpress，简称ICE）火车速度也很快；费用更高。

➡ 过夜火车有坐卧双用座（Liegewagen）和价格更高的卧铺（Schlafwagen）可供选择。长途火车有餐车，或提供零食。

河流

Danube Tourist Commission（www.danube-river.org）有按照国家排序的、可以预订沿河行程的运营商和中介列表，包括奥地利、新西兰、美国、加拿大和其他欧洲国家公司。进入奥地利，确保持有任何必要的签证（见418页）。

多瑙河游轮

Avalon Waterways（www.avaloncruises.co.uk）是一个国际游轮运营商，分支遍布英国、澳大利亚（www.avalonwaterways.com.au）、加拿大（www.avalonwaterways.ca）和美国（www.avalonwaterways.com）。也可以处理来自其他地区的预订。

经典游轮8天游从布达佩斯（Budapest）出发前往维也纳（$1589起），9天游从维也纳出发前往慕尼黑（Munich，$2739起），15天游从阿姆斯特丹出发前往布达佩斯（$5547起）。价格不含机票。

国际服务

Twin City Liner（☎01-904 88 80；www.twincityliner.com；01, Schwedenplatz；成人单程€20~35；🚇1, 2, XSchwedenplatz）往返维也纳和布拉迪斯拉发（1.25小时），3月下旬至11月上旬每天3至5班。多瑙河运河（Danube Canal）有Twin City Liner终端船舶码头。

LOD（☎布拉迪斯拉发 421 2 529 32 226；www.lod.sk；Schiffstation Reichsbrücke, Handelskai 265；单程/往返 €20/29；⊙4月下旬至10月上旬）斯洛伐克渡船公司，提供布拉迪斯拉发和维也纳城际水翼船（1.5小时），从4月下旬至10月下旬，每周出船5至7天。周末和往返票价最优惠。除了网上预订，你也可以致电公司在布拉迪斯拉发的办公室预订并在上船时直接支付现金。

DDSG Blue Danube（☎01-588 80；www.ddsg-blue-danube.at；02, Handelskai 265, Reichsbrücke；单程 €99~109，往返 €125；⊙周一至周五 9:00~17:00，周六和周日 10:00~16:00，11月至次年2月 周六和周日暂停营业）维也纳和布达佩斯之间的往返水翼船（5.5~6.5小时），5月中旬开始到9月下旬每周3至6班。

当地交通

如需前往偏远地区，搭乘公共交通工具是很好的出行方式，但花费时间比较长。多数州都有完善的交通系统，提供日通票，包含地区内公共汽车和火车优惠。

小汽车 小城镇租车服务相对有限，甚至完全没有租车服务，所以要在大城市预订。

火车和长途汽车 奥地利国家铁路系统和Postbus长途汽车服务整合于一体。你可以利用**奥地利联邦铁路**（Österreichische Bundesbahnen，简称ÖBB；奥地利联邦铁路；☎24小时热线 05 1717；www.oebb.at）或**Postbus**（☎24小时热线 0810 222 333；www.postbus.at）网站计划行程。

飞机

奥地利航空（www.austrian.com）国有运营商，提供每天往返维也纳与格拉茨、因斯布鲁克、克拉根福、林茨和萨尔茨堡的航班。

自行车

多数地区旅游局留言板上都有当地骑自行车的设施和路线手册。市内通常有单独的自行车径道，很多大型峡谷，例如多瑙河谷（Danube）、恩斯河谷（Enns）和穆尔河谷（Mur），都设有长途径道和路线。其他径道围绕湖泊，例如布尔根兰州（Burgenland）的新锡德尔湖（Neusiedler See）以及卡林西亚州（Carinthia）的沃尔特湖（Wörthersee）的自行车路径。乡村

Austrian Railways 奥地利铁路

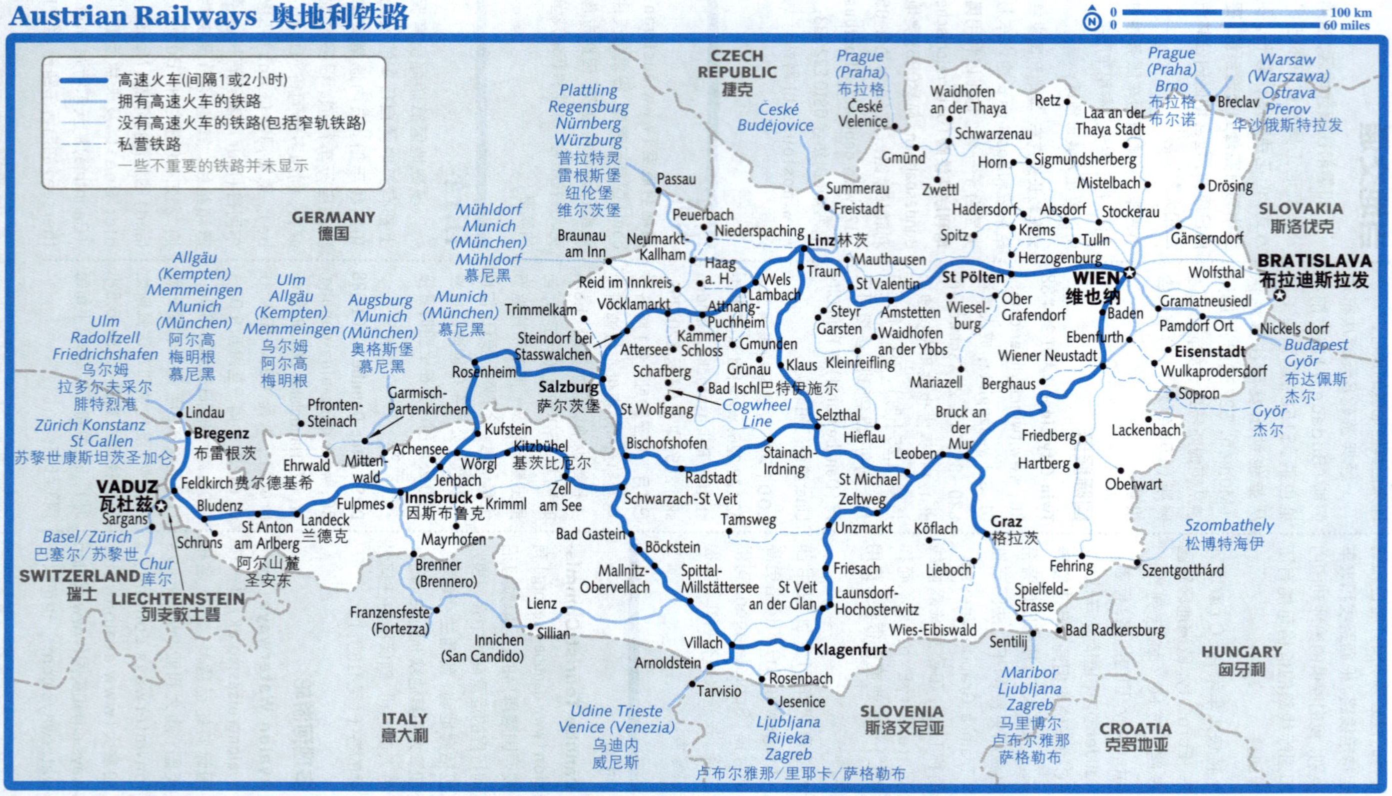

小道(Landstrassen)非常适合自行车骑行爱好者。

多瑙河谷骑行路径是骑行爱好者的圣地，整条路径沿河而建，贯穿整个奥地利，接壤德国和斯洛伐克。**Tauern Radweg**骑行路径全长310公里，沿途可饱览上陶恩山国家公园(Hohe Tauern National Park)的山林景色。

骑山地自行车

➡ 奥地利是非常适合骑山地自行车的地方，有多种级别的难度的山路可供选择。卡林西亚州和施蒂里亚州北部[盖绍泽(Gesäuse)、施拉德明(Schladming)和玛丽亚采尔(Mariazell)]都是极佳的山地自行车骑行地。达赫施泰因山(Dachstein)之旅可以在3天内完成，因斯布鲁克北链山(Nordkette)的自行车单径是奥地利全国难度最高、最刺激的下坡线路。

租自行车

所有大城市都至少有一家规模是普通租赁中心两倍的自行车店。以骑自行车为主要娱乐活动的地方，例如下奥地利州(Lower Austria)的瓦豪(Wachau)和布尔根兰州的新锡德尔湖，大多数小镇都会有租赁设施。费用因城镇而异，每天在€15~25。

自行车运输

如果火车时间表顶部标有自行车标志，则该火车允许携带自行车上车。但公共汽车不得带自行车上车。

➡ 必须购买自行车车票(价格为火车票价的10%，最低费用为€2)。

➡ 也有周票和月票。

➡ 地区列车、地区快线和轻轨火车无法预留空位——需事先确认是否有空余位置。

➡ 长途火车(锐捷列车(RailJet)、城际列车、欧城列车(Eurocity)和Euronight火车)可以预留自行车位置，需加收€3.50，可以通过奥地利联邦铁路柜台或致电☎+43 (0)5 1717预订。

➡ 为了让旅途更加顺利，可以询问火车站职员候车平台位置，以便火车停站时可以排在车厢队伍前端。

电动自行车

大多数地区都有旅游电动自行车(e-bike)，这是一种巧用节能技术的出行方式，你可以从几款车型中选择合适自己的电动自行车，在全奥地利超过100公里的自行车路径上出行。部分地方还有出租电动山地自行车，可以解决山地和长途骑行。善用电动功能和人力骑行，也许出行后你还能保持出发时的充沛精力。

Movelo(www.movelo.com)这家电动自行车运营商有超过250个合作门店网络，可以在奥地利各大旅游景区租车和/或更换电池。通常一部电动自行车每天或24小时的费用需要€20~30，具体价格视乎站点而定。你可以直接在站点预订自行车(见网站获取列表)。

船

多瑙河(见431页)是连接维也纳和上奥地利州的主干道。船运服务速度不快，但相比于更高效的交通方式，沿途景色更胜一筹。奥地利部分大湖，例如博登湖(Bodensee)和沃尔特湖(Wörthersee)，也有船舶服务。

公共汽车

除了铁路路线外，通常可以通过搭乘**Postbus**(☎24小时热线 0810 222 333；www.postbus.at)辅助出行，前往偏远山区时更为方便。公共汽车相对可靠，出发站点往往就在火车站外。

➡ 到偏远地区旅游需要提前一两天安排，最好选在工作日出行；周六的交通服务班次会减少，甚至完全没有班次，周日基本没有班次。留意偏远地区的学校汽车时间表。学期期间乘搭学校汽车是很好的出行方式(可能有点吵，而且车上都是小孩)，但学校假期期间则不适用。

➡ 见www.postbus.at或www.oebb.at获取网上信息。当地长途汽车站或旅游局通常都有免费的特定汽车线路时间表小册子。

➡ 通常无须预订。部分线路可能要提早买票，但其余线路可以直接向司机买票。

➡ 一件很奇怪的事情是，乘坐Postbus出行可能会比乘坐火车更贵，尤其是乘坐火车还可能有Vorteilscard优惠(长途汽车仅接受家庭Vorteilscard)。相比于火车，奥地利联邦铁路城际列车的格拉茨和克拉根福往返线路(€28.60，2小时)更便宜、直接和高效。但通常长途汽车都比较慢。

小汽车和摩托车

➡ 高速公路带有“A”字母标记，其中部分是泛欧公路(带“E”字母标记)。只有缴纳高速公路税才可以上路。联邦公路(带有“B”字母标记)是主干道，而乡村小道(带有“L”字母标记)则更适合骑行观光，而非两地之间的快速交通道路。

➡ 从11月至次年5月，部分小路会因为积雪阻塞。强烈建议冬季随身携带防滑雪链，部分地区必须使用。

➡ 11月1日至次年4月15日期间必须使用冬季轮胎或全天候轮胎。

➡ 在奥地利可以使用全球定位系统导航，但也要结合实际情况，不能完全依赖导航系统。

➡ 摩托车骑行者和随行乘客必须穿戴头盔。日间必须使用近光灯(低光)。必须携带急救包。

➡ **奥地利国家旅游局**(www.austria.info)有《奥地利经典游》(*Austrian Classic Tour*)小册子，内容涵盖奥地利全国总长3000公里、适合摩托车骑行的道路信息。

➡ 部分火车服务允许汽车运输。

租小汽车

在奥地利，在大城市租车非常方便。小城镇可能没有租车公司或者车辆有限，而且价格可能很昂贵，也不容易租到。如果你有时间，可以到小公司转转，因为小公司租车会更便宜(但通常有更多限制性条件)。

虽然租车公司接受任何以罗马字母书写的驾照，但交警部门会要求出示任何非德语的非欧盟成员国驾照翻译件或国际驾驶许可证(International Driving Permit，简称IDP)。

最低年龄限制

租用小型车的最低年龄为19岁；租用名车则为25岁。需持有发证超过1年的有效驾照。如果你有计划驾车穿过边境，尤其是进入东欧地区，需提早知会租车公司，并确认是否需要缴纳附加费和是否满足可能的年龄要求。

保险

在奥地利，购买第三方保险是最低要求。所有租车公司都会为乘客提供个人意外险(personal accident insurance，简称PAI)和碰撞险(collision damage waiver，CDW)，需另外收费。如果你或你的乘客已经购买个人旅游保险则无须再购买个人意外险。

单轨火车

路线	价格(€)	时间(小时)
维也纳-费尔德基希	78~98	9
格拉茨-费尔德基希	72~88	9
菲拉赫-费尔德基希	66~78	8

租车公司

Auto Europe(☎0800 723 9478；www.autoeurope.de)价格可能比直接到租车公司要便宜。

Avis(☎0800 0800 87 57，维也纳601 87-0；www.avis.at)

Europcar(www.europcar.co.at)

Hertz(赫兹；www.hertz.at)

Holiday Autos(☎英国公司 +44 20 3740 9859；www.holidayautos.com)价格非常优惠，在超过100个国家和地区设有办公室和代表处。预订可以享受优惠，价钱相当于国际租车公司收费的4折。

Megadrive(☎05 01 05-4124；www.megadrive.at)大城市网络完善，价格低廉。

Sixt(☎0810 97 74 24；www.sixt.at)在奥地利全国各地设有办公室。

驾车出行

需要提供所有权纸质证明和第三者责任险。车辆尾部必须贴有清晰表明所在国的标签。

驾照

驾驶过程中，需随身携带驾照和私家车所有权证明。奥地利接受欧盟成员国驾照；其他国家公民则需要提供德语翻译件或国际驾驶许可证。汽车协会可以现场提供翻译服务，需收取小额费用。

由于中国大陆没有签署《联合国道路交通公约》，不具备签发国际驾照的资格，所以在内地无法申领国际驾

公路里程(km)

	巴特伊施尔	布雷根茨	穆尔河畔布鲁克	艾森施塔特	格拉茨	因斯布鲁克	基茨比厄尔	克拉根福	克雷姆斯	库夫施泰因	兰德克	利恩茨	林茨	萨尔茨堡	圣珀尔滕	维也纳	菲拉赫
布雷根茨	432																
穆尔河畔布鲁克	170	577															
艾森施塔特	297	704	127														
格拉茨	193	600	54	175													
因斯布鲁克	239	193	384	511	407												
基茨比厄尔	191	300	275	469	400	113											
克拉根福	245	510	145	298	133	322	264										
克雷姆斯	222	626	175	132	229	433	372	320									
库夫施泰因	161	271	331	460	356	78	37	286	355								
兰德克	316	117	461	588	484	77	186	394	510	155							
利恩茨	232	424	266	393	277	178	94	144	432	142	248						
林茨	103	507	190	246	237	314	247	253	145	236	391	359					
萨尔茨堡	58	374	228	362	264	181	129	223	257	103	258	180	138				
圣珀尔滕	206	610	140	123	194	417	356	285	32	339	494	416	129	241			
维也纳	266	670	145	50	191	477	420	316	79	399	554	411	189	301	66		
菲拉赫	250	486	178	335	170	287	226	37	353	251	370	109	330	188	318	353	
维也纳新城	268	675	98	31	146	482	441	267	137	431	559	364	237	339	114	53	316

照。在奥地利，你需要携带驾照原件，并提供德文或英文的公证书。具体情况可向奥地利领事处发送电子邮件或电话咨询（E-mail:peking-ka@bmeia.gv.at; ☎86 10 6532 2061）。

汽车协会

奥地利有两个汽车协会，均对会员提供24小时免费故障服务，与其他国家的汽车俱乐部签订了相互协议；出行前先与本国俱乐部确认。这2个汽车协会在奥地利各地均设有办公室，你可以加入成为会员，但至少需要保留6个月或1年会籍，费用分别为约€38或€75。协会提供非德语驾照翻译服务，需缴纳小额费用。

如果你无法获得免费帮助，也可以寻求收费故障服务，具体价格因时间段而异。

ARBÖ（☎信息 050 123 123，道路协助123；www.arboe.at）

ÖAMTC（☎24小时紧急情况协助 120，办公室 01-711 99 10200；www.oeamtc.at；Schubertring 1-3, Vienna；⏲周一至周五 8:00~18:00，周六 9:00~13:00）

保险

在欧洲，第三者责任险是保险的最低要求，在绿卡表格中也需要附上第三者责任险证明。如果你是汽车协会会员（见本页），可以咨询有关欧洲附属组织提供的相互承保信息。车辆尾部必须贴有清晰表明所在国的标签。

道路危害和规则

道路右侧为驾驶车道。最低驾驶年龄为18岁。

酒精 醉驾罚款。如果血液酒精浓度超过0.05%的现场罚金很贵，而且会没收驾照。

儿童 年龄未满14岁、身高不足1.5米的儿童必须使用特殊座位或使用儿童安全座椅。

罚款 可能需要现场缴纳罚款，但可要求提供回执。

让道 除非道路优先标志另有说明，或路上有限速带，否则应始终让出右边车道（如果车辆从设有限速带的道路开出，则必须让道）。注意："让出右边车道"的规则同样适用于丁字路口。

头盔 摩托车骑行者和随行乘客必须佩戴头盔（年龄未满13岁的儿童骑自行车时也必须佩戴头盔）。

停车场 大多数城镇中心都有指定的短期停车区域（Kurzpark-

高速公路税费和隧道费

驶入所有高速公路都需要强制缴纳高速公路税(Vignitte);3.5吨以下的汽车收费为10天€8.80,2个月€25.70和1年€85.70。对于摩托车而言,需支付10天€5.10,2个月€12.90和1年€34.10。高速公路税可以在汽车协会、穿越边界时、加油站、邮局和Tabak杂货摊(烟草商)缴纳。

部分山路和隧道还需要加收费用(不包含在高速公路税里)。可咨询汽车协会获取完整收费道路列表(见435页)。

zone),路边停车规定特定时间段内最多不超过1.5小时或3小时(根据不同地方而异)。这些停车区域的停车票(Parkschein)可以在Tabak杂货摊或人行道自动贩卖机买到,然后夹在挡风玻璃上就可以了。特定时间段以外的其他时间可以在短期停车区域免费停车。

安全 奥地利强制规定随车需携带三角警告牌和急救包。

安全带 强制规定。

限速 白天普通公路限速限速50公里/小时,高速公路限速130公里/小时,其他道路限速100公里/小时。一些地方的乡村道路速度限制在70公里/小时。从22:00至次日5:00,高速公路限速110公里/小时(维也纳和萨尔茨堡之间的A1高速公路及维也纳和菲拉赫之间的A2高速公路除外)。

有轨电车 始终优先。有轨电车减速并停车让乘客下车时,车辆必须等待。

更多在奥地利自驾旅行的路线和规则等实用信息,请参见Lonely Planet《德国、奥地利和瑞士自驾》。

当地交通工具

奥地利的当地交通基础设施非常完善,价格低廉且安全。

公共汽车和有轨电车 多数城市均有运营公共汽车服务,辅以少量夜间公共汽车线路。多数有轨电车和公共汽车服务运营时间从5:00~23:00或午夜。即便在有轨电车,下车都必须按"停车"按钮。

地铁 在维也纳,地铁在周五和周六晚上会通宵运营。从周日晚上到周四晚上,约在午夜或0:30就会停止营业。其他城镇没有地铁系统。

出租车 奥地利人多数会电召或者在出租车候客站上车。但扬手截停也可以。出租车小费为10%。

票价

订票系统和价格会因地区而异。可以在车站的售票机买票。Tabak杂货摊(也称Trafik)的票价通常会更低。通常出售单程、24小时,乃至数日甚至一周的通票。

无票乘车的罚款很严,€60~100也不在话下,而且经常需要接受检查,尤其是在各州首府。

火车

虽然很多人诟病奥地利破旧的铁路系统,但对于旅行者而言却是天堂。从任何角度而言,搭乘火车出行都是一个好选择,如果使用优惠卡则更加划算。

奥地利联邦铁路(Österreichische Bundesbahnen,简称ÖBB;奥地利联邦铁路;☎24小时热线05 1717;www.oebb.at)是主要运营商,辅以一系列私人线路。你可以随时致电预订车票或者获取信息。

购买车票 可以通过电话购票(你将会收到一个12位数的收款码,凭借收款码即可到售票机或服务台打印车票)。其他方法包括网上购票(注册并自助打印)、车站柜台购票和售票机购票。

预订 奥地利的大部分铁路快线二等座价格为€3.50。如果不预订,就坐前要检查你想坐的位置是否已经被人预订了。建议预订周末出行座位。

残障旅行者 拨打☎05 1717获取特殊出行协助(电话预订车票时也可以要求移动协助)。站台员工会帮助你上下车。出行需至少24小时前预订(如需获得国际服务则需48小时前预约)。

吸烟 火车上不得吸烟。

礼仪 奥地利联邦铁路禁止乘客将脚放到座位上。违反规定将接受罚款。

花费

根据具体线路的不同,票价可能有稍微差异。

➡ 可以在网上或电话使用信用卡购票[Visa、大来国际(Diners Club)、万事达卡(MasterCard)、美国运通公司(American Express,简称Amex)和JCB],售票机和服务台还可以接受现金和Maestro借记卡。

➡ EURegio车票是奥地利和捷克、匈牙利或斯洛伐克的优惠往返车票，对于短途观光而言非常超值。

➡ 如果上车后才向乘务员补票，只需在正常票价基础上缴纳€3的附加费。如果无票搭乘，你就要总共缴纳€95的车费加罚款（除非你是在无人车站不经由闸口进站或闸口故障）。

➡ 年龄介乎6岁到15岁之间的儿童可以享受半价优惠；未满6岁的儿童如果不需要单独座位，则可免费搭乘。

➡ 小型宠物用合适的笼子关好即可免费上车；大型宠物需要收取半价。

➡ 旅途距离100公里或以下的单程车票仅限当天有效，而且不得破损。对于车程101公里或以上的车票则一个月内有效，可以中途下车。这种做法是很值回票价的，因为长距离旅途的公里单价降低了。不超过100公里的往返车票也是一天有效；车程更长的往返车票一个月内有效，但规定6天内必须出发。往返票价通常和两张单程车票价总和相同。

火车通票

根据你的奥地利旅游计划和你的居留状况，选择购买火车通票可能也是一个好选择。从各大火车站可以买到。

Vorteilscard

从**奥地利联邦铁路**（Österreichische Bundesbahnen，简称ÖBB；奥地利联邦铁路；☎24小时热线05 1717；www.oebb.at）可以买到优惠车票。内陆火车票价享受柜台票价65折优惠，和售票机票价50%优惠。购买车票后（携带一张照片和你的护照或其他身份证明），你就会收到一张临时卡，可以立即使用。塑料永久卡可以邮寄到你本国的地址，有效期1年，但不可以在公共汽车上使用。更多信息见奥地利联邦铁路网站“车票和优惠”（Tickets & Discounts）一栏。你也可以在Apple AppStore和Google Playstore下载并使用ÖBB的手机APP。

标准（€19）年满26岁人士。

家庭（€19）适用于最多两名成人，儿童数量则无限制。必须携带儿童出行。年龄未满14岁的儿童可以使用家庭卡免费出行。乘坐Postbus则可享受成人和最多两名儿童半价优惠。

未满26岁青年卡（Jugend <26，€19）未满26岁的青年。

老人（€29）年满60岁人士。

Eurail通票

Eurail通票仅适用于非欧洲国家居民，可以在24个国家无限次搭乘国家线路及部分私营线路二等座。如果你想乘坐一等座也可以补差价升级。未满26岁人士可以享受优惠。见www.eurail.com了解所有选项。网站支持中文。

全球通票 适用于2个月内进行的10/15天行程（一等舱 €531/654，二等舱€399/441），或长度从15天到1个月不等的连续旅游（一等舱€587~888，二等舱€441~667）。

Eurail精选通票 你可以为自己量身定制一场铁路旅行，从28个接壤国家中挑选三两个观光（€255~418）。对于奥地利而言，接壤国家有斯洛文尼亚和克罗地亚（视作一个Eurail国家）、捷克、德国、匈牙利、意大利和瑞士。

两国精选通票 结合奥地利和克罗地亚/斯洛文尼亚、德国、匈牙利、捷克或瑞士，行程短则4天或5天，长至10天，2个月内有效。

欧铁通票

欧洲国家公民（包括英国）或任何在欧洲居住超过6个月的人士都可以使用欧铁通票。未满26岁人士可以享受优惠。见www.interrailnet.com了解所有选项。

单国通票 奥地利成人二等座3/4/5/8天票价分别为€159/191/220/296，1个月内有效。

欧铁通票全球通票 适用于特定天数或连续出行，涵盖多达30个国家；15天内的5天游价格为€264，1个月内的10天游价格为€374，1个月内不间断出行价格为€626。

语言

奥地利的官方语言是德语，但也有几种地区方言。比如，福拉尔贝格州（Vorarlberg）的方言和对于多数非瑞士人都难以理解的瑞士德语（Schwyzer-tütsch）比较接近，反而和标准的高地德语（Hochdeutsch）方言差异较大。尽管如此，奥地利人都能够轻松地在方言和高地德语之间切换。

有很多德语单词和表达只有奥地利人才会用到，其中有一些是全国通用，也有一些只在特定地区才会使用，但其他地区大概也能理解。对于非奥地利的德语人士来说，也许无法一下子理解这些单词和表达。相反，所有奥地利人都能够明白“标准”德语的相应单词和表达。本章节的问候和告别用语仅针对奥地利的用法。

发音

德语发音非常简单，因为德语的所有发音在英语里都能找到。如果你阅读我们标记了颜色的发音提示，把它们当作英语发音，你就明白了。

请注意，元音“ü”的发音和汉语拼音中的“ü”读音基本一致。而辅音“kh”则像从喉咙后部发出“嘶”声（和苏格兰语的“loch”一样）。“r”也是后喉音，极似英语中“g”，但有些摩擦音在里面——有点像漱口时发出的“咕噜咕噜”的声音。

一般而言，德语单词的重音通常都落在第一个音节。指南中的发音重音以斜体字注明。

想知道更多?

欲更深入了解语言信息和实用短语，请查阅Lonely Planet的德语常用语手册。可以在**shop.lonelyplanet.com**网站上获取，或从苹果应用商店购买Lonely Planet的iPhone手机版常用语手册。

基础用语

德语中的“你”有正式和非正式两种表达（分别是“Sie”和“du”）。如果提及不太熟悉的人，使用正式表达（但很多年轻人都已经不甚介意用法了）。除非括号中特别注明“非正式”，否则指南中的表达均为正式用法。

你好。	*Servus.*	zer·*vus*
再见。	*Auf Wiedersehen.*	owf vee·der·zay·en
是的。	*Ja.*	yah
不。	*Nein.*	nain
请。	*Bitte.*	*bi*·te
谢谢。	*Danke.*	*dang*·ke
别客气。	*Bitte sehr.*	*bi*·te zair
打扰一下。	*Entschul digung.*	ent·*shul*·di·gung
对不起。	*Entschul digung.*	ent·*shul*·di·gung

你好吗?
Wie geht es Ihnen/dir? vee gayt es *ee*·nen/deer（正式/非正式）

我很好，谢谢。你呢?
Danke, gut. Und Ihnen/ *dang*·ke goot unt *ee*·nen/

dir?	deer（正式/非正式）

你叫什么名字？

Wie ist Ihr Name?	vee ist eer *nah*·me（正式）
Wie heißt du?	vee haist doo（非正式）

我叫……

Mein Name ist …	*main nah*·me ist …（正式）
Ich heiße …	ikh *hai*·se …（非正式）

你能说英语吗？

Sprechen Sie Englisch?	*shpre*·khen zee *eng*·lish

我听不懂。

Ich verstehe nicht.	ikh fer·*shtay*·e nikht

住宿

请问有房间吗？

Haben Sie ein Zimmer?	*hah*·ben zee ain *tsi*·mer

每晚/每人多少钱？

Wie viel kostet es pro Nacht/Person?	vee feel *kos*·tet es praw nakht/per·*zawn*

air-con	*Klimaanlage*	*klee*·ma·*an*·lah·ge
卫生间	*Badezimmer*	*bah*·de·tsi·mer
营地	*Campingplatz*	*kem*·ping·plats
双人间	*Doppelzimmer*	*do*·pel·tsi·mer
客栈	*Pension*	pahng·*zyawn*
酒店	*Hotel*	ho·*tel*
旅馆	*Gasthof*	*gast*·hawf
单人间	*Einzelzimmer*	*ain*·tsel·tsi·mer
窗户	*Fenster*	*fens*·ter
青年旅舍	*Jugendherberge*	*yoo*·gent·her·ber·ge

方位

（银行）在哪里？

Wo ist (eine Bank)?	vaw ist (*ai*·ne bangk)

地址是什么？

Wie ist die Adresse?	vee ist dee a·*dre*·se

请问你可以写下来吗？

Könnten Sie das bitte aufschreiben?	*kern*·ten zee das *bi*·te *owf*·shrai·ben

请问你可以（在地图上）指出来吗？

Können Sie es mir (auf der Karte) zeigen?	*ker*·nen zee es meer (owf dair *kar*·te) *tsai*·genat

转角	*an der Ecke*	an dair *e*·ke
在红绿灯处	*bei der Ampel*	bai dair *am*·pel
在……后面	*hinter …*	*hin*·ter …
很远	*weit weg*	vait vek
在……前面	*vor …*	fawr …
左/右	*links/rechts*	lingks/rekhts
近	*nahe*	*nah*·e
在……旁边	*neben …*	*nay*·ben …
在……对面	*gegenüber …*	gay·gen·*ü*·ber …
一直向前	*geradeaus*	ge·rah·de·*ows*

餐饮

请给我们一张（二人）桌。

Einen Tisch für (zwei) Personen, bitte.	*ai*·nen tish für (tsvai) per·*zaw*·nen *bi*·te

你有什么推荐吗？

Was empfehlen Sie?	vas emp·*fay*·len zee

那道菜里有什么？

Was ist in diesem Gericht?	vas ist in *dee*·zem ge·*rikht*

我不吃……

Ich esse kein …	ikh *e*·se kain …

干杯！

Prost!	prawst

很好吃。

Das war sehr lecker.	das vahr zair *le*·ker

结账，谢谢。

Die Rechnung, bitte.	dee *rekh*·nung *bi*·te

关键词

开胃菜	*Vorspeisen*	*fawr*·shpai·zen
烟灰缸	*Aschenbecher*	*a*·shen·be·kher
酒吧	*Kneipe*	*knai*·pe
瓶	*Flasche*	*fla*·she
碗	*Schüssel*	*shü*·sel
早餐	*Frühstück*	*frü*·shtük
冷	*kalt*	kalt
杯	*Tasse*	*ta*·se
晚餐	*Abendessen*	*ah*·bent·e·sen

饮品菜单	Getränke-karte	ge·treng·ke·kar·te
食品	Essen	e·sen
叉子	Gabel	gah·bel
杯	Glas	glahs
杂货店	Lebensmittel-laden	lay·bens·mi·tel·lah·den
热（暖）	heiß	hais
刀	Messer	me·ser
本地	örtliche	ert·li·khe
特色	Spezialität	shpe·tsya·li·tayt
午餐	Mittagessen	mi·tahk·e·sen
主菜	Haupt gerichte	howpt·ge·rikh·te
菜单	Speisekarte	shpai·ze·kar·te
市场	Markt	markt
碟	Teller	te·ler
餐厅	Restaurant	res·to·rang
辣	würzig	vür·tsikh
勺子	Löffel	ler·fel
素食	vegeta risches	ve·ge·tah·ri·shes
食品	Essen	e·sen
有/无	mit/ohne	mit/aw·ne

关键句型

想掌握德语，你可以混合使用这些简单的句型：

（下一航班）是什么时候？
Wann ist (der nächste Flug)? — van ist (dair naykhs·te flook)

（车站）在哪里？
Wo ist (der Bahnhof)? — vaw ist (dair bahn·hawf)

我可以在哪里（买到票）？
Wo kann ich (eine Fahrkarte kaufen)? — vaw kan ikh (ai·ne fahr·kar·te kow·fen)

你有（地图）吗？
Haben Sie (eine Karte)? — hah·ben zee (ai·ne kar·te)

这里有（卫生间）吗？
Gibt es (eine Toilette)? — gipt es (ai·ne to·a·le·te)

我想要（一杯咖啡）。
Ich möchte (einen Kaffee). — ikh merkh·te (ai·nen ka·fay)

我想（租一辆车）。
Ich möchte (ein Auto mieten). — ikh merkh·te (ain ow·to mee·ten)

我可以（进来）吗？
Darf ich (hereinkommen)? — darf ikh (her·ein·ko·men)

请问你可以（帮我）吗？
Könnten Sie (mir helfen)? — kern·ten zee (meer hel·fen)

是不是要（订位）？
Muss ich (einen Platz reservieren lassen)? — mus ikh (ai·nen plats re·zer·vee·ren la·sen)

肉类和鱼类

培根	Speck	shpek
牛肉	Rindfleisch	rint·flaish
脑	Hirn	heern
鲤鱼	Karpfen	karp·fen
鸡肉	Huhn	hoon
鸭肉	Ente	en·te
鳗鱼	Aal	ahl
鱼	Fisch	fish
鹅肉	Gans	gans
火腿	Schinken	shing·ken
野兔	Hase	hah·ze
羔羊肉	Lamm	lam
肝	Leber	lay·ber
肉末	Hackfleisch	hak·flaish
比目鱼	Scholle	sho·le
猪肉	Schwein fleisch	shvai·n·flaish
鲑鱼	Lachs	laks
舌	Zunge	tsung·e
鳟鱼	Forelle	fo·re·le
金枪鱼	Thunfisch	toon·fish
火鸡	Puter	poo·ter
牛犊肉	Kalbfleisch	kalp·flaish
鹿肉	Hirsch	hirsh

水果和蔬菜

苹果	*Apfel*	*ap*·fel
杏	*Aprikose*	a·pri·*ko*·ze
芦笋	*Spargel*	*shpar*·gel
香蕉	*Banane*	ba·*nah*·ne
豆	*Bohnen*	*baw*·nen
甜菜根	*Rote Rübe*	*raw*·te *rü*·be
甘蓝	*Kohl*	hawl
胡萝卜	*Karotten*	ka·*ro*·ten
樱桃	*Kirschen*	*kir*·shen
玉米	*Mais*	mais
黄瓜	*Gurke*	*gur*·ke
大蒜	*Knoblauch*	*knawp*·lowkh
葡萄	*Trauben*	*trow*·ben
青豆	*Fisolen*	fee·*zo*·len
蘑菇	*Pilze*	*pil*·tse
洋葱	*Zwiebeln*	*tsvee*·beln
梨	*Birne*	*bir*·ne
豌豆	*Erbsen*	*erp*·sen
胡椒	*Paprika*	*pap*·ri·kah
菠萝	*Anana*	*sa*·na·nas
李子	*Zwetschgen*	*tsvech*·gen
土豆	*Kartoffeln*	kar·*to*·feln
树莓	*Himbeeren*	*him*·bee·ren
菠菜	*Spinat*	shpi·*naht*
草莓	*Erdbeeren*	*ert*·bee·ren
西红柿	*Tomaten*	to·*mah*·ten

其他

面包	*Brot*	brawt
黄油	*Butter*	*bu*·ter
奶酪	*Käse*	*kay*·ze
巧克力	*Schokolade*	sho·ko·*lah*·de
奶油	*Sahne*	*zah*·ne
饺子	*Knödel*	*kner*·del
鸡蛋	*Eier*	*ai*·er
蜂蜜	*Honig*	*haw*·nikh
果酱	*Marmelade*	mar·me·*lah*·de
芥末酱	*Senf*	zenf
坚果	*Nuss*	nus
油	*Öl*	erl
意面	*Nudeln*	*noo*·deln
胡椒	*Pfeffer*	*pfe*·fer
饭	*Reis*	rais
沙拉	*Salat*	za·*laht*
盐	*Salz*	zalts
糖	*Zucker*	*tsu*·ker

饮品

啤酒	*Bier*	beer
咖啡	*Kaffee*	*ka*·fay
（橙）汁	*(Orangen-) saft*	(o·*rahng*·zhen·) zaft
牛奶	*Milch*	milkh
红葡萄酒	*Rotwein*	*rawt*·vain
茶	*Tee*	tay
（矿泉）水	*(Mineral-) wasser*	(mi·ne·*rahl*·) *va*·ser
白葡萄酒	*Weißwein*	*vais*·vain

紧急情况

救命！
Hilfe! — *hil*·fe

走开！
Lassen Sie mich in Ruhe! — *la*·sen zee mikh in *roo*·e

我迷路了。
Ich habe mich verirrt. — ikh *hah*·be mikh fer·*irt*

快报警！
Rufen Sie die Polizei! — *roo*·fen zee dee po·li·*tsai*

快叫救护车！
Rufen Sie einen Arzt! — *roo*·fen zee *ai*·nen artst

我生病了。
Ich bin krank. — ikh bin krangk

这里疼。
Es tut hier weh. — es toot heer vay

我对（抗生素）过敏。
Ich bin allergisch gegen (Antibiotika). — ikh bin a·*lair*·gish *gay*·gen (an·ti·bi·*aw*·ti·ka)

卫生间在哪里？
Wo ist die Toilette? — vaw ist dee to·a·*le*·te

购物和服务

我想买……
Ich möchte ... kaufen. — ikh *merkh*·te ... *kow*·fen

我只是看看。

Ich schaue mich nur um. — ikh show·e mikh noor um

我可以看看吗？

Können Sie es mir zeigen? — ker·nen zee es meer tsai·gen

多少钱？

Wie viel kostet das? — vee feel kos·tet das

太贵了。

Das ist zu teuer. — das ist tsoo toy·er

可以便宜一点吗？

Können Sie mit dem Preis heruntergehen? — ker·nen zee mit dem prais he·run·ter·gay·en

账单有点问题。

Da ist ein Fehler in der Rechnung. — dah ist ain fay·ler in der dair rekh·nung

自动柜员机

Geldautomat — gelt·ow·to·maht

个人识别码

Geheimnummer — ge·haim·nu·mer

邮局	Postamt	post·amt
旅游办事处	Fremdenverkehrsbüro	frem·den·fer·kairs·bü·raw

时间和日期

现在几点？

Wie spät ist es? — vee shpayt ist es

现在1点。

Es ist (ein) Uhr. — es ist (ain) oor

1点半。

Halb zwei.（字面意思："一半"） — halp tsvai

标志

Ausgang	出口
Damen	女士
Eingang	入口
Geschlossen	闭门
Herren	男士
Offen	营业
Toiletten	卫生间
Verboten	禁止

早上	Morgen	mor·gen
下午	Nachmittag	nahkh·mi·tahk
晚上	Abend	ah·bent
昨天	gestern	ges·tern
今天	heute	hoy·te
明天	morgen	mor·gen

周一	Montag	mawn·tahk
周二	Dienstag	deens·tahk
周三	Mittwoch	mit·vokh
周四	Donnerstag	do·ners·tahk
周五	Freitag	frai·tahk
周六	Samstag	zams·tahk
周日	Sonntag	zon·tahk

1月	Januar	yan·u·ahr
2月	Februar	fay·bru·ahr
3月	März	merts
4月	April	a·pril
5月	Mai	mai
6月	Juni	yoo·ni
7月	Juli	yoo·li
8月	August	ow·gust
9月	September	zep·tem·ber
10月	Oktober	ok·taw·ber
11月	November	no·vem·ber
12月	Dezember	de·tsem·ber

交通

公共交通

船	Boot	bawt
公共汽车	Bus	bus
飞机	Flugzeug	flook·tsoyk
火车	Zug	tsook

几点出发？

Wann fährt es ab? — van fairt es ap

几点到达？

Wann kommt es an? — van komt es an

我想去……

Ich mochte nach ... fahren. — ikh merkh·te nahkh ... fah·ren

疑问词

如何?	*Wie?*	vee
什么?	*Was?*	vas
什么时候?	*Wann?*	van
哪里?	*Wo?*	vaw
谁?	*Wer?*	vair
为什么?	*Warum?*	va·rum

在……停站吗?
Hält es in ...? helt es in ...
我想在这里下车。
Ich mochte hier aussteigen. ikh *merkh*·te heer ows·shtai·gen

单程	*einfache*	*ain*·fa·khe
票	*Fahrkarte*	*fahr*·kar·te
返程票	*Rückfahr karte*	*rük*·fahr· kar·te

first	*erste*	*ers*·te
最后	*letzte*	*lets*·te
下一	*nächste*	*naykhs*·teaisle

座位	*Platz am Gang*	plats am gang
站台	*Bahnsteig*	*bahn*·shtaik
售票处	*Fahrkarten-verkauf*	*fahr*·kar·ten·fer·kowf
时间表	*Fahrplan*	*fahr*·plahn
火车站	*Bahnhof*	*bahn*·hawf
靠窗座位	*Fensterplatz*	*fens*·ter·plats

驾驶和骑自行车

我想租一辆……	*Ich möchte ein ... mieten.*	ikh *merkh*·te ain ... *mee*·ten
自行车	*Fahrrad*	*fahr*·raht
汽车	*Auto*	ain *ow*·to
摩托车	*Motorrad*	*maw*·tor·raht

儿童座椅	*Kindersitz*	*kin*·der·zits
头盔	*Helm*	helm

机械	*Mechaniker*	me·*khah*·ni·ker
汽油/天然气	*Benzin*	ben·*tseen*
泵	*Luftpumpe*	*luft*·pum·pe
服务站	*Tankstelle*	*tangk*·shte·le

这条路是去……的吗?
Führt diese Strasse nach ...? fürt *dee*·ze *shtrah*·se nahkh ...
我可以在这里停车吗?
Kann ich hier parken? kan ikh heer *par*·ken
这辆车在……抛锚了。
Ich habe (in ...) eine Panne mit meinem Auto. ikh *hah*·be (in ...) *ai*·ne *pa*·ne mit *mai*·nem *ow*·to
轮胎爆了。
Ich habe eine Reifenpanne. ikh *hah*·be *ai*·ne *rai*·fen·pa·ne
车没有油了。
Ich habe kein Benzin mehr. ikh *hah*·be kain ben·*tseen* mair

数字

1	*eins*	ains
2	*zwei*	tsvai
3	*drei*	drai
4	*vier*	feer
5	*fünf*	fünf
6	*sechs*	zeks
7	*sieben*	*zee*·ben
8	*acht*	akht
9	*neun*	noyn
10	*zehn*	tsayn
20	*zwanzig*	*tsvan*·tsikh
30	*dreißig*	*drai*·sikh
40	*vierzig*	*feer*·tsikh
50	*fünfzig*	*fünf*·tsikh
60	*sechzig*	*zekh*·tsikh
70	*siebzig*	*zeep*·tsikh
80	*achtzig*	*akht*·tsikh
90	*neunzig*	*noyn*·tsikh
100	*hundert*	*hun*·dert
1000	*tausend*	*tow*·sent

幕后

说出你的想法

我们很重视旅行者的反馈——你的评价将鼓励我们前行，把书做得更好。我们同样热爱旅行的团队会认真阅读你的来信，无论是表扬还是批评都非常欢迎。虽然很难一一回复，但我们保证将你的反馈信息及时交到相关作者手中，使下一版更完美。我们也会在下一版特别鸣谢来信读者。

请把你的想法发送到**china@lonelyplanet.com.au**，谢谢！

请注意：我们可能会将你的意见编辑、复制并整合到Lonely Planet的系列产品中，例如旅行指南、网站和数字产品。如果不希望书中出现自己的意见或不希望提及你的名字，请提前告知。请访问lonelyplanet.com/privacy了解我们的隐私政策。

声明

气候图表数据引用自Peel MC, Finlayson BL & McMahon TA（2007）'Updated World Map of the Köppen-Geiger Climate Classification', *Hydrology and Earth System Sciences*, 11, 1633-44。

封面图片：哈尔施塔特湖，Francesco Iacobelli/AWL©。

本书部分地图由中国地图出版社提供，其他为原书地图，审图号GS（2019）180号。

关于本书

这是Lonely Planet *Austria*的第8版，本书的作者为马克·迪杜卡、克丽·克里斯蒂亚尼、凯瑟琳·勒内维和唐娜·惠勒。

本书为中文第一版，由以下人员制作完成：

项目负责 关媛媛

项目执行 丁立松

翻译统筹 肖斌斌

翻　　译 国　蓓　姜　珊　杨楚怡　杨柳青青　郭　骊　徐　博

内容策划 熊　毅（本土化内容）　周伯源　寇　杰　沐　昀

视觉设计 李小棠　刘乐怡

协调调度 沈竹颖

责任编辑 孙经纬

地图编辑 马　珊

制　　图 田　越

流　　程 孙经纬

终　　审 杨　帆

排　　版 北京梧桐影电脑科技有限公司

感谢刘蓓蕾、张琳洁、罗霄山等对本书的帮助。

索引

000 地图页码
000 图片页码

F

G

000 地图页码
000 图片页码

H

I

J

K

L

000 地图页码
000 图片页码

地图图例

景点

- 海滩
- 鸟类保护区
- 佛教场所
- 城堡
- 基督教场所
- 孔庙
- 印度教场所
- 伊斯兰教场所
- 耆那教场所
- 犹太教场所
- 温泉
- 神道教场所
- 锡克教场所
- 道教场所
- 纪念碑
- 博物馆/美术馆/历史建筑
- 历史遗址
- 酒庄/葡萄园
- 动物园
- 其他景点

活动、课程和团队游

- 人体冲浪
- 潜水/浮潜
- 潜水
- 皮划艇
- 滑雪
- 冲浪
- 游泳/游泳池
- 徒步
- 帆板
- 其他活动

住宿

- 住宿场所
- 露营地

就餐

- 餐馆

饮品

- 酒吧
- 咖啡馆

娱乐

- 娱乐场所

购物

- 购物场所

实用信息

- 银行
- 使领馆
- 医院/医疗机构
- 网吧
- 警察局
- 邮局
- 电话
- 公厕
- 旅游信息
- 其他信息

地理

- 棚屋/栖身所
- 灯塔
- 瞭望台
- 山峰/火山
- 绿洲
- 公园
- 关隘
- 野餐区
- 瀑布

人口

- 首都、首府
- 一级行政中心
- 城市/大型城镇
- 镇/村

交通

- 机场
- 过境处
- 公共汽车
- 缆车/索道
- 自行车路线
- 轮渡
- 地铁
- 单轨铁路
- 停车场
- 加油站
- 出租车
- 铁路/火车站
- 有轨电车
- 其他交通方式

路线

- 收费公路
- 高速公路
- 一级公路
- 二级公路
- 三级公路
- 小路
- 未封闭道路
- 广场
- 台阶
- 隧道
- 步行天桥
- 步行游览路
- 步行游览支路
- 小路

境界

- 国界
- 一级政区界
- 未定国界
- 地区界
- 军事分界线
- 海洋公园
- 悬崖
- 墙

水文

- 河流、小溪
- 间歇河
- 沼泽/红树林
- 暗礁
- 运河
- 水域
- 干/盐/间歇湖
- 冰川
- 珊瑚礁

地区特征

- 海滩/沙漠
- 基督教墓地
- 其他墓地
- 公园/森林
- 运动场
- 一般景点(建筑物)
- 重要景点(建筑物)

注：并非所有图例都在此显示。

我们的故事

一辆破旧的老汽车，一点点钱，一份冒险的感觉——1972年，当托尼（Tony Wheeler）和莫琳（Maureen Wheeler）夫妇踏上那趟决定他们人生的旅程时，这就是全部的行头。他们穿越欧亚大陆，历时数月到达澳大利亚。旅途结束时，风尘仆仆的两人灵机一闪，在厨房的餐桌上制作完成了他们的第一本旅行指南——《便宜走亚洲》（*Across Asia on the Cheap*）。仅仅一周时间，销量就达到了1500本。Lonely Planet从此诞生。

现在，Lonely Planet在都柏林、富兰克林、伦敦、墨尔本、奥克兰、北京和德里都设有公司，有超过600名员工和作者。在中国，Lonely Planet被称为"孤独星球"。我们恪守托尼的信条："一本好的旅行指南应该做好三件事：有用、有意义和有趣。"

我们的作者

马克·迪杜卡（Marc Di Duca）

作为一名旅行作家，马克在过去的10年为Lonely Planet在西伯利亚大铁路、斯洛伐克、巴伐利亚、英格兰、乌克兰、奥地利、波兰、克罗地亚、葡萄牙（包括马德拉群岛）等地工作。他也为其他出版商撰写和更新了十多本旅游指南。当他不在路上的时候，马克和妻子以及两个儿子居住在捷克的三文治（Sandwich）、肯特（Kent）和玛丽安斯凯兰斯涅（Mariánské Lázně）等地。

克丽·克里斯蒂亚尼（Kerry Christiani）

维也纳、萨尔茨堡和萨尔茨堡州、蒂罗尔州和福拉尔贝格州、计划你的行程、了解奥地利、生存指南 15年前，克丽在蒂罗尔州第一次见到真正的雪，自此她就不可救药地爱上了奥地利阿尔卑斯山，并流连忘返。为了撰写本版指南，她在阿尔卑斯上陶恩山（Hohe Tauern）的热浪中汗流浃背，在蒂罗尔州的激流中起伏跌荡，体验过氡气疗法，也攀登过几乎每一座山。克丽是一名屡获殊荣的旅行作家，也是Lonely Planet多本欧洲中部和南部指南的作者。关注克丽的个人网站（https://its-a-small-world.com）和推特（@kerrychristiani），可以和她一起踏上旅程。

凯瑟琳·勒内维（Catherine Le Nevez）

维也纳、上奥地利州 凯瑟琳对旅行的热爱，自4岁的一次从巴黎出发的欧洲公路旅程开始。自此以后，她就没有放过每一次上路的机会。凯瑟琳游览过约60个国家，过程中还完成了写作创意艺术的博士学位课程。她为Lonely Planet撰写过多本指南和多篇文章，涵盖法国巴黎、欧洲以及其他国家和地区。她也为众多网络和图书出版商撰写文章。

唐娜·惠勒（Donna Wheeler）

维也纳、下奥地利州和布尔根兰州、施蒂里亚州、卡林西亚州萨尔茨卡默古特 唐娜为Lonely Planet撰写过《意大利》《挪威》《比利时》《非洲》《突尼斯》《阿尔及利亚》《法国》《奥地利》和《墨尔本》等多本指南。唐娜在澳大利亚的悉尼出生和长大，青少年时期在墨尔本就读艺术专业，她热爱着墨尔本暗沉的青石街道，于是离开故乡，并在墨尔本居住了超过20年。她也在都灵、巴黎、波尔多、纽约、伦敦和爱尔兰郊区等地居住过短暂的时间。唐娜的旅程遍及范围很广，也很深入，包括欧洲、北非、美国和亚洲。

奥地利

中文第一版

书名原文：*Austria*（8th edition，May 2017）

图书在版编目（CIP）数据

奥地利 / 澳大利亚 Lonely Planet 公司编；熊毅，周伯源，寇杰译. -- 北京：中国地图出版社，2019.3
书名原文：Austria
ISBN 978-7-5204-1035-9

Ⅰ. ①奥… Ⅱ. ①澳… ②熊… ③周… ④寇… Ⅲ. ①旅游指南－奥地利 Ⅳ. ① K952.19

中国版本图书馆 CIP 数据核字（2019）第 037747 号

出版发行	中国地图出版社
社　　址	北京市白纸坊西街 3 号
邮政编码	100054
网　　址	www.sinomaps.com
印　　刷	北京华联印刷有限公司
经　　销	新华书店
成品规格	197mm × 128mm
印　　张	14.75
字　　数	776 千字
版　　次	2019 年 3 月第 1 版
印　　次	2019 年 3 月北京第 1 次印刷
定　　价	89.00 元
书　　号	ISBN 978-7-5204-1035-9
审 图 号	GS（2019）180 号
图　　字	01-2018-7910

如有印装质量问题，请与我社发行部（010-83543956）联系